税务人员税收业务知识习题集（新版）

本书编写组 主编

中国商业出版社

图书在版编目(CIP)数据

税务人员税收业务知识习题集 ：新版 /《税务人员税收业务知识习题集(新版)》编写组主编. --北京 ：中国商业出版社，2023.4
ISBN 978-7-5208-2458-3

Ⅰ. ①税… Ⅱ. ①税… Ⅲ. ①税收管理-中国-资格考试-习题集 Ⅳ. ①F812.423-44

中国国家版本馆 CIP 数据核字(2023)第 065103 号

责任编辑：王　静

中国商业出版社出版发行
（www.zgsycb.com　100053　北京广安门内报国寺 1 号）
总编室：010-63180647　编辑室：010-83114579
发行部：010-83120835/8286
新华书店经销
涿州汇美亿浓印刷有限公司印刷
*
787 毫米×1092 毫米　16 开　29.25 印张　690 千字
2023 年 4 月第 1 版　2023 年 4 月第 1 次印刷
定价：98.00 元
* * * *
（如有印装质量问题可更换）

前　言

近年来，我国在税制改革方面不断进行深入探索和创新，出台了一系列新的财税政策制度。国家对税务人才的需求越来越大，社会各界对财税人员的要求也越来越高。税务工作人员作为维护国家税收利益、维护纳税人合法权益、维护市场经济秩序的涉税专业服务力量，其需求也会越来越大。

本书包含增值税、消费税、资源税（含水资源税）、车辆购置税、土地增值税、城镇土地使用税、企业所得税、个人所得税、房产税、城市维护建设税、耕地占用税、环境保护税、社会保险费、印花税、车船税、烟叶税、契税、政府非税收入等18章内容。

本书结合最新考试动态，以章为单位，包括单项选择题、多项选择题、判断题、简答题和计算题，并且对每道题的答案都进行了透彻、全面的解析。详尽的答案和解析不仅为读者提供了清晰的答题思路，更有助于读者进行全面的复习备考。

本书集权威性与时效性、针对性与实用性于一体，不仅充分展现了税务人员考试独有的特色，而且对读者快速提高应试能力有很大的帮助与促进作用。

由于时间仓促，编著水平有限，书中难免出现不足和疏漏之处，恳请广大读者批评指正。

本书编写组

2023年2月

前言

目录

第一章　增值税

一、单项选择题

1. 根据现行增值税的有关规定，下列适用 9%税率的是（　　）。

A. 增值电信服务　　B. 安装服务

C. 动产租赁　　D. 鉴证咨询服务

【参考答案】 B

【答案解析】 选项 A，按 6%的增值税税率征收增值税。选项 C，按 13%的增值税税率征收增值税。选项 D，属于现代服务业，按 6%的增值税税率征收增值税。

2. 根据现行增值税的有关规定，下列购进项目符合条件时可以抵扣进项税额的是（　　）。

A. 餐饮服务　　B. 居民日常服务

C. 住宿服务　　D. 贷款服务

【参考答案】 C

【答案解析】 购进的贷款服务、餐饮服务、居民日常服务和娱乐服务不得从销项税额中抵扣进项税额。但生活服务中的旅游服务、住宿服务符合条件可以抵扣进项税。

3. 下列销售行为中，免征增值税的是（　　）。

A. 纳税人根据国家指令无偿提供的铁路运输服务、航空运输服务

B. 纳税人在资产重组过程中，通过合并、分立、出售、置换等方式，将全部或者部分实物资产以及与其相关联的债权、负债和劳动力一并转让给其他单位和个人

C. 军队用粮、救灾救济粮、水库移民口粮、符合国家规定标准的退耕还林还草补助粮

D. 房地产主管部门或者其指定机构、公积金管理中心、开发企业以及物业管理单位代收的住宅专项维修资金

【参考答案】 C

【答案解析】 军队用粮、救灾救济粮、水库移民口粮、符合国家规定标准的退耕还林还草补助粮，免征增值税。选项 ACD 均属于不征收增值税项目。

4. 下列年应税销售额超过规定标准，但不能认定为一般纳税人的是（　　）。

A. 其他个人

B. 不经常发生应税行为的单位和个体工商户

C. 不经常发生应税行为的企业

D. 非企业性单位

【参考答案】 A

【答案解析】 选项B、C、D，年应税销售额超过规定标准但不经常发生应税行为的单位和个体工商户，以及非企业性单位、不经常发生应税行为的企业，可选择按照小规模纳税人纳税。选项A，年应税销售额超过小规模纳税人标准的其他个人按小规模纳税人纳税。因此自然人必须按小规模纳税人纳税，不是可以选择。

5. 下列关于增值税纳税人的说法，正确的是（　　）。

A. 增值税纳税人不包括自然人

B. 报关进口货物的，以该货物的销售方为纳税人

C. 代理进口货物的，以该货物的购买方为纳税人

D. 资管产品运营过程中发生的增值税应税行为，以资管产品管理人为纳税人

【参考答案】 D

【答案解析】 选项A，增值税纳税人包括个体工商户和其他个人。选项B，对报关进口的货物，以进口货物的收货人或办理报关手续的单位和个人为进口货物的纳税人。选项C，为海关开具的完税凭证上的纳税人；凡是海关的完税凭证开具给委托方的，对代理方不征增值税；凡是海关的完税凭证开具给代理方的，对代理方应按规定征收增值税。

6. 下列不属于增值税视同销售行为的是（　　）。

A. 将外购的货物投资到其他个体工商户　　B. 将外购的货物用于集体福利

C. 将外购的货物无偿赠送给其他单位　　D. 将外购的货物分配给投资者

【参考答案】 B

【答案解析】 将自产、委托加工的货物用于集体福利或者个人消费属于视同销售，但将外购的货物用于集体福利或个人消费，不属于视同销售行为，其进项税额不得从销项税额中抵扣。

7. 2022年5月，某企业（一般纳税人）研制一种新产品，为了进行市场推广宣传，无偿赠送100件给消费者试用，该产品无同类产品市场价，生产成本1 000元/件，成本利润率为10%。该企业当月增值税销项税额是（　　）元。

A. 0　　B. 14 300

C. 9 000　　D. 13 000

【参考答案】 B

【答案解析】 销项税额＝100×1 000×（1＋10%）×13%＝14 300（元）。

纳税人发生应税销售行为，价格明显偏低且无正当理由，视同销售无销售额的，主管税务机关有权按照下列顺序核定其计税销售额：（1）按纳税人最近时期同类货物、服务、无形资产或者不动产的平均销售价格确定。（2）按其他纳税人最近时期同类货物、服务、无形资产或者不动产的平均销售价格确定。（3）用以上两种方法均不能确定其销售额的情况下，可按

组成计税价格确定销售额。

组成计税价格＝成本×(1＋成本利润率)

属于应征消费税的货物，其组成计税价格应加计消费税税额。计算公式为：

组成计税价格＝成本×(1＋成本利润率)＋消费税税额＝成本×(1＋成本利润率)÷(1－消费税税率)

8. 甲进出口公司代理乙工业企业进口设备一台，同时委托丙货运代理人办理托运手续，海关进口增值税专用缴款书上的缴款单位是甲进出口公司，该进口设备的增值税纳税人是(　　)。

A. 甲进出口公司　　B. 乙工业企业

C. 丙货运代理人　　D. 境外销售商

【参考答案】 A

【答案解析】 对代理进口货物，以海关开具的完税凭证上的纳税人为增值税纳税人。凡是海关的完税凭证开具给委托方的，对代理方不征增值税；凡是海关的完税凭证开具给代理方的，对代理方应按规定征收增值税。

9. 下列销售额不应计入增值税纳税人判定标准的是(　　)。

A. 纳税评估调整的销售额

B. 稽查查补的销售额

C. 免税销售额

D. 纳税人偶然发生的销售无形资产的销售额

【参考答案】 D

【答案解析】 年应税销售额是指纳税人在连续不超过12个月或四个季度的经营期内累计应征增值税销售额，包括纳税申报销售额、稽查查补销售额、纳税评估调整销售额。"纳税申报销售额"是指纳税人自行申报的全部应征增值税销售额，其中包括免税销售额和税务机关代开发票销售额。

纳税人偶然发生的销售无形资产、转让不动产的销售额，不计入应税行为年应税销售额。

10. 下列业务不属于增值税视同销售的是(　　)。

A. 单位无偿向其他企业转让无形资产　　B. 单位无偿为其他企业提供建筑服务

C. 单位无偿为关联企业提供电信服务　　D. 单位无偿为社会公众提供运输服务

【参考答案】 D

【答案解析】 视同销售服务、无形资产或者不动产的情形包括：(1)单位或者个体工商户向其他单位或者个人无偿提供服务，但用于公益事业或者以社会公众为对象的除外。

(2)单位或者个人向其他单位或者个人无偿转让无形资产或者不动产，但用于公益事业或者以社会公众为对象的除外。

(3)财政部和国家税务总局规定的其他情形。

11. 根据现行政策，下列关于增值税的说法错误的是(　　)。

A. 非正常损失的不动产在建工程所耗用的购进货物、设计服务和建筑服务的进项税额不得从销项税额中抵扣

B. 租入固定资产，既用于一般计税方法计税项目，又用于简易计税方法计税项目，进项

税额不可以抵扣

C. 纳税人购进的专用于免税项目的不动产进项税额不可以抵扣

D. 纳税人购进的贷款服务，取得增值税专用发票，不可以抵扣进项税额

【参考答案】 B

【答案解析】 自2018年1月1日起，纳税人租入固定资产、不动产，既用于一般计税方法计税项目，又用于简易计税方法计税项目、免征增值税项目、集体福利或者个人消费的，其进项税额准予从销项税额中全额抵扣。

12. 下列属于提供增值税应税服务的是(　　)。

A. 某动漫设计公司为其他单位提供动漫设计服务

B. 某餐饮公司为员工提供工作用餐服务

C. 某事业单位收取的政府性基金

D. 某单位聘用的员工作为司机驾驶本单位车辆

【参考答案】 A

【答案解析】 根据规定，单位或者个体工商户聘用的员工为本单位或者雇主提供取得工资的服务，单位或者个体工商户为员工提供服务，以及非企业性单位按照法律和行政法规的规定，为履行国家行政管理和公共服务职能收取政府性基金和行政事业性收费的活动，属于非营业活动。因此选项BCD不属于提供应税服务；选项A属于现代服务应税范围中的文化创意服务。

13. 下列关于增值税的说法正确的是(　　)。

A. 小规模纳税人销售自己使用过的房产，以3%征收率减按2%计算缴纳增值税

B. 资管产品管理人运营资管产品过程中发生的增值税应税行为，暂适用简易计税方法按照5%征收率缴纳增值税

C. 个人出租住房，按照5%的征收率减按1.5%计算应纳税额

D. 提供物业管理服务的纳税人，向服务接受方收取的自来水水费，以自来水水费为销售额，按照简易计税方法依3%的征收率计算缴纳增值税

【参考答案】 C

【答案解析】 选项A，小规模纳税人销售自己使用过的不动产，按照5%的征收率计算增值税，小规模纳税人销售自己使用过的固定资产(有形动产)，适用简易办法依照3%征收率减按2%征收增值税。选项B，资管产品管理人运营资管产品过程中发生的增值税应税行为，暂适用简易计税方法按照3%征收率缴纳增值税。选项D，提供物业管理服务的纳税人，向服务接受方收取的自来水水费，以扣除其对外支付的自来水水费后的余额为销售额，按照简易计税方法依3%的征收率计算缴纳增值税。

14. 下列关于增值税纳税义务发生时间的表述中，错误的是(　　)。

A. 纳税人销售鉴证咨询服务，纳税义务发生时间为发生应税行为并收讫销售款或者取得索取销售款凭据的当天；先开具发票的，为开具发票的当天

B. 采用直接收款方式销售货物，先开具发票的，纳税义务发生时间为发出货物的当天

C. 采取预收货款方式销售货物，其纳税义务发生时间为货物发出的当天，但生产销售生产工期超过12个月的大型机械设备、船舶、飞机等货物，为收到预收款或者书面合同

约定的收款日期的当天

D. 纳税人从事金融商品转让的，为金融商品所有权转移的当天

【参考答案】 B

【答案解析】 采用直接收款方式销售货物，为收到销售额或取得索取销售额的凭据的当天。先开具发票的，为开具发票的当天。

15. 某企业为增值税一般纳税人，2022 年 5 月出售使用过的设备，适用简易计税，放弃减税，开具增值税专用发票，注明金额 100 万元；出售商品开具增值税专用发票，注明金额 200 万元，当期进项税额 30 万元，该企业当期增值税应纳税额为（　　）万元。

A. 留抵 1 万元　　B. 2

C. 3　　D. 留抵 2 万元

【参考答案】 C

【答案解析】 销售使用过的设备，由于放弃了减税，适用简易计税应纳增值税 100×3%＝3(万元)。

出售商品应纳税人增值税 200×13%－30＝26－30＝－4(万元)，留抵税额为 4 万元。

当月增值税应纳税额为 3 万元。

16. 下列有关增值税税收优惠政策的表述错误的是（　　）。

A. 一般纳税人提供非学历教育服务，可以选择适用简易计税方法按照 3%征收率计算应纳税额

B. 政府举办的从事学历教育的高等、中等和初等学校（不含下属单位），举办进修班、培训班取得的全部归该学校所有的收入，免征增值税

C. 从事非学历教育的学校提供的教育服务，免征增值税

D. 学校以各种名义收取的赞助费、择校费等，不属于免征增值税的范围

【参考答案】 C

【答案解析】 提供学历教育的学校提供的教育服务收入免征增值税，一般纳税人提供非学历教育服务，可以选择适用简易计税方法按照 3%征收率计算应纳税额。

17. 下列各项中，不属于“租赁服务”的是（　　）。

A. 车辆停放服务　　B. 不动产经营租赁服务

C. 融资性售后回租　　D. 道路通行服

【参考答案】 C

【答案解析】 融资性售后回租属于“金融服务”，而不是租赁服务。

18. 根据现行增值税的有关规定，下列说法中正确的是（　　）。

A. 纳税人采用折扣销售方式销售货物，折扣额和销售额在同一张发票“金额”栏上分别注明的，按照折扣后的销售额征收增值税

B. 商场采取以旧换新方式销售冰箱的，按照新冰箱的同期销售价格减除旧冰箱的收购价格确定销售额

C. 企业采取还本销售方式销售货物，实际上是一种融资行为，不征收增值税

D. 以物易物方式购销货物的，以发出和收到的货物的差额确定销售额

【参考答案】 A

【答案解析】 选项 B,以旧换新,除金银首饰外不得减除旧货收购金额。选项 C,纳税人采取还本销售方式销售货物,不得从销售额中减除还本支出。选项 D,以各自发出的货物核算销售额并计算销项税额,以各自收到的货物核算购货额及进项税额。

19. 下列各项中,属于增值税混合销售行为的是(　　)。

A. 建材零售商店在销售建材的同时又为其他客户提供装饰服务

B. 汽车 4S 店在生产销售汽车的同时又为其他客户提供修理劳务

C. 塑钢门窗零售商店在销售门窗的同时又为该客户提供安装服务

D. 某生产企业销售自产钢结构件的同时提供安装服务

【参考答案】 C

【答案解析】 选项 A,属于兼营行为。选项 B,未涉及服务,不属于混合销售行为。选项 D,纳税人销售活动板房、机器设备、钢结构件等自产货物的同时提供建筑、安装服务,不属于混合销售,应分别核算货物和建筑服务的销售额,分别适用不同的税率或者征收率。

20. 某生产企业为增值税小规模纳税人,2022 年 7 月销售 A 货物取得含税收入 30.9 万元,销售 B 货物取得含税收 14.42 万元;当月购进货物 20 万元。该企业当月应纳增值税税额(　　)万元。

A. 0　　B. 1.32

C. 0.9　　D. 0.3

【参考答案】 A

【答案解析】 自 2022 年 4 月 1 日至 2022 年 12 月 31 日,增值税小规模纳税人适用 3% 征收率的应税销售收入,免征增值税。

21. 下列关于增值税的说法中错误的是(　　)。

A. 进口时,不得抵扣任何税额,包括发生在我国境外的各种税金

B. 进口后,在海关缴纳的增值税,符合抵扣范围的,凭借海关进口增值税专用缴款书,可以从当期销项税额中抵扣

C. 适用不同退税率的货物劳务,应分开报关、核算并申报退(免)税,未分开报关、核算或划分不清的,从低适用退税率

D. 出口企业或其他单位骗取国家出口退税款的,经国家税务总局批准可以停止其退(免)税资格

【参考答案】 D

【答案解析】 出口企业或其他单位骗取国家出口退税款的,经省级以上税务机关批准可以停止其退(免)税资格。

22. 某软件开发企业为增值税一般纳税人,享受软件企业增值税即征即退政策。2022 年 6 月销售自行开发生产的软件产品取得不含税销售额 30 万元;本月软件产品可以抵扣的进项税额为 1.6 万元。则本月该软件开发企业销售自行开发软件产品可以享受的增值税即征即退税额为(　　)万元。

A. 1.4　　B. 1.6

C. 2.3　　D. 3.2

【参考答案】 A

【答案解析】 增值税一般纳税人销售其自行开发生产的软件产品，按税率征收增值税后，对其增值税实际税负超过3%的部分实行即征即退政策。

增值税应纳税额＝30×13%－1.6＝2.3(万元)，实际税负＝2.3÷30×100%＝7.67%，实际税负超过3%的部分实行增值税即征即退政策。即征即退税额＝2.3－30×3%＝1.4(万元)。

23. 甲建筑企业是增值税一般纳税人，2022年2月跨市在A市提供建筑服务，取得建筑收入500万元。该建筑工程中存在分包，甲企业本月共支付分包款100万元，该建筑工程甲企业选择一般计税方法计算纳税，则甲企业当月应在建筑服务发生地A市预缴税款(　　)万元。

A. 13.76　　B. 11.01

C. 9.17　　D. 7.34

【参考答案】 D

【答案解析】 纳税人提供建筑服务取得预收款，应在收到预收款时，以取得的预收款扣除支付的分包款后的余额，按照规定的预征率预缴增值税。适用一般计税方法计税的项目预征率为2%，适用简易计税方法计税的项目预征率为3%。

则，甲企业应在A市预缴税款＝(500－100)÷(1＋9%)×2%＝7.34(万元)。

24. 2022年5月张某出租其位于上海的一处住房，一次性预收一年的租金共计10万元，关于张某当月增值税的问题下列说法不正确的是(　　)。

A. 张某此业务应适用5%的征收率减按1.5%计税

B. 预收租金应当在收到款项时一次性申报纳税

C. 张某应当向户口所在地主管税务机关预缴增值税

D. 个人取得的住房租金收入可享受免征增值税优惠政策

【参考答案】 C

【答案解析】 个人出租住房，应按照5%的征收率减按1.5%计算应纳税额。预收租金应在预收时产生纳税义务，跨年租金收取也无须分摊，应一次计税。其他个人采取一次性收取租金的形式出租不动产，租金收入在租赁期内平均分摊，分摊后的月租金收入不超过15万元的，可享受免征增值税优惠政策。张某作为其他个人，租期内分摊的月租金收入不足15万元，所以无须就此业务预缴增值税。

选项C，张某应当向不动产所在地主管税务机关申报纳税。

25. 根据离境退税政策规定，不属于境外旅客申请退税的条件的是(　　)。

A. 同一境外旅客同一日在同一退税商店购买的退税物品金额达到1 000元人民币

B. 退税物品尚未启用或消费

C. 离境日距退税物品购买日不超过90天

D. 所购退税物品由境外旅客本人随身携带或随行托运出境

【参考答案】 A

【答案解析】 境外旅客申请退税，应当同时符合以下条件：

(1)同一境外旅客同一日在同一退税商店购买的退税物品金额达到500元人民币；

(2)退税物品尚未启用或消费；

(3)离境日距退税物品购买日不超过90天；

(4)所购退税物品由境外旅客本人随身携带或随行托运出境。

26. 某商贸企业为增值税一般纳税人，2022年5月从国外进口一批高档化妆品，支付买价70万元，另支付运抵我国境内指定地点起卸前发生的运费20万元、保险费10万元。货物报关后，该企业按规定缴纳了进口环节的增值税，并取得海关进口增值税专用缴款书，将其运回企业发生运费20万元并取得了运输企业(增值税一般纳税人)开具的增值税专用发票。将该批高档化妆品销售给某商场，取得不含税销售收入200万元。则该企业2022年5月应向税务机关缴纳增值税(　　)万元。(已知高档化妆品关税税率为20%，消费税税率为15%)。

A. 5.85　　B. 6.72

C. 24.2　　D. 15.6

【参考答案】 A

【答案解析】 关税完税价格＝70＋20＋10＝100(万元)；应纳关税＝100×20%＝20(万元)。

进口环节应纳增值税＝(100＋20)÷(1－15%)×13%＝18.35(万元)。进口环节缴纳的增值税可以作为国内进项税额并按规定进行抵扣。

2022年5月应向税务机关缴纳增值税＝200×13%－18.35－20×9%＝26－18.35－1.8＝5.85(万元)。

27. 某企业为增值税一般纳税人，2022年3月销售自产的货物，开具的普通发票上注明含税金额100万元，当期外购材料一批，取得增值税专用发票上注明增值税5万元，上月销售的货物在本月发生销货退回，退还给购买方10万元含税价款，并按规定开具红字增值税专用发票。则该企业3月应缴纳增值税(　　)万元。

A. 10.35　　B. 5.35

C. 8　　D. 6.55

【参考答案】 B

【答案解析】 一般纳税人因销售货物发生退回或者折让退还给购买方的销售额，按规定开具红字增值税专用发票，应从发生销售货物退回或者折让当期的销售额中扣减。

所以该企业3月应缴纳增值税＝(100－10)÷(1＋13%)×13%－5＝5.35(万元)。

28. 某电视机生产企业为增值税一般纳税人，2022年4月向某商场销售电视机100台，开具的增值税专用发票上注明价款50万元，为鼓励买方及早付款，给与现金折扣N/60，1/40，2/20，商场于第10天付款，享受了2%的折扣，本月购进原材料取得的增值税专用发票上注明增值税税额4万元。该电视机生产企业4月应缴纳增值税(　　)元。

A. 6.37　　B. 2.37

C. 6.5　　D. 2.5

【参考答案】 D

【答案解析】 销售货物以后发生的现金折扣，不得从销售额中减除。

该电视机生产企业4月应缴纳增值税＝50×13%－4＝2.5(万元)。

29. 某公司为增值税小规模纳税人，2022年3月销售货物取得含税收入20.6万元，当月销售一台使用过的机器设备，收取价税合计金额 1.03 万元，该设备购买时支付价款 10 万元。则该公司 3 月应缴纳增值税（ ）万元。

A. 0.65　　B. 0.63

C. 0.62　　D. 0

【参考答案】 C

【答案解析】 小规模纳税人销售自己使用过的固定资产，适用简易计税方法缴纳增值税，即按照 3%的征收率减按 2%征收。

应缴纳增值税＝20.6÷(1＋3%)×3%＋1.03÷(1＋3%)×2%＝0.6＋0.02＝0.62(万元)。

30. 根据现行增值税规定，下列支付的运费中不允许抵扣增值税进项税额的是（ ）。

A. 购进农民专业合作社销售的农产品支付的运输费用

B. 外购用于职工食堂的餐饮设备支付的运输费用

C. 外购企业自用小汽车支付的运输费用

D. 收购免税农产品支付的运输费用

【参考答案】 B

【答案解析】 选项 B，外购的机器设备用于集体福利，不得抵扣进项税额，对应支付的运费也不能抵扣进项税额。

31. 甲省 A 市某生产企业为增值税一般纳税人，2022 年 3 月将 2017 年购置的不动产出售，取得含税收入 4 000 万元。该不动产位于乙省 B 市，购置原价为 2 300 万元。该企业转让不动产应在乙省 B 市预缴增值税为（ ）万元。

A. 190.48　　B. 80.95

C. 140.37　　D. 49.51

【参考答案】 B

【答案解析】 应在乙省 B 市预缴增值税＝(4 000－2 300)÷(1＋5%)×5%＝80.95(万元)。

32. 下列关于增值税纳税地点的说法错误的是（ ）。

A. 总、分机构不在同一县（市），分别向各自所在地主管税务机关申报纳税。经批准可由总机构汇总纳税的，向总机构所在地主管税务机关申报纳税

B. 到外县（市）销售货物或提供应税劳务，应向机构所在地报告，向机构所在地申报纳税

C. 非固定业户应向销售地或应税行为发生地主管税务机关申报纳税

D. 纳税人进口货物的，向纳税人主管税务机关申报纳税

【参考答案】 D

【答案解析】 根据现行增值税规定，纳税人进口货物的，应向报关地海关申报纳税。

33. 某建筑企业为增值税一般纳税人，2022 年 2 月取得跨县市建筑工程劳务款 3 000 万元（含税）；支付分包工程款 1 200 万元（含税），分包款取得合法有效凭证。该建筑服务项目选用一般计税方法。该企业当月应在劳务发生地预缴增值税（ ）万元。

A. 55.62　　B. 49.54

C. 33.03　　D. 148.62

【参考答案】 C

【答案解析】 一般纳税人跨县(市、区)提供建筑服务，适用一般计税方法计税的，以取得的全部价款和价外费用扣除支付的分包款后的余额，按照2%的预征率计算应预缴税款。应预缴税款=(全部价款和价外费用－支付的分包款)÷(1＋适用税率)×2%，预缴增值税=(3 000－1 200)÷(1＋9%)×2%=33.03(万元)。

34. 某企业为增值税一般纳税人，2022年6月销售自产空调100台，开具增值税专用发票注明价款60万元，另外取得购买方支付的违约金11.3万元。则该企业当月应缴纳增值税(　　)万元。

A. 9.1　　B. 9.27

C. 7.8　　D. 8

【参考答案】 A

【答案解析】 销售额为纳税人发生应税销售行为收取的全部价款和价外费用，但是不包括收取的销项税额。手续费、补贴、基金、集资费、返还利润、奖励费、违约金、延期付款利息、滞纳金、赔偿金、包装费、包装物租金、储备费、优质费、运输装卸费、代收款项、代垫款项及其他各种性质的价外收费。

该企业当月应缴纳增值税=60×13%＋11.3÷(1＋13%)×13%=7.8＋1.3=9.1(万元)。

35. 甲金店为增值税一般纳税人，2022年3月销售金银首饰，其中正常销售取得销售价款113万元，另外采取以旧换新方式销售金饰30件，已知每件金饰的新品售价为1万元，每件旧品需补差价2 260元，则甲金店3月销售金银首饰的增值税销项税额为(　　)万元。

A. 16.45　　B. 13.78

C. 18.59　　D. 17.65

【参考答案】 B

【答案解析】 纳税人采取以旧换新方式销售货物的，按新货物的同期销售价格确定销售额。但采取以旧换新方式销售金银首饰的，金银首饰可按销售方实际收取的不含税价款确定销售额。

则甲金店3月销售金银首饰的增值税销项税额=113÷(1＋13%)×13%＋30×2 260÷(1＋13%)×13%÷10 000=13＋0.78=13.78(万元)。

36. 某企业为增值税一般纳税人，2022年1月以200万元的价格买入某公司股票，支付手续费0.05万元。当月以80万元的价格卖出其中的50%。同年6月以400万元的价格卖出剩余的50%，支付手续费0.1万元，印花税0.4万元。2022年6月该金融商品转让业务的销项税额为(　　)万元(以上价格均为不含税价)。

A. 0　　B. 19.2

C. 18　　D. 16.8

【参考答案】 D

【答案解析】 金融商品转让业务的销售额=卖出价－买入价，且不得扣除买卖交易中的其他税费。

转让金融商品出现的销售额的负差，按盈亏相抵后的余额为销售额。销售额的负差可结转下一纳税期，但年末仍存在负差的，不得转入下年。

该企业2022年1月该金融商品转让业务出现负差20万元：80－200×50%＝－20(万元)。

该企业2022年6月该金融商品转让业务的销项税额＝(400－200×50%－20)×6%＝16.8(万元)。

37.甲企业为增值税一般纳税人，2022年4月购进一批生产免税产品和应税产品的原材料，取得增值税专用发票，注明价款为100万元，增值税税额为13万元。当月免税产品的销售额为100万元，应税产品的不含税销售额为200万元。甲企业当月可以抵扣的进项税额为(　　)万元。

A.5.67　　　　B.0

C.8.67　　　　D.13

【参考答案】 C

【答案解析】 兼营简易计税方法计税项目、免征增值税项目而无法划分不得抵扣的进项税额，按照下列公式计算不得抵扣的进项税额：不得抵扣的进项税额＝当期无法划分的全部进项税额×(当期简易计税方法计税项目销售额＋免征增值税项目销售额)÷当期全部销售额。

则甲企业当期不得抵扣的进项税额＝13×100÷(100＋200)＝4.33(万元)。

可以抵扣的进项税额＝13－4.33＝8.67(万元)。

38.下列各项中不符合增值税规定的是(　　)。

A.非企业性单位中的一般纳税人提供的鉴证咨询服务，可以选择简易计税方法按照3%的征收率计算缴纳增值税

B.一般纳税人销售自产电梯的同时提供安装服务，其安装服务可以按照甲供工程选择适用简易计税方法计税

C.纳税人销售旧货，按照简易办法依照3%征收率减按2%征收增值税

D.公路经营企业中的一般纳税人收取营改增试点前开工的高速公路的车辆通行费，可以选择适用简易计税方法，按5%的征收率计算应纳税额

【参考答案】 D

【答案解析】 公路经营企业中的一般纳税人收取营改增试点前开工的高速公路的车辆通行费，可以选择适用简易计税方法，减按3%的征收率计算应纳税额。

39.甲企业为生产面粉的食品厂(增值税一般纳税人)，2022年4月向农民收购一批小麦用于生产面粉，农产品的收购发票上注明收购价款为100万元，则当月该面粉厂可以抵扣的进项税额是(　　)万元。

A.3　　　　B.9

C.10　　　　D.13

【参考答案】 B

【答案解析】 按照现行增值税政策，纳税人购进用于生产销售或委托加工9%税率货物的，农产品抵扣比例为9%，面粉属于9%税率的货物，故购进的小麦应该按照9%的抵扣比例。

可以抵扣的进项税额＝100×9%＝9(万元)。

40. 某食品厂为增值税一般纳税人,2022 年 4 月将以前月份外购的食品用于职工集体福利,该批外购食品在购进时已经抵扣了进项税额,账面成本为 20 000 元,其中含运费 500 元。则该食品厂 2022 年 4 月应转出进项税额为(　　)元。

A. 2 535　　B. 1 800

C. 2 600　　D. 2 580

【参考答案】 D

【答案解析】 该食品厂 4 月应转出进项税额=(20 000－500)×13%+500×9%=2 535+45=2 580(元)。

41. 根据现行增值税政策,下列按“交通运输服务”缴纳增值税的是(　　)。

A. 无运输工具的承运业务

B. 开展运输工具舱位承包业务

C. 已售票但客户逾期未消费取得的运输逾期票证收入

D. 为客户办理退票而向客户收取的退票费收入

【参考答案】 D

【答案解析】 选项 A,无运输工具承运业务,按照“交通运输服务”缴纳增值税。选项 B,运输工具舱位承包业务中,发包方和承包方均按照“交通运输服务”缴纳增值税。选项 C,自 2018 年 1 月 1 日起,纳税人已售票但客户逾期未消费取得的运输逾期票证收入,按照“交通运输服务”缴纳增值税。选项 D,为客户办理退票而向客户收取的退票费、手续费等收入按“其他现代服务业”缴纳增值税。

42. 下列不属于虚开增值税专用发票的是(　　)。

A. 未在商场购物,让商场开具金额 1 000 元的增值税专用发票

B. 购买劳保用品 100 套,让商场开具 200 套的增值税专用发票

C. 从乙商场购买货物,让丙商场为其开具增值税专用发票

D. 自然人为本企业提供不动产租赁服务,取得税务机关代开增值税专用发票

【参考答案】 D

【答案解析】 虚开专用发票具体包括以下行为:

(1)为他人、为自己开具与实际经营业务情况不符的发票;

(2)让他人为自己开具与实际经营业务情况不符的发票;

(3)介绍他人开具与实际经营业务情况不符的发票。

43. 2020 年 6 月,某公司(一般纳税人)购入办公楼一栋,取得增值税专用发票上注明金额 4 000 万元,税额 200 万元,进项税额已按规定申报抵扣。2022 年 11 月,该办公楼改用于职工宿舍,当期不动产净值为 3 200 万元。该办公楼应转出进项税额(　　)万元。

A. 40　　B. 200

C. 0　　D. 160

【参考答案】 D

【答案解析】 已抵扣进项税额的不动产,发生非正常损失,或者改变用途,专用于简易计税方法计税项目、免征增值税项目、集体福利或者个人消费的,按照下列公式计算不得抵扣的进项税额,并从当期进项税额中扣减:不得抵扣的进项税额=已抵扣进项税额×不动产

净值率。

不动产净值率＝(不动产净值÷不动产原值)×100%。

则该题中，不动产净值率＝3 200÷4 000×100%＝80%。

该办公楼应转出进项税额＝200×80%＝160(万元)。

44. 根据现行增值税规定，下列行为中，应按照“销售不动产”税目计缴增值税的是(　　)。

A. 将建筑物广告位出租给其他单位用于发布广告

B. 销售建筑物底层商铺

C. 转让高速公路经营权

D. 转让国有土地使用权

【参考答案】 B

【答案解析】 选项A，按“现代服务—租赁服务”计缴增值税；选项CD，按照“销售无形资产”计缴增值税。

45. 根据现行增值税规定，下列各项中，不属于免税项目的是(　　)。

A. 养老机构提供的养老服务　　B. 装修公司提供的装饰服务

C. 婚介所提供的婚姻介绍服务　　D. 托儿所提供的保育服务

【参考答案】 B

【答案解析】 选项A，养老机构提供的养老服务，免征增值税。选项B，装修公司提供的装饰服务，按“建筑服务”计缴增值税。选项C，婚姻介绍服务免征增值税。选项D，托儿所、幼儿园提供的保育和教育服务，免征增值税。

46. 下列(　　)不属于小微企业、制造业等行业纳税人按照规定申请留抵退税需要满足的条件。

A. 自2019年4月税款所属期起，连续六个月(按季纳税的，连续两个季度)增量留抵税额均大于零且第六个月增量留抵税额不低于50万元

B. 纳税信用等级为A级或者B级

C. 申请退税前36个月未因偷税被税务机关处罚两次及以上

D. 2019年4月1日起未享受即征即退、先征后返(退)政策

【参考答案】 B

【答案解析】 《财政部 税务总局关于进一步加大增值税期末留抵退税政策实施力度的公告》(财政部 税务总局公告2022年第14号)规定，适用本公告政策的纳税人需同时符合以下条件：

(一)纳税信用等级为A级或者B级；

(二)申请退税前36个月未发生骗取留抵退税、骗取出口退税或虚开增值税专用发票情形；

(三)申请退税前36个月未因偷税被税务机关处罚两次及以上；

(四)2019年4月1日起未享受即征即退、先征后返(退)政策。

47. 某小微企业2019年3月31日的期末留抵税额为20万元，2022年4月期末留抵税额为32万元，2019年4月至2022年3月已抵扣增值税专用发票60万元，道路通行费电子

普通发票10万元,海关进口增值税专用缴款书30万元,农产品收购发票抵扣进项税额25万元。按规定该小微企业在2022年4月向税务机关申请退还存量留抵税额和增量留抵税额分别是(　　)万元。

A. 9.6;5.76　　B. 20;12

C. 9.6;16　　D. 16;9.6

【参考答案】 D

【答案解析】 由已知2019年3月31日的期末留抵税额为20万元,2022年4月期末留抵税额为32万元,所以,2022年4月申请一次性存量留抵退税时,该纳税人的存量留抵税额为20万元,增量留抵税额为12万元。

进项构成比例,为2019年4月至申请退税前一税款所属期已抵扣的增值税专用发票(含带有"增值税专用发票"字样全面数字化的电子发票、税控机动车销售统一发票)、收费公路通行费增值税电子普通发票、海关进口增值税专用缴款书、解缴税款完税凭证注明的增值税额占同期全部已抵扣进项税额的比重。

故,进项构成比例=(60+10+30)÷(60+10+30+25)×100%=80%。

允许退还的存量留抵税额=存量留抵税额×进项构成比例×100%=20×80%×100%=16(万元)。

允许退还的增量留抵税额=增量留抵税额×进项构成比例×100%=12×80%×100%=9.6(万元)。

48. 根据现行增值税规定,选择差额计税的旅游公司发生的下列支出中,在确定增值税销售额时可以扣除的是(　　)。

A. 支付的广告制作费　　B. 替旅游者支付的酒店住宿费

C. 支付的导游工资　　D. 支付的办公室租金

【参考答案】 B

【答案解析】 纳税人提供旅游服务可以选择以取得的全部价款和价外费用,扣除向旅游服务购买方收取并支付给其他单位或者个人的住宿费、餐饮费、交通费、签证费、门票费和支付给其他接团旅游企业的旅游费用后的余额为销售额。

49. 下列关于分支机构预缴,总机构汇总缴纳增值税的说法错误的是(　　)。

A. 分支机构预缴增值税时,预征率由财政部和国家税务总局规定,并适时予以调整

B. 分支机构发生《应税服务范围注释》所列业务当期已预缴的增值税税款,在总机构当期增值税应纳税额中抵减不完的,可以结转下期继续抵减

C. 中国铁路总公司及其所属运输企业,一律由主管税务机关认定为增值税一般纳税人

D. 总机构汇总的进项税额,为各分支机构发生的进项税额

【参考答案】 D

【答案解析】 总机构汇总的进项税额,是指总机构及其分支机构因发生《应税服务范围注释》所列业务而购进货物或者接受加工修理修配劳务和应税服务,支付或者负担的增值税税额。

50. 下列增值税一般纳税人可以选择简易计税办法计税的是(　　)。

A. 交通运输服务　　B. 人力资源外包服务

C. 融资性售后回租　　D. 学历教育服务

【参考答案】 B

【答案解析】 一般纳税人提供人力资源外包服务，选择简易计税方法计税的，按照5%的征收率计算缴纳增值税。

选A，提供的公共交通运输服务可以选择简易计税，一般的交通运输服务不可以选择简易计税。选项C，属于贷款服务，不属于可以选择简易计税的列举范围。选项D，一般纳税人提供非学历教育服务、教育辅助服务，可以选择简易计税方法。提供学历教育的学校提供的教育服务收入免征增值税

51. 增值税专用发票，对购货方的处理说法中不正确的是（　　）。

A. 不以偷税或者骗取出口退税论处

B. 取得的虚开专用发票应按有关法规不予抵扣进项税款或者不予出口、退税

C. 已经抵扣的进项税款或者取得的出口退税，应依法追缴

D. 因善意取得虚开专用发票被依法追缴其已抵扣税款的，仍需加收滞纳金

【参考答案】 D

【答案解析】 因善意取得虚开专用发票被依法追缴其已抵扣税款的，不再加收滞纳金。

52. 下列关于增值税纳税人说法中错误的是（　　）。

A. 包括企业、行政单位、事业单位、军事单位、社会团体及其他单位

B. 单位以承包、承租方式经营的，承包人以自己的名义对外经营并承担相关法律责任的，以承包人为纳税人

C. 代理进口货物，凡是海关的完税凭证开具给代理方的，对代理方应按规定征收增值税

D. 建筑企业与发包方签订建筑合同后，以内部授权或者三方协议等方式，授权集团内其他纳税人（以下称第三方）为发包方提供建筑服务，并由第三方直接与发包方结算工程款的，由建筑企业缴纳增值税

【参考答案】 D

【答案解析】 建筑企业与发包方签订建筑合同后，以内部授权或者三方协议等方式，授权集团内其他纳税人（以下称第三方）为发包方提供建筑服务，并由第三方直接与发包方结算工程款的，由第三方缴纳增值税，与发包方签订建筑合同的建筑企业不缴纳增值税。

53. 下列关于增值税的说法中错误的是（　　）。

A. 纳税人偶然发生的销售无形资产、转让不动产的销售额，不计入应税行为年应税销售额

B. "货物"是指有形动产，包括电力、热力和气体在内

C. 转让建筑物或者构筑物时一并转让其所占土地的使用权的，按照销售不动产和销售无形资产分别缴纳增值税

D. 纳税人通过省级土地行政主管部门设立的交易平台转让补充耕地指标，按照销售无形资产缴纳增值税

【参考答案】 C

【答案解析】 根据现行增值税规定，转让建筑物或者构筑物时一并转让其所占土地的使用权的，按照销售不动产缴纳增值税。

54. 下列关于增值税纳税人说法中错误的是(　　)。

A. 服务(租赁不动产除外)或者无形资产(自然资源使用权除外)的销售方或者购买方在境内,属于境内销售服务、无形资产或不动产

B. 境内单位和个人作为工程分包方,为施工地点在境外的工程项目提供建筑服务,从境内工程总承包方取得的分包款收入,属于境内销售服务、无形资产或不动产

C. 境外单位或者个人向境内单位或者个人提供的会议展览地点在境外的会议展览服务,不属于在境内销售服务、无形资产或不动产

D. 所销售自然资源使用权的自然资源在境内,属于境内销售服务、无形资产或不动产

【参考答案】 B

【答案解析】 境内单位和个人作为工程分包方,为施工地点在境外的工程项目提供建筑服务,从境内工程总承包方取得的分包款收入,视同从境外取得收入。

55. 下列行为中,属于增值税混合销售行为的是(　　)。

A. 综合性商场销售货物并建立餐饮中心提供餐饮服务

B. 汽车销售公司销售汽车并为其他客户提供汽车装饰服务

C. 纳税人销售家电的同时提供送货上门服务

D. 联通公司向客户销售手机并为其他客户提供通信服务

【参考答案】 C

【答案解析】 混合销售是在同一项销售行为中存在着两类经营项目的混合,销售货款及劳务价款是同时从一个购买方取得的。选项 ABD 属于兼营行为。

56. 作为不征税收入的政府性基金或者行政事业性收费应满足的条件不包括(　　)。

A. 由国务院或者财政部批准设立的政府性基金

B. 国务院或者省级人民政府及其财政部门批准设立的行政事业性收费

C. 收取时开具省级以上(含省级)财政部门监(印)制的财政票据

D. 所收款项全额上缴财政

【参考答案】 B

【答案解析】 代为收取的同时满足以下条件的政府性基金或者行政事业性收费:1. 由国务院或者财政部批准设立的政府性基金,由国务院或者省级人民政府及其财政、价格主管部门批准设立的行政事业性收费;2. 收取时开具省级以上(含省级)财政部门监(印)制的财政票据;3. 所收款项全额上缴财政。

57. 下列关于增值税纳税人说法中错误的是(　　)。

A. 纳税人取得的财政补贴收入为不征税收入

B. 纳税人根据国家指令无偿提供的铁路运输服务、航空运输服务为不征税收入

C. 纳税人取得的财政补贴收入,与其销售货物、劳务、服务、无形资产、不动产的收入或者数量直接挂钩的,按规定计算缴纳增值税

D. 纳税人将外购的货物用于集体福利或个人消费,不需要缴纳增值税

【参考答案】 A

【答案解析】 自 2020 年 1 月 1 日起,纳税人取得的财政补贴收入,与其销售货物、劳务、服务、无形资产、不动产的收入或者数量直接挂钩的,按规定计算缴纳增值税。纳税人取

得的其他情形的财政补贴入，不属于增值税应税收入，不征收增值税。

58. 下列关于增值税纳税人说法中错误的是（ ）。

A. 其他个人销售的自己使用过的物品，免征增值税

B. 纳税人销售粮食，免征增值税

C. 宠物饲料不属于免征增值税范围

D. 蔬菜罐头不属于免征增值税范围

【参考答案】 B

【答案解析】 粮食等初级农产品、食用植物油、食用盐，适用 9%增值税税率。

59. 某超市为增值税一般纳税人，2022 年 3 月销售蔬菜取得零售收入 30 000 元，销售粮食、食用植物油取得零售收入 21 800 元，销售其他商品取得零售收入 113 000 元，2022 年 3 月该超市的销项税额为（ ）元。

A. 18 700　　B. 14 800

C. 18 251. 33　　D. 17 277. 06

【参考答案】 B

【答案解析】 根据增值税规定，免征蔬菜流通环节增值税。该超市不属于粮食食用植物油免税范围，粮食、食用植物油的增值税税率为 9%；其他商品的增值税税率为 13%。

销项税额＝21 800÷（1＋9%）×9%＋113 000÷（1＋13%）×13%＝1 800＋13 000＝14 800（元）。

60. 某供热企业为增值税一般纳税人，2022 年 1 月取得不含税供热收入 3 000 万元，其中含居民个人供热收入 500 万元，当月外购原材料取得增值税专用发票注明税额 200 万元。该企业 2022 年 1 月应缴纳增值税（ ）万元。

A. 70　　B. 225

C. 58. 33　　D. 25

【参考答案】 C

【答案解析】 对供热企业向居民个人供热而取得的采暖费收入免征增值税。对应的可以抵扣的进项税按比例分摊计算。

可以抵扣的进项税额＝200×（3 000－500）÷3 000＝166. 67（万元）。

该企业当月应纳增值税＝（3 000－500）×9%－166. 67＝58. 33（万元）。

61. 下列项目中，不享受免征增值税的是（ ）。

A. 学生勤工俭学　　B. 婚姻介绍服务

C. 幼儿园提供的保育和教育服务　　D. 幼儿园收取的赞助费

【参考答案】 D

【答案解析】 托儿所、幼儿园提供的保育和教育服务免征增值税，包括：学费、住宿费、伙食费等。但实验班、特色班、兴趣班等费用、赞助费、支教费等超过规定范围的收入，不包括在内。

62. 下列关于增值税税收优惠的说法中错误的是（ ）。

A. 自 2018 年 1 月 1 日起至 2023 年 12 月 31 日，对科普单位的门票收入，以及县级及以上党政部门和科协开展科普活动的门票收入，免征增值税

B. 自 2017 年 12 月 1 日至 2023 年 12 月 31 日，对金融机构向农户、小型企业、微型企业及个体工商户发放小额贷款取得的利息收入，减半征收增值税

C. 自 2019 年 1 月 1 日至 2023 年 12 月 31 日，饮水工程运营管理单位向农村居民提供生活用水取得的自来水销售收入，免征增值税

D. 自 2022 年 1 月 1 日至 2022 年 12 月 31 日，对纳税人提供公共交通运输服务取得的收入，免征增值税

【参考答案】 B

【答案解析】 自 2017 年 12 月 1 日至 2023 年 12 月 31 日，对金融机构向农户、小型企业、微型企业及个体工商户发放小额贷款取得的利息收入，免征增值税。

63. 下列关于增值税的说法中错误的是(　　)。

A. 从事个体经营的军队转业干部，自领取税务登记证之日起，其提供的应税服务 3 年内免征增值税。

B. 从事个体经营的随军家属，自办理税务登记事项之日起，其提供的应税服务 3 年内免征增值税。

C. 个人出租住房免征增值税

D. 纳税人采取转包、出租、互换、转让、入股等方式将承包地流转给农业生产者用于农业生产取得的收入，免征增值税

【参考答案】 C

【答案解析】 个人出租住房，按照 5%的征收率减按 1.5%计算应纳增值税。

64. 下列关于增值税说法中错误的是(　　)。

A. 地方政府债券利息收入免征增值税

B. 统借统还业务中，按不高于借款利率水平或债券票面利率水平，向企业集团或者集团内下属单位收取的利息免征增值税

C. 进口罕见病药品免征进口环节增值税

D. 金融机构间的同业借款利息收入免征增值税

【参考答案】 C

【答案解析】 进口罕见病药品和抗癌药品，减按 3%征收进口环节增值税。

65. 下列关于增值税说法中错误的是(　　)。

A. 对飞机维修劳务增值税实际税负超过 6%的部分实行即征即退

B. 因违反税收、环境保护的法律法规受到处罚(警告或单次 1 万元以下罚款除外)的，自处罚决定下达的次月起 24 个月内，不得享受增值税即征即退政策

C. 自 2021 年 10 月 1 日至 2023 年 12 月 31 日，图书批发、零售环节免征增值税

D. 自 2019 年 1 月 1 日至 2023 年 12 月 31 日，对经营公租房所取得的租金收入免征增值税

【参考答案】 B

【答案解析】 因违反税收、环境保护的法律法规受到处罚(警告或单次 1 万元以下罚款除外)的，自处罚决定下达的次月起 36 个月内，不得享受增值税即征即退政策。

66. 下列关于增值税说法中错误的是(　　)。

A. 增值税一般纳税人销售其自行开发生产的软件产品，增值税实际税负超过 3%的部分实行即征即退

B. 增值税一般纳税人将进口软件产品进行本地化改造后(不包括单纯的汉字化处理)对外销售，增值税实际税负超过 3%的部分实行即征即退

C. 动漫企业增值税一般纳税人销售其自主开发生产的动漫软件，增值税实际税负超过 3%的部分实行即征即退

D. 动漫软件出口，增值税实际税负超过 3%的部分实行即征即退

【参考答案】 D

【答案解析】 动漫软件出口免征增值税。而非"增值税实际税负超过 3%的部分实行即征即退"。

67. 国内某软件开发企业为增值税一般纳税人，2022 年 8 月销售生产的软件产品取得不含税销售额 60 万元，已开具增值税专用发票，该批软件系进口软件进行升级转换；本月购进电脑用于软件设计取得增值税专用发票注明金额 20 万元；支付运输费用 2 万元，取得增值税专用发票；进口软件的增值税为 1 万元。该企业上述业务增值税即征即退税额为(　　)万元。

A. 0.42　　B. 3.22

C. 4.02　　D. 2.22

【参考答案】 D

【答案解析】 应纳税额＝60×13%－20×13%－2×9%－1＝7.8－2.6－0.18－1＝4.02(万元)。

实际税负＝4.02÷60×100%＝6.7%，实际税负超过 3%的部分实行即征即退。

实际应负担的增值税＝60×3%＝1.8(万元)。

即征即退增值税税额＝4.02－1.8＝2.22(万元)。

68. 下列关于增值税说法中错误的是(　　)。

A. 增值税纳税人购买增值税税控系统专用设备支付的费用，可凭购买增值税税控系统专用设备取得的增值税专用发票，在增值税应纳税额中全额抵减(抵减额为价税合计额)，不足抵减的可结转下期继续抵减

B. 增值税纳税人缴纳的技术维护费，可凭技术维护服务单位开具的技术维护费发票，在增值税应纳税额中全额抵减，不足抵减的可结转下期继续抵减

C. 自 2022 年 4 月 1 日至 2022 年 12 月 31 日，增值税小规模纳税人适用 3%征收率的应税销售收入，免征增值税

D. 纳税人发生应税行为同时适用免税和零税率规定的，纳税人可以选择适用免税或者零税率

【参考答案】 A

【答案解析】 增值税纳税人初次购买增值税税控系统专用设备支付的费用，可凭购买增值税税控系统专用设备取得的增值税专用发票，在增值税应纳税额中全额抵减(抵减额为价税合计额)，不足抵减的可结转下期继续抵减。非首次购买只能凭增值税专用发票抵扣进项税额。

69. 自2021年4月1日至2022年3月31日，关于小规模纳税人月合计销售额适用增值税征免政策，下列说法不正确的是(　　)。

A. 销售货物、提供服务分别取得销售额4万元、8万元，当月免税

B. 销售货物、提供服务、转让无形资产分别取得销售额6万元、3万元、4万元，当月免税

C. 销售货物、提供建筑服务分别取得销售额6万元、14万元，支付建筑分包款9万元，当月免税

D. 销售货物、提供服务、销售不动产分别取得销售额6万元、7万元、10万元，当月免税

【参考答案】 D

【答案解析】 自2021年4月1日至2022年12月31日，小规模纳税人合计月销售额超过15万元，但扣除本期发生的销售不动产的销售额后未超过15万元的，其销售货物、劳务、服务、无形资产取得的销售额免征增值税。

适用增值税差额征税政策的，以差额后的余额为销售额，确定其是否可享受小规模纳税人免税政策。故选项ABC均免征增值税。选项D，销售货物、提供建筑服务取得的销售额免征增值税，但销售不动产的10万元，应照章纳税。

70. 下列关于增值税纳税义务发生时间的说法中错误的是(　　)。

A. 纳税人从事金融商品转让行为，为金融商品所有权转移的当天

B. 生产销售、生产工期超过12个月的大型机械设备、船舶、飞机等货物，为收到预收款或者书面合同约定的收款日期的当天

C. 委托其他纳税人代销货物，为发出代销商品满180天的当天

D. 采取托收承付和委托银行收款方式销售货物，为发出货物并办妥托收手续的当天

【参考答案】 C

【答案解析】 委托其他纳税人代销货物，收到代销单位销售的代销清单或收到全部或部分货款的当天；未收到代销清单及货款的，其纳税义务发生时间为发出代销商品满180天的当天。

71. 增值税一般纳税人，所生产商品适用13%税率。2022年3月采用分期收款销售商品，合同约定不含税销售额200万元，当月收款70%，次月收款30%。由于购货方资金周转困难，当月实际收到货款50万元，该工厂按实际收款额开具了增值税专用发票，当月该工厂增值税销项税额应为(　　)万元。

A. 18.2　　　　B. 6.5

C. 26　　　　D. 22.1

【参考答案】 A

【答案解析】 采取赊销和分期收款方式销售货物，为书面合同约定的收款日期的当天；无书面合同或合同没有收款日期，为发出货物当天。

当月该工厂增值税销项税额=200×70%×13%=18.2(万元)。

72. 某酒厂为一般纳税人，2022年7月向一小规模纳税人销售白酒，开具普通发票上注明金额为226 000元，同时收取单独核算的包装物押金2 260元，另外去年收取的包装物押金1130元当月已过期，该酒厂的销项税额为(　　)元。

A. 26 000　　　　B. 26 130

C. 26 260　　　　　　　　　　　　D. 26 390

【参考答案】 C

【答案解析】 对销售除啤酒、黄酒以外的其他酒类产品收取的包装物押金，无论是否返还以及会计上如何核算，均应并入当期销售额征税。普通发票上注明金额及包装物押金均为含税价，所以，该酒厂的销项税额＝(226 000＋2 260)÷(1＋13％)×13％＝26 260(元)。

73. 下列不属于租赁服务的是(　　)。

A. 车辆等有形动产的广告位出租给其他单位或者个人用于发布广告

B. 车辆停放服务

C. 水路运输的光租业务

D. 航空运输的湿租业务

【参考答案】 D

【答案解析】 航空运输的湿租业务，属于航天运输服务。

将建筑物、构筑物等不动产或者飞机、车辆等有形动产的广告位出租给其他单位或者个人用于发布广告，按照经营租赁服务缴纳增值税。车辆停放服务、道路通行服务(包括过路费、过桥费、过闸费等)等按照不动产经营租赁服务缴纳增值税。水路运输的光租业务、航空运输的干租业务，属于经营性租赁。

74. 下列关于增值税说法中错误的是(　　)。

A. 纳税人购入基金、信托、理财产品等各类资产管理产品持有至到期，不属于金融商品转让

B. 茶叶适用的增值税税率为 9％

C. 境内单位和个人作为工程分包方，为施工地点在境外的工程项目提供建筑服务，从境内工程总承包方取得的分包款收入，视同从境外取得收入

D. 自 2017 年 5 月 1 日起，纳税人销售活动板房、机器设备、钢结构件等自产货物的同时提供建筑、安装服务，不属于混合销售，应分别核算货物和建筑服务的销售额，分别适用不同的税率或者征收率

【参考答案】 B

【答案解析】 各种毛茶适用 9％税率，但精制茶、边销茶、药茶和茶饮料适用 13％增值税税率。另外，自 2021 年 1 月 1 日起至 2023 年 12 月 31 日，对边销茶生产企业销售自产的边销茶及经销企业销售的边销茶免征增值税。

75. 下列关于增值税说法中错误的是(　　)。

A. 放弃适用增值税零税率后，36 个月内不得再申请适用增值税零税率

B. 政府储备食用植物油的销售免征增值税，其他销售食用油的业务，一律照章征收增值税

C. 二手车经销企业销售旧车按照 3％的征收率减按 2％征收增值税

D. 对飞机维修劳务增值税实际税负超过 6％的部分，实行即征即退

【参考答案】 C

【答案解析】 自 2020 年 5 月 1 日至 2023 年 12 月底，对二手车经销企业销售旧车，减按销售额的 0.5％征收增值税。

76. 下列关于增值税说法中错误的是(　　)。

A. 其他个人代开增值税发票时,纳税人放弃免税优惠后,在36个月内不得再申请免税

B. 经人民银行、银监会或者商务部批准从事融资租赁业务的试点纳税人中的一般纳税人,提供有形动产融资租赁服务和有形动产融资性售后回租服务,增值税实际税负超过3%的部分实行增值税即征即退政策

C. 进口铂金免征进口环节增值税

D. 自2021年4月1日至2022年12月31日,对月销售额15万元以下(含本数)的增值税小规模纳税人,免征增值税

【参考答案】 A

【答案解析】 纳税人发生应税销售行为适用免税规定的,可以放弃免税,按照规定缴纳增值税。纳税人放弃免税优惠后,在36个月内不得再申请免税。

其他个人代开增值税发票时,放弃免税权不受“36个月不得享受减免税优惠限制”,仅对当次代开发票有效,不影响以后申请免税代开。

77. 下列属于价外费用的是(　　)。

A. 纳税人向购买方收取的包装物租金

B. 受托加工应征消费税的货物,而由受托方向委托方代收代缴的消费税

C. 符合“承运部门的运费发票开具给购买方,并且由纳税人将该项发票转交给购买方的”代垫运费

D. 销售货物的同时代办保险等而向购买方收取的保险费

【参考答案】 A

【答案解析】 手续费、补贴、基金、集资费、返还利润、奖励费、违约金、延期付款利息、滞纳金、赔偿金、包装费、包装物租金、储备费、优质费、运输装卸费、代收款项、代垫款项及其他各种性质的价外收费。

78. 某商场为增值税一般纳税人,2022年5月举办促销活动,全部商品8折销售。实际取得不含税收入1 000 000元,销售额和折扣额均在同一张发票上分别注明。上月销售商品本月发生退货,向消费者退款67 800元(开具了红字增值税专用发票),该商场当月销项税额是(　　)元。

A. 122 844.25　　B. 130 000

C. 138 814　　D. 137 800

【参考答案】 D

【答案解析】 该商场当月销项税额=1 000 000×13%-67 800÷(1+13%)×13%=130 000+7 800=137 800(元)。

79. 下列关于增值税说法中错误的是(　　)。

A. 除啤酒、黄酒以外的其他酒收取包装物押金时计征增值税

B. 金融机构提供贷款服务以取得的全部利息及利息性质的收入为销售额

C. 一般纳税人提供人力资源外包服务可以选择适用简易计税方法,按照3%的征收率计算缴纳增值税

D. 纳税人发生应税销售行为,价格明显偏低且无正当理由,视同销售无销售额的,主管

税务机关有权核定其计税销售额

【参考答案】 C

【答案解析】 一般纳税人提供人力资源外包服务可以选择适用简易计税方法，按照5%的征收率计算缴纳增值税。

80. 下列关于差额征税的说法中错误的是（ ）。

A. 航空运输企业的销售额不包括代收的机场建设费、燃油费和代售其他航空运输企业客票而代收转付的价款

B. 一般纳税人提供客运场站服务，以取得的全部价款和价外费用扣除支付给承运方运费后的余额为销售额

C. 一般纳税人房地产开发企业卖新房，以取得的全部价款和价外费用扣除受让土地时向政府部门支付的土地价款后的余额为销售额（选择简易计税方法的房地产老项目除外）

D. 纳税人提供经纪代理服务，以取得的全部价款和价外费用扣除向委托方收取并代为支付的政府性基金或者行政事业性收费后的余额为销售额

【参考答案】 A

【答案解析】 根据现行增值税法律规定，航空运输企业的销售额不包括代收的机场建设费和代售其他航空运输企业客票而代收转付的价款。

二、多项选择题

1. 下列销售额应计入增值税纳税人判定标准的有（ ）。

A. 纳税评估调整的销售额　　B. 稽查查补的销售额

C. 偶然发生的销售无形资产的销售额　　D. 免税销售额

【参考答案】 ABD

【答案解析】 选项C，年应税销售额是指纳税人在连续不超过12个月或四个季度的经营期内累计应征增值税销售额，包括纳税申报销售额、稽查查补销售额、纳税评估调整销售额。“纳税申报销售额”是指纳税人自行申报的全部应征增值税销售额，其中包括免税销售额和税务机关代开发票销售额。

纳税人偶然发生的销售无形资产、转让不动产的销售额，不计入应税行为年应税销售额。

2. 下列业务属于增值税视同销售行为的有（ ）。

A. 运输公司向地震灾区运输救灾物资

B. 企业将购进的大米作为过节福利发放给本企业员工

C. 汽车厂将自产汽车分配给投资者

D. 运输企业无偿向另一企业提供运输服务

【参考答案】 CD

【答案解析】 选项A，单位无偿提供服务属于公益事业的，不属于视同销售行为。选项B，外购货物用于集体福利、个人消费，进项税额不得抵扣，不视同销售。选项C，将自产、委托加工或购买的货物分配给股东或投资者，将自产、委托加工或购买的货物无偿赠送，增值税视同销售。选项D，单位或个体工商户向其他单位或个人无偿提供服务视同销售，但用于

公益事业或以社会公众为对象除外,属于视同销售。

3. 下列关于增值税纳税人的说法中正确的是(　　)。

A. 资管产品运营过程中发生的增值税应税行为,资管产品管理人为纳税人

B. 代理进口货物的,纳税人为委托方

C. 进口货物的收货人或办理报关手续的单位和个人为纳税人

D. 行政单位、事业单位可以成为增值税纳税人,自然人也可以成为增值税纳税人

【参考答案】 ACD

【答案解析】 选项B,代理进口货物的,主要是看海关开具的完税凭证上的主体。凡是海关的完税凭证开具给委托方的,对代理方不征增值税;凡是海关的完税凭证开具给代理方的,对代理方应按规定征收增值税。

4. 下列关于增值税的说法中正确的是(　　)。

A. 境外单位或个人在境内销售服务、无形资产或者不动产,境内未设有经营机构的,以购买方为增值税扣缴义务人

B. 境外单位或个人在境内提供应税劳务,在境内未设有经营机构的,以购买者为扣缴义务人

C. 年应税销售额超过小规模纳税人标准的其他个人,可以选择按小规模纳税人纳税

D. 年应税销售额超过规定标准但不经常发生应税行为的单位和个体工商户,以及非企业性单位、不经常发生应税行为的企业,可选择按照小规模纳税人纳税

【参考答案】 AD

【答案解析】 选项B,中华人民共和国境外(以下简称境外)的单位或个人在境内提供应税劳务,在境内未设有经营机构的,其应纳税款以境内代理人为扣缴义务人;境内没有代理人的,以购买者为扣缴义务人。选项C,年应税销售额超过小规模纳税人标准的其他个人按小规模纳税人纳税,而不是"可以选择按小规模纳税人纳税"。

5. 下列关于增值税的说法中正确的是(　　)。

A. 销售服务、无形资产或者不动产有扣除项目的纳税人,年应税销售额按未扣除之后的销售额计算

B. 年应税销售额超过500万元且经常发生应税行为的企业必须办理一般纳税人登记

C. 纳税人通过省级土地行政主管部门设立的交易平台转让补充耕地指标,按照销售无形资产缴纳增值税,且税率为6%

D. 转让建筑物或者构筑物时一并转让其所占土地的使用权的,按照销售不动产缴纳增值税

【参考答案】 BCD

【答案解析】 选项A,销售服务、无形资产或者不动产有扣除项目的纳税人,年应税销售额按未扣除之前的销售额计算。

6. 下列关于增值税的说法中错误的是(　　)。

A. 出租车公司向使用本公司自有出租车的出租车司机收取的管理费用按陆路运输服务征收增值税

B. 航空运输的干租业务属于航天运输服务

C. 航道疏浚服务属于其他建筑服务

D. 纳税人受托对垃圾、污泥、污水、废气等废弃物进行专业化处理后，未产生货物的，以及专业化处理后产生货物，且货物归属委托方的，受托方属于提供“专业技术服务”

【参考答案】 BCD

【答案解析】 选项B，航空运输的湿租业务（湿租业务，是指航空运输企业将配备有机组人员的飞机承租给他人使用一定期限，承租期内听候承租方调遣，不论是否经营，均按一定标准向承租方收取租赁费，发生的固定费用均由承租方承担的业务）属于航天运输服务。而水路运输的光租业务、航空运输的干租业务（不配人员，不承担费用，只租运输工具），属于经营性租赁。选项C，疏浚（不包括航道疏浚）属于其他建筑服务。航道疏浚服务属于物流辅助服务。选项D，自2020年5月1日起，纳税人受托对垃圾、污泥、污水、废气等废弃物进行专业化处理后：未产生货物的，以及专业化处理后产生货物，且货物归属受托方的，受托方属于提供“专业技术服务”；产生货物，且货物归属委托方的，受托方属于提供加工劳务；货物归属受托方的，受托方将产生的货物用于销售时，属于销售货物。

7. 下列关于增值税的说法中正确的是（ ）。

A. 纳税人为客户办理退票而向客户收取的退票费、手续费等收入按“交通运输服务”缴纳增值税

B. 纳税人已售票但客户逾期未消费取得的运输逾期票证收入，按照“其他现代服务”缴纳增值税。

C. 无运输工具承运业务，按照交通运输服务缴纳增值税

D. 运输工具舱位承包业务中，发包方和承包方均按照“交通运输服务”缴纳增值税

【参考答案】 CD

【答案解析】 选项A，纳税人为客户办理退票而向客户收取的退票费、手续费等收入按“其他现代服务”缴纳增值税。选项B，纳税人已售票但客户逾期未消费取得的运输逾期票证收入，按照“交通运输服务”缴纳增值税。

8. 下列关于增值税的说法中正确的是（ ）。

A. 纳税人销售自产的机器设备同时提供安装服务，属于混合销售行为

B. 对于兼营行为，应当分别核算适用不同税率或者征收率的销售额，未分别核算销售额的，从高适用税率或征收率

C. 国家指定销售单位销售罚没物品，照章征收增值税

D. 纳税人根据国家指令无偿提供的铁路运输服务、航空运输服务取得的收入，为不征税收入

【参考答案】 BCD

【答案解析】 选项A，纳税人销售活动板房、机器设备、钢结构件等自产货物的同时提供建筑、安装服务，不属于混合销售，应分别核算货物和建筑服务的销售额，分别适用不同的税率或者征收率。

9. 下列关于增值税的说法中正确的是（ ）。

A. 纳税人在资产重组过程中，通过合并、分立、出售、置换等方式，将全部或者部分实物资产以及与其相关联的债权、负债和劳动力一并转让给其他单位和个人，不属于增

值税的征税范围

B. 纳税人取得的财政补贴收入,为不征税收入

C. 基础电信服务的增值税税率为 9%

D. 淀粉的增值税税率为 9%

【参考答案】 AC

【答案解析】 选项 B,关于纳税人取得的财政补贴:(1)自 2020 年 1 月 1 日起,纳税人取得的财政补贴收入,与其销售货物、劳务、服务、无形资产、不动产的收入或者数量直接挂钩的,按规定计算缴纳增值税。(按其销售货物、劳务、服务、无形资产、不动产的适用税率计算缴纳增值税。)(2)纳税人取得的其他情形的财政补贴入,不属于增值税应税收入,不征收增值税。

选项 D,小麦、玉米、高粱、谷子、面粉、米、玉米面、玉米渣等;切面、饺子皮、馄饨皮、面皮、米粉等粮食复制品、玉米胚芽等都属于粮食等初级农产品,增值税税率为 9%。但玉米浆、玉米皮、玉米纤维和玉米蛋白粉;速冻食品、方便面、副食品、熟食品及淀粉等不属于粮食等初级农产品,增值税税率为 13%。

10. 下列关于增值税的说法中正确的是(　　)。

A. 农机及农机零部件适用的增值税税率为 9%

B. 按照国家有关规定应取得相关资质的国际运输服务项目,取得相关资质的适用零税率政策,未取得的,适用增值税免税政策

C. 放弃适用增值税零税率后,36 个月内不得再申请适用增值税零税率

D. 向境外单位提供完全在境外消费的商务辅助服务,增值税适用税率为零税率

【参考答案】 BC

【答案解析】 选项 A,农机的整机增值税税率为 9%。农机零部件的增值税税率为 13%。选项 D,向境外单位提供完全在境外消费的以下服务,增值税适用税率为零税率:(1)研发服务;(2)合同能源管理服务;(3)设计服务;(4)广播影视节目(作品)的制作和发行服务;(5)软件服务;(6)电路设计及测试服务;(7)信息系统服务;(8)业务流程管理服务;(9)离岸服务外包业务;(10)转让技术。而商务辅助服务不并在此范围内。

11. 下列关于增值税免税优惠政策的说法中正确的是(　　)。

A. 军队用粮、救灾救济粮、水库移民口粮、符合国家规定标准的退耕还林还草补助粮销售收入免征增值税

B. 饲料销售收入免征增值税

C. 从事蔬菜批发、零售的纳税人销售的蔬菜免征增值税

D. 福利彩票、体育彩票的发行收入免征增值税

【参考答案】 ACD

【答案解析】 选项 B,宠物饲料不属于免征增值税的饲料范围,增值税税率仍为 9%。

12. 下列关于增值税的说法中正确的是(　　)。

A. 保险公司开办的人身保险产品取得的保费收入免征增值税

B. 涉及家庭财产分割的个人无偿转让不动产、土地使用权免征增值税

C. 纳税人采取转包、出租、互换、转让、入股等方式将承包地流转给农业生产者用于农业生产取得的收入,免征增值税

D. 个人购买 2 年以上(含 2 年)的住房,销售时免征增值税

【参考答案】 BC

【答案解析】 选项 A,保险公司开办的一年期以上人身保险产品取得的保费收入免征增值税。选项 D,个人购买 2 年以上(含 2 年)的住房,如果住房位于北京市、上海市、广州市和深圳市以外的城市,那么销售时免征增值税。如果住房位于北京市、上海市、广州市和深圳市,还要区分是否属于普通住房,如果属于普通住房,则免征增值税;如果是非普通住房,则以销售收入减去购买住房价款后的差额按照 5%的征收率缴纳增值税。

13. 下列关于增值税的说法中正确的是(　　)。

A. 因违反税收、环境保护的法律法规受到处罚(警告或单次 1 万元以下罚款除外)的,自处罚决定下达的次月起 36 个月内,不得享受上述增值税即征即退政策

B. 自 2021 年 10 月 1 日至 2023 年 12 月 31 日,图书批发、零售环节免征增值税

C. 进口抗癌药品和罕见药品,减按 3%征收进口环节增值税

D. 自 2021 年 1 月 1 日至 2030 年 12 月 31 日,对卫生健康委委托进口的抗艾滋病病毒药物免征进口关税和进口环节增值税

【参考答案】 ABCD

【答案解析】 以上说法均符合现行增值税政策规定。

14. 下列关于增值税的说法中正确的是(　　)。

A. 对飞机维修劳务增值税实际税负超过 6%的部分实行即征即退

B. 对安置残疾人的单位和个体工商户,限额即征即退增值税的月应退增值税额=纳税人本月安置残疾人员人数×本月月最低工资标准的 3 倍

C. 既适用促进残疾人就业优惠政策,又适用重点群体、退役士兵、随军家属、军转干部等优惠政策的,纳税人可自行选择,但不能累加执行。一经选定,36 个月内不得变更

D. 增值税纳税人初次购买增值税税控系统专用设备支付的费用,可凭购买增值税税控系统专用设备取得的增值税专用发票,在增值税应纳税额中全额抵减(抵减额为价税合计额),不足抵减的可结转下期继续抵减

【参考答案】 ACD

【答案解析】 选项 B,对安置残疾人的单位和个体工商户(以下称纳税人),由税务机关按纳税人安置残疾人的人数,限额即征即退增值税。月应退增值税额=纳税人本月安置残疾人员人数×本月月最低工资标准的 4 倍。

15. 下列关于增值税的说法中正确的是(　　)。

A. 个人销售起征点政策,仅限于个人,不包括认定为一般纳税人的个体工商户

B. 放弃免税权的纳税人符合一般纳税人认定条件的,按规定认定为一般纳税人,可开具增值税专用发票

C. 纳税人发生视同销售货物行为,纳税义务发生时间为货物移送的当天

D. 增值税一般纳税人取得增值税专用发票、海关进口增值税专用缴款书、机动车销售统一发票、收费公路通行费增值税电子普通发票,需要在法定期限内认证确认、稽核比对、申报抵扣

【参考答案】 ABC

【答案解析】 选项D,增值税一般纳税人取得2017年1月1日及以后开具的增值税专用发票、海关进口增值税专用缴款书、机动车销售统一发票、收费公路通行费增值税电子普通发票,取消认证确认、稽核比对、申报抵扣的期限。

16. 以下不属于价外费用的是( )。

A. 受托加工应征消费税的货物,而由受托方向委托方代收代缴的消费税

B. 代垫运费

C. 承运部门的运费发票开具给购买方,并且由纳税人将该项发票转交给购买方的

D. 向购买方收取的代购买方缴纳的车辆购置税、车辆牌照费

【参考答案】 ACD

【答案解析】 价外费用不包括:(1)受托加工应征消费税的货物,而由受托方向委托方代收代缴的消费税。

(2)同时符合以下两个条件的代垫运费:承运部门的运费发票开具给购买方,并且由纳税人将该项发票转交给购买方的。

(3)销售货物的同时代办保险等而向购买方收取的保险费,以及向购买方收取的代购买方缴纳的车辆购置税、车辆牌照费。

17. 下列关于增值税的说法中正确的是( )。

A. 销售折扣,销售折扣不得从销售额中减除

B. 一般纳税人因销货退回和折让而退还给购买方的增值税额,应从发生销货退回或折让当期的销项税额中扣减。未按规定开具红字增值税专用发票的,不得扣减销项税额或销售额

C. 还本销售,按新货物的同期销售价格确定销售额,不得从销售额中减除还本支出

D. 纳税人销售货物并向购买方开具增值税专用发票后,由于购货方在一定时期内累计购买货物达到一定数量,或者市场价格下降等原因,销货方给予购货方相应的价格优惠或补偿等折扣、折让,因为折扣和折让发生在销售行为之后,因此销货方不可以开具红字增值税专用发票冲减销售额

【参考答案】 ABC

【答案解析】 纳税人销售货物并向购买方开具增值税专用发票后,由于购货方在一定时期内累计购买货物达到一定数量,或者由于市场价格下降等原因,销货方给予购货方相应的价格优惠或补偿等折扣、折让行为,销货方可按现行规定开具红字增值税专用发票。

18. 下列应并入本月销售额征税增值税的是( )。

A. 单独记账的随同销售水晶制品而收取的包装物押金,本月逾期未收回且不再退还

B. 单独记账的随同销售金银首饰而收取的包装物押金,本月逾期未收回且不再退还

C. 单独记账的随同销售啤酒收取的包装物押金,本月逾期未收回且不再退还

D. 单独记账的随同销售葡萄酒收取的包装物押金,本月逾期未收回且不再退还

【参考答案】 ABC

【答案解析】 纳税人为销售货物而出租出借包装物收取的押金,单独记账的、时间在1年内又未过期的,不并入销售额征税;逾期未收回不再退还的包装物押金,应按所包装货物的适用税率计算纳税。

对销售除啤酒、黄酒以外的其他酒类产品收取的包装物押金，无论是否返还以及会计上如何核算，均应并入当期销售额征税。

19. 下列关于差额征税的说法中正确的是（　　）。

A. 经纪代理服务，以取得的全部价款和价外费用，扣除向委托方收取并代为支付的政府性基金或者行政事业性收费（不得开具增值税专用发票）后的余额为销售额

B. 航空运输企业，销售额不包括代收的机场建设费和代售其他航空运输企业客票而代收转付的价款

C. 提供客运场站服务，以取得的全部价款和价外费用，扣除支付给承运方运费后的余额为销售额

D. 提供劳务派遣服务，可以选择差额纳税，以取得的全部价款和价外费用，扣除代用工单位支付给劳务派遣员工的工资、福利和为其办理社会保险及住房公积金后的余额为销售额，按照简易计税方法依5%的征收率计算缴纳增值税

【参考答案】 ABD

【答案解析】 选项C，只有增值税一般纳税人提供客运场站服务，才可以采取差额征税的方式，以取得的全部价款和价外费用，扣除支付给承运方运费后的余额为销售额。

20. 下列准予从销项税额中抵扣进项税额的说法正确是（　　）。

A. 自境外单位或者个人购进劳务、服务、无形资产或者境内的不动产，从税务机关或者扣缴义务人取得的代扣代缴税款的完税凭证，完税凭证上注明的增值税额准予从销项税额中抵扣

B. 租入固定资产、不动产，既用于一般计税方法计税项目，又用于简易计税方法计税项目、免征增值税项目、集体福利或个人消费的，其进项税额准予从销项税额中全额抵扣

C. 纳税人自办理税务登记至认定或登记为一般纳税人期间，未取得生产经营收入，已按照销售额和征收率简易计算应纳税额申报缴纳增值税的，可以在认定或登记为一般纳税人后抵扣进项税额

D. 纳税人支付的道路、桥、闸通行费，准予从销项税额中抵扣进项税额＝发票金额÷(1＋5%)×5%

【参考答案】 ABD

【答案解析】 选项C，纳税人自办理税务登记至认定或登记为一般纳税人期间，未取得生产经营收入，未按照销售额和征收率简易计算应纳税额申报缴纳增值税的，可以在认定或登记为一般纳税人后抵扣进项税额。

21. 下列关于增值税的说法中正确的是（　　）。

A. 煤炭采掘企业，巷道附属设备及其相关的应税货物、劳务和服务准予从销项税额中抵扣进项税额，但用于除开拓巷道以外的其他巷道建设和掘进的应税货物、劳务和服务则不能从销项税额中抵扣进项税额

B. 提供保险服务的纳税人以现金赔付方式承担机动车辆保险责任的，将应付给被保险人的赔偿金直接支付给车辆修理劳务提供方，不属于保险公司购进车辆修理劳务，其进项税额不得从保险公司销项税额中抵扣

C. 允许抵扣的国内旅客运输服务，限于与本单位签订了劳动合同的员工，以及本单位作为用工单位接受的劳务派遣员工发生的国内旅客运输服务

D. 从事食品加工的一般纳税人从小规模纳税人处购进农产品取得3%的增值税专用发票，以发票上注明的金额和9%的扣除率计算进项税额

【参考答案】 BCD

【答案解析】 选项A，煤炭采掘企业的下列项目允许抵扣进项税额：(1)巷道附属设备及其相关的应税货物、劳务和服务；(2)用于除开拓巷道以外的其他巷道建设和掘进，或者用于巷道回填、露天煤矿生态恢复的应税货物、劳务和服务。

22. 根据增值税进项税额加计抵减政策规定，下列说法正确的有(　　)。

A. 出口货物对应的进项税额可以计提加计抵减额

B. 不得从销项税额中抵扣的进项税额，不得计提加计抵减额

C. 适用加计抵减政策的纳税人，当期可抵扣进项税额均可以加计10%抵减应纳税额，不仅限于提供四项服务对应的进项税额

D. 电信无增值服务属于增值税进项税额加计抵减政策适用范围

【参考答案】 BCD

【答案解析】 选项A，纳税人出口货物劳务、发生跨境应税行为不适用加计抵减政策，其对应的进项税额不得计提加计抵减额。

23. 下列关于增值税的说法中正确的是(　　)。

A. 购进的餐饮服务不得从销项税额中抵扣的进项税额，但生活服务中的旅游服务、住宿服务符合条件可以抵扣进项税

B. 增值税视同销售货物，购进的货物准予抵扣进项税额

C. 纳税人租入固定资产、不动产，既用于一般计税方法计税项目，又用于简易计税方法计税项目、免征增值税项目、集体福利或者个人消费的，以一般计税方法计税项目取得的销售额占总销售额中的比例，计算其准予从销项税额抵扣的进项税额

D. 不得抵扣且未抵扣进项税额的固定资产、无形资产、不动产，发生用途改变，用于允许抵扣进项税额的应税项目，可在用途改变的次月按照下列公式，依据合法有效的增值税扣税凭证，计算可以抵扣的进项税额：可以抵扣的进项税额＝固定资产、无形资产、不动产净值×适用税率

【参考答案】 AB

【答案解析】 选项C，自2018年1月1日起，纳税人租入固定资产、不动产，既用于一般计税方法计税项目，又用于简易计税方法计税项目、免征增值税项目、集体福利或者个人消费的，其进项税额准予从销项税额中全额抵扣。仅用于简易计税、免税的不得进项抵扣。选项D，不得抵扣且未抵扣进项税额的固定资产、无形资产、不动产，发生用途改变，用于允许抵扣进项税额的应税项目，可在用途改变的次月按照下列公式，依据合法有效的增值税扣税凭证，计算可以抵扣的进项税额：可以抵扣的进项税额＝固定资产、无形资产、不动产净值÷(1＋适用税率)×适用税率。

24. 下列关于增值税的处理中正确的是(　　)。

A. 对商业企业向供货方收取的与商品销售量、销售额挂钩(如以一定比例、金额、数量

计算)的各种返还收入,应冲减当期增值税进项税额

B. 一般纳税人因进货退回而从销售方收回的增值税额,应从发生进货退回当期的进项税额中扣减

C. 一般纳税人销售产品后因质量问题给予销售折让的,就在发生时冲减当期的销售收入,冲减已确认的增值税销项税额

D. 平销返利收入不得从扣减对应的增值税进项税额,应照章计算增值税销项税额

【参考答案】 ABC

【答案解析】 选项D,对商业企业向供货方收取的与商品销售量、销售额挂钩(如以一定比例、金额、数量计算)的各种返还收入,均应当按照平销返利行为的有关规定应冲减当期增值税进项税额。

25. 小微企业、制造业等行业纳税人申请留抵退税,需要具备的条件有(　　)。

A. 增量留抵税额大于50万元

B. 申请退税前36个月未因偷税被税务机关处罚两次及以上

C. 申请退税前36个月未发生骗取留抵退税、出口退税、虚开增值税专用发票情形

D. 纳税信用等级为A级或B级

【参考答案】 BCD

【答案解析】 办理留抵退税的小微企业、制造业等行业纳税人,需同时符合以下条件:(1)纳税信用等级为A级或者B级;(2)申请退税前36个月未发生骗取留抵退税、出口退税或虚开增值税专用发票情形;(3)申请退税前36个月未因偷税被税务机关处罚两次及以上;(4)自2019年4月1日起未享受即征即退、先征后返(退)政策。

26. 根据现行期末留抵税额退税政策的规定,下列说法正确的是(　　)。

A. 纳税人在同一申报期内,可同时申报享受先征后返政策和留抵退税政策

B. 纳税人在同一申报期内,既可以申报出口免抵退税又可以申请办理留抵退税

C. 留抵退税额的计算,需要考虑纳税人的进项构成比例问题

D. 纳税信用等级为C级的纳税人不能申请期末留抵税额退税

【参考答案】 BCD

【答案解析】 选项A,纳税人按照规定取得增值税留抵退税款的,不得再申请享受增值税即征即退、先征后返(退)政策。

27. 下列关于增值税说法中正确的是(　　)。

A. 自2018年1月1日起至2023年12月31日止,对纳税人从事大型民用客机发动机、中大功率民用涡轴涡桨发动机研制项目而形成的增值税期末留抵税额予以退还

B. 自2019年1月1日起至2023年12月31日止,对纳税人生产销售新支线飞机暂减按5%征收增值税,并对其因生产销售新支线飞机而形成的增值税期末留抵税额予以退还

C. 自2019年1月1日起至2023年12月31日止,对纳税人从事大型客机研制项目而形成的增值税期末留抵税额予以退还

D. 增值税一般纳税人在资产重组过程中,将全部资产、负债和劳动力一并转让给其他增值税一般纳税人,并按程序办理注销税务登记的,其在办理注销登记前尚未抵扣的进

项税额可结转至新纳税人处继续抵扣

【参考答案】 ABC

【答案解析】 增值税一般纳税人在资产重组过程中,将全部资产、负债和劳动力一并转让给其他增值税一般纳税人,并按程序办理注销税务登记的,其在办理注销登记前尚未抵扣的进项税额可结转至新纳税人处继续抵扣。

28. 下列关于简易计税的说法中正确的是( )。

A. 一般纳税人以自己采掘的砂、土、石料或其他矿物连续生产的砖、瓦、石灰,可以选择简易计税方法计税

B. 一般纳税人销售外购机器设备的同时提供安装服务,如果已经按照兼营的有关规定,分别核算机器设备和安装服务的销售额,安装服务可以按照甲供工程选择适用简易计税方法计税

C. 一般纳税人提供仓储服务、装卸搬运服务、运输服务,可以选择简易计税方法计税

D. 一般纳税人销售自产机器设备的同时提供安装服务,应分布核算机器设备和安装服务的销售额,安装服务可以按照甲供工程选择适用简易计税方法

【参考答案】 ABD

【答案解析】 选项C,一般纳税人提供的运输服务只有"公共交通运输服务"可以选择简易计税方法计税。包括轮客渡、公交客运、地铁、城市轻轨、出租车、长途客运班车。

29. 下列可以选3%减按2%缴纳增值税的是( )。

A. 一般纳税人销售纳入营改增试点前取得的固定资产

B. 纳税人销售旧货

C. 一般纳税人销售自己使用过的在本地区扩大增值税抵扣范围试点以后购进或者自制的固定资产

D. 小规模纳税人销售自己使用过的物品

【参考答案】 AB

【答案解析】 选项C,一般纳税人销售自己使用过的在本地区扩大增值税抵扣范围试点以后购进或者自制的固定资产,增值税税率为13%。选项D,小规模纳税人销售自己使用过的物品,如果是固定资产,可以简易计税,按照3%减按2%缴纳增值税;如果是固定资产以外的物品,按3%的征收率缴纳增值税。

30. 一般纳税人提供劳务派遣服务,选择差额纳税时允许扣除的项目有( )。

A. 向用工单位收取的并支付给劳务派遣员工的工资、福利

B. 劳务派遣公司收取的保证金

C. 为劳务派遣人员办理的住房公积金

D. 为劳务派遣人员办理的社会保险

【参考答案】 ACD

【答案解析】 一般纳税人提供劳务派遣服务,可以选择差额纳税,以取得的全部价款和价外费用,扣除代用工单位支付给劳务派遣员工的工资、福利和为其办理社会保险及住房公积金后的余额为销售额。

选择差额纳税的纳税人,向用工单位收取用于支付给劳务派遣员工工资、福利和为其办

理社会保险及住房公积金的费用，不得开具增值税专用发票，可以开具普通发票。

31. 下列关于增值税说法中正确的是（ ）。

A. 小规模纳税人购进税控收款机可凭取得的增值税专用发票，在增值税应纳税额中全额抵减，不足抵减的可结转下期继续抵减

B. 小规模纳税人提供旅游服务，选择差额纳税的，适用3%的征收率

C. 代理进口货物以海关开具的完税凭证上的纳税人为增值税纳税人

D. 纳税人进口时不得抵扣任何税额，包括发生在我国境外的各种税金

【参考答案】 BCD

【答案解析】 选项A，增值税纳税人初次购买增值税税控系统专用设备支付的费用，可凭购买增值税税控系统专用设备取得的增值税专用发票，在增值税应纳税额中全额抵减（抵减额为价税合计额），不足抵减的可结转下期继续抵减。

增值税防伪税控系统专用设备包括金税卡、IC卡、读卡器或金税盘、报税盘，但不包括税控收款机，也不包括电脑、打印机等通用设备。

小规模纳税人购进税控收款机的进项税额抵扣：可凭购进税控收款机取得的增值税专用发票上注明的增值税额，抵免当期应纳增值税。按照普通发票上注明的价款依下列公式计算：可抵免的税额＝价款÷（1＋适用税率）×适用税率。

32. 下列关于离境退税的说法中不正确的是（ ）。

A. 离境退税政策是指境外旅客在离境口岸离境时，对其在退税商店购买的退税物品退还增值税的政策。"境外旅客"是指在我国境内连续居住不超过90天的外国人和港澳台同胞

B. 必须"同一境外旅客同一日在同一退税商店购买的退税物品金额达到500元人民币"

C. 必须"离境日距退税物品购买日不超过90天"

D. 退税额超过10 000元的，可以自行选择退税方式

【参考答案】 AD

【答案解析】 选项A，离境退税政策，是指境外旅客在离境口岸离境时，对其在退税商店购买的退税物品退还增值税的政策。

境外旅客，是指在中华人民共和国境内连续居住不超过183天的外国人和港澳台同胞。

境外旅客申请退税的条件：境外旅客申请退税，应当同时符合以下条件：（1）同一境外旅客同一日在同一退税商店购买的退税物品金额达到500元人民币；（2）退税物品尚未启用或消费；（3）离境日距退税物品购买日不超过90天；（4）所购退税物品由境外旅客本人随身携带或随行托运出境。

选项D，退税方式：退税币种为人民币。退税额未超过10 000元的，可自行选择退税方式。退税额超过10 000元的，以银行转账方式退税。

33. 下列不属于异常凭证范围的是（ ）。

A. 纳税人丢失、被盗税控专用设备中已开具已上传的增值税专用发票

B. 非正常户纳税人未向税务机关申报或未按规定缴纳税款的增值税专用发票

C. 增值税一般纳税人申报抵扣异常凭证，同时"异常凭证进项税额累计占同期全部增值税专用发票进项税额50%（含）以上的；异常凭证进项税额累计超过5万元的"，其对

应开具的增值税专用发票列入异常凭证范围

D. 经国家税务总局、省税务局大数据分析发现,纳税人开具的增值税专用发票存在涉嫌虚开、未按规定缴纳消费税等情形的

【参考答案】 AC

【答案解析】 异常增值税扣税凭证范围:

(1)纳税人丢失、被盗税控专用设备中未开具或已开具未上传的增值税专用发票。

(2)非正常户纳税人未向税务机关申报或未按规定缴纳税款的增值税专用发票。

(3)增值税发票管理系统稽核比对发现"比对不符""缺联""作废"的增值税专用发票。

(4)经国家税务总局、省税务局大数据分析发现,纳税人开具的增值税专用发票存在涉嫌虚开、未按规定缴纳消费税等情形的。

(5)属于《国家税务总局关于走逃(失联)企业开具增值税专用发票认定处理有关问题的公告》(国家税务总局公告 2016 年第 76 号)第二条第(一)项规定情形的增值税专用发票。

(6)增值税一般纳税人申报抵扣异常凭证,同时符合下列情形的,其对应开具的增值税专用发票列入异常凭证范围:异常凭证进项税额累计占同期全部增值税专用发票进项税额70%(含)以上的;异常凭证进项税额累计超过 5 万元的。

34. 下列关于增值税说法中正确的是( )。

A. 尚未申报抵扣增值税进项税额的,暂不允许抵扣。已经申报抵扣增值税进项税额的,一律作进项税额转出处理

B. 消费税纳税人以外购或委托加工收回的已税消费品为原料连续生产应税消费品,尚未申报扣除原料已纳消费税税款的,暂不允许抵扣;已经申报抵扣的,冲减当期允许抵扣的消费税税款,当期不足冲减的应当补缴税款

C. 纳税信用 A 级纳税人取得异常凭证且已经申报抵扣增值税、办理出口退税或抵扣消费税的,可以自接到税务机关通知之日起 10 个工作日内,向主管税务机关提出核实申请

D. 新办理增值税一般纳税人登记的纳税人,自首次开票之日起 3 个月内不得离线开具发票,按照有关规定不使用网络办税或不具备风险条件的特定纳税人除外

【参考答案】 BCD

【答案解析】 选项 A,取得异常抵扣凭证的,尚未申报抵扣增值税进项税额的,暂不允许抵扣。已经申报抵扣增值税进项税额的,除另有规定外,一律作进项税额转出处理。尚未申报出口退税或者已申报但尚未办理出口退税的,除另有规定外,暂不允许办理出口退税。消费税纳税人以外购或委托加工收回的已税消费品为原料连续生产应税消费品,尚未申报扣除原料已纳消费税税款的,暂不允许抵扣;已经申报抵扣的,冲减当期允许抵扣的消费税税款,当期不足冲减的应当补缴税款。

35. 关于以旧换新方式销售货物的增值税处理,正确的有( )。

A. 以旧换新方式销售货物(金银首饰除外),应按新货物的同期销售价格确定销售额,不得扣减货物的收购价格

B. 以旧换新方式销售货物(非金银首饰),应以实际收取的不含增值税的全部价款征收增值税

C. 以旧换新方式销售金银首饰，以新首饰的不含税售价为计税依据计算缴纳增值税

D. 以旧换新方式销售金银首饰，以实际收取的不含增值税价款为计税依据计算缴纳增值税

【参考答案】 AD

【答案解析】 以旧换新方式销售货物（金银首饰除外），应按新货物的同期销售价格确定销售额，不得扣减货物的收购价格；以旧换新方式销售金银首饰，以实际收取的不含增值税价款为计税依据计算缴纳增值税。

36. 下列关于增值税的纳税地点的表述中，正确的有（　　）。

A. 其他个人提供建筑服务，应向居住地主管税务机关申报纳税

B. 纳税人进口货物，应当由进口人或其代理人向报关地海关申报纳税

C. 纳税人销售不动产，向机构所在地主管税务机关进行纳税申报

D. 纳税人出租不动产，在不动产所在地预缴税款后，向机构所在地主管税务机关进行纳税申报

【参考答案】 BD

【答案解析】 选项 A，其他个人提供建筑服务，应向建筑业务发生地主管税务机关申报纳税。选项 C，纳税人销售不动产，在不动产所在地预缴税款后，向机构所在地主管税务机关进行纳税申报。

37. 根据增值税的有关规定，在境内提供应税服务或无形资产，是指应税服务或无形资产提供方或者接受方在境内，下列情形不属于在境内提供应税服务和无形资产的有（　　）。

A. 境外单位或者个人向境内单位或者个人提供完全在境外消费的应税服务

B. 境外单位或者个人向境内单位或者个人出租完全在境外使用的有形动产

C. 境外单位或者个人向境内单位或者个人销售完全在境外使用的有形动产

D. 境内单位或者个人向境内单位或者个人提供的应税服务

【参考答案】 ABC

【答案解析】 在境内提供应税服务或无形资产，是指应税服务或无形资产的提供方或者接受方在境内。下列情形不属于在境内提供应税服务或无形资产：

（1）境外单位或者个人向境内单位或者个人提供完全在境外消费的应税服务；

（2）境外单位或者个人向境内单位或者个人出租完全在境外使用的有形动产；

（3）境外单位或者个人向境内单位或者个人销售完全在境外使用的无形资产；

（4）财政部和国家税务总局规定的其他情形。

38. 下列各项中，适用 5%征收率计算缴纳增值税的有（　　）。

A. 一般纳税人提供装卸搬运服务

B. 一般纳税人转让 2016 年 4 月 30 日前取得的土地使用权，选择适用简易计税方法的

C. 一般纳税人和小规模纳税人提供劳务派遣服务选择差额纳税的

D. 一般纳税人提供人力资源外包服务，选择适用简易计税方法

【参考答案】 BCD

【答案解析】 一般纳税人提供装卸搬运服务，按照 3%征收率简易计税

39. 根据增值税法律制度的规定，下列各项中，表述不正确的有（　　）。

A. 纳税人进口货物,应当自海关填发进口增值税专用缴款书之日起 5 日内缴纳税款

B. 按固定期限纳税的小规模纳税人可以选择以 1 个月或 1 个季度为纳税期限,一经选择,一个会计年度内不得变更

C. 以 1 个季度为纳税期限的规定适用于小规模纳税人、银行、财务公司、信托投资公司、信用社,以及财政部和国家税务总局规定的其他纳税人

D. 以 1 日、3 日、5 日、10 日或 15 日为一期纳税的,自期满之日起 15 日内预缴,次月 1 日起 15 日内申报纳税并结清上月应纳税款

【参考答案】 AD

【答案解析】 选项 A,纳税人进口货物,应当自海关填发进口增值税专用缴款书之日起 15 日内缴纳税款。选项 D,以 1 日、3 日、5 日、10 日或 15 日为一期纳税:自期满之日起 5 日内预缴,次月 1 日起 15 日内申报纳税并结清上月应纳税款。

40. 下列应该按照“有形动产租赁服务”缴纳增值税的有(　　)。

A. 有形动产经营性租赁　　B. 有形动产融资租赁

C. 远洋运输的期租业务　　D. 航空运输的干租业

【参考答案】 ABD

【答案解析】 选项 C,水路运输的程租、期租业务,属于水路运输服务。

41. 企业收取的下列款项中,应作为价外费用并入销售额计算增值税销项税额的有(　　)。

A. 收取的平销返利　　B. 收取的延期付款利息

C. 收取的运输装卸费　　D. 取得的政府给予的销售补贴

【参考答案】 BC

【答案解析】 选项 A,对商业企业向供货方收取的与商品销售量、销售额挂钩(如以一定比例、金额、数量计算)的各种返还收入,均应按照平销返利行为的有关规定冲减当期增值税进项税金。选项 D,取得的政府给予的销售补贴不属于价外费用,不计入销售额计算销项税。

价外费用包括:手续费、补贴、基金、集资费、返还利润、奖励费、违约金、延期付款利息、滞纳金、赔偿金、包装费、包装物租金、储备费、优质费、运输装卸费、代收款项、代垫款项及其他各种性质的价外收费。

42. 根据增值税规定,下列应当按照销售货物征收增值税的有(　　)。

A. 销售木材的同时为购买者提供运输服务　　B. 将货物交付其他单位或者个人代销

C. 提供餐饮服务的纳税人销售外卖食品　　D. 电力公司向发电企业收取的过网费

【参考答案】 AB

【答案解析】 选项 C,提供餐饮服务的纳税人销售外卖食品,按照“餐饮服务”缴纳增值税。选项 D,电力公司利用自身电网为发电公司输送电力过程中,需要利用输变电设备进行调压,属于提供加工劳务。

43. 甲糕点厂为增值税一般纳税人,于 2022 年 6 月向农业生产者购入免税农产品预计下月使用,农产品收购发票上的买价为 200 万元,由乙公司(增值税一般纳税人)运输该批农产品,乙向甲开具货物运输业增值税专用发票,发票注明金额 10 万元。该糕点厂当月销售货物取得不含税销售收入 300 万元。则下列表述正确的有(　　)。

A. 该蛋糕厂当月销项税额为 39 万元

B. 该蛋糕厂当月可以抵扣的进项税额为 20.9 万元

C. 该蛋糕厂当月可以抵扣的进项税额为 18.9 万元

D. 该蛋糕厂当月应纳增值税为 18.1 万元

【参考答案】 AC

【答案解析】 向农业生产者购入免税农产品预计下月使用，则应按 9%的扣除率计算可抵扣的进项税额。

当月可以抵扣的进项税额＝200×9%＋10×9%＝18＋0.9＝18.9(万元)。

当月的销项税额＝300×13%＝39(万元)。

当月应纳增值税＝39－18.9＝20.7(万元)。

44. 根据增值税法律制度的规定，下列各项中，属于"租赁服务—不动产租赁服务"的有(　　)。

A. 融资性售后回租

B. 车辆停放服务

C. 道路通行服务

D. 飞机、车辆等有形动产的广告位出租

【参考答案】 BC

【答案解析】 选项 A，融资性售后回租属于"金融服务"。选项 D，飞机、车辆等有形动产的广告位出租属于"租赁服务—有形动产租赁服务"。

45. 某商贸公司进口货物一批，海关审定该批货物的关税完税价格为 200 万元。货物报关后，公司按规定缴纳了进口环节的增值税并取得了海关开具的海关进口增值税专用缴款书。该批进口货物在国内全部销售，取得不含税销售额 300 万元。相关货物进口关税税率为 10%，增值税税率为 13%。下列说法正确的有(　　)。

A. 进口环节应缴纳进口关税 20 万元

B. 进口环节应缴纳增值税的组成计税价格为 220 万元

C. 进口环节应缴纳增值税 26 万元

D. 国内销售环节应缴纳增值税 10.4 万元

【参考答案】 ABD

【答案解析】 应缴纳进口关税＝200×10%＝20(万元)。

进口环节应纳增值税的组成计税价格＝200＋20＝220(万元)。

进口环节应缴纳增值税＝220×13%＝28.6(万元)。

国内销售环节的销项税额＝300×13%＝39(万元)。

国内销售环节应缴纳增值税税额＝39－28.6＝10.4(万元)。

46. 下列项目涉及的进项税额不得从销项税额中抵扣的有(　　)。

A. 用于适用简易计税方法计税项目的购进货物

B. 非正常损失的在产品、产成品所耗用的购进货物(不包括固定资产)、劳务和交通运输服务

C. 非正常损失的不动产所耗用的建筑服务

D. 购进的居民日常服务

【参考答案】 ABC

【答案解析】 选项D,根据现行增值税规定,购进的贷款服务、餐饮服务、居民日常服务和娱乐服务,不得抵扣进项税额。但生活服务中的旅游服务、住宿服务符合条件可以抵扣进项税额。

47. 根据增值税法律制度的规定,下列各项可以作为增值税的扣税凭证的有(　　)。

A. 购进旅客运输服务取得增值税电子普通发票

B. 收费公路通行费增值税电子普通发票

C. 自境外单位购进劳务,从税务机关取得的代扣代缴税款的完税凭证

D. 未注明旅客身份信息的铁路车票

【参考答案】 BC

【答案解析】 选项A,购进国内旅客运输服务取得增值税电子普通发票可以作为增值税的扣税凭证。选项D,铁路车票作为抵扣增值税进项税额的扣税凭证时,必须注明旅客身份信息。

48. 下列选项中免征增值税的有(　　)。

A. 个人从事金融商品转让业务

B. 统借统还业务中,企业集团或企业集团中的核心企业以及集团所属财务公司向企业集团或者集团内下属单位收取的利息

C. 个人销售自建自用住房

D. 台湾航运公司、航空公司从事海峡两岸海上直航、空中直航业务在大陆取得的运输收入

【参考答案】 ACD

【答案解析】 选项B,统借统还业务中,企业集团或企业集团中的核心企业以及集团所属财务公司按不高于支付给金融机构的借款利率水平或者支付的债券票面利率水平,向企业集团或者集团内下属单位收取的利息免征增值税。

统借方向资金使用单位收取的利息,高于支付给金融机构借款利率水平或者支付的债券票面利率水平的,应全额缴纳增值税。

49. 有下列(　　)情形之一的,由税务机关处1万元以上5万元以下的罚款;情节严重的,处5万元以上50万元以下的罚款;有违法所得的予以没收。

A. 转借、转让、介绍他人转让发票、发票监制章和发票防伪专用品的

B. 知道或者应当知道是私自印制、伪造、变造、非法取得或者废止的发票而受让、开具、存放、携带、邮寄、运输的

C. 跨规定的使用区域携带、邮寄、运输空白发票,以及携带、邮寄或者运输空白发票出入境的

D. 丢失发票

【参考答案】 AB

【答案解析】 有下列情形之一的,由税务机关处1万元以上5万元以下的罚款;情节严重的,处5万元以上50万元以下的罚款;有违法所得的予以没收:

(1)转借、转让、介绍他人转让发票、发票监制章和发票防伪专用品的;

(2)知道或者应当知道是私自印制、伪造、变造、非法取得或者废止的发票而受让、开具、

存放、携带、邮寄、运输的。

50. 下列关于增值税的说法中正确的是（　　）。

A. 单位或者个体工商户为员工提供服务不征收增值税

B. 居民用煤炭制品适用9%的增值税税率

C. 纳税人从事金融商品转让，纳税义务发生时间为金融商品所有权转移的当天

D. 为了配合国家住房制度改革，企业、行政事业单位按房改成本价、标准价出售住房取得的收入为不征税收入

【参考答案】 ABC

【答案解析】 为了配合国家住房制度改革，企业、行政事业单位按房改成本价、标准价出售住房取得的收入为免征增值税收入。

三、判断题

1. 无运输工具承运业务，按照租赁服务缴纳增值税。（　　）

【参考答案】 错误

【答案解析】 无运输工具承运业务，按照交通运输服务缴纳增值税。

2. 房地产开发企业中的一般纳税人销售其开发的房地产项目（选择简易计税方法的房地产老项目除外），在取得土地时向其他单位或个人支付的拆迁补偿费用也允许在计算销售额时扣除。（　　）

【参考答案】 正确

【答案解析】 房地产开发企业中的一般纳税人销售其开发的房地产项目（选择简易计税方法的房地产老项目除外），在取得土地时向其他单位或个人支付的拆迁补偿费用也允许在计算销售额时扣除。纳税人按上述规定扣除拆迁补偿费用时，应提供拆迁协议、拆迁双方支付和取得拆迁补偿费用凭证等能够证明拆迁补偿费用真实性的材料。

3. 纳税人提供旅游服务，可以选择以取得的全部价款和价外费用，扣除向旅游服务购买方收取并支付给其他单位或者个人的住宿费、餐饮费、交通费、签证费、门票费和支付给其他接团旅游企业的旅游费用后的余额为销售额。但向旅游服务购买方收取并支付的上述费用，不得开具增值税专用发票。（　　）

【参考答案】 正确

【答案解析】 纳税人提供旅游服务，可以选择以取得的全部价款和价外费用，扣除向旅游服务购买方收取并支付给其他单位或者个人的住宿费、餐饮费、交通费、签证费、门票费和支付给其他接团旅游企业的旅游费用后的余额为销售额。

选择上述办法计算销售额的试点纳税人，向旅游服务购买方收取并支付的上述费用，不得开具增值税专用发票，可以开具普通发票。

4. 被保险人获得的保险赔付应当征收增值税。（　　）

【参考答案】 错误

【答案解析】 被保险人获得的保险赔付不征收增值税。

5. 适用不同退税率的货物劳务，应分开报关、核算并申报退（免）税，未分开报关、核算或划分不清的，从低适用退税率。（　　）

【参考答案】 正确

【答案解析】 根据现行增值税政策规定,适用不同退税率的货物劳务,应分开报关、核算并申报退(免)税,未分开报关、核算或划分不清的,从低适用退税率。

6.依法直接负有纳税义务的法人、自然人和其他组织为扣缴义务人。( )

【参考答案】 错误

【答案解析】 扣缴义务人是税法规定的,在其经营活动中负有代扣税款并向国库交纳义务的单位,并不是直接负有纳税义务。直接负有纳税义务的法人、自然人和其他组织为纳税义务人。

7.纳税人为大陆与香港、澳门、台湾地区之间的货物运输提供的货物运输代理服务照章征收增值税。( )

【参考答案】 错误

【答案解析】 纳税人提供的直接或者间接国际货物运输代理服务免征增值税。纳税人为大陆与香港、澳门、台湾地区之间的货物运输提供的货物运输代理服务参照国际货物运输代理服务有关规定执行。

8.军队空余房产租赁收入免征增值税。( )

【参考答案】 错误

【答案解析】 根据现行增值税政策规定,军队空余房产租赁收入免征增值税。

9.自2018年1月1日起,纳税人租入固定资产、不动产,既用于一般计税方法计税项目,又用于简易计税方法计税项目、免征增值税项目、集体福利或者个人消费的,其进项税额准予从销项税额中全额抵扣。( )

【参考答案】 正确

【答案解析】 根据增值税法律规定,自2018年1月1日起,纳税人租入固定资产、不动产,既用于一般计税方法计税项目,又用于简易计税方法计税项目、免征增值税项目、集体福利或者个人消费的,其进项税额准予从销项税额中全额抵扣。

10.自2018年5月1日起,增值税一般纳税人生产销售和批发、零售抗癌药品,可选择按照简易办法依照5%征收率计算缴纳增值税。( )

【参考答案】 错误

【答案解析】 自2018年5月1日起,增值税一般纳税人生产销售和批发、零售抗癌药品,可选择按照简易办法依照3%征收率计算缴纳增值税。

11.一般纳税人提供管道运输服务,对其增值税实际税负超过3%的部分实行增值税即征即退政策。( )

【参考答案】 正确

【答案解析】 根据现行增值税政策规定,一般纳税人提供管道运输服务,对其增值税实际税负超过3%的部分实行增值税即征即退政策。

12.离境退税政策仅适用于在中华人民共和国境内连续居住不超过183天的外国人和港澳台同胞。( )

【参考答案】 正确

【答案解析】 离境退税政策,是指境外旅客在离境口岸离境时,对其在退税商店购买的退税物品退还增值税的政策。

境外旅客，是指在中华人民共和国境内连续居住不超过183天的外国人和港澳台同胞。

13. 经人民银行、银监会或者商务部批准从事融资租赁业务的试点纳税人中的一般纳税人，提供有形动产融资租赁服务和有形动产融资性售后回租服务，对其增值税实际税负超过6%的部分实行增值税即征即退政策。（　　）

【参考答案】 错误

【答案解析】 经人民银行、银监会或者商务部批准从事融资租赁业务的试点纳税人中的一般纳税人，提供有形动产融资租赁服务和有形动产融资性售后回租服务，对其增值税实际税负超过3%的部分实行增值税即征即退政策。

14. 年应税销售额是指纳税人在连续不超过12个月或4个季度的经营期内累计应征销售额，包括纳税申报销售额、稽查查补销售额、纳税评估调整销售额，但不包括免税销售额。（　　）

【参考答案】 错误

【答案解析】 年应税销售额是指纳税人在连续不超过12个月或4个季度的经营期内累计应征增值税销售额，包括纳税申报销售额、稽查查补销售额、纳税评估调整销售额、免税销售额。

15. 出租车公司向使用本公司自有出租车的出租车司机收取的管理费用，按照企业管理服务缴纳增值税。（　　）

【参考答案】 错误

【答案解析】 根据现行增值税政策规定，出租车公司向使用本公司自有出租车的出租车司机收取的管理费用，按照"陆路运输服务"缴纳增值税。

16. 自2022年1月1日至2025年12月31日，境内单位和个人发生的以出口货物为保险标的的产品责任保险跨境应税行为免征增值税。（　　）

【参考答案】 正确

【答案解析】《财政部 税务总局关于出口货物保险增值税政策的公告》规定，自2022年1月1日至2025年12月31日，对境内单位和个人发生的下列跨境应税行为免征增值税：

（一）以出口货物为保险标的的产品责任保险；

（二）以出口货物为保险标的的产品质量保证保险。

17. 生活性服务业纳税人应按照当期全部进项税额的15%计提当期加计抵减额。（　　）

【参考答案】 错误

【答案解析】 生活性服务业纳税人应按照当期可抵扣进项税额的15%计提当期加计抵减额。

18. 提供物业管理服务的纳税人，向服务接受方收取的自来水水费，以扣除其对外支付的自来水水费后的余额为销售额，按照简易计税方法依5%的征收率计算缴纳增值税。（　　）

【参考答案】 错误

【答案解析】 提供物业管理服务的纳税人，向服务接受方收取的自来水水费，以扣除其对外支付的自来水水费后的余额为销售额,按照简易计税方法依3%的征收率计算缴纳增值税。

19.纳税人将建筑施工设备出租给他人使用并配备操作人员的,按照"有形动产租赁服务"缴纳增值税。( )

【参考答案】 错误

【答案解析】 纳税人将建筑施工设备出租给他人使用并配备操作人员的,按照"建筑服务"缴纳增值税。

20.纳税人购入基金、信托、理财产品等各类资产管理产品持有至到期,属于《销售服务、无形资产、不动产注释》所称的金融商品转让。( )

【参考答案】 错误

【答案解析】 纳税人购入基金、信托、理财产品等各类资产管理产品持有至到期,不属于《销售服务、无形资产、不动产注释》(财税〔2016〕36号文件印发)第一条第(五)项第4点所称的金融商品转让。

21.自主就业退役士兵从事个体经营的,自办理个体工商户登记当月起,在3年(36个月)内按每户每年1 200元为限额依次扣减其当年实际应缴纳的增值税、城市维护建设税、教育费附加、地方教育附加和个人所得税。限额标准最高可上浮20%,各省、自治区、直辖市人民政府可根据本地区实际情况在此幅度内确定具体限额标准。( )

【参考答案】 正确

【答案解析】 自主就业退役士兵从事个体经营的,自办理个体工商户登记当月起,在3年(36个月,下同)内按每户每年1 200元为限额依次扣减其当年实际应缴纳的增值税、城市维护建设税、教育费附加、地方教育附加和个人所得税。限额标准最高可上浮20%,各省、自治区、直辖市人民政府可根据本地区实际情况在此幅度内确定具体限额标准。

22.单位以承包、承租、挂靠方式经营的,以发包人为纳税人。( )

【参考答案】 错误

【答案解析】 单位以承包、承租、挂靠方式经营的,承包人、承租人、挂靠人以发包人、出租人、被挂靠人名义对外经营并由发包人承担相关法律责任的,以该发包人为纳税人。否则,以承包人为纳税人。

23.建筑企业与发包方签订建筑合同后,以内部授权或者三方协议等方式,授权集团内其他纳税人(以下称第三方)为发包方提供建筑服务,并由第三方直接与发包方结算工程款的,由第三方缴纳增值税,与发包方签订建筑合同的建筑企业不缴纳增值税。( )

【参考答案】 正确

【答案解析】 建筑企业与发包方签订建筑合同后,以内部授权或者三方协议等方式,授权集团内其他纳税人(以下称第三方)为发包方提供建筑服务,并由第三方直接与发包方结算工程款的,由第三方缴纳增值税,与发包方签订建筑合同的建筑企业不缴纳增值税。

24.中华人民共和国境外的单位或个人在境内提供应税劳务,在境内未设有经营机构的,其应纳税款以境内代理人为扣缴义务人;境内没有代理人的,以购买者为扣缴义务人。( )

【参考答案】 正确

【答案解析】 中华人民共和国境外的单位或个人在境内提供应税劳务,在境内未设有经营机构的,其应纳税款以境内代理人为扣缴义务人;境内没有代理人的,以购买者为扣缴义务人。

25. 年应税销售额超过小规模纳税人标准的其他个人应按小规模纳税人纳税。（　）

【参考答案】　正确

【答案解析】　年应税销售额超过小规模纳税人标准的其他个人按小规模纳税人纳税。

年应税销售额超过规定标准但不经常发生应税行为的单位和个体工商户，以及非企业性单位、不经常发生应税行为的企业，可选择按照小规模纳税人纳税。

26. 在确定年应税销售额时，“稽查查补销售额”和“纳税评估调整销售额”计入税款所属期销售额。（　）

【参考答案】　错误

【答案解析】　年应税销售额是指纳税人在连续不超过12个月或4个季度的经营期内累计应征增值税销售额，包括纳税申报销售额、稽查查补销售额、纳税评估调整销售额。

“经营期”含未取得销售收入的月份或季度。

“纳税申报销售额”包括免税销售额和税务机关代开发票销售额。

“稽查查补销售额”和“纳税评估调整销售额”计入查补税款申报当月/当季的销售额，不计入税款所属期销售额。

27. 销售服务、无形资产或者不动产有扣除项目的纳税人，年应税销售额按未扣除之前的销售额计算。（　）

【参考答案】　正确

【答案解析】　销售服务、无形资产或者不动产有扣除项目的纳税人，年应税销售额按未扣除之前的销售额计算。

28. 纳税人通过省级土地行政主管部门设立的交易平台转让补充耕地指标，按照销售无形资产缴纳增值税。（　）

【参考答案】　正确

【答案解析】　纳税人通过省级土地行政主管部门设立的交易平台转让补充耕地指标，按照销售无形资产缴纳增值税，税率为6%。

29. 网络平台道路货物运输经营者和实际承运人均应当依法履行纳税或扣缴税款义务。（　）

【参考答案】　正确

【答案解析】　网络平台道路货物运输经营者和实际承运人均应当依法履行纳税或扣缴税款义务。

网络货运经营，是指经营者依托互联网平台整合配置运输资源，以承运人身份与托运人签订运输合同，委托实际承运人完成道路货物运输，承担承运人责任的道路货物运输经营活动，不包括仅提供信息中介，交易撮合等服务。

30. 水路运输的程租业务、航空运输的干租业务，属于经营性租赁。（　）

【参考答案】　错误

【答案解析】　程租业务，是指运输企业为租船人完成某一特定航次的运输任务并收取租赁费的业务。

期租业务，是指运输企业将配备有操作人员的船舶承租给他人使用一定期限，承租期内听候承租方调遣,不论是否经营,均按天向承租方收取租赁费,发生的固定费用均由船东负担的业务。

湿租业务,是指航空运输企业将配备有机组人员的飞机承租给他人使用一定期限,承租期内听候承租方调遣,不论是否经营,均按一定标准向承租方收取租赁费,发生的固定费用均由承租方承担的业务

水路运输的光租业务、航空运输的干租业务,属于经营性租赁。(不配人员,不承担费用,只租东西)

31. 为客户办理退票而向客户收取的退票费、手续费等收入按“其他现代服务”缴纳增值税。(　　)

【参考答案】 正确

【答案解析】 自2018年1月1日起,纳税人已售票但客户逾期未消费取得的运输逾期票证收入,按照“交通运输服务”缴纳增值税。增值税税率为9%。

为客户办理退票而向客户收取的退票费、手续费等收入按“其他现代服务”缴纳增值税。增值税税率为6%。

32. 纳税人通过楼宇、隧道等室内通信分布系统,为电信企业提供的语音通话和移动互联网等无线信号室分系统传输服务,按照增值电信服务缴纳增值税。(　　)

【参考答案】 错误

【答案解析】 纳税人通过楼宇、隧道等室内通信分布系统,为电信企业提供的语音通话和移动互联网等无线信号室分系统传输服务,分别按照基础电信服务和增值电信服务缴纳增值税。

33. 根据现行增值税政策,纳税人受托对垃圾、污泥、污水、废气等废弃物进行专业化处理后,未产生货物的,以及专业化处理后产生货物,且货物归属受托方的,受托方属于提供“专业技术服务”。(　　)

【参考答案】 正确

【答案解析】 自2020年5月1日起,纳税人受托对垃圾、污泥、污水、废气等废弃物进行专业化处理后:未产生货物的,以及专业化处理后产生货物,且货物归属受托方的,受托方属于提供“专业技术服务”;产生货物,且货物归属委托方的,受托方属于提供加工劳务;货物归属受托方的,受托方将产生的货物用于销售时,属于销售货物。

34. 车辆停放服务、道路通行服务按照不动产经营租赁服务缴纳增值税。(　　)

【参考答案】 正确

【答案解析】 车辆停放服务、道路通行服务(包括过路费、过桥费、过闸费等)等按照不动产经营租赁服务缴纳增值税。

35. 融资租赁服务与不动产经营租赁服务均属于“现代服务—租赁服务”。(　　)

【参考答案】 错误

【答案解析】 借款服务:占用、拆借资金取得的收入,各种利息收入、融资性售后回租、押汇罚息、票据贴现、转贷等业务取得的利息及利息性质的收入。

36. 出租完全在境外使用的有形动产不属于在境内销售。(　　)

【参考答案】 正确

【答案解析】 不属于在境内销售：

境外单位或者个人向境内单位或者个人销售：(1)完全在境外发生的服务；(2)完全在境外使用的无形资产；(3)出租完全在境外使用的有形动产；(4)财政部和国家税务总局规定的其他情形。

37.境内单位和个人作为工程分包方，为施工地点在境外的工程项目提供建筑服务，从境内工程总承包方取得的分包款收入，视同从境外取得收入。( )

【参考答案】 正确

【答案解析】 境内单位和个人作为工程分包方，为施工地点在境外的工程项目提供建筑服务，从境内工程总承包方取得的分包款收入，视同从境外取得收入。

38.纳税人销售自产机器设备的同时提供安装服务属于混合销售。( )

【参考答案】 错误

【答案解析】 自2017年5月1日起，纳税人销售活动板房、机器设备、钢结构件等自产货物的同时提供建筑、安装服务，不属于混合销售，应分别核算货物和建筑服务的销售额，分别适用不同的税率或者征收率。

39.执罚部门和单位查处属于一般商业部门经营的商品，公开拍卖，拍卖收入上缴财政，不予征税。( )

【参考答案】 正确

【答案解析】 执罚部门和单位查处属于一般商业部门经营的商品，公开拍卖，拍卖收入上缴财政，不予征税。

不具备拍卖条件的，按商定价格所取得的变价收入，上缴财政，不予征税。

40.代为收取的政府性基金或者行政事业性收费不征收增值税。( )

【参考答案】 错误

【答案解析】 代为收取的同时满足以下条件的政府性基金或者行政事业性收费不征收增值税。

(1)由国务院或者财政部批准设立的政府性基金，由国务院或者省级人民政府及其财政、价格主管部门批准设立的行政事业性收费；

(2)收取时开具省级以上(含省级)财政部门监(印)制的财政票据；

(3)所收款项全额上缴财政。

41.房地产主管部门或者其指定机构、公积金管理中心、开发企业以及物业管理单位代收的住宅专项维修资金，不征收增值税。( )

【参考答案】 正确

【答案解析】 房地产主管部门或者其指定机构、公积金管理中心、开发企业以及物业管理单位代收的住宅专项维修资金，不征收增值税。

42.回收利用的暖气、热水、热气、天然沼气和人工沼气，适用的增值税税率为9%。( )

【参考答案】 正确

【答案解析】 9%税率货物适用范围(大类)：(1)饲料、化肥、农药、农机、农膜；(2)粮食等初级农产品、食用植物油、食用盐；(3)自来水、暖气、冷气、热水、煤气、石油液化气、天然气、二甲醚、沼气、居民用煤炭制品(包括各种方式生成的及回收利用的暖气、热水、热气、天然沼气和人工沼气);(4)图书、报纸、杂志、音像制品、电子出版物;(5)国务院规定的其他货物。

43.中成药属于利用各种植物的根、茎、皮、叶、花、果实等,以及利用上述药用植物加工制成,其增值税税率为9%。( )

【参考答案】 错误

【答案解析】 增值税税率为9%:用作中药原药的各种植物的根、茎、皮、叶、花、果实等,以及利用上述药用植物加工制成的片、丝、块、段等中药饮片。

但中成药的增值税税率为13%。

44.国际运输服务,按照国家有关规定应取得相关资质的国际运输服务项目,取得相关资质的适用零税率政策,未取得的,按照运输服务缴纳增值税。( )

【参考答案】 错误

【答案解析】 国际运输服务,按照国家有关规定应取得相关资质的国际运输服务项目,取得相关资质的适用零税率政策,未取得的,适用增值税免税政策。

45.纪念馆、博物馆、文化馆、文物保护单位管理机构、美术馆、展览馆、书画院、图书馆在自己的场所提供文化体育服务,门票收入免征增值税。( )

【参考答案】 错误

【答案解析】 纪念馆、博物馆、文化馆、文物保护单位管理机构、美术馆、展览馆、书画院、图书馆在自己的场所提供文化体育服务,第一道门票收入免征增值税。

46.政府举办的从事学历教育的高等、中等和初等学校(不含下属单位),举办进修班、培训班取得的收入免征增值税。( )

【参考答案】 错误

【答案解析】 政府举办的从事学历教育的高等、中等和初等学校(不含下属单位),举办进修班、培训班取得的全部归该学校所有的收入免征增值税。但举办进修班、培训班取得的收入进入该学校下属部门自行开设账户的,不予免征增值税。

47.为安置自主择业的军队转业干部就业而新开办的企业,凡安置自主择业的军队转业干部占企业总人数60%(含)以上的,自领取税务登记证之日起,其提供的应税服务3年内免征增值税。( )

【参考答案】 正确

【答案解析】 从事个体经营的军队转业干部,自领取税务登记证之日起,其提供的应税服务3年内免征增值税。

为安置自主择业的军队转业干部就业而新开办的企业,凡安置自主择业的军队转业干部占企业总人数60%(含)以上的,自领取税务登记证之日起,其提供的应税服务3年内免征增值税。

48.纳税人提供技术转让、技术开发和与之相关的技术咨询、技术服务免征增值税。( )

【参考答案】 正确

【答案解析】 个人转让著作权免征增值税。

纳税人提供技术转让、技术开发和与之相关的技术咨询、技术服务免征增值税。

与之相关是指:为帮助受让方(或者委托方)掌握所转让(或者委托开发)的技术,而提供的技术咨询、技术服务业务。且这部分技术咨询、技术服务的价款与技术转让或者技术开发的价款应当在同一张发票上开具。

49.根据现行增值税政策,国产抗艾滋病病毒药品,免征生产和流通环节增值税。(　)

【参考答案】 正确

【答案解析】 自2019年1月1日至2023年12月31日,继续对国产抗艾滋病病毒药品,免征生产和流通环节增值税。

50.纳税信用等级评定为C级的纳税人不能享受资源综合利用产品和劳务即征即退政策。(　)

【参考答案】 正确

【答案解析】 资源综合利用产品和劳务即征即退符合的条件:①一般纳税人;②不属淘汰类、限制类项目;③不属于高污染、高环境风险;④属于危险废物的,取得许可证;⑤不属于税务机关评定的C级或D级。

51.单纯对进口软件产品进行汉字化处理,不能享受增值税即征即退政策。(　)

【参考答案】 正确

【答案解析】 增值税一般纳税人将进口软件产品进行本地化改造后对外销售,实际税负超过3%的部分实行即征即退政策。

本地化改造是指对进口软件产品进行重新设计、改进、转换等,单纯对进口软件产品进行汉字化处理不包括在内。

52.动漫软件出口,增值税实际税负超过3%的部分实行即征即退政策。(　)

【参考答案】 错误

【答案解析】 动漫企业增值税一般纳税人销售其自主开发生产的动漫软件,增值税实际税负超过3%的部分实行即征即退政策。

动漫软件出口,免征增值税。

53.既适用促进残疾人就业优惠政策,又适用重点群体、退役士兵、随军家属、军转干部等优惠政策的,可以累加执行。(　)

【参考答案】 错误

【答案解析】 既适用促进残疾人就业优惠政策,又适用重点群体、退役士兵、随军家属、军转干部等优惠政策的,纳税人可自行选择,但不能累加执行。一经选定,36个月内不得变更。

54.自2022年4月1日至2022年12月31日,增值税小规模纳税人适用3%征收率的应税销售收入,免征增值税。(　)

【参考答案】 正确

【答案解析】 国家税务总局公告〔2022〕6号文件规定,自2022年4月1日至2022年12月31日,增值税小规模纳税人适用3%征收率的应税销售收入,免征增值税;适用3%预征率的预缴增值税项目,暂停预缴增值税。

55. 生产企业 2022 年 3 月 10 日签订货物销售合同,合同约定 2022 年 4 月 7 日发货,4 月 15 日收款,生产企业按约定发货,6 月 7 日收到货款,则增值税纳税义务的发生时间是 4 月 15 日。( )

【参考答案】 正确

【答案解析】 采取赊销和分期收款方式销售货物,纳税义务发生时间为书面合同约定的收款日期的当天,无书面合同的或者书面合同没有约定收款日期的,为货物发出的当天。

56. 纳税人销售货物并向购买方开具增值税专用发票后,由于购货方在一定时期内累计购买货物达到一定数量,或者由于市场价格下降等原因,销货方给予购货方相应的价格优惠或补偿等折扣、折让行为,销货方不得开具红字增值税专用发票。( )

【参考答案】 错误

【答案解析】 纳税人销售货物并向购买方开具增值税专用发票后,由于购货方在一定时期内累计购买货物达到一定数量,或者由于市场价格下降等原因,销货方给予购货方相应的价格优惠或补偿等折扣、折让行为,销货方可按现行规定开具红字增值税专用发票。

57. 直销企业的销售额为其向消费者收取的全部价款和价外费用。( )

【参考答案】 错误

【答案解析】 直销企业先将货物销售给直销员,直销员再将货物销售给消费者的,直销企业的销售额为其向直销员收取的全部价款和价外费用。直销员将货物销售给消费者时,应按照现行规定缴纳增值税。

直销企业通过直销员向消费者销售货物,直接向消费者收取货款,直销企业的销售额为其向消费者收取的全部价款和价外费用。

58. 某酒厂为一般纳税人,2022 年 1 月向一小规模纳税人销售白酒,开具专用发票上注明金额为 100 000 元,同时收取单独核算的包装物押金 1 130 元,该酒厂当月的应税销售额为 101 000 元。( )

【参考答案】 正确

【答案解析】 纳税人为销售货物而出租出借包装物收取的押金,单独记账的、时间在 1 年内又未过期的,不并入销售额征税;逾期未收回不再退还的包装物押金,应按所包装货物的适用税率计算纳税。

对销售除啤酒、黄酒以外的其他酒类产品收取的包装物押金,无论是否返还以及会计上如何核算,均应并入当期销售额征税。

59. 纳税人提供人力资源外包服务,销售额不包括受客户单位委托代为向客户单位员工发放的工资和代理缴纳的社会保险、住房公积金。( )

【参考答案】 正确

【答案解析】 纳税人提供人力资源外包服务(经纪代理服务),销售额不包括受客户单位委托代为向客户单位员工发放的工资和代理缴纳的社会保险、住房公积金。

向委托方收取并代为发放的工资和代理缴纳的社会保险、住房公积金,不得开具增值税专用发票,可以开具增值税普通发票。

60. 航空运输企业,销售额不包括代收的机场建设费、燃油附加费和代售其他航空运输企业客票而代收转付的价款。( )

【参考答案】 错误

【答案解析】 航空运输企业，销售额不包括代收的机场建设费和代售其他航空运输企业客票而代收转付的价款。

61. 一般纳税人房地产开发企业卖新房，若采用一般计税方法计税，以取得的全部价款和价外费用，扣除受让土地时向政府部门支付的土地价款后的余额为销售额。（ ）

【参考答案】 正确

【答案解析】 房地产开发企业中的一般纳税人销售其开发的房地产项目（选择简易计税方法的房地产老项目除外），以取得的全部价款和价外费用，扣除受让土地时向政府部门支付的土地价款后的余额为销售额。

房地产老项目，是指《建筑工程施工许可证》注明的合同开工日期在 2016 年 4 月 30 日前的房地产项目。

62. 金融商品转让，销售额＝卖出价－买入价。如果单位将其持有的限售股在解禁流通后对外转让，按相关规定确定的买入价低于该单位取得限售股的实际成本价时，以实际成本价为买入价计算缴纳增值税。（ ）

【参考答案】 正确

【答案解析】 金融商品转让，销售额＝卖出价－买入价（不得扣除买卖交易中的其他税费）。

转让金融商品出现的正负差，按盈亏相抵后的余额为销售额。负差，可结转下一纳税期，但年末负差，不得转入下年。

金融商品的买入价，可以选择按照加权平均法或者移动加权平均法进行核算，选择后 36 个月内不得变更。

单位将其持有的限售股在解禁流通后对外转让，按相关规定确定的买入价，低于该单位取得限售股的实际成本价的，以实际成本价为买入价计算缴纳增值税。

63. 个体工商户和其他个人出租住房，按照 5%的征收率减按 1.5%计算应纳税额。（ ）

【参考答案】 正确

【答案解析】 单位和个体工商户出租不动产（不含个体工商户出租住房），按照 5%的征收率计算应纳税额。个体工商户出租住房，按照 5%的征收率减按 1.5%计算应纳税额。

不动产所在地与机构所在地不在同一县（市、区）的，纳税人应按照上述计税方法向不动产所在地主管税务机关预缴税款，向机构所在地主管税务机关申报纳税。

不动产所在地与机构所在地在同一县（市、区）的，纳税人应向机构所在地主管税务机关申报纳税。

其他个人出租不动产（不含住房），按照 5%的征收率计算应纳税额，向不动产所在地主管税务机关申报纳税。其他个人出租住房，按照 5%的征收率减按 1.5%计算应纳税额，向不动产所在地主管税务机关申报纳税。

64. 销售额以人民币计算。纳税人以人民币以外的货币结算销售额的，应当折合成人民币计算。折合率可以选择销售额发生的当天人民币汇率中间价。（ ）

【参考答案】 错误

【答案解析】 销售额以人民币计算。纳税人以人民币以外的货币结算销售额的,应当折合成人民币计算。折合率可以选择销售额发生的当天或者当月 1 日的人民币汇率中间价。纳税人应在事先确定采用何种折合率,确定后 1 年内不得变更。

65. 纳税人接受贷款服务向贷款方支付的与该笔贷款直接相关的投融资顾问费、手续费、咨询费等费用,其进项税额不得从销项税额中抵扣。( )

【参考答案】 正确

【答案解析】 购进的贷款服务、餐饮服务、居民日常服务和娱乐服务不得从销项税额中抵扣的进项税额。

纳税人接受贷款服务向贷款方支付的与该笔贷款直接相关的投融资顾问费、手续费、咨询费等费用,其进项税额不得从销项税额中抵扣。

生活服务中的旅游服务、住宿服务符合条件可以抵扣进项税。

66. 已抵扣进项税额的不动产,发生非正常损失,或者改变用途,专用于简易计税方法计税项目、免征增值税项目、集体福利或者个人消费的,进项税额全额转出。( )

【参考答案】 错误

【答案解析】 国家税务总局公告 2019 年第 14 号文件规定,已抵扣进项税额的不动产,发生非正常损失,或者改变用途,专用于简易计税方法计税项目、免征增值税项目、集体福利或者个人消费的,按照下列公式计算不得抵扣的进项税额,并从当期进项税额中扣减:

不得抵扣的进项税额=已抵扣进项税额×不动产净值率

不动产净值率=(不动产净值÷不动产原值)×100%

67. 提供保险服务的纳税人以实物赔付方式承担机动车辆保险责任的,自行向车辆修理劳务提供方购进的车辆修理劳务,其进项税额可以按规定从保险公司销项税额中抵扣。( )

【参考答案】 正确

【答案解析】 保险服务:提供保险服务的纳税人以实物赔付方式承担机动车辆保险责任的,自行向车辆修理劳务提供方购进的车辆修理劳务,其进项税额可以按规定从保险公司销项税额中抵扣。

提供保险服务的纳税人以现金赔付方式承担机动车辆保险责任的,将应付给被保险人的赔偿金直接支付给车辆修理劳务提供方,不属于保险公司购进车辆修理劳务,其进项税额不得从保险公司销项税额中抵扣。

68. 允许抵扣的国内旅客运输服务,限于与本单位签订了劳动合同的员工,以及本单位作为用工单位接受的劳务派遣员工发生的国内旅客运输服务。( )

【参考答案】 正确

【答案解析】 允许抵扣的国内旅客运输服务,限于与本单位签订了劳动合同的员工,以及本单位作为用工单位接受的劳务派遣员工发生的国内旅客运输服务。

69. 购入国内旅客运输服务,取得注明旅客身份信息的轮船客票,可抵扣进项税额=票面金额÷(1+9%)×9%。( )

【参考答案】 错误

【答案解析】 购入国内旅客运输服务,取得注明旅客身份信息的公路、水路等其他客票，可抵扣进项税额＝票面金额÷(1＋3％)×3％。

70. 甲公司为一般纳税人销售产品适用税率为9％，本月从小规模纳税人处购买农产品，取得3％征收率的增值税专用发票，票面金额为50万元，税额为1.5万元，该公司当月农产品可抵扣进项税额为1.5万元。(　　)

【参考答案】 错误

【答案解析】 从按照简易计税方法依照3％征收率计算缴纳增值税的小规模纳税人取得农产品增值税专用发票的，且销售产品适用税率为9％。以增值税专用发票上注明的金额和9％的扣除率计算进项税额。该公司当月农产品可抵扣进项税额为50×9％＝4.5万元。

71. 2022年8月1日至2023年7月31日，银行业金融机构、金融资产管理公司中的增值税一般纳税人处置抵债不动产，可选择以取得的全部价款和价外费用扣除取得该抵债不动产时的作价为销售额。(　　)

【参考答案】 正确

【答案解析】 2022年8月1日至2023年7月31日，银行业金融机构、金融资产管理公司中的增值税一般纳税人处置抵债不动产，可选择以取得的全部价款和价外费用扣除取得该抵债不动产时的作价为销售额，适用9％税率计算缴纳增值税。

按照上述规定从全部价款和价外费用中扣除抵债不动产的作价，应当取得人民法院、仲裁机构生效的法律文书。

选择上述办法计算销售额的银行业金融机构、金融资产管理公司处置抵债不动产时，抵债不动产作价的部分不得向购买方开具增值税专用发票。

72. 交通运输业、仓储业适用制造业增值税期末留抵退税政策。(　　)

【参考答案】 正确

【答案解析】《财政部 税务总局关于进一步加大增值税期末留抵退税政策实施力度的公告》(财政部 国家税务总局公告2022年第14号)第七规定，本公告所称制造业等行业企业，是指从事《国民经济行业分类》中“制造业”、“科学研究和技术服务业”、“电力、热力、燃气及水生产和供应业”、“软件和信息技术服务业”、“生态保护和环境治理业”和“交通运输、仓储和邮政业”业务相应发生的增值税销售额占全部增值税销售额的比重超过50％的纳税人。

上述销售额比重根据纳税人申请退税前连续12个月的销售额计算确定；申请退税前经营期不满12个月但满3个月的，按照实际经营期的销售额计算确定。

73. 纳税人自2019年4月1日起已享受增值税即征即退、先征后返(退)政策的，可以在2022年10月31日前一次性将已退还的增值税即征即退、先征后返(退)税款全部缴回后，按规定申请退还留抵税额。(　　)

【参考答案】 正确

【答案解析】《财政部 税务总局关于进一步加大增值税期末留抵退税政策实施力度的公告》(财政部 国家税务总局公告2022年第14号)第十条规定，纳税人自2019年4月1日起已取得留抵退税款的，不得再申请享受增值税即征即退、先征后返(退)政策。纳税人可以在2022年10月31日前一次性将已取得的留抵退税款全部缴回后，按规定申请享受增值税即征即退、先征后返(退)政策。

纳税人自2019年4月1日起已享受增值税即征即退、先征后返(退)政策的，可以在

2022年10月31日前一次性将已退还的增值税即征即退、先征后返(退)税款全部缴回后,按规定申请退还留抵税额。

74.公路经营企业中的一般纳税人收取营改增试点前开工的高速公路的车辆通行费,可选择按照3%的征收率采用简易计税办法缴纳增值税。( )

【参考答案】 正确

【答案解析】 公路经营企业中的一般纳税人收取营改增试点前开工的高速公路的车辆通行费,可选择按照3%的征收率采用简易计税办法缴纳增值税。

75.自2019年1月1日起至2023年12月31日止,对纳税人生产销售新支线飞机暂减按5%征收增值税,并对其因生产销售新支线飞机而形成的增值税期末留抵税额予以退还。( )

【参考答案】 正确

【答案解析】 自2019年1月1日起至2023年12月31日止,对纳税人生产销售新支线飞机暂减按5%征收增值税,并对其因生产销售新支线飞机而形成的增值税期末留抵税额予以退还。

76.自2020年5月1日至2023年12月底,对二手车经销企业销售旧车,按照5%的征收率减按0.5%征收增值税。( )

【参考答案】 错误

【答案解析】 二手车,是指从办理完注册登记手续至达到国家强制报废标准之前进行交易并转移所有权的车辆。

自2020年5月1日至2023年12月底,对二手车经销企业销售旧车,减按0.5%征收增值税。

应纳税额=含税销售额÷(1+0.5%)×0.5%。

纳税人应当开具二手车销售统一发票。购买方索取增值税专用发票的,纳税人应当为其开具征收率为0.5%的增值税专用发票。

77.出口企业或其他单位销售给特殊区域内的生活消费用品和交通运输工具,出口时既不免税也不退税。( )

【参考答案】 正确

【答案解析】 出口征税政策—不免不退:(1)出口企业出口或视同出口国家明确取消出口退(免)税的货物(不包括来料加工复出口货物、中标机电产品、列名原材料、输入特殊区域的水电气、海洋工程结构物)。

(2)出口企业或其他单位销售给特殊区域内的生活消费用品和交通运输工具。

(3)出口企业或其他单位因骗取出口退税被税务机关停止办理增值税退(免)税期间出口的货物。

(4)出口企业或其他单位提供虚假备案单证的货物。

(5)出口企业或其他单位增值税退(免)税凭证有伪造或内容不实的货物。

(6)出口企业或其他单位未在国家税务总局规定期限内申报免税核销以及经主管税务机关审核不予免税核销的出口卷烟。

(7)出口企业或其他单位具有未实质性出口的出口货物劳务。

78.出口企业或其他单位销售给用于国际金融组织或外国政府贷款国际招标建设项目

的中标机电产品，视同出口货物。(　　)

【参考答案】 正确

【答案解析】 出口企业或其他单位视同出口货物:(1)出口企业对外援助、对外承包、境外投资的出口货物。

(2)出口企业经海关报关进入国家批准特殊区域(各类保税区)并销售给特殊区域内单位或境外单位、个人的货物。

(3)免税品经营企业销售的货物(各类免税店)(不允许经营和限制出口的货物、卷烟和超出免税品经营范围除外)。

(4)出口企业或其他单位销售给用于国际金融组织或外国政府贷款国际招标建设项目的中标机电产品。

(5)生产企业销售的自产的海洋工程结构物，但购买方或者承租方需为按实物征收增值税的中外合作油(气)田开采企业。

(6)出口企业或其他单位销售给国际运输企业用于国际运输工具上的货物。(例:销售给国际航班的航空食品)

(7)出口企业或其他单位销售给特殊区域内生产企业生产耗用且不向海关报关而输入特殊区域的水(包括蒸汽)、电力、燃气。

除另有规定外，视同出口货物适用出口货物的各项规定。

79.实行免抵退税办法的增值税零税率应税服务提供者如果同时出口货物劳务且未分别核算的，不适用免抵退税。(　　)

【参考答案】 错误

【答案解析】 实行免抵退税办法的增值税零税率应税服务提供者如果同时出口货物劳务且未分别核算的，应一并计算免抵退税。税务机关在审批时，应按照增值税零税率应税服务、出口货物劳务免抵退税额的比例划分其退税额和免抵税额。

80.出口企业或其他单位骗取国家出口退税款的，经机构所在地主管税务机关批准可以停止其退(免)税资格。(　　)

【参考答案】 错误

【答案解析】 出口企业或其他单位骗取国家出口退税款的，经省级以上税务机关批准可以停止其退(免)税资格。

四、简答题

(一)关于包装物押金的增值税征收是如何规定的?

【答案解析】 纳税人为销售货物而出租出借包装物收取的押金，单独记账的、时间在1年内又未过期的，不并入销售额征税;逾期未收回不再退还的包装物押金，应按所包装货物的适用税率计算纳税。

对销售除啤酒、黄酒以外的其他酒类产品收取的包装物押金，无论是否返还以及会计上如何核算，均应并入当期销售额征税。

(二)小微企业、制造业等行业纳税人按照规定申请留抵退税，需要满足什么条件?

【答案解析】 按照《财政部 税务总局关于进一步加大增值税期末留抵退税政策实施力度的公告》(财政部 税务总局公告2022年第14号)的规定，办理留抵退税的小微企业、制造

业等行业纳税人,需同时符合以下条件:

(1)纳税信用等级为A级或者B级;

(2)申请退税前36个月未发生骗取留抵退税、出口退税或虚开增值税专用发票情形;

(3)申请退税前36个月未因偷税被税务机关处罚两次及以上;

(4)自2019年4月1日起未享受即征即退、先征后返(退)政策。

(三)列举异常增值税扣税凭证包括哪些。

【答案解析】 异常增值税扣税凭证包括:

1.纳税人丢失、被盗税控专用设备中未开具或已开具未上传的增值税专用发票。

2.非正常户纳税人未向税务机关申报或未按规定缴纳税款的增值税专用发票。

3.增值税发票管理系统稽核比对发现“比对不符”“缺联”“作废”的增值税专用发票。

4.经国家税务总局、省税务局大数据分析发现,纳税人开具的增值税专用发票存在涉嫌虚开、未按规定缴纳消费税等情形的。

5.属于《国家税务总局关于走逃(失联)企业开具增值税专用发票认定处理有关问题的公告》(国家税务总局公告2016年第76号)第二条第(一)项规定情形的增值税专用发票。

6.增值税一般纳税人申报抵扣异常凭证,同时符合下列情形的,其对应开具的增值税专用发票列入异常凭证范围:

(1)异常凭证进项税额累计占同期全部增值税专用发票进项税额70%(含)以上的;

(2)异常凭证进项税额累计超过5万元的。

(四)不属于在我国境内销售的情形有哪些?

【答案解析】 不属于在我国境内销售的情形包括:

1.境外单位或者个人向境内单位或者个人销售。

(1)完全在境外发生的服务。

(2)完全在境外使用的无形资产。

(3)出租完全在境外使用的有形动产。

(4)财政部和国家税务总局规定的其他情形。

2.境外单位或者个人。

(1)为出境的函件、包裹在境外提供的邮政服务、收派服务。

(2)向境内单位或者个人提供的工程施工地点在境外的建筑服务、工程监理服务。

(3)向境内单位或者个人提供的工程、矿产资源在境外的工程勘察勘探服务。

(4)向境内单位或者个人提供的会议展览地点在境外的会议展览服务。

3.境内单位和个人作为工程分包方,为施工地点在境外的工程项目提供建筑服务,从境内工程总承包方取得的分包款收入,视同从境外取得收入。

(五)关于纳税人取得的财政补贴在现行增值税征收方面如何规定?

【答案解析】 自2020年1月1日起,纳税人取得的财政补贴收入,与其销售货物、劳务、服务、无形资产、不动产的收入或者数量直接挂钩的,按规定计算缴纳增值税。

纳税人取得的其他情形的财政补贴收入,不属于增值税应税收入,不征收增值税。

(六)资源综合利用产品和劳务享受即征即退政策应符合哪些条件?

【答案解析】 资源综合利用产品和劳务即征即退符合的条件:

(1)一般纳税人。

(2)不属淘汰类、限制类项目。

(3)不属于高污染、高环境风险。

(4)属于危险废物的,取得许可证。

(5)不属于税务机关评定的C级或D级。

不符合条件的次月起,不再享受增值税即征即退政策。

因违反税收、环境保护的法律法规受到处罚(警告或单次1万元以下罚款除外)的,自处罚决定下达的次月起36个月内,不得享受上述增值税即征即退政策。

(七)不属于价外费用的范围有哪些?

【答案解析】 价外费用不包括:

(1)受托加工应征消费税的货物,而由受托方向委托方代收代缴的消费税。

(2)同时符合以下两个条件的代垫运费:承运部门的运费发票开具给购买方;并且由纳税人将该项发票转交给购买方的。

(3)销售货物的同时代办保险等而向购买方收取的保险费,以及向购买方收取的代购买方缴纳的车辆购置税、车辆牌照费。

(八)举例说明按差额确定销售额(至少5项)。

【答案解析】 1.经纪代理服务,以取得的全部价款和价外费用,扣除向委托方收取并代为支付的政府性基金或者行政事业性收费。

2.纳税人提供人力资源外包服务,销售额不包括受客户单位委托代为向客户单位员工发放的工资和代理缴纳的社会保险、住房公积金。

3.纳税人提供签证代理服务,以取得的全部价款和价外费用,扣除向服务接受方收取并代为支付给外交部和外国驻华使(领)馆的签证费、认证费后的余额为销售额。

4.纳税人代理进口按规定免征进口增值税的货物,销售额不包括向委托方收取并代为支付的货款。

5.航空运输企业,销售额不包括代收的机场建设费和代售其他航空运输企业客票而代收转付的价款。

6.客运场站服务(一般纳税人),以取得的全部价款和价外费用,扣除支付给承运方运费后的余额为销售额。

7.纳税人提供旅游服务,可以选择以取得的全部价款和价外费用,扣除向旅游服务购买方收取并支付给其他单位或者个人的住宿费、餐饮费、交通费、签证费、门票费和支付给其他地接团旅游企业的旅游费用后的余额为销售额。

8.房地产开发企业卖新房(一般纳税人)(选择简易计税方法的房地产老项目除外),以取得的全部价款和价外费用,扣除受让土地时向政府部门支付的土地价款后的余额为销售额。

(九)纳税人购进国内旅客运输服务,允许从销项税额中抵扣的进项税额如何确定?

【答案解析】 纳税人购进国内旅客运输服务,按照以下规定确定进项税额:

1.取得增值税电子普通发票的,为发票上注明的税额。

2.取得注明旅客身份信息的航空运输电子客票行程单的,为按照下列公式计算进项税额：

航空旅客运输进项税额=(票价+燃油附加费)÷(1+9%)×9%。

3.取得注明旅客身份信息的铁路车票的，为按照下列公式计算的进项税额：

铁路旅客运输进项税额=票面金额÷(1+9%)×9%。

4.取得注明旅客身份信息的公路、水路等其他客票的，按照下列公式计算进项税额：

公路、水路等其他旅客运输进项税额=票面金额÷(1+3%)×3%。

(十)请列举几项开具发票时需要在增值税发票备注栏备注信息的情形(至少5项)。

【答案解析】 开具发票时需要在增值税发票备注栏备注信息的情形有如下几项：

(1)按照现行政策规定适用差额征税办法缴纳增值税，且不得全额开具增值税发票的(财政部、税务总局另有规定的除外)纳税人自行开具或者税务机关代开增值税发票时，通过新系统中差额征税开票功能，录入含税销售额(或含税评估额)和扣除额，系统自动计算税额和不含税金额，备注栏自动打印“差额征税”字样，发票开具不应与其他应税行为混开。

(2)提供建筑服务，纳税人自行开具或者税务机关代开增值税发票时，应在发票的备注栏注明建筑服务发生地县(市、区)名称及项目名称。

(3)销售不动产，纳税人自行开具或者税务机关代开增值税发票时，应在发票“货物或应税劳务、服务名称”栏填写不动产名称及房屋产权证书号码(无房屋产权证书的可不填写)，“单位”栏填写面积单位，备注栏注明不动产的详细地址。

(4)出租不动产，纳税人自行开具或者税务机关代开增值税发票时，应在备注栏注明不动产的详细地址。

(5)主管税务机关为个人保险代理人汇总代开增值税发票时，应在备注栏内注明“个人保险代理人汇总代开”字样。

(6)销售方与售卡方不是同一个纳税人的，销售方在收到售卡方结算的销售款时，应向售卡方开具增值税普通发票，并在备注栏注明“收到预付卡结算款”，不得开具增值税专用发票。

(7)生产企业代办退税的出口货物，应先按出口货物离岸价和增值税适用税率计算销项税额并按规定申报缴纳增值税，同时向综服企业开具备注栏内注明“代办退税专用”的增值税专用发票，作为综服企业代办退税的凭证。

(8)增值税一般纳税人提供货物运输服务，使用增值税专用发票和增值税普通发票开具发票时应将起运地、到达地、车种车号以及运输货物信息等内容填写在发票备注栏中，如内容较多可另附清单。

(9)保险机构作为车船税扣缴义务人在代收车船税并开具增值税发票时应在增值税发票备注栏中注明代收车船税税款信息。具体包括：保险单号、税款所属期(详细至月)、代收车船税金额、滞纳金金额、金额合计等。该增值税发票可作为纳税人缴纳车船税及滞纳金的会计核算原始凭证。

五、计算题

(一)某金融机构为增值税一般纳税人，按季申报缴纳增值税。2022年第二季度经营业务如下：

(1)向企业发放贷款取得利息收入6 000万元，利息支出1 500万元。

(2)转让债券，卖出价 3 000 万元，该债券于 2020 年 6 月买入，买入价 1 600 万元；该金融机构 2022 年第一季度转让债券亏损 100 万元。2021 年底转让债券仍有负差 200 万元。

(3)为企业客户提供金融服务取得手续费收入 80 万元；代理发行国债取得手续费收入 110 万元。

(4)承租居民陈某门市房作为营业网点，租赁期限为 3 年，合同规定按季度支付租金。支付本季度租金价税合计 5 万元，取得税务机关代开的增值税专用发票；购进自动存取款设备，取得增值税专用发票，注明金额 200 万元、税额 26 万元，该设备已按固定资产入账。上述收入均为含税收入。本季度取得的相关票据均按规定申报抵扣进项税额。

要求：根据上述资料，分析回答下列问题。

1. 业务(1)销项税额为(　　)万元。

A. 495. 41　　B. 254. 72

C. 371. 56　　D. 339. 62

【参考答案】 D

【答案解析】 贷款服务，以提供贷款服务取得的全部利息及利息性质的收入为销售额。

故，业务(1)的销项税额＝6 000÷(1＋6％)×6％＝339. 62(万元)。

2. 业务(2)销项税额为(　　)万元。

A. 62. 26　　B. 73. 58

C. 107. 34　　D. 90. 83

【参考答案】 B

【答案解析】 金融商品转让，按照卖出价扣除买入价后的余额为销售额，转让金融商品出现的正负差，按盈亏相抵后的余额为销售额，若相抵后出现负差，可结转下一纳税期与下期转让金融商品销售额相抵，但年末时仍出现负差的，不得转入下一个会计年度。

故，业务(2)的销项税额＝(3 000－1600－100)÷(1＋6％)×6％－73. 58(万元)。

3. 业务(3)销项税额为(　　)万元。

A. 4. 53　　B. 10. 75

C. 0　　D. 15. 69

【参考答案】 B

【答案解析】 直接收费金融服务，以提供直接收费金融服务收取的手续费、佣金、酬金、管理费、服务费、经手费、开户费、过户费、结算费、转托管费等各类费用为销售额。

故，业务(3)的销项税额＝(80＋110)÷(1＋6％)×6％＝10. 75(万元)。

4. 该金融机构本季度应缴纳增值税(　　)万元。

A. 339. 96　　B. 442. 75

C. 410. 71　　D. 410. 95

【参考答案】 C

【答案解析】 销项税额合计＝339. 62＋73. 58＋10. 75＝423. 95(万元)。

准予抵扣的进项税＝5÷(1＋5％)×5％＋13＝0. 24＋13＝13. 24(万元)。

故，该金融机构本季度应缴纳增值税＝423. 95－13. 24＝410. 71(万元)。

(二)某生产企业为增值税一般纳税人，货物适用增值税税率为 13％，2022 年 3 月发生以下业务：

(1)销售货物，开具增值税专用发票，注明金额500万元，款项尚未收到。

(2)购进货物，支付价税合计金额113万元，取得一般纳税人开具的增值税专用发票，支付运费价税合计3.27万元，取得一般纳税人运输企业开具的增值税专用发票。

(3)月末盘点库存材料时发现，上月购进的已抵扣进项税额的免税农产品(未纳入核定扣除)发生非正常损失，该批农产品成本100万元(含一般纳税人运输企业提供的运输服务成本2万元)。

(4)转让2015年购入的商铺，取得价税合计1 200万元，商铺原购入价为600万元，该企业选择简易计税方法计税。

(5)期初留抵进项税额15万元。

已知：该企业当月购进项目的增值税专用发票均已申报抵扣。

要求：根据上述资料，分析回答下列问题。

1.业务(2)可抵扣进项税额(　　)万元。

A. 13　　B. 13.38

C. 13.27　　D. 15.12

【参考答案】 C

【答案解析】 业务(2)可抵扣进项税额=113÷(1+13%)×13%+3.27÷(1+9%)×9%=13.27(万元)。

2.业务(3)应转出的进项税额(　　)万元。

A. 9.98　　B. 10.95

C. 9　　D. 9.87

【参考答案】 D

【答案解析】 月末盘点库存材料时发现非正常损失，说明发生非正常损失的免税农产品是以原材料的形式存在的，还未领用用于生产13%税率的货物，所以计算进项税额转出额的扣除率仍为9%。

还原农产品的买价=(100-2)÷(1-9%)=107.69(万元)。

故，业务(3)应转出的进项税额=107.69×9%+2×9%=9.69+0.18=9.87(万元)。

3.业务(4)应缴纳的增值税(　　)万元。

A. 28.57　　B. 57.14

C. 14.56　　D. 34.95

【参考答案】 A

【答案解析】 一般纳税人销售其2016年4月30日前取得(不含自建)的不动产，可以选择适用简易计税方法，以取得的全部价款和价外费用减去该项不动产购置原价或者取得不动产时的作价后的余额为销售额，按照5%的征收率计算应纳税额。纳税人应按照上述计税方法在不动产所在地预缴税款后，向机构所在地主管税务机关进行纳税申报。

故，业务(4)应缴纳的增值税=(1 200-600)÷(1+5%)×5%=28.57(万元)。

4.该企业3月应缴纳增值税(　　)万元。

A. 75.17　　B. 57.17

C. 46.6　　D. 55.12

【参考答案】 A

【答案解析】 销项税额＝500×13%＝65(万元)。

准予抵扣的进项税额＝13.27＋15－9.87＝18.4(万元)。

故,3月应缴纳增值税＝65－18.4＋28.57＝75.17(万元)。

(三)某工厂为增值税一般纳税人,所生产商品适用13%税率,无税收减免。2022年2月发生下列业务:

(1)采用分期收款销售商品,合同约定不含税销售额200万元,当月收款50%,次月收款50%由于购货方资金周转困难,本月实际收到货款60万元,该工厂按实际收款额开具了增值税专用发票。

(2)采取预收货款方式销售货物,合同约定不含税销售额150万元,2月15日发货,3月15日收款。该工厂按照合同约定时间如期发货,2月28日购买方提前支付货款100万元。

(3)上月销售产品本月发生退货,向购买方退款10万元,开具了红字增值税专用发票。

(4)2月1日采取赊销销售货物,合同约定货物金额300万元,收款日期为2月28日,为鼓励购买方及早付款,给与现金折扣N/25,1/20,2/10,购买方于第12天付款。

已知:该工厂当月购进项目的增值税专用发票均已申报抵扣。

要求:根据上述资料,分析回答下列问题。

1. 业务(1)销项税额为(　　)万元。

A. 0　　B. 26

C. 7.8　　D. 13

【参考答案】 D

【答案解析】 采取赊销和分期收款方式销售货物,纳税义务发生时间为书面合同约定的收款日期的当天,无书面合同的或者书面合同没有约定收款日期的,为货物发出的当天。

故,业务(1)销项税额200×50%×13%＝13(万元)。

2. 业务(2)销项税额为(　　)万元。

A. 0　　B. 13

C. 19.5　　D. 9.75

【参考答案】 C

【答案解析】 采取预收货款方式销售货物,为货物发出的当天。

故,业务(2)销项税额150×13%＝19.5(万元)。

3. 业务(3)销项税额为(　　)万元。

A. 0　　B. －1.3

C. 1.3　　D. －0.65

【参考答案】 B

【答案解析】 一般纳税人因销货退回和折让而退还给购买方的增值税额,应从发生销货退回或折让当期的销项税额中扣减。未按规定开具红字增值税专用发票的,不得扣减销项税额或销售额。

故,业务(3)销项税额－10×13%＝－1.3(万元)。

4. 业务(4)销项税额为(　　)万元。

A. 38.61　　B. 39

C. 38.22　　D. 0

【参考答案】 B

【答案解析】 采取赊销和分期收款方式销售货物，纳税义务发生时间为书面合同约定的收款日期的当天，无书面合同的或者书面合同没有约定收款日期的，为货物发出的当天。

销售折扣(现金折扣)不得从销售额中减除。

故，业务(4)销项税额 300×13%=39(万元)。

(四)位于A省某市区的一家建筑企业为增值税一般纳税人，在B省某市区提供写字楼和桥梁建造业务，2022年9月具体经营业务如下。

(1)写字楼项目按照工程进度及合同约定，本月取得含税收入5 000万元并开具了增值税专用发票。该建筑企业将部分业务进行了分包，本月支付分包款2 000万元(含税)，取得分包商(采用一般计税方法)开具的增值税专用发票。该建筑企业对此项目选择一般计税方法。

(2)桥梁建造业务为甲供工程，该建筑企业对此项目选择简易计税方法。本月收到含税金额4 000万元并开具了增值税普通发票。该建筑企业将部分业务进行了分包，本月支付分包款1 200万元(含税)，取得分包商开具的增值税普通发票。

(3)从国外进口一台机器设备，国外买价折合人民币96万元，运抵我国入关前支付的运费折合人民币6.5万元、保险费折合人民币5.5万元；入关后运抵企业所在地，取得运输公司开具的增值税专用发票注明运费2万元、税额0.18万元。该进口设备既用于一般计税项目也用于简易计税项目，该企业未分开核算。

(4)为写字楼项目发生外地出差住宿费支出价税合计15万元，取得增值税一般纳税人开具的增值税专用发票。发生餐饮费支出价税合计5万元，发生娱乐费支出价税合计1万元，取得增值税普通发票。

其他相关资料：假定关税税率为10%，上述业务涉及的相关票据均已通过主管税务机关比对认证。

要求：根据上述资料，分析回答下列问题。

1. 业务(1)企业在B省应预缴的增值税为(　　)万元。

A. 82.57　　B. 55.05

C. 91.74　　D. 137.61

【参考答案】 B

【答案解析】 一般纳税人跨地区提供建筑服务，适用一般计税方法计税的，以取得的全部价款和价外费用扣除支付的分包款后的余额，按照2%的预征率计算应预缴税款。

应预缴税款=(全部价款和价外费用-支付的分包款)÷(1+9%)×2%。

故，业务(1)企业在B省应预缴的增值税=(5 000-2 000)÷(1+9%)×2%=55.05(万元)。

2. 业务(2)企业在B省预缴的增值税(　　)万元。

A. 77.67　　B. 116.5

C. 54.37　　D. 81.55

【参考答案】 D

【答案解析】 一般纳税人跨地区提供建筑服务，选择适用简易计税方法计税的，以取得的全部价款和价外费用扣除支付的分包款后的余额，按照3%的征收率计算应预缴税款。

应预缴税款=(全部价款和价外费用-支付的分包款)÷(1+3%)×3%。

故，业务(2)企业在B省预缴的增值税=(4 000-1 200)÷(1+3%)×3%=81.55(万元)。

3. 业务(3)应缴纳进口环节增值税为(　　)万元。

A. 0　　B. 15.44

C. 15.62　　D. 15.87

【参考答案】 B

【答案解析】 关税完税价=96+6.5+5.5=108(万元)。

应缴纳关税=108×10%=10.8(万元)。

业务(3)应缴纳进口环节增值税=(108+10.8)×13%=15.44(万元)。

4. 该企业当月增值税进项税额合计(　　)万元。

A. 181.61　　B. 144.14

C. 167.14　　D. 126.36

【参考答案】 A

【答案解析】 业务(1)可抵扣的进项税额=2 000÷(1+9%)×9%=165.14(万元)。

业务(3)：税法规定，只有专用于简易计税项目的固定资产不得抵扣进项税额，该设备既用于一般计税项目，又用于简易计税项目，其进项税额可以全部抵扣。

业务(3)可抵扣的进项税额=15.44+0.18=15.62(万元)。

业务(4)：税法规定，购进的餐饮服务、娱乐服务，不得抵扣进项税额。住宿费支出取得增值税专用发票允许抵扣进项税额。

业务(4)可抵扣的增值税进项税额=15÷(1+6%)×6%=0.85(万元)。

企业当月增值税进项税额合计=165.14+15.62+0.85=181.61(万元)。

(五)某运输企业位于市区，为增值税一般纳税人。2022年10月发生如下业务。

(1)为某公司运输一批材料，取得不含税货运收入100万元、装卸收入8万元、仓储保管费3万元，上述收入均开具了增值税专用发票，且各项收入予以分别核算。

(2)与甲运输企业(增值税一般纳税人)共同承接一项联运业务，收取全程货运收入200万元(不含税)，并全额开具了增值税专用发票；将部分货运业务交给甲运输企业，支付给甲运输企业不含税运费60万元，并取得了甲运输企业开具的增值税专用发票。

(3)将部分自有车辆对外出租，取得含税租金收入45万元。

(4)将两艘运输用船对外出租，一艘签订程租合同，收取不含税租金20万元，开具了增值税专用发票；另外一艘签订光租合同，收取不含税租金10万元，因承租方没有按照规定时间归还光租船只，收取违约金1.13万元。

(5)本月自某汽车销售公司购进2辆运输用车辆，购买运输用车辆时相关凭证载明的不含税价格为100万元，购进汽油等取得增值税专用发票注明的增值税税额3万元。

要求：根据上述资料，分析回答下列问题。

1. 该企业10月准于抵扣的进项税额(　　)万元。

A. 16　　　　B. 21.4

C. 5.4　　　　D. 18.79

【参考答案】 B

【答案解析】 业务(2):将部分运输服务交由甲企业,向其支付价款,并取得了甲企业开具的增值税专用发票,可以凭取得的增值税专用发票抵扣进项税额,进项税额＝60×9％＝5.4(万元)。

业务(5):进项税额＝100×13％＋3＝16(万元)。

该企业10月应准予抵扣的进项税额＝5.4＋16＝21.4(万元)。

2. 该企业10月应确认的销项税额为(　　)万元。

A. 28.76　　　　B. 27.88

C. 36.07　　　　D. 32.48

【参考答案】 C

【答案解析】 业务(1):货运适用"交通运输服务"9％的增值税税率;装卸和仓储保管适用"物流辅助服务"6％的增值税税率。销项税额＝100×9％＋(8＋3)×6％＝9＋0.66＝9.66(万元)。

业务(2):联运业务适用"交通运输服务"9％的增值税税率。销项税额＝200×9％＝18(万元)。

业务(3):将自有车辆出租,属于有形动产租赁,适用13％的税率征收增值税。销项税额＝45÷(1＋13％)×13％＝5.18(万元)。

业务(4):程租、期租业务属于"交通运输服务—水路运输服务",适用9％的增值税税率;光租业务属于"有形动产租赁服务",适用13％的增值税税率。销项税额＝20×9％＋[10＋1.13÷(1＋13％)]×13％＝1.8＋1.43＝3.23(万元)。

该企业10月应确认的销项税额合计＝9.66＋18＋5.18＋3.23＝36.07(万元)。

3. 该企业10月应缴纳增值税(　　)万元。

A. 13.69　　　　B. 17.28

C. 20.07　　　　D. 14.67

【参考答案】 D

【答案解析】 该企业10月应纳增值税＝36.07－21.4＝14.67(万元)。

4. 该企业10月应缴纳城市维护建设税、教育费附加和地方教育费附加(　　)万元。

A. 2.07　　　　B. 2.41

C. 1.47　　　　D. 1.76

【参考答案】 D

【答案解析】 该企业10月应纳城建税和教育费附加＝14.67×(7％＋3％＋2％)＝1.76(万元)。

(六)某生产企业为增值税一般纳税人。2022年6月发生如下业务。

(1)销售产品取得不含税收入1 000万元,收取违约金10万元。

(2)将一幢自建的员工宿舍楼对外出售,取得含税收入2 000万元,该宿舍楼于2014年建成并投入使用,初始建造成本为1 000万元,已计提折旧300万元。

(3)出售外购的办公楼一幢，取得含税收入 3 000 万元，该办公楼系 2011 年购买，购买时支付含税价款 2 000 万元。

(4)购进原材料取得增值税专用发票注明金额 400 万元；购进 1 辆汽车，购买运输用车辆时相关凭证载明的不含税价格为 70 万元。

已知：出售员工宿舍楼和办公楼均采用简易计税方法计税。

要求：根据上述资料，分析回答下列问题。

1. 该企业销售不动产业务应缴纳的增值税(　　)万元。

A. 142.86　　B. 95.24

C. 87.38　　D. 116.5

【参考答案】 A

【答案解析】 业务(2)：一般纳税人转让其 2016 年 4 月 30 日前自建的不动产，可以选择适用简易计税方法计税，以取得的全部价款和价外费用为销售额，按照 5%的征收率计算应纳税额。出售员工宿舍楼应缴纳的增值税＝2 000÷(1＋5%)×5%＝95.24(万元)。

业务(3)：一般纳税人转让其 2016 年 4 月 30 日前取得(不含自建)的不动产，可以选择适用简易计税方法计税，以取得的全部价款和价外费用扣除不动产购置原价或者取得不动产时的作价后的余额为销售额，按照 5%的征收率计算应纳税额。

出售办公楼应缴纳的增值税＝(3 000－2 000)÷(1＋5%)×5%＝47.62(万元)。

该企业销售不动产业务应缴纳的增值税＝95.24＋47.62＝142.86(万元)。

2. 该企业本月的销项税额为(　　)万元。

A. 131.15　　B. 274.01

C. 218.88　　D. 126.39

【参考答案】 A

【答案解析】 业务(1)，该企业本月的销项税额为[1 000＋10÷(1＋13%)]×13%＝131.15(万元)。

3. 该企业本月应缴纳增值税税额为(　　)万元。

A. 131.15　　B. 274.01

C. 218.88　　D. 212.91

【参考答案】 D

【答案解析】 业务(4)可抵扣的进项税额为 400×13%＋70×13%＝52＋9.1＝61.1(万元)。

该企业本月的销项税额为 131.15(万元)。

该企业本月应缴纳增值税税额为 131.15－61.1＋142.86＝212.91(万元)。

4. 该企业当月应缴纳的车辆购置税(　　)万元。

A. 8.4　　B. 14

C. 7　　D. 10.05

【参考答案】 C

【答案解析】 该企业当月应纳车辆购置税＝70×10%＝7(万元)。

第二章　消费税

一、单项选择题

1. 根据消费税法律制度的规定，下列项目中，不属于消费税征税范围的是(　　)。

A. 首饰店零售金银首饰　　B. 未涂饰的素板

C. 催化料　　D. 购进的货车改装生产的卫星通信车

【参考答案】 D

【答案解析】 自2012年11月1日起，催化料、焦化料属于燃料油的征收范围，应当征收消费税。企业购进货车或厢式货车改装生产的商务车、卫星通信车等专用汽车不属于消费税征收范围，不征收消费税。

2. 根据消费税法律制度的规定，下列各项中，应征收消费税的是(　　)。

A. 超市零售白酒　　B. 汽车厂销售自产电动汽车

C. 地板厂销售自产实木地板　　D. 百货公司零售高档化妆品

【参考答案】 C

【答案解析】 选项AD，在零售环节征收消费税的仅限于“金银首饰、铂金首饰和钻石及钻石饰品”和“超豪华小汽车”。选项B，电动汽车不属于消费税的征税范围。

3. 根据消费税法律制度规定，下列项目需要缴纳消费税的是(　　)。

A. 调味料酒

B. 高尔夫球包

C. 舞台、戏剧、影视演员化妆用的上妆油、卸妆油、油彩

D. 体育上用的发令纸、鞭炮药引线

【参考答案】 B

【答案解析】 消费税高尔夫球及球具税目包括高尔夫球、高尔夫球杆及高尔夫球包(袋)、高尔夫球杆的杆头、杆身和握把。

4. 根据消费税法律制度的规定，下列各项中，不属于消费税纳税义务人的是(　　)。

A. 高档化妆品进口商　　B. 鞭炮批发商

C. 钻石零售商　　D. 卷烟生产商

【参考答案】 B

【答案解析】 选项A,单位和个人进口高档化妆品,于报关进口时缴纳消费税;选项B,批发商通常不负有消费税纳税义务,但批发销售“卷烟”除外,鞭炮应当在生产销售、委托加工或进口环节缴纳消费税。选项C,“金银铂钻”消费税改在零售环节征收。选项D,生产销售、委托加工、进口、批发销售卷烟时,生产商、委托方、进口商、批发商为消费税纳税义务人。

5. 根据消费税法律制度的规定,下列各项中,不征收消费税的是(　　)。

A. 体育上用的发令纸　　B. 爆竹

C. 礼花弹　　D. 组合烟花

【参考答案】 A

【答案解析】 选项A,体育上用的发令纸、鞭炮药引线,不征收消费税。选项BCD,应按“鞭炮、焰火”税目征收消费税。

6. 根据消费税法律制度的规定,下列各项中,不征收消费税的是(　　)。

A. 酒厂用于交易会样品的自产白酒

B. 卷烟厂用于连续生产卷烟的自产烟丝

C. 日化厂用于职工奖励的自产高档化妆品

D. 地板厂用于本厂办公室装修的自产实木地板

【参考答案】 B

【答案解析】 (1)是否属于应税消费品?选项ABCD均属于应税消费品。(2)是否属于消费税的纳税环节?选项ABCD均为移送环节。根据规定,纳税人自产自用的应税消费品,用于连续生产应税消费品的(选项B),不纳税;凡用于其他方面的(选项ACD),于移送使用时,照章缴纳消费税。

7. 根据消费税法律制度的规定,下列各项中,应征收消费税的是(　　)。

A. 烟酒零售店零售卷烟　　B. 某厂家销售自产电动自行车

C. 某金店向消费者销售钻戒　　D. 某化妆品厂家销售演员用的油彩

【参考答案】 C

【答案解析】 选项A,卷烟在生产销售以及批发环节征税,在零售环节不征收消费税。选项B,电动自行车不属于消费税的征税范围。选项D,高档化妆品在生产环节征收消费税,舞台、戏剧、影视演员化妆用的上妆油、卸妆油、油彩,不属于本税目的征收范围。

8. 根据消费税法律制度的规定,下列各项中,应缴纳消费税的是(　　)。

A. 汽车厂销售雪地车　　B. 手表厂销售高档手表

C. 珠宝店销售珍珠项链　　D. 商场销售木制一次性筷子

【参考答案】 B

【答案解析】 选项A,雪地车不属于消费税征收范围。选项B,纳税人生产的应税消费品,于纳税人销售时缴纳消费税。选项CD,珍珠项链和木制一次性筷子属于应税消费品,但只在生产销售环节征收一次消费税,在批发零售环节不征收。

9. 下列应税消费品中,适用定额税率征收消费税的是(　　)。

A. 高档化妆品　　B. 金银首饰

C. 卷烟　　D. 成品油

【参考答案】 D

【答案解析】 啤酒、黄酒、成品油的消费税实行从量定额征收,适用定额税率。

10. 对超豪华小汽车,在生产(进口)环节按现行税率征收消费税的基础上,在零售环节加征消费税,税率为(　)。

A. 5%　　B. 10%

C. 11%　　D.15%

【参考答案】 B

【答案解析】 本题考查消费税税率,选项 B 符合题意。超豪华小汽车在零售环节的税率为 10%。

11. 现行消费税法规定,委托加工应税消费品,一般由受托方代收代缴消费税,但个别情况由委托方回原地纳税。下列情形中,委托方应回原地纳税的是(　)。

A. 受托方是外商投资企业　　B. 受托方是国有企业

C. 受托方是个体经营者　　D. 受托方是股份制企业

【参考答案】 C

【答案解析】 委托加工应税消费品的由受托方交货时代收代缴消费税,受托方是个体经营者除外。

12. 某啤酒生产企业为增值税一般纳税人,2022 年 5 月销售乙类啤酒 1 000 吨,取得含税销售额 226 万元,另收取单独记账核算的包装物押金 5.6 万元。当月没收逾期未退还包装物的押金 4.52 万元。则该啤酒生产企业当月应缴纳增值税和消费税合计为(　)万元(乙类啤酒消费税税率为 220 元/吨)。

A. 51.96　　B. 52.69

C. 49.16　　D. 48.52

【参考答案】 D

【答案解析】 (1)对于销售啤酒收取的包装物押金,单独记账核算的,且时间在 1 年以内,又未过期的,不并入销售额计征增值税;但因逾期未收回包装物不再退还的押金应并入销售额计征增值税。(2)因为啤酒是从量定额征收消费税的,和销售价款无关,所以包装物押金不计算啤酒的消费税。(3)该啤酒生产企业当月应缴纳增值税=226÷(1+13%)×13%+4.52÷(1+13%)×13%=26.52(万元)。(4)该啤酒生产企业当月应缴纳消费税=1 000×220÷10 000=22(万元)。(5)该啤酒生产企业当月应缴纳增值税和消费税合计=26.52+22=48.52(万元)。

13. 某地板厂为增值税一般纳税人,2022 年 5 月销售自产实木地板取得含增值税销售额 107.35 万元。已知实木地板增值税税率为 13%,消费税税率为 5%,该地板厂当月该业务应缴纳消费税的税额为(　)万元。

A. 4.75　　B. 5.65

C. 5.367 5　　D. 5

【参考答案】 A

【答案解析】 实行从价定率征收的应税消费品,其计税依据为含消费税但不含增值税的销售额。在本题中,“107.35万元”为含增值税的销售额,应当换算成不含增值税的销售额,“107.35÷(1+13%)=95万元”即为含消费税但不含增值税的销售额。应缴纳消费税=95×5%=4.75(万元);增值税销项税额=95×13%=12.35(万元)。

14.某实木地板生产企业为增值税一般纳税人,2022年5月销售实木地板一批取得销售额226万元,另收取单独记账核算的包装物押金5.6万元。当月没收逾期未退还包装物的押金4.52万元。则该实木地板生产企业当月应缴纳增值税和消费税合计为(　　)万元(实木地板消费税税率为5%)。

A.36.72　　B.37.36

C.40.90　　D.37.45

【参考答案】 A

【答案解析】 (1)销售实木地板收取的包装物押金,单独记账核算的,且时间在1年以内,又未过期的,不并入销售额征税;但对因逾期未收回包装物不再退还的押金应并入销售额计算缴纳增值税和消费税。因此,当期收取的包装物押金5.6万元不用计算纳税,但是没收的逾期未退还包装物的押金4.52万元应并入销售额计算缴纳增值税和消费税。(2)包装物押金为含税金额,需进行价税分离。(3)该实木地板生产企业当月应缴纳增值税=226÷(1+13%)×13%+4.52÷(1+13%)×13%=26.52(万元)。(4)该实木地板生产企业当月应缴纳消费税=226÷(1+13%)×5%+4.52÷(1+13%)×5%=10.2(万元)。(5)该实木地板生产企业当月应缴纳增值税和消费税合计=26.52+10.2=36.72(万元)。

15.某公司为增值税一般纳税人,外购高档护肤类化妆品生产高档修饰类化妆品,2022年5月生产销售高档修饰类化妆品取得不含税销售收入100万元。该公司5月初库存的高档护肤类化妆品0万元,5月购进高档护肤类化妆品100万元,5月底库存高档护肤类化妆品10万元。已知高档化妆品适用的消费税税率为15%。则该公司当月应缴纳消费税(　　)万元。

A.0　　B.1.5

C.13.5　　D.15

【参考答案】 B

【答案解析】 (1)当期准予扣除外购或委托加工收回的应税消费品的已纳消费税税款,应按当期“生产领用数量”计算。(2)5月的生产领用量=期初库存量+5月购进量-期末库存量=100-10=90(万元)。(3)该公司当月应缴纳的消费税=100×15%-(100-10)×15%=1.5(万元)。

16.根据消费税法律制度的规定,下列各项中,应按纳税人同类应税消费品的最高销售价格作为计税依据计征消费税的是(　　)。

A.用于无偿赠送的应税消费品

B.用于集体福利的应税消费品

C.用于换取生产资料的应税消费品

D.用于连续生产非应税消费品的应税消费品

【参考答案】 C

【答案解析】 纳税人用于换取生产资料和消费资料、投资入股和抵偿债务等方面的应税消费品,应当以纳税人同类应税消费品的最高销售价格作为计税依据计算消费税。

17. 根据消费税法律制度的规定,下列表述不正确的是(　　)。

A. 纳税人将不同税率的应税消费品组成成套消费品销售的,从高适用税率

B. 卷烟由于接装过滤嘴而提高售价后,应按照新的销售价格确定征税类别和适用税率

C. 委托加工的卷烟按照受托方同牌号规格卷烟的征税类别和适用税率征税;没有同牌号规格卷烟的,一律按照卷烟最高税率征税

D. 残次品卷烟不缴纳消费税

【参考答案】 D

【答案解析】 选项D,残次品卷烟应当按照同牌号规格正品卷烟的征税类别确定适用税率。

18. 关于消费税的有关规定,下列陈述不正确的是(　　)。

A. 用于抵偿债务的应税消费品,使用最高销售价格作为计税依据

B. 啤酒包装物押金逾期时,缴纳消费税

C. 自产自用应税消费品的,计税数量为应税消费品的移送使用数量

D. 酒类生产企业向商业销售单位收取的"品牌使用费"缴纳消费税

【参考答案】 B

【答案解析】 啤酒从量计征消费税,其包装物押金逾期时不缴纳消费税。

19. 根据消费税法律制度的规定,纳税人委托加工收回的用于下列用途的应税消费品中,所纳税款准予按规定抵扣的是(　　)。

A. 直接出售　　B. 留作自用

C. 对外捐赠　　D. 连续生产应税消费品销售

【参考答案】 D

【答案解析】 本题考查已纳消费税的扣除,选项D符合题意。用于连续生产的应税消费品准予从应纳消费税税额中按当期生产领用数量计算扣除委托加工收回的应税消费品已纳消费税税款。

20. 某酒厂为增值税一般纳税人,5月销售自己生产的粮食白酒15吨,开具增值税专用发票注明销售额100万元,另外向购买方收取优质费33.9万元。已知白酒的消费税税率为20%加0.5元/500克,该酒厂11月应缴纳的消费税为(　　)万元。

A. 27.5　　B. 21.5

C. 26　　D. 22.1

【参考答案】 A

【答案解析】 收取的优质费属于价外费用,价外费用为含税的,应缴纳消费税=[(100+33.9÷1.13×10 000×20%+15×2 000×0.5]÷10 000=27.5(万元)。

21. 某卷烟生产企业为增值税一般纳税人,2022年5月销售乙类卷烟1 500标准条,取得含增值税销售额84 750元。已知乙类卷烟消费税比例税率为36%,定额税率为0.003元/支,1标准条有200支;增值税税率为13%。则该企业当月应缴纳消费税税额为(　　)元。

A. 27 000　　B. 27 900

C. 31 590　　D. 32 490

【参考答案】 B

【答案解析】 卷烟实行从价定率和从量定额复合方法计征消费税。(1)不含增值税销售额＝84 750÷(1＋13%)＝75 000(元)；(2)从价定率应纳税额＝ ×36%＝27 000(元)；(3)从量定额应纳税额＝1 500×200×0.003＝900(元)；(4)应缴纳消费税税额合计＝27 000＋900＝27 900(元)。

22. 2022 年 5 月，甲烟草批发企业向乙卷烟零售店销售卷烟 200 标准条，取得不含增值税销售额 20 000 元；向丙烟草批发企业销售卷烟 300 标准条，取得不含增值税销售额为 30 000元。已知卷烟批发环节消费税比例税率为 11%，定额税率为 0.005 元/支；每标准条 200 支卷烟。甲烟草批发企业上述业务应缴纳消费税税额是(　　)元。

A. 2 400　　B. 6 000

C. 5 500　　D. 3 600

【参考答案】 A

【答案解析】 甲烟草批发企业向乙卷烟零售店销售卷烟，属于批发环节的销售，应缴纳消费税；而甲烟草批发企业向丙烟草批发企业销售卷烟，属于批发企业之间的销售，不缴纳消费税。因此，甲烟草批发企业上述业务应缴纳消费税税额＝20 000×11%＋200×200×0.005＝2 400(元)。

23. 2022 年 5 月，某酒厂销售自产红酒，取得含增值税价款 45.2 万元，另收取包装物押金 2.26 万元、手续费 1.13 万元。已知红酒增值税税率为 13%，消费税税率为 10%。该酒厂该笔业务应缴纳消费税税额是(　　)万元。

A. 4.1　　B. 4

C. 4.3　　D. 4.2

【参考答案】 C

【答案解析】 该酒厂该笔业务应缴纳消费税税额＝(45.2＋2.26＋1.13)÷(1＋13%)×10%＝4.3(万元)。

24. 某酒厂下设一非独立核算的门市部，2022 年 5 月该酒厂共生产黄酒 150 吨，当月将其中 100 吨由总机构移送到非独立核算门市部用于销售，当月门市部实际对外销售黄酒 80 吨，则该酒厂当月就上述业务计算缴纳消费税的黄酒销售数量为(　　)吨。

A. 150　　B. 100

C. 80　　D. 0

【参考答案】 C

【答案解析】 纳税人通过自设非独立核算门市部销售的自产应税消费品，应当按照门市部对外销售额或者销售数量征收消费税。

25. 2022 年 5 月，某企业进口一辆小汽车自用，支付买价 17 万元，货物运抵我国关境内输入地点起卸前的运费和保险费共计 3 万元，货物运抵我国关境内输入地点起卸后的运费和保险费共计 2 万元，另支付购货佣金 1 万元。已知关税税率为 20%，消费税税率为 25%，城建税税率为 7%，教育费附加征收率为 3%。假设无其他纳税事项，下列关于该企业的相关税金，正确的是(　　)。

A. 应缴纳进口关税 4.2 万元 B. 应缴纳进口环节消费税 8 万元

C. 应缴纳进口环节增值税 4.08 万元 D. 应缴纳城建税和教育费附加 1.34 万元

【参考答案】 B

【答案解析】 选项 A,货物运抵我国关境内输入地点“起卸后”的运费和保险费不计入关税完税价格;向境外采购代理人支付的买方佣金不计入关税完税价格,该企业应缴纳进口关税=(17+3)×20%=4(万元)。选项 B,进口环节消费税=(关税完税价格+关税)÷(1-消费税税率)×消费税税率=(17+3+4)÷(1-25%)×25%=8(万元)。选项 C,进口环节增值税=(关税完税价格+关税+消费税)×增值税税率=(17+3+4+8)×13%=4.16(万元)。选项 D,城建税和教育费附加“进口不征、出口不退”。

26. 某化妆品企业为增值税一般纳税人,委托加工一批高档护肤类化妆品,提供的原材料成本 100 万元,受托方收取不含增值税加工费 20 万元。该化妆品企业收回该批委托加工的护肤类化妆品后,当期全部连续生产加工为高档修饰类化妆品,后该批高档化妆品全部销售完毕,销售额为 165 万元(不含税)。已知高档化妆品消费税税率为 15%。该化妆品企业因此项业务应缴纳的消费税为( )万元。

A. 24.75 B. 29.12

C. 3.57 D. 6.75

【参考答案】 C

【答案解析】 以委托加工收回的已税高档化妆品原料生产的高档化妆品,其已纳税款准予从连续生产的应税消费品应纳消费税税额中扣除。该化妆品企业因此项业务应缴纳的消费税=165×15%-(100+20)÷(1-15%)×15%=3.57(万元)。

27. 现行消费税法规定,委托加工应税消费品,一般由受托方代收代缴消费税,但个别情况由委托方回原地纳税。下列情形中,委托方应回原地纳税的是( )。

A. 受托方是外商投资企业 B. 受托方是国有企业

C. 受托方是个体经营者 D. 受托方是股份制企业

【参考答案】 C

【答案解析】 委托加工应税消费品的由受托方交货时代收代缴消费税,受托方是个体经营者除外。

28. 2022 年 3 月,某商场首饰部销售业务如下:采用以旧换新方式销售金银首饰,该批首饰市场零售价 14.04 万元,旧首饰作价的含税金额为 5.85 万元,商场实际收到 8.19 万元;修理金银首饰取得含税收入 2.34 万元;零售镀金首饰取得收入 7.02 万元。该商场当月应纳消费税( )万元。(金银首饰消费税税率 5%)

A. 0.36 B. 0.45

C. 0.60 D. 0.75

【参考答案】 A

【答案解析】 纳税人采用以旧换新方式销售的金银首饰,应按实际收取的不含增值税的全部价款确定计税依据征收消费税;修理、清洗金银首饰不征收消费税;镀金首饰不属于零售环节征收消费税的金银首饰范围,不在零售环节计征消费税。该商场当月应纳消费税=8.19÷(1+13%)×5%=0.36(万元)。

29. 甲啤酒厂为增值税一般纳税人，2022 年 6 月销售鲜啤酒 10 吨给乙烟酒批发销售公司，开具的增值税专用发票上注明金额 29 000 元，另开收据收取包装物押金 2 000 元(含塑料周转箱押金 500 元)；销售无醇啤酒 5 吨给丙商贸公司，开具增值税普通发票注明金额 13 800 元，另开收据收取包装物押金 750 元。上述押金均单独核算。甲厂当月应缴纳消费税是(　　)元。

A. 2 500. 00　　　　B. 3 300. 00

C. 3 600. 00　　　　D. 3 750. 00

【参考答案】 C

【答案解析】 啤酒分为甲类和乙类，分别适用 250 元/吨和 220 元/吨的单位税额。啤酒分类以每吨出厂价的高低作为划分标准，每吨不含增值税出厂价(含包装物及包装物押金 3 000 元(含 3 000 元)以上是甲类啤酒；计算啤酒分类的包装物押金不包括供重复使用的塑料周转箱的押金。鲜啤酒每吨出厂价＝[29 000＋(2 000－500)÷(1＋13%)]÷10＝3 032. 74(元)，为甲类啤酒；无醇啤酒每吨出厂价＝[(13 800＋750)÷(1＋13%)]÷5＝2 575. 22(元)，为乙类啤酒。甲厂当月应缴纳消费税＝10×250＋5×220＝3 600(元)。

30. 下列业务属于视同销售应税消费品，应当征收消费税的是(　　)。

A. 商业企业将外购的应税消费品直接销售给消费者的

B. 商业企业将外购的非应税消费品以应税消费品对外销售的

C. 生产企业将自产的应税消费品用于连续生产应税消费品的

D. 生产企业将自产的应税消费品用于应税消费品技术研发的

【参考答案】 B

【答案解析】 工业企业以外的单位和个人的下列行为视为应税消费品的生产行为，按规定征收消费税：(1)将外购的消费税非应税产品以消费税应税产品对外销售的；(2)将外购的消费税低税率应税产品以高税率应税产品对外销售的。

二、多项选择题

1. 根据消费税法律制度的规定，下列各项中，应按照“高档化妆品”税目计缴消费税的有(　　)。

A. 高档护肤类化妆品　　　　B. 成套化妆品

C. 高档修饰类化妆品　　　　D. 高档美容类化妆品

【参考答案】 ABCD

【答案解析】 高档化妆品包括高档美容、修饰类化妆品、高档护肤类化妆品和成套化妆品。

2. 根据消费税法律制度的规定，下列各项中，应征收消费税的有(　　)。

A. 甲电池厂生产销售电池　　　　B. 丁百货公司零售钻石胸针

C. 丙首饰厂生产销售玉手镯　　　　D. 乙超市零售啤酒

【参考答案】 ABC

【答案解析】 (1)是否属于应税消费品？选项 ABCD 均属于应税消费品。(2)是否属于消费税的纳税环节？在零售环节缴纳消费税的只有“金银铂钻”、超豪华小汽车，选项 D 错误，选项 B 正确；除“金银铂钻”外的其他应税消费品，生产销售环节均属于纳税环节，选项

AC 正确。

3. 根据消费税法律制度的规定,下列各项中,属于消费税征税范围的有(　　)。

A. 汽缸容量为 200 毫升的摩托车　　B. 组合烟花

C. 燃料电池　　D. 未经涂饰的素板

【参考答案】 BCD

【答案解析】 选项 A 不属于消费税的征税范围。

4. 根据消费税法律制度的规定,下列关于消费税纳税期限的表述中,正确的有(　　)。

A. 消费税的纳税期限分别为 1 日、3 日、5 日、10 日、15 日、1 个月或者 1 个季度

B. 纳税人的具体纳税期限,由主管税务机关根据纳税人应纳税额的大小分别核定

C. 纳税人不能按照固定期限纳税的,可以按次纳税

D. 纳税人进口应税消费品,应当自海关填发海关进口消费税专用缴款书之日起 15 日内缴纳税款

【参考答案】 ABCD

【答案解析】 本题四个选项均表述正确。

5. 甲公司是一家卷烟厂,2022 年 5 月从乙烟农手中收购一批烟叶,并将之委托给丙公司加工成烟丝,收回后一半直接出售给 A 企业,一半用于连续生产卷烟,并将生产出的卷烟销售给丁卷烟批发公司,丁公司又将卷烟销售给戊卷烟批发公司,戊公司又将其批发给 B、C、D 等多家卷烟零售企业,则下列关于消费税的说法中错误的有(　　)。

A. 在收购烟叶的业务中甲公司是消费税的纳税人

B. 在收购烟叶的业务中乙烟农是消费税的纳税人

C. 在委托加工的业务中甲公司是消费税的纳税人

D. 在委托加工的业务中丙公司是消费税的纳税人

【参考答案】 ABD

【答案解析】 烟叶不属于消费税应税消费品,选项 AB 错误。在委托加工卷烟的业务中,委托加工单位为消费税纳税人,即甲公司,选项 C 正确,选项 D 错误。

6. 某汽车制造厂生产的小汽车用于下列各项用途,其中应缴纳消费税的有(　　)。

A. 赠送贫困地区　　B. 奖励本厂职工

C. 生产改装高档小汽车　　D. 本厂广告推广

【参考答案】 ABD

【答案解析】 纳税人自产自用的应税消费品,用于连续生产应税消费品的,不纳税;凡用于其他方面(生产非应税消费品、在建工程、管理部门、非生产机构、提供劳务、馈赠、赞助、集资、广告、样品、职工福利、奖励等)的,于移送使用时纳税。

7. 根据消费税法律制度的规定,下列各项中,属于消费税征税范围的有(　　)。

A. 生产环节不含税销售价格为 14 元/毫升的爽肤水

B. 生产环节不含税销售价格为 9 元/毫升的爽肤水

C. 进口环节完税价格为 14 元/片的面膜

D. 进口环节完税价格为 20 元/片的面膜

【参考答案】 AD

【答案解析】　生产(进口)环节销售(完税)价格(不含增值税)在10元/毫升(克)或15元/片(张)及以上的美容、修饰类化妆品和护肤类化妆品,属于消费税的征税范围。

8. 根据消费税法律制度的规定,下列货物销售应征收消费税的有(　　)。

A. 汽车销售公司代销小汽车　　B. 汽车修理厂销售汽车轮胎

C. 金店零售金银首饰　　D. 手表厂生产销售高档手表

【参考答案】　CD

【答案解析】　选项C,金银首饰在零售环节征收消费税。选项D,纳税人生产的应税消费品,于纳税人销售时纳税。

9. 根据消费税法律制度的规定,下列关于消费税纳税义务发生时间的表述中,正确的有(　　)。

A. 纳税人自产自用应税消费品的,为移送使用的当天

B. 纳税人委托加工应税消费品的,为交付加工费的当天

C. 纳税人进口应税消费品的,为报关进口的当天

D. 纳税人销售应税消费品采取预收款方式的,为发出应税消费品的当天

【参考答案】　ACD

【答案解析】　选项B,纳税人委托加工应税消费品的,为纳税人提货的当天。

10. 根据消费税法律制度的规定,下列各项中,纳税人自产自用的应税消费品应当征收消费税的有(　　)。

A. 用于本企业连续生产应税消费品的应税消费品

B. 用于奖励代理商销售业绩的应税消费品

C. 用于本企业生产性基建工程的应税消费品

D. 用于广告样品的应税消费品

【参考答案】　BCD

【答案解析】　纳税人自产自用的应税消费品,用于连续生产应税消费品的,不纳税;用于其他方面的,于移送使用时纳税。用于其他方面,是指纳税人将自产自用的应税消费品用于生产非应税消费品、在建工程、管理部门、非生产机构、提供劳务、馈赠、赞助、集资、广告、样品、职工福利、奖励等方面。

11. 某高尔夫球生产企业是增值税一般纳税人,其生产的高尔夫球不含增值税的平均销售价格为25 000元/箱,最高销售价格为26 000元/箱;该企业5月将5箱自产高尔夫球用于换取一批生产材料。已知,增值税税率为13%,消费税税率为10%。该企业上述业务应缴纳的增值税和消费税为(　　)元。

A. 应缴纳增值税16 250　　B. 应缴纳增值税16 900

C. 应缴纳消费税12 500　　D. 应缴纳消费税13 000

【参考答案】　AD

【答案解析】　纳税人用于换取生产资料和消费资料、投资入股、抵偿债务的应税消费品,按照纳税人同类应税消费品的最高销售价格计算消费税;但是要按照平均销售价格计算增值税。在本题中:应缴纳的增值税＝25 000×5×13%＝16 250(元);应缴纳的消费税＝26 00×5×10%＝13 000(元)。

12. 根据消费税法律制度的规定,下列各项中,符合销售数量确定规定的有(　　)。

A. 销售应税消费品的,为应税消费品的销售数量

B. 自产自用应税消费品的,为完工后应税消费品折算的耗用数量

C. 委托加工应税消费品的,为纳税人收回的应税消费品数量

D. 进口应税消费品的,为纳税人申报的应税消费品进口数量

【参考答案】 AC

【答案解析】 选项B,自产自用应税消费品的,为应税消费品的移送使用数量。选项D,进口应税消费品的,为海关核定的应税消费品进口征税数量。

13. 下列消费品中,征收消费税的有(　　)。

A. 实木复合地板　　B. 电动汽车

C. 高尔夫球杆　　D. 农用拖拉机专用轮胎

【参考答案】 AC

【答案解析】 电动汽车和拖拉机专用轮胎不征收消费税,实木复合地板和高尔夫球杆属于消费税征收范围。

14. 下列各项中,不需要计算缴纳消费税的有(　　)。

A. 汽车销售公司销售中低端小汽车　　B. 烟草专卖店零售卷烟

C. 木材公司销售自产的实木地板　　D. 商场销售黄金项链

【参考答案】 AB

【答案解析】 选项A,小汽车在生产销售、委托加工、进口环节征收消费税,超豪华小汽车在零售环节加征一道消费税。选项B,卷烟一般在生产销售、委托加工、进口环节征收消费税,批发环节加征一道消费税,零售环节不对卷烟征收消费税。选项C,实木地板在生产销售、委托加工、进口环节征收消费税。选项D,"金银铂钻"在零售环节征收消费税。

15. 根据消费税法律制度的规定,下列关于消费税纳税地点的表述中,正确的有(　　)。

A. 除另有规定外,纳税人销售应税消费品应向生产地的主管税务机关纳税

B. 除另有规定外,纳税人销售应税消费品应向纳税人机构所在地或居住地的主管税务机关纳税

C. 进口的应税消费品,由进口人或者其代理人向报关地海关申报纳税

D. 委托加工的应税消费品,受托方为个人的,由委托方向机构所在地的主管税务机关申报纳税

【参考答案】 BCD

【答案解析】 纳税人销售的应税消费品,以及自产自用的应税消费品,除国务院财政、税务主管部门另有规定外,应当向纳税人机构所在地或者居住地的主管税务机关申报纳税。

16. 根据消费税法律制度的规定,下列应纳税消费品中,在生产(委托加工、进口)环节按现行税率征收消费税基础上,再加征一道消费税的有(　　)。

A. 卷烟　　B. 钻石及钻石饰品

C. 超豪华小汽车　　D. 高档化妆品

【参考答案】 AC

【答案解析】 选项A,自2009年5月1日起,在卷烟的"批发环节"加征一道消费税。

选项C，自2016年12月1日起，对超豪华小汽车，在生产（进口）环节按现行税率征收消费税基础上，在“零售环节”加征消费税。

17. 根据消费税法律制度的规定，对部分应税消费品实行从量定额和从价定率相结合的复合计税办法。下列各项中，属于实行复合计税办法的消费品有（　　）。

A. 卷烟　　B. 烟丝

C. 粮食白酒　　D. 薯类白酒

【参考答案】 ACD

【答案解析】 应税消费品实行从量定额和从价定率相结合的复合计税办法的是卷烟、白酒（粮食白酒、薯类白酒）。

18. 根据消费税法律制度的规定，计算白酒的消费税时，应并入白酒计税销售额的有（　　）。

A. 品牌使用费　　B. 包装费

C. 包装物押金　　D. 包装物租金

【参考答案】 ABCD

【答案解析】 选项ABCD均应计入白酒消费税的计税销售额。

19. 根据消费税法律制度的规定，下列情形中，应以纳税人同类应税消费品的最高销售价格作为计税依据计算消费税的有（　　）。

A. 将自产应税消费品用于换取生产资料　　B. 将自产应税消费品用于投资入股

C. 将自产应税消费品用于无偿赠送　　D. 将自产应税消费品用于抵债

【参考答案】 ABD

【答案解析】 纳税人用于“换投抵”的应税消费品，应当以纳税人同类应税消费品的最高销售价格作为计税依据计算消费税。

20. 下列业务视同零售业，在零售环节缴纳消费税的有（　　）。

A. 为经营单位以外的单位和个人加工金银首饰

B. 经营单位将金银首饰用于馈赠、赞助、集资、广告样品、职工福利、奖励等方面

C. 未经中国人民银行总行批准，经营金银首饰批发业务的单位将金银首饰销售给经营单位

D. 为个人修理和清洗金银首饰

【参考答案】 ABC

【答案解析】 下列业务视同零售业，在零售环节缴纳消费税：(1)为经营单位以外的单位和个人加工金银首饰。加工包括带料加工、翻新改制、以旧换新等业务，不包括修理和清洗。(2)经营单位将金银首饰用于馈赠、赞助、集资、广告样品、职工福利、奖励等方面。(3)未经中国人民银行总行批准，经营金银首饰批发业务的单位将金银首饰销售给经营单位。

21. 根据消费税法律制度的规定，下列有关卷烟批发环节消费税的表述中，正确的有（　　）。

A. 卷烟批发环节消费税目前采用复合计税办法计征

B. 烟草批发企业将卷烟销售给其他烟草批发企业的，不缴纳消费税

C. 卷烟批发企业在计算应纳税额时可以扣除已含的生产环节的消费税税款

D. 烟草批发企业兼营卷烟批发和零售业务，但未分别核算批发和零售环节的销售额、销售数量的，按全部销售额、销售数量计征批发环节消费税

【参考答案】 ABD

【答案解析】 选项C，卷烟消费税改为在批发环节加征一道消费税后，批发企业在计算应纳税额时不得扣除已含的生产环节的消费税税款。

22. 下列各项中，外购应税消费品已纳消费税款准予扣除的有（　　）。

A. 为生产高档化妆品而领用的外购已税高档香水精

B. 为生产铂金吊坠而领用的外购已税珍珠

C. 为生产卷烟而领用的外购已税烟丝

D. 为生产润滑油而领用的外购已税润滑油

【参考答案】 ACD

【答案解析】 选项B，纳税人用外购已税珠宝、玉石连续生产的改在零售环节缴纳消费税的金银首饰，在计税时一律不得扣除外购珠宝、玉石的已纳消费税税款。

23. 根据消费税法律制度的规定，下列情形中，准予抵扣外购应税消费品已纳消费税的有（　　）。

A. 外购已税珠宝玉石生产的金银首饰

B. 外购已税素板生产的实木地板

C. 外购已税高档化妆品生产的高档化妆品

D. 外购已税鞭炮、焰火为原料生产的鞭炮、焰火

【参考答案】 BCD

【答案解析】 选项A，纳税人用外购的已税珠宝、玉石原料生产的改在零售环节征收消费税的金银首饰（镶嵌首饰），在计税时一律不得扣除外购珠宝、玉石的已纳消费税税款。

24. 根据消费税法律制度的规定，关于金银首饰的税务处理，下列说法正确的有（　　）。

A. 纳税人采用以旧换新方式销售的金银首饰，应按新首饰的销售价格计征消费税

B. 对既销售金银首饰，又销售非金银首饰的单位，应将两类商品划分清楚，分别核算销售额

C. 金银首饰与其他产品组成成套消费品销售的，应按销售额全额征收消费税

D. 金银首饰连同包装物销售的，无论包装物是否单独计价，也无论会计上如何核算，均应并入金银首饰的销售额计征消费税

【参考答案】 BCD

【答案解析】 选项A，纳税人采用以旧换新方式销售的金银首饰，应按实际收取的不含增值税的全部价款确定计税依据征收消费税。

25. 根据消费税法律制度的规定，下列各项中，应在生产、进口、委托加工环节缴纳消费税的有（　　）。

A. 无水乙醇　　B. 金银镶嵌首饰

C. 果木酒　　D. 木制一次性筷子

【参考答案】 CD

【答案解析】 选项A，无水乙醇不属于消费税的征税范围。选项B，金银镶嵌首饰在零

售环节缴纳消费税。

26. 关于金银首饰零售环节征收消费税，下列说法正确的有（　　）。

A. 纳税人采用以旧换新方式销售的金银首饰，应按实际收取的不含税的全部价款确定计税依据

B. 金银首饰与其他产品组成成套消费品销售的，应区别应税和非应税消费品分别征税

C. 金银首饰连同包装物销售，能够分别核算的，包装物不并入销售额计征消费税

D. 单位用于馈赠的金银首饰，没有同类金银首饰销售价格的，按组成计税价格计算纳税

【参考答案】 AD

【答案解析】 选项B，金银首饰与其他产品组成成套消费品销售的，应按不含增值税销售额全额征收消费税。选项C，金银首饰连同包装物销售的，无论包装物是否单独计价，也无论会计上如何核算，均应并入金银首饰的销售额，计征消费税。

27. 关于委托加工应税消费品的消费税处理，下列说法正确的有（　　）。

A. 委托加工消费税纳税地点（除委托个人外）是委托方所在地

B. 委托加工的加工费包括代垫辅助材料的实际成本

C. 受托方没有代收代缴消费税税款，委托方应补缴税款，受托方不再补税

D. 受托方已代收代缴消费税的应税消费品，委托方收回后以高于受托方计税价格出售的，应申报缴纳消费税

【参考答案】 BCD

【答案解析】 选项A，委托加工的应税消费品，受托方为个人的，由委托方向其机构所在地或者居住地主管税务机关申报纳税；受托方为企业等单位的，由受托方向机构所在地或者居住地的主管税务机关申报缴纳税款。

28. 甲企业为增值税一般纳税人，2022年3月外购价值260万元的素板委托乙企业进行加工素板，支付加工费取得增值税专用发票，注明金额25万元，甲企业销售返回的70%素板，取得增值税专用发票注明金额350万元，下列描述正确的有（　　）。（实木地板的消费税税率为5%）

A. 甲企业不需缴纳消费税　　B. 乙企业代收代缴消费税16万元

C. 甲企业缴纳消费税7万元　　D. 乙企业代收代缴消费税15万元

【参考答案】 CD

【答案解析】 乙企业应代收代缴的消费税＝（260＋25）÷（1－5%）×5%＝15（万元），甲企业销售的70%的部分的组价＝（260＋25）÷（1－5%）×70%＝210（万元），收回后的销售价是350万元，属于加价销售，所以甲企业应缴纳消费税＝350×5%－15×70%＝7（万元）。

29. 纳税人发生的下列行为中，应征收消费税的有（　　）。

A. 酒厂将自产的白酒赠送给客户

B. 烟厂将自产的烟丝用于连续生产卷烟

C. 汽车制造厂将自产的小汽车用于工厂内部的行政部门使用

D. 原油加工厂将自产的柴油用于调和生产生物柴油

【参考答案】 AC

【答案解析】 选项BD均属于将应税消费品用于连续生产应税消费品,自用环节不征收消费税。

30.某鞭炮厂(增值税一般纳税人)用外购已缴税的焰火继续加工高档焰火。2022年3月销售高档焰火,开具增值税专用发票注明销售额1 000万元;本月外购焰火400万元,取得增值税专用发票,月初库存外购焰火60万元,月末库存外购焰火50万元,相关发票当月已认证,下列说法正确的有( )。(焰火消费税税率为15%,上述价格均不含增值税)

A.该鞭炮厂计算缴纳消费税时,可以按照本月生产领用数量计算扣除外购已税鞭炮焰火已纳的消费税

B.该鞭炮厂计算缴纳消费税时,可以按照当月购进的全部已税焰火数量计算扣除已纳的消费税

C.该鞭炮厂计算缴纳增值税时,当月购进的全部已税焰火支付的进项税额可以从当期销项税额中抵扣

D.当月该鞭炮厂应纳消费税88.5万元

【参考答案】 ACD

【答案解析】 生产领用外购已税应税消费品连续生产应税消费品的,符合扣除条件的,按生产领用数量计算准予扣除外购的应税消费品已纳的消费税税款。对于增值税进项税额是凭购进货物取得的增值税专用发票,按发票注明的税额予以抵扣的。当月该鞭炮厂应纳消费税=1 000×15%-(60+400-50)×15%=88.5(万元)。

三、判断题

1.自2015年5月10日起,将卷烟批发环节从价税税率由5%提高至11%,并按0.003元/支加征从量税。( )

【参考答案】 错误

【答案解析】 自2015年5月10日起,将卷烟批发环节从价税税率由5%提高至11%,并按0.005元/支加征从量税。

2.雪茄烟适用从价定率和从量定额相结合的复合计征办法征收消费税。( )

【参考答案】 错误

【答案解析】 消费税税目"烟",包括3个子目:(1)卷烟;(2)雪茄烟;(3)烟丝。其中,只有卷烟采用从价定率和从量定额相结合的复合计征办法,雪茄烟和烟丝均为从价计征。

3.高档手表采用从量计征方法计缴消费税。( )

【参考答案】 错误

【答案解析】 高档手表采用"从价"计征方法计缴消费税。

4.对于由受托方提供原材料生产的应税消费品,或者受托方先将原材料卖给委托方,然后再接受加工的应税消费品,不论在财务上是否作为销售处理,都不得作为委托加工应税消费品,而应当按照销售自制应税消费品缴纳消费税。( )

【参考答案】 正确

【答案解析】 对于由受托方提供原材料生产的应税消费品,或者受托方先将原材料卖给委托方,然后再接受加工的应税消费品,以及由受托方以委托方名义购进原材料生产的应税消费品,不论在财务上是否作为销售处理,都不得作为委托加工应税消费品,而应当按照

销售自制应税消费品缴纳消费税。

5. 烟草批发企业将卷烟销售给其他烟草批发企业的，照章缴纳消费税。（ ）

【参考答案】 错误

【答案解析】 烟草批发企业将卷烟销售给其他烟草批发企业的，不缴纳消费税。

6. 我国现行增值税实行价外计征，即以不含税价格作为计税依据。所谓“不含税”，就是指包含增值税而不含消费税。（ ）

【参考答案】 错误

【答案解析】 消费税的特点之一是价内税，即消费税包含在消费品的价格内，而增值税是价外税，税基不含增值税。

7. 纳税人把自产的高档化妆品用作广告或样品的，应于移送使用时计算缴纳消费税。（ ）

【参考答案】 正确

【答案解析】 纳税人自产自用的应税消费品，用于连续生产应税消费品的，不纳税；用于其他方面的，于移送使用时纳税。用于其他方面，是指纳税人将自产应税消费品用于生产非应税消费品、在建工程、管理部门、非生产机构、提供劳务、馈赠、赞助、集资、广告、样品、职工福利、奖励等方面。

8. 纳税人兼营不同税率的应税消费品，如果未分别核算不同税率应税消费品的销售额、销售数量，或者将不同税率的应税消费品组成成套消费品销售的，从高适用税率。（ ）

【参考答案】 正确

【答案解析】 纳税人兼营不同税率的应当缴纳消费税的消费品，应当分别核算不同税率应税消费品的销售额、销售数量；未分别核算，或者将不同税率的应税消费品组成成套消费品销售的，从高适用税率。

9. 在我国境内生产、委托加工和进口法定消费品的单位和个人，为消费税纳税人，其他单位和个人，不需要缴纳消费税。（ ）

【参考答案】 错误

【答案解析】 在境内生产、委托加工和进口条例规定的消费品的单位和个人，以及国务院确定的销售条例规定的消费品的其他单位和个人，为消费税的纳税人。其他单位如销售条例规定的应税消费品，如批发卷烟，也属于消费税纳税人。

10. 纳税人自产自用的应税消费品，属于从价计征消费税的，如果没有同类消费品销售价格的，消费税按照组成计税价格计算缴纳。（ ）

【参考答案】 正确

【答案解析】 纳税人自产自用的应税消费品，按照纳税人生产的同类消费品的销售价格计算纳税；没有同类消费品销售价格的，按照组成计税价格计算纳税。

11. 酒和烟征收消费税时采用复合计税方法。（ ）

【参考答案】 错误

【答案解析】 目前，消费税只针对烟中的卷烟和酒中的白酒采用复合计税方法。

12. 消费税的税率根据具体的消费品来确定，全部采用比例税率形式。（ ）

【参考答案】 错误

【答案解析】 我国现行消费税采用了定额税率、比例税率和复合税率三种形式,不是全部采用比例税率。

13. 纳税人收回已代收代缴消费税的委托加工应税消费品,对外出售,无论售价高低,均不再缴纳消费税。( )

【参考答案】 错误

【答案解析】 委托方将收回的应税消费品,以不高于受托方的计税价格出售的,为直接出售,不再缴纳消费税;以高于受托方的计税价格出售的,不属于直接出售,需按照规定申报缴纳消费税。

14. 卷烟在生产和批发两个环节均征收消费税,但批发企业在计算纳税时可以扣除已含的生产环节的消费税税款。( )

【参考答案】 错误

【答案解析】 卷烟消费税在生产和批发两个环节征收后,批发企业在计算纳税时不得扣除已含的生产环节的消费税税款。

15. 金、银、铂金在零售环节征收消费税。( )

【参考答案】 错误

【答案解析】 应税消费品针对的是金银首饰、铂金首饰,金、银、铂金不属于消费税的征税范围。

16. 某汽车厂将三辆 A 型小轿车奖励给有突出贡献的职工。该厂当月有同类 A 型小轿车销售,但价格不等。消费税应按照当月 A 型小轿车的最高价格确定计税销售额。( )

【参考答案】 错误

【答案解析】 小轿车奖励员工不属于按最高销售价格计税的情形。同类消费品的销售价格指纳税人当月销售的同类消费品的销售价格,如果当月同类消费品各期销售价格高低不同,应按销售数量加权平均计算。

17. 某日化厂(增值税一般纳税人),下设一非独立核算的销售门市部,2021 年 7 月,该厂调拨给该门市部高档化妆品不含增值税价款 565 000 元、洗涤用品不含增值税价款 339 000 元。门市部当月零售高档化妆品,取得含增值税销售价款 678 000 元;零售洗涤用品,取得含增值税销售价款 452 000 元。则该日化厂当月应纳消费税 120 000 元。( )

【参考答案】 错误

【答案解析】 纳税人通过自设非独立核算门市部销售的自产应税消费品,应按照门市部对外销售额或者销售数量征收消费税。据此,应纳消费税 678 000÷(1+13%)×15%=90 000(元)。

18. 纳税人应税消费品的计税价格明显偏低且无正当理由的,由主管税务机关核定其计税价格。卷烟、白酒、成品油和小汽车的计税价格由国家税务总局核定,送财政部备案。( )

【参考答案】 错误

【答案解析】 纳税人应税消费品的计税价格明显偏低且无正当理由的,由主管税务机关核定其计税价格。卷烟和小汽车的计税价格由国家税务总局核定,送财政部备案;其他应税消费品的计税价格由省、自治区和直辖市税务局核定。

19. 将自产的葡萄酒用于换取生产资料，按同类消费品的平均价格计算纳税。（ ）

【参考答案】 错误

【答案解析】 将应税消费品用于“换、投、抵”的，按同类消费品的最高计税价格计算缴纳消费税。

20. 金银首饰与其他产品组成成套消费品销售的，应区别应税和非应税消费品分别征税。（ ）

【参考答案】 错误

【答案解析】 金银首饰与其他产品组成成套消费品销售的，应按不含增值税销售额全额征收消费税。

21. 金银首饰连同包装物销售，能够分别核算的，包装物不并入销售额计征消费税。（ ）

【参考答案】 错误

【答案解析】 金银首饰连同包装物销售的，无论包装物是否单独计价，也无论会计上如何核算，均应并入金银首饰的销售额，计征消费税。

22. 带料加工、翻新改制金银首饰的消费税，由受托方代收代缴。（ ）

【参考答案】 错误

【答案解析】 带料加工、翻新改制金银首饰的消费税，由受托方交货时缴纳消费税。

23. 对销售除啤酒、黄酒外的其他酒类产品收取的包装物押金，均应并入当期销售额征收消费税。（ ）

【参考答案】 正确

【答案解析】 对销售除啤酒、黄酒外的其他酒类产品收取的包装物押金，均应并入当期销售额征税。其他货物包装物押金，单独记账且未逾期者，不计算缴纳增值税、消费税。啤酒的包装物押金，不征收消费税，但逾期不退回时确认收入，要计征增值税。

24. 根据消费税的现行规定，境内生产销售成品油的计税价格由国家税务总局核定。（ ）

【参考答案】 错误

【答案解析】 境内生产销售成品油的计税价格由各省、自治区、直辖市税务机关核定。

25. 卷烟批发单位之间批发卷烟的纳税人是上级批发企业。（ ）

【参考答案】 错误

【答案解析】 卷烟批发单位和个人为消费税纳税人，纳税人之间销售的卷烟不纳消费税。个人携带或者邮寄入境的应税消费品的消费税，连同关税一并计征，由携带入境者或者收件人缴纳消费税。

26. 用于水上运动和休闲娱乐等活动的非机动艇属于“游艇”的征收范围。（ ）

【参考答案】 错误

【答案解析】 用于水上运动和休闲娱乐等非营利活动的各类机动艇才属于“游艇”的征收范围。

27. 纳税人自设的独立核算门市部销售白酒，按照对外销售价格征收消费税。（ ）

【参考答案】 错误

【答案解析】 纳税人通过自设的非独立核算门市部销售的自产应税消费品,按照非独立核算门市部对外销售价格征收消费税。

28.受托方代收代缴消费税后,委托方收回已税消费品对外销售的,不再征收消费税。( )

【参考答案】 错误

【答案解析】 受托方代收代缴消费税后,委托方收回已税消费品以不高于受托方的计税价格出售的,不再征收消费税,但以高于受托方的计税价格出售的,则应按规定申报缴纳消费税,在计税时准予扣除受托方已代收代缴的消费税。

29.纳税人采取分期收款结算方式销售应税消费品,其纳税义务发生时间为收讫销售款的当天。( )

【参考答案】 错误

【答案解析】 纳税人采取分期收款结算方式销售应税消费品的,其纳税义务发生时间为书面合同约定的收款日期的当天,书面合同没有约定收款日期或者无书面合同的,为发出应税消费品的当天。

30.高尔夫球(包)属于"高尔夫球及球具"的征收范围。( )

【参考答案】 错误

【答案解析】 高尔夫球及球具,包括球、球杆、球包(袋)、杆头、杆身、握把等。

31.消费税的税负不具有转嫁性。( )

【参考答案】 错误

【答案解析】 消费税的特点有:(1)征税范围具有选择性;(2)征税环节具有单一性;(3)征收方法具有多样性;(4)税收调节具有特殊性;(5)税收负担具有转嫁性。

32.商业企业将外购的非应税消费品以应税消费品对外销售的,属于视同生产应税消费品,应当征收消费税。( )

【参考答案】 错误

【答案解析】 工业企业以外的单位和个人将外购的消费税非应税消费品以消费税应税产品对外销售的,视为应税消费品的生产行为,按规定征收消费税。

33.纳税人总分机构不在同一(市)的,可以选择由总机构汇总向总机构所在地的主管税务机关申报缴纳消费税。( )

【参考答案】 错误

【答案解析】 纳税人的总机构与分支机构不在同一县(市)的,除另有规定外,应当分别向各自机构所在地的主管税务机关申报纳税;经财政部、国家税务局或者授权的财政、税务机关批准,可以由总机构汇总向总机构所在地的主管税务机关申报缴纳消费税。

34.卷烟的零售环节既征收增值税又征收消费税。( )

【参考答案】 错误

【答案解析】 卷烟在生产(及委托加工、进口)和批发环节征收消费税,零售环节不征收消费税。

35.白酒生产企业收取的品牌使用费,应并入销售额中征收消费税。( )

【参考答案】 错误

【答案解析】 品牌使用费要作为价外费用计入销售额计税。

36.白酒生产企业计税价格低于销售单位对外销售价格70%以下的，税务机关应该核定最低计税价格。（　）

【参考答案】 错误

【答案解析】 白酒生产企业销售给销售单位的白酒，生产企业消费税计税价格低于销售单位对外销售价格（不含增值税，下同）70%以下的，税务机关应核定消费税最低计税价格；白酒生产企业销售给销售单位的白酒，生产企业消费税计税价格高于销售单位对外销售价格70%（含70%）以上的，税务机关暂不核定消费税最低计税价格。

37.企业采取托收承付方式销售实木地板，发货日期为2021年7月，办妥托收承付手续的日期为2021年9月，纳税义务发生时间为2021年9月。（　）

【参考答案】 正确

【答案解析】 纳税人采取托收承付和委托银行收款方式的，为发出应税消费品并办妥托收手续的当天。

38.以已税珠宝玉石为原料生产的金基镶嵌首饰，委托加工收回后继续加工准予扣除已纳消费税。（　）

【参考答案】 错误

【答案解析】 贵重首饰及珠宝玉石中，用贵重首饰及珠宝玉石生产的在零售环节缴纳消费税的金银首饰的已纳税款不得抵扣（跨环节不能相互抵扣）。

39.纳税人采用以旧换新方式销售的金银首饰，应按实际收取的不含税的全部价款确定计税依据。（　）

【参考答案】 正确

【答案解析】 纳税人采用以旧换新（含翻新改制）方式销售的金银首饰，应按实际收取的不含增值税的全部价款确定计税依据征收消费税。

40.实木指接地板及用于装饰墙壁、天棚的实木装饰板属于“实木地板”的征收范围。（　）

【参考答案】 正确

【答案解析】 实木地板包括实木地板、实木复合地板、实木指接地板、实木装饰板。

四、计算题

（一）甲公司为增值税一般纳税人，主要生产和销售高档化妆品。2022年5月有关经济业务如下。

（1）销售高档面膜，取得不含增值税价款300万元，另收取品牌使用费11.3万元。

（2）受托加工高档粉饼，收取不含增值税加工费5万元，委托方提供的原材料成本80万元，甲公司无同类产品销售价格。

（3）销售高档口红两批，第一批不含增值税单价为0.2万元/箱，共100箱；第二批不含增值税单价为0.16万元/箱，共200箱。

（4）将高档口红50箱赞助给国内某化妆品展销会。

（5）进口一批高档香水精，海关审定的货价210万元，运抵我国关境内输入地点起卸前的包装费11万元、运输费20万元、保险费4万元。

(6)接受乙公司委托加工一批高档口红,不含增值税加工费 35 万元,乙公司提供原材料成本 84 万元,该批高档口红无同类产品销售价格。

已知:高档化妆品增值税税率为 13%,消费税税率为 15%,进口关税税率为 10%。

要求:根据上述资料,不考虑其他因素,分析回答下列问题。

1. 甲公司本月销售高档面膜应缴纳的消费税税额是(　　)万元。

A. 45　　B. 46.70

C. 41.32　　D. 46.5

【参考答案】 D

【答案解析】 甲公司销售高档面膜同时收取的品牌使用费应当作为价外费用,价税分离后并入销售额计征消费税。甲公司本月销售高档面膜应缴纳的消费税税额=[300+11.3÷(1+13%)]×15%=46.5(万元)。

2. 甲公司受托加工高档粉饼应代收代缴的消费税税额是(　　)万元。

A. 12　　B. 12.75

C. 15　　D. 11.09

【参考答案】 C

【答案解析】 受托方甲公司无同类产品销售价格,应当按组成计税价格计算;甲公司应代收代缴的消费税=(材料成本+加工费)÷(1-消费税税率)×消费税税率=(80+5)÷(1-15%)×15%=15(万元)。

3. 甲公司销售高档口红的增值税和消费税的处理,正确的是(　　)。

A. 甲公司销售高档口红共应确认增值税销项税额 6.76 万元

B. 甲公司销售高档口红共应确认增值税销项税额 7.8 万元

C. 甲公司销售高档口红应缴纳的消费税 7.8 万元

D. 甲公司销售高档口红应缴纳的消费税 9 万元

【参考答案】 AC

【答案解析】 本题是直接进行生产销售(并非"换投抵"业务,或者核定销售额的情形),以不含增值税的销售额为计税依据计征增值税销项税额和消费税税额即可。甲公司销售高档口红共应确认增值税销项税额=(0.2×100+0.16×200)×13%=6.76(万元);甲公司销售高档口红应缴纳的消费税税额=(0.2×100+0.16×200)×15%=7.8(万元)。

4. 甲公司将高档口红赞助给国内某化妆品展销会应缴纳的消费税是(　　)万元。

A. 1.2　　B. 1.5

C. 1.35　　D. 1.3

【参考答案】 D

【答案解析】 甲公司是将高档口红用于"赞助",而非用于"换投抵"(换取生产资料和消费资料、投资入股和抵偿债务),核定销售额时,应按纳税人最近时期同类应税消费品的平均销售价格作为计税依据计算消费税。甲公司将高档口红赞助给国内某化妆品展销会应缴纳的消费税=(0.2×100+0.16×200)÷(100+200)×50×15%=1.3(万元)。

5. 甲公司进口高档香水精的下列各项支出中,应计入进口货物关税完税价格的是(　　)万元。

A. 包装费 11　　　　B. 保险费 4

C. 运输费 20　　　　D. 货价 210

【参考答案】 ABCD

【答案解析】 一般贸易项下进口的货物以海关审定的成交价格为基础的到岸价格作为完税价格。"到岸价格"是指包括货价以及货物运抵我国关境内输入地点起卸前的包装费、运费、保险费和其他劳务费等费用构成的一种价格。

6. 甲公司进口高档香水精应缴纳消费税税额是(　　)万元。

A. 37.95　　　　B. 37.13

C. 47.56　　　　D. 6.79

【参考答案】 C

【答案解析】 进口环节的消费税＝关税完税价格×(1＋关税税率)÷(1－消费税税率)×消费税税率＝(210＋11＋20＋4)×(1＋10%)÷(1－15%)×15%＝47.56(万元)。

7. 甲公司受托加工高档口红应代收代缴消费税税额是(　　)万元。

A. 17.85　　　　B. 21

C. 20.07　　　　D. 18.77

【参考答案】 B

【答案解析】 委托加工应税消费品，受托方应代收代缴的消费税＝(材料成本＋加工费)÷(1－消费税税率)×消费税税率＝(84＋35)÷(1－15%)×15%＝21(万元)。

(二)甲卷烟厂为增值税一般纳税人，2022 年 5 月发生如下经济业务。

(1)从烟农处购进一批烟叶，收购价款为 100 万元。

(2)将外购价值 100 万元的烟叶委托乙厂加工成烟丝，支付不含税加工费 10 万元。

(3)领用收回的全部烟丝生产卷烟 300 箱。

(4)全部对外销售，取得不含税销售额 1 000 万元。

已知，销售货物增值税税率为 13%，卷烟消费税定额税率为每箱 150 元，比例税率为 56%，烟丝消费税税率为 30%，烟叶税税率为 20%。价外补贴按烟叶收购价款的 10%计入收购金额。

要求：根据上述资料，不考虑其他因素，分析回答下列问题。

1. 根据业务(1)，甲卷烟厂当月应当缴纳的烟叶税是(　　)万元。

A. 20　　　　B. 22

C. 10　　　　D. 11

【参考答案】 B

【答案解析】 烟叶税的计税依据包括纳税人支付给烟叶销售者的烟叶收购价款和价外补贴。甲卷烟厂当月应当缴纳的烟叶税＝100×(1＋10%)×20%＝22(万元)。

2. 根据业务(2)，受托方应当代收代缴的消费税是(　　)万元。

A. 33　　　　B. 30

C. 47.14　　　　D. 25.38

【参考答案】 C

【答案解析】 委托加工的应税消费品，按照受托方的同类消费品的销售价格计算纳税，没有同类消费品销售价格的，按照组成计税价格计算纳税；应纳税额＝(材料成本＋加工费)÷(1－比例税率)×比例税率＝(100＋10)÷(1－30％)×30％＝47.14(万元)。

3.该卷烟厂当月的各项业务中，下列表述正确的是(　　)。

A.委托加工的收回的已税烟丝用于连续生产卷烟可以抵扣已纳的消费税

B.委托加工的收回的已税烟丝用于连续生产卷烟不得抵扣已纳的消费税

C.卷烟在批发环节不征收消费税

D.烟叶不属于消费税的征税范围

【参考答案】 AD

【答案解析】 选项B，委托加工的收回的已税烟丝用于连续生产卷烟可以抵扣已纳的消费税。选项C，卷烟在批发环节加征消费税。

4.根据业务(4)，该卷烟厂应当缴纳消费税是(　　)万元。

A.560　　　　B.564.5

C.517.36　　　　D.539.12

【参考答案】 C

【答案解析】 卷烟执行复合计征；以委托加工收回的已税烟丝为原料生产的卷烟，其已纳的消费税税款准予按照规定从连续生产的应税消费品应纳消费税税额中抵扣。该卷烟厂应当缴纳消费税＝1 000×56％＋150×300÷10 000－47.14＝517.36(万元)。

(三)甲企业(增值税一般纳税人)为高尔夫球及球具生产厂家，2022年5月发生以下业务。

(1)购进一批PU材料，取得的增值税专用发票上注明价款22万元、增值税税额2.86万元；委托乙企业将其加工成高尔夫球包，取得乙企业开具的增值税专用发票上注明加工费5万元、增值税税额0.65万元；乙企业没有同类消费品的销售价格。

(2)将委托加工收回的球包销售给丙企业，取得不含税销售额40万元。

(3)购进一批碳素材料、钛合金，取得的增值税专用发票注明价款150万元、增值税税额19.5万元；委托丁企业将其加工成200根高尔夫球杆，取得丁企业开具的增值税专用发票上注明加工费30万元、增值税税额3.9万元，丁企业当月销售同类高尔夫球杆不含税销售价格为1.4万元/根。

(4)将委托加工收回的高尔夫球杆全部对外销售，取得含税销售额565万元。已知：甲企业上期留抵增值税税额8万元，高尔夫球及球具消费税税率为10％，增值税税率为13％，甲企业取得的增值税专用发票当月均已通过主管税务机关认证并在当月抵扣。

要求：根据上述资料，分析回答下列问题。

1.甲企业委托乙企业加工高尔夫球包时，乙企业应代收代缴消费税税额是(　　)万元。

A.0.50　　　　B.2.20

C.30　　　　D.3

【参考答案】 D

【答案解析】 因受托方乙企业没有同类消费品的销售价格，应计算组成计税价格；乙企业应代收代缴的消费税税额＝(材料成本＋加工费)÷(1－消费税比例税率)×消费税比例税率＝(22＋5)÷(1－10％)×10％＝3(万元)。

2. 甲企业将委托加工收回的高尔夫球包销售给丙企业时，下列表述中，正确的是（　　）。

A. 甲企业应计算缴纳增值税

B. 甲企业无须缴纳消费税

C. 甲企业应按照规定申报缴纳消费税，但在计税时准予扣除乙企业已代收代缴的消费税

D. 甲企业应按照规定申报缴纳消费税，在计税时不得扣除乙企业已代收代缴的消费税

【参考答案】 AC

【答案解析】 委托方将委托加工收回的应税消费品，以不高于受托方的计税价格出售的，为直接出售，不再缴纳消费税；委托方以高于受托方的计税价格出售的，不属于直接出售，需按照规定申报缴纳消费税，在计税时准予扣除受托方已代收代缴的消费税。受托方乙企业的组成计税价格＝(22＋5)÷(1－10%)＝30(万元)，由于甲企业的对外销售价格为40万元，高于受托方的计税价格，甲企业应按照规定申报缴纳消费税，但在计税时准予扣除受托方已代收代缴的消费税；甲企业此项业务应缴纳消费税＝40×10%－3＝1(万元)。

3. 甲企业委托丁企业加工高尔夫球杆时，丁企业应代收代缴消费税税额是（　　）万元。

A. 28　　B. 23.93

C. 3　　D. 20

【参考答案】 A

【答案解析】 委托加工的应税消费品，按照受托方的同类消费品的销售价格计征消费税；受托方没有同类消费品销售价格的，才按照组成计税价格计征消费税。丁企业应代收代缴消费税＝1.4×200×10%＝28(万元)。

4. 甲企业当月应纳增值税税额是（　　）万元。

A. 47.84　　B. 39.84

C. 43.29　　D. 35.29

【参考答案】 D

【答案解析】 增值税当期应纳税额＝当期销项税额－当期准予抵扣的进项税额，其中上期期末留抵税额可以结转至本期继续抵扣，甲企业当月应纳增值税税额＝565÷(1＋13%)×13%＋40×13%－(2.86＋0.65＋19.5＋3.9)－8＝35.29(万元)。

第三章 资源税(含水资源税)

一、单项选择题

1. 下列各项中,不属于资源税征税范围的是(　　)。

A. 天然原油　　B. 人造石油

C. 与原油同时开采的天然气　　D. 以未税原煤加工的洗选煤

【参考答案】 B

【答案解析】 属于资源税征税范围的原油指的是开采的天然原油,不包括人造石油。

2. 资源税纳税人开采或者生产不同税目应税产品的,应当分别核算不同税目应税产品的销售额或者销售数量;未分别核算或者不能准确提供不同税目应税产品的销售额或者销售数量的(　　)。

A. 从低适用税率

B. 从高适用税率

C. 由主管税务机关核定不同税目应税产品的销售额或者销售数量,按各自的税率分别计算纳税

D. 由财政部核定

【参考答案】 B

【答案解析】 纳税人开采或者生产不同税目应税产品的,应当分别核算不同税目应税产品的销售额或者销售数量;未分别核算或者不能准确提供不同税目应税产品的销售额或者销售数量的,从高适用税率。

3. 根据资源税的有关规定,下列行为不需要在我国缴纳资源税的是(　　)。

A. 个体工商户在境内开采天然气　　B. 外商投资企业在境内开采煤炭资源

C. 境内某企业销售外购的金属矿　　D. 境内某盐场销售生产的井矿盐

【参考答案】 C

【答案解析】 在中华人民共和国领域及管辖海域开采或者生产应税产品的单位和个人,为资源税的纳税义务人。选项C,销售外购的金属矿,并没有开采或者生产,所以不需要

在我国缴纳资源税。

4. 某煤矿 2021 年 3 月销售自产原煤取得不含税销售额 10 万元;另将自产未税原煤移送加工成洗选煤 30 万吨,当月对外销售洗选煤 20 万吨,每吨售价 500 元。已知,煤炭资源税税率为 6%,洗选煤折算率为 80%。则该煤矿 2018 年 3 月应缴纳的资源税为(　　)万元。

A. 906　　B. 726

C. 606　　D. 480.6

【参考答案】 D

【答案解析】 纳税人开采原煤直接对外销售的,以原煤销售额作为应税煤炭销售额计算缴纳资源税。纳税人将其开采的原煤加工为洗选煤销售的,以洗选煤销售额乘以折算率作为应税煤炭销售额计算缴纳资源税。所以,该煤矿 2021 年 3 月应缴纳的资源税=10×6%+20×500×80%×6%=480.6(万元)。

5. 下列各项中,免征资源税的是(　　)。

A. 油田范围内运输稠油过程中用于加热的原油、天然气

B. 稠油

C. 高凝油

D. 三次采油

【参考答案】 A

【答案解析】 对稠油、高凝油和高含硫天然气资源税减征 40%;对三次采油资源税减征 30%。

6. 位于某试点省的某水资源开采企业,2021 年 5 月利用取水工程直接取用地表水,实际取用水量为 5 500 立方米,对外销售水量为 3 800 立方米,适用税额为每立方米 0.6 元。该企业当月应缴纳资源税(　　)元。

A. 1 680　　B. 3 300

C. 2 160　　D. 2 280

【参考答案】 B

【答案解析】 水资源税实行从量计征,除水力发电和火力发电贯流式(不含循环式)冷却取用水外。水资源税应纳税额计算公式:应纳税额=实际取用水量×适用税额。该企业当月应缴纳资源税=5 500×0.6=3 300(元)。

7. 下列关于水资源税税收优惠,表述不正确的是(　　)。

A. 采油排水经分离净化后在封闭管道回注的,免征水资源税

B. 取用污水处理再生水,免征水资源税

C. 对规定限额内的农业生产取用水,免征水资源税

D. 对军队、武警部队取用水的,一律免征水资源税

【参考答案】 D

【答案解析】 除接入城镇公共供水管网以外,军队、武警部队通过其他方式取用水的,免征水资源税。

8. 下列关于水资源税税额标准,表述正确的是(　　)。

A. 地表水税额标准要高于地下水

B. 地下水税额标准要高于地表水

C. 对超过规定限额的农村生活集中式饮水工程取用水免税

D. 对超计划或超定额用水加征 1～5 倍

【参考答案】 B

【答案解析】 为发挥水资源税调控作用,按取用水性质实行差别税额,地下水税额要高于地表水,超采区地下水税额要高于非超采区,严重超采地区的地下水税额要大幅高于非超采地区。对超计划或超定额用水加征 1～3 倍,对特种行业从高制定税额标准,对超过规定限额的农业生产取用水、农村生活集中式饮水工程取用水从低制定税额标准。具体适用税额,授权省级人民政府统筹考虑本地区水资源状况、经济社会发展水平和水资源节约保护的要求确定。

9. 以下符合水资源税征收管理规定的是(　　)。

A. 水资源税的纳税义务发生时间为纳税人取用水资源的次日

B. 水资源税按年征收

C. 纳税人应当自纳税期满或者纳税义务发生之日起 15 日内申报纳税

D. 跨省(自治区、直辖市)调度的水资源,由调出区域所在地的税务机关征收水资源税

【参考答案】 C

【答案解析】 选项 A,水资源税的纳税义务发生时间为纳税人取用水资源的当日。选项 B,除农业生产取用水外,水资源税按季或者按月征收,由主管税务机关根据实际情况确定,对超过规定限额的农业生产取用水水资源税可按年征收。选项 D,跨省(自治区、直辖市)调度的水资源,由调入区域所在地的税务机关征收水资源税。

10. 下列各项中,不属于资源税征税范围的是(　　)。

A. 原油　　B. 煤成(层)气

C. 矿泉水　　D. 食用盐

【参考答案】 D

【答案解析】 食用盐不属于资源税的征税范围。

11. 下列各项中,不属于资源税纳税人的是(　　)。

A. 开采原煤的国有企业　　B. 进口铁矿石的私营企业

C. 开采石灰岩的个体经营者　　D. 开采天然原油的外商投资企业

【参考答案】 B

【答案解析】 选项 B,进口应税产品不属于"境内开发",不征收资源税。

12. 纳税人以下行为中,不缴纳资源税的是(　　)。

A. 纳税人开采铜原矿用于连续加工铜选矿　　B. 纳税人开采地热用于投资

C. 纳税人开采黏土用于连续加工陶器　　D. 纳税人开采原煤用于换取检测设备

【参考答案】 A

【答案解析】 选项 A,纳税人开采或生产应税产品自用于连续生产应税产品的,不缴纳资源税。选项 BCD,用于其他方面的,需要缴纳资源税。

13. 下列关于资源税的说法中,正确的是(　　)。

A. 将自采的原煤加工为居民用煤炭制品销售，在移送环节不需要缴纳资源税

B. 将自产的轻稀土对外捐赠，不需要缴纳资源税

C. 将自采的原油连续生产汽油，不缴纳资源税

D. 将自采的铜原矿对外投资，视同销售铜原矿缴纳资源税

【参考答案】 D

【答案解析】 纳税人开采或者生产应税产品自用的，应当依照规定缴纳资源税；但是自用于连续生产应税产品的，不缴纳资源税。

14. 某天然气田企业为增值税一般纳税人。2022 年 5 月销售自采天然气 600 万立方米，取得含税收入 392.4 万元，将 50 万立方米天然气换取一套检测设备，资源税税率为 6%。该天然气田企业当月应缴纳资源税(　　)万元。

A. 25.51　　B. 23.54

C. 23.40　　D. 21.60

【参考答案】 C

【答案解析】 从价定率计算资源税的销售额为纳税人销售应税产品向购买方收取的全部价款，但不包括收取的增值税税额。用于换取设备的天然气需要计算缴纳资源税。该天然气田企业当月应缴纳资源税＝392.4÷(1＋9%)÷600×(600＋50)×6%＝23.40(万元)。

15. 纳税人开采应税矿产品销售的，其资源税的征税数量为(　　)。

A. 开采数量　　B. 实际产量

C. 计划产量　　D. 销售数量

【参考答案】 D

【答案解析】 从量定额征收资源税的计税依据是应税产品的销售数量。

16. 某原油开采企业为一般纳税人，2022 年 3 月开采原油 10 万吨当月销售 6 万吨，不含税收入 24 000 万元，3 万吨用于继续加工为成品油，1 万吨用于加热修井，当月应纳资源税(　　)万元。(原油资源税率为 6%)

A. 1 680　　B. 1 440

C. 2 400　　D. 2 160

【参考答案】 D

【答案解析】 应缴纳的资源税＝24 000÷6×(6＋3)×6%＝2 160(万元)。

17. 某油田 2022 年 4 月销售自采原油 86 000 吨，收取不含增值税价款 34 400 万元；销售与原油同时开采的天然气 4 750 万立方米，收取不含税价款 2 375 万元；自用原油 25 吨，其中 18 吨用于本企业在建工程，7 吨在开采原油过程中用于加热。该油田原油、天然气的资源税税率均为 6%。该油田本月应纳资源税为(　　)万元。

A. 22 207.1　　B. 2 206.5

C. 2 206.93　　D. 1 953.19

【参考答案】 C

【答案解析】 销售与原油同时开采的天然气应缴纳资源税；自用的按自用数量和销售单价计算计税金额，征收资源税；开采过程中用于加热的原油免征资源税。油田本月应纳资源税＝(34 400＋34 400÷86 000×18＋2 375)×6%＝2 206.93(万元)。

18. 某盐场2022年4月开采天然卤水25万吨，本月销售5万吨，不含税销售单价23.9元/吨，余下存货均移送生产钠盐10万吨，月末销售钠盐8万吨，不含税销售单价41.1元/吨。已知天然卤水资源税税率为7元/吨，钠盐资源税税率为7.5%，该盐场当月应缴纳资源税(　　)万元。

A. 59.66　　　　B. 65.83

C. 129.66　　　　D. 861.16

【参考答案】 A

【答案解析】 将开采的天然卤水移送生产钠盐，不缴纳资源税。当月应缴纳资源税=5×7+8×41.1×7.5%=59.66(万元)。

19. 某能源公司2022年3月开采地热15万立方米，当月将其全部销售给某供暖企业，不含税销售额为850万元。该公司所在地规定，地热实行从量计征方法征收资源税，其资源税税率为20元/立方米。该能源公司当月应缴纳资源税(　　)万元。

A. 100　　　　B. 150

C. 200　　　　D. 300

【参考答案】 D

【答案解析】 该能源公司当月应缴纳资源税=15×20=300(万元)。

20. 甲煤矿为增值税一般纳税人，2022年5月销售原煤取得不含增值税价款435万元，其中包含从坑口到码头的运输费用10万元、随运销产生的装卸费用5万元，均取得增值税发票。已知，原煤资源税税率为2%。甲煤矿当月应缴纳资源税税额为(　　)万元。

A. 8.7　　　　B. 13.9

C. 8.9　　　　D. 8.4

【参考答案】 D

【答案解析】 资源税应税产品的销售额，按照纳税人销售应税产品向购买方收取的全部价款确定，不包括增值税税款；计入销售额中的相关运杂费用，凡取得增值税发票或者其他合法有效凭据的，准予从销售额中扣除。相关运杂费用是指应税产品从坑口或者洗选(加工)地到车站、码头或者购买方指定地点的运输费用、建设基金以及随运销产生的装卸、仓储、港杂费用；甲煤矿当月应缴纳资源税=(435-10-5)×2%=8.4(万元)。

21. 某石化企业为增值税一般纳税人，该企业2022年4月开采天然气100万立方米，开采成本为150万元，全部销售给关联企业，价格明显偏低并且无正当理由当地无同类天然气售价。已知主管税务机关确定的天然气成本利润率为10%，天然气资源税税率为6%。该企业应缴纳资源税(　　)万元。

A. 9.90　　　　B. 10.53

C. 11.26　　　　D. 13.25

【参考答案】 B

【答案解析】 题中明确说明销售价格明显偏低并且无正当理由，在没有同类售价的情况下，组价计算资源税。组成计税价格=成本×(1+成本利润率)÷(1-资源税税率)。该企业应缴纳资源税=150×(1+10%)÷(1-6%)×6%=10.53(万元)。

22. 某煤炭企业2022年3月将外购100万元原煤(已取得增值税专用发票)与自采200

万元原煤混合洗选加工为选煤销售，选煤销售额为 450 万元。当地原煤税率为 3%，选煤税率为 2%，该企业当月应纳资源税(　　)万元。(上述金额均不含增值税)

A. 3　　B. 6

C. 7　　D. 9

【参考答案】 B

【答案解析】 准予扣减的外购应税产品购进金额＝外购原煤购进金额×(本地区原煤适用税率÷本地区选煤适用税率)＝100×(3%÷2%)＝150(万元)，该企业当月应纳资源税税额＝(选煤销售额－准予扣减的外购应税产品购进金额)×选煤税率＝(450－150)×2%＝6(万元)。

23. 甲矿业公司 2022 年 3 月 8 日购入 150 万元(不含增值税，下同)的铁原矿(已取得增值税专用发票)，与自采的铁原矿混合进行销售，销售额为 480 万元。已知当地铁原矿税率为 4%，则甲矿业公司当月应缴纳资源税(　　)万元。

A. 19.2　　B. 6

C. 13.2　　D. 11.68

【参考答案】 C

【答案解析】 甲矿业公司在计算应税产品销售额时，准予扣减外购铁原矿购进金额为 150 万元。

应纳资源税税额＝(铁原矿销售金额－准予扣减的外购铁原矿购进金额)×税率＝(480－150)×4%＝13.2(万元)。

24. 下列关于矿产资源享受资源税减征优惠的说法中，正确的是(　　)。

A. 对充填开采置换出来的煤炭减征 30%　　B. 从衰竭期矿山开采的矿产品减征 30%

C. 高凝油减征 30%　　D. 高含硫天然气减征 20%

【参考答案】 B

【答案解析】 选项 A，减征 50%。选项 C，减征 40%。选项 D，减征 30%。

25. 某企业从低丰度油气田开采原油、天然气，原油价格每吨 6 000 元(不含增值税，下同)，天然气每立方米 2 元。2022 年 2 月，该企业开采原油 25 万吨，当月销售 20 万吨，开采原油过程中加热用 2 万吨，将 3 万吨原油赠送给协作单位；开采天然气 700 万立方米，当月销售 600 万立方米，待售 100 万立方米。已知原油、天然气的资源税税率均为 6%，该企业当月应缴纳资源税(　　)万元。

A. 7 257.6　　B. 9 072

C. 8 352　　D. 6 681.6

【参考答案】 D

【答案解析】 开采原油过程中，用于加热的原油免税；从低丰度油气田开采的原油、天然气，资源税减征 20%，该企业当月应缴纳资源税＝[(20＋3)×6 000×6%＋600×2×6%]×(1－20%)＝8 352×(1－20%)＝6 681.6(万元)。

26. 根据资源税法的相关规定，某些规定应由省、自治区、直辖市人民政府提出，报同级人民代表大会常务委员会决定，并报全国人民代表大会常务委员会和国务院备案，下列各项不适用上述规定的是(　　)。

A.《税目税率表》中规定实行幅度税率的税目具体的适用税率

B.《税目税率表》中规定可以选择实行从价计征或者从量计征的具体计征方式

C. 由省、自治区、直辖市决定的免征或者减征规定的具体办法

D. 对增值税小规模纳税人、小型微利企业和个体工商户可以在50%的税额幅度内减征资源税

【参考答案】 D

【答案解析】 选项D,自2022年1月1日至2024年12月31日,省、自治区、直辖市人民政府根据本地区实际情况,以及宏观调控需要确定,对增值税小规模纳税人、小型微利企业和个体工商户可以在50%的税额幅度内减征资源税(不含水资源税)。

27. 下列各项中,属于资源税纳税人的是(　　)。

A. 进口有色金属矿产品的私营企业

B. 生产矿泉水的国有企业

C. 生产煤炭制品的集体企业

D. 生产人造石油的股份制企业

【参考答案】 B

【答案解析】 资源税的纳税人,是指在中华人民共和国领域和中华人民共和国管辖的其他海域开发应税资源的单位和个人,人造石油、煤炭制品不属于资源税的征税范围;对进口应税产品不征收资源税,相应地,对出口应税产品也不免征或退还已纳资源税。

28. 下列各项中,不属于资源税征税范围的是(　　)。

A. 天然卤水

B. 地热

C. 天然气

D. 食用盐

【参考答案】 D

【答案解析】 食用盐不属于资源税的征税范围。

29. 下列关于资源税计税依据的说法中,正确的是(　　)。

A. 准予扣减的外购应税产品购进金额(数量)=外购原矿购进金额(数量)×(本地区原矿适用税率÷本地区选矿产品适用税率)

B. 纳税人以外购原矿与自采原矿混合为原矿销售的,在计算应税产品销售额或者销售数量时,不得扣减外购原矿产品的购进金额或者购进数量

C. 纳税人应当准确核算外购应税产品的购进金额或者购进数量,未准确核算的,由税务局核定征收资源税

D. 计入资源税销售额中的相关运杂费用,不得从销售额中扣除

【参考答案】 A

【答案解析】 选项B,纳税人以外购原矿与自采原矿混合为原矿销售,或者以外购选矿产品与自产选矿产品混合为选矿产品销售的,在计算应税产品销售额或者销售数量时,直接扣减外购原矿或者外购选矿产品的购进金额或者购进数量。选项C,纳税人应当准确核算外购应税产品的购进金额或者购进数量,未准确核算的,一并计算缴纳资源税。选项D,计入资源税销售额中的相关运杂费用,凡取得增值税发票或者其他合法有效凭据的,准予从销售额中扣除。

30. 从深水油气田开采的原油、天然气,减征资源税的比例为(　　)。

A. 10%

B. 20%

C. 30%　　D. 40%

【参考答案】 C

【答案解析】 从深水油气田开采的原油、天然气,减征30%资源税。

31. 纳税人按月或者按季申报缴纳的,应当自月度或者季度终了之日起(　)日内,向税务机关办理纳税申报并缴纳税款。

A. 7　　B. 10

C. 15　　D. 30

【参考答案】 C

【答案解析】 纳税人按月或者按季申报缴纳的,应当自月度或者季度终了之日起15日内,向税务机关办理纳税申报并缴纳税款。

32. 某铜矿开采企业为增值税一般纳税人,2021年12月销售铜矿原矿加工的铜选矿40吨,取得不含增值税销售额160万元,铜选矿资源税税率为5%,该企业当月应纳资源税(　)万元。

A. 12.80　　B. 17.60

C. 8.00　　D. 24.00

【参考答案】 C

【答案解析】 该企业当月应纳资源税=160×5%=8(万元)。

33. 某能源公司(一般纳税人)2021年9月生产地热15万立方米,当月将其全部销售给某供暖企业,不含增值税销售额为850万元。该企业所在省政府规定,地热实行从量定额征收资源税,其资源税税率为20元/立方米。该能源公司当月应缴纳资源税(　)万元。

A. 100　　B. 150

C. 200　　D. 300

【参考答案】 D

【答案解析】 当月应缴纳资源税=15×20=300(万元)。

34. 某天然气生产企业为增值税一般纳税人,在2021年1月开采天然气1 000吨,当月销售800吨并取得含税销售额1 350万元,50吨天然气在油田范围内运输原油过程中加热使用,余下的留存待售。已知天然气资源税税率为6%,则该企业当月应缴纳资源税(　)万元。

A. 74.31　　B. 92.89

C. 71.68　　D. 83.60

【参考答案】 A

【答案解析】 用于在油田范围内运输原油过程加热的天然气免征资源税,当月应纳资源税=1350÷(1+9%)×6%=74.31(万元)。

35. 某油田企业为增值税一般纳税人,符合小型微利企业的条件,2022年2月销售自产原油2 000吨,取得含增值税销售额3 390万元。当地按最高幅度减征资源税,原油资源税税率为6%,该油田企业当月应纳资源税(　)万元。

A. 180.00　　B. 90.00

C. 101.7　　D. 203.4

【参考答案】 B

【答案解析】 自2022年1月1日至2024年12月31日，由省、自治区、直辖市人民政府根据本地区实际情况，以及宏观调控需要确定，对增值税小规模纳税人、小型微利企业和个体工商户可以在50%的税额幅度内减征资源税。当月应纳资源税＝3 390÷(1＋13%)×6%×50%＝90(万元)。

36. 下列有关资源税税收优惠的表述中，错误的是(　　)。

A. 对低丰度油气田开采的原油，资源税减征30%

B. 对三次采油，资源税减征30%

C. 对深水油气田，资源税减征30%

D. 对油田范围内运输原油过程中用于加热的原油、天然气，免征资源税

【参考答案】 A

【答案解析】 从低丰度油气田开采的原油、天然气减征20%资源税。

37. 某原油开采企业为一般纳税人，2021年3月开采原油10万吨，当月销售6万吨，不含税收入24 000万元，3万吨用于继续加工为成品油，1万吨用于开采过程中的加热，当月应纳资源税(　　)万元。(原油资源税率6%)

A. 1 680　　　　B. 1 440

C. 2 400　　　　D. 2 160

【参考答案】 D

【答案解析】 销售6万吨和用于继续加工成品油的3万吨要交资源税，用于加热的1万吨免征资源税。应缴纳的资源税＝24 000÷6×(6＋3)×6%＝2 160(万元)。

38. 某铜矿开采企业为增值税一般纳税人，满足小型微利企业条件。2022年3月开采铜矿原矿300吨，其中当月销售铜矿原矿200吨，取得不含税销售额2 200万元，当月领用铜矿原矿100吨用于连续生产金属矿，当地按最高幅度减征资源税，铜矿原矿资源税税率为4%，该企业当月应缴纳资源税是(　　)万元。

A. 61.6　　　　B. 123.2

C. 88　　　　D. 44

【参考答案】 D

【答案解析】 自2022年1月1日至2024年12月31日，由省、自治区、直辖市人民政府根据本地区实际情况，以及宏观调控需要确定，对增值税小规模纳税人、小型微利企业和个体工商户可以在50%的税额幅度内减征资源税。纳税人开采或者生产应税产品连续用于应税产品的，不缴纳资源税。该企业当月应缴纳资源税税额＝2 200×4%×50%＝44(万元)。

39. 某盐场2021年12月生产天然卤水15万吨，本月销售5万吨，不含增值税销售单价16.3元/吨，余下存货均移送继续生产钠盐10万吨，月末销售钠盐8万吨，不含增值税销售单价37.8元/吨。已知天然卤水资源税税率为7元/吨，钠盐资源税税率为7.5%，该盐场当月应缴纳资源税(　　)万元。

A. 57.68　　　　B. 65.83

C. 129.66　　　　D. 861.16

【参考答案】 A

【答案解析】　当月应缴纳资源税＝5×7＋8×37.8×7.5%＝57.68(万元)。

40. 某煤矿公司为增值税一般纳税人，2021年8月开采原煤5万吨，本月对外销售3万吨，取得不含税销售额1 500万元；另移送1万吨原煤用于加工生产焦炭0.8万吨，并于2021年11月将其全部销售给某化工厂。已知原煤资源税税率为6%。该煤矿公司当月应缴纳资源税(　　)万元。

A. 90　　B. 120

C. 144　　D. 150

【参考答案】　B

【答案解析】　当月应缴纳资源税＝(1 500＋1 500÷3×1)×6%＝120(万元)。

二、多项选择题

1. 下列行为中，应当征收资源税的有(　　)。

A. 用于连续生产应税矿产品的自产应税矿产品

B. 用于出口的自产应税矿产品

C. 用于销售的自产应税矿产品

D. 用于抵债的自产应税矿产品

E. 开采应税产品用于连续生产应税产品

【参考答案】　BCD

【答案解析】　纳税人开采或者生产应税产品用于连续生产应税产品的，不缴纳资源税；用于其他方面的，视同销售，依法缴纳资源税。

2. 下列各项属于资源税纳税人的有(　　)。

A. 在中国境内开采原煤销售的国有企业

B. 在中国管辖海域开采原油销售的油田

C. 在中国境内生产食用盐销售的工业企业

D. 进口天然原油的军事单位

E. 进口铁矿的企业

【参考答案】　AB

【答案解析】　在中华人民共和国领域及管辖海域开采或者生产应税产品的单位和个人，为资源税的纳税义务人。选项C，食用盐不属于资源税征税范围，生产食用盐销售的工业企业不是资源税纳税人。选项DE，资源税"进口不征"，所以进口天然原油的军事单位和进口铁矿的企业不是资源税纳税人。

3. 根据资源税的有关规定，纳税人销售应税产品，下列关于纳税义务发生时间的说法中，正确的有(　　)。

A. 纳税人采取分期收款结算方式的，其纳税义务发生时间为实际收到销售款的当天

B. 纳税人采取预收货款结算方式的，其纳税义务发生时间为发出应税产品的当天

C. 纳税人采取除分期收款和预收货款以外的其他结算方式的，其纳税义务发生时间为收讫销售款或取得索取销售款凭证的当天

D. 纳税人自产自用应税产品的，其纳税义务发生时间为移送使用应税产品的当天

E. 纳税人自产自用应税产品的，其纳税义务发生时间为销售产成品的当天

【参考答案】 BCD

【答案解析】 选项A,纳税人采取分期收款结算方式销售应税产品的,其纳税义务发生时间为销售合同规定的收款日期的当天。选项E,纳税人自产自用应税产品的,其纳税义务发生时间为移送使用应税产品的当天。

4. 根据资源税的有关规定,下列各项中,说法错误的有(　　)。

A. 在确定伴生矿资源税税额时,以作为主产品的元素成分作为定额的主要考虑依据,不需要考虑作为副产品的元素成分及有关因素,以主产品的矿石名称作为应税品目

B. 伴采矿量大的,由各省、自治区、直辖市人民政府根据规定对其核定资源税单位税额标准

C. 对于以精矿伴选出的副产品不征收资源税

D. 岩金矿选冶后形成的尾矿进行再利用的,一律按照原矿计征资源税

E. 资源税各税目的征税对象包括原矿或选矿,涵盖了所有已经发现的矿种和盐

【参考答案】 AD

【答案解析】 选项A,在确定伴生矿资源税税额时,以作为主产品的元素成分作为定额的主要考虑依据,同时也考虑作为副产品的元素成分及有关因素,但以主产品的矿石名称作为应税品目。选项D,岩金矿原矿已缴纳过资源税,选冶后形成的尾矿进行再利用的,只要纳税人能够在统计、核算上清楚地反映,并在堆放等具体操作上能够同应税原矿明确区隔开,不再计征资源税。尾矿与原矿如不能划分清楚的,应按原矿计征资源税。

5. 下列关于资源税税率的表述,正确的有(　　)。

A. 对企业回收利用的疏干排水,从低确定税额标准

B. 对同一类型取用水,地下水水资源税税额标准要高于地表水

C. 超采地区的地下水水资源税税额标准要高于非超采地区

D. 对特种行业取用水,从低确定税额标准

E. 对企业回收利用的疏干排水,从高确定税额标准

【参考答案】 ABC

【答案解析】 选项D,对特种行业取用水,从高确定税额标准。选项E,对企业回收利用的疏干排水,从低确定税额标准。

6. 下列各项属于资源税的纳税期限的有(　　)。(不考虑水资源税)

A. 1日　　B. 3日

C. 10日　　D. 1个月

E. 1季度

【参考答案】 ABCD

【答案解析】 资源税的纳税期限由主管税务机关根据纳税人应纳税额的多少,分别核定为1日、3日、5日、10日、15日或者1个月。

7. 下列各项中,资源税减征30%的有(　　)。

A. 三次采油资源税　　B. 深水油气田资源税

C. 低丰度油气田资源税　　D. 衰竭期煤矿开采的煤

E. 盛产期的铁矿资源税

【参考答案】 ABD

【答案解析】 选项C,对低丰度油气田资源税暂减征20%。选项E,盛产期的铁矿资源税照章征税。

8. 下列各项中,属于资源税纳税人的有( )。

A. 出口外购宝石的外贸企业
B. 销售自采原油的开采企业
C. 外购铁矿加价出售的商业企业
D. 进口天然气的外贸企业
E. 销售自采天然气的开采企业

【参考答案】 BE

【答案解析】 选项ACD,资源税的纳税义务人是指在中华人民共和国领域及管辖的其他海域开发应税资源的单位和个人,资源税有进口不征、出口不退的特性。

9. 下列关于资源税的说法,正确的有( )。

A. 资源税各税目的征税对象包括原矿或选矿,涵盖了所有已经发现的矿种和盐
B. 对取用地表水或者地下水的单位和个人试点征收水资源税
C.《税目税率表》中规定征税对象为原矿或者选矿的,原矿和选矿的适用税率一致
D. 资源税税率有比例税率和定额税率两种
E. 中外合作开采陆上、海上石油资源的企业应依法缴纳资源税

【参考答案】 ABDE

【答案解析】 选项C,资源税《税目税率表》中规定征税对象为原矿或者选矿的,应当分别确定具体适用税率。

10. 企业销售下列生产或开采的产品中,应当计算缴纳资源税的有( )。

A. 地热
B. 与原油同时开采的天然气
C. 人造石油
D. 煤炭开采企业因安全生产需要抽采的煤成(层)气
E. 蜂窝煤

【参考答案】 AB

【答案解析】 选项CE,不属于应税资源产品,不缴纳资源税。选项D,免征资源税。

11. 以下应税资源的征税对象规定为原矿或选矿产品的有( )。

A. 原油、天然气
B. 煤
C. 钨、钼
D. 砂石
E. 轻稀土

【参考答案】 BD

【答案解析】 选项A,原油、天然气的征税对象为原矿。选项CE,钨、钼、轻稀土的征税对象为选矿。

12. 根据资源税的有关规定,下列各项中,属于应征资源税的能源矿产的有( )。

A. 地热
B. 天然沥青
C. 中重稀土
D. 玉石
E. 页岩气

【参考答案】 ABE

【答案解析】 选项C,属于金属矿产(有色金属)。选项D,属于非金属矿产(宝玉石类)。

13. 关于资源税税率,下列说法正确的有( )。

A. 有色金属选矿一律实行幅度比例税率

B. 纳税人开采或者生产同一税目下适用不同税率应税产品的,未分别核算或不能准确提供不同税率应税产品的销售额或销售数量,从高适用税率

C. 原油和天然气税目不同,适用税率也不同

D. 实行幅度税率的应税资源,具体适用税率由省级人民政府提出,报全国人民代表大会常委会决定

E. 水资源税根据当地水资源状况、取用水类型和经济发展等情况实行差别税率

【参考答案】 BE

【答案解析】 选项A,有色金属选矿有的适用幅度比例税率,有的适用固定比例税率。选项C,原油和天然气均属于能源矿产税目下的二级子税目,适用税率均为6%。选项D,实行幅度税率的应税资源,具体适用税率由省、自治区、直辖市人民政府统筹考虑该应税资源的品位、开采条件以及对生态环境的影响等情况,在《税目税率表》规定的税率幅度内提出,报同级人民代表大会常务委员会决定,并报全国人民代表大会常务委员会和国务院备案。

14. 下列属于可选择从价计征或者从量计征资源税的应税产品的有( )。

A. 花岗岩

B. 石灰岩

C. 大理岩

D. 其他黏土

E. 砂石

【参考答案】 BDE

【答案解析】 地热、矿泉水、石灰岩、天然卤水、砂石、其他黏土这6个税目可以选择实行从价计征或从量计征。选项AC,属于从价计征的应税资源。

15. 下列按照原矿缴纳资源税的有( )。

A. 纳税人自采矿泉水销售

B. 纳税人自采矿泉水赠送客户

C. 纳税人销售自采原煤加工成的洗选煤

D. 纳税人自采原煤加工成洗选煤,并将洗选煤用于投资

E. 纳税人自采原油移送加工柴油

【参考答案】 ABE

【答案解析】 选项CD,按照选矿缴纳资源税。

16. 关于资源税的处理中,下列说法正确的有( )。

A. 以自采原矿加工为非应税产品,视同销售非应税产品缴纳资源税

B. 以自采原矿加工为选矿无偿赠送,视同销售选矿缴纳资源税

C. 以自采原煤加工为洗选煤自用,视同销售原煤缴纳资源税

D. 以自采原矿洗选后的选矿连续生产非应税产品,视同销售原矿缴纳资源税

E. 将自采原矿加工为选矿用于抵债,视同销售选矿缴纳资源税

【参考答案】 BE

【答案解析】 选项A,以自采原矿加工为非应税产品的,视同销售原矿。选项C,以自采原煤加工为洗选煤自用的,视同销售洗选煤。选项D,以自采原矿洗选后的选矿连续生产非应税产品,视同销售选矿。

17. 石油生产企业开采原油移送加工柴油销售相关的税务处理,下列正确的有(　　)。

A. 原油移送生产柴油不征增值税
B. 原油移送生产柴油不征资源税
C. 原油移送生产柴油不征消费税
D. 销售柴油征收增值税、消费税和资源税
E. 销售柴油不征收增值税、消费税和资源税

【参考答案】 AC

【答案解析】 选项ABC,将原油移送用于生产加工柴油(成品油),属于资源税视同销售,征收资源税;移送生产过程不涉及对外流转,不征收增值税;原油不属于应税消费品,移送生产柴油不征收消费税。选项DE,销售柴油征收增值税和消费税,柴油不属于资源税的征税范围,不征收资源税。

18. 位于某县的能源公司为增值税一般纳税人,2022年3月从深水油气田开采出原油500吨、天然气150万立方米。当月原油销售80%,取得不含增值税销售额160万元;天然气全部销售,不含增值税销售额为110万元,当月未收到款项,但已开具增值税专用发票寄送给采购公司。已知原油、天然气的资源税税率均为6%。下列关于该公司当月上述业务税务处理说法正确的有(　　)。

A. 从深水油气田开采的原油、天然气,可以减征20%资源税
B. 当月应缴纳资源税16.2万元
C. 当月应缴纳资源税11.34万元
D. 当月应确认增值税销项税额30.7万元
E. 当月应确认增值税销项税额35.1万元

【参考答案】 CD

【答案解析】 选项A,从深水油气田开采的原油、天然气,可以减征30%资源税。选项BC,当月应缴纳资源税=160×6%×(1－30%)+110×6%×(1－30%)=11.34(万元)。选项DE,当月应确认增值税销项税额=160×13%+110×9%=30.7(万元)。

19. 某采矿企业为增值税一般纳税人,2022年4月开采铜矿、铝土矿、石灰岩各200吨(均为原矿),其中当月销售铜矿原矿100吨,取得不含税销售额1 000万元,当月领用铝土矿原矿100吨用于连续生产铝土矿选矿80吨。已知资源税税率分别是铜矿原矿4%,铝土矿原矿6%,选矿4%。下列说法正确的有(　　)。

A. 该企业领用铝土矿原矿用于连续生产铝土矿选矿,不需缴纳资源税
B. 该企业当月应纳资源税40万元
C. 该企业当月应纳资源税46万元
D. 铜矿、铝土矿同属于金属矿产的"有色金属"
E. 铜矿、铝土矿、石灰岩既可以从价计征又可以从量计征资源税

【参考答案】 ABD

【答案解析】 选项BC,应纳资源税=1 000×4%=40(万元)。选项E,铜矿、铝土矿只

能从价计征资源税,石灰岩既可以从价计征又可以从量计征资源税。

20. 纳税人申报的应税产品销售额明显偏低且无正当理由的,或者有自用应税产品行为而无销售额的,主管税务机关确定应税产品销售额的方法有(　　)。

A. 按纳税人最近时期同类产品的平均销售价格确定

B. 按其他纳税人最近时期同类产品的平均销售价格确定

C. 按纳税人或其他纳税人最近时期不同类产品的平均销售价格确定

D. 按后续加工应税产品销售价格,减去后续加工环节的成本利润后确定

E. 按应税产品组成计税价格确定

【参考答案】 ABE

【答案解析】 纳税人申报的应税产品销售额明显偏低且无正当理由的,或者有自用应税产品行为而无销售额的,主管税务机关可以按下列方法和顺序确定其应税产品销售额:(1)按纳税人最近时期同类产品的平均销售价格确定;(2)按其他纳税人最近时期同类产品的平均销售价格确定(选项C错误);(3)按后续加工非应税产品销售价格,减去后续加工环节的成本利润后确定(选项D错误);(4)按应税产品组成计税价格确定;组成计税价格=成本×(1+成本利润率)÷(1-资源税税率);(5)按其他合理方法确定。

21. 关于准予扣减外购应税资源产品已纳从价定率征收的资源税,下列说法正确的有(　　)。

A. 纳税人以外购原矿与自采原矿混合为原矿销售的,以扣减外购原矿购进金额后的余额确定计税依据,当期不足扣减的,可以结转下期扣减

B. 纳税人以外购原矿与自采原矿混合加工为选矿产品销售的,以扣减外购原矿购进金额后的余额确定计税依据,当期不足扣减的,可结转下期扣减

C. 纳税人以外购原矿与自采原矿混合加工为选矿产品销售的,以扣减外购原矿购进金额后的余额确定计税依据,当期不足扣减的,不得结转下期扣减

D. 纳税人以外购原矿与自采原矿混合为原矿销售的,未准确核算外购应税产品购进金额的,由主管税务机关根据具体情况核定扣减

E. 纳税人核算并扣减当期外购应税产品购进金额,应当依据外购应税产品的增值税发票、海关进口增值税专用缴款书或者其他合法有效凭据

【参考答案】 AE

【答案解析】 选项BC,纳税人以外购原矿与自采原矿混合洗选加工为选矿产品销售的,在计算应税产品销售额时,按照下列方法进行扣减:准予扣减的外购应税产品购进金额=外购原矿购进金额×(本地区原矿适用税率÷本地区选矿产品适用税率),当期不足扣减的,可结转下期扣减。选项D,纳税人应当准确核算外购应税产品的购进金额或者购进数量,未准确核算的,一并计算缴纳资源税。

22. 纳税人开采的下列资源产品的减免税规定,由省、自治区、直辖市人民政府提出,报同级人民代表大会常务委员会决定,并报全国人民代表大会常务委员会和国务院备案的有(　　)。

A. 煤炭开采企业因安全生产需要抽采的煤成(层)气免征资源税

B. 纳税人开采的低品位矿、尾矿的免征或者减征

C. 从衰竭期矿山开采的矿产品的减税规定

D. 纳税人开采共伴生矿的免征或者减征

E. 三次采油的减税规定

【参考答案】 BD

【答案解析】 选项 A,属于法定免税。选项 CE,属于法定减征规定(减征 30%)。

23. 关于资源税税收优惠,下列说法正确的有(　　)。

A. 纳税人开采或者生产应税产品过程中,因意外事故或者自然灾害等原因遭受重大损失,由省、自治区、直辖市税务机关决定免征或减征资源税

B. 纳税人开采或者生产同一应税产品,其中既有享受减免税政策的,又有不享受减免税政策的,按照免税、减税项目的产量占比等方法分别核算确定免税、减税项目的销售额或者销售数量

C. 纳税人享受资源税优惠政策,一般实行"自行判别、审核享受、留存备查"办理方式

D. 纳税人开采或者生产同一应税产品,同时符合两项或两项以上减征资源税优惠政策的,可以同时享受各项优惠政策

E. 纳税人的免税、减税项目,未单独核算或者不能准确提供销售额或者销售数量的,不予免税或者减税

【参考答案】 BE

【答案解析】 选项 A,纳税人开采或者生产应税产品过程中,因意外事故或者自然灾害等原因遭受重大损失而免征或者减征资源税的具体办法,由省、自治区、直辖市人民政府提出,报同级人民代表大会常务委员会决定,并报全国人民代表大会常务委员会和国务院备案。选项 C,纳税人享受资源税优惠政策,一般实行"自行判别、申报享受、有关资料留存备查"的办理方式。选项 D,纳税人开采或者生产同一应税产品同时符合两项或者两项以上减征资源税优惠政策的,除另有规定外,只能选择其中一项执行。

24. 根据资源税的相关规定,下列说法不正确的有(　　)。

A. 纳税人销售应税产品,纳税义务发生时间为收讫销售款或者取得索取销售款凭据的当日

B. 纳税人自用应税产品,纳税义务发生时间为移送应税产品的当日

C. 纳税人按月或者按季申报缴纳的,应当自月度或者季度终了之日起 10 日内向税务机关办理纳税申报并缴纳税款

D. 纳税人应当向应税产品销售地的税务机关申报缴纳资源税

E. 海上开采的原油和天然气资源税由海洋石油税务管理机构征收管理

【参考答案】 CD

【答案解析】 选项 C,纳税人按月或者按季申报缴纳的,应当自月度或者季度终了之日起 15 日内向税务机关办理纳税申报并缴纳税款。选项 D,纳税人应当向应税矿产品开采地或者海盐生产地的税务机关申报缴纳资源税。

25. 下列有关资源税规定说法正确的有(　　)。

A. 生产不同税目应税产品且不能分别核算的,应从低适用税率

B. 生产不同税目应税产品且不能分别核算的,应从高适用税率

C. 销售应税及免税产品且不能分别核算的,应全部予以免税

D. 销售应税及免税产品且不能分别核算的,应全部予以征税

E. 销售应税及减税产品且不能分别核算的,应全部予以减税

【参考答案】 BD

【答案解析】 选项 AB,纳税人开采或者生产不同税目应税产品的,未分别核算销售额或者销售数量的,从高适用税率。选项 CDE,纳税人销售涉及免税、减税项目的资源,未单独核算销售额或者销售数量的,不予免税或者减税。

26. 以下关于资源税优惠政策的表述,正确的有(　　)。

A. 开采原油以及在油田范围内运输原油过程中用于加热的原油、天然气免征资源税

B. 煤炭开采企业因安全生产需要抽采的煤成(层)气免征资源税

C. 纳税人开采或者生产应税产品过程中,因意外事故或者自然灾害等原因遭受重大损失免征资源税

D. 增值税小规模纳税人、小型微利企业和个体工商户可以在 50% 的税额幅度内减征资源税

E. 国务院对有利于促进资源节约集约利用、保护环境等情形可以规定免征或者减征资源税,报全国人民代表大会常务委员会备案

【参考答案】 ABDE

【答案解析】 有下列情形之一的,省、自治区、直辖市可以决定免征或者减征资源税:纳税人开采或者生产应税产品过程中,因意外事故或者自然灾害等原因遭受重大损失;纳税人开采共伴生矿、低品位矿、尾矿。

27. 以下关于资源税征收管理的规定,说法正确的有(　　)。

A. 资源税按月或者按季申报缴纳,但不能按次申报缴纳

B. 纳税人销售应税产品,纳税义务发生时间为收讫销售款或者取得索取销售款凭据的当日

C. 自用应税产品的,纳税义务发生时间为移送应税产品的当日

D. 纳税人按月或者按季申报缴纳的,应当自月度或者季度终了之日起 10 日内,向税务机关办理纳税申报并缴纳税款

E. 纳税人应当向应税产品开采地或者生产地的税务机关申报缴纳资源税

【参考答案】 BCE

【答案解析】 选项 A,资源税按月或者按季申报缴纳;不能按固定期限计算缴纳的,可以按次申报缴纳。选项 D,纳税人按月或者按季申报缴纳的,应当自月度或者季度终了之日起 15 日内,向税务机关办理纳税申报并缴纳税款。

28. 下列企业既是增值税纳税人又是资源税纳税人的有(　　)。

A. 销售天然气的贸易公司

B. 在境内开采销售有色金属矿产品的企业

C. 进口铜矿石的企业

D. 在境内生产销售海盐的企业

E. 境内生产食用盐的企业

【参考答案】 BD

【答案解析】 选项 A，贸易公司销售天然气不缴纳资源税，不是资源税纳税人。选项 C，资源税在进口环节不征，进口铜矿石的企业不是资源税纳税人。选项 E，食用盐不属于资源税征税范围，境内生产食用盐的企业不是资源税纳税人。

29. 下列各项关于资源税减免规定的表述中，正确的有(　　)。

A. 从衰竭期矿山开采的矿产品，减征 30%资源税

B. 稠油、高凝油减征 20%资源税

C. 高含硫天然气，减征 30%资源税

D. 出口资源税应税产品退还已纳资源税

E. 对充填开采置换出来的煤炭，资源税减征 40%

【参考答案】 AC

【答案解析】 选项 B，稠油、高凝油减征 40%资源税。选项 D，对出口应税产品不免征，或退还已纳资源税。选项 E，自 2014 年 12 月 1 日至 2023 年 8 月 31 日，对充填开采置换出来的煤炭，资源税减征 50%。

30. 某采矿企业为增值税一般纳税人，2021 年 3 月开采铜矿、铝土矿、石灰岩各 200 吨(均为原矿)，其中当月销售铜矿原矿 100 吨，取得不含税销售额 1 000 万元，当月领用铝土矿原矿 100 吨，用于连续生产铝土矿选矿 80 吨。已知资源税税率分别是：铜矿原矿 4%，铝土矿原矿 6%(其选矿相同)。下列说法正确的有(　　)。

A. 该企业领用铝土矿原矿用于连续生产铝土矿选矿，不需缴纳资源税

B. 该企业当月应纳资源税 40 万元

C. 该企业当月应纳资源税 46 万元

D. 铜矿、铝土矿同属于金属矿产的“有色金属”

E. 铜矿、铝土矿、石灰岩既适用从价计征又适用从量计征资源税

【参考答案】 ABD

【答案解析】 选项 BC，应纳资源税＝1 000×4%＝40(万元)。选项 E，铜矿、铝土矿都是从价计征资源税，石灰岩既适用从价计征又适用从量计征资源税。

三、判断题

1. 纳税人同时销售应税原煤和洗选煤未分别核算的，一并视同销售洗选煤计算缴纳资源税。(　　)

【参考答案】 错误

【答案解析】 未分别核算或者不能准确提供原煤和洗选煤销售额的，一并视同销售原煤计算缴纳资源税。

2. 水资源税一律实行从量计征。(　　)

【参考答案】 错误

【答案解析】 除水力发电和火力发电贯流式(不含循环式)冷却取用水水资源税应按照实际发电量计征外，水资源税实行从量计征。

3. 凡在我国境内开采原油、天然气的单位，都要依照资源税暂行条例缴纳资源税。(　　)

【参考答案】 正确

【答案解析】 根据《中华人民共和国资源税法》第一条的规定，在中华人民共和国领域和中华人民共和国管辖的其他海域开发应税资源的单位和个人，为资源税的纳税人，应当依照本法规定缴纳资源税。

4. 纳税人开采原煤直接对外销售的，免征资源税。（ ）

【参考答案】 错误

【答案解析】 纳税人开采原煤直接对外销售的，以原煤销售额作为应税煤炭销售额计算缴纳资源税。

5. 根据《中华人民共和国资源税暂行条例》的规定，资源税的纳税人暂不包括外商投资企业和外国企业。（ ）

【参考答案】 错误

【答案解析】 资源税的纳税人包括外商投资企业和外国企业，外商投资企业和外国企业是资源税纳税义务人。

6. 对在中国境内开采煤炭的单位和个人，应按税法规定征收资源税，但对进口煤炭的单位和个人，则不用征收资源税。（ ）

【参考答案】 正确

【答案解析】 对在中国境内开采煤炭的单位和个人，应按税法规定征收资源税，但对进口煤炭的单位和个人，则不用征收资源税。

7. 资源税的征收范围包括人造石油。（ ）

【参考答案】 错误

【答案解析】 资源税的征收范围包括天然原油，不包括人造石油。

8. 资源税实行从量定额的征收方法。（ ）

【参考答案】 错误

【答案解析】 资源税采取从价定率或者从量定额的办法计征。

9. 某矿开采铁矿石和锰矿石两种矿石，适用的资源税单位税额分别为10元和2元，由于种种原因，未分别核算两种矿石的课税数量。该矿6月销售矿石共1 000吨，其应纳资源税额为10 000元。（ ）

【参考答案】 正确

【答案解析】 未分别核算两种矿石的课税数量，按铁矿石10元每单位从高计征资源税，10×1 000=10 000(元)。

10. 纳税人开采或者生产应税产品自用的，都应当依照规定缴纳资源税。（ ）

【参考答案】 错误

【答案解析】 纳税人开采或者生产应税产品自用的，应当依照规定缴纳资源税。但是，自用于连续生产应税产品的，不缴纳资源税。

11. 纳税人以外购的液体盐加工固体盐，其加工固体盐所耗用的液体的已纳税额准予抵扣。（ ）

【参考答案】 正确

【答案解析】 纳税人以外购的液体盐加工固体盐，其加工固体盐所耗用的液体的已纳税额准予抵扣。

12.缴纳资源税的资源开采地点是中华人民共和国领域和中华人民共和国管辖的其他海域,进口应税资源不征收资源税;对出口应税资源也不退还已纳的资源税。( )

【参考答案】 正确

【答案解析】 缴纳资源税的资源开采地点是中华人民共和国领域和中华人民共和国管辖的其他海域,进口应税资源不征收资源税;对出口应税资源也不退还已纳的资源税。

13.资源税的纳税义务人包括在中国境内开采并销售煤炭的个人、在中国境内生产销售天然气的国有企业、在中国境内生产自用应税资源的个人和进口应税资源的国有企业。( )

【参考答案】 错误

【答案解析】 进口应税资源的国有企业不符合"在中华人民共和国领域及管辖的其他海域开采"的标准。

14.纳税人应纳的资源税,应当向应税的开采或生产所在地主管税务机关缴纳。( )

【参考答案】 正确

【答案解析】 纳税人应纳的资源税,应当向应税的开采或生产所在地主管税务机关缴纳。

15.应税资源的销售结算方式不同,其纳税义务发生的时间也不相同。( )

【参考答案】 正确

【答案解析】 应税资源的销售结算方式不同,其纳税义务发生的时间也不相同。

16.目前,我国仅对列举的资源征收资源税。( )

【参考答案】 正确

【答案解析】 根据《中华人民共和国资源税法》第一条的规定,在中华人民共和国领域和中华人民共和国管辖的其他海域开发应税资源的单位和个人,为资源税的纳税人,应当依照本法规定缴纳资源税。应税资源的具体范围,由本法所附《资源税税目税率表》确定。

17.资源税的税目包括能源矿产、金属矿产、非金属矿产、水气矿产4大类。( )

【参考答案】 错误

【答案解析】 资源税的税目包括能源矿产、金属矿产、非金属矿产、水气矿产和盐5大类。

18.部分应税资源的征税对象规定为原矿,部分应税资源的征税对象规定为选矿,还有一部分应税资源的征税对象规定为原矿或选矿。( )

【参考答案】 正确

【答案解析】 部分应税资源的征税对象规定为原矿,部分应税资源的征税对象规定为选矿,还有一部分应税资源的征税对象规定为原矿或选矿。

19.液体盐也属于资源税的征收范围。( )

【参考答案】 正确

【答案解析】 根据《资源税税目税率表》,液体盐又名卤水,属于资源税征税范围。

20.煤炭开采企业因安全生产需要抽采的煤成(层)气免征资源税。( )

【参考答案】 正确

【答案解析】 根据《中华人民共和国资源税法》第六条的规定,有下列情形之一的,免征资源税:(一)开采原油以及在油田范围内运输原油过程中用于加热的原油、天然气;(二)煤炭开采企业因安全生产需要抽采的煤成(层)气。

21.自采原矿洗选加工为选矿产品销售或将选矿产品自用于应纳资源税情形的,按照原矿计征资源税。( )

【参考答案】 错误

【答案解析】 自采原矿洗选加工为选矿产品销售或将选矿产品自用于应纳资源税情形的,按照选矿产品计征资源税,在原矿移送环节不缴纳资源税。

22.开采或者生产不同税目应税产品应当分别核算不同税目应税产品的销售额或者销售数量,为分别核算或者不能准确提供不同税目应税产品的销售额或者销售数量的,应当实行从高适用税率。( )

【参考答案】 正确

【答案解析】 开采或者生产不同税目应税产品应当分别核算不同税目应税产品的销售额或者销售数量,为分别核算或者不能准确提供不同税目应税产品的销售额或者销售数量的,应当实行从高适用税率。

23.跨省(自治区、直辖市)界河水电站水力发电取用水水资源税税额,与涉及的非试点省份水资源费征收标准不一致的,按较低一方标准执行。( )

【参考答案】 错误

【答案解析】 跨省(自治区、直辖市)界河水电站水力发电取用水水资源税税额,与涉及的非试点省份水资源费征收标准不一致的,按较高一方标准执行。

24.稀土、钨、钼实行从价计征资源税,其计税销售额中包括资源税、增值税销项税、优质费、延期付款利息、赔偿金。( )

【参考答案】 错误

【答案解析】 资源税为价内税,包含在销售额中;增值税为价外税,不包括在销售额中。优质费、延期付款利息和赔偿金属于价外费用,计入销售额中。

25.从低丰度油气田开采的原油、天然气,减征30%资源税。( )

【参考答案】 错误

【答案解析】 从低丰度油气田开采的原油、天然气,减征20%资源税。

26.高含硫天然气、三次采油和从深水油气田开采的原油、天然气,减征30%资源税。( )

【参考答案】 正确

【答案解析】 根据《中华人民共和国资源税法》第六条的规定,有下列情形之一的,减征资源税:(一)从低丰度油气田开采的原油、天然气,减征百分之二十资源税;(二)高含硫天然气、三次采油和从深水油气田开采的原油、天然气,减征百分之三十资源税。

27.稠油、高凝油减征30%资源税。( )。

【参考答案】 错误

【答案解析】 稠油、高凝油减征40%资源税。

28.开采原油过程同时开采的天然气免征资源税。( )

【参考答案】 错误

【答案解析】 与原油同时开采的天然气照章缴纳资源税。

29.2022年3月,某原油开采企业(增值税一般纳税人)销售原油取得不含税销售额3 560万元,开采过程中加热使用原油1吨,用10吨原油与汽车生产企业换取一辆汽车,原

油不含税平均销售价格 0.38 万元/吨，原油资源税税率 6%，该企业当月应纳资源税 213.60 万元。（ ）

【参考答案】 错误

【答案解析】 开采原油过程中用于加热的原油，免税；换取汽车的原油视同销售计算缴纳资源税。该企业当月应纳资源税＝(3 560＋0.38×10)×6%＝213.83(万元)。

30. 资源税按照《税目税率表》只能实行从价计征。（ ）

【参考答案】 错误

【答案解析】 根据《中华人民共和国资源税法》第三条的规定，资源税按照《税目税率表》实行从价计征或者从量计征。

31. 从设计开采年限超过 15 年，且剩余可开采储量下降到原设计可开采储量的 20% 以下或者剩余开采年限不超过 5 年的矿山开采的矿产品，减征 40% 资源税。（ ）

【参考答案】 错误

【答案解析】 从衰竭期矿山开采的矿产品，减征 30% 资源税。

32. 自 2014 年 12 月 1 日至 2023 年 8 月 31 日，对充填开采置换出来的煤炭，资源税减征 30% 。（ ）

【参考答案】 错误

【答案解析】 根据资源税相关规定，自 2014 年 12 月 1 日至 2023 年 8 月 31 日，对充填开采置换出来的煤炭，资源税减征 50%。

33. 纳税人开采低品位矿，由省、自治区、直辖市税务机关决定免征或减征资源税。（ ）

【参考答案】 错误

【答案解析】 纳税人开采低品位矿的免征或者减征资源税的具体办法，由省、自治区、直辖市人民政府提出，报同级人民代表大会常务委员会决定，并报全国人民代表大会常务委员会和国务院备案。

34. 纳税人以外购原矿与自采原矿混合为原矿销售的，以扣减外购原矿购进金额后的余额确定计税依据，当期不足扣减的，可以结转下期扣减。（ ）

【参考答案】 正确

【答案解析】 根据《国家税务总局关于资源税征收管理若干问题的公告》的规定，纳税人以外购原矿与自采原矿混合为原矿销售，或者以外购选矿产品与自产选矿产品混合为选矿产品销售的，在计算应税产品销售额或者销售数量时，直接扣减外购原矿或者外购选矿产品的购进金额或者购进数量。

35. 销售应税产品的资源税纳税义务发生时间为收讫销售款或者取得索取销售款凭据的当日。（ ）

【参考答案】 正确

【答案解析】 根据《中华人民共和国资源税暂行条例实施细则》第十一条的规定，资源税纳税义务发生时间具体规定如下：

纳税人销售应税产品，其纳税义务发生时间是：纳税人采取分期收款结算方式的，其纳税义务发生时间，为销售合同规定的收款日期的当天；纳税人采取预收货款结算方式的，其纳税义务发生时间，为发出应税产品的当天；纳税人采取其他结算方式的，其纳税义务发生时间,为收讫销售款或者取得索取销售款凭据的当天。

36. 按月或者按季申报缴纳资源税的,自月度或者季度终了之日起 30 日内,向税务机关申报缴纳。( )

【参考答案】 错误

【答案解析】 按月或者按季申报缴纳资源税的,自月度或者季度终了之日起 15 日内,向税务机关申报缴纳。

37. 海上开采的原油和天然气,征管机构为开采地的税务机关。( )

【参考答案】 错误

【答案解析】 海上开采的原油和天然气,征管机构为海洋石油税务管理机构。

38. 外购应税产品与自采应税产品混合加工为选矿产品销售的,计税销售额中直接扣减外购应税产品的购进金额。( )

【参考答案】 错误

【答案解析】 纳税人以外购原矿与自采原矿混合洗选加工为选矿产品销售的,在计算应税产品销售额时,按照规定的公式计算扣减金额。

39. 自用应税产品的纳税义务发生时间为移送应税产品的当日。( )

【参考答案】 正确

【答案解析】 根据《中华人民共和国资源税暂行条例实施细则》第十一条的规定,资源税纳税义务发生时间具体规定如下:

纳税人销售应税产品,其纳税义务发生时间是:纳税人采取分期收款结算方式的,其纳税义务发生时间,为销售合同规定的收款日期的当天;纳税人采取预收货款结算方式的,其纳税义务发生时间,为发出应税产品的当天;纳税人采取其他结算方式的,其纳税义务发生时间,为收讫销售款或者取得索取销售款凭据的当天。

纳税人自产自用应税产品的纳税义务发生时间,为移送使用应税产品的当天。

扣缴义务人代扣代缴税款的纳税义务发生时间,为支付货款的当天。

40. 资源税计税销售额按应税产品组成计税价格确定时,公式中的成本利润率由国务院确定。( )

【参考答案】 错误

【答案解析】 资源税组成计税价格公式中的成本利润率由省、自治区、直辖市税务机关确定。

四、计算题

(一)某石化企业为增值税一般纳税人,2022 年 12 月发生以下业务。

(1)从国外某石油公司进口原油 50 000 吨,支付不含税价款折合人民币 9 000 万元,其中包含包装费,保险费折合人民币 10 万元。

(2)开采原油 10 000 吨,并将开采的原油对外销售 6 000 吨,取得含税销售额 2 260 万元,同时向购买方收取延期付款利息 2.26 万元,包装费 1.13 万元,另外支付运输费用 6.96 万元。

(3)将开采的原油 1 000 吨通过关联公司对外销售,关联公司的对外含税销售价为 0.39 万元/吨。

(4)用开采的原油 2 000 吨加工生产汽油 1 300 吨自用。(其他相关资料:原油的资源税

税率为6%)

要求:根据上述资料,分析回答下列问题,如有计算须计算出合计数。

1.业务(1)中该石化企业对从国外某石油公司进口的原油计算缴纳的资源税额为(　　)万元。

A.0　　B.450

C.440　　D.438

【参考答案】 A

【答案解析】 在进口环节不征资源税。从国外进口原油,不缴纳资源税。

2.业务(2)应缴纳的资源税额为(　　)万元。

A.120.18　　B.116.19

C.118.34　　D.124.15

【参考答案】 A

【答案解析】 业务(2)应缴纳资源税=(2260+2.26+1.13)÷(1+13%)×6%=120.18(万元)。

3.业务(3)应缴纳的资源税额为(　　)万元。

A.20.71　　B.16.76

C.18.53　　D.19.18

【参考答案】 A

【答案解析】 业务(3)应缴纳资源税=0.39÷(1+13%)×1 000×6%=20.71(万元)。

4.计算业务(4)应缴纳的资源税额为(　　)万元。

A.40.8　　B.36.6

C.23.5　　D.45.6

【参考答案】 A

【答案解析】 纳税人既有对外销售应税产品,又有将应税产品用于除连续生产应税产品以外的其他方面的,则自用的这部分应税产品按纳税人对外销售应税产品的平均价格计算销售额征收资源税。直接对外销售的6 000吨原油销售额=2 260÷(1+13%)=2 000(万元)通过关联方对外销售的1 000吨原油销售额=0.39÷(1+13%)×1 000=345.13(万元)。

计算加权平均价格=(2 000+345.13)÷(6 000+1 000)=0.34(万元/吨)。

业务(4)应缴纳资源税=2 000×0.34×6%=40.8(万元)。

(二)某石化生产企业为增值税一般纳税人,该企业原油生产成本为1 400元/吨,最近时期同类原油的平均不含税销售单价1 650元/吨,2021年12月生产经营业务如下(题中涉及原油均为同类同质原油)。

(1)开采原油8万吨,采用直接收款方式销售原油5万吨,取得不含税销售额8 250万元,另外收取含税优质费9.36万元。

(2)11月采用分期收款方式销售原油5万吨,合同约定分3个月等额收回价款,每月应收不含税销售额2 800万元,12月按照合同约定收到本月应收款项并收到上月应收未收含税价款116万元及违约金4.64万元。

(3)将开采的原油1.2万吨对外投资,取得10%的股份,开采原油过程中修井用原油

0.1 万吨;用开采的同类原油 2 万吨移送非独立炼油部门加工生产成品油。

(4)销售汽油 0.1 万吨,取得不含税销售额 400 万元。

(5)购置炼油机器设备,取得增值税专用发票,注明税额 24 万元,支付运输费用取得增值税专用发票,注明税额 0.3 万元。(其他相关资料:原油成本利润率 10%,资源税税率 6%,汽油 1 吨=1 388 升,消费税税率 1.52 元/升,本月取得的相关凭证均符合税法规定,并在当期认证抵扣进项税额)

要求:根据上述资料,分析回答下列问题,如有计算须计算出合计数。

1. 业务(1)应缴纳资源税为(　　)万元。

A. 436.4　　B. 495.5

C. 448.5　　D. 465.4

【参考答案】 B

【答案解析】 业务(1)应缴纳资源税=(8 250+9.36÷1.13)×6%=495.50(万元)。

2. 业务(2)应缴纳资源税为(　　)万元。

A. 154.32　　B. 168.25

C. 164.23　　D. 158.12

【参考答案】 B

【答案解析】 业务(2)应缴纳资源税=(2 800+4.64÷1.13)×6%=168.25(万元)。

3. 业务(3)应缴纳资源税为(　　)万元。

A. 323.4　　B. 316.8

C. 412.5　　D. 334.5

【参考答案】 B

【答案解析】 业务(3)应缴纳资源税=(1.2+2)×1 650×6%=316.8(万元)。

4. 企业当月应缴纳消费税为(　　)万元。

A. 225.4　　B. 210.98

C. 223.51　　D. 253.12

【参考答案】 B

【答案解析】 企业当月应缴纳消费税=0.1×1 388×1.52=210.98(万元)。

5. 该企业当月应缴纳增值税为(　　)万元。

A. 1 698.78　　B. 1 723.21

C. 1 755.43　　D. 1 988.23

【参考答案】 B

【答案解析】 企业当月应缴纳增值税=(8 250+9.36÷1.13+2 800+4.64÷1.13+1.2×1 650+400)×13%-24-0.3=1 723.21(万元)。

(三)某锡矿开采企业为增值税一般纳税人,2021 年 4 月发生以下业务。

(1)销售自采锡矿原矿 30 吨,取得不含税销售额 75 万元,另收取从坑口到车站的运输费、装卸费合计 1 万元(已取得增值税发票)。

(2)将自采锡矿原矿 20 吨移送加工锡矿选矿 16 吨,当月全部销售,取得不含税销售额 48 万元。

(3)购进锡矿原矿，取得增值税专用发票注明金额 10 万元。将该批购进的锡矿原矿与自采锡矿原矿混合为原矿，当月全部销售，取得不含税销售额 50 万元，该批自采锡矿原矿同类产品不含税销售额 35 万元。

(4)将自采锡矿原矿 5 吨用于抵偿债务，同类锡矿原矿最高售价 2.55 万元/吨(不含税)、平均售价 2.5 万元/吨(不含税)。

已知:锡矿原矿和锡矿选矿的资源税税率分别为 5%和 4.5%。

要求:根据上述资料，分析回答下列问题。

1. 业务(1)应缴纳资源税(　　)万元。

A. 3.75　　　　B. 3.36

C. 3.80　　　　D. 3.79

【参考答案】 A

【答案解析】 应税产品从坑口或者洗选(加工)地到车站、码头或者购买方指定地点的运输费用、建设基金以及随运销产生的装卸、仓储、港杂费用，凡取得增值税发票或者其他合法有效凭据的，不计入资源税的计税销售额。业务(1)应缴纳资源税＝75×5%＝3.75(万元)。

2. 业务(2)应缴纳资源税(　　)万元。

A. 2.50　　　　B. 0

C. 2.16　　　　D. 4.66

【参考答案】 C

【答案解析】 自采原矿洗选加工为选矿产品销售，按照选矿产品计征资源税，在原矿移送环节不缴纳资源税。业务(2)应缴纳资源税＝48×4.5%＝2.16(万元)。

3. 业务(3)应缴纳资源税(　　)万元。

A. 2.50　　　　B. 0.25

C. 2.00　　　　D. 0.75

【参考答案】 C

【答案解析】 纳税人以外购原矿与自采原矿混合为原矿销售，在计算应税产品销售额时，直接扣减外购原矿的购进金额。业务(3)应缴纳资源税＝(50－10)×5%＝2(万元)。

4. 业务(4)应缴纳资源税(　　)万元。

A. 0.56　　　　B. 0.64

C. 0.63　　　　D. 0

【参考答案】 C

【答案解析】 纳税人以应税产品抵偿债务，应视同销售，缴纳资源税。有同类应税产品销售价格的，按照同类产品的“平均”销售价格确定计税销售额。业务(4)应缴纳资源税＝2.5×5×5%＝0.63(万元)。

(四)某矿石开采企业为增值税一般纳税人，2022 年 5 月发生以下业务。

(1)从国外某铁矿石公司进口 15 万吨铁原矿，支付不含税价款折合人民币 9 000 万元，其中包含包装费及保险费折合人民币 10 万元。

(2)开采 20 万吨铁原矿和 3 万吨铜原矿，当月将开采的铁原矿 0.5 万吨用于对外捐赠，纳税人最近时期同类铁原矿的平均不含税销售价格为 700 元/吨，成本为 620 元/吨。

(3)将开采的部分铁原矿和部分铜原矿销售,未分别核算,共取得含税销售额4 000万元。

(4)以自采铁原矿和境内外购铁原矿混合加工铁选矿6万吨,其中耗用外购铁原矿5万吨,经增值税发票确认,外购铁原矿每吨不含增值税买价为450元。销售上述铁选矿5万吨,每吨不含税售价650元。

已知:进口铁原矿关税税率为2%;当地铁原矿的资源税税率为8%,铁选矿的资源税税率为6%,省级税务局确定的成本利润率为10%;铜原矿资源税税率为9%。

要求:根据上述资料,分析回答下列问题。

1. 业务(1)应缴纳资源税(　　)万元。

A. 734.4　　　　B. 720

C. 733.58　　　　D. 0

【参考答案】 D

【答案解析】 不需要缴纳资源税。《中华人民共和国资源税法》规定,资源税仅对在中国境内开发应税资源的单位和个人征收,因此进口的铁原矿不征收资源税。

2. 业务(2)应缴纳资源税(　　)万元。

A. 28　　　　B. 27.28

C. 1148　　　　D. 168

【参考答案】 A

【答案解析】 将自采的铁原矿对外赠送,应视同销售缴纳资源税,且按"同类价"确认销售额。

业务(2)应缴纳资源税=700×0.5×8%=28(万元)。

3. 业务(3)应缴纳资源税(　　)万元。

A. 283.19　　　　B. 318.58

C. 320　　　　D. 360

【参考答案】 B

【答案解析】 纳税人开采或者生产不同税目应税产品的,应当分别核算不同税目应税产品的销售额或者销售数量;未分别核算或者不能准确提供不同税目应税产品的销售额或者销售数量的,从高适用税率。业务(3)应缴纳资源税=4 000÷(1+13%)×9%=318.58(万元)。

4. 业务(4)应缴纳资源税(　　)万元。

A. 93.75　　　　B. 60

C. 15　　　　D. 20

【参考答案】 C

【答案解析】 纳税人以外购原矿与自采原矿混合洗选加工为选矿产品销售的,在计算应税产品销售额或者销售数量时,按照下列方法进行扣减:准予扣减的外购应税产品购进金额(数量)=外购原矿购进金额(数量)×(本地区原矿适用税率÷本地区选矿产品适用税率)。

准予扣减的外购应税产品购进金额=(5×450)×(8%÷6%)=3 000(万元)。

业务(4)应缴纳资源税=(5×650-3 000)×6%=15(万元)。

第四章 车辆购置税

一、单项选择题

1. 下列关于车辆购置税退税的说法中，错误的是（　　）。

A. 纳税人将已征车辆购置税的车辆退回车辆生产企业或者销售企业的，可以向主管税务机关申请退还车辆购置税

B. 退税额以已缴税款为基准，自缴纳税款之日至申请退税之日，每满一年扣减 10%

C. 应退税额计算公式如下：应退税额＝已纳税额×（1－使用年限×10%）

D. 应退税额可以为负数

【参考答案】 D

【答案解析】 纳税人将已征车辆购置税的车辆退回车辆生产企业或者销售企业的，可以向主管税务机关申请退还车辆购置税。退税额以已缴税款为基准，自缴纳税款之日至申请退税之日，每满一年扣减 10%。应退税额计算公式：应退税额＝已纳税额×（1－使用年限×10%）。应退税额不得为负数。

2. 某企业 2022 年 5 月进口载货汽车 1 辆；6 月在国内市场购置载货汽车 2 辆，支付全部价款和价外费用为 72 万元（不含增值税），另支付车辆购置税 6.5 万元，车辆牌照费 0.13 万元，代办保险费 2.2 万元；7 月受赠小汽车 1 辆。上述车辆全部为企业自用。下列关于该企业计缴车辆购置税依据的表述中，正确的是（　　）。

A. 国内购置载货汽车的计税依据为 74.2 万元

B. 进口载货汽车的计税依据为关税完税价格加关税

C. 受赠小汽车的计税依据为同类小汽车的市场价格加增值税

D. 国内购置载货汽车的计税依据为 78.5 万元

【参考答案】 B

【答案解析】 车辆购置税计税依据不包括代收的保险费、车辆牌照费和车辆购置税，所以计税依据是 72 万元；受赠小汽车计税依据是购置应税车辆时相关凭证载明的价格。

3. 下列关于车辆购置税的说法中，错误的是（　　）。

A. 车辆购置税实行一次性征收

B. 车辆购置税实行比例税率

C. 外国公民在中国境内购置应税车辆免税

D. 受赠使用的新车需要缴纳车辆购置税

【参考答案】 C

【答案解析】 车辆购置税是以在中国境内购置规定车辆为课税对象、在特定的环节向车辆购置者征收的一种税。外国公民在中国境内购置应税车辆要正常缴税。

4. 下列关于车辆购置税征管的说法错误的是(　　)。

A. 购置不需要办理车辆登记注册手续的应税车辆,应当向纳税人所在地的主管税务机关申报纳税

B. 购置二手车的车主也应一律缴纳车购税

C. 购买自用车辆,自购买之日起 60 日内申报纳税

D. 纳税人购置应税车辆,向车辆登记注册地的税务机关申报纳税

【参考答案】 B

【答案解析】 车辆购置税实行一次课征制。

5. 下列车辆不征收车辆购置税的是(　　)。

A. 排气量 200 毫升的摩托车　　B. 汽车挂车

C. 电动摩托车　　D. 有轨电车

【参考答案】 C

【答案解析】 电动摩托车不属于车辆购置税的征税范围。

6. 2022 年 9 月,王某从汽车 4S 店(增值税一般纳税人)购买 2.0 升排量的乘用车,支付价款 168 000 元,另支付汽车 4S 店代办保险费 3 700 元,代办车辆牌照费 300 元,王某应纳车辆购置税(　　)元。

A. 7 500.00　　B. 6 769.91

C. 1 4867.26　　D. 7 433.63

【参考答案】 D

【答案解析】 销售方代办保险等而向购买方收取的保险费,以及向购买方收取的代购买方缴纳的车辆购置税、车辆牌照费,不属于价外费用,不并入计税依据。应纳车辆购置税=168 000÷(1+13%)×10%÷2=7 433.63(元)。

7. 根据国民经济和社会发展的需要,(　　)可以规定减征或者其他免征车辆购置税的情形,报全国人民代表大会常务委员会备案。

A. 国务院　　B. 国家税务总局

C. 省级人民政府　　D. 当地税务局

【参考答案】 A

【答案解析】 根据《中华人民共和国车辆购置税法》第九条,根据国民经济和社会发展的需要,国务院可以规定减征或者其他免征车辆购置税的情形,报全国人民代表大会常务委员会备案。

8. 小李将一辆已经办理免税手续的车辆,转让给小王,转让后不再属于免税范围,则车

辆购置税的纳税人是(　　)。

A. 管理人　　B. 所有人

C. 受让人　　D. 转让人

【参考答案】 C

【答案解析】 已经办理免税、减税手续的车辆因转让、改变用途等原因不再属于免税、减税范围的，发生转让行为的，受让人为车辆购置税纳税人；未发生转让行为的，车辆所有人为车辆购置税的纳税人。

9. 2022 年 5 月，甲企业从某拍卖公司通过拍卖取得一辆未上牌照的排气量为 2.5 升的新商务车并自用，相关凭证载明的价格为 210 000 元；接受某工业企业用于抵偿 50 000 元货款的旧轿车一辆(已使用 5 年)，相关凭证载明的价格为 80 000 元。甲企业应缴纳车辆购置税(　　)元。

A. 29 000　　B. 26 000

C. 21 000　　D. 10 500

【参考答案】 C

【答案解析】 车辆购置税选择单一环节，实行一次课征制度，购置已征车辆购置税的车辆，不再征收车辆购置税。甲企业应缴纳车辆购置税＝210 000×10%＝21 000(元)。

10. 下列说法中，不符合车辆购置税计税依据相关规定的是(　　)。

A. 纳税人进口自用的应税车辆以组成计税价格为计税依据

B. 进口自用的应税小汽车的计税价格包括关税完税价格和关税，不包括消费税

C. 纳税人购买自用应税车辆实际支付给销售者的全部价款，依据纳税人购买应税车辆时相关凭证载明的价格确定，不包括增值税税款

D. 纳税人进口自用应税车辆，计税价格明显偏低，又无正当理由的，由税务机关依照《中华人民共和国税收征收管理法》的规定核定其应纳税额

【参考答案】 B

【答案解析】 进口自用的应税小汽车的计税价格包含关税完税价格、关税及消费税。

11. 某校友会接受汽车生产企业捐赠的客货两用车一辆，该车是未使用过的新车，捐赠者未开具机动车销售统一发票，则以下表述正确的是(　　)。

A. 该车享受法定免税政策

B. 该车减半征收车辆购置税

C. 直接计算组成计税价格确定计税价格

D. 按照车辆生产企业销售同类应税车辆的销售价格确定计税价格

【参考答案】 D

【答案解析】 纳税人受赠使用应税车辆的，原车辆所有人为车辆生产或者销售企业，未开具机动车销售统一发票的，按照车辆生产或者销售同类应税车辆的销售价格确定应税车辆的计税价格。无同类应税车辆销售价格的，按照组成计税价格确定应税车辆的计税价格。

12. 车辆购置税的纳税义务发生时间为纳税人购置应税车辆的(　　)。纳税人应当自纳税义务发生之日起(　　)日内申报缴纳车辆购置税。

A. 当日；30　　B. 当日；60

C. 次日;30　　D. 次日;60

【参考答案】 B

【答案解析】 车辆购置税的纳税义务发生时间为纳税人购置应税车辆的当日。纳税人应当自纳税义务发生之日起六十日内申报缴纳车辆购置税。

13. 下列车辆需要缴纳车辆购置税的是(　　)。

A. 设有固定装置的非运输专用作业车辆

B. 悬挂应急救援专用号牌的国家综合性消防救援车辆

C. 部队特种车改装成后勤车

D. 城市公交企业购置的公共汽电车辆

【参考答案】 C

【答案解析】 中国人民解放军和中国人民武装警察部队列入军队武器装备订货计划的车辆免税,部队特种车改装成后勤车之后不属于免税范围。选项 ABD 均属于免税范围。

14. 下列符合车辆购置税减免税规定的是(　　)。

A. 国际组织驻华机构自用的车辆　　B. 中国人民解放军自用的车辆

C. 设有固定装置的运输车辆　　D. 农用运输车

【参考答案】 A

【答案解析】 外国驻华使馆、领事馆和国际组织驻华机构及其外交人员自用的车辆免税;中国人民解放军和中国人民武装警察部队列入军队武器装备订货计划的车辆免税;设有固定装置的非运输车辆免税;农用三轮运输车免税。

15. 某公司 2021 年 5 月接受捐赠小汽车 5 辆并自用,该小汽车为 1.6 升排量,成本为 80 000元/辆,成本利润率为 10%,市场不含增值税售价为 100 000 元/辆。该公司应缴纳车辆购置税(　　)元。

A. 50 000　　B. 44 000

C. 40 000　　D. 25 000

【参考答案】 A

【答案解析】 该公司应缴纳车辆购置税=100 000×10%×5=50 000(元)。

16. 根据《中华人民共和国车辆购置税法》的规定,下列人员中不属于车辆购置税纳税义务人的是(　　)。

A. 进口车辆用于销售的商业企业　　B. 应税车辆的购买使用者

C. 免税车辆的受赠使用者　　D. 应税车辆的进口使用者

【参考答案】 A

【答案解析】 车辆购置税的纳税义务人是指在中华人民共和国境内购置并使用应税车辆的单位和个人。

17. 下列关于车辆购置税的说法中,正确的是(　　)。

A. 纳税人购置不需办理车辆登记注册手续的应税车辆,向车辆销售商所在地的税务机关申报纳税

B. 纳税人购置需办理车辆登记注册手续的应税车辆,向车辆登记地的主管税务机关申报纳税

C. 纳税人购置自用的应税车辆，应自购买之日起30日内申报纳税

D. 纳税人进口自用的应税车辆，应自进口之日起90日内申报纳

【参考答案】 B

【答案解析】 纳税人购置不需办理车辆登记注册手续的应税车辆，应当向纳税人所在地的主管税务机关申报纳税；纳税人购买自用应税车辆的，应当自购买之日起60日内申报纳税；进口自用应税车辆的，应当自进口之日起60日内申报纳税；自产、受赠、获奖或者以其他方式取得并自用应税车辆的，应当自取得之日起60日内申报纳税。

18. 某国驻我国的外交官约翰于2021年5月将其自用3年的一辆小轿车转让给我国公民李某，成交价为150 000元，该辆小轿车规定的使用年限为10年，初次办理纳税申报时确定的计税价格为220 000元。该辆小轿车应补纳的车辆购置税税额为(　　)元。

A. 22 000　　B. 15 400

C. 15 000　　D. 7 500

【参考答案】 B

【答案解析】 外国驻华使馆、领事馆和国际组织驻华机构及其相关人员自用车辆免征车辆购置税；但转让给我国公民，则免税条件消失，要依法按规定补缴车辆购置税。免税条件消失的车辆，自初次办理纳税申报之日起，使用年限未满10年的，计税价格以免税车辆初次办理纳税申报时确定的计税价格为基准，每满1年扣减10%；未满1年的，计税价格为免税车辆的原计税价格；使用年限10年(含)以上的，计税价格为0元。该辆小轿车应补缴的车辆购置税＝220 000×(1－3×10%)×10%＝15 400(元)。

19. 根据现行车辆购置税规定，下列说法错误的是(　　)。

A. 购买自用应税车辆的计税依据是纳税人实际支付给销售者的全部价款(不含增值税)

B. 纳税人申报的应税车辆计税价格明显偏低，又无正当理由的，由税务机关依照《中华人民共和国税收征收管理法》的规定核定其应纳税额

C. 免税条件消失的车辆，自初次办理纳税申报之日起，使用年限未满10年的，计税价格以免税车辆初次办理纳税申报时确定的计税价格为基准，每满1年扣减20%

D. 购买免税轿车的使用期限已超过10年，不再征收车辆购置税

【参考答案】 C

【答案解析】 免税、减税车辆因转让、改变用途等原因不再属于免税、减税范围的，纳税人应当在办理车辆转移登记或者变更登记前缴纳车辆购置税。计税价格以免税、减税车辆初次办理纳税申报时确定的计税价格为基准，每满1年扣减10%。

20. 某经营进口汽车的汽车销售公司2022年10月直接从英国进口一辆自用的小轿车，经报关地口岸海关对有关报关资料审查确定，关税完税价格为354 000元，海关征收关税29 600元，并按有关规定分别缴纳进口增值税66 584.2元、消费税32 738.46元。该公司应纳车辆购置税(　　)元。

A. 35 400　　B. 38 360

C. 41 633.85　　D. 48 292.27

【参考答案】 C

【答案解析】 纳税人进口自用的应税车辆以组成计税价格为计税依据,组成计税价格=关税完税价格+关税+消费税。该公司应纳车辆购置税=(354 000+29 600+32 738.46)×10%=41 633.85(元)。

二、多项选择题

1. 关于车辆购置税的计算,下列说法正确的有(　　)。

A. 进口自用的应税小汽车的计税价格包括关税完税价格和关税,不包括消费税

B. 免税条件消失的车辆,使用年限未满1年的,计税价格为免税车辆的原计税价格

C. 车辆购置税价外征收,不具转嫁性

D. 我国车辆购置税实行统一比例税率,税率为20%

【参考答案】 BC

【答案解析】 进口自用的应税小汽车的计税价格包括关税完税价格和关税,也包括消费税,但不包括增值税;我国车辆购置税实行统一比例税率,税率为10%。

2. 对于车辆购置税计税依据的规定,下列说法正确的是(　　)。

A. 纳税人购买自用应税车辆的计税价格,为纳税人实际支付给销售者的全部价款,不包括增值税税款

B. 纳税人进口自用应税车辆的计税价格,为关税完税价格加上关税和消费税

C. 纳税人自产自用应税车辆的计税价格,按照纳税人生产的同类应税车辆的销售价格确定,不包括增值税税款

D. 纳税人以受赠、获奖或者其他方式取得自用应税车辆的计税价格,按照购置应税车辆时相关凭证载明的价格确定,不包括增值税税款

【参考答案】 ABCD

【答案解析】 根据《中华人民共和国车辆购置税法》,纳税人购买自用应税车辆的计税价格,为纳税人实际支付给销售者的全部价款,不包括增值税税款;纳税人进口自用应税车辆的计税价格,为关税完税价格加上关税和消费税;纳税人自产自用应税车辆的计税价格,按照纳税人生产的同类应税车辆的销售价格确定,不包括增值税税款;纳税人以受赠、获奖或者其他方式取得自用应税车辆的计税价格,按照购置应税车辆时相关凭证载明的价格确定,不包括增值税税款。

3. 按照现行政策规定,下列属于车辆购置税免税项目的有(　　)。

A. 外国驻华使馆、领事馆和国际组织驻华机构及其相关人员自用的车辆

B. 中国人民解放军和中国人民武装警察部队列入军队武器装备订货计划的车辆

C. 悬挂应急救援专用号牌的国家综合性消防救援车辆

D. 设有固定装置的非运输专用作业车辆

【参考答案】 ABCD

【答案解析】 《中华人民共和国车辆购置税法》第九条规定,下列车辆免征车辆购置税:依照法律规定应当予以免税的外国驻华使馆、领事馆和国际组织驻华机构及其有关人员自用的车辆;中国人民解放军和中国人民武装警察部队列入装备订货计划的车辆;(悬挂应急救援专用号牌的国家综合性消防救援车辆;设有固定装置的非运输专用作业车辆;(城市公交企业购置的公共汽电车辆。根据国民经济和社会发展的需要,国务院可以规定减征或者

其他免征车辆购置税的情形，报全国人民代表大会常务委员会备案。

4. 根据现行车辆购置税的有关规定，下列表述正确的有（　　）。

A. 纳税人进口自用应税车辆的计税价格，为关税完税价格加上关税和消费税

B. 纳税人以外汇结算应税车辆价款的，按照申报纳税之日的人民币汇率折合成人民币计算缴纳税款

C. 纳税人申报的应税车辆计税价格明显偏低，又无正当理由的，由税务机关依照《中华人民共和国税收征收管理法》的规定核定其应纳税额

D. 免税条件消失的车辆，自初次办理纳税申报之日起，使用年限10年（含）以上的，计税依据为零

【参考答案】 ACD

【答案解析】 根据《中华人民共和国车辆购置税法》的规定，纳税人进口自用应税车辆的计税价格，为关税完税价格加上关税和消费税；纳税人以外汇结算应税车辆价款的，按照申报纳税之日的人民币汇率中间价折合成人民币计算缴纳税款，纳税人申报的应税车辆计税价格明显偏低，又无正当理由的，由税务机关依照《中华人民共和国税收征收管理法》的规定核定其应纳税额；免税条件消失的车辆，自初次办理纳税申报之日起，使用年限10年（含）以上的，计税依据为零。

5. 下列车辆应当征收车辆购置税的是（　　）。

A. 排气量超过150毫升的摩托车　　B. 汽车挂车

C. 电动摩托车　　D. 汽车

【参考答案】 ABD

【答案解析】 财政部税务总局公告2019年第71号第一条规定：地铁、轻轨等城市轨道交通车辆，装载机、平地机、挖掘机、推土机等轮式专用机械车，以及起重机（吊车）、叉车、电动摩托车，不属于应税车辆。

6. 下列关于车辆购置税的表述，说法正确的有（　　）。

A. 车辆退回生产企业或者经销商的，纳税人申请退税时，主管税务机关自纳税人办理纳税申报之日起，按已缴纳税款每满1年扣减10%计算退税额

B. 消防车免征车辆购置税

C. 免税车辆因改变用途原因，其免税条件消失的，纳税人应在免税条件消失之日起90日内到主管税务机关重新申报纳税

D. 免税车辆发生转让，但仍属于免税范围的，受让方应当自购买或取得车辆之日起60日内到主管税务机关重新申报免税

【参考答案】 AD

【答案解析】 悬挂应急救援专用号牌的国家综合性消防救援车辆免征车辆购置税，免税车辆因转让、改变用途等原因，其免税条件消失的，纳税人应在免税条件消失之日起60日内到主管税务机关重新申报纳税。

7. 下列行为需要缴纳车辆购置税的有（　　）。

A. 某医院接受某汽车厂捐赠小客车用于医疗服务

B. 某汽车厂将自产小轿车用于日常办公

C. 某幼儿园租赁客车用于校车服务

D. 某机动车经销企业购进 1 辆小汽车作为放置在展厅待售

【参考答案】 AB

【答案解析】 选项 A 为受赠自用;选项 B 为自产自用。选项 AB 符合车辆购置税法规定的应税行为。选项 C 的租赁权属没有发生变化,不属于车辆购置税法规定的购置。选项 D 经销企业购置但非自用。

8. 下列行为中,属于车辆购置税应税行为的有(　　)。

A. 销售应税车辆的行为　　B. 购买使用应税车辆的行为

C. 自产自用应税车辆的行为　　D. 获奖使用应税车辆的行为

【参考答案】 BCD

【答案解析】 销售应税车辆的行为,不属于车辆购置税的应税行为。车辆购置税应税行为包括单位和个人购买、进口、自产、受赠、获奖或者以其他方式取得并自用应税车辆的行为。

9. 按照现行车辆购置税的有关规定,下列说法正确的有(　　)。

A. 对购置挂车减半征收车辆购置税

B. 所有非运输车辆都实行法定免税

C. 对长期来华定居的专家在我国境内购买 1 辆自用小轿车实施免税

D. 外国驻华使馆自用车辆免税

【参考答案】 AD

【答案解析】 设有固定装置的非运输专用作业车辆实行法定免税;长期来华定居的专家进口 1 辆自用小轿车免税。

10. 下列属于车辆购置税免税优惠的有(　　)。

A. 外国驻华使馆、领事馆和国际组织驻华机构及其相关人员自用的车辆

B. 中国人民解放军和中国人民武装警察部队列入军队武器装备订货计划的车辆

C. 悬挂应急救援专用号牌的国家综合性消防救援车辆

D. 城市公交企业购置的公共汽电车辆

【参考答案】 ABCD

【答案解析】 《中华人民共和国车辆购置税法》第九条规定,下列车辆免征车辆购置税:(一)依照法律规定应当予以免税的外国驻华使馆、领事馆和国际组织驻华机构及其有关人员自用的车辆;(二)中国人民解放军和中国人民武装警察部队列入装备订货计划的车辆;(三)悬挂应急救援专用号牌的国家综合性消防救援车辆;(四)设有固定装置的非运输专用作业车辆;(五)城市公交企业购置的公共汽电车辆。

11. 小王进口一辆应税车辆供自己使用,则下列费用中应计入车辆购置税计税依据的有(　　)。

A. 应税车辆的成交价格

B. 应税车辆运抵我国境内输入地点起卸前的保险费

C. 进口环节的关税税额

D. 进口环节的消费税额

【参考答案】　ABCD

【答案解析】　进口自用应税车辆(应税消费品)计征车辆购置税的计税依据＝组成计税价格关税完税价格＋关税＋消费税,不含进口环节的增值税。其中选项 AB 计入关税完税价格中。

12. 下列各项中,属于车辆购置税应税行为的有(　　)。

A. 购买应税汽车自用行为　　B. 进口应税汽车挂车自用行为

C. 受赠排气量 100 毫升的摩托车自用行为　　D. 获奖取得燃油汽车自用行为

【参考答案】　ABD

【答案解析】　车辆购置税法规定,车辆购置税的征税对象包括汽车、有轨电车、汽车挂车、排气量超过 150 毫升的摩托车(选项 C 不属于)。

13. 下列车辆,不属于车辆购置税征税对象的有(　　)。

A. 地铁　　B. 有轨电车

C. 电动摩托车　　D. 起重机

【参考答案】　ACD

【答案解析】　地铁、轻轨等城市轨道交通车辆,装载机、平地机、挖掘机、推土机等轮式专用机械车,以及起重机(吊车)、叉车、电动摩托车,不属于应税车辆。

14. 关于车辆购置税的计算,下列说法正确的有(　　)。

A. 进口自用的应税小汽车的计税价格包括关税完税价格和关税,不包括消费税

B. 纳税人进口自用应税车辆,申报的计税价格明显偏低,又无正当理由的,由税务机关依照《中华人民共和国税收征收管理法》的规定核定其应纳税额

C. 纳税人进口自用应税车辆,是指纳税人直接从境外进口或者委托代理进口自用的应税车辆,不包括在境内购买的进口车辆

D. 进口自用的应税小汽车,其计税价格＝关税完税价格＋关税＋消费税

【参考答案】　BCD

【答案解析】　进口自用的应税小汽车的计税价格包括关税完税价格和关税,也包括消费税,但不包括增值税。

15. 下列关于车辆购置税的说法中,正确的有(　　)。

A. 车辆购置税征收范围有限,并非对所有的车辆征税

B. 车辆购置税实行比例税率,税率为 10%

C. 车辆购置税实行多次课征制,购置已征车辆购置税的车辆,需要再次征收车辆购置税

D. 车辆购置税采取价内征收,征收车辆购置税的计税价格不含增值税但含车辆购置税

【参考答案】　AB

【答案解析】　选项 C,车辆购置税实行一次性课征制,购置已征车辆购置税的车辆,不再重复征收车辆购置税。选项 D,车辆购置税采取价外征收,征收车辆购置税的计税价格既不含增值税也不含车辆购置税。

16. 王某参加电视节目抽奖,获得甲企业赠送的一辆自产的排气量 220 毫升的摩托车,王某上牌自用,则以下说法正确的有(　　)。

A. 甲企业应视同销售缴纳增值税　　B. 甲企业应视同销售缴纳消费税

C. 甲企业应缴纳车辆购置税　　　　　　　　D. 王某应缴纳车辆购置税

【参考答案】 AD

【答案解析】 选项 B,气缸容量 250 毫升以下的小排量摩托车不征收消费税。选项 C 车辆购置税的纳税人为受赠自用的单位和个人,应由王某缴纳车辆购置税。

17. 2022 年 4 月,某汽车公司将自产的汽车作为优秀员工福利发放,其中:甲员工获得纯电动汽车 1 辆,价值为 11 万元;乙员工获得插电式混合动力汽车 1 辆价值为 16 万元;丙员工获得燃油汽车 1 辆,价值 20 万元。已知上述价款均不含增值税,下列有关车辆购置税的表述中正确的有(　　)。

A. 共应纳车辆购置税 2 万元

B. 上述题目中的车辆均属于新能源汽车,无须缴纳车辆购置税

C. 该公司为车辆购置税纳税人

D. 员工甲、乙、丙为车辆购置税纳税人

【参考答案】 AD

【答案解析】 选项 CD,将自产汽车用于奖励给职工个人的,该公司不用缴纳车辆购置税。选项 AB,自 2021 年 1 月 1 日至 2022 年 12 月 31 日,对购置的新能源汽车免征车辆购置税,其中免征车辆购置税的新能源汽车是指纯电动汽车、插电式混合动力(含增程式)汽车、燃料电池汽车,所以只有发放给丙员工的燃油汽车应缴纳车辆购置税,丙员工应缴纳车辆购置税=20×10%=2(万元)。

18. 某外交官购置一辆市场价格 30 万元(不含增值税,下同)的小汽车自用,购置时因符合免税条件而未缴纳车辆购置税。购置使用 6 年后,将其以 15 万元的价格转让给李某。李某不享受免税政策。就上述业务说法正确的有(　　)。

A. 免税车辆不需要办理车辆购置税申报手续

B. 应纳车辆购置税为 1.5 万元

C. 转让车辆应由李某缴纳车辆购置税

D. 车辆购置税纳税义务发生时间为车辆转让之日

【参考答案】 CD

【答案解析】 选项 A,免税车辆也应当办理车辆购置税申报手续,如实填写《车辆购置税纳税申报表》。选项 B,免税条件消失的车辆,计税价格应按初次办理纳税申报时确定的计税价格为基准,每满一年扣减 10%,计算公式为:车辆购置税应纳税额=初次办理纳税申报时确定的计税价格×(1-使用年限×10%)×10%=30×(1-6×10%)×10%=1.2(万元)。

19. 关于车辆购置税计税依据的说法错误的是(　　)。

A. 购买自用应税小汽车的计税价格包括增值税

B. 自产自用应税小汽车的计税价格按照纳税人生产的同类应税车辆的不含税销售价格确定

C. 进口自用应税小汽车的计税价格为关税完税价格

D. 进口自用应税小汽车的计税价格不包括消费税

【参考答案】 ACD

【答案解析】 选项A,纳税人购买自用的应税车辆,计税价格为纳税人实际支付给销售者的全部价款,不包含增值税税款。选项CD,进口自用应税小汽车的计税价格为组成计税价格,包括关税完税价格、关税、消费税。

20. 依据车辆购置税的有关规定,下列车辆中不可以享受法定减免的是(　　)。

A. 国家机关购买自用的小汽车　　B. 留学人员购买自用的进口小汽车

C. 有突出贡献专家购买自用的小汽车　　D. 国际组织驻华机构购买自用的小汽车

【参考答案】 ABC

【答案解析】 选项ABC,均正常征收车辆购置税。

三、判断题

1. 纳税人购买自用应税车辆的计税价格,为纳税人实际支付给销售者的全部价款,不包括增值税税款。(　　)

【参考答案】 正确

【答案解析】 纳税人购买自用应税车辆的计税价格,为纳税人实际支付给销售者的全部价款,不包括增值税税款。

2. 车辆购置税实行从价定率、价外征收的方法计算应纳税额。(　　)

【参考答案】 正确

【答案解析】 车辆购置税实行从价定率、价外征收的方法计算应纳税额。

3. 摩托车是车辆购置税的纳税范围。(　　)

【参考答案】 错误

【答案解析】 在中华人民共和国境内购置排气量超过150毫升的摩托车的单位和个人,为车辆购置税的纳税人。

4. 纳税人以外汇结算应税车辆价款的,按照申报纳税之日的人民币汇率最低价折合成人民币计算缴纳税款。(　　)

【参考答案】 错误

【答案解析】 纳税人以外汇结算应税车辆价款的,按照申报纳税之日的人民币汇率中间价折合成人民币计算缴纳税款。

5. 纳税人自产自用应税车辆的计税价格,按照纳税人生产的同类应税车辆的销售价格确定,不包括增值税税款。(　　)

【参考答案】 正确

【答案解析】 纳税人自产自用应税车辆的计税价格,按照纳税人生产的同类应税车辆的销售价格确定,不包括增值税税款。

6. 纳税人进口自用应税车辆的计税价格,为关税完税价格加上关税和消费税。(　　)

【参考答案】 正确

【答案解析】 纳税人进口自用应税车辆的计税价格,为关税完税价格加上关税和消费税。

7. 纳税人以受赠、获奖或者其他方式取得自用应税车辆的计税价格,按照购置应税车辆时相关凭证载明的价格确定,不包括增值税税款。(　　)

【参考答案】 正确

【答案解析】 纳税人以受赠、获奖或者其他方式取得自用应税车辆的计税价格，按照购置应税车辆时相关凭证载明的价格确定，不包括增值税税款。

8. 根据国民经济和社会发展的需要，国务院可以规定减征或者其他免征车辆购置税的情形，报全国人民代表大会常务委员会备案。( )

【参考答案】 正确

【答案解析】 根据国民经济和社会发展的需要，国务院可以规定减征或者其他免征车辆购置税的情形，报全国人民代表大会常务委员会备案。

9. 车辆购置税由税务机关负责征收。( )

【参考答案】 正确

【答案解析】 车辆购置税由税务机关负责征收。

10. 悬挂应急救援专用号牌的国家综合性消防救援车辆免征车辆购置税。( )

【参考答案】 正确

【答案解析】 悬挂应急救援专用号牌的国家综合性消防救援车辆，免征车辆购置税。

11. 纳税人将已征车辆购置税的车辆退回车辆生产企业或者销售企业的，可以向主管税务机关申请退还车辆购置税。( )

【参考答案】 正确

【答案解析】 纳税人将已征车辆购置税的车辆退回车辆生产企业或者销售企业的，可以向主管税务机关申请退还车辆购置税。

12. 车辆购置税的退税额以已缴税款为基准，自缴纳税款之日至申请退税之日，每满一年扣减10%。( )

【参考答案】 正确

【答案解析】 车辆购置税的退税额以已缴税款为基准，自缴纳税款之日至申请退税之日，每满一年扣减10%。

13. 设有固定装置的非运输专用作业车辆免征车辆购置税。( )

【参考答案】 正确

【答案解析】 设有固定装置的非运输专用作业车辆，免征车辆购置税。

14. 外国驻华使馆、领事馆和国际组织驻华机构及其有关人员自用的车辆应依法征收车辆购置税。( )

【参考答案】 错误

【答案解析】 依照法律规定，外国驻华使馆、领事馆和国际组织驻华机构及其有关人员自用的车辆，免征车辆购置税。

15. 纳税人应当自纳税义务发生之日起30日内申报缴纳车辆购置税。( )

【参考答案】 错误

【答案解析】 纳税人应当自纳税义务发生之日起60日内申报缴纳车辆购置税。

16. 纳税人应当在向公安机关交通管理部门办理车辆注册登记前，缴纳车辆购置税。( )

【参考答案】 正确

【答案解析】 纳税人应当在向公安机关交通管理部门办理车辆注册登记前，缴纳车辆购置税。

17. 购置不需要办理车辆登记的应税车辆的，应当向纳税人所在地的主管税务机关申报缴纳车辆购置税。（　）

【参考答案】 正确

【答案解析】 纳税人购置应税车辆，应当向车辆登记地的主管税务机关申报缴纳车辆购置税；购置不需要办理车辆登记的应税车辆的，应当向纳税人所在地的主管税务机关申报缴纳车辆购置税。

18. 对于长期来华定居专家进口自用小汽车减半征收车辆购置税。（　）

【参考答案】 错误

【答案解析】 长期来华定居专家进口自用小汽车免税。

19. 车辆购置税的纳税义务发生时间为纳税人购置应税车辆的当月。（　）

【参考答案】 错误

【答案解析】 车辆购置税的纳税义务发生时间为纳税人购置应税车辆的当日。

20. 纳税人进口自用应税车辆，应当自进口之日起 30 日内申报纳税。（　）

【参考答案】 错误

【答案解析】 纳税人进口自用应税车辆，应当自进口之日起 60 日内申报纳税。

四、简答题

（一）简述车辆购置税的计税价格。

【答案解析】 应税车辆的计税价格，按照下列规定确定。

（1）纳税人购买自用应税车辆的计税价格，为纳税人实际支付给销售者的全部价款，不包括增值税税款。

（2）纳税人进口自用应税车辆的计税价格，为关税完税价格加上关税和消费税。

（3）纳税人自产自用应税车辆的计税价格，按照纳税人生产的同类应税车辆的销售价格确定，不包括增值税税款。

（4）纳税人以受赠、获奖或者其他方式取得自用应税车辆的计税价格，按照购置应税车辆时相关凭证载明的价格确定，不包括增值税税款；无法提供相关凭证的，参照同类应税车辆市场平均交易价格确定其计税价格。

（5）纳税人申报的应税车辆计税价格明显偏低，又无正当理由的，由税务机关依照《中华人民共和国税收征收管理法》的规定核定其应纳税额。

（二）简述车辆购置税的税收优惠。

【答案解析】 下列车辆免征车辆购置税：

（1）依照法律规定应当予以免税的外国驻华使馆、领事馆和国际组织驻华机构及其有关人员自用的车辆；

（2）中国人民解放军和中国人民武装警察部队列入装备订货计划的车辆；

（3）悬挂应急救援专用号牌的国家综合性消防救援车辆；

（4）设有固定装置的非运输专用作业车辆；

（5）城市公交企业购置的公共汽电车辆；

（6）根据国民经济和社会发展的需要，国务院可以规定减征或者其他免征车辆购置税的情形,报全国人民代表大会常务委员会备案。

(三)简述车辆购置税退税的情况。

【答案解析】 已缴纳车辆购置税的车辆,发生下列情况之一的,准予纳税人申请退税:

(1)车辆退回生产企业或者销售企业的;

(2)符合免税条件的但已征税的;

(3)其他依据法律法规规定应予退税的情形。

(四)简述车辆购置税的纳税地点。

【答案解析】 纳税人购置应税车辆,应当向车辆登记注册地主管税务机关申报纳税;购置不需办理车辆注册手续的应税车辆,应当向纳税人所在地主管税务机关申报纳税。

(五)简述车辆购置税的纳税期限。

【答案解析】 车辆购置税的纳税期限是:

(1)纳税人购买自用的应税车辆,自购买之日起 60 日内申报纳税;

(2)进口自用的应税车辆,应当自进口之日起 60 日内申报纳税;

(3)自产、受赠、获奖和以其他方式取得并自用应税车辆的,应当自取得之日起 60 日内申报纳税。

五、计算题

(一)某汽车制造厂 2021 年 9 月将自产轿车 10 辆向某汽车租赁公司进行投资,双方协议投资作价 125 000 元/辆,将自产轿车 3 辆转作本厂固定资产,将自产轿车 4 辆奖励给对本厂发展有突出贡献的员工。该厂生产的上述轿车售价为 195 000 元/辆(不含增值税)。该汽车制造厂应纳车辆购置税(　　)元。

【答案解析】 该汽车制造厂应纳车辆购置税=3×195 000×10%=58 500(元)。

(二)张某于 2021 年 12 月在汽车 4S 店(增值税一般纳税人)购买一辆小轿车供自己使用,支付含增值税车价款 290 000 元,另支付代收临时牌照费 370 元,代收保险费 260 元,支付购买工具件和零配件价款 3 350 元,车辆装饰费 280 元。已经收到相关票据。则张某应缴纳的车辆购置税为(　　)元。(保留两位小数)

A. 25 688.50　　B. 25 960.18

C. 25 984.96　　D. 25 663.72

【参考答案】 C

【答案解析】 张某应缴纳的车辆购置税=(290 000+3 350+280)÷(1+13%)×10%=25 984.96(元)。

(三)2021 年 10 月,李某从某汽车 4S 店(增值税一般纳税人)购入一辆排气量为 2.0 升的轿车自用,支付含税价款 359 000 元,另支付零配件价款 4 200 元,车辆装饰费 650 元;代收保险费 330 元。4S 店对代收临时牌照费和代收 4S 店代收临时牌照费 180 元,保险费均提供委托方票据,其他价款统一由 4S 店开具增值税普通发票。李某应缴纳车辆购置税(　　)元。(车辆购置税税率为 10%)

A. 32 199.12　　B. 32 141.60

C. 31 769.91　　D. 32 244.25

【参考答案】 A

【答案解析】 李某应缴纳的车辆购置税＝(359 000＋4 200＋650)÷(1＋13％)×10％＝32 199.12(元)。

(四)某汽车4S店2021年11月发生如下业务。

(1)进口8辆商务车,海关核定的关税计税价格为30万元/辆,当月销售4辆,1辆公司自用,2辆作为样车放置在展厅待售。

(2)从国外进口一辆自用的小轿车,经报关地口岸海关对有关报关资料审查决定,关税完税价格为174 000元,海关征收关税36 500元,并按增值税、消费税有关规定分别缴纳进口增值税4 280元、消费税18 200元。

要求:根据上述资料,分析回答下列问题。

1. 对于业务(1),该4S店应纳车辆购置税(　　)万元。(商务车关税税率为25％,消费税税率为12％)

A. 3.75　　B. 11.25

C. 4.26　　D. 12.78

【参考答案】 C

【答案解析】 该4S店应纳车辆购置税＝30×(1＋25％)÷(1－12％)×10％＝4.26(万元)。

2. 对于业务(2)应纳车辆购置税(　　)元。

A. 21 050　　B. 21 478

C. 22 870　　D. 23 298

【参考答案】 C

【答案解析】 该公司应纳车辆购置税＝(174 000＋36 500＋18 200)×10％＝22 870(元)。

(五)某机动车制造股份公司为增值税一般纳税人,2021年8月有关业务如下。

(1)内销自产货物包括:销售A型小轿车75辆(消费税税率为5％),不含税单价18万元/辆;销售客货两用车36辆,不含税单价3.2万元/辆;销售卫生通信车取得不含税销售额75.2万元。

(2)将15辆A型小轿车奖励给对公司有突出贡献的人员,规定其自用,不得转让或出售;公司自用客货两用车3辆;捐赠给汽车拉力赛4辆特制越野车(消费税税率为20％),生产成本23.75万元/辆。

(3)进口7辆小汽车,完税价格共计65万元(消费税税率为12％,关税税率为15％),缴纳进口环节税金后,海关放行;车辆运抵单位,该公司将其中4辆作为行政部门办公用车,其余3辆配给公司的3名副总经理办公使用。

要求:根据上述资料,分析回答下列问题。

1. 业务(1)应缴纳消费税(　　)万元。

【答案解析】 客货两用车和卫生通信车均不属于消费税的征税范围,不征收消费税。业务(1)应缴纳消费税＝75×18×5％＝67.5(万元)。

2. 业务(2)中该公司应缴纳的车辆购置税为(　　)万元。

【答案解析】 只有公司自用的3辆需要缴纳车辆购置税。应缴纳的车辆购置税＝3×3.2×10％＝0.96(万元)。

3. 业务(3)涉及的车辆购置税为(　　)万元。

【答案解析】 3 辆配给公司的副总经理，也是办公使用，车辆的所有权属于公司，公司要交车辆购置税。应缴纳的车辆购置税＝65×(1＋15%)÷(1－12%)×10%＝8.49(万元)。

4. 该公司合计应缴纳车辆购置税(　　)万元。

【答案解析】 该公司合计应缴纳的车辆购置税＝0.96＋8.49＝9.45(万元)。

第五章　土地增值税

一、单项选择题

1. 根据土地增值税法律制度的规定，下列各项中，属于土地增值税征税范围的是（　　）。

A. 政府向企业出让国有土地使用权

B. 企业将闲置房产出租

C. 企业之间交换房产

D. 对房地产进行重新评估而产生的评估增值

【参考答案】 C

【答案解析】 土地增值税的纳税人为"转让"国有土地使用权、地上建筑物及其附着物并取得收入的单位和个人。选项 A，政府的出让行为不属于增值税征税范围。选项 B，出租不属于转让行为。选项 D，也没有发生有偿转让行为。

2. 根据土地增值税法律制度的规定，下列各项中，属于土地增值税纳税人的是（　　）。

A. 承租商铺的张某

B. 出让国有土地使用权的某市政府

C. 接受房屋捐赠的某学校

D. 转让厂房的某企业

【参考答案】 D

【答案解析】 选项 A，房地产的出租，不属于土地增值税的征税范围。选项 B，出让国有土地使用权，不征收土地增值税。选项 C，受赠人不是土地增值税的纳税人。

3. 根据土地增值税法律制度的规定，下列行为中，应缴纳土地增值税的是（　　）。

A. 甲企业将自有厂房出租给乙企业

B. 丙企业转让国有土地使用权给丁企业

C. 某市政府出让国有土地使用权给戊房地产开发商

D. 庚软件开发公司将闲置房屋通过民政局捐赠给养老院

【参考答案】 B

【答案解析】 土地增值税的纳税人为"转让"国有土地使用权、地上建筑物及其附着物并取得收入的单位和个人。选项A是出租。选项C是出让,而非转让。选项D土地增值税只对有偿转让的房地产征税,对以继承、赠与等方式无偿转让的房地产,不予征税。

4. 甲公司开发一项房地产项目,取得土地使用权支付的金额为100万元,发生开发成本600万元,发生开发费用200万元,其中利息支出90万元无法提供金融机构贷款利息证明。已知当地房地产开发费用的计算扣除比例为10% 。根据土地增值税法律制度的规定,甲公司计算缴纳土地增值税时,可以扣除的房地产开发费用为(　　)万元。

A. 200－90＝110　　B. 600×10%＝60

C. 200×10%＝20　　D. (100＋600)×10%＝70

【参考答案】 D

【答案解析】 财务费用中的利息支出,凡不能按转让房地产项目计算分摊或不能提供金融机构证明的,允许扣除的房地产开发费用＝(取得土地使用权所支付的金额＋房地产开发成本)×所在省、自治区、直辖市人民政府规定的扣除比例。因此,甲公司可以扣除的房地产开发费用＝(100＋600)×10%＝70(万元)。

5. 根据土地增值税法律制度的规定,下列行为中,属于土地增值税征税范围的是(　　)。

A. 出租房屋　　B. 代建房屋

C. 企业之间交换房屋　　D. 房屋评估增值

【参考答案】 C

【答案解析】 企业之间交换房屋,即发生了房产产权的转移,交换双方又取得了实物形态的收入,属于土地增值税的征税范围;个人之间互换自有居住用房地产的,经当地税务机关核实,可以免征土地增值税(仍属于征税范围,只是可以依法获得免征优惠)。

6. 根据土地增值税法律制度的规定,下列各项中,不属于纳税人应进行土地增值税清算的情形的是(　　)。

A. 直接转让土地使用权的

B. 房地产开发项目全部竣工、完成销售的

C. 整体转让未竣工决算房地产开发项目的

D. 取得销售(预售)许可证满3年仍未销售完毕的

【参考答案】 D

【答案解析】 选项ABC,属于纳税人应进行土地增值税清算的情形。选项D,属于主管税务机关可要求纳税人进行土地增值税清算的情形。

7. 甲房地产公司开发一项房地产项目,该项目实现全部销售,2022年11月,共计取得不含税收入31 000万元,准予从房地产转让收入额减除的扣除项目金额为20 045万元。已知土地增值税税率为40%,速算扣除系数为5%,甲房地产公司该笔业务应缴纳土地增值税税额的下列计算列式中,正确的是(　　)万元。

A. (31 000－20 045)×40%－31 000×5%＝2 832

B. (31 000－20 045)×40%－20 045×5%＝3 379.75

C. 31 000×40%－20 045×5%＝11 397.75

D. 31 000×40%－(31 000－20 045)×5%＝11 852.25

【参考答案】 B

【答案解析】 应缴纳土地增值税税额＝增值额×适用税率－扣除项目金额×速算扣除系数(31 000－20 045)×40%－20 045×5%＝3 379.75(万元)。

8. 根据土地增值税法律制度的规定，下列各项中，属于土地增值税征税范围的是(　　)。

A. 房地产的继承　　B. 企业间房地产的抵债

C. 合作建房，且未转让的　　D. 居民个人自行建设住房

【参考答案】 B

【答案解析】 选项A，房地产的继承是指房产的原产权所有人、依照法律规定取得土地使用权的土地使用人死亡以后，由其继承人依法承受死者房产产权和土地使用权的民事法律行为。这种行为虽然发生了房地产的权属变更，但是作为房产产权、土地使用权的原所有人(即被继承人)并没有因为权属变更而取得任何收入。因此，这种房地产的继承不属于土地增值税的征税范围。选项B，房产产权发生了转移，且转让的价款为抵债金额，属于房地产征税范围。选项C，合作建房。对于一方出地，一方出资金，双方合作建房，建成后按比例分房自用的，暂免征收土地增值税；建成后转让的，应征收土地增值税。选项D，居民自建房并没有转让，不属于征税范围。

9. 甲房地产公司开发一项房地产项目，取得土地使用权支付的金额为9 324万元、开发成本6 000万元、管理费用20万元、销售费用400万元、利息支出60万元。已知，甲公司发生的利息支出能按转让房地产项目计算分摊且有金融机构证明，其他房地产开发费用的计算扣除比例为5%。甲公司计算缴纳土地增值税时，可以扣除的房地产开发费用为(　　)万元。

A. 60　　B. 20＋400＋60＝480

C. (9 324＋6 000)×5%＝766.2　　D. 60＋(9 324＋6 000)×5%＝826.20

【参考答案】 D

【答案解析】 财务费用中的利息支出，凡能够按转让房地产项目计算分摊并提供金融机构证明的：(1)利息支出，允许据实扣除，选项C未考虑利息支出的据实扣除，错误。(2)除利息支出以外的其他房地产开发费用，按取得土地使用权所支付的金额和房地产开发成本的金额之和的5%以内计算扣除。选项A没有考虑其他房地产开发费用，错误；选项B将管理费用、销售费用据实扣除，错误。(3)允许扣除的房地产开发费用＝允许扣除的利息＋(取得土地使用权所支付的金额＋房地产开发成本)×规定比率(5%以内)。因此，选项D正确。

10. 北京市某企业2022年7月转让一块未经开发的土地使用权，取得不含税收入200万元，支付相关税费(除增值税外)10万元。2022年3月取得该土地使用权时支付地价款100万元，取得土地使用权时发生相关税费60万元。根据土地增值税法律制度的规定，该企业计算缴纳土地增值税时的土地增值额为(　　)万元。

A. 100　　B. 200－100＝100

C. 200－100－60－10＝30　　D. 200－100－60＝40

【参考答案】 C

【答案解析】 (1)纳税人在取得土地使用权时按国家统一规定缴纳的有关登记、过户手续费和契税等相关税费(60万元)，应计入“取得土地使用权所支付的金额”[100＋60＝160

(万元)],准予扣除;(2)纳税人在转让房地产时缴纳的相关税费(10 万元),准予扣除;(3)土地增值额=200−10−100−60=30(万元)。

11. 甲房地产公司 2022 年 9 月销售自行开发的商业房地产项目,取得不含增值税收入 2 000 万元,准予从房地产转让收入额减除的扣除项目金额 1 200 万元。已知土地增值税税率为 40%,速算扣除系数为 5%,甲房地产公司该笔业务应缴纳土地增值税税额的下列计算列式中,正确的是(　　)万元。

A. (2 000−1200)×40%−2 000×5%=220

B. (2 000−1200)×40%−1200×5%=260

C. 2 000×40%−1 200×5%=7 400

D. 2 000×40%−(2 000−1 200)×5%=784

【参考答案】 B

【答案解析】 土地增值税应纳税额=增值额×适用税率−扣除项目金额×速算扣除系数。

12. 根据土地增值税法律制度的规定,纳税人建造普通标准住宅出售,增值额未超过扣除项目金额(　　)的,免征土地增值税。

A. 10%　　　　B. 5%

C. 20%　　　　D. 30%

【参考答案】 C

【答案解析】 在土地增值税税收优惠条款中规定,纳税人建造普通标准住宅出售,增值额未超过扣除项目金额 20%的,免征土地增值税;增值额超过扣除项目金额 20%的,应就其全部增值额按规定计算缴纳土地增值税。

13. 2022 年 5 月,某国有企业转让 2009 年 5 月在市区购置的一栋办公楼,取得收入 1 000 万元,签订产权转移书据,相关税费 15 万元,2009 年购买时支付价款 800 万元,办公楼经税务机关认定的重置成本价为 1 200 万元,成新率 70%。该企业在缴纳土地增值税时计算的增值额为(　　)万元。

A. 400　　　　B.145

C. 1 490　　　　D. 200

【参考答案】 B

【答案解析】 增值额=1 000−15−1 200×70%=145(万元)。旧房及建筑物按照评估价格扣除。

14. 纳税人建造普通标准住宅出售,增值额超过扣除项目金额 20%的,应就其(　　)按规定计算缴纳土地增值税。

A. 超过部分的金额　　　　B. 全部增值额

C. 扣除项目金额　　　　D. 出售金额

【参考答案】 B

【答案解析】 在土地增值税税收优惠条款中规定:纳税人建造普通标准住宅出售,增值额未超过扣除项目金额 20%的,免征土地增值税;增值额超过扣除项目金额 20%的,应就其全部增值额按规定计算缴纳土地增值税。

15. 土地增值税的纳税人隐瞒、虚报房地产成交价格的，按照(　　)计算征收。

A. 最高一档税率

B. 扣除项目金额不得扣除的原则

C. 成交价格加倍，扣除项目金额减半的办法

D. 房地产评估价格

【参考答案】 D

【答案解析】 对土地增值税的纳税人隐瞒、虚报房地产成交价格的，应按房地产评估价格计算征税。

16. 2022 年 6 月甲公司销售自行开发的房地产项目，取得不含增值税销售收入 1 000 万元，准予从房地产转让收入中减除的扣除项目金额 600 万元，且增值额超过扣除项目金额 50%、未超过扣除项目金额 100%的部分，税率为 40%，速算扣除系数为 5%，下列甲公司该笔业务应缴纳土地增值税税额的计算公式中，正确的是(　　)万元。

A. (1 000－600)×40%＋600×5%＝130

B. 1 000×40%＝400

C. (1 000－600)×40%－1 000×5%＝110

D. 1 000×40%－600×5%＝370

【参考答案】 A

【答案解析】 土地增值税应纳税额＝增值额×40%－扣除项目金额×5%。

17. 位于市区的某商贸公司 2022 年 12 月销售一栋旧办公楼，取得含增值税收入 1 020 万元，缴纳印花税 0.5 万元，因无法取得评估价格，公司提供了购房发票。该办公楼购于 2013 年 8 月，购价为 600 万元，缴纳契税 18 万元。增值税采用简易计税方法，该公司销售办公楼计算土地增值税时，可扣除项目金额的合计数为(　　)万元。

A. 738　　B. 740

C. 890.5　　D. 760

【参考答案】 C

【答案解析】 销售旧的办公楼需要交增值税＝(1 020－600)÷(1＋5%)×5%＝20(万元)，附加税费＝20×(7%＋3%)＝2(万元)；因为无法取得评估价格，按照购房发票所载金额从购买年度起至转让年度止每年加计 5%扣除＝600×(1＋9×5%)＝870(万元)；对纳税人购房时缴纳的契税，凡能提供契税完税凭证的，准予作为“与转让房地产有关的税金”予以扣除，但不作为加计 5%的基数，所以可以扣除的金额合计数为 870＋2＋18＋0.5＝890.5(万元)。

18. 土地增值税纳税人应在签订房地产转让合同(　　)日内，到房地产所在地税务机关办理纳税申报。

A. 3　　B. 7

C. 15　　D. 30

【参考答案】 B

【答案解析】 土地增值税纳税人应在签订房地产转让合同 7 日内，到房地产所在地税务机关办理纳税申报。

19. 2022年2月某房地产开发公司转让一幢写字楼取得不含增值税销售收入10 000万元。已知该公司为取得土地使用权所支付的金额为500万元,房地产开发成本为2 000万元,房地产开发费用为400万元,该公司没有按房地产项目计算分摊银行借款利息,该项目所在省政府规定计征土地增值税时房地产开发费用扣除比例按10%计算,计算土地增值税准予扣除的税费为60万元。该公司应缴纳的土地增值税为(　　)万元。

A. 1 806.5　　B. 2 855.5

C. 3 345　　D. 3 517.5

【参考答案】 B

【答案解析】 收入=10 000(万元);扣除=500+2 000+(500+2 000)×10%+60+(500+2 000)×20%=3 310(万元);增值额=10 000-3 310=6 690(万元);增值率=6 690/3310×100%=202%;适用税率60%,速算扣除系数35%,应缴纳的土地增值税=6 690×60%-3 310×35%=2 855.5(万元)。

20. 2022年12月,A房地产开发公司将自行开发的50 000平方米房地产用于以下用途:35 000平方米直接对外销售并取得不含增值税价款70 000万元,5 000平方米用于奖励本企业的高管人员及优秀员工,6 000平方米用于抵偿所欠B公司的债务,3 000平方米对外出租,取得不含税租金30万元,剩余1 000平方米转为企业自用。该房地产开发公司在计算土地增值税时的应税收入为(　　)万元。

A. 100 000　　B. 92 000

C. 80 000　　D. 94 000

【参考答案】 B

【答案解析】 对外销售平均单价=70 000/35 000=2万元;土地增值税的应税收入=70 000+(5 000+6 000)×2=92 000(万元)。

21. 下列情形中,纳税人应进行土地增值税清算的是(　　)。

A. 直接转让土地使用权的

B. 房地产开发项目尚未竣工但已销售面积为50%的

C. 转让未竣工结算房地产开发项目50%股权的

D. 取得销售(预售)许可证满1年仍未销售完毕的

【参考答案】 A

【答案解析】 应进行土地增值税清算的条件:开发项目全部竣工、完成销售的;整体转让未竣工决算房地产开发项目的;直接转让土地使用权的。

22. 下列各项中,有关土地增值税的说法不正确的是(　　)。

A. 土地增值税是对转让国有土地使用权、地上建筑物及其附着物并取得增值性收入的单位和个人征收的一种税

B. 房地产开发经营企业销售房地产应缴纳的土地增值税,应借记"税金及附加"科目

C. 企业转让的土地使用权连同地上建筑物及其附着物一并在"固定资产"科目核算的,转让时应交的土地增值税,应借记"固定资产清理"科目

D. 企业转让的土地使用权连同地上建筑物及其附着物一并在"固定资产"科目核算的,转让时应交的土地增值税,应借记"税金及附加"科目

【参考答案】 D

【答案解析】 企业转让的土地使用权连同地上建筑物及其附着物一并在“固定资产”科目核算的，转让时应交的土地增值税，应借记“固定资产清理”科目。

23. 房地产开发企业取得销售（预售）许可证满（　　）仍未销售完毕的，税务机关可要求其进行土地增值税的清算。

A. 2 年　　B. 3 年

C. 5 年　　D. 8 年

【参考答案】 B

【答案解析】 可要求土地增值税清算的条件：已竣工验收的项目，已转让建筑面积占整个项目可售建筑面积的比例在 85%以上，或该比例虽未超过 85%，但剩余的可售建筑面积已经出租或自用的；取得销售（预售）许可证满 3 年仍未销售完毕的；纳税人申请注销税务登记但未办理土地增值税清算手续的；省税务机关规定的其他情况。

24. 某房地产开发企业销售商品房取得预收款 100 万元，该企业适用简易计税办法计算预缴增值税 2.86 万元。假定该企业土地增值税预征率为 2%，该企业按国家税务总局公告 2016 年第 70 号的方法计算，应预缴土地增值税的金额是（　　）万元。

A. 2　　B. 2.06

C. 1.94　　D. 0

【参考答案】 C

【答案解析】 应预缴土地增值税＝(100－2.86)×2%＝1.94(万元)。

25. 对纳税人报送的清算资料进行数据、逻辑审核，重点审核项目归集的一致性、数据计算的准确性等的审核方法是（　　）。

A. 案头审核　　B. 网上审核

C. 实地审核　　D. 线下审核

【参考答案】 A

【答案解析】 数据、逻辑审核，重点审核项目归集的一致性、数据计算的准确性等的审核方法是案头审核。

26. 关于土地增值税清算，下列表述错误的是（　　）。

A. 纳税人按规定预缴土地增值税后，清算补缴的土地增值税，在税务机关规定期限内补缴的，不加收滞纳金

B. 纳税人整体转让未竣工决算房地产开发项目的，应进行土地增值税清算

C. 符合土地增值税清算条件的纳税人，须在满足清算条件之日起 60 日内到主管税务机关办理清算手续

D. 清算时，房地产开发企业逾期开发缴纳土地闲置费不得扣除

【参考答案】 C

【答案解析】 选项 C，纳税人应当在满足条件之日起 90 日内到主管税务机关办理清算手续。

27. 某房地产公司 2022 年 7 月受让一处土地使用权，支付价款 10 000 万元，将 70%用于建造写字楼，共发生房地产开发成本 15 000 万元，其中包括利息支出 500 万元，能够按项

目分摊并能提供金融机构证明,写字楼建成后直接转让。该企业计算缴纳土地增值税时,房地产可以加计扣除的金额为(　　)万元。

A. 4 400　　B. 4 500

C. 4 300　　D. 5 000

【参考答案】 C

【答案解析】 按税法规定,对从事房地产开发的纳税人可按(取得土地使用权所支付的金额+房地产开发成本)加计20%的扣除。取得土地使用权支付的金额为10 000万元,房地产开发成本为(15 000−500)万元。

加计扣除的金额=(10 000×70%+15 000−500)×20%=4300(万元)。

28. 甲房地产开发公司对一项开发项目进行土地增值税清算,相关资料包括:取得土地使用权支付的金额为40 000万元;房地产开发成本101 000万元;销售费用4 500万元;管理费用2 150万元;财务费用3 680万元,其中包括支付给非金融企业的利息500万元,已取得发票;支付给银行贷款利息3 000万元,已取得银行开具的相关证明,且未超过商业银行同类同期贷款利率。项目所在省规定房地产开发费用扣除比例为5%。不考虑其他情况,该房地产开发公司在本次清算中可以扣除的房地产开发费用为(　　)万元。

A. 10 050　　B. 10 375

C. 10 550　　D. 10 730

【参考答案】 A

【答案解析】 纳税人能按转让房地产项目分摊利息支出并能提供金融机构贷款证明的,允许扣除的房地产开发费用=利息+(取得土地使用权所支付的金额+房地产开发成本)×5%=3 000+(40 000+101 000)×5%=10 050(万元)。向非金融企业借款的利息支出500万元,不能提供金融机构贷款证明,不得直接作为利息据实扣除。

29. 清算土地增值税时,房地产开发企业开发建造的与清算项目配套的会所等公共设施,其成本费用可以扣除的情形是(　　)。

A. 建成后开发企业用于出租的

B. 建成后开发企业转为自用的

C. 建成后产权属于全体业主的

D. 建成后开发企业用于抵押且在抵押期内的

【参考答案】 C

【答案解析】 《国家税务总局关于房地产开发企业土地增值税清算管理有关问题的通知》(国税发〔2006〕187号)第四条规定:房地产开发企业开发建造的与清算项目配套的居委会和会所等建成后产权属于全体业主所有的,其成本、费用可以扣除。

30. 纳税人转让旧房及建筑物,凡不能取得评估价格,但能提供购房发票的,可按发票所载金额从购买年度起至转让年度止,每年按一定比例加计扣除,加计扣除的比例为(　　)。

A. 2%　　B. 5%

C. 10%　　D. 15%

【参考答案】 B

【答案解析】 《国家税务总局关于营改增后土地增值税若干征管规定的公告》(国家税

务总局公告2016年第70号)第六条规定:(一)提供的购房凭据为营改增前取得的营业税发票的,按照发票所载金额(不扣减营业税)并从购买年度起至转让年度止每年加计5%计算。(二)提供的购房凭据为营改增后取得的增值税普通发票的,按照发票所载价税合计金额从购买年度起至转让年度止每年加计5%计算。(三)提供的购房发票为营改增后取得的增值税专用发票的,按照发票所载不含增值税金额加上不允许抵扣的增值税进项税额之和,并从购买年度起至转让年度止每年加计5%计算。

二、多项选择题

1. 下列各项中,属于土地增值税纳税义务人的有(　　)。

A. 出租办公楼的某外商投资企业

B. 转让商铺的某自然人

C. 转让划拨取得的国有土地使用权的某中学

D. 为客户代建仓库的某建筑安装公司

【参考答案】 BC

【答案解析】 选项A,房地产出租行为,由于没有发生房产产权、土地使用权的转让,不属于土地增值税的征税范围。选项D,房地产代建行为,没有发生房地产权属的转移,不属于土地增值税的征税范围。

2. 根据土地增值税法律制度的规定,下列情形中,免予缴纳土地增值税的有(　　)。

A. 因城市实施规划、国家建设的需要而搬迁,由纳税人自行转让原房地产

B. 纳税人建造高级公寓出售,增值额未超过扣除项目金额20%

C. 企事业单位转让旧房作为经济适用住房房源,且增值额未超过扣除项目金额20%

D. 因国家建设需要依法征用、收回的房地

【参考答案】 ACD

【答案解析】 选项B,高级公寓不属于"普通标准住宅"。

3. 根据土地增值税法律制度的规定,纳税人转让旧房及建筑物,在计算土地增值税额时,准予扣除的项目有(　　)。

A. 评估价格　　B. 转让环节缴纳的税金

C. 取得土地使用权所支付的地价款　　D. 重置成本价

【参考答案】 ABC

【答案解析】 转让旧房应按房屋及建筑物的评估价格、取得土地使用权所支付的地价款和按国家统一规定缴纳的有关费用,以及在转让环节缴纳的税金作为扣除项目金额计征土地增值税。

4. 根据土地增值税法律制度的规定,下列各项中,应当进行土地增值税清算的有(　　)。

A. 房地产开发项目全部竣工、完成销售的

B. 整体转让未竣工决算房地产开发项目的

C. 直接转让土地使用权的

D. 纳税人申请注销税务登记但未办理土地增值税清算手续的

【参考答案】 ABC

【答案解析】 选项D,属于主管税务机关可要求纳税人进行土地增值税清算的情形。

5. 根据土地增值税法律制度的相关规定,下列各项中,应计算缴纳土地增值税的有( )。

A. 出让国有土地使用权　　B. 向关联企业赠与土地使用权

C. 向直系亲属赠与房屋产权　　D. 以土地、房屋权属抵债

【参考答案】 BD

【答案解析】 选项A,出让土地而非转让国有土地使用权。选项C,房产所有人、土地使用权所有人将房屋产权、土地使用权赠与直系亲属或承担直接赡养义务人及通过中国境内非营利的社会团体、国家机关将房屋产权、土地使用权赠与教育、民政和其他社会福利、公益事业的为非有偿转让,因而不缴纳增值税。

6. 根据土地增值税法律制度的规定,下列各项中,属于土地增值税纳税人的有( )。

A. 出租住房的孙某　　B. 转让国有土地使用权的甲公司

C. 出售商铺的潘某　　D. 出售写字楼的乙公司

【参考答案】 BCD

【答案解析】 选项A,房地产出租,没有发生房屋产权、土地使用权的转让,不属于土地增值税的征税范围,故孙某不属于土地增值税纳税人。

7. 根据土地增值税法律制度的规定,下列情形中,应予缴纳土地增值税的有( )。

A. 纳税人进行其他房地产开发的同时建造普通标准住宅,不能准确核算增值额的

B. 企事业单位转让旧房作为经济适用房房源且增值额未超过扣除项目金额20%的

C. 纳税人建造高级公寓出售,增值额未超过扣除项目金额20%的

D. 因国家建设需要依法征用、收回的房地产

【参考答案】 AC

【答案解析】 选项BD,企事业单位转让旧房作为经济适用房房源且增值额未超过扣除项目金额20%的,因国家建设需要依法征用、收回的房地产,免征土地增值税。

8. 下列单位中,属于土地增值税纳税人的有( )。

A. 建造房屋的施工单位　　B. 中外合资房地产开发公司

C. 转让国有土地的事业单位　　D. 房地产管理的物业公司

【参考答案】 BC

【答案解析】 选项AD,都未涉及转让不动产的行为,不属于土地增值税的纳税人。

9. 以下属于土地增值税特点的是( )。

A. 以转让房地产的增值额为计税依据　　B. 征税面比较广

C. 实行超率累进税率　　D. 实行按次征收

【参考答案】 ABCD

【答案解析】 土地增值税的特点有:以转让房地产的增值额为计税依据;征税面比较广;实行超率累进税率;实行按次征收。

10. 下列项目不属于土地增值税征税范围的有( )。

A. 以收取出让金的方式出让国有土地使用权

B. 以继承方式转让房地产

C. 以出售方式转让国有土地使用权

D. 以收取租金的方式出租房地产

【参考答案】 ABD

【答案解析】 土地增值税的征税范围不包括国有土地使用权的出让；不包括未取得收入的继承行为；不包括未发生房地产权属转移的出租行为；包括转让国有土地使用权并取得收入的行为。

11. 房地产开发企业在计算土地增值税时，允许从零售收入中直接扣减的与转让房地产有关的税金有（ ）。

A. 增值税 B. 印花税

C. 契税 D. 城建税

【参考答案】 AD

【答案解析】 选项 A，零售收入为含增值税收入，需要从含税收入中扣除。选项 BD，房地产开发企业在转让房地产时缴纳的税金包括印花税、城市维护建设税及教育费附加（视同税金）。其中印花税通过管理费用进行扣除，城市维护建设税直接从收入中扣除。选项 C，契税由购买、承受方缴纳，房地产开发企业作为销售方不涉及。

12. 以下应征土地增值税的项目有（ ）。

A. 取得奥运会占地的拆迁补偿金

B. 将一项房产直接赠与某私立学校以支援教育事业

C. 被兼并企业将房产转让到兼并企业中

D. 房地产开发商销售楼房

【参考答案】 BD

【答案解析】 选项 A，土地使用人取得国家征用土地的土地补偿金免征土地增值税。选项 B，未通过政府机关和境内非营利团体的房地产直接捐赠应缴纳土地增值税。选项 C，被兼并企业将房产转让到兼并企业中暂免征收土地增值税。选项 D，房地产开发商销售楼房，土地使用权随之发生转移，应缴纳土地增值税。

13. 以下应缴纳土地增值税的有（ ）。

A. 将使用过的旧房卖给某单位做办公室

B. 将使用过的旧房赠与子女

C. 将使用过的旧房用作商铺

D. 将使用过的旧房换取股票

【参考答案】 AD

【答案解析】 选项 AD，都发生了房地产权属的转移，且取得了收入，应缴纳土地增值税。选项 B，发生了房地产权属的转移但未取得收入。选项 C，未发生房地产权属的转移，不属于土地增值税的征税范围。

14. 可以作为房地产开发成本的项目有（ ）。

A. 取得土地使用权支付的金额 B. 土地征用费

C. 耕地占用税 D. 周转房摊销

【参考答案】 BCD

【答案解析】 房地产开发成本包括:土地征用及拆迁补偿费、前期工程费、建筑安装工程费、基础设施费、公共配套设施费、开发间接费用。选项A属于取得土地使用权支付的金额。

15. 转让旧房时,以下可作为计算增值额的扣除项目的有( )。

A. 房屋及建筑物的评估价格

B. 取得土地使用权支付的地价款和按国家规定缴纳的有关费用

C. 转让环节缴纳的税金

D. 房地产开发费用

【参考答案】 ABC

【答案解析】 转让旧房时,可作为计算增值额的扣除项目的有:房屋及建筑物的评估价格、取得土地使用权支付的地价款和按国家规定缴纳的有关费用、转让环节缴纳的税金。不涉及房地产开发成本和开发费用。

16. 计算土地增值税扣除项目金额时不得扣除的项目有( )。

A. 取得土地使用权所支付的金额

B. 土地征用及拆迁补偿费

C. 超过国家的有关规定上浮幅度的利息

D. 超过贷款期限的利息部分

【参考答案】 CD

【答案解析】 财政部、国家税务总局对扣除项目金额中利息支出的计算作了两点专门规定:一是利息的上浮幅度按国家的有关规定执行,超过上浮幅度的部分不允许扣除;二是对于超过贷款期限的利息部分和加罚的利息不允许扣除。

17. 下列情形中,纳税人应当进行土地增值税清算的有( )。

A. 直接转让土地使用权的

B. 整体转让未竣工决算房地产开发项目的

C. 已竣工验收的房地产开发项目,已转让的房地产建筑面积占整个项目可售建筑面积的比例为90%

D. 取得销售(预售)许可证2年仍未销售完的

【参考答案】 AB

【答案解析】 符合下列情形之一的,纳税人应进行土地增值税的清算:(1)房地产开发项目全部竣工、完成销售的;(2)整体转让未竣工决算房地产开发项目的;(3)直接转让土地使用权的。

18. 下列项目中,计征土地增值税时需要用评估价格来确定转让房地产收入或扣除项目金额的有( )。

A. 出售旧房及建筑物的

B. 虚报房地产成交价格的

C. 以新建房地产进行投资联营的

D. 转让房地产的成交价格低于评估价格,又无正当理由的

【参考答案】 ABD

【答案解析】 出售旧房及建筑物,虚报房地产成交价格,以及转让房地产的成交价格低于评估价格又无正当理由的,需要对房地产进行评估,并以房地产的评估价格来确定转让房

地产收入或扣除项目的金额。

19. 下列项目中，按税法规定可以免征土地增值税的有(　　)。

A. 国家机关转让自用的房产

B. 外国企业将境内办公楼用于抵债

C. 纳税人建造普通标准住宅出售，增值额未超过扣除项目金额20%的

D. 因国家建设需要而被依法征用的房产

【参考答案】 CD

【答案解析】 土地增值税的纳税人是指转让国有土地使用权、地上建筑物及其附着物取得收入的单位和个人，包括中外资企业行政事业单位、中外籍个人等。选项AB，属于应计算缴纳土地增值税的情况。选项CD，属于免征土地增值税的情况。

20. 土地增值税清算时，房地产开发企业开发建造的与清算项目配套的会所等公共设施，成本费用可以扣除的情形有(　　)。

A. 建成后开发企业转为自用的

B. 建成后开发企业用于出租的

C. 建成后有偿转让的

D. 建成后产权属于全体业主所有的

【参考答案】 CD

【答案解析】 房地产开发企业开发建造的与清算项目配套的会所等公共设施，建成后产权属于全体业主所有的，其成本费用可以扣除；建成后有偿转让的，应计算收入，并准予扣除成本、费用。

21. 下列情形中，以房地产评估价格为计税依据，计征土地增值税的有(　　)。

A. 隐瞒、虚报房地产成交价格的

B. 提供扣除项目金额不实的

C. 交易价格低于评估价又无正当理由的

D. 一次成交金额巨大，超过500万元的

【参考答案】 ABC

【答案解析】 选项D，成交金额巨大不构成以评估价格为计税依据的条件。

22. 下列项目中，属于房地产企业的开发费用的有(　　)。

A. 开发销售费用

B. 耕地占用税

C. 前期工程费

D. 借款利息费

【参考答案】 AD

【答案解析】 选项BC属于房地产企业的开发成本。

23. 下列各项中，属于土地增值税征收范围的有(　　)。

A. 转让国有土地使用权

B. 房产所有人通过境内非营利的社会团体将房屋产权赠与学校

C. 抵押期间的房地产

D. 因无法偿还到期欠款，以房地产抵债的

【参考答案】 AD

【答案解析】 选项B，没有取得收入，不属于土地增值税征收范围。选项C，房地产在抵押期间不征收土地增值税。

24. 在计算土地增值税时,下列项目准予据实扣除的有(　　)。

A. 基础设施费　　B. 开发间接费用

C. 销售费用　　D. 管理费用

【参考答案】 AB

【答案解析】 选项 CD,属于房地产开发费用,应按照规定的比例扣除,不得据实扣除。

25. 下列各项中,房地产开发企业转让存量房和非房地产开发企业转让存量房,在计算土地增值额时,均能扣除的项目有(　　)。

A. 取得土地使用权所支付的金额　　B. 房地产开发费用

C. 房地产开发成本　　D. 评估价格

【参考答案】 AD

【答案解析】 选项 BC,适用于新建房的转让。

26. 下列关于土地增值税政策表述正确的有(　　)。

A. 外商投资企业不是土地增值税的纳税人

B. 对转让非国有土地的行为不征税

C. 采用四级超率累进税率

D. 合作建房,一方出土地,一方出资金,建成后按比例分房自用的免税

【参考答案】 BCD

【答案解析】 转让国有土地使用权、地上的建筑物及其附着物并取得收入的单位和个人,为土地增值税的纳税人,所以,外商投资企业属于土地增值税纳税人。因此,选项 A 错误,其他选项正确。

27. 下列关于土地增值税征免表述正确的有(　　)。

A. 房地产评估增值征税

B. 房地产抵押期间不征税

C. 企业合并涉及转让房地产的,暂不征税

D. 房地产房屋等价交换征税

【参考答案】 BC

【答案解析】 房地产评估增值、抵押情况下并没有转让,不应征收土地增值税。在企业合并中,对被合并企业将房地产转让到合并企业中的,暂不征收土地增值税。等价交换为产生增值不需要缴纳土地增值税。

28. 下列在计征土地增值税时需要以评估价格确定转让房地产收入或扣除项目金额的有(　　)。

A. 虚报房地产成交价格的　　B. 以房地产进行投资联营的

C. 提供扣除项目金额不实的　　D. 出售旧房屋及建筑物的

【参考答案】 ACD

【答案解析】 纳税人有下列情形之一的,按照房地产评估价格计算征收:(1)出售旧房及建筑物的;(2)隐瞒、虚报房地产成交价格的;(3)提供扣除项目金额不实的;(4)转让房地产的成交价格低于房地产评估价格,又无正当理由的。

29. 某房地产企业 2021 年开发一个办公楼项目,当年竣工验收。2020 年 12 月销售了可

售建筑面积的50%，剩余50%待售。至2022年3月，销售了可售建筑面积的88%，下列说法中错误的是（　　）。

A. 该企业应该在2021年12月进行土地增值税的清算

B. 税务机关可以要求该企业在2021年12月进行土地增值税的清算

C. 税务机关可以要求该企业在2022年3月进行土地增值税的清算

D. 该企业应该在2022年3月进行土地增值税的清算

【参考答案】 ABD

【答案解析】 已竣工验收的房地产开发项目，已转让的房地产建筑面积占整个项目可售建筑面积的比例在85%以上的，主管税务机关可要求纳税人进行土地增值税清算。

三、判断题

1. 按照法律规定或者合同约定，两个或两个以上企业合并为一个企业，且原企业投资主体存续的，对原企业将国有土地、房屋权属转移、变更到合并后的企业，暂不征收土地增值税。（　　）

【参考答案】 正确

【答案解析】 根据财税〔2018〕57号文件，按照法律规定或者合同约定，两个或两个以上企业合并为一个企业，且原企业投资主体存续的，对原企业将房地产转移、变更到合并后的企业，暂不征收土地增值税。

2. 房地产开发企业取得房产销售许可证满3年仍未销售完毕的，税务机关可要求纳税人进行土地增值税清算。（　　）

【参考答案】 正确

【答案解析】 符合下列情形之一的，主管税务机关可要求纳税人进行土地增值税清算：已竣工验收的房地产开发项目，已转让的房地产建筑面积占整个项目可售建筑面积的比例在85%以上，或未超过85%，但剩余可售建筑面积已经出租或自用；取得销售预售许可证满3年仍未销售完毕的；纳税人申请注销税务登记但未办理土地增值税清算手续的。

3. 房产所有人将房屋赠与其旁系亲属的，不征收土地增值税。（　　）

【参考答案】 错误

【答案解析】 房产所有人、土地使用权所有人将房屋产权、土地使用权赠与直系亲属或承担直接赡养义务人的，不征收土地增值税。

4. 张某因父亲死亡继承其房屋，该行为应缴纳土地增值税。（　　）

【参考答案】 错误

【答案解析】 张某作为受让人，没有转移房产，且土地增值税对直系亲属间的房产继承不征收土地增值税。

5. 房产所有人将房屋赠与承担直接赡养义务的人，不征收土地增值税。（　　）

【参考答案】 正确

【答案解析】 房产所有人、土地使用权所有人将房屋产权、土地使用权赠与直系亲属或承担直接赡养义务人的，不征收土地增值税。

6. 纳税人建造普通标准住宅出售，增值额超过扣除金额20%的，应按全部增值额计算缴纳土地增值税。（　　）

【参考答案】 正确

【答案解析】《中华人民共和国土地增值税暂行条例实施细则》第十一条规定,纳税人建造普通标准住宅出售,增值额未超过本细则第七条(一)、(二)、(三)、(五)、(六)项扣除项目金额之和20%的,免征土地增值税;增值额超过扣除项目金额之和20%的,应就其全部增值额按规定计税。

7. 改制重组有关土地增值税政策适用于房地产转移任意一方为房地产开发企业的情形。( )

【参考答案】 错误

【答案解析】 根据规定,改制重组有关土地增值税政策不适用于房地产转移任意一方为房地产开发企业的情形。

8. 房地产开发费用中的财务费用,其利息支出凡不能按转让房地产项目计算分摊的或不提供金融机构证明的,房地产开发费用按规定计算的金额之和的15%以内计算扣除。( )

【参考答案】 错误

【答案解析】 财务费用中的利息支出,凡不能按转让房地产项目计算分摊利息支出或不能提供金融机构证明的,房地产开发费用按规定计算的金额之和的10%以内计算扣除。计算扣除的具体比例,由各省、自治区、直辖市人民政府规定。

9. 转让国有土地使用权、地上的建筑物及其附着物并取得收入的单位和个人,为土地增值税的纳税义务人。( )

【参考答案】 正确

【答案解析】 根据《中华人民共和国土地增值税暂行条例》第二条的规定,转让国有土地使用权、地上的建筑物及其附着物(以下简称转让房地产)并取得收入的单位和个人,为土地增值税的纳税义务人(以下简称纳税人),应当依照本条例缴纳土地增值税。

10. 纳税人转让房地产所取得的收入,包括货币收入、实物收入和其他收入。( )

【参考答案】 正确

【答案解析】 根据《中华人民共和国土地增值税暂行条例》第五条的规定,纳税人转让房地产所取得的收入,包括货币收入、实物收入和其他收入。

11. 土地增值税的纳税人应在转让房地产合同签订后的15日内,到房地产所在地主管税务机关办理纳税申报。

【参考答案】 错误

【答案解析】 土地增值税的纳税人应在转让房地产合同签订后的7日内,到房地产所在地主管税务机关办理纳税申报。( )

12. 按照法律规定或者合同约定,企业分设为两个或两个以上与原企业投资主体相同的企业,对原企业将房地产转移、变更到分立后的企业,暂不征土地增值税。( )

【参考答案】 正确

【答案解析】 根据《财政部 税务总局关于继续实施企业改制重组有关土地增值税政策的公告》(财政部 税务总局公告2021年第21号)的规定,按照法律规定或者合同约定,企业分设为两个或两个以上与原企业投资主体相同的企业,对原企业将房地产转移、变更到分立后的企业，暂不征土地增值税。

13. 开发土地的成本、费用属于土地增值税计算增值额的扣除项目。（ ）

【参考答案】 正确

【答案解析】 根据《中华人民共和国土地增值税暂行条例》第六条的规定，计算增值额的扣除项目：(一)取得土地使用权所支付的金额；(二)开发土地的成本、费用；(三)新建房及配套设施的成本、费用，或者旧房及建筑物的评估价格；(四)与转让房地产有关的税金；(五)财政部规定的其他扣除项目。

14. 土地增值税实行五级超率累进税率。（ ）

【参考答案】 错误

【答案解析】 根据《中华人民共和国土地增值税暂行条例》第七条的规定，土地增值税实行四级超率累进税率。

15. 在计算土地增值税时，超过国家规定上浮幅度的利息部分属于允许扣除的利息支出（ ）

【参考答案】 错误

【答案解析】 超过国家规定上浮幅度的利息部分不允许扣除。

16. 根据土地增值税的有关规定，房地产开发企业预提的费用可以扣除。（ ）

【参考答案】 错误

【答案解析】 房地产开发企业预提的费用不可以扣除。

17. 单位、个人在改制重组时以房地产作价入股进行投资，应征收土地增值税（ ）

【参考答案】 错误

【答案解析】 单位、个人在改制重组时以房地产作价入股进行投资，暂不征收土地增值税。

18. 对于一方出土地，一方出资金，双方合作建房，建成后转让的，免征土地增值税。（ ）

【参考答案】 错误

【答案解析】 对于一方出土地，一方出资金，双方合作建房，建成后转让的，应征土地增值税。

19. 按照法律规定或者合同约定，两个或两个以上企业合并为一个企业，且原企业投资主体存续的，对原企业将房地产转移、变更到合并后的企业，暂不征土地增值税。（ ）

【参考答案】 正确

【答案解析】 根据《财政部 税务总局关于继续实施企业改制重组有关土地增值税政策的公告》(财政部 税务总局公告 2021 年第 21 号)的规定，按照法律规定或者合同约定，两个或两个以上企业合并为一个企业，且原企业投资主体存续的，对原企业将房地产转移、变更到合并后的企业，暂不征土地增值税。

20. 按照法律规定或者合同规定，任何两个或两个以上企业合并为一个企业，且原企业投资主体存续的，对原企业将国有土地、房屋权属转移、变更到合并后的企业，暂不征收土地增值税。（ ）

【参考答案】 错误

【答案解析】 上述改制重组有关土地增值税政策不适用于房地产转移任意一方为房地产开发企业的情形。

21. 因旧城改造或因企业污染、扰民(指产生过量废气、废水、废渣和噪声,使城市居民生活受到一定危害),而由政府或政府有关主管部门根据已审批通过的城市规划确定进行搬迁的。对政府依法征用、收回的房地产免征土地增值税,但对纳税人自行转让房地产的要征收土地增值税。( )

【参考答案】 错误

【答案解析】 (财税〔2006〕21 号)规定,“城市实施规划”而搬迁,是指因旧城改造或因企业污染、扰民(指产生过量废气、废水、废渣和噪声,使城市居民生活受到一定危害),而由政府或政府有关主管部门根据已审批通过的城市规划确定进行搬迁的情况;“国家建设的需要”而搬迁,是指因实施国务院、省级人民政府、国务院有关部委批准的建设项目而进行搬迁的情况。

22. 房地产开发企业开发建造的与清算项目配套的公共设施,建成后产权属于全体业主所有的,不计算收入,其成本、费用也不得扣除。( )

【参考答案】 错误

【答案解析】《国家税务总局关于房地产开发企业土地增值税清算管理有关问题的通知》(国税发〔2006〕187 号)规定,房地产开发企业开发建造的与清算项目配套的居委会和派出所用房、会所、停车场(库)、物业管理场所、变电站、热力站、水厂、文体场馆、学校、幼儿园、托儿所、医院、邮电通讯等公共设施,按以下原则处理:

(1)建成后产权属于全体业主所有的,其成本、费用可以扣除;

(2)建成后无偿移交给政府、公用事业单位用于非营利性社会公共事业的,其成本、费用可以扣除;

(3)建成后有偿转让的,应计算收入,并准予扣除成本、费用。

23. 房地产开发企业实际缴纳的城市维护建设税、教育费附加,凡能够按清算项目准确计算的,允许据实扣除;凡不能按清算项目准确计算的,在计算土地增值税时,不得扣除。( )

【参考答案】 错误

【答案解析】 房地产开发企业实际缴纳的城市维护建设税、教育费附加,凡能够按清算项目准确计算的,允许据实扣除;凡不能按清算项目准确计算的,则按该清算项目预缴增值税时实际缴纳的城市维护建设税、教育费附加扣除。

24. 房地产开发企业采取预收款方式销售自行开发的房地产项目的,应当按照以下方法计算土地增值税预征计征依据:土地增值税预征的计征依据=预收款-应预缴增值税税款。( )

【参考答案】 错误

【答案解析】 依据《国家税务总局关于营改增后土地增值税若干征管规定的公告》(税务总局公告 2016 年第 70 号)的规定,为方便纳税人,简化土地增值税预征税款计算,房地产开发企业采取预收款方式销售自行开发的房地产项目的,可按照以下方法计算土地增值税预征计征依据:土地增值税预征的计征依据=预收款-应预缴增值税税款。

25.房地产开发企业逾期开发缴纳的土地闲置费，在土地增值税清算时准予扣除。（　）

【参考答案】 错误

【答案解析】 依据《国家税务总局关于土地增值税清算有关问题的通知》（国税函〔2010〕220号）第四条的规定，房地产开发企业逾期开发缴纳的土地闲置费不得扣除。

26.纳税人建造普通标准住宅出售，增值额未超过扣除项目金额20%的，免征土地增值税。（　）

【参考答案】 正确

【答案解析】 根据《中华人民共和国土地增值税暂行条例》第八条的规定，有下列情形之一的，免征土地增值税：（一）纳税人建造普通标准住宅出售，增值额未超过扣除项目金额20%的；（二）因国家建设需要依法征收、收回的房地产。

27.房地产开发企业将开发的房地产转为企业自用，应征收土地增值税。（　）

【参考答案】 错误

【答案解析】 《中华人民共和国土地增值税暂行条例实施细则》（财法字〔1995〕6号）第二条规定，条例第二条所称的转让国有土地使用权、地上的建筑物及其附着物并取得收入，是指以出售或者其他方式有偿转让房地产的行为。《土地增值税操作规程》第十九条规定，房地产开发企业将开发的部分房地产转为企业自用或用于出租等商业用途时。如果产权未发生转移，不征收土地增值税，在税款清算时不列收入，不扣除相应的成本和费用。

28.某公司销售一幢已经使用过的办公楼，办公楼原价480万元，已提折旧200万元。经房地产机构评估，该楼重置成本价为800万元，成新度折扣率为四成，销售时缴纳相关税费30万元，则计算土地增值税时扣除项目合计金额为350万元。（　）

【参考答案】 正确

【答案解析】 依据《中华人民共和国土地增值税暂行条例》（国务院令第138号）第六条的规定，计算增值额的扣除项目：(1)取得土地使用权所支付的金额；(2)开发土地的成本、费用；(3)新建房及配套设施的成本、费用，或者旧房及建筑物的评估价格；(4)与转让房地产有关的税金；(5)财政部规定的其他扣除项目。根据上述规定，扣除项目合计金额＝800×40%＋30＝350（万元）。

29.在土地增值税清算涉及企业所得税退税业务处理中，项目销售收入包括视同销售房地产收入，包括增值额未超过扣除项目金额20%的普通标准住宅的销售收入。（　）

【参考答案】 错误

【答案解析】 根据《国家税务总局关于房地产开发企业土地增值税清算涉及企业所得税退税有关问题的公告》（国家税务总局公告2016年第81号）第二条的规定，本公告所称销售收入包括视同销售房地产的收入，但不包括企业销售的增值额未超过扣除项目金额20%的普通标准住宅的销售收入。

30.某石油公司转让加油站房地产，其成品油零售特许经营权的评估作价收入不计入土地增值税的计税依据。（　）

【参考答案】 错误

【答案解析】 根据《国家税务总局关于纳税人转让加油站房地产有关土地增值税计税

收入确认问题的批复》(税总函〔2017〕513 号)的规定,对依法不得转让的成品油零售特许经营权作价或评估作价不应从转让加油站整体资产的收入金额中扣除。

31.某房地产开发有限公司在工程竣工验收后,天安建筑公司按合同金额全额开具发票,但扣留 300 万元工程款作为开发项目的质量保证金,在计算土地增值税时,扣除的质保金可以扣除。( )

【参考答案】 正确

【答案解析】 房地产开发企业在工程竣工验收后,根据合同约定,扣留建筑安装施工企业一定比例的工程款,作为开发项目的质量保证金,在计算土地增值税时,建筑安装施工企业就质量保证金对房地产开发企业开具发票的,按发票所载全额予以扣除;未开具发票的,扣留的质保金不得计算扣除。

32.王小明出售一套 2018 年购买的 90 平方米住房,不需要缴纳土地增值税。( )

【参考答案】 正确

【答案解析】 对个人销售住房暂免征收土地增值税。

33.A 房地产公司支付的建筑人员工资,可以列入土地增值税加计 20%的扣除。( )

【参考答案】 正确

【答案解析】 从事房地产开发的纳税人可按取得土地使用权所支付的金额与房地产开发成本之和,加计 20%的扣除。

34.旧房及建筑物的评估价格,是指在转让已使用的房屋及建筑物时,由政府批准设立的房地产评估机构评定的重置成本价乘以成新度折扣率后的价格。评估价格须经当地人民政府确认。( )

【参考答案】 错误

【答案解析】 评估价格须经当地税务机关确认。

35.A 房地产公司建造高级公寓出售,增值额未超过 20%的,免征土地增值税。( )

【参考答案】 错误

【答案解析】 纳税人建造普通标准住宅出售,增值额未超过扣除项目金额 20%的,免征土地增值税;高级公寓、别墅、度假村等不属于普通标准住宅。

36.纳税人应当自转让房地产合同签订之日起 5 日内向房地产所在地主管税务机关办理纳税申报,并在税务机关核定的期限内缴纳土地增值税。( )

【参考答案】 错误

【答案解析】 根据《中华人民共和国土地增值税暂行条例》第十条的规定,纳税人应当自转让房地产合同签订之日起 7 日内向房地产所在地主管税务机关办理纳税申报,并在税务机关核定的期限内缴纳土地增值税。

37.对于分期开发的房地产项目,各期土地增值税清算的方式可以自行选择。( )

【参考答案】 错误

【答案解析】 对于分期开发的房地产项目,各期清算的方式应保持一致。

38.房地产开发企业的预提费用,在计算土地增值税时,一般可以按比例扣除。( )

【参考答案】 错误

【答案解析】 房地产开发企业的预提费用,除另有规定外,不得扣除。

39. 对取得土地使用权后，未进行任何开发就转让的纳税人，在计算土地增值税的增值额时，只扣除取得土地使用权时所支付的地价款和按国家统一规定交纳的有关费用及在转让环节缴纳的税金，不允许对上述支付的地价款和交纳的费用加计 20%的扣除。（　）

【参考答案】 正确

【答案解析】 根据《国家税务总局关于印发〈土地增值税宣传提纲〉的通知》（国税函〔1995〕110 号），对取得土地或房地产使用权后，未进行开发即转让的，计算其增值额时，只允许扣除取得土地使用权时支付的地价款，交纳的有关费用，以及在转让环节缴纳的税金。

40. 纳税人未按照本条例缴纳土地增值税的，土地管理部门、房产管理部门不得办理有关的权属变更手续。（　）

【参考答案】 正确

【答案解析】 根据《中华人民共和国土地增值税暂行条例》第十二条的规定，纳税人未按照本条例缴纳土地增值税的，土地管理部门、房产管理部门不得办理有关的权属变更手续。

四、计算题

（一）某房地产项目可供销售建筑面积 1 200 平方米，其中：地上可供销售建筑面积1 000 平方米，地下车位建筑面积 200 平方米。假设项目已全部售完，全部价款和价外费用 2 000 万元。土地价款 300 万元，开发成本 700 万元。开发公司适用的增值税税率为 10%，城市维护建设税税率为 7%，教育费附加 3%，地方教育附加征 2%，开发费用扣除比例为 10%。

要求：根据上述资料，分析回答下列问题。

1. 当期允许扣除的土地价款为（　）万元。

A. 3 000　　B. 1 000

C. 1 200　　D. 2 000

【参考答案】 A

【答案解析】 当期允许扣除的土地价款＝（当期销售房地产项目建筑面积÷可供销售建筑面积）×支付的土地价款＝（1 000÷1 000）×3 000＝3 000（万元）。

2. 当期增值税销项税额为（　）万元。

A. 188　　B. 182

C. 140. 37　　D. 170

【参考答案】 C

【答案解析】 销售额＝（全部价款和价外费用－当期允许扣除的土地价款）÷（1＋9%）＝（2 000－300）÷（1＋9%）＝1 559. 63（万元）。

销项税额＝销售额×9%＝1 559. 63×9%＝140. 37（万元）。

3. 土地增值税前可扣除项目金额为（　）万元。

A. 1 458. 5　　B. 1 445. 15

C. 1 485. 45　　D. 1 445. 7

【参考答案】 C

【答案解析】 与转让房地产有关的税金＝140. 37×（7%＋3%＋2%）＝16. 84（万元）。

扣除项目金额＝（土地价款＋开发成本）×（1＋30%）＋税费＝（300＋700）×（1＋30%）＋185. 45＝1 485. 45（万元）。

(二)甲公司(非房地产开发企业)为增值税一般纳税人,2022 年 3 月转让一栋 2015 年自建的办公楼,取得含税收入 900 万元,已按规定缴纳转让环节的有关税金,并取得完税凭证。该办公楼造价为 800 万元,其中包含为取得土地使用权支付的地价款 300 万元,契税 9 万元以及按国家统一缴纳的其他有关费用 1 万元。经房地产评估机构评定,该办公楼重新构建价格为 500 万元,成新度折扣率为五成,支付房地产评估费用 10 万元,该公司的评估价格已经税务机关认定。

甲公司对于转让营改增之前自建的办公楼选择简易征收方式;转让该办公楼缴纳的印花税税额为 4.5 万元。

甲公司适用城市维护建设税税率为 7%,教育费附加征收比率为 3%,地方教育附加征收比率为 2%。

要求:根据上述资料,分析回答下列问题。

1. 甲公司转让该办公楼应纳增值税额(　　)万元。

A. 900　　B. 90

C. 42.86　　D. 57.45

【参考答案】 C

【答案解析】 该公司转让办公楼应纳增值税=900÷(1+5%)×5%=42.86(万元)。

2. 在计算土地增值税时,可扣除项目金额(　　)万元。

A. 250　　B. 310

C. 281　　D. 575.14

【参考答案】 D

【答案解析】 为取得土地使用权所支付的金额=300+9+1=310(万元)评估价格=500×50%=250(万元)支付房地产评估 10 万元,可以扣除转让环节税金=42.86×(7%+3%+2%)=5.14(万元)。

项目金额合计=310+250+10+5.14=575.14(万元)。

3. 甲公司该业务应缴纳土地增值税(　　)万元。

A. 84.60　　B. 43.56

C. 24.16　　D. 36.28

【参考答案】 A

【答案解析】 不含增值税收入=900-42.86=857.14(万元)。

增值额=857.14-575.14=282(万元)。

增值率=282÷575.14×100%=49%,适用税率为 30%,速算扣除系数为 0。

甲公司应缴纳土地增值税=282×30%=84.60(万元)。

(三)某房地产开发公司(增值税一般纳税人)于 2017 年 1 月受让一宗土地使用权,依据受让合同支付政府部门地价款 7 000 万元(已取得相关部门的财政票据),当月办理土地使用证并支付相关税费。自 2017 年 2 月起至 2018 年 2 月末,该房地产开发公司在受让土地上开发建造一栋写字楼,并销售建筑面积的 80%,其余面积出租。依据销售合同共计取得含税销售收入 20 000 万元。在开发过程中,根据建筑承包合同支付给建筑公司的不含税劳务费和材料费共计 600 万元,开发销售期间发生管理费用 60 万元、销售费用 500 万元、利息费用

50万元(不能够提供金融机构的贷款证明)。主管税务机关要求该公司对该房地产项目进行土地增值税清算。

其他相关资料:该公司计算土地增值税可扣除的税金及附加为100万元;当地契税税率为3%;房地产开发费用扣除比例按照规定相关上限执行;该项目已预缴土地增值税10万元。

要求:根据上述资料,分析回答下列问题,并计算出合计数。

1.税务机关是否可以要求该房地产开发公司进行土地增值税清算?请说明理由。

【答案解析】 税务机关可以要求该房地产开发公司进行土地增值税清算。按照规定,已竣工验收的房地产开发项目,已转让的房地产建筑面积占整个项目可售建筑面积的比例在85%以上,或该比例虽未超过85%,但剩余的可售建筑面积已经出租或自用的,主管税务机关可要求进行土地增值税清算。本题目中的房地产开发公司,已转让的房地产建筑面积占整个项目可售建筑面积的比例虽未超过85%,但剩余的可售建筑面积已经出租,主管税务机关可要求进行土地增值税清算。

2.该房地产开发公司的增值税销项税额为(　　)万元。

A. 1981　　B. 1 427.03

C. 128.29　　D. 619.05

【参考答案】 B

【答案解析】 该房地产开发公司的增值税销项税额=(2 000－700×80%)÷(1+1%)×11%=1 427.03(万元)。

3.该房地产开发公司计算土地增值额时可扣除的取得土地使用权金额为(　　)万元。

A. 7 210　　B. 5 768

C. 70　　D. 5 600

【参考答案】 B

【答案解析】 取得土地使用权支付的金额包括契税,与增值税计算销项税中支付土地价款不是取得土地使用权支付的全部金额=7 000×(1+3%)=7 210(万元)。

可扣除的取得土地使用权支付金额=7210×80%=5 768(万元)。

由于销售面积仅为80%,按照80%的比例计算扣除。

4.该房地产开发公司土地增值税可扣除项目金额合计为(　　)万元。

A. 10 568　　B. 13 838.4

C. 5 856　　D. 8 126 816

【参考答案】 B

【答案解析】 可扣除的开发成本=6 000×80%=4 800(万元)。

可扣除的开发费用=(5 768+4 800)×10%=1 056.8(万元)。

加计扣除=(5 768+4 800)×20%=2 113.6(万元)。

扣除项目金额合计=5 768+4 800+1 056.8+100+2 113.60=13 838.4(万元)。

5.该房地产开发公司的土地增值额为(　　)万元。

A. 9 432　　B. 73 184

C. 4 734.57　　D. 1 427.03

【参考答案】 C

【答案解析】 不含税转让收入金额=20 000－1 427.03=18 572.97(万元)。

土地增值额=18 572.97－13 838.4=4 734.57(万元)。

6.该房地产开发公司销售写字楼应补缴(或应退)的土地增值税为(　　)万元。

A. 1 420.　　　　B. 1 410.37

C. 427.03　　　　D. 1 427.03

【参考答案】 B

【答案解析】 增值率=4 734.57÷13 838.4×100%=34.21%,适用30%的税率。

应缴纳的土地增值税=4 734.57×30%=1 420.37(万元)。

应补缴土地增值税=1 420.37－10=1 410.37(万元)。

(四)某市房地产开发公司为一般纳税人,公司于2016年1月至2021年12月开发“锦绣家园”住宅项目,发生相关业务如下。

(1)2016年1月通过竞拍获得一宗国有土地使用权,合同记载地价款20 000万元,另支付登记过户费10万元、印花税10万元,城镇土地使用税50万元,因闲置1年,被政府相关部门按照规定征收土地受让总价款10%的土地闲置费。

(2)2016年4月开始动工建设,支付拆迁补偿费1 000万元、前期工程费800万元、基础设施费500万元、公共配套设施费300万元和开发间接费用400万元,合计3 000万元。

(3)2020年3月该项目竣工验收,应支付建筑企业工程总价款3150万元,根据合同约定当期实际支付价款为总价款的95%,剩余5%作为质量保证金留存一年,建筑企业按照工程总价款开具了发票。

(4)发生销售费用、管理费用1200万元,向商业银行借款的利息支出800万元(不能提供金融机构的贷款证明),其中含超过贷款期限的利息和罚息150万元。

(5)2021年4月开始销售,可售总建筑面积为50 000平方米,截至2021年12月底销售建筑面积为45 000平方米,取得不含税收入45 000万元。当地税务机关要求该公司对该开发项目进行土地增值税清算。

(6)2022年3月,该公司将该开发项目剩余5 000平方米房屋打包销售,收取不含税价款4 620万元。

(7)税务机关对该项目土地增值税清算申报资料审核发现:①该公司共销售建筑面积45 000平方米,取得不含税销售收入45 000万元。其中,2021年12月该公司将开发项目5 000平方米作价3 000万元对外投资,与他人合伙开办一家超市,已办理过户手续,公司按照会计准则要求确认收入并结转了成本。

会计分录为:

借:长期股权投资 30 000 000

　贷:主营业收入 30 000 000

②因客户违约收到退房违约金10万元,计入“其他应收款”。

③“应付账款”科目长期挂账未付工程款600万元(对方科目“开发成本”),凭据不足,经到对方取证为虚增成本。

④支付煤气公司的煤气工程款共计150万元,付款凭据为行政事业收费收据。

⑤前期工程费科目列支“市政公用基础设施配套费”220 万元，咨询服务费 50 万元。

⑥公共配套设施费用包含小区内可以有偿转让的卫生站支出 80 万元，该卫生站尚未转让。

⑦开发间接费用科目列支业务招待费 60 万元，广告和业务宣传费 90 万元。

⑧假设与转让房地产相关的税金少缴部分在清算期间全部补缴完毕，该项目已预缴土地增值税 900 万元。

(8)其他相关资料：当地适用的契税税率为 3%；所在省人民政府规定，房地产开发费用的扣除比例为 10%，其他房地产开发费用扣除比例为 5%；销售该项目时增值税采用简易计税方法。

要求，根据上述资料，分析回答下列问题。

1. 简要说明税务机关要求该公司进行土地增值税清算的理由。

【答案解析】 该公司截至清算日已竣工验收，总可售面积为 50 000 平方米，已售面积为 45 000 平方米(含对外投资 5 000 平方米，对外投资应视同销售)，比例达 90%，超过 85%，符合土地增值税可清算条件。

2. 简要说明税务机关清算审核建筑安装工程费的关注重点。

【答案解析】 审核建筑安装工程费时应当重点关注：

①发生的费用是否与决算报告、审计报告、工程结算报告、工程施工合同记载的内容相符。

②房地产开发企业自购建筑材料时，自购建材费用是否重复计算扣除项目。

③参照当地当期同类开发项目单位平均建安成本或当地建设部门公布的单位定额成本，验证建筑安装工程费支出是否存在异常。

④房地产开发企业采用自营方式自行施工建设的，还应当关注有无虚列、多列施工人工费、材料费、机械使用费等情况。

⑤2016 年 5 月 1 日营改增前建筑安装发票是否在项目所在地税务机关开具。取得营改增后开具的建安发票备注栏是否注明建筑服务发生地名称及项目名称。

3. 计算该公司清算土地增值税时允许扣除的支付土地使用权金额。

【答案解析】 截至 12 月底，销售建筑面积占可售面积比例＝45 000÷50 000×100%＝90%。

允许扣除的支付土地权金额＝[20 000×(1＋3%)＋10]×90%＝18 549(万元)。

4. 计算该公司清算土地增值税时允许扣除的开发成本金额。

【答案解析】 允许扣除的开发成本：

①支付建筑企业工程总价款 3 150 万元，根据合同约定当期实际支付价款为总价款的 95%，剩余 5%作为质量保证金留存一年，建筑企业按照工程总价款开具了发票，质量保证金已开发票，可扣除。

②“应付账款”科目长期挂账未付工程款 600 万元(对方科目“开发成本”)，凭据不足，经到对方取证为虚增成本，不允许扣除，应予调减。

③支付煤气公司的煤气工程款共计 150 万元，付款凭据为行政事业收费收据。为收取的不合规票据，不允许扣除，应予调减。

④前期工程费科目列支咨询服务费 50 万元。咨询服务费不允许扣除，应予调减。

⑤公共配套设施费用包含小区内可以有偿转让的卫生站支出 80 万元,该卫生站尚未转让。有偿转让的公共配套设施尚未转让的其成本不允许扣除,应予调减。

⑥开发间接费用科目列支业务招待费 60 万元,广告和业务宣传费 90 万元。业务招待费、广告和业务宣传费应计入开发费用,不允许在开发成本中扣除,应予调减。允许扣除的开发成本=(3 000+3150−600−150−50−80−60−90)×90%=5 120×90%=4 608(万元)。

5. 计算该公司清算土地增值税时允许扣除的开发费用。

【答案解析】 允许扣除的开发费用:

按照题意,不能提供金融机构的贷款证明,开发费用按(取得支付土地使用权金额+开发成本)×10%计算。允许扣除的开发费用=(18 549+4 608)×10%=2 315.7(万元)。

6. 计算该公司清算土地增值税时允许扣除的扣除项目总额。

【答案解析】 允许扣除的项目总额:允许加计扣除的项目金额=(18 549+4 608)×20%=4 631.4(万元)。允许扣除的税金:经税务人员审核发现,2021 年 12 月该公司将开发项目 5 000 平方米作价 3 000 万元对外投资,存在作价偏低行为,已售面积 45 000 平方米,取得不含税收入 45 000 万元。同类项目每平方米销售单价=(45 000−3 000)÷(45 000−5 000)=10 500(元)。

对外投资应视同销售收入=10500×5 000=5 250(万元),已确认收入 3 000 万元,应调增收入 2 250 万元。因客户违约收到退房违约金 10 万元,计入“其他应收款”。不需计入收入。

合计应确认的收入=45 000+2 250=47 250(万元)。

增值税采用简易计税方法,城市维护建设税税率为 7%,允许扣除的税金=47 250×5%×(7%+3%+2%)=283.5(万元)。

允许扣除项目金额=18 549+4 608+2 315.7+4 631.4+283.5=30 387.6(万元)。

7. 计算该公司清算土地增值税时应补(退)的土地增值税金额。

【答案解析】 应补(退)的土地增值税金额:

销售收入=47 250(万元)。

扣除项目总额=30 387.6(万元)。

增值额=47 250−30 387.6=16 862.4(万元)。

增值率=16 862.4÷30 387.6×100%=55.49%。

应纳土地增值税=16 862.4×40%−30 387.6×5%=5 225.58(万元)。已预缴土地增值税 900 万元,应补缴土地增值税=5 225.58−900=4 325.58(万元)。

8. 税务机关能否对清算补缴的土地增值税加收滞纳金?请简要说明理由。

【答案解析】 纳税人按规定预缴土地增值税后,清算补缴的土地增值税在主管税务机关规定的期限内补缴额,不加收滞纳金。

9. 计算该公司打包剩余房屋应缴纳的土地增值税。

【答案解析】 2021 年 3 月底,公司将该开发项目剩余 5 000 平方米房屋打包销售,收取不含税价款 4 620 万元。

单位面积成本费用=(30 387.6−283.5)×10 000÷45 000=6 689.8(元)。

打包销售扣除成本＝6 689.8×5 000÷10 000＝3 344.90(万元)。

扣除税金＝4 620×5%×(7%＋3%＋2%)＝27.72(万元)。

可扣除项目总额＝3 344.90＋27.72＝3 372.62(万元)。

增值额＝4 620－3 372.62＝1247.38(万元)。

增值率＝1 247.38÷3 372.62×100%＝36.99%，不超过50%，适用税率为30%。

应缴土地增值税＝1 247.38×30%＝374.21(万元)。

(五)2022年2月，某市税务局拟对辖区内A房地产开发公司开发的房地产项目进行土地增值税清算，该公司为增值税一般纳税人，提供开发项目的资料如下。

(1)2019年8月，受让国有土地8 000平方米用于该项目开发，支付土地价款1 200万元，缴纳契税48万元。因土地闲置，支付土地闲置费100万元。

(2)该项目于2022年2月竣工验收，总建筑面积20 000平方米，其中普通住宅面积14 000平方米，车库、储藏室面积2 000元，商业用房面积4 000平方米。

(3)2022年2月，普通住宅已销售12 500平方米，取得售房收入10 250万元；车库、储藏室已销售1 800平方米，取得售房收入1 440万元；开发的全部商业用房按市场价3 800万元投资入股某商业公司。

(4)房地产开发成本共计9 720万元，其中①扣留建筑安装施工企业质量保证金200万元，未开具发票；②预提房屋修理费300万元。

(5)房地产开发费用中利息支出800万元，但无法准确归集并提供金融机构贷款证明。

(6)已缴纳城建税、教育费附加共123.6万元，房产税1.68万元，土地使用税6.2万元，预缴土地增值税180万元。

(注：售房收入均为不含税收入；无法提供金融机构证明的，以取得地价和房地产开发成本之和的10%计算扣除。)

要求：根据上述资料，分析回答下列问题。

1.简要说明主管税务机关要求该公司进行清算的理由。

【答案解析】 对外投资视同房地产销售，已售面积占比＝18 300÷20 000＝91.5%。已竣工验收的房地产开发项目，已转让的房地产建筑面积占整个项目可售建筑面积的比例在85%以上，或该比例虽未超过85%，但剩余的可售建筑面积已经出租或自用的，主管税务机关可要求纳税人进行土地增值税清算。

2.计算该企业清算时应补缴的土地增值税。

【答案解析】 (1)取得的应税收入＝10 250＋1 440＋3 800＝15 490(万元)。

(2)可扣除项目：

①支付的土地闲置费不得扣除；契税作为土地价款扣除。土地价款＝1 200＋48＝1 248(万元)。

②质保金未开具发票，不得扣除；预提修理费不得扣除。房地产开发成本＝9 720－200－300＝9 220(万元)。

③房地产开发费用＝(1 248＋9 220)×10%＝1 046.80(万元)。

④允许扣除的税费＝123.6(万元)(房产税、土地使用税不可扣除)。

⑤房地产开发企业加计扣除＝(1 248＋9 220)×20%＝2 093.60(万元)。

扣除项目合计=1 248+9 220+1 046.80+123.6+2 093.60=13 732(万元)。

(3)根据各类房产、已售比例进行分摊可扣除金额:

①普通住宅建筑面积占总建筑面积比=14 000÷20 000×100%=70%。

已售普通住宅面积占普通住宅总建筑面积比=12 500÷14 000×100%=89.29%。

②车库、储藏室建筑面积占总建筑面积比=2 000÷20 000×100%=10%。

已售车库、储藏室面积占车库、储藏室总建筑面积比=1 800÷2 000×100%=90%。

③商业用房建筑面积占总建筑面积比=4 000÷20 000×100%=20%。

(4)①已售普通住宅可扣除的项目金额=(1 3732-123.6)×70%×89.29%+123.6×10 250÷15 490=8 505.66+81.79=8587.45(万元)。

②已售车库、储藏室可扣除的项目金额=(13 732-123.6)×10%×90%+123.6×1 440÷15 490=1 224.76+11.49=1 236.25(万元)。

③已售商业用房可扣除的项目金额=(13 732-123.6)×20%+123.6×3 800÷15 490=2 721.68+30.32=2 752(万元)。

(5)应纳土地增值税:

①已售普通住宅:增值额=10 250-8 587.45=1 662.55(万元)。

增值率=1 662.55÷8 587.45×100%=19.36%。

普通住宅增值率小于20%,免征土地增值税。

②已售车库、储藏室:增值额=1 440-1 236.25=203.75(万元)。

增值率=203.75÷1 236.25×100%=16.48%。

应缴纳土地增值税=203.75×30%=61.13(万元)。

③已售商业用房:增值额=3 800-2 752=1 048(万元)。

增值率=1 048÷2 752×100%=38.08%。

应缴纳土地增值税=1048×30%=314.40(万元)。

应缴纳土地增值税合计=61.13+314.40=375.53(万元)。

(6)清算应补缴土地增值税:

应缴纳土地增值税=375.53(万元)。

预缴土地增值税=180(万元)。

应补交土地增值税=375.53-180=195.53(万元)。

第六章　城镇土地使用税

一、单项选择题

1. 下列关于城镇土地使用税税收优惠的表述，不正确的是（　　）。

A. 国家机关自用的土地，免征城镇土地使用税

B. 由国家财政部门拨付事业经费的单位自用的土地，征城镇土地使用税

C. 公园中用于营业的影剧院，征城镇土地使用税

D. 直接用于农、林、牧、渔业的生产用地，免征城镇土地使用税

【参考答案】 B

【答案解析】 选项 B，由国家财政部门拨付事业经费的单位自用的土地，免征城镇土地使用税。

2. 某房地产开发企业开发一住宅项目，实际占地面积 2 000 平方米，建筑面积 4 000 平方米，容积率为 2.0，该房地产开发企业缴纳的城镇土地使用税的计税依据为（　　）平方米。

A. 4 000　　B. 2 000

C. 3 800　　D. 1 800

【参考答案】 B

【答案解析】 城镇土地使用税的计税依据是纳税人实际占用的土地面积，与建筑面积无关。

3. 下列税种中，实行定额税率的是（　　）。

A. 契税　　B. 印花税

C. 房产税　　D. 城镇土地使用税

【参考答案】 D

【答案解析】 选项 ABC，适用比例税率，只有选项 D 实行定额税率。

4. 某公司 2021 年 3 月通过挂牌取得一宗土地，土地出让合同约定 2021 年 4 月交付，土地使用证记载占地面积为 4 000 平方米。该土地年税额 6 元/平方米，该公司应缴纳城镇土地使用税金额为（　　）元。

A. 24 000　　B. 20 000

C. 16 000　　D. 18 000

【参考答案】 C

【答案解析】 税法规定,通过招标、拍卖、挂牌方式取得的建设用地,不属于新征用的耕地,纳税人应按照规定从合同约定交付土地时间的次月起缴纳城镇土地使用税。该公司应缴纳城镇土地使用税=4 000×6×8÷12=16 000(元)。

5. 某企业,增值税一般纳税人,非小型微利企业,位于某经济落后地区,2021 年 12 月取得一宗土地的使用权(未取得土地使用证书),2022 年 1 月已按 2500 平方米申报缴纳城镇土地使用税。2022 年 4 月该企业取得了政府部门核发的土地使用证书,上面注明的土地面积为 3 000 平方米。已知该地区当地政府规定的固定税额为每平方米 0.9 元,并另按照国家规定的最高比例降低税额标准。则该企业 2022 年应该补缴的城镇土地使用税金额为(　　)元。

A. 0　　B. 2 168

C. 315　　D. 360

【参考答案】 C

【答案解析】 经济落后地区,土地使用税的适用税额标准可适当降低,但降低额不得超过上述规定最低税额的 30%。应补缴的城镇土地使用税=(3 000-2 500)×0.9×(1-30%)=315(元)。

6. 下列用地,可以免征城镇土地使用税的是(　　)。

A. 企业内道路占用的土地　　B. 人民法院的办公楼用地

C. 公园的游乐场经营用地　　D. 军队的家属院落用地

【参考答案】 B

【答案解析】 选项 A,企业内道路占用的土地,要征收城镇土地使用税,没有免税规定。选项 C,公园供公共参观游览的用地及其管理单位的办公用地,免征城镇土地使用税,公园中附设的营业场所,如影剧院、饮食部、茶社、照相馆等用地,应征收城镇土地使用税。选项 D,军队本身的办公用地和公务用地,免征城镇土地使用税,军队的家属院落用地,不免税。

7. 下列选项中,不可以作为城镇土地使用税计税依据的是(　　)。

A. 实际占用的土地面积

B. 当地政府确定的单位组织测定的土地面积

C. 房地产开发企业预估面积

D. 房地产管理部门核发的土地使用证书上确认的土地面积

【参考答案】 C

【答案解析】 城镇土地使用税以纳税人实际占用的土地面积为计税依据。实际占用的土地面积按下列办法确定:由省、自治区、直辖市人民政府确定的单位组织测定土地面积的,以测定的面积为准;有房地产管理部门核发的土地使用证书的,以证书确认的土地面积为准;尚未核发土地使用证书的,应由纳税人据实申报土地面积,据以纳税,待核发土地使用证后再作调整。

8. 某矿山企业为增值税一般纳税人,2021 年在市区占地 210 000 平方米(其中,办公楼占地 3 000 平方米、采区运矿及运岩公路占地 2 000 平方米、回水系统用地 5 000 平方米、余下面积为采矿场、排土场用地）。已知城镇土地使用税年税额标准为 4 元/平方米。该企业 2021 年应缴纳城镇土地使用税（　　）万元。

A. 0.6　　B. 1.0

C. 1.2　　D. 2.0

【参考答案】 C

【答案解析】 根据《国家税务总局关于对矿山企业征免土地使用税问题的通知》(〔1989〕国税地字第 122 号)第一条的规定，对矿山的采矿场、排土场、尾矿库、炸药库的安全区、采区运矿及运岩公路、尾矿输送管道及回水系统用地，免征土地使用税。该企业 2021 年应缴纳的城镇土地使用税＝3 000×4÷10 000＝1.2(万元)。

9. 下列关于城镇土地使用税的征收管理，表述正确的是（　　）。

A. 土地使用权共有的各方，由占比最大的纳税人缴纳

B. 土地使用税以纳税人实际占用的土地面积为计税依据

C. 城镇土地使用税按年计算，分期缴纳，纳税期限由各省、自治区、直辖市税务局确定

D. 在同一省范围内，纳税人跨地区使用土地的，由省级人民政府确定纳税地点

【参考答案】 B

【答案解析】 根据《中华人民共和国城镇土地暂行条例》(国务院令 483 号)第三条的规定，土地使用税以纳税人实际占用的土地面积为计税依据。第八条规定，土地使用税按年计算、分期缴纳。缴纳期限由省、自治区、直辖市人民政府确定。根据《关于土地使用税若干具体问题的解释和暂行规定》(国税地字〔1988〕15 号)第五条的规定，土地使用权共有的各方，应按其实际使用的土地面积占总面积的比例，分别计算缴纳土地使用税。第十四条规定，在同一省(自治区、直辖市)管辖范围内，纳税人跨地区使用的土地，如何确定纳税地点，由各省、自治区、直辖市税务局确定。

10. 某生鲜连锁超市，在市区拥有 6 家超市，用地面积共 1 200 平方米。在郊区拥有 3 家超市，用地面积共计 300 平方米，在某乡辖村拥有 1 家超市，面积 70 平方米。该企业城镇土地使用税年应税面积是（　　）平方米。

A. 1 200　　B. 1 270

C. 1 500　　D. 1 570

【参考答案】 C

【答案解析】 根据《关于土地使用税若干具体问题的解释和暂行规定》(国税地字〔1988〕15 号)第三条规定，城市的征税范围为市区和郊区。县城的征税范围为县人民政府所在的城镇。建制镇的征税范围为镇人民政府所在地。该企业城镇土地使用税年应税面积＝1 200＋300＝1 500(平方米)。

11. 下列各项中，不符合现行城镇土地使用税征管规定的是（　　）。

A. 对供电部门的变电站用地，免征土地使用税

B. 对水利设施及其管护用地，免征土地使用税

C. 对水电站的发电厂房用地，免征土地使用税

D. 火电厂围墙外的灰场、输油管道用地，免征土地使用税

【参考答案】 C

【答案解析】 根据《国家税务总局关于水利设施用地征免土地使用税问题的规定》(〔1989〕国税地字第14号)第一条的规定,对水利设施及其管护用地(如水库库区、大坝、堤防、灌渠、泵站等用地),免征土地使用税。根据《国家税务总局关于电力行业征免土地使用税问题的规定》(〔1989〕国税地字第13号)第一条的规定,对火电厂厂区围墙内的用地,均应照章征收土地使用税。对厂区围墙外的灰场、输灰管、输油气管道、铁路专用线用地,免征土地使用税;厂区围墙外的其他用地应照章征税。第二条规定,对水电站的发电厂房用地(包括坝内、坝外式厂房),生产、办公、生活用地,照章征收土地使用税。第三条规定,对供电部门的输电线路用地、变电站用地,免征土地使用税。

12. A林场在城市郊区占地面积90万平方米(其中:森林公园占地17万平方米、防火设施占地12万平方米、运材道占地2万平方米、办公用地占地1万平方米、生活区用地占地3万平方米)。该林场需要缴纳的城镇土地使用税的面积为(　　)万平方米。

A. 3　　B. 4

C. 5　　D. 6

【参考答案】 B

【答案解析】 根据《国家税务总局关于林业系统征免土地使用税问题的通知》(国税函发〔1991〕1404号)第一条的规定,对林区的有林地、运材道、防火道、防火设施用地,免征土地使用税。林业系统的森林公园、自然保护区,可比照公园免征土地使用税。第三条规定,除上述列举免税的土地外,对林业系统的其他生产用地及办公、生活区用地,应照章征收土地使用税。该林场需要缴纳城镇土地使用税的面积=3+1=4(万平方米)。

13. 根据现行规定,下列土地不免征城镇土地使用税的是(　　)。

A. 从事大功率民用涡轴涡桨发动机研制项目自用的科研用地

B. 从事大型民用客机发动机研制项目自用的办公用地

C. 公园、名胜古迹内的索道公司经营用地

D. 个人出租住房用地

【参考答案】 C

【答案解析】 根据《财政部 国家税务总局关于房产税城镇土地使用税有关问题的通知》(财税〔2008〕152号)第二条的规定,公园、名胜古迹内的索道公司经营用地,应按规定缴纳城镇土地使用税。根据《财政部 国家税务总局关于廉租住房经济适用住房和住房租赁有关税收政策的通知》(财税〔2008〕24号)第二条的规定,支持住房租赁市场发展的税收政策,对个人出租住房,不区分用途,按4%的税率征收房产税,免征城镇土地使用税。根据《财政部 税务总局关于民用航空发动机、新建支线飞机和大型客机税收政策的公告》(财政部 税务总局公告2019年第88号)第一条的规定,自2018年1月1日起至2023年12月31日止,对纳税人从事大型民用客机发动机、中大功率民用涡轴涡桨发动机研制项目而形成的增值税期末留抵税额予以退还;对上述纳税人及其全资子公司从事大型民用客机发动机、中大功率民用涡轴涡桨发动机研制项目自用的科技、生产、办公房产以及土地,免征房产税、城镇土地使用税。

14. 某盐场为增值税一般纳税人,2021年在市区占地305 000平方米(其中:办公楼占地

6 000 平方米、盐场内部绿化占地 10 000 平方米、余下面积为盐滩用地）。已知城镇土地使用税年税额标准为 4 元/平方米。该盐场 2021 年应缴纳的城镇土地使用税为（ ）万元。

A. 2.4　　B. 6.4

C. 8.4　　D. 122

【参考答案】 B

【答案解析】 根据《国家税务总局关于对盐场、盐矿征免城镇土地使用税问题的通知》（国税地字〔1989〕141 号）第二条的规定，对盐场的盐滩、盐矿的矿井用地，暂免征收土地使用税。该盐场 2021 年应缴纳的城镇土地使用税＝（6 000＋10 000）×4÷10 000＝6.4（万元）。

15. 某营利性医疗机构为增值税一般纳税人，于 2021 年 10 月设立并办理相关执业登记，其取得的收入，直接用于改善医疗卫生条件。该医疗机构自有一栋房产，提供门诊、住院等服务，占地面积 500 平方米，建筑面积 4500 平方米，办公用面积 1 500 平方米，已知所在地段城镇土地使用税年税额标准为 10 元/平方米。该医疗机构 2022 年全年应纳城镇土地使用税税额是（ ）元。

A. 0　　B. 1 666.67

C. 3 333.33　　D. 5 000.00

【参考答案】 A

【答案解析】 根据《财政部 国家税务总局关于医疗卫生机构有关税收政策的通知》（财税〔2 000〕42 号）第二条第一款的规定，对营利性医疗机构取得的收入，按规定征收各项税收。但为了支持营利性医疗机构的发展，对营利性医疗机构取得的收入，直接用于改善医疗卫生条件的，自取得执业登记之日起，3 年内给予下列优惠：对其自产自用的制剂免征增值税；对营利性医疗机构自用的房产、土地、车船免征房产税、城镇土地使用税和车船使用税。

16. 甲公司位于 A 市 B 县，为增值税一般纳税人，原有土地面积为 15 000 平方米。2021 年 4 月通过挂牌方式取得一宗 3 000 平方米的建设用地，出让合同未约定土地交付日期。已知上述土地的城镇土地使用税年税额标准为 8 元/平方米。则甲公司 2021 年应该缴纳的城镇土地使用税税额是（ ）万元。

A. 12.00　　B. 12.50

C. 13.30　　D. 13.60

【参考答案】 D

【答案解析】 根据《国家税务总局关于通过招拍挂方式取得的土地缴纳城镇土地使用税问题的公告》（国家税务总局公告 2014 年第 74 号）的规定，通过招标、拍卖、挂牌方式取得的建设用地，不属于新征用的耕地，纳税人应按照《财政部 国家税务总局关于房产税 城镇土地使用税有关政策的通知》（财税〔2006〕186 号）第二条的规定，从合同约定交付土地时间的次月起缴纳城镇土地使用税；合同未约定交付土地时间的，从合同签订的次月起缴纳城镇土地使用税。甲公司 2021 年应该缴纳的土地使用税＝（15 000×8＋3 000×8×8÷12）÷10 000＝13.60（万元）。

17. 某民用机场为增值税一般纳税人，2021 年占地面积 45 万平方米，其中飞行区用地 30 万平方米，飞行区四周排水防洪设施用地 5 万平方米，场外道路用地 5 万平方米，场内道路用地1万平方米，工作区用地2万平方米，生活区用地2万平方米，已知该机场所在地段的城镇土地使用税年税额标准为6元/平方米。该机场2021年应该缴纳的城镇土地使用税税额是(　　)万元。

A. 28　　B. 30

C. 60　　D. 90

【参考答案】 B

【答案解析】 根据《国家税务总局关于对民航机场用地征免土地使用税问题的规定》(〔1989〕国税地字第32号)的规定，机场飞行区用地，场内外通讯导航设施用地和飞行区四周排水防洪设施用地，免征土地使用税。机场道路，区分为场内、场外道路。场外道路用地免征土地使用税；场内道路用地依照规定征收土地使用税。机场工作区(包括办公、生产和维修用地及候机楼、停车场)用地、生活区用地、绿化用地，均须依照规定征收土地使用税。该机场2021年应缴纳的土地使用税＝(1＋2＋2)×6＝30(万元)。

18. 甲企业(增值税小规模纳税人)在市郊区拥有一处单独建造的地下建筑，土地使用权证标明土地面积1 030平方米，垂直投影面积1 000平方米。已知所在地段城镇土地使用税年税额标准为10元/平方米，甲企业所在省份按最高幅度执行优惠政策。甲企业2021年应缴纳城镇土地使用税税额是(　　)元。

A. 5 000　　B. 2 500

C. 5 150　　D. 2 575

【参考答案】 D

【答案解析】 根据《财政部 国家税务总局关于房产税城镇土地使用税有关问题的通知》(财税〔2009〕128号)第四条的规定，对在城镇土地使用税征税范围内单独建造的地下建筑用地，按规定征收城镇土地使用税。其中，已取得地下土地使用权证的，按土地使用权证确认的土地面积计算应征税款；未取得地下土地使用权证或地下土地使用证上未标明土地面积的，按地下建筑垂直投影面积计算应征税款。对上述地下建筑用地暂按应征税款的50%征收城镇土地使用税。1 030×10×50%×50%＝2 575(元)。

19. 甲企业为增值税一般纳税人，于2018年购入一栋办公楼，占地面积1500平方米，建筑面积18 000平方米。2021年3月，将第一层中的200平方米交付区公安局无偿使用；2021年4月，将第二层中的600平方米用于出租并于月底交付使用；10月1日，将该房产整体转让给乙企业。已知该企业的房产所在地段城镇土地使用税年税额标准为10元/平方米。甲企业2021年应缴纳城镇土地使用税税额为(　　)元。

A. 11 250.00　　B. 12 388.89

C. 12 402.78　　D. 12 500.00

【参考答案】 C

【答案解析】 根据《财政部 国家税务总局关于房产税城镇土地使用税有关问题的通知》(财税〔2008〕152号)第三条的规定，纳税人因房产、土地的实物或权利状态发生变化而依法终止房产税、城镇土地使用税纳税义务的，其应纳税款的计算应截止到房产、土地的实物或权利状态发生变化的当月末。1 500×(18 000－200)÷18 000×10×7÷12＋1 500×10×3÷12＝8 652.78＋3 750＝12 402.78(元)。

20. 企业在开征范围内的土地，城镇土地使用税计税依据正确的是（　　）。

A. 甲企业自行测量的厂区土地面积

B. 乙企业仓库实际占用的土地面积

C. 丙企业厂房由土地部门核定的土地面积

D. 丁企业办公楼由税务机关核定的土地面积

【参考答案】 B

【答案解析】 根据《中华人民共和国城镇土地使用税暂行条例》第三条的规定，土地使用税以纳税人实际占用的土地面积为计税依据，依照规定税额计算征收。

二、多项选择题

1. 城镇土地使用税以纳税人实际占用的土地面积为计税依据，下列关于实际占用面积和应纳税额计算的说法中，正确的有（　　）。

A. 纳税人实际占用的土地面积，以房地产管理部门核发的土地使用证书与确认的土地面积为准

B. 尚未核发土地使用证书的，应由纳税人据实申报土地面积，据以纳税，待核发土地使用证以后再作调整

C. 城镇土地使用税的应纳税额依据纳税人实际占用的土地面积和适用单位税额计算

D. 土地使用权由几方共有的，可由共有各方协商由一方全额缴纳城镇土地使用税

【参考答案】 ABC

【答案解析】 选项 D，土地使用权由几方共有的，由共有各方按照各自实际使用的土地面积占总面积的比例，分别计算缴纳城镇土地使用税。

2. 甲、乙两家企业共有一宗土地使用权，土地面积为 2 000 平方米，甲、乙企业的实际占用比例分别为 60%、40%。已知该土地适用的城镇土地使用税税额为每平方米 5 元。关于甲、乙企业共用该土地应缴纳的城镇土地使用税，下列各项中，正确的有（　　）。

A. 甲企业应缴纳城镇土地使用税＝200×60%×5＝60 000（元）

B. 甲企业应缴纳城镇土地使用税＝2 000×5＝10 000（元）

C. 乙企业应缴纳城镇土地使用税＝20 000×40%×5＝400（元）

D. 乙企业应缴纳城镇土地使用税＝20 000×5＝1 000（元）

【参考答案】 AC

【答案解析】 土地使用权共有的，以共有各方实际使用土地的面积占总面积的比例，分别计算缴纳城镇土地使用税。

3. 下列说法中，符合城镇土地使用税税收政策的有（　　）。

A. 经省、自治区、直辖市人民政府批准，经济落后地区的城镇土地使用税适用税额标准可以适当降低，但降低额不得超过规定的最低税额的 30%

B. 城镇土地使用税按年计算，分期缴纳

C. 企业厂区以外的公共绿化用地应征收城镇土地使用税

D. 直接从事饲养的专业用地免征城镇土地使用税

【参考答案】 ABD

【答案解析】 选项 C，对企业厂区（包括生产、办公及生活区）以内的绿化用地，应照章

征收城镇土地使用税,厂区以外的公共绿化用地和向社会开放的公园用地,暂免征收城镇土地使用税。

4. 根据城镇土地使用税法律制度的规定,下列各项中,属于城镇土地使用税征税对象的有(   )。

A. 镇政府所在地所辖行政村的集体土地

B. 县政府所在地的国有土地

C. 位于市区由私营企业占用的国有土地

D. 位于工矿区内的国有土

【参考答案】 BCD

【答案解析】 凡在"城市、县城、建制镇和工矿区"(不包括农村)范围内的土地,不论是国家所有的土地,还是集体所有的土地,都是城镇土地使用税的征税范围。

5. 以下选项属于城镇土地使用税的纳税义务人的有(   )。

A. 拥有土地使用权的单位和个人

B. 拥有农村集体土地使用权的农村居民

C. 土地使用权未确定或权属纠纷未解决时的实际使用人

D. 土地使用权共有时的共有各方

【参考答案】 ACD

【答案解析】 选项 B,由于农村不属于城镇土地使用税的征税范围,所以农村居民不属于城镇土地使用税的纳税义务人。

6. 下列用地免征城镇土地使用税的有(   )。

A. 盐场的盐滩用地

B. 非营利性老年服务机构自用土地

C. 举行宗教仪式用地和寺庙宗教人员的生活用地

D. 自收自支事业单位自用土地

【参考答案】 ABC

【答案解析】 选项 D,自收自支事业单位自用土地不属于城镇土地使用税免征范围。

7. 关于矿山企业征免城镇土地使用税,下列说法正确的有(   )。

A. 采矿场地用地免征城镇土地使用税

B. 排土场用地免征城镇土地使用税

C. 矿工宿舍用地免征城镇土地使用税

D. 回水系统用地免征城镇土地使用税

E. 炸药库的安全区用地免征城镇土地使用税

【参考答案】 ABDE

【答案解析】 根据《国家税务总局关于矿山企业征免土地使用税问题的通知》(〔1989〕国税地字第 122 号)第一条的规定,对矿山的采矿场、排土场、尾矿库、炸药库的安全区、采取运矿及运岩公路、尾矿输送管道及回水系统用地,免征土地使用税。

8. 根据城镇土地使用税的相关规定,下列关于免征城镇土地使用税表述不正确的是(   )。

A. 经批准开山填海整治的土地和改造的废弃土地，从使用的月份起免缴土地使用税 3 年

B. 采摘、观光农业用于采摘的土地，不属于直接用于农、林、牧、渔业的生产用地

C. 企业厂区内的铁路专用线减按 50%征收土地使用税

D. 企业厂区内未加隔离的绿化用地免征土地使用税

E. 厂区以外的公共绿化用地暂免征收土地使用税

【参考答案】 ABCD

【答案解析】 根据《中华人民共和国城镇土地使用税暂行条例》（国务院令 483 号）第六条的规定，经批准开山填海政治的土地和改造的废弃土地，从使用的月份起免缴土地使用税 5 年至 10 年。根据《关于土地使用税若干具体问题的补充规定》（国税地字〔1989〕140 号）第十一条的规定，对企业的铁路专用线、公路等用地，除另有规定者外，在企业厂区（包括生产、办公及生活区）以内的，应照章征收土地使用税；在厂区以外、与社会公共用地段未加隔离的，暂免征收土地使用税。第十三条规定，对企业厂区以内的绿化用地，应照章征收土地使用税，厂区以外的公共绿化用地和向社会开放的公园用地，暂免征收土地使用税。

9. 关于纳税人使用的土地不属于同一管辖范围的，确定城镇土地使用税纳税地点正确的有（　　）。

A. 跨省使用应税土地的，报国家税务总局确定纳税地点

B. 跨省使用应税土地的，由两省税务机关协商确定纳税地点

C. 省内跨地区使用应税土地的，由省税务机关确定纳税地点

D. 省内跨地区使用应税土地的，由省人民政府确定纳税地点

E. 跨省使用应税土地的，分别向土地所在地的税务机关缴纳

【参考答案】 CE

【答案解析】 根据《关于土地使用税若干具体问题的解释和暂行规定》（国税地字〔1988〕15 号）第十四条的规定，关于纳税人使用的土地不属于同一省（自治区、直辖市）管辖范围的，如何确定纳税地点。纳税人使用的土地不属于同一省（自治区、直辖市）管辖范围的，应由纳税人分别向土地所在地的税务机关缴纳土地使用税。在同一省（自治区、直辖市）管辖范围内，纳税人跨地区使用的土地，如何确定纳税地点，由各省、自治区、直辖市税务局确定。

10. 根据城镇土地使用税的相关规定，下列土地的征免税，由各省、自治区、直辖市税务局确定的有（　　）。

A. 个人所有的居住房屋及院落用地

B. 免税单位职工家属的宿舍用地

C. 房产管理部门在房租调整改革前经租的居民住房用地

D. 民政部门举办的安置残疾人占一定比例的福利工厂用地

E. 集体和个人办的各类学校、医院、托儿所、幼儿园用地

【参考答案】 ABCE

【答案解析】 根据《关于土地使用税若干具体问题的解释和暂行规定》（国税地字〔1988〕15 号）第十八条的规定，下列土地的征免税，由省、自治区、直辖市税务局确定：1. 个人所有的居住房屋及院落用地；2. 房产管理部门在房租调整改革前经租的居民住房用地；

3.免税单位职工家属的宿舍用地;4.民政部门举办的安置残疾人占一定比例的福利工厂用地;5.集体和个人办的各类学校、医院、托儿所、幼儿园用地。根据《财政部 国家税务总局关于安置残疾人就业单位城镇土地使用税等政策的通知》(财税〔2010〕121号)第一条的规定,对于在一个纳税年度内月平均实际安置残疾人就业人数占单位在职职工总数的比例高于25%(含25%)且实际安置残疾人人数高于10人(含10人)的单位,可减征或免征该年度城镇土地使用税。具体减免税比例及管理办法由省、自治区、直辖市财税主管部门确认。国税地字〔1988〕15号第十八条第四项同时废止。

11.甲、乙两公司均为增值税一般纳税人。甲公司有两宗土地使用权。宗地一为单独建造的地下商场,占地面积5 000平方米;宗地二为甲、乙两公司共有的厂房用地,总面积为8 000平方米,甲公司占比为75%。已知当地城镇土地使用税年税额标准分别为:宗地一12元/平方米、宗地二8元/平方米。关于两宗土地涉及的城镇土地使用税,下列说法正确的有(　　)。

A.甲公司就宗地一全年应缴纳城镇土地使用税6.0万元

B.甲公司就宗地二全年应缴纳城镇土地使用税4.8万元

C.甲公司所占两宗土地全年应缴纳城镇土地使用税10.8万元

D.甲、乙两公司就宗地二全年应缴纳城镇土地使用税6.4万元

E.宗地二由甲公司和乙公司按照实际使用土地占比分别缴纳税款

【参考答案】 BDE

【答案解析】 根据《财政部 国家税务总局关于房产税城镇土地使用税有关问题的通知》(财税〔2009〕128号)第四条的规定,对在城镇土地使用税征税范围内单独建造的地下建筑用地,按规定征收城镇土地使用税,对上述地下建筑用地暂按应征税款的50%征收城镇土地使用税。根据《关于土地使用税若干具体问题的解释和暂行规定》(国税地字〔1988〕15号)第五条的规定,土地使用权共有的各方,应按其实际使用的土地面积占总面积的比例,分别计算缴纳土地使用税。甲公司宗地一应缴纳税额=5 000×12×50%÷10 000=3(万元);宗地二甲公司应缴纳税额=8 000×75%×8÷10 000=4.8(万元);甲公司应缴纳税额=3+4.8=7.8(万元)。宗地二应缴纳税额=8 000×8÷10 000=6.4(万元)。

12.关于火电厂征免城镇土地使用税的处理,下列说法正确的有(　　)。

A.厂区围墙外的输油管道,应照章征税

B.厂区围墙内的用地免征城镇土地使用税

C.对厂区围墙外的灰场免征城镇土地使用税

D.对厂区围墙外的输灰管免征城镇土地使用税

E.对厂区围墙外的铁路专用线用地免征城镇土地使用税

【参考答案】 CDE

【答案解析】 根据《国家税务总局关于电力行业征免土地使用税问题的规定》(〔1989〕国税地字第13号)第一条的规定,对火电厂厂区围墙内的用地,均应照章征收土地使用税。对厂区围墙外的灰场、输灰管、输油气管道、铁路专用线用地,免征土地使用税;厂区围墙外的其他用地应照章征税。

13.关于养老服务机构征免城镇土地使用税,下列说法正确的是(　　)。

A. 甲是营利性老年服务机构，其自用土地免征城镇土地使用税

B. 乙是非营利性的老年服务机构，其自用土地免征城镇土地使用税

C. 丙是为社区提供养老服务的非营利性机构，其自用土地免征城镇土地使用税

D. 丁是为社区提供养老服务的营利性机构，其承租的房产免征城镇土地使用税

E. 戊是为社区提供养老服务的营利性机构，其无偿使用其他单位的房产免征城镇土地使用税

【参考答案】 BCDE

【答案解析】 根据《财政部 税务总局 发展改革委 民政部 商务部 卫生健康委关于养老、托育、家政等社区家庭服务业税费优惠政策的公告》(财政部 税务总局 发展改革委 民政部 商务部 卫生健康委公告 2019 年第 76 号)第二条的规定，为社区提供养老、托育、家政等服务的机构自有或其通过承租、无偿使用等方式取得并用于提供社区养老、托育、家政服务的房产、土地，免征房产税、城镇土地使用税。根据《财政部 国家税务总局关于对老年服务机构有关税收政策问题的通知》(财税〔2 000〕97 号)第一条的规定，对政府部门和企事业单位、社会团体以及个人等社会力量投资兴办的福利性、非营利性的老年服务机构自用房产、土地、车船的房产税、城镇土地使用税、车船使用税。

14. 根据城镇土地使用税的相关规定，下列关于土地使用税的纳税期限表述正确的有(　　)。

A. 征用的耕地，自批准征用之次月起缴纳土地使用税

B. 征用的非耕地，自批准征用之当月起缴纳土地使用税

C. 征用的非耕地，自批准征用之次月起缴纳土地使用税

D. 征用的耕地，自批准征用之日起满一年时开始缴纳土地使用税

E. 征用的非耕地，自批准征用之日起满一年时开始缴纳土地使用税

【参考答案】 CD

【答案解析】 根据《中华人民共和国城镇土地使用税暂行条例》第九条，新征用的土地，依照下列规定缴纳土地使用税：(一)征用的耕地，自批准征用之日起满 1 年时开始缴纳土地使用税；(二)征用的非耕地，自批准征用之次月起缴纳土地使用税。

15. 甲非营利性医疗机构为增值税一般纳税人、非小型微利企业，自有房产数栋用于提供医疗服务，共占地面积 5 000 平方米，房屋总建筑面积 72 500 平方米，其中行政管理单位用房 3 500 平方米，医疗服务用房 69 000 平方米，将院内停车场 3 000 平方米有偿出租给乙公司用于停车收费经营。已知所在地段城镇土地使用税年税额标准为 10 元/平方米。下列关于城镇土地使用税说法正确的有(　　)。

A. 乙公司 2022 年无需缴纳城镇土地使用税

B. 甲机构 2022 年无需缴纳城镇土地使用税

C. 乙公司 2022 年应缴纳城镇土地使用税 30 000 元

D. 甲机构 2022 年应缴纳城镇土地使用税 30 000 元

E. 甲机构 2022 年应缴纳城镇土地使用税 80 000 元

【参考答案】 AD

【答案解析】 根据《财政部 国家税务总局关于医疗卫生机构有关税收政策的通知》(财

税〔2 000〕42 号)第一条第二款的规定,对非营利性医疗机构从事非医疗服务取得的收入,如租赁收入、财产转让收入、培训收入、对外投资收入等应按规定征收各项税收。

16. 2022 年,甲企业(增值税一般纳税人)将房产的一部分无偿出借给区公安局派出所办公使用一年(2022 年 1 月 1 日至 2022 年 12 月 31 日),该房产共两层,占地 220 平方米,每层建筑面积 210 平方米,无偿出借部分建筑面积 90 平方米。已知房产所在地段城镇土地使用税年税额 10 元/平方米。关于城镇土地使用税的征管,下列说法正确的有(　　)。

A. 甲企业 2022 年应交城镇土地使用税 2 200 元

B. 派出所无需缴纳城镇土地使用税

C. 甲企业 2022 年应缴纳城镇土地使用税 1 728. 57 元

D. 派出所 2022 年应缴纳城镇土地使用税 471. 23 元

E. 甲企业无偿出借部分仍需要缴纳城镇土地使用税

【参考答案】 BC

【答案解析】 根据《关于土地使用税若干具体问题的补充规定》(国税地字〔1989〕140 号)第一条的规定,对免税单位无偿使用纳税单位的土地(如公安、海关等单位使用铁路、民航等单位的土地),免征土地使用税;对纳税单位无偿使用免税单位的土地,纳税单位应照章缴纳土地使用税。第二条规定,纳税单位与免税单位共同使用共有使用权土地上的多层建筑,对纳税单位可按其占用的建筑面积占建筑总面积的比例计征土地使用税。甲企业 2022 年应缴纳城镇土地使用税=(210×2－90)÷420×220×10=1 728. 57(元)。

17. 根据城镇土地使用税的相关规定,下列有关城镇土地使用税纳税义务人的表述不正确的有(　　)。

A. 应税范围内的集体建设用地未办理流转手续而出租的,以实际使用人为纳税人

B. 集体建设用地由集体组织缴纳城镇土地使用税

C. 城镇土地使用税纳税义务人规定中所称个人,不包括个体工商户

D. 城镇土地使用税纳税义务人规定中所称单位,不包括国家机关、军队

E. 房管部门经租的公房用地,凡土地使用权属于房管部门的,由房管部门缴纳土地使用税

【参考答案】 ABCD

【答案解析】 根据《财政部 国家税务总局关于集体土地城镇土地使用税有关政策的通知》(财税〔2006〕56 号)的规定,在城镇土地使用税征税范围内实际使用应税集体所有建设用地、但未办理土地使用权流转手续的,由实际使用集体土地的单位和个人按规定缴纳城镇土地使用税。根据《中华人民共和国城镇土地使用税暂行条例》第二条的规定,前款所称单位,包括国有企业、集体企业、私营企业、股份制企业、外商投资企业、外国企业以及其他企业和事业单位、社会团体、国家机关、军队以及其他单位;所称个人,包括个体工商户以及其他个人。根据《关于土地使用税若干具体问题的解释和暂行规定》(国税地字〔1988〕15 号)第四条的规定,土地使用税由拥有土地使用权的单位或个人缴纳。第十六条规定,房管部门经租的公房用地,凡土地使用权属于房管部门的,由房管部门缴纳土地使用税。

18. 甲煤炭企业在应征土地使用税范围内的各类用地如下,关于煤炭企业城镇土地使用税的征免分析正确的有(　　)。

A. 已取得土地使用权、但未利用的塌陷地应征城镇土地使用税

B. 煤炭企业的塌陷地在未利用之前，暂缓征收土地使用税

C. 煤炭企业矸石山、排土场用地，暂免征收土地使用税

D. 煤炭企业向社会开放的公园，暂免征收土地使用税

E. 煤炭企业的公共绿化带用地，暂免征收土地使用税

【参考答案】 ACDE

【答案解析】 根据《财政部 国家税务总局关于煤炭企业未利用塌陷地城镇土地使用税政策的通知》(财税〔2006〕74 号)第一条的规定，对位于城镇土地使用税征收范围内的煤炭企业已取得土地使用权、但未利用的塌陷地，自 2006 年 9 月 1 日起恢复征收城镇土地使用税。根据《国家税务局关于对煤炭企业用地征免土地使用税问题的规定》(国税地字〔1989〕第 89 号)第一条的规定，煤炭企业的矸石山、排土场用地，防排水沟用地，矿区办公、生活区以外的公路、铁路专用线及轻便道和输变电线路用地，火炸药库库房外安全区用地，向社会开放的公园及公共绿化带用地，暂免征收土地使用税。

19. 关于使用填海整治土地，下列主体可免征城镇土地使用税的有(　　)。

A. 受让由甲企业填海整治所形成土地的 A 企业

B. 经批准后自行填海造地并直接使用的 B 企业

C. 以划拨方式取得已完成填海整治土地的 C 企业

D. 填海造地后已享受免征城镇土地使用税 3 年的 D 企业

E. 填海造地后已享受免征城镇土地使用税 10 年的 E 企业

【参考答案】 BD

【答案解析】 根据《国家税务总局关于填海整治土地免征城镇土地使用税问题的批复》(国税函〔2005〕968 号)的规定，按照《中华人民共和国城镇土地使用税暂行条例》第六条的规定，享受免缴土地使用税 5—10 年的填海整治的土地，是指纳税人经有关部门批准后自行填海整治的土地，不包括纳税人通过出让、转让、划拨等方式取得的已填海整治的土地。

20. 以下关于现行供热企业房产税和城镇土地使用税涉税处理，表述不正确的有(　　)。

A. 对向居民供热收取采暖费的供热企业，为居民供热所使用的厂房及土地免征房产税、城镇土地使用税

B. 对专业供热企业，按向居民供热建筑面积占总供热建筑面积的比例，计算免征供热所使用的厂房及土地的房产税、城镇土地使用税

C. 对兼营供热企业，视其供热所使用的厂房及土地与其他生产经营活动所使用的厂房及土地是否可以区分，按照不同方法计算免征的房产税、城镇土地使用税

D. 对自供热单位，按其向居民供热取得的采暖费收入占全部采暖费收入的比例，计算免征的房产税、城镇土地使用税

E. 所谓“供热企业”是指热力产品生产和人力产品经营企业，其中热力产品生产企业包括专业供热企业和兼营供热企业，但不包括自供热单位

【参考答案】 BDE

【答案解析】 根据《财政部 税务总局关于延续供热企业增值税房产税城镇土地使用税

优惠政策的通知》(财税〔2019〕38号)第二条的规定,对专业供热企业,按其向居民供热取得的采暖费收入占全部采暖费收入的比例,计算免征的房产税、城镇土地使用税。对兼营供热企业,视其供热所使用的厂房及土地与其他生产经营活动所使用的厂房及土地是否可以区分,按照不同方法计算免征的房产税、城镇土地使用税。对自供热单位,按向居民供热建筑面积占总供热建筑面积的比例,计算免征供热所使用的厂房及土地的房产税、城镇土地使用税。第三条规定,"供热企业"是指热力产品生产和人力产品经营企业,其中热力产品生产企业包括专业供热企业和兼营供热企业以及自供热单位。根据《财政部 税务总局关于延长部分税收优惠政策执行期限的公告》(财政部 税务总局公告2021年第6号)第二条的规定,《财政部 税务总局关于延续供热企业增值税房产税城镇土地使用税优惠政策的通知》(财税〔2019〕38号)规定的税收优惠政策,执行期限延长至2023年供暖期结束。

三、判断题

1. 纳税人新征用的耕地(应征收耕地占用税),自批准征用之日次月起开始缴纳城镇土地使用税。(　　)

【参考答案】 错误

【答案解析】 纳税人新征用的耕地(应征收耕地占用税),自批准征用之日起满1年时开始缴纳城镇土地使用税。

2. 纳税单位无偿使用免税单位的土地不需要缴纳城镇土地使用税。(　　)

【参考答案】 错误

【答案解析】 纳税单位无偿使用免税单位的土地,纳税单位需要按章缴纳城镇土地使用税。

3. 甲企业2021年安排13名残疾人就业,2021年全年平均职工人数为40人。该企业可减征或免征该年度城镇土地使用税。(　　)

【参考答案】 正确

【答案解析】 根据《财政部 国家税务总局关于安置残疾人就业单位城镇土地使用税等政策的通知》(财税〔2010〕121号)第一条的规定,对在一个纳税年度内月平均实际安置残疾人就业人数占单位在职职工总数的比例高于25%(含25%)且实际安置残疾人人数高于10人(含10人)的单位,可减征或免征该年度城镇土地使用税。

4. 免税单位职工家属的宿舍用地是否减免城镇土地使用税,由省、自治区、直辖市税务局确定。(　　)

【参考答案】 正确

【答案解析】 根据《关于土地使用税若干具体问题的解释和暂行规定》(国税地字〔1988〕15号)第十八条的规定,下列土地的征免税,由省、自治区、直辖市税务局确定:……免税单位职工家属的宿舍用地。

5. 根据《中华人民共和国城镇土地使用税暂行条例》的规定,县城、建制镇、工矿区土地使用税每平方米年税额为0.6元至12元。(　　)

【参考答案】 正确

【答案解析】 根据《中华人民共和国城镇土地使用税暂行条例》第四条的规定,土地使用税每平方米年税额如下:

(一)大城市1.5元至30元;

(二)中等城市1.2元至24元;

(三)小城市0.9元至18元;

(四)县城、建制镇、工矿区0.6元至12元。

第五条规定,省、自治区、直辖市人民政府,应当在本条例第四条规定的税额幅度内,根据市政建设状况、经济繁荣程度等条件,确定所辖地区的适用税额幅度。经省、自治区、直辖市人民政府批准,经济落后地区土地使用税的适用税额标准可以适当降低,但降低额不得超过本条例第四条规定最低税额的30%。

6.土地使用权未确定或权属纠纷未解决的土地,暂不缴纳城镇土地使用税。(　)

【参考答案】 错误

【答案解析】 根据《关于土地使用税若干具体问题的解释和暂行规定》(国税地字〔1988〕15号)第四条的规定,土地使用权未确定或权属纠纷未解决的,由实际使用人纳税。

7.企业兴办幼儿园自用的土地,免征城镇土地使用税。(　)

【参考答案】 正确

【答案解析】 根据《财政部 国家税务总局关于教育税收政策的通知》(财税〔2004〕39号)第二条的规定,对国家拨付事业经费和企业办的各类学校、托儿所、幼儿园自用的房产、土地,免征房产税、城镇土地使用税。

8.张某一处住房出租,不论承租方用于居住还是经营,张某均可享受减半征收城镇土地使用税。(　)

【参考答案】 错误

【答案解析】 根据《财政部 国家税务总局关于廉租住房、经济适用住房和住房租赁有关税收政策的通知》(财税〔2008〕24号)第二条第三款的规定,对个人出租住房,不区分用途,按4%的税率征收房产税,免征城镇土地使用税。

9.纳税人没有取得政府部门核发的土地使用证书,且相关部门也未组织测定的,暂按纳税人据实申报的面积作为计税依据。(　)

【参考答案】 正确

【答案解析】 根据《关于土地使用税若干具体问题的解释和暂行规定》(国税地字〔1988〕15号)第六条的规定,纳税人实际占用的土地面积,是指由省、自治区、直辖市人民政府确定的单位组织测定的土地面积,尚未组织测量,但纳税人持有政府部门核发的土地使用证书的,以证书确认的土地面积为准;尚未核发土地使用证书的,应由纳税人据实申报土地面积。

10.经省、自治区、直辖市税务机关批准,经济落后地区的城镇土地使用税适用税额标准可以适当降低,但降低额不得超过本条例第四条规定最低标准的50%。(　)

【参考答案】 错误

【答案解析】 根据《中华人民共和国城镇土地使用税暂行条例》第五条的规定,经省、自治区、直辖市税务机关批准,经济落后地区的城镇土地使用税适用税额标准可以适当降低,但降低额不得超过本条例第四条规定最低标准的30%。

11.应税企业租用的厂房,一律由租用厂房的企业按实际占地面积征收城镇土地使用

税。( )

【参考答案】 错误

【答案解析】 根据《中华人民共和国城镇土地使用税暂行条例》第二条的规定,在城市、县城、建制镇、工矿区范围内使用土地的单位和个人,为城镇土地使用税的纳税人,应当依照本条例规定缴纳土地使用税。城镇土地使用税由拥有土地使用权的单位或个人缴纳,即应由出租方缴纳城镇土地使用税。

12. 甲企业是经营采摘、观光农业的单位,其直接用于采摘、观光的种植土地免征城镇土地使用税。( )

【参考答案】 正确

【答案解析】 根据《财政部 国家税务总局关于房产税、城镇土地使用税有关政策的通知》(财税〔2006〕186号)第三条的规定,在城镇土地使用税征收范围内经营采摘、观光农业的单位和个人,其直接用于采摘、观光的种植、养殖、饲养的土地,根据《中华人民共和国城镇土地使用税暂行条例》第六条中"直接用于农、林、牧、渔业的生产用地"的规定,免征城镇土地使用税。

13. 对核电站的办公用地在基建期内减半征收城镇土地使用税。( )

【参考答案】 正确

【答案解析】 根据《财政部 国家税务总局关于核电站用地征免城镇土地使用税的通知》第一条的规定,对核电站的核岛、常规岛、辅助厂房和通讯设施用地(不包括地下线路用地),生活、办公用地按规定征收城镇土地使用税,其他用地免征城镇土地使用税。第二条规定,对核电站应税土地在基建期内减半征收城镇土地使用税。

14. 纳税人实际占用的土地尚未核发土地使用证书的,按照税务机关核定的占地面积缴纳城镇土地使用税。( )

【参考答案】 错误

【答案解析】 根据《关于土地使用税若干具体问题的解释和暂行规定》(国税地字〔1988〕15号)第六条的规定,纳税人实际占用的土地面积,是指由省、自治区、直辖市人民政府确定的单位组织测定的土地面积,尚未组织测量,但纳税人持有政府部门核发的土地使用证书的,以证书确认的土地面积为准;尚未核发土地使用证书的,应由纳税人据实申报土地面积。

15. 对城市公交站场、道路客运站场、城市轨道交通系统运营用地,免征城镇土地使用税。( )

【参考答案】 正确

【答案解析】 根据《财政部 税务总局关于继续对城市公交站场道路客运站场、城市轨道交通系统减免城镇土地使用税优惠政策的通知》(财税〔2019〕11号)第一条的规定,对城市公交站场、道路客运站场、城市轨道交通系统运营用地,免征城镇土地使用税。根据《财政部 税务总局关于延长部分税收优惠政策执行期限的公告》(财政部 税务总局公告2022年第4号),上述政策延长到2023年12月31日。

16. 某专门从事仓储的公司,其自有不同的仓储设施A、B两处,其中A处为仓库占地5 000平方米,主要用于存储水果;B处为罩棚,占地10 000平方米,主要用于存储钢材。则该企业两处仓储设施均可享受减按所属土地等级适用税额标准的50%计征城镇土地使用

税。（　　）

【参考答案】 错误

【答案解析】 根据《财政部 税务总局关于继续实施物流企业大宗商铺仓储设施用地城镇土地使用税优惠政策的公告》(财政部 税务总局公告 2020 年第 16 号)第一条的规定，自 2020 年 1 月 1 日起至 2022 年 12 月 31 日止，对物流企业自有(包括自用和出租)或承租的大宗商品仓储设施用地，减按所属土地等级适用税额标准的 50%计征城镇土地使用税。本公告所称大宗商品仓储设施，是指同一仓储设施占地面积在 6 000 平方米及以上，且主要储存粮食、棉花、油料、糖料、蔬菜、水果、肉类、水产品、化肥、农药、种子、饲料等农产品和农业生产资料，煤炭、焦炭、矿砂、非金属矿产品、原油、成品油、化工原料、木材、橡胶、纸浆及纸制品、钢材、水泥、有色金属、建材、塑料、纺织原料等矿产品和工业原材料的仓储设施。本公告所称仓储设施用地，包括仓库库区内的各类仓房(含配送中心)、油罐(池)、货场、晒场(堆场)、罩棚等储存设施和铁路专用线、码头、道路、装卸搬运区域等物流作业配套设施的用地。第三条规定，物流企业的办公、生活区用地及其他非直接用于大宗商品仓储的土地，不属于本公告规定的减税范围，应按规定征收城镇土地使用税。A 处不能享受，B 处可以享受。

17. 对国家级、省级科技企业孵化器、大学科技园和国家备案众创空间自用以及无偿或通过出租等方式提供给在孵对象使用的土地，免征城镇土地使用税。（　　）

【参考答案】 正确

【答案解析】 根据《财政部 税务总局科技部教育部关于科技企业孵化器大学科技园和众创空间税收政策的通知》(财税〔2018〕120 号)第一条的规定，自 2019 年 1 月 1 日至 2021 年 12 月 31 日，对国家级、省级科技企业孵化器、大学科技园和国家备案众创空间自用以及无偿或通过出租等方式提供给在孵对象使用的房产、土地，免征房产税和城镇土地使用税。根据《财政部 税务总局关于延长部分税收优惠政策执行期限的公告》(财政部 税务总局公告 2022 年第 4 号)，上述政策延长到 2023 年 12 月 31 日。

18. 2021 年 1 月甲市 A 村(城中村)将集体所有建设用地出租给 B 企业使用五年，但未办理土地流转手续。2022 年 1 月 B 企业又将该建设用地的一部分转租给 C 企业使用，则 2022 年应由 B 企业和 C 企业按各自占用集体土地面积缴纳城镇土地使用税。（　　）

【参考答案】 错误

【答案解析】 根据《财政部 税务总局关于承租集体土地城镇土地使用税有关政策的通知》(财税〔2017〕29 号)的规定，在城镇土地使用税征税范围内，承租集体所有建设用地的，由直接从集体经济组织承租土地的单位和个人，缴纳城镇土地使用税。2022 年应该由 B 企业缴纳城镇土地使用税。

19. 对政府部门和企事业单位、社会团体以及个人等社会力量投资兴办的福利性、非营利性的老年服务机构，暂免征收老年服务机构自用土地的城镇土地使用税。

【参考答案】 正确

【答案解析】 根据《财政部 国家税务总局关于对老年服务机构有关税收政策问题的通知》(财税〔2 000〕97 号)第一条的规定，对政府部门和企事业单位、社会团体以及个人等社会力量投资兴办的福利性、非营利性的老年服务机构，暂免征收企业所得税，以及老年服务机构自用房产、土地、车船的房产税、城镇土地使用税、车船使用税。

20. 某金融租赁公司甲市A分公司,2021年被中国人民银行依法决定撤销,对A分公司被撤销清算期间从债务方接收的房地产,免征房产税、城镇土地使用税。

【参考答案】 正确

【答案解析】《财政部 国家税务总局关于被撤销金融机构有关税收政策问题的通知》(财税〔2003〕141号)第二条第二项的规定,对被撤销金融机构清算期间自有的或从债务方接收的房地产、车辆,免征房产税、城镇土地使用税和车船使用税。第一条规定,享受税收优惠政策的主体是指经中国人民银行依法决定撤销的金融机构及其分设于各地的分支机构,包括被依法撤销的商业银行、信托投资公司、财务公司、金融租赁公司、城市信用社和农村信用社。除另有规定者外,被撤销的金融机构所属、附属企业,不享受本通知规定的被撤销金融机构的税收优惠政策。

四、计算题

(一)甲企业为增值税一般纳税人,非小型微利企业。2021年企业基本情况及业务开展情况如下。

(1)账簿及合同签订情况:2021年实收资本和资本公积比上年增加20万元;签订购销合同60份,价值总计800万元;签订以货易货合同一份,以自产产品取换原材料,交易价值200万元;签订抵押贷款合同一份,贷款金额300万元,贷款期限1年,年利率10%;办理抵押的房产价值500万元。

(2)占地情况:厂房占地6 000平方米,办公楼占地400平方米,厂办幼儿园占地30平方米,厂区内绿化用地30平方米。

(3)房产情况:原有房产价值800万元,自7月1日起与乙企业签订合同将其中价值200万元的房产出租给乙企业,每月收取50万元的不含税租金收入;另外,委托施工企业新建仓库一座,8月中旬验收入账,价值80万元。

(4)车辆情况:企业2021年拥有载货汽车25辆,挂车10辆,整备质量均为5吨;2.5升排量的小轿车2辆。当地省政府规定的房产原值扣除比例为20%;载货汽车车船税税额为30元/吨;2.5升排量的小轿车车船税税额为560元/辆,城镇土地使用税4元/平方米。

要求:根据上述资料,计算甲企业2021年应缴纳的相关税款。

【答案解析】 1. 实收资本和资本公积应纳印花税=200 000×0.5‰×50%=500(元);

购销合同应纳印花税=2 000 000×0.3‰=600(元);

以货易货合同应纳印花税=200 000×2×0.3‰=1 200(元);

贷款合同应纳印花税=300 000×0.05‰=150(元);

2021年应缴纳印花税合计=50+600+1 200+150=7 850(元)。

2. 幼儿园占地免征城镇土地使用税。

2021年应缴纳城镇土地使用税=(6 000+400+300+300)×4=28 000(元)。

3. 2021年应缴纳房产税=[(800−200)×(1−20%)×1.2%+200(1−0%)×1.2%×6+12+50×6×12%+800×(1−20%)×1.2%×4+12]×10 000=1 057 600(元)

4. 2021年应缴纳车船税=25×5×30+10×5×30×50%+2×560=5 620(元)。

(二)某工业企业,增值税一般纳税人,非小型微利企业,2021年发生以下业务。

(1)该企业占地情况如下:厂房60 000平方米,办公楼占地5 000平方米,厂办子弟学校

4 000 平方米，厂办职工食堂及对外餐厅 3 000 平方米，厂办医院和幼儿园占地各 2 000 平方米，厂区内绿化用地 4 000 平方米，养殖专业用地 10 000 平方米，7 月占用非耕地 10 000 平方米用于厂房扩建，签订产权转移数据，支付价款 350 万元，并且取得了土地使用证。

(2)其原有房产价值 7 000 万元，自 7 月 1 日起与甲企业签订合同以其中价值 2 000 万元的房产使用权出租给甲企业，期限两年，每年收取 40 万元的含税租金收入，在合同中按含税租金列示；另外委托施工企业修建物资仓库，签订合同，8 月中旬办理验收手续，建筑合同注明价款 800 万元，并按此价值计入固定资产核算。

(3)企业 2021 年拥有载货汽车 20 辆、挂车 10 辆，整备质量均为 10 吨；2.0 升排气量小轿车 3 辆。6 月 5 日新购入客货两用汽车 5 辆，排气量均为 2.0 升，整备质量均为 2.40 吨。

(提示：城镇土地使用税为每平方米 5 元；已知当地省政府规定的房产原值扣除比例为 30%；当地规定载货汽车年纳税标准 96 元/吨，2.0 升小型乘用车每年 480 元/辆。)

要求：根据上述资料，分析回答下列问题。

1. 该企业 2021 年应缴纳的城镇土地使用税为(　　)元。

A. 420 833.33　　B. 400 833.33

C. 380 833.33　　D. 360 000

【参考答案】 C

【答案解析】 厂办的学校、医院、幼儿园均属于城镇土地使用税的免税范围；用于养殖专业用地免征城镇土地使用税。全年应缴纳城镇土地使用税＝(60 000＋5 000＋3 000＋4 000)×5＋10 000×5÷12×5＝380 833.33(元)。

2. 该企业 2021 年应缴纳的房产税为(　　)万元。

A. 50.40　　B. 52.62

C. 76.82　　D. 79.06

【参考答案】 D

【答案解析】 出租房产从租计征房产税。应缴纳房产税＝40÷(1＋9%)×6×12%＝26.42(万元)。委托施工企业建设的房屋，从办理验收手续之日的次月起，计征房产税。

仓库应缴纳房产税＝800×(1－30%)×1.2%×4÷12＝2.24(万元)。

从价房产税＝(7 000－2 000)×(1－30%)×1.2%＋2 000×(1－30%)×1.2%×6÷12＝50.40(万元)。

合计当年应缴纳房产税＝26.42＋2.24＋50.40＝79.06(万元)。

3. 该企业 2021 年应缴纳的车船使用税为(　　)元。

A. 32 640　　B. 27 840

C. 26 112　　D. 26 592

【参考答案】 C

【答案解析】 载货汽车应纳车船税＝20×10×96＝19 200(元)。

挂车应纳车船税＝10×10×96×50%＝4 800(元)。

小轿车应纳车船税＝480×3＝1 440(元)。

客货两用车应纳车船税＝2.4×5×96×7÷12＝672(元)。

合计应缴车船税＝19 200＋4 800＋1 440＋672＝26 112(元)。

第七章　企业所得税

一、单项选择题

1. 下列所得，可以减按10%的税率征收企业所得税的是（　　）。

A. 符合条件的小型微利企业取得的所得

B. 当年未享受税收优惠的国家规划布局内的重点软件生产企业取得的所得

C. 国家需要重点扶持的高新技术企业取得的所得

D. 在中国境内设立机构、场所的非居民企业，取得与该机构、场所有实际联系的所得

【参考答案】 B

【答案解析】 选项A，符合条件的小型微利企业取得所得，适用的税率为20%。选项C，国家需要重点扶持的高新技术企业减按15%的税率征收企业所得税。选项D，适用的税率为25%。

2. 自2018年1月1日起，所有企业发生的职工教育经费支出，不超过工资薪金总额（　　）的部分，准予在计算企业所得税应纳税所得额时扣除；超过部分，准予在以后纳税年度结转扣除。

A. 10%　　　　B. 12%

C. 14%　　　　D. 8%

【参考答案】 D

【答案解析】 2018年1月1日起，所有企业发生的职工教育经费支出，不超过工资薪金总额8%的部分，准予在计算企业所得税应纳税所得额时扣除；超过部分，准予在以后纳税年度结转扣除。

3. 甲企业2022年生产饮料取得全年产品销售收入3400万元，出租机器设备取得不含税租金收入600万元，接受一辆小汽车捐赠，不含税市价40万元，从联营企业分回投资收益600万元；当年实际发生业务招待费200万元。该企业当年准予在企业所得税税前扣除的业务招待费金额是（　　）万元。

A. 175　　　　B. 20

C. 120　　D. 80

【参考答案】 B

【答案解析】 根据《中华人民共和国企业所得税法》的规定，计算业务招待费扣除限额的基数为销售（营业）收入，包括主营业务收入、其他业务收入和视同销售收入。接受捐赠收入、投资收益不作为计算扣除限额的基数。业务招待费扣除限额＝(3 400＋600)×5‰＝20（万元）小于 200×60％＝120（万元），所以允许税前扣除的业务招待费为 20 万元。

4. 2022 年度，甲企业实现销售收入 600 万元，当年发生广告费 80 万元，上年度结转未扣除广告费 120 万元。已知广告费不超过当年销售收入 15％的部分，准予扣除。甲企业在计算 2022 年度企业所得税纳税所得额时，准予扣除的广告费金额为（　　）万元。

A. 80　　B. 120

C. 90　　D. 92

【参考答案】 C

【答案解析】 扣除限额＝600×15％＝90（万元）；当年实际发生 80 万元可以全额扣除。另外，还可以扣除上年度结转未扣除的广告费 10 万元，合计 90 万元。

5. 下列选项中，属于划分居民企业和非居民企业标准的是（　　）。

A. 注册地、实际管理机构所在地　　B. 注册资金、从业人员人数

C. 注册地、注册资金　　D. 管理机构、从业人员人数

【参考答案】 A

【答案解析】 注册地、实际管理机构所在地是划分居民企业和非居民企业的标准。

6. 根据《中华人民共和国企业所得税法》的规定，下列说法中正确的是（　　）。

A. 企业接受捐赠收入，按合同约定日期确认收入

B. 被投资企业将股权（票）溢价所形成的资本公积转为股本的，作为投资方企业的股息红利收入

C. 租赁合同规定的租赁期限跨年度的，且租金提前一次性支付的，出租人要一次性确认收入

D. 非营利组织接受其他单位或者个人捐赠的收入为免税收入

【参考答案】 D

【答案解析】 选项 A，企业接受捐赠收入，按照实际收到捐赠资产的日期确认收入的实现。选项 B，被投资企业将股权（票）溢价所形成的资本公积转为股本的，不作为投资方企业的股息、红利收入，投资方企业也不得增加该项长期投资的计税基础。选项 C，如果交易合同或协议中规定租赁期限跨年度，且租金提前一次性支付的，根据《中华人民共和国企业所得税法实施条例》第九条规定的收入与费用配比原则，出租人可对已确认的收入，在租赁期内，分期均匀计入相关年度收入。

7. 下列各项收入中免征企业所得税的是（　　）。

A. 转让国债取得转让收入

B. 非营利组织免税收入孳生的银行存款利息

C. 国际金融组织向居民企业提供一般货款的利息收入

D. 应用种植观赏性作物并销售取得的收入

【参考答案】 B

【答案解析】 选项A,国债利息收入免税,但国债转让所得不免税。选项C,国际金融组织向中国政府和居民企业提供优惠贷款取得的利息所得免征企业所得税。选项D,观赏性作物的种植,减半征收企业所得税。

8. 根据企业所得税相关规定,一般情况下无形资产摊销年限不得低于( )年。

A. 3　　B. 5

C. 7　　D. 10

【参考答案】 D

【答案解析】 根据《中华人民共和国企业所得税法》的相关规定,一般情况下无形资产摊销年限不得低于10年。

9. 下列不属于可以使用的存货成本计算方法的是( )。

A. 先进先出法　　B. 加权平均法

C. 个别计价法　　D. 实地盘点法

【参考答案】 D

【答案解析】 企业销售的存货的成本计算方法,可以在先进先出法、加权平均法、个别计价法中选用一种。一经选用,不得变更。

10. 自2019年1月1日起至2023年12月31日,对符合条件的从事污染防治的第三方企业减按( )的税率征收企业所得税。

A. 15%　　B. 10%

C. 20%　　D. 25%

【参考答案】 A

【答案解析】 根据《财政部 税务总局关于延长部分税收优惠政策执行期限的公告》(财政部税务总局2022年第4号),《财政部、税务总局、国家发展改革委、生态环境部关于从事污染防治的第三方企业所得税政策问题的公告》(财政部税务总局国家发展改革委生态环境部公告2019年第60号),自2019年1月1日起至2023年12月31日,对符合条件的从事污染防治的第三方企业减按15%的税率征收企业所得税。

11. 下列关于企业所得税税收优惠的表述,不正确的是( )。

A. 坚果的种植享受免征企业所得税的优惠

B. 农产品初加工享受免征企业所得税的优惠

C. 海水养殖享受免征企业所得税的优惠

D. 花卉的种植享受减半征收企业所得税的优惠

【参考答案】 C

【答案解析】 选项C,海水养殖享受减半征收企业所得税的优惠。

12. 企业享受节能项目的优惠条件发生变化的,应当自发生变化之日起( )日内向主管税务机关书面报告。

A. 10　　B. 15

C. 25　　D. 20

【参考答案】 B

【答案解析】 企业享受节能项目的优惠条件发生变化的，应当自发生变化之日起15日内向主管税务机关书面报告。

13. 下列关于沪港股票市场交易互联互通机制试点有关税收政策的表述，不正确的是( )。

A. 对内地企业投资者通过沪港通投资中国香港联交所上市股票取得的转让差价所得，依法免征企业所得税

B. 对内地企业投资者通过沪港通投资中国香港联交所上市股票取得的股息红利所得，计入其收入总额，依法计征企业所得税

C. 内地居民企业投资者通过沪港通投资中国香港联交所上市股票，其连续持有H股满12个月取得的股息红利所得，依法免征企业所得税

D. 内地企业投资者自行申报缴纳企业所得税时，对中国香港联交所非H股上市公司已代扣代缴的股息红利所得税，可依法申请税收抵免

【参考答案】 A

【答案解析】 选项A，对内地企业投资者通过沪港通投资中国香港联交所上市股票取得的转让差价所得，计入其收入总额，依法征收企业所得税。

14. 下列关于小型微利企业税收优惠的表述，不正确的是( )。

A. 小型微利企业减按20%的税率征收企业所得税

B. 某工业企业属于小型微利企业，则其资产总额没有超过5 000万元

C. 符合小型微利企业条件的从业人数，包含与企业建立劳动关系的职工人数，但不包含企业接受的劳务派遣用工人数

D. 某商业企业属于小型微利企业，则其年度应纳税所得额小于等于300万元

【参考答案】 C

【答案解析】 选项C，符合小型微利企业条件的从业人数，包含与企业建立劳动关系的职工人数和企业接受的劳务派遣用工人数。

15. 下列选项中，不属于非货币资产的是( )。

A. 甲公司生产用的机器设备两台

B. 乙公司年底产生的应收款项360万元

C. 丙公司仓库存放的代销产品100吨

D. 丁公司新研发产品的专利

【参考答案】 B

【答案解析】 选项B，乙公司年底产生的应收款项360万元属于货币资产。

16. 甲企业2022年因管理不善损失一批原材料，账面成本为400万元，适用的增值税税率为13%，该批原材料获得保险公司320万元的赔偿，责任人赔偿8万元。该企业2022年计算企业所得税，允许税前扣除的原材料损失金额为( )万元。

A. 72

B. 1 268

C. 52

D. 124

【参考答案】 D

【答案解析】 企业存货因管理不善发生的损失，进项税额应作转出处理，作为损失一并扣除；企业发生的财产损失不包括从保险公司和责任人处获得的赔偿。原材料损失金额＝40＋40×13%－320－8＝124(万元)。

17. 下列关于企业所得税纳税地点的表述中,错误的是(　　)。

A. 居民企业在中国境内设立不具有法人资格的营业机构的,应当汇总计算缴纳企业所得税

B. 非居民企业在中国境内设立两个或两个以上机构、场所的,经税务机关审核批准,可以选择由其主要机构、场所汇总缴纳企业所得税

C. 非居民企业在中国境内未设立机构、场所的,以扣缴义务人所在地为纳税地点

D. 非居民企业在中国境内设立机构、场所,但发生在境外与所设机构、场所有实际联系的所得,以扣缴义务人所在地为纳税地点

【参考答案】 D

【答案解析】 选项D,非居民企业在中国境内设立机构、场所,但发生在境外与所设机构、场所有实际联系的所得,以机构、场所所在地为纳税地点。

18. 以下说法错误的是(　　)。

A. 对企业出资给非营利性科学技术研究开发机构、高等学校用于基础研究的支出,在计算应纳税所得额时可按实际发生额在税前扣除,并可按100%在税前加计扣除

B. 对企业出资给政府性自然科学基金用于基础研究的支出,在计算应纳税所得额时可按实际发生额在税前扣除,并可按75%在税前加计扣除

C. 对非营利性科研机构接收企业、个人和其他组织机构基础研究资金收入,免征企业所得税

D. 对高等学校接收企业、个人和其他组织机构基础研究资金收入,免征企业所得税

【参考答案】 B

【答案解析】 对企业出资给非营利性科学技术研究开发机构(科学技术研究开发机构以下简称科研机构)、高等学校和政府性自然科学基金用于基础研究的支出,在计算应纳税所得额时可按实际发生额在税前扣除,并可按100%在税前加计扣除。

对非营利性科研机构、高等学校接收企业、个人和其他组织机构基础研究资金收入,免征企业所得税。

19. 下列关于房地产开发企业预提(应付)费用的企业所得税处理,正确的是(　　)。

A. 部分房屋未销售的,清算相关税款时可按计税成本预提费用

B. 公共配套设施尚未建造或尚未完工的,可按预算造价合理预提建造费用

C. 其他单位分配的房产还未办理完手续的,可按预计利润率预提费用

D. 出包工程未最终办理结算而未取得全额发票的,可按合同总金额的30%预提费用

【参考答案】 B

【答案解析】 除以下几项预提(应付)费用外,计税成本均应为实际发生的成本。(1)出包工程未最终办理结算而未取得全额发票的,在证明资料充分的前提下,其发票不足金额可以预提,但最高不得超过合同总金额的10%。(2)公共配套设施尚未建造或尚未完工的,可按预算造价合理预提建造费用。此类公共配套设施必须符合已在售房合同、协议或广告、模型中明确承诺建造且不可撤销,或按照法律法规规定必须配套建造的条件。(3)应向政府上缴但尚未上缴的报批报建费用、物业完善费用可以按规定预提。物业完善费用是指按规定应由企业承担的物业管理基金、公建维修基金或其他专项基金。

20. 某居民企业 2022 年实现会计利润总额 400 万元，在当年生产经营活动中发生了符合规定的公益性捐赠支出 60 万元，假设当年无其他纳税调整项目，2022 年该企业应缴纳企业所得税(　　)万元。

A. 100　　B. 103

C. 15　　D. 112

【参考答案】 B

【答案解析】 公益性捐赠支出当年税前扣除限额＝400×12%＝48(万元)，所以捐赠支出纳税调增额＝12 万元。应缴纳企业所得税＝412×0.25＝103(万元)。

21. 下列纳税人适用核定征收企业所得税的是(　　)。

A. 上市公司　　B. 律师事务所

C. 证券公司　　D. 化妆品生产企业

【参考答案】 D

【答案解析】 不得采用核定征收企业所得税的“特殊行业、特殊类型纳税人和一定规模以上的纳税人”包括：享受《中华人民共和国企业所得税法》《中华人民共和国企业所得税法实施条例》和国务院规定的一项或几项企业所得税优惠政策的企业(不包括仅享受《中华人民共和国企业所得税法》第二十六条规定免税收入优惠政策的企业)；汇总纳税企业；上市公司；银行、小额贷款公司、证券公司、信用社、保险公司、期货公司、信托投资公司、金融资产管理公司、融资租赁公司、担保公司、财务公司、典当公司等金融企业；会计、资产评估、房地产估价、工程造价、价格鉴证、审计、税务、土地估价、律师、公证机构、基层法律服务机构、专利代理、商标代理以及其他经济鉴证类社会中介机构。

22. 根据《中华人民共和国企业所得税法》的规定，下列关于企业转让限售股说法中不正确的是(　　)。

A. 企业转让限售股取得的收入，应作为企业应税收入计算纳税

B. 限售股转让收入扣除限售股原值和合理税费后的余额为该限售股转让所得

C. 企业未能提供完整、真实的限售股原值凭证，不能准确计算该限售股原值的，主管税务机关一律按该限售股转让收入的 10%，核定为该限售股原值和合理税费

D. 依照规定完成纳税义务后的限售股转让收入余额转付给实际所有人时不再纳税

【参考答案】 C

【答案解析】 企业未能提供完整、真实的限售股原值凭证，不能准确计算该限售股原值的，主管税务机关一律按该限售股转让收入的 15%，核定为该限售股原值和合理税费。

23. 某非居民企业在境内设立机构、场所，因会计账簿不健全，不能正确核算收入总额和成本费用，但经费支出总额 240 万元能够准确核算。税务机关决定按照核定的方法征收企业所得税，税务机关核定的利润率为 20%，该企业应缴纳的企业所得税额为(　　)万元。

A. 10　　B. 17

C. 15　　D. 35

【参考答案】 C

【答案解析】 应缴纳税所得额＝经费支出总额÷(1－经税务机关核定的利润率)×经税务机关核定的利润率＝240÷(1－20%)×20%＝60(万元)，应缴纳企业所得税＝60×

25%=15(万元)。

24. 下列关于外国企业常驻代表机构经费支出的税务处理方法,符合企业所得税相关规定的是(　　)。

A. 以货币形式用于我国境内的公益救济性捐赠,发生的当期一次性作为经费支出

B. 代表机构搬迁发生的装修费用,在冲抵搬迁处置收入后分年抵减应纳税所得额

C. 代表机构设立时发生的装修费用,在发生的当期一次性作为经费支出

D. 购置固定资产的支出,通过计提折旧分别计入相应各期经费支出

【参考答案】 C

【答案解析】 选项 A,以货币形式用于我国境内的公益、救济性质的捐赠、滞纳金、罚款,以及为其总机构垫付的不属于其自身业务活动所发生的费用,不应作为代表机构的经费支出额。选项 BD,购置固定资产所发生的支出,以及代表机构设立时或者搬迁等原因所发生的装修费支出,应在发生时一次性作为经费支出额换算收入计税。

25. 下列转让定价方法,可以适用于所有类型关联交易的是(　　)。

A. 可比非受控价格法　　B. 再销售价格法

C. 交易净利润法　　D. 成本加成法

【参考答案】 A

【答案解析】 一般情况下,可比非受控价格法可以适用于所有类型的关联交易。

26. 企业从事国家重点扶持的公共基础项目经营的所得,享受第一年至第三年免征企业所得税,第四年至第六年减半征收企业所得税税收优惠,起始时间是(　　)。

A. 获利年度

B. 盈利年度

C. 领取营业执照年度

D. 项目取得第一笔生产经营收入所属纳税年度

【参考答案】 D

【答案解析】 企业从事国家重点扶持的公共基础项目经营的所得,享受第一年至第三年免征企业所得税,第四年至第六年减半征收企业所得税税收优惠,起始时间是项目取得第一笔生产经营收入所属纳税年度。

27. 某机器制造企业为居民纳税人,2022 年计入成本、费用的实发工资总额为 840 万元,支出职工福利费 150 万元、职工教育经费 60 万元,拨缴职工工会经费 16.8 万元,该企业 2022 年计算应纳税所得额时准予在税前扣除的工资和三项经费合计为(　　)万元。

A. 1 011.3　　B. 1 108.5

C. 1 123.5　　D. 1 034.4

【参考答案】 D

【答案解析】 企业发生的合理的工资、薪金支出准予据实扣除。职工福利费扣除限额=840×14%=117.6(万元),实际发生 150 万元,准予扣除 117.6 万元;职工教育经费扣除限额=840×8%=67.2(万元),实际发生 60 万元,可以据实扣除;职工工会经费扣除限额=840×2%=16.8(万元),实际发生 16.8 万元,可以据实扣除;税前准予扣除的工资和三项经费合计=840+117.6+60+16.8=1 034.4(万元)。

28. 根据企业所得税法的规定，下列说法不正确的是(　　)。

A. 中药材的种植所得免征企业所得税

B. 符合条件的创投企业可以按照投资额的 85％在股权持有满 1 年的当年抵扣该创业投资企业的应纳税所得额

C. 符合条件的高新技术企业享受 15％的企业所得税优惠税率

D. 海水养殖所得减半征收企业所得税

【参考答案】 B

【答案解析】 符合条件的创投企业，可以按照其投资额的 70％在股权持有满 2 年的当年抵扣该创业投资企业的应纳税所得额。

29. 某非居民企业其在中国境内设立机构场所，因会计核算不健全，不能正确核算收入总额，但成本费用总额 200 万元核算是正确的，税务机关决定按照核定的方法征收企业所得税，税务机关核定的利润率为 25％，该非居民企业应缴纳的企业所得税为(　　)万元。

A. 15.45　　　　B. 16.67

C. 15.23　　　　D. 17.45

【参考答案】 B

【答案解析】 应纳税所得额＝成本费用总额÷(1－经税务机关核定的利润率)×经税务机关核定的利润率＝200÷(1－25％)×25％＝66.67(万元)。应缴纳企业所得税＝66.67×25％＝16.67(万元)。

30. 2021 年年初甲居民企业以实物资产 1 000 万元直接投资于乙居民企业，取得乙企业 30％的股权。2022 年 3 月，甲企业将持有乙企业的股权全部转让，取得收入 1 200 万元，转让时乙企业在甲企业投资期间形成的未分配利润为 800 万元。关于甲企业该项投资业务的说法，正确的是(　　)。

A. 甲企业取得投资转让所得 200 万元

B. 甲企业应确认投资的股息所得 800 万元

C. 甲企业应确认的应纳税所得额为 140 万元

D. 甲企业投资转让所得应缴纳企业所得税 13 万元

【参考答案】 A

【答案解析】 转让股权收入扣除为取得该股权所发生的成本后，为股权转让所得。企业在计算股权转让所得时，不得扣除被投资企业未分配利润等股东留存收益中按该项股权所可能分配的金额。甲企业投资转让所得＝1 200－1 000＝200(万元)。

31. 下列关于房地产开发企业成本费用扣除的企业所得税处理的说法，正确的是(　　)。

A. 开发产品整体报废或毁损的，其确认的净损失不得在税前扣除

B. 因国家收回土地使用权而形成的损失，可按高于实际成本的 10％在税前扣除

C. 企业集团统一融资再分配给其他成员企业使用，发生的利息费用不得在税前扣除

D. 开发产品转为自用的，实际使用时间累计未超过 12 个月又销售的，折旧费用不得在税前扣除

【参考答案】 D

【答案解析】 选项 A,审核后可以扣除。选项 B,企业因国家无偿收回土地使用权而形成的损失,可作为财产损失按有关规定在税前扣除。选项 C,企业集团或其成员企业统一向金融机构借款分摊集团内部其他成员企业使用的,借入方凡能出具从金融机构取得借款的证明文件,可以在使用借款的企业间合理的分摊利息费用,使用借款的企业分摊的合理利息准予在税前扣除。

32. 某高新技术企业适用企业所得税税率为 15%,2022 年 8 月依照法院裁定将其代持有的面值 400 万元的限售股,通过证券登记结算公司变更到实际持有人名下,应缴纳的企业所得税为(　　)万元。

A. 80　　B. 60

C. 200　　D. 0

【参考答案】 D

【答案解析】 相关税法规定,依法院判决、裁定等原因,通过证券登记结算公司,企业将其代持的个人限售股直接变更到实际所有人名下的,不视同转让限售股。

33. 某加工厂资产总额 5440 万元,税务机关对其 2022 年经营业务进行检查时发现产品销售收入为 16 000 万元,转让国债收入 2 000 万元,国债利息收入 6 万元,但无法查实成本费用,税务机关采用核定办法对其征收所得税,应税税率为 15%。2022 年该加工厂应缴纳企业所得税(　　)万元。

A. 585　　B. 667

C. 675　　D. 406

【参考答案】 C

【答案解析】 成本费用无法核实,按照应税收入额核定计算所得税。国债利息收入免征企业所得税。应纳企业所得税额=(16 000+2 000)×15%×25%=675(万元)。

34. 下列关于企业发生的支出,可在发生当期直接在企业所得税税前扣除的是(　　)。

A. 固定资产改良支出

B. 租入固定资产的改建支出

C. 固定资产的日常修理支出

D. 已足额提取折旧的固定资产的改建支出

【参考答案】 C

【答案解析】 选项 A,企业的固定资产改良支出,如果有关资产尚未提足折旧,可增加固定资产价值;如果有关资产已提足折旧,可作为长期待摊费用,在规定的期限内平均分摊。选项 BD,应作为长期待摊费用,按规定摊销。

35. 企业与其关联方之间的业务往来,不符合独立交易原则的,税务机关有权在该业务发生的纳税年度起一定期限内,进行纳税调整。这个期限是(　　)年。

A. 2　　B. 3

C. 5　　D. 10

【参考答案】 D

【答案解析】 企业与其关联方之间的业务往来,不符合独立交易原则,或者企业实施其他不具有合理商业目的的安排的,税务机关有权在该业务发生的纳税年度起 10 年内,进行纳税调整。

36. 2022 年某软件生产企业列支合理的职工薪酬 600 万元，实际发放 480 万元，当年实际发生的福利费支出是 80 万元，职工教育经费 40 万元(其中包括职工培训费 10 万元)。假设不考虑期初余额，则 2022 年福利费及职工教育经费对应的应纳税所得额(　　)万元。

A. 调增 12.8　　B. 调增 30.8

C. 调增 40.8　　D. 不需要调整

【参考答案】 A

【答案解析】 因为职工福利费扣除限额＝480×14%＝67.2(万元)，所以职工福利费应纳税调增＝80－67.2＝12.8(万元)。软件生产企业发生的职工教育经费中的职工培训费用，可以全额在企业所得税前扣除，所以该企业列支的 10 万元职工培训费可以全额扣除。职工教育经费扣除限额＝480×8%＝38.4(万元)，所以职工教育经费无须纳税调整。2022 年福利费及职工教育经费应纳税调增 12.8 万元。

37. 某企业 2022 年年初按金融机构同期同类贷款利率从其关联方(非金融机构)借款 6 800 万元用于生产经营，本年度发生借款利息 408 万元。已知关联方对该企业的权益性投资额为 3 000 万元。该企业在计算企业所得税应纳税所得额时，准予扣除的利息金额是(　　)万元。

A. 90　　B. 408

C. 180　　D. 360

【参考答案】 D

【答案解析】 企业实际支付给关联方的利息支出，除另有规定外，按不超过其接受关联方债权性投资与权益性投资比例部分对应的利息进行扣除，除金融企业外的其他企业的扣除比例为 2∶1。该企业的权益性投资额为 3 000 万元，关联方债权性投资不超过 3 000×2＝6 000(万元)的部分对应的利息准予扣除，现借款 6 800 万元，准予扣除的利息金额是 6 000 万元产生的利息，借款利率＝408÷6 800×100%＝6%，则可以税前扣除的利息金额＝6 000×6%＝360(万元)。

38. 2022 年 8 月甲企业以吸收方式合并乙企业，合并业务符合特殊性税务处理条件。合并时乙企业净资产账面价值 2 200 万元，市场公允价值 3 000 万元，弥补期限内的亏损 140 万元，年末国家发行的最长期限的国债利率为 4.5%。2022 年由甲企业弥补乙企业的亏损额为(　　)万元。

A. 126　　B. 138

C. 135　　D. 142

【参考答案】 C

【答案解析】 可由合并企业弥补的被合并企业亏损的限额＝被合并企业净资产公允价值×截至合并业务发生当年年末国家发行的最长期限的国债利率。2022 年甲企业弥补乙企业的亏损额＝3 000×4.5%＝135(万元)。

39. 甲企业 2022 年 11 月营业期满，宣布终止经营，实施解散清算，清算时该企业资产转让所得 400 万元，债务清偿损失 240 万元，清算税金及附加 10 万元，发生清算费用支出 20 万元。该企业清算时应缴纳的企业所得税是(　　)万元。

A. 10　　B. 18

C. 25　　D. 26

【参考答案】 A

【答案解析】 清算所得额＝400－10－20－240＝40(万元),应缴纳企业所得税额＝40×25%＝10(万元)。

40. 2022年某居民企业实现商品销售收入4 050万元,发生现金折扣20万元,后因商品质量问题,发生销货退回50万元,接受捐赠收入240万元,转让无形资产所有权取得收入40万元,国债利息收入10万元,确实无法偿付的应付款项20万元。2022年该企业的企业所得税应税收入为(　　)万元。(以上收入均为不含增值税收入)

A. 4 280　　B. 4 300

C. 40　　D. 4 400

【参考答案】 B

【答案解析】 销售商品涉及现金折扣的,应当按扣除现金折扣前的金额确定销售商品收入金额。企业已经确认销售收入的售出商品发生销售折让和销售退回,应当在发生当期冲减当期销售商品收入。国债利息收入免税。所以,企业所得税应税收入＝(4 050－50)＋240＋40＋20＝4 300(万元)。

41. 2022年12月甲饮料厂给职工发放自制的果汁作为福利,其中果汁的成本为36万元,同期对外销售价格为40万元。根据企业所得税相关规定,该厂发放上述福利应确认收入(　　)万元。

A. 20　　B. 40

C. 60　　D. 70

【参考答案】 B

【答案解析】 企业发生视同销售情形时,属于企业自制的资产,应按企业同类资产对外销售价格确定销售收入。

42. 某居民企业按照成本费用发生额核定征收企业所得税,2022年度成本费用总额368万元,应税所得率为8%。该企业2022年度应纳企业所得税是(　　)万元。

A. 8　　B. 7.40

C. 7.36　　D. 7

【参考答案】 A

【答案解析】 该企业2022年度应纳企业所得税＝368/(1－8%)×8%×25%＝8(万元)。

43. 某电子公司(企业所得税税率为15%)2022年1月1日向母公司(企业所得税税率为25%)借入2年期贷款10 000万元用于购置原材料,约定年利率为10%,银行同期同类贷款利率为7%。2022年该电子公司企业所得税前可扣除的该笔借款的利息费用为(　　)万元。

A. 500　　B. 0

C. 700　　D. 1 000

【参考答案】 C

【答案解析】 电子公司的实际税负不高于境内关联方，不需要考虑债资比的限制，该笔借款税前可以扣除的金额为不超过金融机构同期同类贷款利率计算的数额。2022 年该电子公司企业所得税前可扣除的该笔借款的利息费用＝10 000×7％＝700(万元)。

44. 某公司 2022 年实际发生合理的工资支出 400 万元，实际扣除的三项经费合计 104 万元，其中职工福利费本期发生 64 万元，拨缴的工会经费 8 万元，已取得工会拨缴款收据，实际发生职工教育经费 32 万元，该公司在计算 2022 年应纳税所得额时，应调整的应纳税所得额为(　　)万元。

A. 8　　B. 15
C. 10　　D. 9

【参考答案】 A

【答案解析】 职工福利费扣除限额＝400×14％＝56(万元)，实际发生 64 万元，准予扣除 56 万元；工会经费扣除限额＝400×2％＝8(万元)，实际发生 8 万元，可据实扣除；职工教育经费扣除限额＝400×8％＝32(万元)，实际发生 32 万元，可据实扣除；应调整的应纳税所得额＝64－56＝8(万元)。

45. 境外某公司在中国境内未设立机构、场所，2022 年取得境内甲公司支付的股息红利 60 万元；取得境内乙公司支付的不含税的设备租金收入 160 万元，当年该设备计提折旧 20 万元，发生的修理费用 10 万元；取得境内丙公司支付的商标使用费 100 万元(不含税)；取得境内丁公司支付的财产转让收入 200 万元，该财产净值为 130 万元。2022 年度该境外公司在我国应缴纳企业所得税(　　)万元。

A. 34　　B. 36
C. 39　　D. 43

【参考答案】 C

【答案解析】 非居民企业从中国境内取得的股息、红利等权益性投资收益和利息、租金、特许权使用费所得，以收入全额为应纳税所得额。应纳税额＝(60＋160＋100)×10％＋(200－130)×10％＝39(万元)。

46. 下列关于收入确认时点的表述正确的是(　　)。

A. 利息收入，按照合同约定的债务人应付利息的日期确认收入的实现
B. 租金收入，按照承租人实际支付租金的日期确认收入的实现
C. 接受捐赠收入，按照签订捐赠合同的日期确认收入的实现
D. 权益性投资收益，按照被投资方作利润分配账务处理的日期确认收入的实现

【参考答案】 A

【答案解析】 选项 B，租金收入，按照合同约定的承租人应付租金的日期确认收入的实现。选项 C，接受捐赠收入，按照实际收到捐赠资产的日期确认收入的实现。选项 D，股息、红利等权益性投资收益，除国务院财政、税务主管部门另有规定外，按照被投资方作出利润分配决定的日期确认收入的实现。

47. 在 2022 年度，下列收入应该征收企业所得税的是(　　)。

A. 符合条件的专项用途财政性资金
B. 依法收取并纳入财政管理的行政事业收费

C. 依法收取并纳入财政管理的政府性基金

D. 特许权使用费收入

【参考答案】 D

【答案解析】 根据《财政部国家税务总局关于财政性资金、行政事业性收费、政府性基金有关企业所得税政策问题的通知》(财税〔2008〕151 号),选项 ABC,属于不征税收入。

48. 假定某企业 2022 年度取得主营业务收入 6 000 万元,转让国债取得净收益 1040 万元,其他业务收入 240 万元,与收入配比的成本 4300 万元,全年发生销售费用 820 万元(其中广告费支出 240 万元),管理费用 460 万元(其中业务招待费支出 48 万元),利息费用 340 万元。营业外支出 140 万元(其中公益捐款支出 80 万元),假设不存在其他纳税事项,该企业 2022 年应缴纳企业所得税(　　)万元。

A. 301. 5　　B. 309. 8

C. 245. 9　　D. 287. 6

【参考答案】 B

【答案解析】 广告费扣除的限额=(6 000+240)×15%=936(万元),实际发生了 240 万元,销售费用准予全部扣除。业务招待费实际发生额的 60%=48×60%=28. 8(万元),销售收入的(6 000+240)×0. 05%=312(万元),按 28. 8 万元税前扣除,应调增 48-28. 8=19. 2(万元),可税前扣除的管理费=460-19. 2=440. 8(万元)。会计利润=6 000+1 040+240-4 300-820-460-340-140=1 220(万元),捐赠限额=1220×12%=146. 4(万元),可据实扣除 80 万元。应缴纳企业所得税=(1 220+19. 2)×25%=309. 8(万元)。

49. 自 2018 年 1 月 1 日起,当年具备高新技术企业或科技型中小企业资格(以下简称资格)的企业,其具备资格年度之前 5 个年度发生的尚未弥补完的亏损,准予结转以后年度弥补,最长结转年限由 5 年延长至(　　)年。

A. 7　　B. 8

C. 10　　D. 15

【参考答案】 C

【答案解析】 根据《关于延长高新技术企业和科技型中小企业亏损结转年限的通知》(财税〔2018〕76 号),自 2018 年 1 月 1 日起,当年具备高新技术企业或科技型中小企业资格的企业,其具备资格年度之前 5 个年度发生的尚未弥补完的亏损,准予结转以后年度弥补,最长结转年限由 5 年延长至 10 年。

50. 在计算应纳税所得额时,下列支出不得扣除的是(　　)。

A. 缴纳的土地增值税　　B. 合理分配的材料成本

C. 向投资者支付的股息、红利　　D. 销售固定资产的损失

【参考答案】 C

【答案解析】 向投资者支付的股息、红利等权益性投资收益款项不得税前扣除。

51. 关于自行开发的无形资产计税基础的确认,下列表述正确的是(　　)。

A. 以研究、开发过程中实际发生的支出为计税基础

B. 以研究、开发过程中达到预定用途前发生的支出为计税基础

C. 以开发过程中实际发生的支出为计税基础

D. 以开发过程中该资产符合资本化条件后至达到预定用途前发生的支出为计税基础

【参考答案】 D

【答案解析】《中华人民共和国企业所得税法实施条例》第六十六条规定，自行开发的无形资产，以开发过程中该资产符合资本化条件后至达到预定用途前发生的支出为计税基础。

52. 按照相关税法规定，企业使用或者销售的存货成本计算方法不得采用（　　）。

A. 先进先出法　　B. 后进先出法

C. 加权平均法　　D. 个别计价法

【参考答案】 B

【答案解析】《中华人民共和国企业所得税法实施条例》第七十三条规定，企业使用或者销售的存货的成本计算方法，可以在先进先出法、加权平均法、个别计价法中选用一种。计价方法一经选用，不得随意变更。

53. 林木类和畜类生产性生物资产计算折旧的最低年限分别是（　　）。

A. 10 年；3 年　　B. 5 年；10 年

C. 20 年；3 年　　D. 5 年；20 年

【参考答案】 A

【答案解析】《中华人民共和国企业所得税法实施条例》第六十四条规定，生产性生物资产计算折旧的最低年限如下：林木类生产性生物资产，为 10 年；畜类生产性生物资产，为 3 年。

54. 按照规定，下列表述错误的是（　　）。

A. 企业发生的计入成本费用的工资薪金支出准予全额税前扣除

B. 企业发生的职工福利费支出不超过工资薪金总额 14% 的部分准予税前扣除

C. 为投资者支付的补充养老保险费、补充医疗保险费在规定标准内准予扣除

D. 为投资者或者职工支付的商业保险费，不得扣除

【参考答案】 A

【答案解析】 企业发生的合理的工资薪金支出，准予扣除。

55.《中华人民共和国企业所得税法实施条例》中规定对企业作出特别纳税调整的，应当对补征的税款，自税款所属纳税年度的次年（　　）起至补缴税款之日止的期间，按日加收利息。

A. 3 月 1 日　　B. 4 月 1 日

C. 5 月 1 日　　D. 6 月 1 日

【参考答案】 D

【答案解析】《中华人民共和国企业所得税法实施条例》第一百二十一条规定，税务机关根据税收法律、行政法规的规定，对企业作出特别纳税调整的，应当对补征的税款，自税款所属纳税年度的次年 6 月 1 日起至补缴税款之日止的期间，按日加收利息。

56. 某企业 2022 年度实际发生与生产经营活动有关的业务招待费支出 160 万元，当年销售（营业）收入 2 亿元，则该企业当年允许扣除的业务招待费支出是（　　）万元。

A. 88　　B. 96

C. 150　　D. 98

【参考答案】 B

【答案解析】 当年业务招待费扣除限额＝200 000 000×0.05%＝100(万元)大于160×60%＝96(万元)，所以该企业当年允许扣除的业务招待费支出是96万元。

57. 企业从事符合条件的(　　)所得，自项目取得第一笔生产经营收入所属纳税年度起，第一年至第三年免征企业所得税，第四年至第六年减半征收企业所得税。

A. 技术转让项目　　B. 节能节水项目

C. 资源综合利用项目　　D. 安全生产项目

【参考答案】 B

【答案解析】《中华人民共和国企业所得税法实施条例》第八十六条规定，符合条件的环境保护、节能节水项目的所得，自项目取得第一笔生产经营收入所属纳税年度起，第一年至第三年免征企业所得税，第四年至第六年减半征收企业所得税。

58. 在进行特别纳税调整时，税务机关采用按照纳税人从关联方购进商品再销售给没有关联关系的交易方的价格，减除相同或者类似业务的销售毛利进行定价的方法。这一方法称为(　　)。

A. 可比非受控价格法　　B. 成本加成法

C. 再销售价格法　　D. 交易净利润法

【参考答案】 C

【答案解析】《中华人民共和国企业所得税法实施条例》第一百一十一条规定，再销售价格法是指按照从关联方购进商品再销售给没有关联关系的交易方的价格，减除相同或者类似业务的销售毛利进行定价的方法。

59. 企业通过支付现金方式取得的下列资产，只以购买价款为成本的是(　　)。

A. 存货　　B. 固定资产

C. 投资资产　　D. 生产性生物资产

【参考答案】 C

【答案解析】《中华人民共和国企业所得税法实施条例》相关条款规定，存货通过支付现金方式取得的存货，以购买价款和支付的相关税费为成本；外购的固定资产，以购买价款和支付的相关税费以及直接归属于使该资产达到预定用途发生的其他支出为计税基础；外购的生产性生物资产，以购买价款和支付的相关税费为计税基础。

60. 企业外购商誉的支出，其税前扣除时间和方式是(　　)。

A. 在生产经营过程中摊销扣除

B. 不得扣除

C. 在生产经营开始时一次性扣除

D. 在企业整体转让或者清算时一次性扣除

【参考答案】 D

【答案解析】《中华人民共和国企业所得税法实施条例》第六十七条规定，外购商誉的支出，在企业整体转让或者清算时，准予扣除。

61. 企业从事下列项目的所得，免征企业所得税的是(　　)。

A. 林木的培育和种植　　B. 香料作物的种植

C. 内陆养殖 D. 花卉的种植

【参考答案】 A

【答案解析】 根据《中华人民共和国企业所得税法实施条例》第八十六条的规定，选项A免征企业所得税，其他选项减半征收企业所得税。

62. 2022年5月19日终止经营活动，某企业2020年4月18日开业，至2022年9月20日清算结束，则该企业自开业以来共有（ ）个纳税年度。

A. 一 B. 两

C. 三 D. 四

【参考答案】 D

【答案解析】 《中华人民共和国企业所得税法》第五十三条规定，企业所得税按纳税年度计算。纳税年度自公历1月1日起至12月31日止。企业在一个纳税年度中间开业，或者终止经营活动，使该纳税年度的实际经营期不足12个月的，应当以其实际经营期为一个纳税年度。企业依法清算时，应当以清算期间作为一个纳税年度。

63. 房地产开发企业采取视同买断方式委托销售开发产品的，如企业与购买方签订销售合同或协议，且销售合同或协议中约定的价格高于买断价格，则应按（ ）确认收入的实现。

A. 买断价格

B. 销售合同或协议中约定的价格

C. 企业和税务机关协商确定的价格

D. 买断价格和销售合同或协议中约定的价格平均

【参考答案】 B

【答案解析】 《国家税务总局关于印发〈房地产开发经营业务企业所得税处理办法〉的通知》（国税发〔2009〕31号）规定，采取视同买断方式委托销售开发产品的，属于企业与购买方签订销售合同或协议，或企业、受托方、购买方三方共同签订销售合同或协议的，如果销售合同或协议中约定的价格高于买断价格，则应按销售合同或协议中约定的价格计算的价款于收到受托方已销开发产品清单之日确认收入的实现；如果属于前两种情况中销售合同或协议中约定的价格低于买断价格，以及属于受托方与购买方签订销售合同或协议的，则应按买断价格计算的价款于收到受托方已销开发产品清单之日确认收入的实现。

64. 节能服务企业应分别核算各项目的成本费用支出额。对在合同约定的效益分享期内发生的期间费用划分不清的，应合理进行分摊，期间费用的分摊应按照项目投资额和销售（营业）收入额两个因素计算分摊比例，两个因素的权重分别为（ ）。

A. 50%、50% B. 60%、40%

C. 40%、60% D. 55%、45%

【参考答案】 A

【答案解析】 对在合同约定的效益分享期内发生的期间费用划分不清的，应合理进行分摊，期间费用的分摊应按照项目投资额和销售（营业）收入额两个因素计算分摊比例，两个因素的权重各为50%。

65. 企业销售商品同时满足税法规定的条件，应确认收入的实现。下列各项不属于税法规定的确认销售商品收入条件的是(　　)。

A. 商品销售合同已签订,企业已将商品所有权相关的主要风险和报酬转移给购货方

B. 企业对已售出的商品既没有保留通常与所有权相联系的继续管理权,也没有实施有效控制

C. 经济利益能够流入企业

D. 收入的金额能够可靠地计量,已发生或将发生的销售方的成本能够可靠地核算

【参考答案】 C

【答案解析】 《国家税务总局关于确认企业所得税收入若干问题的通知》(国税函〔2008〕875号)规定,企业销售商品同时满足下列条件的,应确认收入的实现:(1)商品销售合同已经签订,企业已将商品所有权相关的主要风险和报酬转移给购货方;(2)企业对已售出的商品既没有保留通常与所有权相联系的继续管理权,也没有实施有效控制;(3)收入的金额能够可靠地计量;(4)已发生或将发生的销售方的成本能够可靠地核算。

66. 甲企业与乙企业于2022年11月17日签订股权转让协议,协议约定,乙企业应于2022年12月30日向甲企业支付股权转让款项,股权转让款项全部支付时股权转让协议生效。乙企业实际于2022年12月20日向甲企业支付了股权转让全部款项。2023年1月18日办理了股权变更手续。则甲企业该项股权转让收入的实现时间为(　　)。

A. 2022年11月17日　　B. 2022年11月30

C. 2022年12月20日　　D. 2023年1月18日

【参考答案】 D

【答案解析】 《关于贯彻落实企业所得税法若干税收问题的通知》(国税函〔2010〕79号)规定,企业转让股权收入,应于转让协议生效、且完成股权变更手续时,确认收入的实现。

67. 企业采用下列销售方式销售商品的,销售收入确认正确的是(　　)。

A. 采用售后回购方式销售商品的,销售的商品一律按售价确认收入

B. 销售商品以旧换新的,销售商品应当按照销售商品收入确认条件确认收入

C. 商品销售涉及折扣的,应当按照扣除折扣后的金额确定销售商品收入金额

D. 以买一赠一方式销售本企业商品的,赠送的商品应按视同销售确认收入

【参考答案】 B

【答案解析】 选项A,采用售后回购方式销售商品的,销售的商品按售价确认收入,回购的商品作为购进商品处理。有证据表明不符合销售收入确认条件的,如以销售商品方式进行融资,收到的款项应确认为负债,回购价格大于原售价的,差额应在回购期间确认为利息费用。选项C,销售商品涉及现金折扣的,应当按扣除现金折扣前的金额确定销售商品收入金额,现金折扣在实际发生时作为财务费用扣除。选项D,企业以买一赠一等方式组合销售本企业商品的,不属于捐赠,应将总的销售金额按各项商品的公允价值的比例来分摊确认各项的销售收入。

68. 关于国债投资业务的企业所得税处理,下列表述正确的是(　　)。

A. 企业到期前转让国债,应在国债转让收入确认时确认利息收入的实现

B. 计算国债利息收入的国债金额,也就是国债面值

C. 企业投资购买国债到期兑付的,只确认国债利息收入,不确认国债转让收入

D. 取得国债的成本不包括取得国债时支付的相关税费

【参考答案】 A

【答案解析】《国家税务总局关于企业国债投资业务企业所得税处理问题的公告》(国家税务总局公告 2011 年第 36 号)规定,计算国债利息收入的国债金额,按国债发行面值或发行价格确定;企业投资购买国债,到期兑付的,应在国债发行时约定的应付利息的日期,确认国债转让收入的实现;企业取得国债的成本包括取得国债时支付的相关税费。

69. 关于小型微利企业,以下说法错误的是(　　)。

A. 企业设立不具有法人资格分支机构的,应当汇总计算总机构及其各分支机构的从业人数、资产总额、年度应纳税所得额,依据合计数判断是否符合小型微利企业条件

B. 小型微利企业无论按查账征收方式或核定征收方式缴纳企业所得税,均可享受小型微利企业所得税优惠政策

C. 小型微利企业在预缴和汇算清缴企业所得税时,通过填写纳税申报表,即可享受小型微利企业所得税优惠政策

D. 小型微利企业预缴企业所得税时,资产总额、从业人数、年度应纳税所得额指标,暂按上年度期末的情况进行判断

【参考答案】 D

【答案解析】 企业设立不具有法人资格分支机构的,应当汇总计算总机构及其各分支机构的从业人数、资产总额、年度应纳税所得额,依据合计数判断是否符合小型微利企业条件。小型微利企业无论按查账征收方式或核定征收方式缴纳企业所得税,均可享受小型微利企业所得税优惠政策。小型微利企业在预缴和汇算清缴企业所得税时,通过填写纳税申报表,即可享受小型微利企业所得税优惠政策。小型微利企业预缴企业所得税时,资产总额、从业人数、年度应纳税所得额指标,暂按当年度截至本期预缴申报所属期末的情况进行判断。

70. 以下说法错误的是(　　)。

A. 原不符合小型微利企业条件的企业,在年度中间预缴企业所得税时,按照相关政策标准判断符合小型微利企业条件的,应按照截至本期预缴申报所属期末的累计情况,计算减免税额

B. 当年度此前期间如因不符合小型微利企业条件而多预缴的企业所得税税款,可在以后季度应预缴的企业所得税税款中抵减

C. 企业预缴企业所得税时享受了小型微利企业所得税优惠政策,但在汇算清缴时发现不符合相关政策标准的,应当按照规定补缴企业所得税税款

D. 小型微利企业所得税实行按月和季度预缴

【参考答案】 D

【答案解析】 原不符合小型微利企业条件的企业,在年度中间预缴企业所得税时,按照相关政策标准判断符合小型微利企业条件的,应按照截至本期预缴申报所属期末的累计情况,计算减免税额。当年度此前期间如因不符合小型微利企业条件而多预缴的企业所得税税款,可在以后季度应预缴的企业所得税税款中抵减。企业预缴企业所得税时享受了小型微利企业所得税优惠政策,但在汇算清缴时发现不符合相关政策标准的,应当按照规定补缴

企业所得税税款。小型微利企业所得税统一实行按季度预缴。

71. 企业从政府及其有关部门取得的下列项目,应计入收入总额的是(　　)。

A. 国家投资　　B. 使用后要求归还本金的资金

C. 先征后退的增值税　　D. 按规定取得的出口退税款

【参考答案】 C

【答案解析】 根据《财政部 国家税务总局关于财政性资金、行政事业性收费、政府性基金有关企业所得税政策问题的通知》(财税〔208〕151 号)的规定,选项 ABD,均属于不征税收入。

72. 某企业 2022 年有一笔销售锅炉业务,合同约定:锅炉全部价款 1 200 万元,生产过程中购货方预付价款 600 万元,余款在锅炉检验后正常运行 3 个月后的 10 天内一次性支付;锅炉由供货方生产、安装,购货方和供货方共同检验。关于该笔业务的收入实现时间和金额,下列表述正确的是(　　)。

A. 在购货方接受锅炉并安装、检验完毕时确认收入 1 200 万元

B. 在购货方接受锅炉并安装、检验完毕时确认收入 600 万元

C. 在供货方发出锅炉时确认收入 1 200 万元

D. 在供货方发出锅炉时确认收入 600 万元

【参考答案】 A

【答案解析】 《国家税务总局关于确认企业所得税收入若干问题的通知》(国税函〔208〕875 号)规定,销售商品需要安装和检验的,在购货方接受商品以及安装和检验完毕时确认收入。

73. "同期同类贷款利率"是指在条件基本相同下,金融企业提供贷款的利率。这些条件不包括(　　)。

A. 金融机构相同　　B. 贷款期限相同

C. 贷款金额相同　　D. 贷款担保相同

【参考答案】 A

【答案解析】 《国家税务总局关于企业所得税若干问题的公告》(国家税务总局 2011 年第 34 号公告)规定,"同期同类贷款利率"是指在贷款期限、贷款金额、贷款担保以及企业信誉等条件基本相同下,金融企业提供贷款的利率。

74. 某企业 2022 年将一栋办公楼推倒重置,该办公楼原值 2 000 万元,已提折旧 1 400 万元,重置支出 6 000 万元。重置后的办公楼计税成本应确定为(　　)万元。

A. 5 890　　B. 6 600

C. 7 450　　D. 5 630

【参考答案】 B

【答案解析】 计税成本=2 000-1 400+6 000=6 600(万元)。

75. 2022 年,某企业全年主营业务收入 10 000 万元. 其他业务收入 200 万元,全年发生业务招待费 120 万元(包括将购买价格为 16 万元的货物用于职工福利)。在不考虑增值税的情况下,该企业 2022 年允许税前扣除的业务招待费是(　　)万元。

A. 46. 85　　B. 51. 08

C. 56.32　　D. 49.51

【参考答案】 B

【答案解析】 业务招待费扣除限额＝(10 000＋200＋16)×5‰＝51.08(万元)小于 200×60%＝120(万元)，允许税前扣除的业务招待费是 51.08 万元。

76. 下列股权和债权允许作为资产损失在税前扣除的是(　　)。

A. 企业之间与经营活动有关的往来款项

B. 债务人或者担保人有经济偿还能力，未按期偿还的企业债权

C. 企业未向债务人和担保人追偿的债权

D. 企业发生非经营活动的债权

【参考答案】 A

【答案解析】 根据《国家税务总局关于发布〈企业资产损失所得税税前扣除管理办法〉的公告》(国家税务总局公告 2011 年第 25 号)第四十六条的规定，下列股权和债权不得作为损失在税前扣除：债务人或者担保人有经济偿还能力，未按期偿还的企业债权；违反法律、法规的规定，以各种形式借口逃废或悬空的企业债权；行政干预逃废或悬空的企业债权；企业未向债务人和担保人追偿的债权；企业发生非经营活动的债权；其他不应当核销的企业债权和股权。

77. 甲企业收购乙企业的 80%实质经营性资产，该批资产作价 3 000 万元。乙企业持有时的计税基础为 2 000 万元。甲企业支付的对价为本企业股权 2 800 万元和银行存款 200 万元。如当事各方选择特殊性税务处理，则乙企业应确认资产转让所得(　　)万元。

A. 60.5　　B. 66.67

C. 33.33　　D. 56.33

【参考答案】 B

【答案解析】 乙企业资产转让所得＝(3 000－2 000)×200÷(2 800＋200)＝66.67(万元)。

78. 下列企业的企业所得税，不得实行核定征收的是(　　)。

A. 小型微利企业　　B. 软件开发企业

C. 房地产开发企业　　D. 税务师事务所

【参考答案】 D

【答案解析】 不得采用核定征收企业所得税的“特殊行业、特殊类型纳税人和一定规模以上的纳税人”包括：(1)享受《中华人民共和国企业所得税法》《中华人民共和国企业所得税法实施条例》和国务院规定的一项或几项企业所得税优惠政策的企业(不包括仅享受《中华人民共和国企业所得税法》第二十六条规定免税收入优惠政策的企业)；(2)汇总纳税企业；(3)上市公司；(4)银行、信用社、小额贷款公司、保险公司、证券公司、期货公司、信托投资公司、金融资产管理公司、融资租赁公司、担保公司、财务公司、典当公司等金融企业；(5)会计、审计、资产评估、税务、房地产估价、土地估价、工程造价、律师、价格鉴证、公证机构、基层法律服务机构、专利代理、商标代理以及其他经济鉴证类社会中介机构。

79. 企业关联交易的同期资料不包括(　　)。

A. 组织结构　　B. 生产经营情况

C. 关联交易情况　　D. 年度企业所得税纳税申报表

【参考答案】 D

【答案解析】 企业关联交易的同期资料的内容包括:组织结构、生产经营情况、关联交易情况、可比性分析、转让定价方法的选择和使用。同时还需要准备《企业功能风险分析表》《企业年度关联交易财务状况分析表》及关联交易合同副本等内容,但不包括年度企业所得税纳税申报表。

80. 关于企业所得税税收优惠及其管理,下列表述正确的是(　　)。

A. 居民企业被认定为高新技术企业,同时又处于享受企业所得税"两免三减半"等定期减免税优惠过渡期的,该居民企业的所得税可以享受15%税率的减半征税

B. 居民企业取得公共基础设施项目可减半征收企业所得税的所得,是指居民企业应就该部分所得单独核算并依照25%的法定税率减半缴纳企业所得税

C. 享受减免税优惠的环境保护项目在减免税期限内转让的,受让方不得在剩余期限内继续该项目的减免税优惠

D. 享受减免税的技术转让所得的计算,不需要分摊期间费用

【参考答案】 B

【答案解析】 选项A,居民企业被认定为高新技术企业,同时又处于享受企业所得税"两免三减半"等定期减免税优惠过渡期的,该居民企业的所得税适用税率可以选择依照过渡期适用税率并适用减半征税至期满,或者选择适用高新技术企业的15%税率,但不能享受15%税率的减半征税。选项C,享受减免税优惠的环境保护项目在减免税期限内转让的,受让方自受让之日起,可以在剩余期限内享受规定的减免税优惠;减免税期限届满后转让的,受让方不得就该项目重复享受减免税优惠。选项D,享受技术转让所得减免企业所得税优惠的企业,应单独计算技术转让所得,并合理分摊企业的期间费用;没有单独计算的,不得享受技术转让所得企业所得税优惠。

二、多项选择题

1. 关于所得来源地的确定,下列表述正确的有(　　)。

A. 销售货物所得,按照交易活动发生地确定

B. 提供劳务所得,按照劳务发生地确定

C. 不动产转让所得按照不动产所在地确定

D. 权益性投资资产转让所得按照投资企业所在地确定

【参考答案】 ABC

【答案解析】 选项D,权益性投资资产转让所得按照被投资企业所在地确定。

2. 关于企业所得税,下列表述正确的有(　　)。

A. 企业所得税通常以净所得为征税对象

B. 企业所得税的纳税人和实际负担人通常是一致的,可以直接调节纳税人的所得

C. 企业所得税以经过计算得出的应纳税所得额为计税依据

D. 企业所得税通常以应纳税所得额为征税对象

【参考答案】 ABC

【答案解析】 选项D,企业所得税应该以净所得为征税对象,以应纳税所得额为计税依据。

3. 关于企业所得税的征税范围，下列说法正确的有（　　）。

A. 在中国境内未设立机构、场所的非居民企业来源于中国境内的所得

B. 在中国境内设立机构、场所的非居民企业，其机构、场所有来源于中国境内的所得

C. 在中国境内未设立机构、场所的非居民企业来源于中国境外的所得

D. 居民企业来源于中国境内的所得

【参考答案】 ABD

【答案解析】 居民企业承担全面纳税义务，就其来源于我国境内外的全部所得纳税；非居民企业承担有限纳税义务，一般只就其来源于我国境内的所得纳税。选项 C，未设立机构、场所，从境外取得的所得，不是企业所得税的征税范围。

4. 下列收入中，属于其他收入的有（　　）。

A. 违约金收入　　B. 逾期未退包装物押金收入

C. 补贴收入　　D. 捐赠收入

【参考答案】 ABC

【答案解析】 其他收入包括：企业资产溢余收入、逾期未退包装物押金收入、确实无法偿付的应付款项、已作坏账损失处理后又收回的应收款项、债务重组收入、补贴收入、违约金收入、汇兑收益。

5. 按照《中华人民共和国企业所得税法》和《中华人民共和国企业所得税法实施条例》的规定，居民企业所得税的适用税率包括（　　）。

A. 25%　　B. 20%

C. 15%　　D. 5%

【参考答案】 ABC

【答案解析】 选项 D，无此税率。

6. 非居民企业委托营业代理人在中国境内从事生产经营活动的，包括委托单位或者个人（　　）等，该营业代理人视为非居民企业在中国境内设立的机构、场所。

A. 代其签订合同　　B. 储存、交付货物

C. 经常代其签订合同　　D. 购买、交付货物

【参考答案】 BC

【答案解析】 非居民企业委托营业代理人在中国境内从事生产经营活动的，包括委托单位或者个人经常代其签订合同，或者储存、交付货物等，该营业代理人视为非居民企业在中国境内设立的机构、场所。

7. 下列关于企业所得税收入的确定，说法正确的有（　　）。

A. 企业发生商业折扣，应当按扣除商业折扣后的余额确定销售商品收入

B. 企业发生现金折扣，应当按扣除现金折扣后的余额确定销售商品收入

C. 企业转让股权收入，应于转让协议生效时，确认收入的实现

D. 为特定客户开发软件的收费，应根据开发的完工进度确认收入

【参考答案】 AD

【答案解析】 选项 B，销售商品涉及现金折扣的，应当按扣除现金折扣前的金额确定销售商品收入金额，现金折扣在实际发生时作为财务费用扣除。选项 C，企业转让股权收入，

应于转让协议生效、且完成股权变更手续时,确认收入的实现。

8. 关于企业接收政府和股东划入资产的企业所得税处理,下列表述正确的有(　　)。

A. 县级以上人民政府将国有资产无偿划入企业,凡指定专门用途并按规定进行管理的,企业可作为不征税收入进行企业所得税处理

B. 企业接收政府划入资产,如果政府没有确定接收价值的,应按资产的公允价值计算确定应税收入

C. 企业接收股东划入资产,凡作为收入处理的,应按公允价值计入收入总额

D. 企业接收股东划入资产,凡作为收入处理的,不需要缴纳企业所得税

【参考答案】 ABC

【答案解析】 选项D,企业接收股东划入资产,凡作为收入处理的,应按公允价值计入收入总额,需要计算缴纳企业所得税。

9. 下列关于收入的实现,说法正确的有(　　)。

A. 采取产品分成方式取得收入的,按照企业分得产品的日期确认收入的实现

B. 以分期收款方式销售货物的,发出商品时确认收入的实现

C. 企业受托加工制造大型机械设备,持续时间超过12个月的,按照纳税年度内完工进度或者完成的工作量确认收入的实现

D. 企业取得利息收入,按合同约定的债务人应付利息的日期确认收入的实现

【参考答案】 ACD

【答案解析】 选项B,以分期收款方式销售货物的,按照合同约定的收款日期确认收入的实现。

10. 下列行为应视同销售确认收入的有(　　)。

A. 将自产货物用于职工福利　　B. 将自建商品房转为固定资产

C. 将自产货物用于对外捐赠　　D. 将外购货物用于交际应酬

【参考答案】 ACD

【答案解析】 选项B,属于内部处置资产,不属于视同销售。

11. 下列选项中,属于企业所得税税前扣除项目原则的有(　　)。

A. 权责发生制原则　　B. 配比原则

C. 合理性原则　　D. 谨慎性原则

【参考答案】 ABC

【答案解析】 税前扣除一般应遵循以下原则:权责发生制原则、配比原则、合理性原则。

12. 下列项目不构成工资薪金总和的有(　　)。

A. 职工福利费、职工教育经费、工会经费

B. 养老保险费、医疗保险费、失业保险费、工伤保险费、生育保险费等社会保险费

C. 住房公积金

D. 年终奖金

【参考答案】 ABC

【答案解析】 工资薪金包括基本工资、奖金、津贴、补贴、年终加薪、加班工资,以及与员工任职或者受雇有关的其他支出。

13. 关于企业所得税收入确认时间，下列说法正确的有（ ）。

A. 采取预收款方式销售商品的，在发出商品时确认收入

B. 股息、红利等权益性投资收益，除国务院财政、税务主管部门另有规定外，按照被投资企业股东会或股东大会作出利润分配或转股决定的日期，确定收入的实现

C. 采取分期收款方式销售商品的，根据实际收款的日期确认收入

D. 企业转让国债应在转让国债合同、协议生效的日期，或者国债移交时确认转让收入的实现

【参考答案】 ABD

【答案解析】 选项 C，以分期收款方式销售货物的，按照合同约定的收款日期确认收入的实现。

14. 根据企业所得税相关规定，下列说法正确的有（ ）。

A. 企业在汇总计算缴纳企业所得税时，其境外营业机构的亏损不得抵减境内营业机构的盈利

B. 企业向税务机关申报扣除资产损失，仅需填报企业所得税年度纳税申报表《资产损失税前扣除及纳税调整明细表》，不再报送资产损失相关资料

C. 自 2017 年 1 月 1 日起，企业发生的超过年度利润总额 12%的公益性捐赠，准予结转以后三年内在计算应纳税所得额时扣除

D. 通过捐赠、投资、非货币性资产交换、债务重组等方式取得的生产性生物资产，以该资产的公允价值为计税基础

【参考答案】 ABC

【答案解析】 选项 D，通过捐赠、投资、非货币性资产交换、债务重组等方式取得的生产性生物资产，以该资产的公允价值和支付的相关税费为计税基础。

15. 按照企业所得税的规定，下面说法正确的有（ ）。

A. 企业参加雇主责任险、公众责任险等责任保险，按照规定缴纳的保险费，准予在企业所得税税前扣除

B. 自 2018 年 1 月 1 日起，企业发生的职工教育经费支出，不超过工资薪金总额 8%的部分，准予在计算企业所得税应纳税所得额时扣除；超过部分，准予在以后纳税年度结转扣除

C. 生产性生物资产按照直线法计算的折旧，准予扣除

D. 企业为投资者支付的商业保险费，可以税前扣除

【参考答案】 ABC

【答案解析】 选项 D，企业为投资者或者职工支付的商业保险费，不得扣除。

16. 下列关于固定资产的所得税处理，说法正确的有（ ）。

A. 固定资产按照直线法计算的折旧，准予扣除

B. 企业应当根据固定资产的性质和使用情况，合理确定固定资产的预计净残值

C. 推倒重置的固定资产，该资产原值减除提取折旧后的净值，应并入重置后的固定资产计税成本，并在该固定资产投入使用后的次月起，按照税法规定的折旧年限，一并计提折旧

D. 固定资产按照双倍余额递减法计算的折旧,准予扣除

【参考答案】 ABC

【答案解析】 选项D,固定资产按照直线法计算的折旧,准予扣除。

17. 不征税收入中的专项用途财政性资金,包括企业取得的下列项目( )。

A. 财政补助　　B. 贷款贴息

C. 直接减免的增值税　　D. 出口退税款

【参考答案】 ABC

【答案解析】 财政性资金是指企业取得的来源于政府及其有关部门的财政补助、补贴、贷款贴息,以及其他各类财政专项资金,包括直接减免的增值税和即征即退、先征后退、先征后返的各种税收,但不包括企业按规定取得的出口退税款。

18. 企业提取的下列各项准备金可以在税前扣除的包括( )。

A. 证券类准备金　　B. 未到期责任准备金

C. 贷款损失准备金　　D. 长期股权投资减值准备

【参考答案】 ABC

【答案解析】 选项D,属于未经核定的准备金支出,在计算应纳税所得额时,不得扣除。

19. 下列用途的借款费用,应当作为资本性支出计入有关资产成本的有( )。

A. 生产经营活动中发生的合理的借款费用

B. 固定资产购置、建造期间发生的合理的借款费用

C. 无形资产购置、开发期间发生的合理的借款费用

D. 经过12个月以上的建造才能达到预定可销售状态的存货发生的合理的借款费用

【参考答案】 BCD

【答案解析】 选项A,生产经营活动中发生的合理的借款费用,不需要资本化,可以直接计入财务费用。

20. 下列关于保险扣除政策,表述正确的有( )。

A. 企业职工因公出差发生的人身意外保险费支出,准予企业在计算应纳税所得额时扣除

B. 企业参加雇主责任险、公众责任险等责任保险,按照规定缴纳的保险费,不得在企业所得税税前扣除

C. 企业为特殊职工支付的人身安全险及相关保险准予在计算应纳税所得额时扣除

D. 企业参加财产保险,按照规定缴纳的保险费,准予扣除

【参考答案】 ACD

【答案解析】 选项B,按照国家税务总局公告2018年第52号的规定,企业参加雇主责任险、公众责任险等责任保险,按照规定缴纳的保险费,准予在企业所得税税前扣除,本公告适用于2018年度及以后年度企业所得税汇算清缴。

21. 关于企业手续费及佣金支出的税前扣除,下列表述正确的有( )。

A. 自2019年1月1日起,保险企业按当年全部保费收入扣除退保金等后余额的18%(含本数)计算扣除限额,超过部分,允许结转以后年度扣除

B. 一般企业按与具有合法经营资格中介服务机构或个人(不含交易双方及其雇员、代理

人和代表人等)所签订服务协议或合同确认的收入金额的5%计算限额

C. 电信企业在发展客户、拓展业务等过程中实际发生的相关手续费及佣金支出,不超过企业当年收入总额5%的部分,准予在税前扣除

D. 企业可以将手续费及佣金计入进场费等费用扣除

【参考答案】 ABC

【答案解析】 选项D,企业不得将手续费及佣金支出计入回扣、业务提成、返利、进场费等费用。

22. 企业发生的下列支出,税法没有规定税前扣除限制的有(　　)。

A. 合理的劳动保护支出

B. 统一制作并要求员工工作时统一着装所发生的合理的员工服饰费用

C. 合理的工资薪金

D. 财产保险费

【参考答案】 ABCD

【答案解析】 根据《中华人民共和国企业所得税法实施条例》,选项ABCD的内容属于税法没有规定税前扣除限制。

23. 在计算企业所得税时,下列支出允许在税前扣除的有(　　)。

A. 企业向银行支付的罚息

B. 企业之间支付的管理费

C. 企业支付的合同违约金

D. 企业缴纳的企业所得税税款

【参考答案】 AC

【答案解析】 选项A,企业向银行支付的罚息,不属于行政性罚款,可以税前扣除。选项C,合同违约金可以税前扣除。在计算应纳税所得额时,下列支出不得扣除:向投资者支付的股息、红利等权益性投资收益款项;企业所得税税款;税收滞纳金;罚金、罚款和被没收财物的损失;超过规定标准的捐赠支出;与生产经营活动无关的各种非广告性质支出;未经核定的准备金支出;企业之间支付的管理费、机构之间支付的租金和特许权使用费,以及非银行企业内营业机构之间支付的利息;与取得收入无关的其他支出。

24. 关于关联企业借款利息,下列说法正确的有(　　)。

A. 企业的实际税负不高于境内关联方的,其实际支付给境内关联方的利息支出,在计算应纳税所得额时准予扣除

B. 企业如果能够按规定提供相关资料,并证明相关交易活动符合独立交易原则的,不需要计算债资比例,其实际支付给境内关联方的利息支出,在计算应纳税所得额时均准予扣除

C. 企业向股东或其他与企业有关联关系的自然人借款的利息支出应视为股息分配,不能税前扣除

D. 企业自关联方取得的不符合规定的利息收入应并入应纳税所得额缴纳企业所得税

【参考答案】 ABD

【答案解析】 选项C,企业向股东或其他与企业有关联关系的自然人借款的利息支出可以所得税前扣除。

25. 下列支出作为长期待摊费用准予税前扣除的有(　　)。

A. 已提足折旧的固定资产的改建支出　　B. 未提足折旧的固定资产改建支出
C. 租入固定资产的租赁费支出　　D. 租入固定资产的改建支出

【参考答案】 AD

【答案解析】 企业发生的下列支出作为长期待摊费用,按照规定摊销的,准予扣除:已足额提取折旧的固定资产的改建支出;租入固定资产的改建支出;固定资产的大修理支出;其他应当作为长期待摊费用的支出。

26. 在计算应纳税所得额时,下列支出可以税前扣除的有(　　)。

A. 汽车使用到期报废的损失　　B. 按规定计算的无形资产摊销
C. 长期股权投资支出　　D. 固定资产购建支出

【参考答案】 AB

【答案解析】 选项C,企业对外投资期间,投资资产的成本在计算应纳税所得额时不得扣除。选项D,固定资产购建支出,作为资本性支出,不能直接在税前扣除,以折旧的方式在税前扣除。

27. 按照现行企业所得税政策规定,下列说法正确的有(　　)。

A. 企业在筹建期间,发生的与筹办活动有关的业务招待费支出,直接计入企业筹办费,在税前扣除

B. 企业在筹建期间,发生的广告费和业务宣传费,可按实际发生额计入企业筹办费,并按有关规定在税前扣除

C. 企业通过发行债券方式融资而发生的合理的费用支出,符合资本化条件的,应计入相关资产成本;不符合资本化条件的,应作为财务费用,准予在企业所得税前据实扣除

D. 企业通过发行债券方式融资而发生的合理的费用支出,应作为财务费用,准予在企业所得税前据实扣除

【参考答案】 BC

【答案解析】 选项A,企业在筹建期间,发生的与筹办活动有关的业务招待费支出,可按实际发生额的60%计入企业筹办费,并按有关规定在税前扣除。选项D,企业通过发行债券方式融资而发生的合理的费用支出,符合资本化条件的,应计入相关资产成本;不符合资本化条件的,应作为财务费用,准予在企业所得税前据实扣除。

28. 对下列企业发生的广告费和业务宣传费支出,不超过当年销售(营业)收入30%的部分,准予扣除;超过部分,准予在以后纳税年度结转扣除的有(　　)。

A. 酒类制造　　B. 饮料制造
C. 医药制造　　D. 化妆品制造或销售

【参考答案】 BCD

【答案解析】 对化妆品制造或销售、医药制造和饮料制造(不含酒类制造)企业发生的广告费和业务宣传费支出,不超过当年销售(营业)收入30%的部分,准予扣除;超过部分,准予在以后纳税年度结转扣除。

29. 下列税收优惠中,符合《中华人民共和国企业所得税法》的规定有(　　)。

A. 符合条件的节能服务公司实施合同能源管理项目,自项目取得的第一笔生产经营收入所属年度起,享受“三免三减半”优惠

B. 符合条件的居民企业之间的股息、红利等权益性投资收益属于免税收入

C. 符合条件的技术转让所得是免税收入

D. 民族自治地方的自治机关可以决定本民族自治地方的所得税的减免

【参考答案】 AB

【答案解析】 选项C,符合条件的技术转让所得可以免征或减征企业所得税,但不是免税收入。选项D,民族自治地方的自治机关可以决定本民族自治地方的所得税中属于地方分享部分的减征或免征。

30. 关于国家重点扶持的公共基础设施项目的税收优惠,下列表述正确的有(　　)。

A. 享受税收优惠的主体必须是居民企业

B. 企业承包经营国家重点扶持的公共基础设施项目,不得享受该项目的税收优惠

C. 国家重点扶持的公共基础设施项目包括城市公共交通

D. 减免税期限届满后转让优惠项目的,受让方重新计算享受减免税优惠

【参考答案】 ABC

【答案解析】 选项D,减免税期限届满后转让的,受让方不得就该项目重复享受减免税优惠。

31. 关于生产性生物资产的税务处理,下列说法正确的有(　　)。

A. 通过捐赠、投资、非货币性资产交换、债务重组等方式取得的生产性生物资产,以该资产的公允价值为计税基础

B. 外购的生产性生物资产,以购买价款和支付的相关税费为计税基础

C. 企业应当自生产性生物资产投入使用月份的当月起计算折旧

D. 林木类生产性生物资产,最低年限为10年

【参考答案】 BD

【答案解析】 选项A,通过捐赠、投资、非货币性资产交换、债务重组等方式取得的生产性生物资产,以该资产的公允价值和支付的相关税费为计税基础。选项C,企业应当自生产性生物资产投入使用月份的次月起计算折旧。

32. 下列属于资产损失确认的外部证据有(　　)。

A. 司法机关的判决或者裁定

B. 工商部门出具的注销、吊销及停业证明

C. 有关会计核算资料和原始凭证

D. 行政机关的公文

【参考答案】 ABD

【答案解析】 选项C,只能作为特定事项的企业内部证据,不能作为外部证据。

33. 关于企业所得税优惠政策事项办理,下列说法正确的有(　　)。

A. 企业享受优惠事项采取“自行判别、申报享受、相关资料留存备查”的办理方式

B. 企业同时享受多项优惠事项或者享受的优惠事项按照规定分项目进行核算的,应当按照优惠事项或者项目分别归集留存备查资料

C. 企业留存备查资料应从企业享受优惠事项当年的企业所得税汇算清缴期结束次日起保留10年

D. 企业享受优惠事项后发现其不符合优惠事项规定条件的，应当依法及时自行调整并补缴税款及滞纳金

【参考答案】 ABCD

【答案解析】 根据《中华人民共和国企业所得税法实施条例》，选项 ABCD 的内容符合所得税法的规定。

34. 下列采取缩短折旧年限或者采取加速折旧的方法的固定资产包括(　　)。

A. 由于技术进步，产品更新换代较快的固定资产

B. 国家鼓励投资项目的关键设备

C. 常年处于强震动、高腐蚀状态的固定资产

D. 纺织企业 2015 年 1 月 1 日后新购进的固定资产

【参考答案】 ACD

【答案解析】 选项 B，国家鼓励投资项目的关键设备，按政策规定计提折旧。

35. 居民企业取得的下列投资收益属于企业所得税免税收入的有(　　)。

A. 对企业投资者持有 2019—2023 年发行的铁路债券取得的利息收入

B. 国债利息收入

C. 直接投资于非上市公司取得的股息、红利

D. 股权转让净收益

【参考答案】 BC

【答案解析】 选项 A，对企业投资者持有 2019—2023 年发行的铁路债券取得的利息收入，减半征收企业所得税。选项 D，股权转让净收益，依法征税。

36. 关于企业所得税优惠政策，下列说法正确的有(　　)。

A. 国际金融组织向中国政府和居民企业提供优惠贷款取得的利息所得，可以免征企业所得税

B. 安置残疾人员的企业，支付给残疾职工的工资在计算应纳税所得额时按 100%加计扣除

C. 符合条件的小型微利企业，减按 20%的税率征收企业所得税

D. 符合条件的非营利组织从事营利性活动取得的收入，可作为免税收入，不并入应纳税所得额征税

【参考答案】 ABC

【答案解析】 选项 D，符合条件的非营利组织从事营利性活动取得的收入，并入应纳税所得额征税。

37. 下列说法正确的有(　　)。

A. 国家需要重点扶持的高新技术企业，减按 15%的税率征收企业所得税

B. 企业发生的与生产经营活动有关的业务招待费支出，按照发生额的 60%扣除，但最高不得超过当年销售(营业)收入的 5‰

C. 企业发生的符合条件的广告费和业务宣传费支出，除国务院财政、税务主管部门另有规定外，不超过当年销售(营业)收入 15%的部分，准予扣除；超过部分，准予在以后纳税年度结转扣除

D. 企业依照法律、行政法规有关规定提取的用于环境保护、生态恢复等方面的专项资金，准予扣除

【参考答案】 ABCD

【答案解析】 根据《中华人民共和国企业所得税法》和《中华人民共和国企业所得税法实施条例》，选项 ABCD 的内容均符合规定。

38. 关于企业所得税汇算清缴，下列处理正确的有（　　）。

A. 实行核定征收方式征收企业所得税的纳税人，不进行汇算清缴

B. 企业所得以外币计算的，年度终了汇算清缴时，只就该纳税年度内未缴纳企业所得税的外币所得，按规定折合成人民币计算应纳税所得额

C. 居民企业登记注册地在境外的，以实际管理机构所在地为汇算清缴地点

D. 企业在报送企业所得税纳税申报表时，必须附送财务会计报表

【参考答案】 BCD

【答案解析】 选项 A，实行核定应税所得率方式的纳税人，进行汇算清缴。

39. 下列关于企业所得税纳税期限的表述中，正确的有（　　）。

A. 企业清算时，应当以清算期间作为 1 个纳税年度

B. 自年度终了之日起 5 个月内，汇算清缴，结清应缴应退税款

C. 企业所得税的纳税年度，自公历 1 月 1 日起至 12 月 31 日止

D. 企业在一个纳税年度的中间开业，或者由于合并、关闭等原因终止经营活动，使该纳税年度的实际经营期不足 12 个月的，应当以其实际经营期为 1 个纳税年度

【参考答案】 ABCD

【答案解析】 根据《中华人民共和国企业所得税法实施条例》，选项 ABCD 的表述是正确的。

40. 企业与其关联方的业务往来处理，下面说法符合企业所得税法规定的有（　　）。

A. 不符合独立交易原则而减少企业或者其关联方应纳税收入或者所得额的，税务机关有权按照合理方法调整

B. 企业可以提出与其关联方之间业务往来的定价原则和计算方法，税务机关与企业协商、确认后，达成预约定价安排

C. 企业不提供与其关联方之间业务往来资料，或者提供虚假、不完整资料，未能真实反映其关联往来情况的，税务机关有权依法核定其应纳税所得额

D. 企业实施其他不具有合理商业目的的安排而减少其应纳税收入或者所得额的，税务机关有权按照合理方法调整

【参考答案】 ABCD

【答案解析】 根据《中华人民共和国企业所得税法实施条例》，选项 ABCD 的说法符合《中华人民共和国企业所得税法》的规定。

41. 跨地区经营汇总纳税企业所得税征收管理的基本原则包括（　　）。

A. 统一计算　　B. 分级管理

C. 就地预缴　　D. 汇总清算

【参考答案】 ABCD

【答案解析】 选项 ABCD 均属于跨地区经营汇总纳税企业所得税征收管理的基本原则。

42. 关于享受企业所得税优惠资格有效期,下列说法正确的有( )。

A. 动漫企业资格有效期为 2 年

B. 资源综合利用企业的资格有效期为 2 年

C. 高新技术企业的资格有效期为 3 年

D. 非营利组织免税收入资格有效期为 5 年

【参考答案】 ABCD

【答案解析】 根据《中华人民共和国企业所得税法实施条例》,选项 ABCD 表述正确。

43. 根据企业所得税相关规定,以下说法正确的有( )。

A. 企业的各项资产,包括固定资产、生物资产、无形资产、长期待摊费用、投资资产、存货等,以历史成本为计税基础

B. 历史成本,是指企业取得该项资产时实际发生的支出

C. 企业持有各项资产期间资产增值或者减值,除国务院财政、税务主管部门规定可以确认损益外,不得调整该资产的计税基础

D. 固定资产,是指企业为生产产品、提供劳务、出租或者经营管理而持有的、使用时间超过 12 个月的非货币性资产,包括房屋、建筑物、机器、机械、运输工具以及其他与生产经营活动有关的设备、器具、工具等。历史成本,是指企业取得该项资产时实际发生的支出

【参考答案】 ABCD

【答案解析】 企业的各项资产,包括固定资产、生物资产、无形资产、长期待摊费用、投资资产、存货等,以历史成本为计税基础。前款所称历史成本,是指企业取得该项资产时实际发生的支出。企业持有各项资产期间资产增值或者减值,除国务院财政、税务主管部门规定可以确认损益外,不得调整该资产的计税基础。《中华人民共和国企业所得税法》第十一条所称固定资产,是指企业为生产产品、提供劳务、出租或者经营管理而持有的、使用时间超过 12 个月的非货币性资产,包括房屋、建筑物、机器、机械、运输工具以及其他与生产经营活动有关的设备、器具、工具等。

44. 关于房地产开发企业开发产品的计税成本,下列处理正确的有( )。

A. 成本计算对象应由企业在开工之前合理确定,并报主管税务机关备案

B. 企业单独建造的停车场所,应作为成本对象单独核算

C. 园林绿化等园林环境工程费应列入公共配套设施费

D. 计算结转成本时,不得预提出包工程费

【参考答案】 AB

【答案解析】 选项 C,园林绿化等园林环境工程费应列入基础设施建设费。选项 D,出包工程未最终办理结算而未取得全额发票的,在证明资料充分的前提下,其发票不足金额可以预提,但最高不得超过合同总金额的 10%。

45. 居民企业在计算企业所得税时,核定应税所得率的情形有( )。

A. 能正确核算(查实)收入总额,但不能正确核算(查实)成本费用总额的

B. 能正确核算(查实)成本费用总额,但不能正确核算(查实)收入总额的

C. 通过合理方法,能计算和推定纳税人收入总额或成本费用总额的

D. 无法正确核算(查实),也不能计算和推定纳税人收入总额和成本费用总额的

【参考答案】 ABC

【答案解析】 选项 D,无法正确核算(查实),也不能计算和推定纳税人收入总额和成本费用总额核定其应纳所得税额。

46. 企业在纳税年度内无论盈利或者亏损,都应当依照《中华人民共和国企业所得税法》规定的期限,向税务机关报送(　　)报表资料。

A. 预缴企业所得税纳税申报表

B. 年度企业所得税纳税申报表

C. 财务会计报告

D. 税务机关规定应当报送的其他有关资料

【参考答案】 ABCD

【答案解析】 根据《中华人民共和国企业所得税法实施条例》,选项 ABCD 均属于企业所得税在规定的时限,向税务机关报送的资料。

47. 下列关于房地产开发经营业务的所得税收入实现确认规定的表述中,正确的有(　　)。

A. 选择银行按揭方式的,按照销售合同或协议约定的价款确定收入额,其首付款应于实际收到日确认,余款在银行按揭贷款办理转账之日确认

B. 选择包销方式的,包销期满后尚未出售的开发产品,企业应根据包销合同或协议约定的价款和付款方式确认收入实现

C. 选择分期收款方式的,于销售合同或协议约定的价款和付款日确认收入的实现

D. 选择基价(保底价)并实行超基价双方分成方式的,受托方与购买方直接签订的合同,房地产开发企业按照基价加按规定取得的分成额确认收入的实现

【参考答案】 ABCD

【答案解析】 根据《中华人民共和国企业所得税法实施条例》,选项 ABCD 的表述正确。

48. 下列关于房地产开发企业成本费用扣除的企业所得税处理中,正确的有(　　)。

A. 企业因国家无偿收回土地使用权形成的损失可按照规定扣除

B. 企业利用地下基础设施建成的停车场应作为公共配套设施处理

C. 企业单独建造的停车场所应作为成本对象单独核算

D. 企业在房地产开发区内建造的学校应单独核算成本

【参考答案】 ABCD

【答案解析】 根据《中华人民共和国企业所得税法实施条例》,选项 ABCD 的表述正确。

49. 房地产开发企业在开发区内建造的会所、物业管理场所等配套设施,下列情形中可以作为公共配套设施处理的有(　　)。

A. 无偿赠与地方政府

B. 无偿赠与公用事业单位

C. 属于非营利性且产权属于全体业主

D. 产权归开发企业所有

【参考答案】 ABC

【答案解析】 选项 D,产权归开发企业所有,应当单独核算其成本。

50. 不适用企业所得税跨地区经营汇总纳税征收管理的企业包括( )。

A. 铁路运输企业　　B. 国有邮政企业

C. 中国石油天然气股份有限公司　　D. 中国建银投资有限责任公司

【参考答案】 ABCD

【答案解析】 根据《中华人民共和国企业所得税法实施条例》,选项 ABCD 符合题目。

三、判断题

1. 从 2019 年 6 月 1 日到 2025 年年底,对提供社区养老、托育、家政相关服务的收入减按 90%计入所得税应纳税所得额。( )

【参考答案】 正确

【答案解析】《财政部、税务总局、发展改革委、民政部、商务部、卫生健康委关于养老、托育、家政等社区家庭服务业税费优惠政策的公告》(财政部、税务总局、发展改革委、民政部、商务部、卫生健康委公告 2019 年第 76 号)规定,从 2019 年 6 月 1 日到 2025 年年底,为社区提供养老、托育、家政等服务的机构提供社区养老、托育、家政服务取得的收入,在计算应纳税所得额时,减按 90%计入收入总额。

2. 企业以现金等非转账方式支付给具有合法经营资格中介服务企业或个人的手续费及佣金不得在税前扣除。( )

【参考答案】 错误

【答案解析】《财政部 国家税务总局关于企业手续费及佣金支出税前扣除政策的通知》(财税〔2009〕29 号)第 2 条规定,除委托个人代理外,企业以现金等非转账方式支付的手续费及佣金不得在税前扣除。

3. 在进行企业所得税年度申报时,应税项目的所得可以在抵减或弥补免税项目的亏损后计算纳税调整后所得。( )

【参考答案】 正确

【答案解析】《国家税务总局关于发布〈中华人民共和国企业所得税年度纳税申报表(A 类,2014 年版)〉的公告》(国家税务总局公告 2014 年第 63 号)废止了《国家税务总局关于做好 2009 年度企业所得税汇算清缴工作的通知》(国税函〔2010〕148 号),根据国税函〔2010〕148 号文的规定,免税项目所得与应税项目所得的盈亏不得互相抵补。但在废止 148 号文件之后,弥补亏损时不再区分免税项目所得与应税项目所得的亏损,确定可弥补的亏损额时,免税项目与应税项目所得的盈亏可以互抵。

4. 企业重组业务适用一般性税务处理的,重组各方在重组前享受的各项税收优惠,不得由重组后的存续企业承继。

【参考答案】 错误

【答案解析】《财政部国家税务总局关于企业重组业务企业所得税处理若干问题的通知》(财税〔2009〕59 号)第 9 条规定,在企业吸收合并中,合并后的存续企业性质及适用税收优惠的条件未发生改变的,可以继续享受合并前该企业剩余期限的税收优惠;在企业存续分立中,分立后的存续企业性质及适用税收优惠的条件未发生改变的,可以继续享受分立前该企业剩余期限的税收优惠。

5. 对社保基金取得的直接股权投资收益、股权投资基金收益，作为企业所得税不征税收入。(　　)

【参考答案】 正确

【答案解析】《财政部税务总局关于全国社会保障基金有关投资业务税收政策的通知》(财税〔2018〕94 号)规定，对社保基金取得的直接股权投资收益、股权投资基金收益，作为企业所得税不征税收入。

6. 保险企业发生与其经营活动有关的手续费及佣金支出，不超过当年全部保费收入扣除退保金等后余额的 18%(含本数)的部分，在计算应纳税所得额时准予扣除；超过部分，允许结转以后年度扣除。(　　)

【参考答案】 正确

【答案解析】《关于保险企业手续费及佣金支出税前扣除政策的公告》(财政部税务总局公告 2019 年第 72 号)规定，自 2019 年 1 月 1 日起，保险企业发生与其经营活动有关的手续费及佣金支出，不超过当年全部保费收入扣除退保金等后余额的 18%(含本数)的部分，在计算应纳税所得额时准予扣除；超过部分，允许结转以后年度扣除。

7. 企业在计算股权转让所得时，不得扣除被投资企业未分配利润等股东留存收益中按该项股权所可能分配的金额。(　　)

【参考答案】 正确

【答案解析】《国家税务总局关于非居民企业所得税源泉扣缴有关问题的公告》(国家税务总局公告 2017 年第 37 号)规定，企业在计算股权转让所得时，不得扣除被投资企业未分配利润等股东留存收益中按该项股权所可能分配的金额。

8. 企业可以向税务机关提出与其关联方之间业务往来的定价原则和计算方法，税务机关与企业协商、确认后，达成预约定价安排。(　　)

【参考答案】 正确

【答案解析】《中华人民共和国企业所得税法》第四十二条规定，企业可以向税务机关提出与其关联方之间业务往来的定价原则和计算方法，税务机关与企业协商、确认后，达成预约定价安排。

9. 企业预缴所得税的方法一经确定，不得变更。(　　)

【参考答案】 错误

【答案解析】 企业的所得税预缴方法一经确定，该纳税年度内不得随意变更。

10. 企业发生债务重组，应在债务重组合同或协议生效时确认收入的实现。(　　)

【参考答案】 正确

【答案解析】《国家税务总局关于贯彻落实企业所得税法若干税收问题的通知》(国税函〔2010〕79 号)规定，企业发生债务重组，应在债务重组合同或协议生效时确认收入的实现。

11. 房地产开发企业建造、开发的开发产品，无论工程质量是否通过验收合格，或是否办理完工(竣工)备案手续以及会计决算手续，当企业开始办理开发产品交付手续(包括入住手续)或已开始实际投入使用时，为开发产品开始投入使用，应视为开发产品已经完工。(　　)

【参考答案】 正确

【答案解析】《国家税务总局关于房地产开发企业开发产品完工条件确认问题的通知》(国税函〔2010〕201号)规定,房地产开发企业建造、开发的开发产品,无论工程质量是否通过验收合格,或是否办理完工(竣工)备案手续以及会计决算手续,当企业开始办理开发产品交付手续(包括入住手续)或已开始实际投入使用时,为开发产品开始投入使用,应视为开发产品已经完工。

12. 某非居民企业委托某自然人在中国境内经常代其储存、交付货物,该自然人应视为该非居民企业在中国境内设立的机构、场所。( )

【参考答案】 正确

【答案解析】 非居民企业委托营业代理人在中国境内从事生产经营活动的,包括委托单位或者个人经常代其签订合同,或者储存、交付货物等,该营业代理人视为非居民企业在中国境内设立的机构、场所。

13. 税务机关对企业以前年度纳税情况进行检查调增的应纳税所得额,凡企业以前年度发生亏损、且该亏损属于税法规定允许弥补的,应允许调增的应纳税所得额弥补该亏损。( )

【参考答案】 正确

【答案解析】《国家税务总局关于查增应纳税所得额弥补以前年度亏损处理问题的公告》(国家税务总局公告2010年第20号)规定,税务机关对企业以前年度纳税情况进行检查时调增的应纳税所得额,凡企业以前年度发生亏损、且该亏损属于企业所得税法规定允许弥补的,应允许调增的应纳税所得额弥补该亏损。

14. 外购商誉的支出,在企业整体转让或者清算时,准予扣除。( )

【参考答案】 正确

【答案解析】 外购商誉的支出,在企业整体转让或者清算时,准予扣除。

15. 通过支付现金以外的方式取得的存货,以该存货的公允价值和支付的相关税费为成本。( )

【参考答案】 正确

【答案解析】 通过支付现金以外的方式取得的存货,以该存货的公允价值和支付的相关税费为成本。

16. 凡企业投资者在规定期限内未缴足其应缴资本额的,该企业对外借款所发生的利息支出,应由企业投资者负担,不得在计算企业应纳税所得额时扣除。( )

【参考答案】 错误

【答案解析】《国家税务总局关于企业投资者投资未到位而发生的利息支出企业所得税前扣除问题的批复》(国税函〔209〕31号)规定,凡企业投资者在规定期限内未缴足其应缴资本额的,该企业对外借款所发生的利息,相当于投资者实缴资本额与在规定期限内应缴资本额的差额应付的利息,其不属于企业合理的支出,应由企业投资者负担,不得在计算应纳税所得额时扣除。

17. 企业发生的职工福利费,应该单独设置账册,进行准确核算。没有单独设置账册准确核算的,企业发生的职工福利费不得在税前扣除。( )

【参考答案】 错误

【答案解析】 《国家税务总局关于企业工资薪金及职工福利费扣除问题的通知》国税函〔2009〕3号)第四条规定,企业发生的职工福利费,应该单独设置账册,进行准确核算。没有单独设置账册准确核算的,税务机关应责令企业在规定的期限内进行改正。逾期仍未改正的,税务机关可对企业发生的职工福利费进行合理的核定。

18. 对企业投资者转让创新企业境内发行存托凭证(以下简称创新企业CDR)取得的差价所得和持有创新企业CDR取得的股息红利所得,按转让股票差价所得和持有股票的股息红利所得政策规定征免企业所得税。( )

【参考答案】 正确

【答案解析】 《财政部国家税务总局中国证券监督管理委员会关于创新企业境内发行存托凭证试点阶段有关税收政策的公告》(财政部税务总局证监会公告2019年第52号)规定,对企业投资者转让创新企业CDR取得的差价所得和持有创新企业CDR取得的股息红利所得,按转让股票差价所得和持有股票的股息红利所得政策规定征免企业所得税。

19. 企业转让资产,该项资产的净值,准予在计算应纳税所得额时扣除。( )

【参考答案】 正确

【答案解析】 企业转让资产,该项资产的净值,准予在计算应纳税所得额时扣除。

20. 关联交易包括房屋建筑物、机器设备的转让和租赁。( )

【参考答案】 正确

【答案解析】 关联交易主要包括以下类型:(1)有形资产的购销、转让和使用,包括房屋建筑物、交通工具、机器设备、工具、商品、产品等有形资产的购销、转让和租赁业务;(2)无形资产的转让和使用,包括土地使用权、版权(著作权)、专利、商标、客户名单、营销渠道、牌号、商业秘密和专有技术等特许权,以及工业品外观设计或实用新型等工业产权的所有权转让和使用权的提供业务;(3)融通资金,包括各类长短期资金拆借和担保以及各类计息预付款和延期付款等业务;(4)提供劳务,包括市场调查、行销、管理、行政事务、技术服务、维修、设计、咨询、代理、科研、法律、会计事务等服务的提供。

21. 对企业投资者持有2019—2023年发行的铁路债券取得的利息收入,减按90%计入收入总额征收企业所得税。( )

【参考答案】 错误

【答案解析】 《财政部税务总局关于铁路债券利息收入所得税政策的公告》(财政部税务总局公告2019年第57号)规定,对企业投资者持有2019—2023年发行的铁路债券取得的利息收入,减半征收企业所得税。

22. 企事业单位、社会团体以及其他组织捐赠住房作为公租房,符合税收法律法规规定的,对其公益性捐赠支出在年度利润总额12%以内的部分,准予在计算应纳税所得额时扣除,超过年度利润总额12%的部分,准予结转以后三年内在计算应纳税所得额时扣除。

【参考答案】 正确

【答案解析】 《财政部税务总局关于公共租赁住房税收优惠政策的公告》(财政部税务总局公告2019年第61号)规定,企事业单位、社会团体以及其他组织捐赠住房作为公租房,符合税收法律法规规定的,对其公益性捐赠支出在年度利润总额12%以内的部分,准予在计算应纳税所得额时扣除,超过年度利润总额12%的部分,准予结转以后三年内在计算应纳税所得额时扣除。

23.上市公司对其员工实施股权激励计划的,除对股权激励计划实行后立即可以行权的外,在股权激励计划可行权后,方可依照税法规定计算确定作为当年上市公司工资薪金支出,进行税前扣除。( )

【参考答案】 正确

【答案解析】《关于我国居民企业实行股权激励计划有关企业所得税处理问题的公告》(国家税务总局公告2012年第18号)规定,对股权激励计划实行后立即可以行权的,上市公司可以根据实际行权时该股票的公允价格与激励对象实际行权支付价格的差额和数量,计算确定作为当年上市公司工资薪金支出,依照税法规定进行税前扣除。上市公司等待期内会计上计算确认的相关成本费用,不得在对应年度计算缴纳企业所得税时扣除。在股权激励计划可行权后,上市公司方可根据该股票实际行权时的公允价格与当年激励对象实际行权支付价格的差额及数量,计算确定作为当年上市公司工资薪金支出,依照税法规定进行税前扣除。

24.企业所得税法所称其他应当作为长期待摊费用的支出,自支出发生月份的次月起,分期摊销,摊销年限不得低于3年。( )

【参考答案】 正确

【答案解析】《中华人民共和国企业所得税法实施条例》第七十条规定,《中华人民共和国企业所得税法》第十三条所称其他应当作为长期待摊费用的支出,自支出发生月份的次月起,分期摊销,摊销年限不得低于3年。

25.企业与其关联方共同开发、受让无形资产,或者共同提供、接受劳务发生的成本,在计算应纳税所得额时应当按照独立交易原则进行分摊。( )

【参考答案】 正确

【答案解析】 企业与其关联方共同开发、受让无形资产,或者共同提供、接受劳务发生的成本,在计算应纳税所得额时应当按照独立交易原则进行分摊。

26.税务机关根据税收法律、行政法规的规定,对企业作出特别纳税调整的,应当对补征的税款,自税款所属纳税年度的次年5月1日起至补缴税款之日止的期间,按日加收利息。( )

【参考答案】 错误

【答案解析】《中华人民共和国企业所得税法实施条例》第一百二十一条规定,税务机关根据税收法律、行政法规的规定,对企业作出特别纳税调整的,应当对补征的税款,自税款所属纳税年度的次年6月1日起至补缴税款之日止的期间,按日加收利息。

27.企业向税务机关报送年度企业所得税纳税申报表时,应当就其与关联方之间的业务往来,附送年度关联业务往来报告表。( )

【参考答案】 正确

【答案解析】 企业向税务机关报送年度企业所得税纳税申报表时,应当就其与关联方之间的业务往来,附送年度关联业务往来报告表。

28.企业综合利用资源,生产符合国家产业政策规定的产品所取得的收入,减按90%计

入收入总额，缴纳企业所得税。（　　）

【参考答案】 正确

【答案解析】 根据《中华人民共和国企业所得税法》和《中华人民共和国企业所得税法实施条例》规定，企业综合利用资源，生产符合国家产业政策规定的产品所取得的收入，减按90%计入收入总额，缴纳企业所得税。

29. 根据《财政部国家税务总局关于企业重组业务企业所得税处理若干问题的通知》的规定，企业债务重组确认的应纳税所得额占该企业当年应纳税所得额50%以上，可以在5个纳税年度的期间内，均匀计入各年度的应纳税所得额。（　　）

【参考答案】 正确

【答案解析】 根据《财政部国家税务总局关于企业重组业务企业所得税处理若干问题的通知》（财税〔2009〕59号）的规定，企业债务重组确认的应纳税所得额占该企业当年应纳税所得额50%以上，可以在5个纳税年度的期间内，均匀计入各年度的应纳税所得额。

30. 税务机关对企业以前年度纳税情况进行检查时调增的应纳税所得额，不得用于弥补以前年度的亏损。（　　）

【参考答案】 错误

【答案解析】 《国家税务总局关于查增应纳税所得额弥补以前年度亏损处理问题的公告》（国家税务总局公告2010年第20号）规定，税务机关对企业以前年度纳税情况进行检查时调增的应纳税所得额，凡企业以前年度发生亏损、且该亏损属于企业所得税法规定允许弥补的，应允许调增的应纳税所得额弥补该亏损。

31. 居民企业从直接或间接持有股权之和达到100%的关联方取得的技术转让所得，不享受技术转让减免企业所得税优惠政策。（　　）

【参考答案】 正确

【答案解析】 《财政部国家税务总局关于居民企业技术转让有关企业所得税政策问题的通知》（财税〔2010〕11号）规定，居民企业从直接或间接持有股权之和达到100%的关联方取得的技术转让所得，不享受技术转让减免企业所得税优惠政策。

32. 企业以前年度发生的资产损失未能在当年税前扣除的，可以按照规定向税务机关说明并进行专项申报扣除。其中，属于实际资产损失，准予追补至该项损失发生年度扣除，其追补确认期限一般不得超过3年。（　　）

【参考答案】 错误

【答案解析】 《国家税务总局关于发布〈企业资产损失所得税税前扣除管理办法〉的公告》（国家税务总局公告2011年第25号）规定，企业以前年度发生的资产损失未能在当年税前扣除的，可以按照规定向税务机关说明并进行专项申报扣除。其中，属于实际资产损失，准予追补至该项损失发生年度扣除，其追补确认期限一般不得超过5年。

33. 企业应当在办理注销登记前，就其清算所得向税务机关申报并依法缴纳企业所得税。（　　）

【参考答案】 正确

【答案解析】 企业应当在办理注销登记前，就其清算所得向税务机关申报并依法缴纳企业所得税。

34. 国家重点扶持的公共基础设施项目,是指《公共基础设施项目企业所得税优惠目录》规定的港口码头、机场、铁路、公路、城市公共交通、电力、水利等项目。(　　)

【参考答案】 正确

【答案解析】 国家重点扶持的公共基础设施项目,是指《公共基础设施项目企业所得税优惠目录》规定的港口码头、机场、铁路、公路、城市公共交通、电力、水利等项目。

35. 企业从事规定的国家重点扶持的公共基础设施项目的投资经营的所得,自项目取得第一笔生产经营收入所属纳税年度起,第一年至第三年免征企业所得税,第四年至第六年减半征收企业所得税。(　　)

【参考答案】 正确

【答案解析】 企业从事前款规定的国家重点扶持的公共基础设施项目的投资经营的所得,自项目取得第一笔生产经营收入所属纳税年度起,第一年至第三年免征企业所得税,第四年至第六年减半征收企业所得税。

36. 一个纳税年度内,居民企业技术转让所得不超过500万元的部分,免征企业所得税;超过500万元的部分,减半征收企业所得税。(　　)

【参考答案】 正确

【答案解析】 一个纳税年度内,居民企业技术转让所得不超过500万元的部分,免征企业所得税;超过500万元的部分,减半征收企业所得税。

37. 企业从非关联方以捐赠的形式取得的固定资产,该资产原来企业历史成本是200万元,账面净值是150万元。目前,市场的公允价值是140万元,则接受企业未来计提折旧的基数是150万元。(　　)

【参考答案】 错误

【答案解析】 根据《中华人民共和国企业所得税法》及其相关规定,企业以捐赠的形式取得的固定资产,应以该资产的市场的公允价值作为企业未来计提折旧的基数。

38. 特别纳税调整实施办法所称的实际税负相同,可以理解为实际税率相同。(　　)

【参考答案】 错误

【答案解析】 特别纳税调整实施办法所称实际税负相同,主要指关联方之间适用税率相同,而且没有一方享受减免税、发生亏损弥补等情形,其应纳税所得额承担了相同的税收负担。

39. 对民族自治地方内国家限制和禁止行业的企业,不得减征或者免征企业所得税。(　　)

【参考答案】 正确

【答案解析】 对民族自治地方内国家限制和禁止行业的企业,不得减征或者免征企业所得税。

40. 企业安置残疾人员的,在按照支付给残疾职工工资据实扣除的基础上,按照支付给残疾职工工资的200%加计扣除。(　　)

【参考答案】 错误

【答案解析】 企业安置残疾人员的,在按照支付给残疾职工工资据实扣除的基础上,按照支付给残疾职工工资的100%加计扣除。

41.企业在筹建期间,发生的广告费和业务宣传费,可按实际发生额的计入企业筹办费,并按有关规定在税前扣除。( )

【参考答案】 正确

【答案解析】《国家税务总局关于企业所得税应纳税所得额若干税务处理问题的公告》(国家税务总局公告 2012 年第 15 号)规定,企业在筹建期间,发生的广告费和业务宣传费,可按实际发生额计入企业筹办费,并按有关规定在税前扣除。

42.创业投资企业采取股权投资方式投资于未上市的中小高新技术企业 2 年以上的,可以按照其投资额的 70%在股权持有满 2 年的当年抵扣该创业投资企业的应纳税所得额。( )

【参考答案】 错误

【答案解析】 创业投资企业采取股权投资方式投资于未上市的中小高新技术企业 2 年以上的,可以按照其投资额的 70%在股权持有满 2 年的当年抵扣该创业投资企业的应纳税所得额。

43.中国境内企业和非居民企业签订与利息、租金、特许权使用费等所得有关的合同或协议,如果未按照合同或协议约定的日期支付上述所得款项,但已计入企业当期成本、费用,在企业所得税年度纳税申报时暂不代扣代缴企业所得税。( )

【参考答案】 错误

【答案解析】《国家税务总局关于非居民企业所得税管理若干问题的公告》(国家税务总局公告 2011 年第 24 号)规定,中国境内企业和非居民企业签订与利息、租金、特许权使用费等所得有关的合同或协议,如果未按照合同或协议约定的日期支付上述所得款项,或者变更或修改合同或协议延期支付,但已计入企业当期成本、费用,并在企业所得税年度纳税申报中作税前扣除的,应在企业所得税年度纳税申报时按照企业所得税法有关规定代扣代缴企业所得税。

44.房地产企业按规定对开发项目进行土地增值税清算后,只要当年企业所得税汇算清缴出现亏损,就可以按照规定计算出该项目由于土地增值税原因导致的项目开发各年度多缴企业所得税税款,并申请退税。( )

【参考答案】 错误

【答案解析】《国家税务总局关于房地产开发企业土地增值税清算涉及企业所得税退税有关问题的公告》(国家税务总局公告 2016 年第 81 号)规定,企业按规定对开发项目进行土地增值税清算后,当年企业所得税汇算清缴出现亏损且有其他后续开发项目的,该亏损应按照税法规定向以后年度结转,用以后年度所得弥补。后续开发项目,是指正在开发以及中标的项目;企业按规定对开发项目进行土地增值税清算后,当年企业所得税汇算清缴出现亏损,且没有后续开发项目的,可以按照规定计算出该项目由于土地增值税原因导致的项目开发各年度多缴企业所得税税款,并申请退税。

45.符合条件的软件企业按照规定取得的即征即退增值税款,由企业专项用于软件产品研发和扩大再生产并单独进行核算,可以作为免税收入。( )

【参考答案】 错误

【答案解析】《关于进一步鼓励软件产业和集成电路产业发展企业所得税政策的通知》

(财税〔2012〕27 号)规定，符合条件的软件企业按照规定取得的即征即退增值税款，由企业专项用于软件产品研发和扩大再生产并单独进行核算，可以作为不征税收入，在计算应纳税所得额时从收入总额中减除。

46. 企业购置并实际使用《环境保护专用设备企业所得税优惠目录》、《节能节水专用设备企业所得税优惠目录》和《安全生产专用设备企业所得税优惠目录》规定的环境保护、节能节水、安全生产等专用设备的，该专用设备的投资额的 10%可以从企业当年的应纳税额中抵免；当年不足抵免的，可以在以后 5 个纳税年度结转抵免。(　　)

【参考答案】 正确

【答案解析】 企业购置并实际使用《环境保护专用设备企业所得税优惠目录》、《节能节水专用设备企业所得税优惠目录》和《安全生产专用设备企业所得税优惠目录》规定的环境保护、节能节水、安全生产等专用设备的，该专用设备的投资额的 10%可以从企业当年的应纳税额中抵免；当年不足抵免的，可以在以后 5 个纳税年度结转抵免。

47. 独立交易原则，是指没有关联关系的交易各方，按照公平成交价格和营业常规进行业务往来遵循的原则。(　　)

【参考答案】 正确

【答案解析】 独立交易原则，是指没有关联关系的交易各方，按照公平成交价格和营业常规进行业务往来遵循的原则。

48. 交易净利润法，是指按照没有关联关系的交易各方进行相同或者类似业务往来取得的净利润水平确定利润的方法。(　　)

【参考答案】 正确

【答案解析】 交易净利润法，是指按照没有关联关系的交易各方进行相同或者类似业务往来取得的净利润水平确定利润的方法。

49. 对社保基金会及养老基金投资管理机构在国务院批准的投资范围内，运用养老基金投资取得的归属于养老基金的投资收入，以及对养老基金投资管理机构、养老基金托管机构从事养老基金管理活动取得的收入，均作为企业所得税不征税收入。(　　)

【参考答案】 错误

【答案解析】 《财政部税务总局关于基本养老保险基金有关投资业务税收政策的通知》(财税〔2018〕95 号)规定，对社保基金会及养老基金投资管理机构在国务院批准的投资范围内，运用养老基金投资取得的归属于养老基金的投资收入，作为企业所得税不征税收入；对养老基金投资管理机构、养老基金托管机构从事养老基金管理活动取得的收入，依照税法规定征收企业所得税。

50. 销售开发产品，销售方式不同，确认收入的条件也不同。(　　)

【参考答案】 正确

【答案解析】 根据《国家税务总局关于印发〈房地产开发经营业务企业所得税处理办法〉的通知》(国税发〔2009〕31 号)的规定可知，销售开发产品，销售方式不同，确认收入的条件也不同。

51. 如果房地产开发企业的销售利润率明显偏低，说明企业可能存在隐匿收入或虚增成本的问题。(　　)

【参考答案】 正确

【答案解析】 根据税法及财会制度相关规定,如果房地产开发企业的销售利润率明显偏低,说明企业可能存在隐匿收入或虚增成本的问题。

52.房地产开发企业因购房者违约而没收的定金,不应当作为企业所得税的应税收入。

【参考答案】 错误

【答案解析】 房地产开发企业因购房者违约而没收的定金,应当作为企业所得税的应税收入。

53.房地产开发企业的开发产品用于临时出租的,不得计提折旧费在企业所得税前扣除。( )

【参考答案】 正确

【答案解析】 根据《国家税务总局关于企业处置资产所得税处理问题的通知》(国税函〔2008〕828号)的规定,临时出租属于自用(经营)的一种。《国家税务总局关于印发〈房地产开发经营业务企业所得税处理办法〉的通知》(国税发〔2009〕31号)规定,企业开发产品转为自用的,其实际使用时间累计未超过12个月又销售的,不得在税前扣除折旧费用。

54.已销开发产品的计税成本,按当期已实现销售的可售面积和建筑面积单位工程成本确认。( )

【参考答案】 错误

【答案解析】 《国家税务总局关于印发〈房地产开发经营业务企业所得税处理办法〉的通知》(国税发〔2009〕31号)规定,已销开发产品的计税成本,按当期已实现销售的可售面积和可售面积单位工程成本确认。

55.房地产企业发生的银行按揭担保损失不得在企业所得税前扣除。( )

【参考答案】 错误

【答案解析】 企业采取银行按揭方式销售开发产品,凡约定企业为购买方的按揭贷款提供担保的,其销售开发产品时向银行提供的保证金(担保金)不得从销售收入中减除,也不得作为费用在当期税前扣除,但实际发生损失时可据实扣除。

56.投资方取得的永续债利息收入属于股息、红利性质,按照现行企业所得税政策相关规定进行处理,其中,发行方和投资方均为居民企业的,永续债利息收入可以适用企业所得税法规定的居民企业之间的股息、红利等权益性投资收益免征企业所得税规定;同时发行方支付的永续债利息支出可以在企业所得税税前扣除。( )

【参考答案】 错误

【答案解析】 《财政部税务总局关于永续债企业所得税政策问题的公告》(财政部税务总局公告2019年第64号)规定,投资方取得的永续债利息收入属于股息、红利性质,按照现行企业所得税政策相关规定进行处理,其中,发行方和投资方均为居民企业的,永续债利息收入可以适用企业所得税法规定的居民企业之间的股息、红利等权益性投资收益免征企业所得税规定;同时发行方支付的永续债利息支出不得在企业所得税税前扣除。

57.企业以换取开发产品为目的,将土地使用权投资其他企业房地产开发项目的,应在首次取得开发产品时,将其分解为转让土地使用权和购入开发产品两项经济业务进行所得税处理,并按应从该项目取得的开发产品(包括首次取得的和以后应取得的)的市场公允价

值计算确认土地使用权转让所得或损失。(　　)

【参考答案】 正确

【答案解析】 《国家税务总局关于印发〈房地产开发经营业务企业所得税处理办法〉的通知》(国税发〔2009〕31号)第37条规定,企业以换取开发产品为目的,将土地使用权投资其他企业房地产开发项目的,应在首次取得开发产品时,将其分解为转让土地使用权和购入开发产品两项经济业务进行所得税处理,并按应从该项目取得的开发产品(包括首次取得的和以后应取得的)的市场公允价值计算确认土地使用权转让所得或损失。

58.股权收购方购买的股权不低于被收购企业全部股权(转让企业全部资产)的75%,且股权支付金额不低于其交易支付总额的85%,可选择特殊性税务重组税务处理。(　　)

【参考答案】 错误

【答案解析】 《财政部 国家税务总局关于促进企业重组有关企业所得税处理问题的通知》(财税〔2014〕109号)规定,股权收购方购买的股权不低于被收购企业全部股权(转让企业全部资产)的50%,且股权支付金额不低于其交易支付总额的85%,可选择特殊性税务重组税务处理。

59.发行方支付的永续债利息支出准予在其企业所得税税前扣除;投资方取得的永续债利息收入应当依法纳税。(　　)

【参考答案】 正确

【答案解析】 发行方支付的永续债利息支出准予在其企业所得税税前扣除;投资方取得的永续债利息收入应当依法纳税。

60.企业发行永续债,应当将其适用的税收处理方法在证券交易所、银行间债券市场等发行市场的发行文件中向投资方予以披露。(　　)

【参考答案】 正确

【答案解析】 企业发行永续债,应当将其适用的税收处理方法在证券交易所、银行间债券市场等发行市场的发行文件中向投资方予以披露。

四、计算题

(一)甲公司为居民企业,2022年度有关财务收支情况如下:(1)销售商品收入5 000万元,出售一台旧设备取得不含增值税收入20万元,转让一宗土地使用权收入300万元,从其直接投资的未上市居民企业分回股息80万元。(2)出售的旧设备原值80万元,已计提折旧65万元(符合企业所得税法中对折旧的要求)。(3)发生税收滞纳金支出5万元,赞助支出30万元,购销合同违约赔款支出10万元,环保罚款支出50万元;其他可在企业所得税前扣除的成本、费用、税金合计3 500万元。

要求:根据上述资料,分析回答下列问题。

1.甲公司取得的下列收入中,属于企业所得税中的免税收入的是(　　)。

A.销售商品收入5 000万元　　B.出售旧设备收入20万元

C.转让土地使用权收入300万元　　D.分回的股息80万元

【参考答案】 D

【答案解析】 居民企业直接投资的未上市居民企业取得的股息、红利等权益性投资免税。

2. 甲公司在计算 2022 年度企业所得税应纳税所得额时，不得扣除的项目是（　　）。

A. 税收滞纳金 5 万元　　B. 非广告性的赞助支出 30 万元

C. 购销合同违约赔款 10 万元　　D. 环保罚款 50 万元

【参考答案】 ABD

【答案解析】 纳税人按照经济合同法规支付的违约金（包括银行罚息）、罚款和诉讼费可以在计算应纳税所得额时扣除。税收滞纳金；罚金、罚款和被没收财物的损失；赞助支出等不得税前扣除。

3. 甲公司 2022 年度企业所得税应纳税所得额是（　　）万元。

A. 1 715　　B. 1 745

C. 1 795　　D. 1 805

【参考答案】 C

【答案解析】 甲公司 2022 年度企业所得税应纳税所得额＝5 000＋20＋300－（80－65）－10－3 500＝1 795（万元）。

（二）高新技术企业，为增值税一般纳税人，执行《企业会计准则》。2022 年全年实现利润总额 640 万元。公司已预缴企业所得税 96 万元。会计师事务所在对公司进行审计时，发现下列业务在计算所得税时未进行正确处理：（1）从 M 公司（成立于我国境内的非上市公司）取得的现金分红 60 万元，企业全额计入应纳税所得额。M 公司适用 25％的企业所得税税率，该企业持有其 60％的股权。（2）全年实际发生合理工资薪金支出 500 万元、职工福利费 94 万元、职工教育经费 45 万元、工会经费 10 万元（有工会经费拨款专用收据），企业已全额在税前扣除。（3）接受捐赠设备一台，取得增值税专用发票，注明价款 50 万元、增值税 8 万元，企业未作账务处理。（4）资产减值损失 138 万元系对固定资产计提的未经核定的减值准备金，公司已全额在税前扣除。

要求：根据上述资料，分析回答下列问题。

1. 该企业 2022 年度应调增的应纳税所得额为（　　）万元。

A. 252.5　　B. 248.5

C. 225　　D. 217

【参考答案】 C

【答案解析】 职工福利费 94 万元，500×14％＝70（万元），纳税调增额＝94－70＝24（万元）；职工教育经费 45 万元，500×8％＝40（万元），纳税调增额＝45－40＝5（万元）；接受设备捐赠，纳税调增额＝50＋8＝58（万元）；对固定资产计提减值准备金 138（万元），纳税调增额＝138（万元）。纳税调增额合计＝24＋5＋58＋138＝225（万元）。

2. 该企业 2022 年度应调减的应纳税所得额为（　　）万元。

A. 144　　B. 60

C. 36　　D. 0

【参考答案】 B

【答案解析】 从 M 公司取得的现金分红 60 万元属股息、红利等权益性投资收益，免税。因此，纳税调减额＝60（万元）。

3. 该企业应补缴的所得税额为（　　）万元。

A. 105.25　　　　B. 33.75

C. 28.275　　　　D. 24.75

【参考答案】 D

【答案解析】 应纳税所得额＝640＋225－60＝805(万元)；应纳税额＝805×15%＝120.75(万元)；应补所得税额＝120.75－96＝24.75(万元)。

(三)某企业为工业企业，适用企业所得税税率为25%。2022年资产总额是5 100万元，在职职工人数80人，全年经营状况如下：(1)取得销售收入2 500万元。(2)销售成本1 343万元。(3)发生销售费用670万元(其中广告费450万元)；管理费用400万元(其中业务招待费15万元)；财务费用60万元。(4)销售税金160万元(含增值税120万元)。(5)营业外收入70万元，营业外支出50万元(含通过公益性社会团体向贫困山区捐款10万元，支付税收滞纳金6万元)。

要求：根据上述资料，分析回答下列问题。

1. 企业销售费用和管理费用应调增的应纳税所得额为(　　)万元。

A. 75　　　　B. 75.5

C. 78.5　　　　D. 81

【参考答案】 D

【答案解析】 广告费调增所得额＝450－2 500×15%＝450－375＝75(万元)；2 500×5‰＝12.5万元＞15×60%＝9(万元)；业务招待费调增所得额＝15－15×60%＝15－9＝6(万元)；合计调增数额＝75＋6＝81(万元)。

2. 企业营业外支出需要调增的所得额为(　　)万元。

A. 9.6　　　　B. 13.26

C. 15.16　　　　D. 20.46

【参考答案】 C

【答案解析】 会计利润总额＝2 500＋70－1 343－670－400－60－(160－120)－50＝7(万元)；捐赠支出扣除的限额＝7×12%＝0.84(万元)；税收滞纳金不可以税前扣除，故营业外支出调增额＝10－0.84＋6＝15.16(万元)。

3. 2022年该企业应纳企业所得税为(　　)万元。

A. 23.42　　　　B. 25.79

C. 9.62　　　　D. 19.23

【参考答案】 B

【答案解析】 应纳税所得额＝7＋81＋15.16＝103.16(万元)，资产总额大于5 000万元，该企业不符合小型微利企业，故不可以享受小型微利企业企业所得税优惠，应缴企业所得税＝103.16×25%＝25.79(万元)。

(四)某居民企业(适用25%企业所得税税率)从事机械制造，增值税一般纳税人，2022年发生业务如下：(1)取得主营业务收入1 000万元，其他业务收入10万元，均为不含增值税收入；取得国债利息收入26万元；接受设备捐赠收入420万元，取得普通发票。(2)取得厂房转让收入1 000万元(不含增值税)，相关的转让成本及费用等480万元。(3)主营业务成本670.2万元，其他业务成本6万元。(4)发生管理费用200万元，其中业务招待费50万元。(5)发生销售费用 240 万元，其中广告和业务宣传费 80 万元。(6)发生银行借款利息支出 44.8 万元。其中 2 年期银行借款 100 万元，用于新厂房的建设，本年度支付利息 8 万元；其余 36.8 万元为企业流动资金借款利息支出。(7)税金及附加 75 万元。(8)营业外支出 125 万元。其中工商银行借款罚息 3 万元；税收滞纳金 1 万元；市环保局罚款 1 万元；通过民政局进行的公益性捐赠 120 万元。(9)上年结转本年度扣除的广告和业务宣传费是 40 万元。(10)购进符合规定的环境保护专用设备一台，投资额为 200 万元，已经投入使用。

要求：根据上述资料，分析回答下列问题。

1. 该企业本年度企业所得税税前准予扣除的管理费用为(　　)万元。

A. 5.05　　B. 30

C. 155.05　　D. 160.05

【参考答案】 C

【答案解析】 该企业本年销售收入＝1 000＋10＝1 010(万元)，业务招待费所得税税前准予扣除的管理费用：min(50×60%，1 010×0.5%)＝5.05(万元)。准予税前扣除的管理费＝200－(50－5.05)＝155.05(万元)。

2. 该企业本年度企业所得税税前准予扣除的营业外支出为(　　)万元。

A. 125　　B. 77.76

C. 74.76　　D. 72.76

【参考答案】 B

【答案解析】 本年利润总额＝1 000＋10＋26＋420＋1 000－480－670.2－6－200－240－(44.8－8)－75－125＝623(万元)，公益性捐赠限额＝623×12%＝74.76(万元)，所得税税前准予扣除的营业外支出＝125－1－1－(120－74.76)＝77.76(万元)。

3. 该企业 2022 年应当缴纳的企业所得税税额为(　　)万元。

A. 132.88　　B. 132.99

C. 142.3　　D. 142.68

【参考答案】 C

【答案解析】 该企业本年应纳税所得额＝623－26＋(50－5.05)＋1＋1＋(120－74.76)－40＝649.19(万元)，应纳税额＝649.19×25%－200×10%＝142.3(万元)。

(五)某化妆品生产企业为我国居民企业，适用企业所得税税率 25%。2022 年生产经营情况如下：(1)当年销售高档化妆品给商城，取得销售收入 6 000 万元，对应的销售成本为 2 000 万元。(2)当年发生管理费用 400 万元，其中含境内符合规定新技术开发费用 50 万元，委托境外研发费用 30 万元，业务招待费 40 万元。(3)当年发生销售费用 500 万元，其中广告费 120 万元；全年发生财务费用 300 万元，其中支付银行借款的逾期罚息 20 万元、向非金融机构(非关联方企业)借款利息超银行同期同类贷款利息 18 万元；税金及附加 340 万元。(4)取得国债利息收入 160 万元。(5)全年计入成本费用的实发工资总额 200 万元，实际发生职工工会经费 6 万元、职工福利费 20 万元、职工教育经费 25 万元。(6)营业外支出共计 230 万元，其中税收滞纳金 10 万元，通过公益性社会组织捐赠用于应对新冠状病毒感染的肺炎疫情的现金 100 万元。

要求：根据上述资料，分析回答下列问题。

1. 该企业 2022 年会计利润是(　　)万元。

A. 2 730　　B. 2 620

C. 2 390　　D. 2 190

【参考答案】 C

【答案解析】 该企业 2022 年会计利润=6 000−2 000−400−500−300−340+160−230=2 390(万元)。

2. 该企业 2022 年实际可扣除的研发费用是(　　)万元。

A. 140　　B. 154

C. 120　　D. 111.5

【参考答案】 B

【答案解析】 委托境外进行研发活动所发生的费用,按照费用实际发生额的 80%计入委托方的委托境外研发费用。委托境外研发费用不超过境内符合条件的研发费用三分之二的部分,可以按规定在企业所得税前加计扣除。委托境外进行研发活动所发生的费用 30 万元的 80%=30×80%=24(万元),小于符合条件的境内研发支出的三分之二=50×2/3=33.33(万元),允许加计扣除。该企业 2022 年实际可以扣除的研发费用=50+30+50×100%+30×80%×100%=154(万元)。

3. 该企业 2022 年应纳企业所得税税额是(　　)万元。

A. 552.75　　B. 571.25

C. 563.94　　D. 582.19

【参考答案】 A

【答案解析】 业务招待费按照发生额的 60%,与当年销售收入的 5‰比较取较小额,40×60%=24(万元),6 000×5‰=30(万元)。业务招待费扣除限额为 24 万元,应调增 40−24=16(万元)。广告费扣除限额=6 000×30%=1 800(万元),实际发生的广告费 120 万元可据实扣除,不需调整。职工福利费扣除限额=200×14%=28(万元),实际发生了 20 万元,不需调整。工会经费扣除限额=200×2%=4(万元),实际发生 6 万元,应调增 2 万元。职工教育经费扣除限额=200×8%=16(万元),实际发生 25 万元,应调增 9 万元。国债利息收入 160 万元属于免税收入,应调减。向非金融机构企业借款利息超银行同期同类贷款利息 18 万元不能税前扣除,应调增 18 万元。税收滞纳金 10 万元不允许税前扣除,应调增 10 万元。企业通过公益性社会组织向支持新型冠状病毒肺炎防治的捐款可全额扣除。该企业 2022 年度应缴纳的企业所得税税额=(2 390−160+16+2+9+18+10−50×100%−30×80%×100%)×25%=552.75(万元)。

(六)某工业企业为我国居民企业,适用 25%的企业所得税税率。该企业 2022 年度利润表反映的利润总额为 500 万元,已预缴企业所得税 125 万元。某税务师事务所在企业所得税汇算清缴期间对该企业进行税务审计时,发现以下问题:(1)2022 年 12 月取得其他业务收入价税合计 67.8 万元(适用增值税税率为 13%),企业未作收入处理,其他业务成本 50 万元未结转。(2)2022 年初经有关部门批准向职工集资 100 万元,用于弥补经营资金不足,期限 10 个月,支付利息 8 万元,取得合法凭证(同期银行贷款年利率为 6%)。(3)2022 年 6 月 1 日,以经营租赁方式租入一台设备用于生产,租期 1 年,一次性支付租金 12 万元(不含增值税，取得增值税专用发票），计入当年管理费用。(4)因水灾损失存货得到保险公司赔偿款10万元，企业未做会计处理。(5)提取存货跌价准备15万元，已在所得税前扣除。

要求：根据上述资料，分析回答下列问题：

1.该企业合计应调增应纳税所得额(　　)万元。

A.81　　B.91

C.93　　D.101.5

【参考答案】 C

【答案解析】 (1)确认其他业务收入，收入应纳税调增67.8÷(1+13%)=60(万元)；(2)向职工集资的利息支出超过银行同期贷款利息的部分应纳税调增8−100×6%×10÷12=3(万元)；(3)租金支出应按权责发生制计入当期费用，应纳税调增12−12×7÷12=5(万元)；(4)保险公司赔偿应作营业外收入，纳税调增10万元；(5)提取的存货跌价准备应纳税调增15万元。以上相加。

2.该企业合计应调减应纳税所得额(　　)万元。

A.0　　B.50

C.53　　D.55

【参考答案】 B

【答案解析】 其他业务收入及成本应同时确认，成本应纳税调减50万元。

3.该公司2022年度汇算清缴应补缴企业所得税(　　)万元。

A.5.76　　B.10.75

C.12.88　　D.14.61

【参考答案】 B

【答案解析】 纳税调整=93−50=43(万元)，应补企业所得税额=43×25%=10.75(万元)。

第八章　个人所得税

一、单选题

1. 个人所得税是以个人(自然人)取得的各项应税所得为征税对象所征收的一种税。它最早于(　　)年诞生于英国。

A. 1 789　　B. 1 799

C. 1 809　　D. 1 819

【参考答案】 B

【答案解析】 个人所得税是以个人(自然人)取得的各项应税所得为征税对象所征收的一种税。它最早于 1799 年诞生于英国,至今已有 200 多年的历史。

2. 下列关于个人所得税的特点中,说法错误的是(　　)。

A. 实行混合征收　　B. 累进税率和比例税率并用

C. 费用扣除额范围窄　　D. 源泉扣缴与自行申报相结合

【参考答案】 C

【答案解析】 个人所得税费用扣除额范围较宽。

3. 我国个人所得税实行的是(　　)。

A. 居民管辖权　　B. 公民管辖权

C. 地域管辖权　　D. 居民和地域管辖权

【参考答案】 D

【答案解析】 我国个人所得税同时实行居民税收管辖权和地域税收管辖权。

4. 在中国境内有住所,或者无住所而一个纳税年度内在中国境内居住累计满(　　)天的个人,为居民个人。

A. 90　　B. 180

C. 183　　D. 185

【参考答案】 C

【答案解析】 在中国境内有住所,或者无住所而一个纳税年度内在中国境内居住累计满 183 天的个人，为居民个人。

5. 在中国境内无住所，在中国境内居住累计满 183 天的年度连续不满（　　）年的，经向主管税务机关备案，其来源于中国境外且由境外单位或者个人支付的，免予缴纳个人所得税。

A. 三　　B. 五

C. 六　　D. 十

【参考答案】 C

【答案解析】 在中国境内无住所，在中国境内居住累计满 183 天的年度连续不满六年的，经向主管税务机关备案，其来源于中国境外且由境外单位或者个人支付的，免予缴纳个人所得税。

6. 在中国境内累计居住满 183 天的任一年度中有一次离境超过（　　）的，其在中国境内居住满 183 天的年度的连续年限重新起算。

A. 30　　B. 45

C. 60　　D. 90

【参考答案】 A

【答案解析】 在中国境内累计居住满 183 天的任一年度中有一次离境超过 30 天的，其在中国境内居住满 183 天的年度的连续年限重新起算。

7. 在中国境内无住所的纳税人，一个纳税年度在中国境内居住累计不超过（　　）天的，其来源于境内的所得，由境外雇主支付并且不由该雇主在中国境内的机构场所负担的部分，免予缴纳个人所得税。

A. 60　　B. 90

C. 91　　D. 120

【参考答案】 B

【答案解析】 在中国境内无住所的纳税人，一个纳税年度在中国境内居住累计不超过 90 天的，其来源于境内的所得，由境外雇主支付并且不由该雇主在中国境内的机构场所负担的部分，免予缴纳个人所得税。

8. 根据规定，非居民个人应该就（　　），依照我国个人所得税法的规定缴纳个人所得税。

A. 来源于境内和境外的全部所得　　B. 来源于境内的和境外的综合所得

C. 仅就来源于中国境内的所得　　D. 来源于境内的和境外的经营所得

【参考答案】 C

【答案解析】 非居民个人应该就仅就来源于中国境内的所得，依照我国个人所得税法的规定缴纳个人所得税。

9. 下列个人所得税的征税范围中，不属于综合所得的是（　　）。

A. 稿酬　　B. 偶然所得

C. 劳务报酬　　D. 工资薪金

【参考答案】 B

【答案解析】 综合所得包括工资薪金、劳务报酬、稿酬、特许权使用费所得。

10. 居民纳税人取得综合所得适用(　　)。

A. 五级超额累进税率　　B. 七级超额累进税率

C. 五级超率累进税率　　D. 七级超率累进税率

【参考答案】 B

【答案解析】 居民纳税人取得综合所得适用七级超额累进税率,税率为3%～45%。

11. 经营所得适用的税率是(　　)。

A. 五级超额累进税率　　B. 七级超额累进税率

C. 五级超率累进税率　　D. 七级超率累进税率

【参考答案】 A

【答案解析】 经营所得适用五级超额累进税率。

12. 扣缴义务人向居民个人支付工资、薪金所得时,应当按照累计预扣法计算预扣税款,并(　　)办理扣缴申报。

A. 按次　　B. 按月

C. 按季　　D. 按年

【参考答案】 B

【答案解析】 扣缴义务人向居民个人支付工资、薪金所得时,应当按照累计预扣法计算预扣税款,并按月办理扣缴申报。

13. 纳税人同时从两处以上取得工资、薪金所得,并由扣缴义务人检出专项附加扣除的,对同一专项附加扣除项目,在一个纳税年度内(　　)。

A. 从两处分别减除　　B. 从两处按50%减除

C. 只能选择从一处减除　　D. 不能减除

【参考答案】 C

【答案解析】 纳税人同时从两处以上取得工资、薪金所得,并由扣缴义务人检出专项附加扣除的,对同一专项附加扣除项目,在一个纳税年度内只能选择从一处取得的所得中减除。

14. 关于劳务报酬所得的说法正确的是(　　)。

A. 以取得收入为一次

B. 以一个月内取得的收入为一次

C. 一次性收入,以取得该项收入为一次

D. 同一项目连续收入,以该项目的收入为一次

【参考答案】 C

【答案解析】 劳务报酬所得、稿酬所得、特许权使用费所得,属于一次性收入,以取得该项收入为一次,同一项目连续收入,以一个月内取得的收入为一次。

15. 居民纳税人取得劳务报酬所得适用(　　)预扣率。

A. 五级超额累进　　B. 七级超额累进

C. 三级超额累进　　D. 七级超率累进

【参考答案】 C

【答案解析】 居民纳税人取得劳务报酬所得适用三级超额累进预扣率,预扣率

为20%～40%。

16. 稿酬所得以每次收入额为预扣预缴应纳税所得额，其中，收入额为每次收入减除费用后的余额，稿酬所得的收入额(　　)计算。

A. 减征 70%　　B. 减按 70%

C. 减按 50%　　D. 减按 30%

【参考答案】 B

【答案解析】 稿酬所得的收入额减按 70%计算。

17. 稿酬所得适用(　　)预扣率。

A. 七级超额累进　　B. 三级超额累进

C. 20%　　D. 30%

【参考答案】 C

【答案解析】 稿酬所得适用 20%预扣率。

18. 如果每次收入未超过 4 000 元，减除费用按(　　)计算。

A. 800　　B. 1 200

C. 20%　　D. 30%

【参考答案】 A

【答案解析】 如果每次收入未超过 4 000 元，减除费用按 800 计算，如果每次收入超过 4 000 元，减除费用按 20%计算。

19. 如果每次收入超过 4 000 元，减除费用按(　　)计算。

A. 800 元　　B. 1 200 元

C. 20%　　D. 30%

【参考答案】 C

【答案解析】 如果每次收入未超过 4 000 元，减除费用按 800 元计算，如果每次收入超过 4 000 元，减除费用按 20%计算。

20. 综合所得的减除费用按照(　　)计算。

A. 每月 800 元　　B. 每月 5 000 元

C. 20%　　D. 30%

【参考答案】 B

【答案解析】 根据《中华人民共和国个人所得税法》第六条的规定，应纳税所得额的计算：(一)居民个人的综合所得，以每一纳税年度的收入额减除费用六万元以及专项扣除、专项附加扣除和依法确定的其他扣除后的余额，为应纳税所得额。因此每月扣除为 5 000 元。

21. 下列项目中，不属于专项扣除的是(　　)。

A. 住房公积金　　B. 基本养老保险

C. 基本医疗保险　　D. 子女教育

【参考答案】 D

【答案解析】 专项扣除包括：居民纳税人按照国家规定的范围和标准缴纳的基本养老保险、基本医疗保险、失业保险等社会保险费和住房公积金。

22. 专项扣除、专项附加扣除和依法确定的其他扣除，以居民个人一个纳税年度的应纳税所得额为限额;一个纳税年度扣除不完的,(　　)。

A. 可结转以后年度扣除　　B. 可结转三年

C. 可结转五年　　D. 不结转以后年度扣除

【参考答案】 D

【答案解析】 专项扣除、专项附加扣除和依法确定的其他扣除,以居民个人一个纳税年度的应纳税所得额为限额;一个纳税年度扣除不完的,不结转以后年度扣除。

23. 子女教育。学前教育阶段,为子女年满(　　)当月至小学入学前一月。

A. 3 岁　　B. 3 周岁

C. 5 岁　　D. 5 周岁

【参考答案】 B

【答案解析】 子女教育。学前教育阶段,为子女年满 3 周岁当月至小学入学前一月。

24. 学历教育,为子女接受全日制学历教育入学的(　　)至全日制学历教育结束的(　　)。

A. 当月;当月　　B. 当月;次月

C. 次月;当月　　D. 次月;次月

【参考答案】 A

【答案解析】 学历教育,为子女接受全日制学历教育入学的当月至全日制学历教育结束的当月。

25. 学历(学位)继续教育,为在中国境内接受学历(学位)继续教育入学的当月至学历(学位)继续教育结束的当月,同一学历(学位)继续教育的扣除期限最长不得超过(　　)个月。

A. 12　　B. 24

C. 36　　D. 48

【参考答案】 D

【答案解析】 学历(学位)继续教育,为在中国境内接受学历(学位)继续教育入学的当月至学历(学位)继续教育结束的当月,同一学历(学位)继续教育的扣除期限最长不得超过 48 个月。

26. 技能人员职业资格继续教育、专业技术人员职业资格继续教育的扣除时间是(　　)。

A. 最长不得超过 12 个月　　B. 最长不得超过 24 个月

C. 为取得相关证书的当年　　D. 为取得相关证书的当月

【参考答案】 C

【答案解析】 技能人员职业资格继续教育、专业技术人员职业资格继续教育,为取得相关证书的当年。

27. 关于子女教育的扣除金额说法正确的是(　　)。

A. 2 000 元/月　　B. 1 000 元/月

C. 每个子女 2 000 元/月　　D. 每个子女 1 000 元/月

【参考答案】 D

【答案解析】 纳税人按每个子女每月 1 000 元的标准定额扣除。

28. 关于子女教育的扣除标准，说法正确的是（　　）。

A. 由一方扣除　　B. 由父母双方扣除

C. 可选择一方扣除或双方分别扣除 50%　　D. 具体扣除方式在 36 个月内不能变更

【参考答案】 C

【答案解析】 纳税人按每个子女每月 1 000 元的标准定额扣除，父母可以选择由其中一方按扣除标准的 100%扣除，也可以选择由双方分别按扣除标准的 50%扣除，具体扣除方式在一个纳税年度内不能变更。

29. 个人转让自用（　　）年以上，且是家庭唯一生活住房取得的所得，免征个人所得税。

A. 3　　B. 5

C. 7　　D. 10

【参考答案】 B

【答案解析】 个人转让自用 5 年以上，且是家庭唯一生活住房取得的所得，免征个人所得税。

30. 非居民个人取得工资、薪金所得，劳务报酬所得，稿酬所得和特许权使用费所得，有扣缴义务人的，由扣缴义务人（　　）代扣代缴税款，不办理汇算清缴。

A. 按季　　B. 按月

C. 按次　　D. 按月或按次

【参考答案】 D

【答案解析】 非居民个人取得工资、薪金所得，劳务报酬所得，稿酬所得和特许权使用费所得，有扣缴义务人的，由扣缴义务人按月或者按次代扣代缴税款，不办理汇算清缴。

31. 非居民个人王某在 2021 年 10 月达到中国税收居民个人条件，其在 2021 年度内的个人所得税税款扣缴方法（　　）。

A. 当月变更　　B. 次月变更

C. 15 天内变更　　D. 保持不变

【参考答案】 D

【答案解析】 非居民个人在一个纳税年度内税款扣缴方法保持不变，达到居民个人条件时，应当告知扣缴义务人基础信息变化情况，年度终了后按照居民个人有关规定办理汇算清缴。

32. 根据个人所得税法规定，财产转让所得，按照一次转让财产的收入额（　　）后的余额计算纳税。

A. 减除财产原值和合理费用　　B. 减除财产原值

C. 减除合理费用　　D. 减除财产原值或合理费用

【参考答案】 A

【答案解析】 根据《中华人民共和国个人所得税法》的规定，个人取得财产转让所得，按照一次转让财产的收入额减除财产原值和合理费用后的余额计算纳税。

33. 关于大病医疗的扣除限额，下列说法正确的是（　　）。

A. 10 000—80 000 元　　B. 10 000—60 000 元

C. 15 000—80 000 元　　D. 15 000—60 000 元

【参考答案】 C

【答案解析】 在一个纳税年度内，纳税人发生的与基本医保相关的医药费用支出，扣除医保报销后个人负担(指医保目录范围内的自付部分)累计超过 15 000 元的部分，由纳税人在办理年度汇算清缴时，在 80 000 元限额内据实扣除。

34. 关于大病医疗的扣除标准，下列说法正确的是(　　)。

A. 由本人扣除　　B. 由本人或配偶扣除

C. 夫妻双方按 50%分别扣除　　D. 未成年子女不可扣除

【参考答案】 B

【答案解析】 纳税人发生的医药费用支出可以选择由本人或者其配偶扣除；未成年子女的医药费用支出可以选择由其父母一方扣除。

35. 下列所得，不属于来源于中国境外的所得的是(　　)。

A. 因任职、受雇、履约等在中国境外提供劳务取得的所得

B. 中国境外企业以及其他组织支付且负担的稿酬所得

C. 许可各种特许权在中国境外使用而取得的所得

D. 从中国境外企业、其他组织以及居民个人取得的利息、股息、红利所得

【参考答案】 D

【答案解析】 下列所得，为来源于中国境外的所得：(一)因任职、受雇、履约等在中国境外提供劳务取得的所得；(二)中国境外企业以及其他组织支付且负担的稿酬所得；(三)许可各种特许权在中国境外使用而取得的所得；(四)在中国境外从事生产、经营活动而取得的与生产、经营活动相关的所得；(五)从中国境外企业、其他组织以及非居民个人取得的利息、股息、红利所得；(六)将财产出租给承租人在中国境外使用而取得的所得；(七)转让中国境外的不动产、转让对中国境外企业以及其他组织投资形成的股票、股权以及其他权益性资产(以下称权益性资产)或者在中国境外转让其他财产取得的所得。但转让对中国境外企业以及其他组织投资形成的权益性资产，该权益性资产被转让前三年(连续 36 个公历月份)内的任一时间，被投资企业或其他组织的资产公允价值 50%以上直接或间接来自位于中国境内的不动产的，取得的所得为来源于中国境内的所得；(八)中国境外企业、其他组织以及非居民个人支付且负担的偶然所得；(九)财政部、税务总局另有规定的，按照相关规定执行。

36. 居民个人来源于中国境外的综合所得，应当(　　)。

A. 单独计算应纳税额

B. 与境内综合所得合并计算应纳税额

C. 与境内经营所得合并计算应纳税额

D. 不计算应纳税额

【参考答案】 B

【答案解析】 居民个人来源于中国境外的综合所得，应当与境内综合所得合并计算应纳税额。

37. 居民个人来源于中国境外的经营所得，应当(　　)。

A. 不计算应纳税额

B. 与境内综合所得合并计算应纳税额

C. 与境内经营所得合并计算应纳税额

D. 单独计算应纳税额

【参考答案】 C

【答案解析】 居民个人来源于中国境外的经营所得，应当与境内经营所得合并计算应纳税额。

38. 居民个人来源于境外的经营所得，按照个人所得税法及其实施条例的有关规定计算的亏损，(　　)应纳税所得额。

A. 可以抵减境内的　　B. 可以抵减他国(地区)的

C. 不得抵减境内的　　D. 不得抵减其境内或他国(地区)的

【参考答案】 D

【答案解析】 居民个人来源于境外的经营所得，按照个人所得税法及其实施条例的有关规定计算的亏损，不得抵减其境内或他国(地区)的应纳税所得额。

39. 居民个人来源于中国境外的利息、股息、红利所得，财产租赁所得，财产转让所得和偶然所得(以下称其他分类所得)，应当(　　)。

A. 不计算应纳税额　　B. 与境内综合所得合并计算应纳税额

C. 与境内经营所得合并计算应纳税额　　D. 分别单独计算应纳税额

【参考答案】 D

【答案解析】 居民个人来源于中国境外的利息、股息、红利所得，财产租赁所得，财产转让所得和偶然所得(以下称其他分类所得)，不与境内所得合并，应当分别单独计算应纳税额。

40. 居民个人在一个纳税年度内来源于中国境外的所得，依照所得来源国家(地区)税收法律规定在中国境外已缴纳的所得税税额(　　)从其该纳税年度应纳税额中抵免。

A. 允许　　B. 不允许

C. 允许在抵免限额内　　D. 允许综合所得

【参考答案】 C

【答案解析】 居民个人在一个纳税年度内来源于中国境外的所得，依照所得来源国家(地区)税收法律规定在中国境外已缴纳的所得税税额允许在抵免限额内从其该纳税年度应纳税额中抵免。

41. 个人接受本科及以下学历(学位)继续教育，符合规定扣除条件的，扣除方式正确的是(　　)。

A. 由父母扣除　　B. 由本人扣除

C. 可以选择由父母扣除，或者由本人扣除　　D. 三方按比例扣除

【参考答案】 C

【答案解析】 个人接受本科及以下学历(学位)继续教育，符合规定扣除条件的，可以选择由其父母扣除，也可以选择由本人扣除。

42. 根据有关规定，下列专项附加扣除项目，只能在办理个人所得税汇算清缴时申报扣除的是(　　)。

A. 大病医疗　　B. 子女教育

C. 住房租金　　D. 赡养老人

【参考答案】 A

【答案解析】 在一个纳税年度内，纳税人发生的与基本医保相关的医药费用支出，扣除医保报销后个人负担(指医保目录范围内的自付部分)累计超过 15 000 元的部分，由纳税人在办理年度汇算清缴时，在 80 000 元限额内据实扣除。

43. 根据规定，实行个人所得税全员全额扣缴申报的应税所得不包括(　　)。

A. 工资、薪金所得　　B. 经营所得

C. 偶然所得　　D. 财产转让所得

【参考答案】 B

【答案解析】 实行个人所得税全员全额扣缴申报的应税所得包括：(一)工资、薪金所得；(二)劳务报酬所得；(三)稿酬所得；(四)特许权使用费所得；(五)利息、股息、红利所得；(六)财产租赁所得；(七)财产转让所得；(八)偶然所得。

44. 小王是我国居民，2022 年 3 月入职，当月取得税前工资 18 000 元，个人负担社保 1 500 元，公积金 2 200 元。小王是独生子女，父母均已满 60 周岁。请问小王 2022 年 3 月应缴纳的个人所得税为(不考虑其他税收优惠政策)(　　)元。

A. 327　　B. 285

C. 219　　D. 195

【参考答案】 C

【答案解析】 小王 2022 年 3 月应缴纳个人所得＝(18 000－1 500－2 200－2 000－5 000)＝7 300×3％＝219(元)。

45. 非居民的下列所得，不需要在我国缴纳个人所得税的是(　　)。

A. 在中国境内分公司提供劳务由境外总公司支付的所得

B. 许可个人专利在境外使用取得的所得

C. 将设备出租给承租人在境内使用而取得的所得

D. 转让中国境内的商铺取得的所得

【参考答案】 B

【答案解析】 根据规定，非居民个人应当就来源于中国境内的所得在我国缴纳个人所得税。许可个人专利在境外使用取得的所得，不属于来源于中国境内的所得。

46. 下列关于所得来源地的说法错误的是(　　)。

A. 稿酬所得按支付且负担方所在地

B. 偶然所得按照发生地

C. 特许权使用费所得按照特许权使用地

D. 转让其他财产所得按照转让行为发生地

【参考答案】 B

【答案解析】 偶然所得按照支付且负担方所在地。

47. 不属于应当依法自行办理纳税申报的是(　　)。

A. 取得综合所得　　B. 取得应税所得没有扣缴义务人

C. 取得境外所得 D. 因移居境外注销中国户籍

【参考答案】 A

【答案解析】 取得综合所得只有需要办理汇算清缴时，纳税人才应当依法办理纳税申报。

48. 个人作品以图书、报刊形式出版、发表取得的所得计征个人所得税应按（ ）。

A. 工资、薪金所得 B. 劳务报酬所得

C. 特许权使用费所得 D. 稿酬所得

【参考答案】 D

【答案解析】 个人作品以图书、报刊形式出版、发表取得的所得按稿酬所得计征个人所得税。

49. 计算个人所得税综合所得应纳税所得额时，下列情况中，不属于允许扣除的专项附加扣除的是（ ）。

A. 子女境外全日制教育 B. 首套住房贷款利息

C. 继续教育 D. 赡养年龄为 58 岁的父母

【参考答案】 D

【答案解析】 赡养 60 岁以上老人的费用可以扣除。

50. 下列属于个人所得税综合所得中专项扣除项目的是（ ）。

A. 住房公积金支出 B. 大病医疗支出

C. 商业健康险支出 D. 子女教育支出

【参考答案】 A

【答案解析】 根据《中华人民共和国个人所得税法》规定，居民个人按照国家规定的范围和标准缴纳的住房公积金支出属于专项扣除项目，大病医疗支出、子女教育支出属于专项附加扣除项目。个人购买符合国家规定的商业健康保险属于依法确定的其他扣除项目。

51. 下列选项中关于个人所得税的说法错误的是（ ）。

A. 个人专营种植业，不征收个人所得税

B. 个人从事彩票代销业务而取得的收入按经营所得计算征税

C. 个人取得的独生子女补贴不征收个人所得税

D. 个人取得的差旅费津贴、午餐补助应纳入工资、薪金，计算征税

【参考答案】 D

【答案解析】 个人取得的差旅费津贴、误餐补助不纳入工资、薪金，不缴纳个人所得税。

52. 下列选项中，不属于子女接受学历教育的范围的是（ ）。

A. 博士后 B. 普通高中

C. 中等职业教育 D. 大学本科

【参考答案】 A

【答案解析】 子女接受学历教育包括义务教育（小学、初中教育）、高中阶段教育（普通高中、中等职业、技工教育）、高等教育（大学专科、大学本科、硕士研究生、博士研究生教育）。

53. 2022 年 8 月，王某取得甲公司支付的税前劳务报酬收入 58 000 元。甲公司应为王某预扣预缴个人所得税税额为（ ）元。

A. 11 920　　B. 10 000

C. 14 000　　D. 15 400

【参考答案】 A

【答案解析】 预扣预缴个人所得税＝58 000×(1－20％)×30％－2 000＝11 920(元)。

54. 下列选项中关于权益性投资经营所得个人所得税征收管理的说法错误的是(　　)。

A. 持有股权、股票、合伙企业财产份额等权益性投资的个人独资企业、合伙企业，一律适用查账征收方式计征个人所得税

B. 独资合伙企业应自持有上述权益性投资之日起 45 日内，主动向税务机关报送持有权益性投资的情况

C. 2022 年 1 月 1 日前独资合伙企业已持有权益性投资的，应当在 2022 年 1 月 30 日前向税务机关报送持有权益性投资的情况

D. 税务机关接到核定征收独资合伙企业报送持有权益性投资情况的，调整其征收方式为查账征收

【参考答案】 B

【答案解析】 独资合伙企业应自持有上述权益性投资之日起 30 日内，主动向税务机关报送持有权益性投资的情况。

55. 王先生在北京工作，在上海市有一套享受首套住房贷款利率的住房，为方便工作在北京市租房居住，家中 1 个孩子在读小学。无其他专项附加扣除，王先生当年每月专项附加扣除额最多为(　　)元。

A. 2 000　　B. 2 500

C. 3 000　　D. 3 500

【参考答案】 B

【答案解析】 王先生首套住房贷款可享受转向附加扣除最多为 1 000 元，在北京市租房租金可享受转向附加扣除最多为 1 500 元，择优选择租房租金。所以王先生当年每月专项附加扣除额最多＝1 500＋1 000＝2 500(元)。

56. 下列所得中，不可以免征个人所得税的是(　　)。

A. 个人办理提前退休手续而取得的一次性补贴收入

B. 个人领取原提存的基本养老金

C. 保险赔款

D. 个人取得民政部门支付的生活困难补助费

【参考答案】 A

【答案解析】 个人办理提前退休手续而取得的一次性补贴收入，应按“工资、薪金所得”计征个人所得税。

57. 李某 2022 年 5 月参加活动，一次性获得演出报酬 40 000 元，活动主办方在支付李某报酬时应预扣预缴个人所得税额为(　　)元。

A. 9 760　　B. 8 000

C. 7 600　　D. 6 400

【参考答案】 C

【答案解析】　演出报酬属于劳务报酬。劳务报酬 40 000 元的应纳税额所得额＝40 000×(1－20％)＝32 000(元)。适用个人所得税预扣率 30％及速算扣除数 2 000，应纳税额＝32 000×30％－2 000＝7 600(元)。

58. 下列各项所得，不属于特许权使用费所得的是(　　)。

A. 专利权使用费　　B. 非专利技术使用费

C. 商标权使用费　　D. 书稿的稿费

【参考答案】　D

【答案解析】　特许权使用费所得，是指个人提供专利权、商标权、著作权、非专利技术以及其他特许权的使用权取得的所得；提供著作权的使用权取得的所得，不包括稿酬所得。

59. 依照个人所得税政策规定，下列选项中不属于劳务报酬所得的是(　　)。

A. 甲设计服装取得的设计费收入

B. 乙担任非任职单位董事取得的董事费收入

C. 丙受托对手饰进行加工取得的加工费收入

D. 丁发表小说取得的稿酬收入

【参考答案】　D

【答案解析】　个人因其作品以图书、报刊等形式出版、发表而取得的所得属于稿酬所得，不属于劳务报酬。

60. 下列选项中以每次收入额为个人所得税计税依据的是(　　)。

A. 财产租赁所得　　B. 个体工商户生产经营所得

C. 工资薪金所得　　D. 利息、股息、红利所得

【参考答案】　D

【答案解析】　利息、股息、红利所得，偶然所得和其他所得，以每次收入额为应纳税所得额。

二、多选题

1. 下列关于投资者取得铁路债券利息收入的政策表述，正确的有(　　)。

A. 对个人投资者因持有 2020－2023 年发行的铁路债券而取得的利息收入，减按 50％计入应纳税所得额计算个人所得税

B. 铁路债券是指以中国铁路总公司为发行和偿还主体的债券

C. 铁路债券包括中国铁路建设债券、中期票据、短期融资券

D. 税款由兑付机构在向个人投资者兑付利息时代扣代缴

【参考答案】　BCD

【答案解析】　依据《财政部 税务总局关于铁路债券利息收入所得税政策的公告》(财政部 税务总局公告 2019 年第 57 号)，对个人投资者持有 2019－2023 年发行的铁路债券取得的利息收入，减按 50％计入应纳税所得额计算征收个人所得税。税款由兑付机构在向个人投资者兑付利息时代扣代缴。铁路债券是指以中国铁路总公司为发行和偿还主体的债券，包括中国铁路建设债券、中期票据、短期融资券等债务融资工具。

2. 关于证券经纪人取得的佣金收入在汇算清缴环节的个人所得税相关规定，以下选项表述正确的有(　　)。

A. 保险营销员、证券经纪人取得的佣金收入,属于工资薪金所得

B. 保险营销员、证券经纪人取得的佣金收入,属于劳务报酬所得

C. 以不含增值税的收入减除 20%的费用后的余额为收入额

D. 收入额减去展业成本以及附加税费后,并入当年综合所得,计算缴纳个人所得税

【参考答案】 BCD

【答案解析】 依据《财政部 税务总局关于个人所得税法修改后有关优惠政策衔接问题的通知》(财税〔2018〕164 号)的规定,保险营销员、证券经纪人取得的佣金收入,属于劳务报酬所得,以不含增值税的收入减除 20%的费用后的余额为收入额,收入额减去展业成本以及附加税费后,并入当年综合所得,计算缴纳个人所得税。保险营销员、证券经纪人展业成本按照收入额的 25%计算。

3. 根据年金的个人所得税相关规定,下列说法正确的是( )。

A. 个人达到国家规定的退休年龄,领取的企业年金、职业年金,符合规定的,不并入综合所得,全额单独计算应纳税款

B. 个人根据国家有关政策规定缴付的年金个人缴费部分,在不超过本人缴费工资计税基数的 4%标准内的部分,暂从个人当期的应纳税所得额中扣除

C. 企业根据国家有关政策规定的办法和标准,为在本单位任职全体职工缴付的职业年金单位缴费部分,在计入个人账户时,个人暂不缴纳个人所得税

D. 年金基金投资运营收益分配计入个人账户时,个人暂不缴纳个人所得税

【参考答案】 ABCD

【答案解析】 选项 A,依据《财政部 税务总局关于个人所得税法修改后有关优惠政策衔接问题的通知》(财税〔2018〕164 号)第四条的规定,个人达到国家规定的退休年龄,领取的企业年金、职业年金,符合国家有关政策规定的办法和标准规定的,不并入综合所得,全额单独计算应纳税款。选项 B,依据《财政部 人力资源社会保障部 国家税务总局关于企业年金职业年金个人所得税有关问题的通知》(财税〔2013〕103 号)的规定,个人根据国家有关政策规定缴付的年金个人缴费部分,在不超过本人缴费工资计税基数的 4%标准内的部分,暂从个人当期的应纳税所得额中扣除。选项 C,依据《财政部 人力资源社会保障部 国家税务总局关于企业年金职业年金个人所得税有关问题的通知》(财税〔2013〕103 号)第一条的规定,企业和事业单位根据国家有关政策规定的办法和标准,为在本单位任职或者受雇的全体职工缴付的企业年金或职业年金单位缴费部分,在计入个人账户时,个人暂不缴纳个人所得税。超过规定的标准缴付的年金单位缴费部分,应并入个人当期的工资、薪金所得,依法计征个人所得税。选项 D,依据《财政部 人力资源社会保障部 国家税务总局关于企业年金职业年金个人所得税有关问题的通知》(财税〔2013〕103 号)第二条的规定,年金基金投资运营收益分配计入个人账户时,个人暂不缴纳个人所得税。

4. 根据沪港股票市场交易互联互通机制试点有关规定,下列说法正确的有( )。

A. 对内地个人投资者通过沪港通投资香港联交所上市股票取得的转让差价所得,自 2019 年 12 月 5 日起至 2022 年 12 月 31 日止,暂免征收个人所得税

B. 对内地个人投资者通过沪港通投资香港联交所上市 H 股取得的股息红利,H 股公司应向中国证券登记结算有限责任公司提出申请,由中国结算向 H 股公司提供内地个

人投资者名册，H 股公司按照 10%的税率代扣个人所得税

C. 对香港市场投资者个人投资深交所上市 A 股取得的股息红利所得，在香港中央结算有限公司不具备向中国结算提供投资者的身份及持股时间等明细数据的条件之前，暂不执行按持股时间实行差别化征税政策，由上市公司按照 5%的税率代扣所得税

D. 对香港市场投资者个人投资深交所上市 A 股取得的转让差价所得，暂免征收所得税

【参考答案】 AD

【答案解析】 依据《财政部 国家税务总局 证监会关于沪港股票市场交易互联互通机制试点有关税收政策的通知》(财税〔2014〕81 号)的规定，对香港市场投资者(包括企业和个人)投资上交所上市 A 股取得的转让差价所得，暂免征收所得税。对香港市场投资者(包括企业和个人)投资深交所上市 A 股取得的股息红利所得，由上市公司按照 10%的税率代扣所得税，并向其主管税务机关办理扣缴申报。对内地个人投资者通过沪港通投资香港联交所上市 H 股取得的股息红利，H 股公司应向中国证券登记结算有限责任公司(以下简称中国结算)提出申请，由中国结算向 H 股公司提供内地个人投资者名册，H 股公司按照 20%的税率代扣个人所得税。《财政部 税务总局 证监会关于继续执行沪港、深港股票市场交易互联互通机制和内地与香港基金互认有关个人所得税政策的公告》(财政部公告 2019 年第 93 号)规定，对内地个人投资者通过沪港通、深港通投资香港联交所上市股票取得的转让差价所得和通过基金互认买卖香港基金份额取得的转让差价所得，自 2019 年 12 月 5 日起至 2022 年 12 月 31 日止，继续暂免征收个人所得税。

5. 下列所得，按照规定可以免征个人所得税的是(　　)。

A. 取得单张有奖发票奖金 500 元

B. 个人取得的彩票中奖收入 8 000 元

C. 业余时间兼职收入 4 000 元

D. 参加有奖竞猜活动取得价值 6 000 元手机一部

【参考答案】 AB

【答案解析】 《财政部、国家税务总局关于个人取得有奖发票奖金征免个人所得税问题的通知》(财税〔2007〕34 号)规定，个人取得单张有奖发票奖金所得不超过 800 元(含 800 元)的，暂免征收个人所得税。《财政部、国家税务总局关于个人取得体育彩票中奖所得征免个人所得税问题的通知》(财税字〔1998〕12 号)规定，凡一次中奖收入不超过 1 万元的，暂免征收个人所得税。《中华人民共和国个人所得税法实施条例》规定，选项 C 兼职取得收入应按照劳务报酬，选项 D 参加商场竞猜活动收益应按偶然所得项目。

6. 下列通过公益性社会团体进行捐赠的事项中，可以在个人所得税前全额扣除的是(　　)。

A. 向贫困户的捐赠　　B. 向红十字基金的捐赠

C. 向教育发展基金会的捐赠　　D. 向农村教育事业的捐赠

【参考答案】 BCD

【答案解析】 根据《中华人民共和国个人所得税法》及相关规定，向农村义务教育、红十字基金会、教育发展基金等的捐赠可以全额在税前扣除，但向贫困户个人的捐赠在不超过纳税人申报的应纳税所得额 30%以内的部分可以据实扣除。

7. 2021年纳税人张三已享受住房租金专项附加扣除，下列选项中可以在当年同时申请扣除项目的是(　　)。

A. 子女教育　　B. 住房贷款利息

C. 大病医疗　　D. 继续教育

【参考答案】 ACD

【答案解析】 依据《个人所得税专项附加扣除暂行办法》的规定，纳税人及其配偶在一个纳税年度内不能同时分别享受住房贷款利息和住房租金专项附加扣除。

8. 下列属于综合所得中依法确定的其他扣除项目的有(　　)。

A. 符合规定的企业年金　　B. 符合规定的职业年金

C. 保险赔款　　D. 符合规定的商业健康保险

【参考答案】 ABD

【答案解析】 根据《中华人民共和国个人所得税法实施条例》第十三条的规定，个人所得税法第六条第一款第一项所称依法确定的其他扣除，包括个人缴付符合国家规定的企业年金、职业年金，个人购买符合国家规定的商业健康保险、税收递延型商业养老保险的支出，以及国务院规定可以扣除的其他项目。

9. 个人出租财产取得的财产租赁收入，在计算缴纳个人所得税时，以下费用中可以扣除的有(　　)。

A. 向出租方支付的租金

B. 财产租赁过程中缴纳的税费

C. 由纳税人负担的租赁财产实际开支的修缮支出

D. 租赁财产计提的折旧费用

【参考答案】 ABC

【答案解析】 依据《关于个人转租房屋取得收入征收个人所得税问题的通知》(国税函〔2009〕639号)，有关财产租赁所得个人所得税前扣除税费的扣除次序调整为：(一)财产租赁过程中缴纳的税费；(二)向出租方支付的租金；(三)由纳税人负担的租赁财产实际开支的修缮费用；(四)税法规定的费用扣除标准。

10. 下列所得项目中实行超额累进税率的所得项目有(　　)。

A. 综合所得　　B. 偶然所得

C. 经营所得　　D. 财产转让所得

【参考答案】 AC

【答案解析】 根据《中华人民共和国个人所得税法》第三条规定，(一)综合所得，适用百分之三至百分之四十五的超额累进税率(税率表附后)；(二)经营所得，适用百分之五至百分之三十五的超额累进税率(税率表附后)；(三)利息、股息、红利所得，财产租赁所得，财产转让所得和偶然所得，适用比例税率，税率为百分之二十。

11. 下列选项中，关于年金的说法正确的有(　　)。

A. 个人达到国家规定的退休年龄，个人领取的职业年金，符合规定的，不并入综合所得，全额单独计算应纳税款

B. 按月领取的，适用月度税率表计算纳税

C. 按季领取的，平均分摊计入各月，按每月领取额适用月度税率表计算纳税

D. 按年领取的，适用综合所得税率表计算纳税

【参考答案】 ABCD

【答案解析】 根据《财政部 税务总局关于个人所得税法修改后有关优惠政策衔接问题的通知》(财税〔2018〕164 号)第四条的规定，个人达到国家规定的退休年龄，领取的企业年金、职业年金，符合《财政部人力资源社会保障部 国家税务总局关于企业年金 职业年金个人所得税有关问题的通知》(财税〔2013〕103 号)规定的，不并入综合所得，全额单独计算应纳税款。其中按月领取的，适用月度税率表计算纳税；按季领取的，平均分摊计入各月，按每月领取额适用月度税率表计算纳税；按年领取的，适用综合所得税率表计算纳税。

12. 纳税人享受住房贷款利息专项附加扣除，应当填报(　　)。

A. 贷款合同编号　　B. 贷款方式

C. 住房坐落地址　　D. 住房权属信息

【参考答案】 ABCD

【答案解析】 《国家税务总局关于发布〈个人所得税专项附加扣除操作办法(试行)〉的公告》(国家税务总局公告 2018 年第 60 号)第十四条规定，纳税人享受住房贷款利息专项附加扣除，应当填报住房权属信息、住房坐落地址、贷款方式、贷款银行、贷款合同编号、贷款期限、首次还款日期等信息；纳税人有配偶的，填写配偶姓名、身份证件类型及号码。

13. 以下收入中，不应当按照稿酬所得项目缴纳个人所得税的有(　　)。

A. 出版社专业作者撰写作品后，由本社以图书形式出版而取得的收入

B. 某作家的文字作品手稿复印件公开拍卖取得的收入

C. 报社记者在本单位的报刊上发表作品取得的收入

D. 任职受雇于报纸杂志等单位的记者在本单位刊物上发表作品取得的收入

【参考答案】 BCD

【答案解析】 《国家税务总局关于个人所得税若干业务问题的批复》(国税函〔2002〕146 号)规定，任职受雇于报纸杂志等单位的记者、编辑等专业人员在本单位刊物上发表作品取得所得，按工资薪金所得征收个人所得税；作者将自己的文字作品手稿原件或复印件公开拍卖取得的所得，按特许权使用费所得征收个人所得税。出版社的专业作者撰写、编写或翻译的作品，由本社以图书形式出版而取得的稿费收入，应按“稿酬所得”项目计算缴纳个人所得税。

14. 根据个人所得税法相关规定，以下选项中免征个人所得税的有(　　)。

A. 张三领取军人复员费 60 000 元　　B. 李四领取救济金 8 000 元

C. 王五出租住房所得 12 000 元　　D. 赵六取得保险公司赔款 5 000 元

【参考答案】 ABD

【答案解析】 根据《中华人民共和国个人所得税法》第四条规定，下列各项个人所得，免征个人所得税：

(一)省级人民政府、国务院部委和中国人民解放军军以上单位，以及外国组织、国际组织颁发的科学、教育、技术、文化、卫生、体育、环境保护等方面的奖金；

(二)国债和国家发行的金融债券利息；

(三)按照国家统一规定发给的补贴、津贴;

(四)福利费、抚恤金、救济金;

(五)保险赔款;

(六)军人的转业费、复员费、退役金;

(七)按照国家统一规定发给干部、职工的安家费、退职费、基本养老金或者退休费、离休费、离休生活补助费;

(八)依照有关法律规定应予免税的各国驻华使馆、领事馆的外交代表、领事官员和其他人员的所得;

(九)中国政府参加的国际公约、签订的协议中规定免税的所得;

(十)国务院规定的其他免税所得。

前款第十项免税规定,由国务院报全国人民代表大会常务委员会备案。

15. 下列选项,享受个人所得税减免税优惠的有(　　)。

A. 外籍个人以实报实销形式取得的住房补贴和伙食补贴

B. 外籍个人取得洗衣费现金补贴

C. 个人取得的保险赔款

D. 个人取得国债和国家发行的金融债券利息

【参考答案】 ACD

【答案解析】 根据《财政部、国家税务总局关于个人所得税若干政策问题的通知》(财税字〔1994〕20 号)的规定,外籍个人以非现金形式或实报实销形式取得的住房补贴、伙食补贴、搬迁费、洗衣费,外籍个人按合理标准取得的境内、外出差补贴暂免征收个人所得税。根据《中华人民共和国个人所得税法》第四条的规定,国债和国家发行的金融债券利息,保险赔款免征个人所得税。

16. 纳税人子女在中国境外接受教育的,应当留存备查的资料有(　　)。

A. 境外学校录取通知书　　　　B. 学费支付证明

C. 交通工具支付凭证　　　　D. 留学签证

【参考答案】 AD

【答案解析】《个人所得税专项附加扣除暂行办法》第七条规定,纳税人子女在中国境外接受教育的,纳税人应当留存境外学校录取通知书、留学签证等相关教育的证明资料备查。

17. 根据个体工商户个人所得税相关规定,个体工商户不得扣除的支出有(　　)。

A. 赞助支出　　　　B. 罚金、罚款

C. 用于个人和家庭的支出　　　　D. 个人所得税税款

【参考答案】 ABCD

【答案解析】《个体工商户个人所得税计税办法》第十五条规定,个体工商户下列支出不得扣除:(一)个人所得税税款;(二)税收滞纳金;(三)罚金、罚款和被没收财物的损失;(四)不符合扣除规定的捐赠支出;(五)赞助支出;(六)用于个人和家庭的支出;(七)与取得生产经营收入无关的其他支出;(八)国家税务总局规定不准扣除的支出。

18. 有关居民个人取得的全年一次性奖金计算缴纳符个人所得税的说法,下列选项中说法正确的有（　　）。

A. 2021 年 12 月 31 日前，不并入当年综合所得

B. 2021 年 12 月 31 日前，收入除以 12，按照月度税率表，单独计算纳税

C. 2021 年 12 月 31 日前，收入除以 12，按照年度税率表，单独计算纳税

D. 自 2022 年 1 月 1 日起，应并入当年综合所得计算缴纳个人所得税

【参考答案】 ABD

【答案解析】 根据《财政部税务总局关于个人所得税法修改后有关优惠政策衔接问题的通知》（财税〔2018〕164 号）规定，居民个人取得全年一次性奖金，符合《国家税务总局关于调整个人取得全年一次性奖金等计算征收个人所得税方法问题的通知》（国税发〔2005〕9 号）规定的，在 2021 年 12 月 31 日前，不并入当年综合所得，以全年一次性奖金收入除以 12 个月得到的数额，按照本通知所附按月换算后的综合所得税率表，确定适用税率和速算扣除数，单独计算纳税。自 2022 年 1 月 1 日起，居民个人取得全年一次性奖金，应并入当年综合所得计算缴纳个人所得税。

19. 根据个人所得税法相关规定，居民个人取得的综合所得应依法办理汇算清缴的情形有（　　）。

A. 从两处以上取得，且年收入额减除专项扣除后的余额超过 6 万元

B. 取得劳务报酬所得，且年收入额减除专项扣除的余额超过 6 万元

C. 纳税年度内预缴税额高于应纳税额

D. 纳税人申请退税

【参考答案】 ABD

【答案解析】 《国家税务总局关于个人所得税自行纳税申报有关问题的公告》（国家税务总局公告 2018 年第 62 号）规定，取得综合所得且符合下列情形之一的纳税人，应当依法办理汇算清缴：（一）从两处以上取得综合所得，且综合所得年收入额减除专项扣除后的余额超过 6 万元；（二）取得劳务报酬所得、稿酬所得、特许权使用费所得中一项或者多项所得，且综合所得年收入额减除专项扣除的余额超过 6 万元；（三）纳税年度内预缴税额低于应纳税额；（四）纳税人申请退税。

20. 根据居民个人从中国境外取得所得的相关规定，下列说法正确的有（　　）。

A. 应当在取得所得的次年 3 月 1 日至 6 月 30 日内，向中国境内任职、受雇单位所在地主管税务机关办理纳税申报

B. 在中国境内没有任职、受雇单位的，向户籍所在地或中国境内经常居住地主管税务机关办理纳税申报

C. 户籍所在地与中国境内经常居住地不一致的，选择其中一地主管税务机关办理纳税申报

D. 在中国境内没有户籍的，向中国境内经常居住地主管税务机关办理纳税申报

【参考答案】 ABCD

【答案解析】 《国家税务总局关于个人所得税自行纳税申报有关问题的公告》（国家税务总局公告 2018 年第 62 号）规定，居民个人从中国境外取得所得的，应当在取得所得的次年 3 月 1 日至 6 月 30 日内，向中国境内任职、受雇单位所在地主管税务机关办理纳税申报；

在中国境内没有任职、受雇单位的,向户籍所在地或中国境内经常居住地主管税务机关办理纳税申报;户籍所在地与中国境内经常居住地不一致的,选择其中一地主管税务机关办理纳税申报;在中国境内没有户籍的,向中国境内经常居住地主管税务机关办理纳税申报。

21. 关于经过备案的创投企业的个人所得税政策,下列说法正确的是(　　)。

A. 创投企业可以选择按单一投资基金核算或者按创投企业年度所得整体核算,计算个人所得税应纳税额

B. 选择按单一投资基金核算的,其个人合伙人从该基金应分得的股权转让所得和股息红利所得,按照20%税率计算缴纳个人所得税

C. 选择按年度所得整体核算的,其个人合伙人应从创投企业取得的所得,按照"经营所得"项目适用5%－35%的超额累进税率计算缴纳个人所得税

D. 创投企业选择按单一投资基金核算或按创投企业年度所得整体核算后,2年内不能变更

【参考答案】 ABC

【答案解析】 《财政部 税务总局发展改革委证监会关于创业投资企业个人合伙人所得税政策问题的通知》(财税〔2019〕8号)规定,创投企业可以选择按单一投资基金核算或者按创投企业年度所得整体核算两种方式之一,对其个人合伙人来源于创投企业的所得计算个人所得税应纳税额。创投企业选择按单一投资基金核算的,其个人合伙人从该基金应分得的股权转让所得和股息红利所得,按照20%税率计算缴纳个人所得税。创投企业选择按年度所得整体核算的,其个人合伙人应从创投企业取得的所得,按照"经营所得"项目适用5%－35%的超额累进税率计算缴纳个人所得税。创投企业选择按单一投资基金核算或按创投企业年度所得整体核算后,3年内不能变更。

22. 非居民个人取得下列所得,有扣缴义务人的,由扣缴义务人按月或者按次代扣代缴税款,不办理汇算清缴的有(　　)。

A. 工资、薪金所得　　B. 经营所得

C. 特许权使用费所得　　D. 稿酬所得

【参考答案】 ACD

【答案解析】 非居民个人取得工资、薪金所得,劳务报酬所得,稿酬所得和特许权使用费所得,有扣缴义务人的,由扣缴义务人按月或者按次代扣代缴税款,不办理汇算清缴。

23. 下列选项中,经批准可以减征个人所得税的有(　　)。

A. 残疾、孤老人员所得　　B. 因自然灾害遭受的重大损失

C. 烈属的所得　　D. 非正常损失

【参考答案】 ABC

【答案解析】 《中华人民共和国个人所得税法》第五条规定,有下列情形之一的,可以减征个人所得税,具体幅度和期限,由省、自治区、直辖市人民政府规定,并报同级人民代表大会常务委员会备案:(一)残疾、孤老人员和烈属的所得;(二)因自然灾害遭受重大损失的。

24. 根据个人所得税法相关规定,居民个人取得的下列所得,适用超额累进税率的有(　　)。

A. 劳务报酬所得　　B. 财产租赁所得

C. 经营所得　　　　　　　　　　　　　　D. 特许权使用费所得

【参考答案】 ACD

【答案解析】 根据《中华人民共和国个人所得税法》第三条的规定，综合所得适用百分之三至百分之四十五的超额累进税率，经营所得适用百分之五至百分之三十五的超额累进税率。本题中劳务报酬所得，工资、薪金所得，特许权使用费所得项目为综合所得，适用超额累进税率。

25. 居民个人综合所得计算年度应纳税所得额时，以每一纳税年度的收入额减除一定的扣除项目后的余额为应纳税所得额。扣除项目包括（　　）。

A. 减除费用 6 万元　　　　　　　　　　B. 企业负担的住房公积金

C. 专项扣除　　　　　　　　　　　　　D. 专项附加扣除

【参考答案】 ACD

【答案解析】 根据《中华人民共和国个人所得税法》第六条的规定，居民个人的综合所得，以每一纳税年度的收入额减除费用六万元以及专项扣除、专项附加扣除和依法确定的其他扣除后的余额，为应纳税所得额。

26. 全员全额扣缴申报，是指扣缴义务人应当在代扣税款的次月十五日内，向主管税务机关报送的信息有（　　）。

A. 支付所得数额　　　　　　　　　　　B. 扣除事项和数额

C. 扣缴税款的具体数额和总额　　　　　D. 其他相关涉税信息资料

【参考答案】 ABCD

【答案解析】《中华人民共和国个人所得税法实施条例》第二十六条规定，个人所得税法第十条第二款所称全员全额扣缴申报，是指扣缴义务人应当在代扣税款的次月十五日内，向主管税务机关报送其支付所得的所有个人的有关信息、支付所得数额、扣除事项和数额、扣缴税款的具体数额和总额以及其他相关涉税信息资料。

27. 根据住房贷款利息有关规定，下列选项中，符合纳税人享受住房贷款利息专项附加扣除时间有（　　）。

A. 贷款合同约定开始还款的当月　　　　B. 贷款合同约定开始还款的次月

C. 贷款合同终止的当月　　　　　　　　D. 贷款合同终止的次月

【参考答案】 AC

【答案解析】 国家税务总局公告 2018 年第 60 号第三条规定，住房贷款利息，纳税人享受符合规定的专项附加扣除的计算时间，为贷款合同约定开始还款的当月至贷款全部归还或贷款合同终止的当月，扣除期限最长不得超过 240 个月。

28. 下列有关大病医疗支出的表述中，说法正确的有（　　）。

A. 未成年子女的大病医疗支出由父母约定分摊扣除

B. 未成年子女的大病医疗支出可以选择由父母一方扣除

C. 纳税人的大病医疗支出可以由本人和配偶按比例分摊扣除

D. 纳税人的大病医疗支出可以由本人扣除

【参考答案】 BD

【答案解析】 根据《个人所得税专项附加扣除暂行办法》第十二条的规定，纳税人发生的医药费支出可以选择由本人或者其配偶扣除;未成年子女的医药费支出可以选择由其父母一方扣除。

29. 纳税人享受大病医疗专项附加扣除,必须留存的资料有(　　)。

A. 医药服务收费票据(复印件)　　B. 药品费用票据(复印件)

C. 医保报销相关票据原件(复印件)　　D. 医药费用清单

【参考答案】 ACD

【答案解析】 根据《个人所得税专项附加扣除操作办法(试行)》第十七条的规定,纳税人享受大病医疗专项附加扣除,需要留存备查资料包括:大病患者医药服务收费及医保报销相关票据原件或复印件,或者医疗保障部门出具的纳税年度医药费用清单等资料。

30. 根据综合所得汇算清缴相关规定,下列表述正确的有(　　)。

A. 对有两处以上任职、受雇单位的,可以选择其中一处任职、受雇单位所在地主管税务机关申报

B. 需要办理汇算清缴的纳税人,应当在取得所得的次年 3 月 1 日至 6 月 30 日内办理

C. 纳税人没有任职、受雇单位的,可以向户籍所在地主管税务机关办理汇算清缴申报

D. 纳税人没有任职、受雇单位的,可以向经常居住地主管税务机关办理汇算清缴申报

【参考答案】 ABCD

【答案解析】 《国家税务总局关于个人所得税自行纳税申报有关问题的公告》(国家税务总局公告 2018 年第 62 号)第一条规定,需要办理汇算清缴的纳税人,应当在取得所得的次年 3 月 1 日至 6 月 30 日内,向任职、受雇单位所在地主管税务机关办理纳税申报,并报送《个人所得税年度自行纳税申报表》。纳税人有两处以上任职、受雇单位的,选择向其中一处任职、受雇单位所在地主管税务机关办理纳税申报;纳税人没有任职、受雇单位的,向户籍所在地或经常居住地主管税务机关办理纳税申报。

31. 根据创业投资企业和天使投资个人有关规定,下列选项说法正确的有(　　)。

A. 天使投资个人采取股权投资方式直接投资于初创科技型企业满 3 年的,可以按照投资额的 70%抵扣转让该初创科技型企业股权取得的应纳税所得额

B. 当期不足抵扣的,可以在以后取得转让该初创科技型企业股权的应纳税所得额时结转抵扣

C. 初创科技型企业仅限在中国境内(不包括港、澳、台地区)注册成立、实行查账征收的居民企业

D. 天使投资个人可以是被投资初创科技型企业的发起人、雇员或其亲属

【参考答案】 BC

【答案解析】 《财政部 税务总局关于创业投资企业和天使投资个人有关税收政策的通知》规定,天使投资个人采取股权投资方式直接投资于初创科技型企业满 2 年的,可以按照投资额的 70%抵扣转让该初创科技型企业股权取得的应纳税所得额;当期不足抵扣的,可以在以后取得转让该初创科技型企业股权的应纳税所得额时结转抵扣。初创科技型企业在中国境内(不包括港、澳、台地区)注册成立、实行查账征收的居民企业;天使投资个人不属于被投资初创科技型企业的发起人、雇员或其亲属,且与被投资初创科技型企业不存在劳务派遣等关系;享受抵扣政策的投资,仅限于通过向被投资初创科技型企业直接支付现金方式取得

的股权投资，不包括受让其他股东的存量股权。

32. 根据《个人所得税专项附加扣除暂行办法》有关规定，赡养人包括（　　）。

A. 实际承担对祖父母赡养义务的孙子女

B. 实际承担对外祖父母赡养义务的外孙子女

C. 祖父母的子女均已去世，实际承担对祖父母赡养义务的孙子女

D. 外祖父母的子女均已去世，实际承担对外祖父母赡养义务的外孙子女

【参考答案】 CD

【答案解析】 《个人所得税专项附加扣除暂行办法》第二十三条规定，本办法所称被赡养人是指年满60岁的父母，以及子女均已去世的年满60岁的祖父母、外祖父母。

33. 根据个人所得税法有关规定，纳税人属于居民个人的有（　　）。

A. 日本学生2021年来华学习3个月

B. 境内有住所的中国公民被派到美国工作183天

C. 德国工程师2021年2月1日至2021年10月31日来华工作

D. 英国教授来中国讲学，2021年1月1日入境，2021年3月31日回国，2021年7月1日入境至11月30日

【参考答案】 BCD

【答案解析】 《中华人民共和国个人所得税法》第一条规定，在中国境内有住所，或者无住所而一个纳税年度内在中国境内居住累计满一百八十三天的个人，为居民个人。居民个人从中国境内和境外取得的所得，依照本法规定缴纳个人所得税。

34. 根据个人所得税有关规定，下列选项中说法正确的有（　　）。

A. 对个人转让已自用3年且是家庭唯一居住用房取得的所得免征个人所得税

B. 个人转租房产而取得的转租收入，属于“财产租赁所得”的征税范围，由房产转租人缴纳个人所得税

C. 房屋产权所有人将房屋产权无偿赠与配偶、父母、子女、祖父母、外祖父母、孙子女、外孙子女、兄弟姐妹，对当事双方不征收个人所得税

D. 房屋产权所有人死亡，依法取得房屋产权的法定继承人、遗嘱继承人或者受遗赠人不缴纳个人所得税

【参考答案】 BCD

【答案解析】 根据《财政部 国家税务总局 建设部关于个人住房所得征收个人所得税有关问题的通知》（财税字〔1999〕278号）的规定，个人转让自用5年以上，并且是家庭唯一生活用房，取得的所得免征个人所得税。《国家税务总局关于个人转租房屋取得收入征收个人所得税问题的通知》（国税函〔2009〕639号）规定，个人将承租房屋转租取得的租金收入，属于个人所得税应税所得，应按“财产租赁所得”项目计算缴纳个人所得税。《财政部 税务总局关于个人取得有关收入适用个人所得税应税所得项目的公告》（财政部 税务总局公告2019年第74号）规定，符合以下情形的，对当事双方不征收个人所得税：（一）房屋产权所有人将房屋产权无偿赠与配偶、父母、子女、祖父母、外祖父母、孙子女、外孙子女、兄弟姐妹；（二）房屋产权所有人将房屋产权无偿赠与对其承担直接抚养或者赡养义务的抚养人或者赡养人；（三）房屋产权所有人死亡，依法取得房屋产权的法定继承人、遗嘱继承人或者受遗赠人。

35. 根据个人所得税法相关规定,下列各项中表述正确的有(　　)。

A. 保险代理人取得的所得为劳务报酬所得

B. 个人保险代理人为保险企业提供保险代理服务应当缴纳的个人所得税,由保险公司按照现行规定依法代扣代缴

C. 个人保险代理人以其取得的收入(不含增值税)减除 20%的费用、相关税费及展业成本后并入当年综合所得,计算缴纳个人所得税

D. 个人保险代理人为保险企业提供保险代理服务,展业成本为收入额的 35%

【参考答案】 BC

【答案解析】 依据《财政部 税务总局关于个人所得税法修改后有关优惠政策衔接问题的通知》(财税〔2018〕164 号)的规定,保险营销员、证券经纪人取得的佣金收入,属于劳务报酬所得,以不含增值税的收入减除 20%的费用后的余额为收入额,收入额减去展业成本以及附加税费后,并入当年综合所得,计算缴纳个人所得税。保险营销员、证券经纪人展业成本按照收入额的 25%计算。

36. 根据纳税人取得财产租赁所得有关规定,下列表述正确的有(　　)。

A. 不可以扣除财产租赁过程中缴纳的税费

B. 可以扣除向出租方支付的租金

C. 纳税人实际负担的租赁过程中的修缮费用

D. 可以扣除税法规定的费用扣除标准

【参考答案】 BCD

【答案解析】 根据《国家税务总局关于个人转租房屋取得收入征收个人所得税问题的通知》(国税函〔2009〕639 号)第二条规定,个人出租财产取得的财产租赁收入,在计算缴纳个人所得税时,应依次扣除以下费用:(一)财产租赁过程中缴纳的税费;(二)向出租方支付的租金;(三)由纳税人负担的该出租财产实际开支的修缮费用(每次 800 元为限,一次扣不完的下次继续扣除,直到扣完为止);(四)税法规定的费用扣除标准。

37. 2021 年张三家庭发生如下情况,根据个人所得税专项附加扣除相关规定,下列说法正确的有(　　)。

A. 张三的儿子 9 月上小学,9 月可以享受专项附加扣除

B. 张三的母亲 8 月满六十周岁,张三 9 月可以享受专项附加扣除

C. 张三 7 月开始还首套住房贷款,7 月可享受专项附加扣除

D. 张三 8 月取得注册会计证书,当年可以申报享受扣除

【参考答案】 ACD

【答案解析】 《个人所得税专项附加扣除操作办法(试行)》(总局公告 2018 年第 60 号)第五条规定,上学当月就可以享受扣除。第二十三条规定,本办法所称被赡养人是指年满 60 岁的父母。第十四条规定,纳税人本人或者配偶单独或者共同使用商业银行或者住房公积金个人住房贷款为本人或者其配偶购买中国境内住房,发生的首套住房贷款利息支出,在实际发生贷款利息的年度,按照每月 1 000 元的标准定额扣除,扣除期限最长不超过 240 个月。纳税人只能享受一次首套住房贷款的利息扣除。纳税人接受技能人员职业资格继续教育、专业技术人员职业资格继续教育的支出,在取得相关证书的当年,按照 3 600 元定额扣除。

38. 根据个人所得税的有关规定，下列外籍专家取得的所得，可免征个人所得税的有（　　）。

A. 根据世界银行专项贷款协议，由世界银行直接派往我国工作的外国专家

B. 为联合国援助项目来华工作的专家

C. 根据两国政府签订的文化交流项目来华工作两年以内的文教专家，其工资、薪金所得由我国负担的

D. 根据我国大专院校国际交流项目来华工作五年以内的文教专家，其工资、薪金所得由该国负担的

E. 援助国派往我国专为该国无偿援助项目工作的专家

【参考答案】 AB

【答案解析】 依据《财政部 国家税务总局关于个人所得税若干政策问题的通知》(财税字〔1994〕20 号)，凡符合下列条件之一的外籍专家取得的工资、薪金所得，可免征个人所得税：(1)根据世界银行专项贷款协议，由世界银行直接派往我国工作的外国专家；(2)联合国组织直接派往我国工作的专家；(3)为联合国援助项目来华工作的专家；(4)援助国派往我国专为该国无偿援助项目工作的专家；(5)根据两国政府签订的文化交流项目来华工作两年以内的文教专家，其工资、薪金所得由该国负担的；(6)根据我国大专院校国际交流项目来华工作两年以内的文教专家，其工资、薪金所得由该国负担的；(7)通过民间科研协定来华工作的专家，其工资、薪金所得由该国政府机构负担的。

39. 根据个人所得税相关规定，下列说法正确的有（　　）。

A. 符合条件的退休人员再任职，按工资、薪金所得项目缴纳个人所得税

B. 某企业高管，每月定期到某高校授课，应按“劳务报酬”缴纳个人所得税

C. 公务员李四每月取得 500 元公务交通补贴，扣除一定标准的公务费用后，按照“工资、薪金”所得计征个人所得税

D. 转让我国境内上市公司股票，取得的收入应按“财产转让所得”缴纳个人所得税

【参考答案】 ABC

【答案解析】 依据《国家税务总局关于离退休人员再任职界定问题的批复》(国税函〔2006〕526 号)，符合条件的退休人员再任职，按工资、薪金所得项目缴纳个人所得税。每月到高校授课取得收入，实质为“兼职收入”，兼职收入应按劳务报酬所得缴纳个税。《国家税务总局关于个人所得税有关政策问题的通知》(国税发〔1999〕58 号)第二条“关于个人取得公务交通、通讯补贴收入征税问题”的规定，个人因公务用车和通讯制度改革而取得的公务用车、通讯补贴收入，扣除一定标准的公务费用后，按照“工资、薪金”所得项目计征个人所得税。按月发放的，并入当月“工资、薪金”所得计征个人所得税；不按月发放的，分解到所属月份并与该月份“工资、薪金”所得合并后计征个税。《财政部国家税务总局关于个人转让股票所得继续暂免征收个人所得税的通知》(财税字〔1998〕61 号)规定，为了配合企业改制，促进股票市场的稳健发展，经报国务院批准，从 1997 年 1 月 1 日起，对个人转让上市公司股票取得的所得继续暂免征收个人所得税。

40. 下列选项中，按照“财产转让所得”计征个人所得税的有（　　）。

A. 张三出租闲置的住房取得租金收入　　　B. 李四购买的企业债券所得

C. 王五限售股股权所得　　　　　　　　　　D. 赵六取得彩票中奖收入

【参考答案】 BC

【答案解析】 依据《中华人民共和国个人所得税法实施条例》的规定,财产转让所得,是指个人转让有价证券、股权、建筑物、土地使用权、机器设备、车船以及其他财产取得的所得。

41. 纳税人享受住房贷款利息专项附加扣除,应当留存备查的资料有(　　)。

A. 购房发票　　　　　　　　　　B. 贷款还款支出凭证

C. 住房贷款合同　　　　　　　　D. 物业费收据

【参考答案】 BC

【答案解析】 根据《国家税务总局关于发布〈个人所得税专项附加扣除操作办法(试行)〉的公告》(国家税务总局公告 2018 年第 60 号)第十四条的规定,纳税人享受住房贷款利息专项附加扣除,应当填报住房权属信息、住房坐落地址、贷款方式、贷款银行、贷款合同编号、贷款期限、首次还款日期等信息;纳税人有配偶的,填写配偶姓名、身份证件类型及号码。纳税人需要留存备查资料包括:住房贷款合同、贷款还款支出凭证等资料。

42. 某查账征收的个体工商户,2021 年销售收入 400 万元,下列说法正确的有(　　)。

A. 2021 年度每月支付给商店职工的工资,可以在税前据实扣除

B. 2021 年度发生业务招待费 2 万元,可以税前据实扣除

C. 拨缴的工会经费在工资薪金总额 2%的标准内可据实扣除

D. 被市场监督管理局处以的 2 000 元罚款,不可以在税前扣除

【参考答案】 ACD

【答案解析】 依据《国家税务总局个体工商户个人所得税计税办法》(国家税务总局令第 35 号),未经批准的准备金不得在税前扣除,向从业人员支付的合理的工资、薪金支出,允许在税前据实扣除;每一纳税年度发生的与生产经营业务直接相关的业务招待费支出,按照发生额的 60%扣除,但最高不得超过当年销售(营业)收入的 5‰;拨缴的工会经费在工资薪金总额 2%的标准内可据实扣除。支付的罚款支出不可以在税前扣除。

43. 下列所得,不论支付地点是否在中国境外,均为来源于中国境外的所得(　　)。

A. 因任职、受雇、履约等而在中国境外提供劳务取得的所得

B. 将财产出租给承租人在中国境外使用而取得的所得

C. 转让中国境外的建筑物、土地使用权等财产或者在中国境外转让其他财产取得的所得

D. 从中国境外的公司、企业以及其他经济组织或者个人取得的利息、股息、红利所得

【参考答案】 ABCD

【答案解析】 《境外所得个人所得税征收管理暂行办法》(国税发〔1998〕126 号)规定,下列所得,不论支付地点是否在中国境外,均为来源于中国境外的所得:因任职、受雇、履约等而在中国境外提供劳务取得的所得;将财产出租给承租人在中国境外使用而取得的所得;转让中国境外的建筑物、土地使用权等财产或者在中国境外转让其他财产取得的所得;许可各种特许权在中国境外使用而取得的所得;从中国境外的公司、企业以及其他经济组织或者个人取得的利息、股息、红利所得。

44. 创投企业选择按单一投资基金核算的,关于股权转让所得,下列说法正确的有(　　)。

A. 一个纳税年度内不同投资项目的所得和损失相互抵减

B. 余额大于或等于零的，确认为该基金的年度股权转让所得

C. 余额小于零的，按零计算，可以跨年结转

D 由创投企业在次年 3 月 31 日前代扣代缴个人所得税

【参考答案】 ABD

【答案解析】《财政部税务总局发展改革委证监会关于创业投资企业个人合伙人所得税政策问题的通知》(财税〔2019〕8 号)：规定，关于股权转让所得。单个投资项目的股权转让所得，按年度股权转让收入扣除对应股权原值和转让环节合理费用后的余额计算，股权原值和转让环节合理费用的确定方法，参照股权转让所得个人所得税有关政策规定执行；单一投资基金的股权转让所得，按一个纳税年度内不同投资项目的所得和损失相互抵减后的余额计算，余额大于或等于零的，即确认为该基金的年度股权转让所得；余额小于零的，该基金年度股权转让所得按零计算且不能跨年结转。个人合伙人按照其应从基金年度股权转让所得中分得的份额计算其应纳税额，并由创投企业在次年 3 月 31 日前代扣代缴个人所得税。

45. 下列可用于办理自然人纳税人识别号的有效身份证件的包括(　　)。

A. 居民身份证

B.《中华人民共和国护照》和华侨身份证明

C.《港澳居民来往内地通行证》或《中华人民共和国港澳居民居住证》

D.《台湾居民来往大陆通行证》或《中华人民共和国台湾居民居住证》

【参考答案】 ABCD

【答案解析】《国家税务总局关于自然人纳税人识别号有关事项的公告》(2018 年第 59 号)规定，本公告所称“有效身份证件”，是指：(一)纳税人为中国公民且持有有效《中华人民共和国居民身份证》(以下简称“居民身份证”)的，为居民身份证。(二)纳税人为华侨且没有居民身份证的，为有效的《中华人民共和国护照》和华侨身份证明。(三)纳税人为港澳居民的，为有效的《港澳居民来往内地通行证》或《中华人民共和国港澳居民居住证》。(四)纳税人为台湾居民的，为有效的《台湾居民来往大陆通行证》或《中华人民共和国台湾居民居住证》。(五)纳税人为持有有效《中华人民共和国外国人永久居留身份证》(以下简称永久居留证)的外籍个人的，为永久居留证和外国护照；未持有永久居留证但持有有效《中华人民共和国外国人工作许可证》(以下简称工作许可证)的，为工作许可证和外国护照；其他外籍个人，为有效的外国护照。外国永久居留权证明不是有效身份证件。

46. 关于个人所得税继续教育说法正确的有(　　)。

A. 同一学历(学位)继续教育的扣除期限不能超过 48 个月

B. 纳税人接受技能人员职业资格继续教育、专业技术人员职业资格继续教育的支出，在取得相关证书的当年，按照 3 600 元定额扣除

C. 个人接受本科及以下学历(学位)继续教育，符合扣除条件的，可以选择由其父母扣除，也可以选择由本人扣除

D. 纳税人接受技能人员职业资格继续教育、专业技术人员职业资格继续教育的，应当留存相关证书等资料备查

【参考答案】 ABCD

【答案解析】《国务院关于印发个人所得税专项附加扣除暂行办法的通知》(国发〔2018〕41号)第八条规定,纳税人在中国境内接受学历(学位)继续教育的支出,在学历(学位)教育期间按照每月400元定额扣除。同一学历(学位)继续教育的扣除期限不能超过48个月。纳税人接受技能人员职业资格继续教育、专业技术人员职业资格继续教育的支出,在取得相关证书的当年,按照3 600元定额扣除。第九条规定,个人接受本科及以下学历(学位)继续教育,符合本办法规定扣除条件的,可以选择由其父母扣除,也可以选择由本人扣除。第十条规定,纳税人接受技能人员职业资格继续教育、专业技术人员职业资格继续教育的,应当留存相关证书等资料备查。

47. 根据年金有关规定,下列表述中说法正确的有(　　)。

A. 个人达到国家规定的退休年龄,领取的企业年金,全额单独计算应纳税款

B. 按月领取的,适用月度税率表计算纳税

C. 按季领取的,平均分摊计入各月,按每月领取额适用月度税率表计算纳税

D. 按年领取的,适用综合所得税率表计算纳税

【参考答案】 ABCD

【答案解析】根据《财政部税务总局关于个人所得税法修改后有关优惠政策衔接问题的通知》(财税〔2018〕164号)第四条的规定,个人达到国家规定的退休年龄,领取的企业年金、职业年金,符合《财政部人力资源社会保障部国家税务总局关于企业年金职业年金个人所得税有关问题的通知》(财税〔2013〕103号)规定的,不并入综合所得,全额单独计算应纳税款。其中按月领取的,适用月度税率表计算纳税;按季领取的,平均分摊计入各月,按每月领取额适用月度税率表计算纳税;按年领取的,适用综合所得税率表计算纳税。

48. 纳税人未取得工资、薪金所得,仅取得以下所得,应在次年办理汇算清缴申报时扣除专项附加扣除的,包括(　　)。

A. 劳务报酬所得　　B. 稿酬所得

C. 股息红利所得　　D. 财产租赁所得

【参考答案】 AB

【答案解析】根据《个人所得税专项附加扣除操作办法(试行)》(国家税务总局公告2018年第60号),纳税人未取得工资、薪金所得,仅取得劳务报酬所得、稿酬所得、特许权使用费所得需要享受专项附加扣除的,应当在次年3月1日至6月30日内,自行向汇缴地主管税务机关报送《扣除信息表》,并在办理汇算清缴申报时扣除。

49. 根据居民个人取得的全年一次性奖金相关规定,下列表述中正确的有(　　)。

A. 在2021年12月31前,不并入当年综合所得

B. 收入除以12,按照月度税率表,单独计算纳税

C. 自2022年1月1日起,可以自行选择是否并入当年综合所得计算纳税

D. 自2022年1月1日起,应并入当年综合所得计算纳税

【参考答案】 ABD

【答案解析】根据《财政部税务总局关于个人所得税法修改后有关优惠政策衔接问题的通知》(财税〔2018〕164号)的规定,居民个人取得全年一次性奖金,符合《国家税务总局关于调整个人取得全年一次性奖金等计算征收个人所得税方法问题的通知》(国税发〔2005〕9

号)规定的,在 2021 年 12 月 31 日前,不并入当年综合所得,以全年一次性奖金收入除以 12 个月得到的数额,按照本通知所附按月换算后的综合所得税率表,确定适用税率和速算扣除数,单独计算纳税。自 2022 年 1 月 1 日起,居民个人取得全年一次性奖金,应并入当年综合所得计算缴纳个人所得税。

50. 关于住房贷款利息个人所得税专项附加扣除,若夫妻双方婚前均未购买住房,下列表述中正确的有(　　)。

A. 夫妻双方可以同时扣除　　B. 夫妻双方约定,可选择由其中一方扣除

C. 扣除方式在一个纳税年度内不能变更　　D. 开始实际扣除后,扣除方式不能变更

【参考答案】 BC

【答案解析】 根据《国务院关于印发个人所得税专项附加扣除暂行办法的通知》(国发〔2018〕41 号)的规定,经夫妻双方约定,可以选择由其中一方扣除,具体扣除方式在一个纳税年度内不能变更。

51. 根据个人所得税法有关规定,下列所得计征个人所得税时不作任何扣除的有(　　)。

A. 利息、股息、红利所得　　B. 稿酬所得

C. 财产租赁所得　　D. 偶然所得

【参考答案】 AD

【答案解析】 《中华人民共和国个人所得税法》规定,利息、股息、红利所得和偶然所得,以每次收入额为应纳税所得额。劳务报酬所得、稿酬所得、特许权使用费所得以收入减除百分之二十的费用后的余额为收入额。稿酬所得的收入额减按百分之七十计算。

52. 根据个人所得税相关规定,下列说法中正确的有(　　)。

A. 个人与用人单位解除劳动关系取得一次性补偿收入,在当地上年职工平均工资 3 倍数额以内的部分,免征个人所得税

B. 超过 3 倍数额的部分,不并入当年综合所得,单独适用综合所得税率表,计算纳税

C. 超过 3 倍数额的部分,应并入当年综合所得,汇总计算纳税

D. 个人办理提前退休手续而取得的一次性补贴收入,应按照办理提前退休手续至法定离退休年龄之间实际年度数平均分摊

【参考答案】 ABD

【答案解析】 《财政部 税务总局关于个人所得税法修改后有关优惠政策衔接问题的通知》(财税〔2018〕164 号)第五条规定,(一)个人与用人单位解除劳动关系取得一次性补偿收入(包括用人单位发放的经济补偿金、生活补助费和其他补助费),在当地上年职工平均工资 3 倍数额以内的部分,免征个人所得税;超过 3 倍数额的部分,不并入当年综合所得,单独适用综合所得税率表,计算纳税。(二)个人办理提前退休手续而取得的一次性补贴收入,应按照办理提前退休手续至法定离退休年龄之间实际年度数平均分摊。

53. 下列选中,按照“利息、股息、红利所得”项目计征个人所得税的有(　　)。

A. 以除股票溢价发行外的其他资本公积转增股本属于个人股东部分

B. 以未分配利润转增注册资本属于个人股东部分

C. 以盈余公积转增股本属于个人股东部分

D. 个人股东取得企业年终利润分红

【参考答案】 ABCD

【答案解析】 根据《中华人民共和国个人所得税法》及《国家税务总局关于进一步加强高收入者个人所得税征收管理的通知》(国税发〔2010〕54 号)的规定,加强企业转增注册资本和股本管理,对以未分配利润、盈余公积和除股票溢价发行外的其他资本公积转增注册资本和股本的,要按照“股息、利息、红利所得”项目,依政策规定计征个人所得税。

54. 根据促进科技成果转化个人所得税有关规定,下列说法正确的有( )。

A. 科研机构、高等学校转化职务科技成果以股份或出资比例等股权形式给予科技人员个人奖励,经主管税务机关审核后,暂不征收个人所得税

B. 在获奖人按股份、出资比例获得分红时,对其所得按“利息、股息、红利所得”应税项目征收个人所得税

C. 获奖人转让股权、出资比例,对其所得按“利息、股息、红利所得”应税项目征收个人所得税

D. 获奖人转让股权、出资比例,对其所得按“财产转让所得”应税项目征收个人所得税

【参考答案】 ABD

【答案解析】《国家税务总局关于促进科技成果转化有关个人所得税问题的通知》(国税发〔1999〕125 号)规定,科研机构、高等学校转化职务科技成果以股份或出资比例等股权形式给予科技人员个人奖励,经主管税务机关审核后,暂不征收个人所得税。在获奖人按股份、出资比例获得分红时,对其所得按“利息、股息、红利所得”应税项目征收个人所得税。获奖人转让股权、出资比例,对其所得按“财产转让所得”应税项目征收个人所得税,财产原值为零。

55. 纳税人从两处以上取得经营所得,应选择其中一处经营管理所在地主管税务机关办理年度汇总申报,并填写《个人所得税经营所得纳税申报表(C 表)》,表中应调整的个人费用及其他扣除包括( )。

A. 投资者减除费用　　B. 投资成本

C. 专项扣除　　D. 专项附加扣除

【参考答案】 ACD

【答案解析】《个人所得税经营所得纳税申报表(C 表)》应调整的个人费用及其他扣除包括投资者减除费用、专项扣除、专项附加扣除、依法确定的其他扣除。

56. 下列项目计算缴纳个人所得税时,允许从收入中减除费用 800 元的有( )。

A. 取得稿酬收入 3 500 元　　B. 提供咨询服务一次性取得收入 3 000 元

C. 房屋出租收入 4 000 元　　D. 中彩票收入 2 000 元

【参考答案】 ABC

【答案解析】 预扣预缴税款时,劳务报酬所得、稿酬所得、特许权使用费所得每次收入不超过四千元的,减除费用按八百元计算。财产租赁所得,每次收入不超过四千元的,减除费用八百元。

57. 根据个人所得税的有关规定,外籍个人的下列所得中,暂免征收个人所得税的有( )。

A. 以现金形式取得的伙食补贴

B. 以实报实销形式取得的搬迁费补贴

C. 按合理标准取得的境内、境外出差补贴

D. 经当地税务机关审核批准为合理的探亲费、语言培训费

【参考答案】 BCD

【答案解析】 依据《财政部国家税务总局关于个人所得税若干政策问题的通知》(财税字〔1994〕20 号)和《财政部 国家税务总局关于外籍个人取得港澳地区住房等补贴征免个人所得税的通知》(财税〔2004〕)9 号)的规定,外籍个人按合理标准取得的符合条件的境内、外出差补贴可享受免税。外籍个人以非现金形式取得的住房补贴、伙食补贴、搬迁费、洗衣费暂免征收个人所得税,以现金形式取得的住房补贴属于应税收入,计征个人所得税。

58. 下列各项所得中,免征个人所得税的有(　　)。

A. 按照国家统一规定发给的补贴、津贴

B. 市级人民政府颁发的体育方面的奖金

C. 因自然灾害遭受重大损失的

D. 保险赔款

【参考答案】 AB

【答案解析】 根据《中华人民共和国个人所得税法》的相关规定,下列各项个人所得,免征个人所得税:(一)省级人民政府、国务院部委和中国人民解放军军以上单位,以及外国组织、国际组织颁发的科学、教育、技术、文化、卫生、体育、环境保护等方面的奖金;(二)国债和国家发行的金融债券利息;(三)按照国家统一规定发给的补贴、津贴;(四)福利费、抚恤金、救济金;(五)保险赔款;(六)军人的转业费、复员费、退役金;(七)按照国家统一规定发给干部、职工的安家费、退职费、基本养老金或者退休费、离休费、离休生活补助费;(八)依照有关法律规定应予免税的各国驻华使馆、领事馆的外交代表、领事官员和其他人员的所得;(九)中国政府参加的国际公约、签订的协议中规定免税的所得;(十)国务院规定的其他免税所得。

59. 受赠人因无偿受赠房屋取得的受赠收入,下列选项中,对当事双方不征收个人所得税的情形包括(　　)。

A. 房屋产权所有人将房屋产权无偿赠与配偶、父母、子女、祖父母、外祖父母、孙子女、外孙子女、兄弟姐妹

B. 房屋产权所有人将房屋产权无偿赠与对其承担直接抚养人

C. 房屋产权所有人将房屋产权无偿赠与朋友

D. 房屋产权所有人死亡,依法取得房屋产权的法定继承人、遗嘱继承人或者受遗赠人

【参考答案】 ABD

【答案解析】 《财政部 税务总局关于个人取得有关收入适用个人所得税应税所得项目的公告》(财政部 税务总局公告 2019 年第 74 号)规定,房屋产权所有人将房屋产权无偿赠与他人的,受赠人因无偿受赠房屋取得的受赠收入,按照“偶然所得”项目计算缴纳个人所得税。《财政部 国家税务总局关于个人无偿受赠房屋有关个人所得税问题的通知》(财税〔2009〕78 号)第一条规定,符合以下情形的,对当事双方不征收个人所得税:(一)房屋产权

所有人将房屋产权无偿赠与配偶、父母、子女、祖父母、外祖父母、孙子女、外孙子女、兄弟姐妹;(二)房屋产权所有人将房屋产权无偿赠与对其承担直接抚养或者赡养义务的抚养人或者赡养人;(三)房屋产权所有人死亡,依法取得房屋产权的法定继承人、遗嘱继承人或者受遗赠人。

60. 在境内居住累计满 183 天的年度连续不满六年的无住所居民个人,符合实施条例第四条优惠条件的,其取得的全部工资薪金所得,(　　),均应计算缴纳个人所得税。

A. 境内支付的境内所得　　B. 境外支付的境外所得

C. 境内支付的境外所得　　D. 境外支付的境内所得

【参考答案】 ACD

【答案解析】 《财政部国家税务总局关于非居民个人和无住所居民个人有关个人所得税政策的公告》(财政部税务总局公告 2019 年第 35 号)规定,在境内居住累计满 183 天的年度连续不满六年的无住所居民个人,符合实施条例第四条优惠条件的,其取得的全部工资薪金所得,除归属于境外工作期间且由境外单位或者个人支付的工资薪金所得部分外,均应计算缴纳个人所得税。

61. 根据个人所得税法相关规定,子女教育专项附加扣除中的子女包括(　　)。

A. 婚生子女　　B. 非婚生子女

C. 养子女　　D. 继子女

【参考答案】 ABCD

【答案解析】 《个人所得税专项附加扣除暂行办法》第二十九条规定,本办法所称子女,是指婚生子女、非婚生子女、继子女、养子女。父母之外的其他人担任未成年人的监护人的,比照本办法规定执行。

62. 根据个人所得税法相关规定,赡养老人专项附加扣除中的父母包括(　　)。

A. 生父母　　B. 继父母

C. 养父母　　D. 养育长大的姑姑

【参考答案】 ABC

【答案解析】 《个人所得税专项附加扣除暂行办法》第二十九条规定,本办法所称父母,是指生父母、继父母、养父母。

63. 根据个人所得税法相关规定,下列说法正确的有(　　)。

A. 专项附加扣除是对专项扣除的附加

B. 甲与乙共同为某公司提供劳务,取得劳务报酬收入二人可以分别减除费用,分别单独计算个人所得税

C. 张三同时属于甲乙两个合伙企业的合伙人,其从每一合伙企业取得的经营所得,应汇总计算个人所得税,只减除一次上述费用和扣除

D. 综合所得按年计算,适用 3%至 45%的超额累进税率

【参考答案】 ACD

【答案解析】 专项扣除,包括居民个人按照国家规定的范围和标准缴纳的基本养老保险、基本医疗保险、失业保险等社会保险费和住房公积金等;专项附加扣除,包括子女教育、继续教育、大病医疗、住房贷款利息或者住房租金、赡养老人等支出;按照“经营所得”项目计

税的个人合伙人，没有综合所得的，可依法减除基本减除费用、专项扣除、专项附加扣除以及国务院确定的其他扣除。从多处取得经营所得的，应汇总计算个人所得税，只减除一次上述费用和扣除。

64. 居民个人可以填报专项附加扣除信息的渠道包括（　　）。

A. 自行在“个人所得税”App 填报

B. 自行在自然人扣缴客户端填报

C. 自行到自然人办税服务平台网报送给税务机关

D. 自行通过公众号报送税务机关

【参考答案】 AC

【答案解析】 居民个人可以填报专项附加扣除信息的渠道包括“个人所得税”App、自然人办税服务平台网和自然人办税服务平台网。居民个人不可以自行在自然人扣缴客户端填报，也不可以自行通过公众号填报专项附加扣除信息。

65. 有关部门和单位有责任和义务向税务部门提供或者协助核实以下与专项附加扣除有关的信息有（　　）。

A. 卫生健康部门有关出生医学证明信息、独生子女信息

B. 自然资源部门有关不动产登记信息

C. 人民银行、金融监督管理部门有关纳税人信誉信息

D. 医疗保障部门有关在医疗保障信息系统记录的个人负担的医药费用信息

【参考答案】 ABD

【答案解析】 《个人所得税专项附加扣除暂行办法》第二十六条规定，有关部门和单位有责任和义务向税务部门提供或者协助核实以下与专项附加扣除有关的信息：（一）公安部门有关户籍人口基本信息、户成员关系信息、出入境证件信息、相关出国人员信息、户籍人口死亡标识等信息；（二）卫生健康部门有关出生医学证明信息、独生子女信息；（三）民政部门、外交部门、法院有关婚姻状况信息；（四）教育部门有关学生学籍信息（包括学历继续教育学生学籍、考籍信息）、在相关部门备案的境外教育机构资质信息；（五）人力资源社会保障等部门有关技工院校学生学籍信息、技能人员职业资格继续教育信息、专业技术人员职业资格继续教育信息；（六）住房城乡建设部门有关房屋（含公租房）租赁信息、住房公积金管理机构有关住房公积金贷款还款支出信息；（七）自然资源部门有关不动产登记信息；（八）人民银行、金融监督管理部门有关住房商业贷款还款支出信息；（九）医疗保障部门有关在医疗保障信息系统记录的个人负担的医药费用信息；（十）国务院税务主管部门确定需要提供的其他涉税信息。

66. 为支持海南自由贸易港建设，有关个人所得税优惠政策，下列说法正确的有（　　）。

A. 对在海南自由贸易港工作的高端人才和紧缺人才，其个人所得税实际税负超过 15% 的部分，予以免征

B. 享受上述优惠政策的所得包括来源于海南自由贸易港的综合所得（包括工资薪金、劳务报酬、稿酬、特许权使用费四项所得）、经营所得以及经海南省认定的人才补贴性所得

C. 纳税人在海南省办理个人所得税年度汇算清缴时享受上述优惠政策

D. 对享受上述优惠政策的高端人才和紧缺人才实行清单管理

【参考答案】 ABCD

【答案解析】《财政部 税务总局关于海南自由贸易港高端紧缺人才个人所得税政策的通知》(财税〔2020〕32 号)规定:对在海南自由贸易港工作的高端人才和紧缺人才,其个人所得税实际税负超过 15%的部分,予以免征。享受上述优惠政策的所得包括来源于海南自由贸易港的综合所得(包括工资薪金、劳务报酬、稿酬、特许权使用费四项所得)、经营所得以及经海南省认定的人才补贴性所得。纳税人在海南省办理个人所得税年度汇算清缴时享受上述优惠政策。对享受上述优惠政策的高端人才和紧缺人才实行清单管理,由海南省商财政部、税务总局制定具体管理办法。

67. 为支持粤港澳大湾区建设,有关个人所得税优惠政策,下列说法正确的有( )。

A. 广东省、深圳市按内地与香港个人所得税税负差额,对在大湾区工作的境外(含港澳台,下同)高端人才和紧缺人才给予补贴,该补贴免征个人所得税

B. 广东省、深圳市按内地与香港个人所得税税负差额,对在大湾区工作的境外(含港澳台,下同)高端人才和紧缺人才给予补贴,该补贴减按 50%征收个人所得税

C. 在大湾区工作的境外高端人才和紧缺人才的认定和补贴办法,按照广东省、深圳市的有关规定执行。

D. 该政策自 2019 年 1 月 1 日起至 2023 年 12 月 31 日止执行

【参考答案】 ACD

【答案解析】《财政部 税务总局关于粤港澳大湾区个人所得税优惠政策的通知》(财税〔2019〕31 号)规定:广东省、深圳市按内地与香港个人所得税税负差额,对在大湾区工作的境外(含港澳台,下同)高端人才和紧缺人才给予补贴,该补贴免征个人所得税。在大湾区工作的境外高端人才和紧缺人才的认定和补贴办法,按照广东省、深圳市的有关规定执行。

68. 根据个人所得税预扣预缴方法相关规定,以下说法正确的有( )。

A. 对一个纳税年度内首次取得工资、薪金所得的居民个人,扣缴义务人在预扣预缴个人所得税时,可按照 5 000 元/月乘以纳税人当年截至本月月份数计算累计减除费用

B. 正在接受全日制学历教育的学生因实习取得劳务报酬所得的,扣缴义务人预扣预缴个人所得税时,按照累计预扣法计算并预扣预缴税款

C. 首次取得工资、薪金所得的居民个人,是指自纳税年度首月起至新入职时,未取得工资、薪金所得的居民个人

D. 符合条件的纳税人及时向扣缴义务人申明并如实提供相关佐证资料或承诺书,并对相关资料及承诺书的真实性、准确性、完整性负责

【参考答案】 ABCD

【答案解析】《国家税务总局关于完善调整部分纳税人个人所得税预扣预缴方法的公告》(国家税务总局公告 2020 年第 13 号)规定:对一个纳税年度内首次取得工资、薪金所得的居民个人,扣缴义务人在预扣预缴个人所得税时,可按照 5 000 元/月乘以纳税人当年截至本月月份数计算累计减除费用。正在接受全日制学历教育的学生因实习取得劳务报酬所得的,扣缴义务人预扣预缴个人所得税时,可按照《国家税务总局关于发布〈个人所得税扣缴申

报管理办法(试行)〉的公告》(国家税务总局公告2018年第61号)规定的累计预扣法计算并预扣预缴税款。符合本公告规定并可按上述条款预扣预缴个人所得税的纳税人,应当及时向扣缴义务人申明并如实提供相关佐证资料或承诺书,并对相关资料及承诺书的真实性、准确性、完整性负责。相关资料或承诺书,纳税人及扣缴义务人需留存备查。本公告所称首次取得工资、薪金所得的居民个人,是指自纳税年度首月起至新入职时,未取得工资、薪金所得或者未按照累计预扣法预扣预缴过连续性劳务报酬所得个人所得税的居民个人。

69. 对上一完整纳税年度内每月均在同一单位预扣预缴工资、薪金所得个人所得税且全年工资、薪金收入不超过6万元的居民个人,扣缴义务人在预扣预缴本年度工资、薪金所得个人所得税时,下列说法正确的是(　　)。

A. 在纳税人累计收入不超过6万元的月份,暂不预扣预缴个人所得税

B. 在其累计收入超过6万元的当月及年内后续月份,再预扣预缴个人所得税

C. 在其累计收入超过6万元的次月及年内后续月份,再预扣预缴个人所得税

D. 扣缴义务人应当按规定办理全员全额扣缴申报,并在《个人所得税扣缴申报表》相应纳税人的备注栏注明“上年各月均有申报且全年收入不超过6万元”字样

【参考答案】 ABD

【答案解析】《国家税务总局关于进一步简便优化部分纳税人个人所得税预扣预缴方法的公告》(国家税务总局公告2020年第19号)规定:对上一完整纳税年度内每月均在同一单位预扣预缴工资、薪金所得个人所得税且全年工资、薪金收入不超过6万元的居民个人,扣缴义务人在预扣预缴本年度工资、薪金所得个人所得税时,累计减除费用自1月份起直接按照全年6万元计算扣除。即,在纳税人累计收入不超过6万元的月份,暂不预扣预缴个人所得税;在其累计收入超过6万元的当月及年内后续月份,再预扣预缴个人所得税。扣缴义务人应当按规定办理全员全额扣缴申报,并在《个人所得税扣缴申报表》相应纳税人的备注栏注明“上年各月均有申报且全年收入不超过6万元”字样。

70. 关于权益性投资经营所得个人所得税征收管理的规定,下列说法正确的有(　　)。

A. 持有股权、股票、合伙企业财产份额等权益性投资的个人独资企业、合伙企业,一律适用查账征收方式计征个人所得税

B. 持有股权、股票、合伙企业财产份额等权益性投资的个人独资企业、合伙企业,可以选择查账征收方式或核定定额方式计征个人所得税

C. 独资合伙企业应自持有上述权益性投资之日起30日内,主动向税务机关报送持有权益性投资的情况

D. 公告实施前独资合伙企业已持有权益性投资的,应当在2022年1月30日前向税务机关报送持有权益性投资的情况

【参考答案】 ACD

【答案解析】《财政部 税务总局关于权益性投资经营所得个人所得税征收管理的公告》(财政部 税务总局公告2021年第41号)规定:持有股权、股票、合伙企业财产份额等权益性投资的个人独资企业、合伙企业(以下简称独资合伙企业),一律适用查账征收方式计征个人所得税。独资合伙企业应自持有上述权益性投资之日起30日内,主动向税务机关报送持有权益性投资的情况;公告实施前独资合伙企业已持有权益性投资的,应当在2022年1

月30日前向税务机关报送持有权益性投资的情况。税务机关接到核定征收独资合伙企业报送持有权益性投资情况的,调整其征收方式为查账征收。

71. 居民个人申报境外所得税收抵免时,下列说法正确的有(　　)。

A. 应当提供境外征税主体出具的税款所属年度的完税证明、税收缴款书或者纳税记录等纳税凭证

B. 未提供符合要求的纳税凭证,不予抵免

C. 居民个人已申报境外所得、未进行税收抵免,在以后纳税年度取得纳税凭证并申报境外所得税收抵免的,可以追溯至该境外所得所属纳税年度进行抵免

D. 自取得该项境外所得的五个年度内,境外征税主体出具的税款所属纳税年度纳税凭证载明的实际缴纳税额发生变化的,按实际缴纳税额重新计算并办理补退税,不加收税收滞纳金,不退还利息

【参考答案】 ABCD

【答案解析】 《财政部 税务总局关于境外所得有关个人所得税政策的公告》(财政部 税务总局公告2020年第3号)规定,居民个人申报境外所得税收抵免时,除另有规定外,应当提供境外征税主体出具的税款所属年度的完税证明、税收缴款书或者纳税记录等纳税凭证,未提供符合要求的纳税凭证,不予抵免。居民个人已申报境外所得、未进行税收抵免,在以后纳税年度取得纳税凭证并申报境外所得税收抵免的,可以追溯至该境外所得所属纳税年度进行抵免,但追溯年度不得超过五年。自取得该项境外所得的五个年度内,境外征税主体出具的税款所属纳税年度纳税凭证载明的实际缴纳税额发生变化的,按实际缴纳税额重新计算并办理补退税,不加收税收滞纳金,不退还利息。纳税人确实无法提供纳税凭证的,可同时凭境外所得纳税申报表(或者境外征税主体确认的缴税通知书)以及对应的银行缴款凭证办理境外所得抵免事宜。

72. 居民个人被境内企业、单位、其他组织(以下称派出单位)派往境外工作,根据有关规定,下列说法中正确的有(　　)。

A. 居民个人被境内企业、单位、其他组织(以下称派出单位)派往境外工作,取得的工资薪金所得或者劳务报酬所得,由派出单位或者其他境内单位支付或负担的,派出单位或者其他境内单位应按照个人所得税法及其实施条例规定预扣预缴税款

B. 由境外单位支付或负担的,如果境外单位为境外任职、受雇的中方机构(以下称中方机构)的,可以由境外任职、受雇的中方机构预扣税款,并委托派出单位向主管税务机关申报纳税

C. 中方机构未预扣税款的或者境外单位不是中方机构的,派出单位应当于次年3月30日前向其主管税务机关报送外派人员情况

D. 外派人员情况包括:外派人员的姓名、身份证件类型及身份证件号码、职务、派往国家和地区、境外工作单位名称和地址、派遣期限、境内外收入及缴税情况等

【参考答案】 ABD

【答案解析】 《财政部 税务总局关于境外所得有关个人所得税政策的公告》(财政部 税务总局公告2020年第3号)规定,居民个人被境内企业、单位、其他组织(以下称派出单位)派往境外工作,取得的工资薪金所得或者劳务报酬所得,由派出单位或者其他境内单位

支付或负担的，派出单位或者其他境内单位应按照个人所得税法及其实施条例规定预扣预缴税款。居民个人被派出单位派往境外工作，取得的工资薪金所得或者劳务报酬所得，由境外单位支付或负担的，如果境外单位为境外任职、受雇的中方机构（以下称中方机构）的，可以由境外任职、受雇的中方机构预扣税款，并委托派出单位向主管税务机关申报纳税。中方机构未预扣税款的或者境外单位不是中方机构的，派出单位应当于次年2月28日前向其主管税务机关报送外派人员情况，包括：外派人员的姓名、身份证件类型及身份证件号码、职务、派往国家和地区、境外工作单位名称和地址、派遣期限、境内外收入及缴税情况等。

73. 个人发生的公益捐赠支出金额，以下说法正确的有（　　）。

A. 赠货币性资产的，按照实际捐赠金额确定

B. 捐赠股权、房产的，按照个人持有股权、房产的财产原值确定

C. 捐赠股权、房产的，按照个人持有股权、房产的财产市场价确定

D. 捐赠除股权、房产以外的其他非货币性资产的，按照非货币性资产的市场价格确定

【参考答案】 ABD

【答案解析】《财政部 税务总局关于公益慈善事业捐赠个人所得税政策的公告》（财政部 税务总局公告2019年第99号）规定，个人发生的公益捐赠支出金额，按照以下规定确定：（一）捐赠货币性资产的，按照实际捐赠金额确定；（二）捐赠股权、房产的，按照个人持有股权、房产的财产原值确定；（三）捐赠除股权、房产以外的其他非货币性资产的，按照非货币性资产的市场价格确定。

三、判断题

1. 中国证券登记结算有限责任公司负责代扣代缴内地投资者从香港基金分配取得收益的个人所得税。（　　）

【参考答案】 正确

【答案解析】 根据《财政部税务总局证监会关于交易型开放式基金纳入内地与香港股票市场交易互联互通机制后适用税收政策问题的公告》（财政部税务总局证监会公告2022年第24号）规定，中国证券登记结算有限责任公司负责代扣代缴内地投资者从香港基金分配取得收益的个人所得税。

2. 易型开放式基金（ETF）纳入内地与香港股票市场交易互联互通机制后，不适用现行内地与香港基金互认有关税收政策。（　　）

【参考答案】 错误

【答案解析】 根据《财政部税务总局证监会关于交易型开放式基金纳入内地与香港股票市场交易互联互通机制后适用税收政策问题的公告》（财政部税务总局证监会公告2022年第24号）规定，易型开放式基金（ETF）纳入内地与香港股票市场交易互联互通机制后，适用现行内地与香港基金互认有关税收政策。

3. 为国家税务总局最新修订了《个人所得税专项附加扣除操作办法（试行）》及《个人所得税扣缴申报表》。自2021年1月1日起施行。（　　）

【参考答案】 错误

【答案解析】 根据《国家税务总局关于修订发布〈个人所得税专项附加扣除操作办法

(试行)〉的公告》(国家税务总局公告2022年第7号)的规定,为贯彻落实新发布的《国务院关于设立3岁以下婴幼儿照护个人所得税专项附加扣除的通知》(国发〔2022〕8号),保障3岁以下婴幼儿照护专项附加扣除政策顺利实施,国家税务总局相应修订了《个人所得税专项附加扣除操作办法(试行)》及《个人所得税扣缴申报表》。现予以发布,自2022年1月1日起施行。

4. 纳税人照护3岁以下婴幼儿子女的相关支出,按照每个婴幼儿每月1 000元的标准定额扣除。( )

【参考答案】 正确

【答案解析】 根据《国务院关于设立3岁以下婴幼儿照护个人所得税专项附加扣除的通知》(国发〔2022〕8号)规定,纳税人照护3岁以下婴幼儿子女的相关支出,按照每个婴幼儿每月1 000元的标准定额扣除。

5. 3岁以下婴幼儿照护个人所得税专项附加扣除自2022年6月1日起实施。( )

【参考答案】 错误

【答案解析】 根据《国务院关于设立3岁以下婴幼儿照护个人所得税专项附加扣除的通知》(国发〔2022〕8号)规定,3岁以下婴幼儿照护个人所得税专项附加扣除自2022年1月1日起实施。

6. 2021年度个人综合所得汇算不涉及财产租赁等分类所得,以及纳税人按规定选择不并入综合所得计算纳税的所得。( )

【参考答案】 正确

【答案解析】 根据《国家税务总局关于办理2021年度个人所得税综合所得汇算清缴事项的公告》(国家税务总局公告2022年第1号)的规定,2021年度个人综合所得汇算不涉及财产租赁等分类所得,以及纳税人按规定选择不并入综合所得计算纳税的所得。

7. 纳税人在2021纳税年度内,年度汇算需补税但综合所得收入全年不超过12万元的,无需办理年度汇算。( )

【参考答案】 正确

【答案解析】 根据《国家税务总局关于办理2021年度个人所得税综合所得汇算清缴事项的公告》(国家税务总局公告2022年第1号)的规定,纳税人在2021纳税年度内,年度汇算需补税但综合所得收入全年不超过12万元的吗,无需办理年度汇算。

8. 纳税人在2021纳税年度内,年度汇算需补税金额不超过600元的,无需办理年度汇算。( )

【参考答案】 错误

【答案解析】 根据《国家税务总局关于办理2021年度个人所得税综合所得汇算清缴事项的公告》(国家税务总局公告2022年第1号)的规定,纳税人在2021纳税年度内,年度汇算需补税金额不超过400元的,无需办理年度汇算。

9. 纳税人在2021纳税年度内,已预缴税额与年度汇算应纳税额一致的,无需办理年度汇算。( )

【参考答案】 正确

【答案解析】 根据《国家税务总局关于办理2021年度个人所得税综合所得汇算清缴事

项的公告》(国家税务总局公告 2022 年第 1 号)的规定,纳税人在 2021 纳税年度内,已预缴税额与年度汇算应纳税额一致的,无需办理年度汇算。

10. 纳税人在 2021 纳税年度内,符合年度汇算退税条件且申请退税的,无需办理年度汇算。( )

【参考答案】 错误

【答案解析】 根据《国家税务总局关于办理 2021 年度个人所得税综合所得汇算清缴事项的公告》(国家税务总局公告 2022 年第 1 号)的规定,纳税人在 2021 纳税年度内,符合年度汇算退税条件但不申请退税的,无需办理年度汇算。

11. 个人所得税年度汇算办理时间为每年的 3 月 1 日至 6 月 30 日。( )

【参考答案】 正确

【答案解析】 个人所得税年度汇算办理时间为每年的 3 月 1 日至 6 月 30 日。

12. 综合所得是指工资薪金、劳务报酬、稿酬、特许权使用费等四项所得。( )

【参考答案】 正确

【答案解析】 根据《国家税务总局关于办理 2021 年度个人所得税综合所得汇算清缴事项的公告》(国家税务总局公告 2022 年第 1 号)的规定,2021 年度终了后,居民个人(以下称纳税人)需要汇总 2021 年 1 月 1 日至 12 月 31 日(以下称纳税年度)取得的工资薪金、劳务报酬、稿酬、特许权使用费等四项所得(以下称综合所得)的收入额,减除费用 6 万元以及专项扣除、专项附加扣除、依法确定的其他扣除和符合条件的公益慈善事业捐赠后,适用综合所得个人所得税税率并减去速算扣除数(税率表见附件 1),计算年度汇算最终应纳税额,再减去纳税年度已预缴税额,得出应退或应补税额,向税务机关申报并办理退税或补税。

13. 年度汇缴应退或应补税额=[(综合所得收入额-60 000 元-“三险一金”等专项扣除-子女教育等专项附加扣除-依法确定的其他扣除-符合条件的公益慈善事业捐赠)×适用税率]-已预缴税额。( )

【参考答案】 错误

【答案解析】 应退或应补税额=[(综合所得收入额-60 000 元-“三险一金”等专项扣除-子女教育等专项附加扣除-依法确定的其他扣除-符合条件的公益慈善事业捐赠)×适用税率-速算扣除数]-已预缴税额。

14. 纳税人及其配偶、未成年子女符合条件的大病医疗支出,在纳税年度内发生的,且未申报扣除或未足额扣除的税前扣除项目,纳税人可在年度汇算期间填报扣除或补充扣除。( )

【参考答案】 正确

【答案解析】 根据《国家税务总局关于办理 2021 年度个人所得税综合所得汇算清缴事项的公告》(国家税务总局公告 2022 年第 1 号)的规定,下列在纳税年度内发生的,且未申报扣除或未足额扣除的税前扣除项目,纳税人可在年度汇算期间填报扣除或补充扣除:(一)纳税人及其配偶、未成年子女符合条件的大病医疗支出。

15. 同时取得综合所得和经营所得的纳税人,可在综合所得和经营所得中申报分别减除费用 6 万元、专项扣除、专项附加扣除以及依法确定的其他扣除。( )

【参考答案】 错误

【答案解析】 根据《国家税务总局关于办理2021年度个人所得税综合所得汇算清缴事项的公告》(国家税务总局公告2022年第1号)的规定,同时取得综合所得和经营所得的纳税人,可在综合所得或经营所得中申报减除费用6万元、专项扣除、专项附加扣除以及依法确定的其他扣除,但不得重复申报减除。

16.2021年度汇算清缴,在中国境内无住所的纳税人在3月1日前离境的,应在离境前办理年度汇算。( )

【参考答案】 错误

【答案解析】 根据《国家税务总局关于办理2021年度个人所得税综合所得汇算清缴事项的公告》(国家税务总局公告2022年第1号)的规定,在中国境内无住所的纳税人在3月1日前离境的,可以在离境前办理年度汇算。

17.纳税人提出汇缴代办要求的,单位应当代为办理,或者培训、辅导纳税人通过自然人电子税务局(含手机个人所得税App、网页端,下同)完成年度汇算申报和退(补)税。( )

【参考答案】 正确

【答案解析】 根据《国家税务总局关于办理2021年度个人所得税综合所得汇算清缴事项的公告》(国家税务总局公告2022年第1号)的规定,纳税人提出代办要求的,单位应当代为办理,或者培训、辅导纳税人通过自然人电子税务局(含手机个人所得税App、网页端,下同)完成年度汇算申报和退(补)税。

18.由单位代为办理汇缴的,纳税人应在2022年5月30日前与单位以书面或者电子等方式进行确认,补充提供其纳税年度内在本单位以外取得的综合所得收入、相关扣除、享受税收优惠等信息资料,并对所提交信息的真实性、准确性、完整性负责。( )

【参考答案】 错误

【答案解析】 根据《国家税务总局关于办理2021年度个人所得税综合所得汇算清缴事项的公告》(国家税务总局公告2022年第1号)的规定,由单位代为办理的,纳税人应在2022年4月30日前与单位以书面或者电子等方式进行确认,补充提供其纳税年度内在本单位以外取得的综合所得收入、相关扣除、享受税收优惠等信息资料,并对所提交信息的真实性、准确性、完整性负责。

19.纳税人未与单位确认请其代为办理年度汇算的,单位不得代办。( )

【参考答案】 正确

【答案解析】 根据《国家税务总局关于办理2021年度个人所得税综合所得汇算清缴事项的公告》(国家税务总局公告2022年第1号)的规定,纳税人未与单位确认请其代为办理年度汇算的,单位不得代办。

20.纳税人可优先通过自然人电子税务局办理年度汇算,税务机关将为纳税人提供申报表项目预填服务。( )

【参考答案】 正确

【答案解析】 根据《国家税务总局关于办理2021年度个人所得税综合所得汇算清缴事项的公告》(国家税务总局公告2022年第1号)的规定,纳税人可优先通过自然人电子税务局办理年度汇算,税务机关将为纳税人提供申报表项目预填服务。

21.选择邮寄申报的,纳税人需将申报表寄送至主管税务机关所在省、自治区、直辖市和

计划单列市税务局公告的地址。(　　)

【参考答案】 正确

【答案解析】 根据《国家税务总局关于办理 2021 年度个人所得税综合所得汇算清缴事项的公告》(国家税务总局公告 2022 年第 1 号)的规定,选择邮寄申报的,纳税人需将申报表寄送至按本公告第九条确定的主管税务机关所在省、自治区、直辖市和计划单列市税务局公告的地址。

22. 纳税人、代办年度汇算的单位,需各自将专项附加扣除、税收优惠材料等年度汇算相关资料,自年度汇算期结束之日起留存 10 年。(　　)

【参考答案】 错误

【答案解析】 根据《国家税务总局关于办理 2021 年度个人所得税综合所得汇算清缴事项的公告》(国家税务总局公告 2022 年第 1 号)的规定,纳税人、代办年度汇算的单位,需各自将专项附加扣除、税收优惠材料等年度汇算相关资料,自年度汇算期结束之日起留存 5 年。

23. 纳税人有两处及以上任职受雇单位的,可自主选择向其中一处申报。(　　)

【参考答案】 正确

【答案解析】 根据《国家税务总局关于办理 2021 年度个人所得税综合所得汇算清缴事项的公告》(国家税务总局公告 2022 年第 1 号)的规定,纳税人有两处及以上任职受雇单位的,可自主选择向其中一处申报。

24. 纳税人没有任职受雇单位的,向其户籍所在地、经常居住地或者主要收入来源地的主管税务机关申报。(　　)

【参考答案】 正确

【答案解析】 根据《国家税务总局关于办理 2021 年度个人所得税综合所得汇算清缴事项的公告》(国家税务总局公告 2022 年第 1 号)的规定,纳税人没有任职受雇单位的,向其户籍所在地、经常居住地或者主要收入来源地的主管税务机关申报。

25. 单位为纳税人代办年度汇算的,向个人的主管税务机关申报。(　　)

【参考答案】 错误

【答案解析】 根据《国家税务总局关于办理 2021 年度个人所得税综合所得汇算清缴事项的公告》(国家税务总局公告 2022 年第 1 号)的规定,单位为纳税人代办年度汇算的,向单位的主管税务机关申报。

26. 主要收入来源地,是指两个纳税年度内向纳税人累计发放劳务报酬、稿酬及特许权使用费金额最大的扣缴义务人所在地。(　　)

【参考答案】 错误

【答案解析】 根据《国家税务总局关于办理 2021 年度个人所得税综合所得汇算清缴事项的公告》(国家税务总局公告 2022 年第 1 号)的规定,主要收入来源地,是指一个纳税年度内向纳税人累计发放劳务报酬、稿酬及特许权使用费金额最大的扣缴义务人所在地。

27. 综合所得全年收入额不超过 12 万元且已预缴个人所得税的纳税人,可选择使用自然人电子税务局提供的简易申报功能,便捷办理年度汇算退税。(　　)

【参考答案】 错误

【答案解析】 根据《国家税务总局关于办理2021年度个人所得税综合所得汇算清缴事项的公告》(国家税务总局公告2022年第1号)的规定,综合所得全年收入额不超过6万元且已预缴个人所得税的纳税人,可选择使用自然人电子税务局提供的简易申报功能,便捷办理年度汇算退税。

28.纳税人办理年度汇算补税的,可以通过网上银行、办税服务厅POS机刷卡、银行柜台、非银行支付机构等方式缴纳。( )

【参考答案】 正确

【答案解析】 根据《国家税务总局关于办理2021年度个人所得税综合所得汇算清缴事项的公告》(国家税务总局公告2022年第1号)的规定,纳税人办理年度汇算补税的,可以通过网上银行、办税服务厅POS机刷卡、银行柜台、非银行支付机构等方式缴纳。

29.年度汇算需补税的纳税人,年度汇算期结束后未足额补缴税款的,税务机关将依法加收滞纳金,并在其《个人所得税纳税记录》中予以标注。( )

【参考答案】 正确

【答案解析】 根据《国家税务总局关于办理2021年度个人所得税综合所得汇算清缴事项的公告》(国家税务总局公告2022年第1号)的规定,年度汇算需补税的纳税人,年度汇算期结束后未足额补缴税款的,税务机关将依法加收滞纳金,并在其《个人所得税纳税记录》中予以标注。

30.纳税人因申报信息填写错误造成年度汇算多退或少缴税款的,纳税人主动或经税务机关提醒后及时改正的,税务机关可以按照“首违不罚”原则免予处罚。( )

【参考答案】 正确

【答案解析】 根据《国家税务总局关于办理2021年度个人所得税综合所得汇算清缴事项的公告》(国家税务总局公告2022年第1号)的规定,纳税人因申报信息填写错误造成年度汇算多退或少缴税款的,纳税人主动或经税务机关提醒后及时改正的,税务机关可以按照“首违不罚”原则免予处罚。

31.对于独立完成年度汇算存在困难的年长、行动不便等特殊人群,由纳税人提出申请,税务机关可提供个性化年度汇算服务。( )

【参考答案】 正确

【答案解析】 根据《国家税务总局关于办理2021年度个人所得税综合所得汇算清缴事项的公告》(国家税务总局公告2022年第1号)的规定,对于独立完成年度汇算存在困难的年长、行动不便等特殊人群,由纳税人提出申请,税务机关可提供个性化年度汇算服务。

32.《财政部 税务总局关于个人所得税法修改后有关优惠政策衔接问题的通知》(财税〔2018〕164号)规定的全年一次性奖金单独计税优惠政策,执行期限延长至2024年12月31日。( )

【参考答案】 错误

【答案解析】 根据《财政部税务总局关于延续实施全年一次性奖金等个人所得税优惠政策的公告》(财政部税务总局公告2021年第42号)的规定,《财政部 税务总局关于个人所得税法修改后有关优惠政策衔接问题的通知》(财税〔2018〕164号)规定的全年一次性奖金单独计税优惠政策,执行期限延长至2023年12月31日。

33. 上市公司股权激励单独计税优惠政策，执行期限延长至 2022 年 12 月 31 日。（　　）

【参考答案】 正确

【答案解析】 根据《财政部税务总局关于延续实施全年一次性奖金等个人所得税优惠政策的公告》（财政部税务总局公告 2021 年第 42 号）的规定，上市公司股权激励单独计税优惠政策，执行期限延长至 2022 年 12 月 31 日。

34.《财政部 税务总局关于个人所得税综合所得汇算清缴涉及有关政策问题的公告》（财政部 税务总局公告 2019 年第 94 号）规定的免于办理个人所得税综合所得汇算清缴优惠政策，执行期限延长至 2022 年 12 月 31 日。（　　）

【参考答案】 错误

【答案解析】 根据《财政部税务总局关于延续实施全年一次性奖金等个人所得税优惠政策的公告》（财政部税务总局公告 2021 年第 42 号）的规定，《财政部 税务总局关于个人所得税综合所得汇算清缴涉及有关政策问题的公告》（财政部 税务总局公告 2019 年第 94 号）规定的免于办理个人所得税综合所得汇算清缴优惠政策，执行期限延长至 2023 年 12 月 31 日。

35. 持有股权、股票、合伙企业财产份额等权益性投资的个人独资企业、合伙企业，一律适用查账征收方式计征个人所得税。（　　）

【参考答案】 正确

【答案解析】 根据《财政部税务总局关于权益性投资经营所得个人所得税征收管理的公告》（财政部税务总局公告 2021 年第 41 号）的规定，持有股权、股票、合伙企业财产份额等权益性投资的个人独资企业、合伙企业（以下简称独资合伙企业），一律适用查账征收方式计征个人所得税。

36. 独资合伙企业应自持有上述权益性投资之日起 15 日内，主动向税务机关报送持有权益性投资的情况。（　　）

【参考答案】 错误

【答案解析】 根据《财政部税务总局关于权益性投资经营所得个人所得税征收管理的公告》（财政部税务总局公告 2021 年第 41 号）的规定，独资合伙企业应自持有上述权益性投资之日起 30 日内，主动向税务机关报送持有权益性投资的情况。

37. 在中国境内有住所，或者无住所而一个纳税年度内在中国境内居住累计满一百八十三天的个人，为居民个人。（　　）

【参考答案】 正确

【答案解析】 根据《中华人民共和国个人所得税法》的规定，在中国境内有住所，或者无住所而一个纳税年度内在中国境内居住累计满一百八十三天的个人，为居民个人。

38. 在中国境内无住所又不居住，或者无住所而一个纳税年度内在中国境内居住累计不满一百八十三天的个人，为非居民个人。（　　）

【参考答案】 正确

【答案解析】 根据《中华人民共和国个人所得税法》的规定，在中国境内无住所又不居住，或者无住所而一个纳税年度内在中国境内居住累计不满一百八十三天的个人，为非居民个人。

39. 非居民个人从中国境内和中国境外取得的所得,均需缴纳个人所得税。(　　)

【参考答案】 错误

【答案解析】 根据《中华人民共和国个人所得税法》的规定,非居民个人从中国境内取得的所得,依照本法规定缴纳个人所得税。

40. 居民个人从中国境内和中国境外取得的所得,均需缴纳个人所得税。(　　)

【参考答案】 正确

【答案解析】 根据《中华人民共和国个人所得税法》的规定,居民个人从中国境内和中国境外取得的所得,均需缴纳个人所得税。

41. 省级人民政府、国务院部委和中国人民解放军军以上单位,以及外国组织、国际组织颁发的科学、教育、技术、文化、卫生、体育、环境保护等方面的奖金,免征个人所得税。(　　)

【参考答案】 正确

【答案解析】 根据《中华人民共和国个人所得税法》的规定,省级人民政府、国务院部委和中国人民解放军军以上单位,以及外国组织、国际组织颁发的科学、教育、技术、文化、卫生、体育、环境保护等方面的奖金,免征个人所得税。

42. 国债和国家发行的金融债券利息,免征个人所得税。(　　)

【参考答案】 正确

【答案解析】 根据《中华人民共和国个人所得税法》的规定,国债和国家发行的金融债券利息,免征个人所得税。

43. 按照国家统一规定发给的补贴、津贴,免征个人所得税。(　　)

【参考答案】 正确

【答案解析】 根据《中华人民共和国个人所得税法》的规定,按照国家统一规定发给的补贴、津贴,免征个人所得税。

44. 福利费、抚恤金、救济金,免征个人所得税。(　　)

【参考答案】 正确

【答案解析】 根据《中华人民共和国个人所得税法》的规定,福利费、抚恤金、救济金,免征个人所得税。

45. 保险赔款,正常征收个人所得税。(　　)

【参考答案】 错误

【答案解析】 根据《中华人民共和国个人所得税法》的规定,保险赔款,免征个人所得税。

46. 军人的转业费、复员费、退役金,免征个人所得税。(　　)

【参考答案】 正确

【答案解析】 根据《中华人民共和国个人所得税法》的规定,军人的转业费、复员费、退役金,免征个人所得税。

47. 按照国家统一规定发给干部、职工的安家费、退职费、基本养老金或者退休费、离休费、离休生活补助费,免征个人所得税。(　　)

【参考答案】 正确

【答案解析】 根据《中华人民共和国个人所得税法》的规定，按照国家统一规定发给干部、职工的安家费、退职费、基本养老金或者退休费、离休费、离休生活补助费，免征个人所得税。

48.依照有关法律规定应予免税的各国驻华使馆、领事馆的外交代表、领事官员和其他人员的所得，免征个人所得税。（ ）

【参考答案】 正确

【答案解析】 根据《中华人民共和国个人所得税法》的规定，依照有关法律规定应予免税的各国驻华使馆、领事馆的外交代表、领事官员和其他人员的所得，免征个人所得税。

49.经营所得，以每一纳税年度的收入总额减除六万元、成本、费用以及损失后的余额，为应纳税所得额。（ ）

【参考答案】 错误

【答案解析】 根据《中华人民共和国个人所得税法》的规定，经营所得，以每一纳税年度的收入总额减除成本、费用以及损失后的余额，为应纳税所得额。

50.财产转让所得，以转让财产的收入额减除六万元、财产原值和合理费用后的余额，为应纳税所得额。（ ）

【参考答案】 错误

【答案解析】 根据《中华人民共和国个人所得税法》的规定，财产转让所得，以转让财产的收入额减除财产原值和合理费用后的余额，为应纳税所得额。

51.利息、股息、红利所得和偶然所得，以每次收入额减除合理费用后的余额为应纳税所得额。（ ）

【参考答案】 错误

【答案解析】 根据《中华人民共和国个人所得税法》的规定，利息、股息、红利所得和偶然所得，以每次收入额为应纳税所得额。

52.财产租赁所得，每次收入不超过四千元的，减除费用八百元；四千元以上的，减除百分之二十的费用，其余额为应纳税所得额。（ ）

【参考答案】 正确

【答案解析】 根据《中华人民共和国个人所得税法》的规定，财产租赁所得，每次收入不超过四千元的，减除费用八百元；四千元以上的，减除百分之二十的费用，其余额为应纳税所得额。

53.劳务报酬所得、稿酬所得、特许权使用费所得以收入减除百分之二十的费用后的余额为收入额。（ ）

【参考答案】 正确

【答案解析】 根据《中华人民共和国个人所得税法》的规定，劳务报酬所得、稿酬所得、特许权使用费所得以收入减除百分之二十的费用后的余额为收入额。

54.个人将其所得对教育、扶贫、济困等公益慈善事业进行捐赠，捐赠额未超过纳税人申报的应纳税所得额百分之十二的部分，可以从其应纳税所得额中扣除；国务院规定对公益慈善事业捐赠实行全额税前扣除的，从其规定。（ ）

【参考答案】 错误

【答案解析】 根据《中华人民共和国个人所得税法》的规定,个人将其所得对教育、扶贫、济困等公益慈善事业进行捐赠,捐赠额未超过纳税人申报的应纳税所得额百分之三十的部分,可以从其应纳税所得额中扣除;国务院规定对公益慈善事业捐赠实行全额税前扣除的,从其规定。

55.居民个人从中国境外取得的所得,可以从其应纳税额中抵免已在境外缴纳的个人所得税税额,但抵免额不得超过该纳税人境外所得依照本法规定计算的应纳税额。( )

【参考答案】 正确

【答案解析】 根据《中华人民共和国个人所得税法》的规定,居民个人从中国境外取得的所得,可以从其应纳税额中抵免已在境外缴纳的个人所得税税额,但抵免额不得超过该纳税人境外所得依照本法规定计算的应纳税额。

56.个人与其关联方之间的业务往来不符合独立交易原则而减少本人或者其关联方应纳税额,税务机关有权按照合理方法进行纳税调整。( )

【参考答案】 错误

【答案解析】 根据《中华人民共和国个人所得税法》的规定,个人与其关联方之间的业务往来不符合独立交易原则而减少本人或者其关联方应纳税额,且无正当理由,税务机关有权按照合理方法进行纳税调整。

57.个人所得税以所得人为纳税人,以支付所得的单位或者个人为扣缴义务人。( )

【参考答案】 正确

【答案解析】 根据《中华人民共和国个人所得税法》的规定,个人所得税以所得人为纳税人,以支付所得的单位或者个人为扣缴义务人。

58.纳税人有中国公民身份号码的,以中国公民身份号码为纳税人识别号。( )

【参考答案】 正确

【答案解析】 根据《中华人民共和国个人所得税法》的规定,纳税人有中国公民身份号码的,以中国公民身份号码为纳税人识别号。

59.纳税人没有中国公民身份号码的,以户口簿号码为纳税人识别号。( )

【参考答案】 错误

【答案解析】 根据《中华人民共和国个人所得税法》的规定,纳税人没有中国公民身份号码的,由税务机关赋予其纳税人识别号。

60.居民个人向扣缴义务人提供专项附加扣除信息的,扣缴义务人按月预扣预缴税款时应当按照规定予以扣除,不得拒绝。( )

【参考答案】 正确

【答案解析】 根据《中华人民共和国个人所得税法》的规定,居民个人向扣缴义务人提供专项附加扣除信息的,扣缴义务人按月预扣预缴税款时应当按照规定予以扣除,不得拒绝。

61.非居民个人取得工资、薪金所得,劳务报酬所得,稿酬所得和特许权使用费所得,有扣缴义务人的,由扣缴义务人按月或者按次代扣代缴税款,不办理汇算清缴。( )

【参考答案】 正确

【答案解析】 根据《中华人民共和国个人所得税法》的规定,非居民个人取得工资、薪金所得，劳务报酬所得，稿酬所得和特许权使用费所得，有扣缴义务人的，由扣缴义务人按月或者按次代扣代缴税款，不办理汇算清缴。

62. 纳税人取得利息、股息、红利所得，财产租赁所得，财产转让所得和偶然所得，按月或者按次计算个人所得税。（ ）

【参考答案】 正确

【答案解析】 根据《中华人民共和国个人所得税法》的规定，纳税人取得利息、股息、红利所得，财产租赁所得，财产转让所得和偶然所得，按月或者按次计算个人所得税。

63. 纳税人取得应税所得没有扣缴义务人的，应当在取得所得的次月二十日内向税务机关报送纳税申报表，并缴纳税款。（ ）

【参考答案】 错误

【答案解析】 根据《中华人民共和国个人所得税法》的规定，纳税人取得应税所得没有扣缴义务人的，应当在取得所得的次月十五日内向税务机关报送纳税申报表，并缴纳税款。

64. 居民个人从中国境外取得所得的，应当在取得所得的次年三月一日至六月三十日内申报纳税。（ ）

【参考答案】 正确

【答案解析】 根据《中华人民共和国个人所得税法》的规定，居民个人从中国境外取得所得的，应当在取得所得的次年三月一日至六月三十日内申报纳税。

65. 纳税人因移居境外注销中国户籍的，应当在注销中国户籍后办理税款清算。（ ）

【参考答案】 错误

【答案解析】 根据《中华人民共和国个人所得税法》的规定，纳税人因移居境外注销中国户籍的，应当在注销中国户籍前办理税款清算。

66. 扣缴义务人每月或者每次预扣、代扣的税款，应当在次月七日内缴入国库，并向税务机关报送扣缴个人所得税申报表。（ ）

【参考答案】 错误

【答案解析】 根据《中华人民共和国个人所得税法》的规定，扣缴义务人每月或者每次预扣、代扣的税款，应当在次月十五日内缴入国库，并向税务机关报送扣缴个人所得税申报表。

67. 个人转让股权办理变更登记的，市场主体登记机关应当查验与该股权交易相关的个人所得税的完税凭证。（ ）

【参考答案】 正确

【答案解析】 根据《中华人民共和国个人所得税法》的规定，个人转让股权办理变更登记的，市场主体登记机关应当查验与该股权交易相关的个人所得税的完税凭证。

68. 个人转让不动产的，税务机关应当根据不动产登记等相关信息核验应缴的个人所得税。（ ）

【参考答案】 正确

【答案解析】 根据《中华人民共和国个人所得税法》的规定，个人转让不动产的，税务机关应当根据不动产登记等相关信息核验应缴的个人所得税。

69. 所得为人民币以外的货币的，按照人民币汇率中间价折合成人民币缴纳税款。（ ）

【参考答案】 正确

【答案解析】 根据《中华人民共和国个人所得税法》的规定,所得为人民币以外的货币的,按照人民币汇率中间价折合成人民币缴纳税款。

70. 对扣缴义务人按照所扣缴的税款,付给百分之三的手续费。( )

【参考答案】 正确

【答案解析】 根据《中华人民共和国个人所得税法》的规定,对扣缴义务人按照所扣缴的税款,付给百分之二的手续费。

71. 对储蓄存款利息所得开征、减征、停征个人所得税及其具体办法,由国家税务总局规定,并报全国人民代表大会常务委员会备案。( )

【参考答案】 错误

【答案解析】 根据《中华人民共和国个人所得税法》的规定,对储蓄存款利息所得开征、减征、停征个人所得税及其具体办法,由国务院规定,并报全国人民代表大会常务委员会备案。

四、计算题

(一)中国公民孙某任职于境内甲企业,每月工资 10 000 元,自行负担的社保、公积金每月 2 000 元,申报专项附加扣除每月 2 000 元,2022 年 1～12 月取得以下收入。

(1)取得保险赔款 8 000 元。

(2)取得甲企业支付的独生子女补贴 1 000 元。

(3)购买福利彩票,一次中奖收入 30 000 元。

(4)6 月因持有某上市公司股票而取得红利 30 000 元,已知该股票为孙某上年 2 月从公开发行和转让市场取得。

(5)9 月甲企业购置一批住房低价出售给职工,孙某以 44 万元的价格购置了其中一套住房,甲企业原购置价格为 80 万元。

(6)8 月将其拥有的两处住房中的一套(已使用 8 年)出售,不含税转让收入 800 000 元,该房产买价 300 000 元,另支付其他允许税前扣除的相关税费 20 000 元。

要求:根据上述资料,分析回答下列问题。

1. 孙某从任职单位取得的全年工资和独生子女补贴共计应预扣预缴个人所得税( )元。

A. 4 680　　B. 360

C. 2 450　　D. 680

【参考答案】 B

【答案解析】 《国家税务总局关于印发〈征收个人所得税若干问题的规定〉的通知》(国税发〔1994〕89 号)第二条第二款规定,下列不属于工资、薪金性质的补贴、津贴或者不属于纳税人本人工资、薪金所得项目的收入,不征税:独生子女补贴;执行公务员工资制度未纳入基本工资总额的补贴、津贴差额和家属成员的副食品补贴;托儿补助费;差旅费津贴、误餐补助。

故,独生子女补贴不缴纳个人所得税。

应预扣预缴的个人所得税=(10 000×12－5 000×12－2 000×12－2 000×12)×3%=360(元)。

2. 孙某取得的福利彩票中奖收入和保险赔款应缴纳个人所得税（　　）元。

A. 5 500　　B. 4 500

C. 3 000　　D. 6 000

【参考答案】 D

【答案解析】《中华人民共和国个人所得税法》第四条规定，下列各项个人所得，免征个人所得税：(一)省级人民政府、国务院部委和中国人民解放军军以上单位，以及外国组织、国际组织颁发的科学、教育、技术、文化、卫生、体育、环境保护等方面的奖金；(二)国债和国家发行的金融债券利息；(三)按照国家统一规定发给的补贴、津贴；(四)福利费、抚恤金、救济金；(五)保险赔款……

故，保险赔款免征个人所得税。

《国家税务总局关于社会福利有奖募捐发行收入税收问题的通知》(国税发〔1994〕127号)规定，对个人购买社会福利有奖募捐奖券一次中奖收入不超过 10 000 元的暂免征收个人所得税，对一次中奖收入超过 10 000 元的，应按税法规定全额征税。本规定从 6 月 1 日起执行。凡以前已征个人所得税的，可不退税；未征个人所得税的，不补税。

故，福利彩票中奖收入和保险赔款应缴纳的个人所得税＝30 000×20%＝6 000(元)。

3. 孙某取得的红利所得应缴纳个人所得税（　　）元。

A. 6 000　　B. 3 000

C. 1 500　　D. 0

【参考答案】 D

【答案解析】《财政部 国家税务总局 证监会关于上市公司股息红利差别化个人所得税政策有关问题的通知》(财税〔2015〕101 号)第一条规定，个人从公开发行和转让市场取得的上市公司股票，持股期限超过 1 年的，股息红利所得暂免征收个人所得税。

个人从公开发行和转让市场取得的上市公司股票，持股期限在 1 个月以内(含 1 个月)的，其股息红利所得全额计入应纳税所得额；持股期限在 1 个月以上至 1 年(含 1 年)的，暂减按 50%计入应纳税所得额；上述所得统一适用 20%的税率计征个人所得税。

故，孙某取得的红利所得暂免征收个人所得税。

4. 孙某低价从单位购房应缴纳个人所得税（　　）元。

A. 87 340　　B. 72 000

C. 35 790　　D. 87 690

【参考答案】 A

【答案解析】《财政部 税务总局关于个人所得税法修改后有关优惠政策衔接问题的通知》(财税〔2018〕164 号)第六条规定，单位按低于购置或建造成本价格出售住房给职工，职工因此而少支出的差价部分，符合《财政部 国家税务总局关于单位低价向职工售房有关个人所得税问题的通知》(财税〔2007〕13 号)第二条规定的，不并入当年综合所得，以差价收入除以 12 个月得到的数额，按照月度税率表确定适用税率和速算扣除数，单独计算纳税。计算公式为：

应纳税额＝职工实际支付的购房价款低于该房屋的购置或建造成本价格的差额×适用税率－速算扣除数

故,孙某少支出的差价金额=800 000−440 000=360 000(元)。

360 000÷12=30 000(元),适用税率为25%、速算扣除数为2 660元。

则孙某低价从单位购房应缴纳的个人所得税=360 000×25%−2 660=87 340(元)。

5. 孙某出售住房应缴纳个人所得税(　　)元。

A. 68 000　　B. 80 000

C. 96 000　　D. 100 000

【参考答案】 C

【答案解析】《中华人民共和国个人所得税法实施条例》第十七条规定,财产转让所得,按照一次转让财产的收入额减除财产原值和合理费用后的余额计算纳税。

故,孙某出售住房应缴纳的个人所得税=(800 000−300 000−20 000)×20%=96 000(元)。

(二)2022年度中国公民吴某有如下所得。

(1)每月工资8 000元,已按照所在省规定的办法和比例扣除了住房公积金和各项社会保险费1 500元,12月取得除当月工资外的全年一次性奖金72 000元,选择不并入综合所得,适用单独计税方式。

(2)取得一项特许权使用所得100 000元。

(3)1~12月每月从兼职单位取得报酬4 000元。

(4)通过拍卖行将一幅珍藏多年的字画拍卖,取得收入100万元,收藏该字画发生的费用为20万元,拍卖时支付相关税费10万元。

(5)11月吴某将刘某无偿赠与自己的一处住房转让,取得转让收入200万元,支付转让环节的税费10万元。原捐赠人刘某取得该房屋实际购置成本是100万元,受赠时吴某支付相关税费5万元。(均不考虑增值税)

要求:根据上述资料,分析回答下列问题。

1. 2022年12月吴某的全年一次性奖金应缴纳个人所得税(　　)元。

A. 2 160　　B. 6 990

C. 5 480　　D. 5 690

【参考答案】 B

【答案解析】《财政部 税务总局关于个人所得税法修改后有关优惠政策衔接问题的通知》(财税〔2018〕164号)第一条第一款规定,居民个人取得全年一次性奖金,符合《国家税务总局关于调整个人取得全年一次性奖金等计算征收个人所得税方法问题的通知》(国税发〔2005〕9号)规定的,在2021年12月31日前,不并入当年综合所得,以全年一次性奖金收入除以12个月得到的数额,按照本通知所附按月换算后的综合所得税率表(以下简称月度税率表),确定适用税率和速算扣除数,单独计算纳税。计算公式为:

应纳税额=全年一次性奖金收入×适用税率−速算扣除数

居民个人取得全年一次性奖金,也可以选择并入当年综合所得计算纳税。

自2022年1月1日起,居民个人取得全年一次性奖金,应并入当年综合所得计算缴纳个人所得税。

《财政部 税务总局关于延续实施全年一次性奖金等个人所得税优惠政策的公告》(财政

部 税务总局公告2021年第42号)第一条规定,《财政部 税务总局关于个人所得税法修改后有关优惠政策衔接问题的通知》(财税〔2018〕164号)规定的全年一次性奖金单独计税优惠政策,执行期限延长至2023年12月31日;上市公司股权激励单独计税优惠政策,执行期限延长至2022年12月31日。

故,72 000÷12=6 000(元),适用税率10%,速算扣除数210元。

应缴纳个人所得税=72 000×10%-210=6 990(元)。

2. 特许权使用所得应缴纳个人所得税( )元。

A. 17 000　　B. 18 000

C. 16 000　　D. 20 000

【参考答案】 C

【答案解析】《国家税务总局关于发布〈个人所得税扣缴申报管理办法(试行)〉的公告》(国家税务总局公告2018年第61号)第八条规定,扣缴义务人向居民个人支付劳务报酬所得、稿酬所得、特许权使用费所得时,应当按照以下方法按次或者按月预扣预缴税款:

劳务报酬所得、稿酬所得、特许权使用费所得以收入减除费用后的余额为收入额;其中,稿酬所得的收入额减按百分之七十计算。

减除费用:预扣预缴税款时,劳务报酬所得、稿酬所得、特许权使用费所得每次收入不超过四千元的,减除费用按八百元计算;每次收入四千元以上的,减除费用按收入的百分之二十计算。

故,应缴纳个人所得税=100 000×(1-20%)×20%=16 000(元)。

3. 2022年吴某兼职所得应预扣预缴个人所得税( )元。

A. 9 600　　B. 4 800

C. 4 600　　D. 7 680

【参考答案】 D

【答案解析】《国家税务总局关于个人兼职和退休人员再任职取得收入如何计算征收个人所得税问题的批复》(国税函〔2005〕382号)规定,个人兼职取得的收入应按照"劳务报酬所得"应税项目缴纳个人所得税;退休人员再任职取得的收入,在减除按个人所得税法规定的费用扣除标准后,按"工资、薪金所得"应税项目缴纳个人所得税。

故,应预扣预缴个人所得税=(4 000-800)×20%×12=7 680(元)。

4. 吴某拍卖字画所得应缴纳个人所得税( )元。

A. 100 000　　B. 140 000

C. 180 000　　D. 200 000

【参考答案】 B

【答案解析】《国家税务总局关于加强和规范个人取得拍卖收入征收个人所得税有关问题的通知》(国税发〔2007〕38号)第一条第二款规定,个人拍卖除文字作品原稿及复印件外的其他财产,应以其转让收入额减除财产原值和合理费用后的余额为应纳税所得额,按照"财产转让所得"项目适用20%税率缴纳个人所得税。第三条规定,个人财产拍卖所得适用"财产转让所得"项目计算应纳税所得额时,纳税人凭合法有效凭证(税务机关监制的正式发票、相关境外交易单据或海关报关单据、完税证明等),从其转让收入额中减除相应的财产原值、拍卖财产过程中缴纳的税金及有关合理费用。

故,应缴纳个人所得税=(1 000 000-200 000-100 000)×20%=140 000(元)。

5. 吴某转让受赠住房应缴纳个人所得税(　　)元。

A. 180 000　　B. 170 000

C. 180 000　　D. 190 000

【参考答案】 B

【答案解析】《中华人民共和国个人所得税法实施条例》第十七条规定,财产转让所得,按照一次转让财产的收入额减除财产原值和合理费用后的余额计算纳税。

《财政部 国家税务总局关于个人无偿受赠房屋有关个人所得税问题的通知》(财税〔2009〕78 号)第五条规定,受赠人转让受赠房屋的,以其转让受赠房屋的收入减除原捐赠人取得该房屋的实际购置成本以及赠与和转让过程中受赠人支付的相关税费后的余额,为受赠人的应纳税所得额,依法计征个人所得税。

故,应纳税所得额=2 000 000-1 000 000-100 000-50 000=850 000(元)。

应缴纳个人所得税=850 000×20%=170 000(元)。

(三)刘某为 A 上市企业董事,并且在该企业任职,2022 年取得以下收入。

(1)刘某每月取得工资 10 000 元,另外,12 月取得全年一次性奖金 48 000 元,针对该奖金选择不并入综合所得,适用单独计税。

(2)刘某拍卖其收藏品取得收入 100 000 元,不能提供合法、完整、准确的收藏品财产原值凭证。

(3)从 7 月 1 日开始按市场价格出租一套居民住房,每月收取不含税租金 20 000 元(仅考虑房产税,不考虑其他税费)。

(4)8 月出版一本长篇小说,由于畅销,该小说由电视制作中心改编成电视剧,取得改编许可费 20 000 元。

(5)5 月取得兼职收入 3 500 元。

要求:根据上述资料,分析回答下列问题。

1. 刘某全年一次性奖金应缴纳个人所得税(　　)元。

A. 1 440　　B. 2 280

C. 720　　D. 4 590

【参考答案】 D

【答案解析】《财政部 税务总局关于个人所得税法修改后有关优惠政策衔接问题的通知》(财税〔2018〕164 号)第一条第一款规定,居民个人取得全年一次性奖金,符合《国家税务总局关于调整个人取得全年一次性奖金等计算征收个人所得税方法问题的通知》(国税发〔2005〕9 号)规定的,在 2021 年 12 月 31 日前,不并入当年综合所得,以全年一次性奖金收入除以 12 个月得到的数额,按照本通知所附按月换算后的综合所得税率表(以下简称月度税率表),确定适用税率和速算扣除数,单独计算纳税。计算公式为:

应纳税额=全年一次性奖金收入×适用税率-速算扣除数

居民个人取得全年一次性奖金,也可以选择并入当年综合所得计算纳税。

自 2022 年 1 月 1 日起,居民个人取得全年一次性奖金,应并入当年综合所得计算缴纳个人所得税。

《财政部 税务总局关于延续实施全年一次性奖金等个人所得税优惠政策的公告》(财政部 税务总局公告 2021 年第 42 号)第一条规定,《财政部 税务总局关于个人所得税法修改后有关优惠政策衔接问题的通知》(财税〔2018〕164 号)规定的全年一次性奖金单独计税优惠政策,执行期限延长至 2023 年 12 月 31 日;上市公司股权激励单独计税优惠政策,执行期限延长至 2022 年 12 月 31 日。

故,48 000÷12=4 000(元),适用税率 10%,速算扣除数 210 元。

应缴纳个人所得税=48 000×10%-210=4 590(元)。

2. 刘某拍卖其收藏品应缴纳个人所得税(　　)元。

A. 5 000　　B. 1 000

C. 2 600　　D. 3 000

【参考答案】 D

【答案解析】《国家税务总局关于加强和规范个人取得拍卖收入征收个人所得税有关问题的通知》(国税发〔2007〕38 号)第四条规定,纳税人如不能提供合法、完整、准确的财产原值凭证,不能正确计算财产原值的,按转让收入额的 3%征收率计算缴纳个人所得税;拍卖品为经文物部门认定是海外回流文物的,按转让收入额的 2%征收率计算缴纳个人所得税。

故,拍卖收藏品应缴纳的个人所得税=100 000×3%=3 000(元)。

3. 当年刘某出租住房应缴纳个人所得税(　　)元。

A. 9 216　　B. 8 760

C. 3 600　　D. 4 960

【参考答案】 A

【答案解析】《财政部 国家税务总局关于廉租住房经济适用住房和住房租赁有关税收政策的通知》(财税〔2008〕24 号)第二条第一款规定,对个人出租住房取得的所得减按 10%的税率征收个人所得税。第二条第三款规定,对个人出租住房,不区分用途,在 3%税率的基础上减半征收营业税,按 4%的税率征收房产税,免征城镇土地使用税。

故,出租住房全年应缴纳个人所得税(20 000-20 000×4%)×(1-20%)×10%×6=9 216(元)。

4. 刘某取得改编许可费应预扣预缴个人所得税(　　)元。

A. 0　　B. 2 400

C. 2 800　　D. 3 200

【参考答案】 D

【答案解析】《国家税务总局关于剧本使用费征收个人所得税问题的通知》(国税发〔2002〕52 号)规定,对于剧本作者从电影、电视剧的制作单位取得的剧本使用费,不再区分剧本的使用方是否为其任职单位,统一按特许权使用费所得项目计征个人所得税。

故,应预扣预缴个人所得税=20 000×(1-20%)×20%=3 200(元)。

5. 取得兼职收入应预扣预缴个人所得税(　　)元。

A. 540　　B. 700

C. 1 050　　D. 890

【参考答案】 A

【答案解析】《国家税务总局关于个人兼职和退休人员再任职取得收入如何计算征收个人所得税问题的批复》(国税函〔2005〕382号)规定,个人兼职取得的收入应按照"劳务报酬所得"应税项目缴纳个人所得税;退休人员再任职取得的收入,在减除按个人所得税法规定的费用扣除标准后,按"工资、薪金所得"应税项目缴纳个人所得税。

故,应缴纳个人所得税=(3 500－800)×20%=540(元)。

(四)中国居民赵某为境内甲上市公司的员工,同时担任乙公司的董事,2022年度取得下列所得。

(1)每月工资14 000元,1月另取得单位以误餐补助名义发给的补助1 000元。

(2)5月购买体育彩票中奖10 000元。

(3)7月取得独立董事费收入100 000元。

(4)8月将其自有房屋出租给陈某居住,每月取得不含税租金收入6 000元,8月因下水道堵塞发生修理费1 500元,取得了维修部门的正式票据,不考虑其他税费。

(5)12月将自己撰写的小说向当地某报社投稿,取得稿酬收入4 000元。

要求:根据上述资料,分析回答下列问题。

1. 赵某2021年1月的工资、薪金所得应预扣预缴个人所得税(　　)元。

A. 0　　B. 150

C. 450　　D. 300

【参考答案】 D

【答案解析】《财政部 国家税务总局关于误餐补助范围确定问题的通知》(财税字〔1995〕82号)规定,国税发〔1994〕89号文件规定不征税的误餐补助,是指按财政部门规定,个人因公在城区、郊区工作,不能在工作单位或返回就餐,确实需要在外就餐的,根据实际误餐顿数,按规定的标准领取的误餐费。一些单位以误餐补助名义发给职工的补贴、津贴,应当并入当月工资、薪金所得计征个人所得税。

故,应预扣预缴个人所得税=(14 000＋1 000－5 000)×3%=300(元)。

2. 赵某5月彩票中奖应缴纳个人所得税(　　)元。

A. 0　　B. 1 500

C. 1 000　　D. 2 000

【参考答案】 A

【答案解析】《财政部 国家税务总局关于个人取得体育彩票中奖所得征免个人所得税问题的通知》(财税字〔1998〕12号)规定,为了有利于动员全社会力量资助和发展我国的体育事业,经研究决定,对个人购买体育彩票中奖收入的所得税政策作如下调整:凡一次中奖收入不超过1万元的,暂免征收个人所得税;超过1万元的,应按税法规定全额征收个人所得税。故,购买体育彩票中奖10 000元,暂免征个人所得税。

3. 赵某取得独立董事费收入应预扣预缴个人所得税(　　)元。

A. 25 000　　B. 20 000

C. 22 000　　D. 15 000

【参考答案】 A

【答案解析】《国家税务总局关于印发〈征收个人所得税若干问题的规定〉的通知》(国税发〔1994〕89 号)第八条规定,个人由于担任董事职务所取得的董事费收入,属于劳务报酬所得性质,按照劳务报酬所得项目征收个人所得税。

《国家税务总局关于明确个人所得税若干政策执行问题的通知》(国税发〔2009〕121 号)第二条第一款规定,《国家税务总局关于印发〈征收个人所得税若干问题的规定〉的通知》(国税发〔1994〕89 号)第八条规定的董事费按劳务报酬所得项目征税方法,仅适用于个人担任公司董事、监事,且不在公司任职、受雇的情形。

故,独立董事费按照劳务报酬所得计算个人所得税。

应预扣预缴个人所得税=100 000×(1－20%)×40%－7 000=25 000(元)。

4. 赵某 9 月收取租金应缴纳个人所得税(　　)元。

A. 330　　　　B. 424

C. 375　　　　D. 416

【参考答案】 B

【答案解析】《财政部 国家税务总局 关于廉租住房经济适用住房和住房租赁有关税收政策的通知》(财税〔2008〕24 号)第二条第一款规定,对个人出租住房取得的所得减按 10%的税率征收个人所得税。

《国家税务总局关于印发〈征收个人所得税若干问题的规定〉的通知》(国税发〔1994〕89 号)第六条规定,(二)纳税义务人出租财产取得财产租赁收入,在计算征税时,除可依法减除规定费用和有关税、费外,还准予扣除能够提供有效、准确凭证,证明由纳税义务人负担的该出租财产实际开支的修缮费用。允许扣除的修缮费用,以每次 800 元为限,一次扣除不完的,准予在下一次继续扣除,直至扣完为止。

故,8 月应缴纳个人所得税=(6 000－800)×(1－20%)×10%=416(元)。

9 月应缴纳个人所得税=(6 000－700)×(1－20%)×10%=424(元)。

5. 赵某取得的稿酬收入应预扣预缴个人所得税(　　)元。

A. 850　　　　B. 760

C. 640　　　　D. 448

【参考答案】 D

【答案解析】《国家税务总局关于发布〈个人所得税扣缴申报管理办法(试行)〉的公告》(国家税务总局公告 2018 年第 61 号)第八条规定,扣缴义务人向居民个人支付劳务报酬所得、稿酬所得、特许权使用费所得时,应当按照以下方法按次或者按月预扣预缴税款:

劳务报酬所得、稿酬所得、特许权使用费所得以收入减除费用后的余额为收入额;其中,稿酬所得的收入额减按百分之七十计算。

减除费用:预扣预缴税款时,劳务报酬所得、稿酬所得、特许权使用费所得每次收入不超过四千元的,减除费用按八百元计算;每次收入四千元以上的,减除费用按收入的百分之二十计算。

故,取得稿酬所得应预扣预缴的个人所得税=(4 000－800)×70%×20%=448(元)。

第九章　房产税

一、单项选择题

1. 下列各项中,需要缴纳房产税的是(　　)。

A. 位于农村的鞋店　　B. 室外游泳池

C. 变电塔　　D. 位于市区的商场

【参考答案】 D

【答案解析】 房产税在城市、县城、建制镇和工矿区征收,农村不属于房产税的征收范围;独立于房屋之外的建筑物,如变电塔、室外游泳池不属于房产,不征收房产税。

2. 张某在黑龙江省哈尔滨市市区拥有两套住房,一套供家人和自己居住,另一套出租给某公司作为宿舍使用,每月取得不含税租金收入 600 元,租赁期为 2022 年 1 月 1 日—2022 年 12 月 31 日。张某当年应缴纳房产税金额为(　　)元。

A. 0　　B. 144

C. 288　　D. 864

【参考答案】 B

【答案解析】 个人用于居住的房屋不缴纳房产税。个人出租住房,减按 4%的税率征收房产税,黑税财行便函〔2019〕2 号文件规定,对增值税小规模纳税人按 50%的幅度减征相关地方税费。

张某当年应缴纳房产税=600×4%×50%×12=144(元)。

3. 根据房产税相关制度的规定,下列各项中,不予免征房产税的是(　　)。

A. 名胜古迹中附设的经营性茶社　　B. 公园自用的办公用房

C. 个人所有的自己居住的居住用房　　D. 国家机关的职工食堂

【参考答案】 A

【答案解析】 名胜古迹附设的营业单位不属于免税范围,应照章纳税。选项 BCD 均免税。

4. 下列关于房产税的说法,表述不正确的是(　　)。

A. 房产产权出典的，由房产承典人缴纳房产税

B. 纳税单位无租使用免税单位的房产，应由使用人代为缴纳房产税

C. 居民住宅区内业主共有的经营性房产，由实际经营（包括自营和出租）的代管人或使用人缴纳房产税

D. 产权所有人、承典人不在房产所在地的，免交房产税

【参考答案】 D

【答案解析】 产权所有人、承典人均不在房产所在地的，房产代管人或者使用人为纳税人。

5. 下列关于地下建筑物房产税的表述中不正确的是（ ）。

A. 单独建造的地下建筑物缴纳房产税

B. 对于与地上房屋相连的地下建筑物，应将地下部分和地上房屋视为一个整体按照地上房屋建筑的有关规定缴纳房产税

C. 地下建筑物若作工业用途，以房屋原价的10%～30%作为应税房产原值

D. 地下建筑物若作商业用途，以房屋原价的70%～80%作为应税房产原值

【参考答案】 C

【答案解析】 选项C，地下建筑物若作工业用途，以房屋原价的50%～60%作为应税房产原值。

6. 2022年某增值税一般纳税人企业支付800万元取得15万平方米的土地使用权，新建厂房建筑面积8万平方米，工程成本2 000万元，对该企业征收房产税的房产2022年年底竣工验收，房产税计税原值是（ ）万元。

A. 2 000　　　　B. 2 400

C. 2 424　　　　D. 2 800

【参考答案】 D

【答案解析】 对按照房产原值为基数计税的房产，无论会计上如何核算，房产原值均应包含地价，包括为取得土地使用权支付的价款、开发土地发生的成本费用等。容积率低于0.5的，按房产建筑面积的2倍计算土地面积并据此确定计入房产原值的地价。此题容积率＝8÷15＝0.53，高于0.5，地价应全部并入房产原值计征房产税。该企业征收房产税的房产计税原值＝800＋2 000＝2 800（万元）。

7. 某增值税一般纳税人企业拥有房产原值9 500万元，2022年4月1日将原值1 500万元的房产出租，出租期限5年，不含增值税租金3万元/月，其中合同约定4～6月为免租期，已知当地政府规定计算房产余值的扣除比例为30%，则2022年该企业应缴纳的房产税金额为（ ）万元。

A. 70.39　　　　B. 70.04

C. 75.66　　　　D. 74.94

【参考答案】 C

【答案解析】 对出租房产，租赁双方签订的租赁合同约定有免收租金期限的，免税租金期间由产权所有人按照房产原值缴纳房产税。该企业2021年应该缴纳的房产税＝（9 500－1 500）×（1－30%）×1.2%＋1 500×（1－30%）×1.2%×6÷12＋3×6×12%＝75.66（万元）。

8. 2022年4月,市区某增值税小规模纳税人企业将其独立地下停车场和另一独立的地下建筑物改为地下生产车间,地下停车场原值300万元,地下建筑物原值500万元,该企业所在省财政和税务部门确定地下建筑物的房产原价的折算比例为50%,房产原值减除比例为30%,"六税两费"优惠适用最高限额。该企业以上两处地下建筑物2022年4月至12月应缴纳房产税金额为(　　)万元。

A. 1.26　　B. 1.92

C. 2.52　　D. 1.89

【参考答案】 A

【答案解析】 该企业应缴纳房产税=(300+500)×50%×(1−30%)×1.2%×9÷12×50%=1.26(万元)。

9. 市区某企业为增值税一般纳税人,2022年委托某建筑公司建造仓库,9月末办理验收手续,入账原值为100万元,2022年10月1日将原值500万元的办公用房对外投资联营,当年收取固定利润10.5万元。当地政府规定房产计税余值扣除比例为30%,该企业2022年度应缴纳房产税金额为(　　)万元。(出租房屋增值税采用简易计税办法计算)

A. 4.62　　B. 4.56

C. 4.68　　D. 5.61

【参考答案】 B

【答案解析】 委托施工企业建设房屋,从办理验收手续之日的次月起计征房产税。

(1)物资仓库应缴纳房产税=100×(1−30%)×1.2%×3÷12=0.21(万元)。

(2)以房产投资联营,不承担联营风险,只收取固定收入,实际以联营名义取得房产租金,应由投资方按租金收入计缴房产税,投资联营期间办公用房应纳房产税=10.5÷(1+5%)×12%=1.2(万元)。

(3)办公用房2022年1月1日到2022年9月30日,9个月办公用房应按房产余值计征房产税,应纳房产税=500×(1−30%)×12%×9÷12=3.15(万元)。

(4)该企业2022年度应缴纳房产税=0.21+1.2+3.15=4.56(万元)。

10. 中国铁路总公司2022年1月初,新建造的大楼完工并用于职工办公使用,会计账簿上注明该办公楼固定资产原值1 000万元。则应缴纳房产税金额为(　　)万元。(当地房产原值按减除30%后的余值计缴房产税)

A. 0　　B. 8.4

C. 120　　D. 7.7

【参考答案】 A

【答案解析】 根据《财政部 国家税务总局关于股改及合资铁路运输企业房产税 城镇土地使用税有关政策的通知》(财税〔2009〕132号)的规定,铁道部(现为中国铁路总公司)所属铁路运输企业自用的房产,继续免征房产税。

11. 某企业为增值税一般纳税人,2022年9月投资1 500万元取得5万平方米的土地使用权,缴纳契税60万元,用于建造面积为2万平方米的厂房,2022年年底竣工验收并投入使用,建造成本和费用为2 000万元,对该厂房征收房产税所确定的计税原值是(　　)万元。

A. 3 500　　B. 3 260

C. 3 248　　　　D. 3 560

【参考答案】 C

【答案解析】 房产原值包含地价，包括为取得土地使用权支付的价款、开发土地发生的成本费用等。容积率＝2/5＝0.4，按建筑面积两倍将土地价款计入房产计税原值＝(1 500＋60)×0.4×2＝1 248万元。房产税计税原值＝1 248＋2 000＝3 248(万元)。

12. 下列表述中，不符合房产税相关制度规定的是(　　)。

A. 房屋出租的，产权所有人为纳税人

B. 房屋产权所有人不在房产所在地的，房产代管人为纳税人

C. 房屋产权属于国家的，其经营管理单位为纳税人

D. 房屋产权未确定的，暂不缴纳房产

【参考答案】 D

【答案解析】 房屋产权未确定的，房产代管人为纳税人。

13. 甲公司委托某施工企业建造一幢办公楼，工程于2021年12月完工，2022年1月办妥验收手续(竣工)，4月付清全部工程价款。根据房产税相关制度的规定，甲公司对此幢办公楼房产税的纳税义务发生时间是(　　)。

A. 2021年12月　　　　B. 2022年1月

C. 2022年2月　　　　D. 2022年4月

【参考答案】 C

【答案解析】 纳税人委托施工企业建设的房屋，从办理验收手续之次月起，缴纳房产税。

14. 某企业有厂房一栋原值2 000万元，2022年年初对该厂房进行扩建，2022年8月底完工并办理验收手续交付使用，增加了房产原值450万元，另外对厂房安装了价值150万元的排水设备并单独作固定资产核算。已知当地政府规定计算房产余值的扣除比例为30%，2022年度该企业应缴纳房产税金额为(　　)万元。

A. 18.06　　　　B. 18.90

C. 18.48　　　　D. 19.26

【参考答案】 C

【答案解析】 纳税人对原有房屋进行改建、扩建的，要相应增加房屋的原值。厂房的排水设备，不管会计核算中是否单独记账与核算，都应计入房产原值，计征房产税。应纳房产税＝2 000×(1－30%)×1.2%÷12×8＋(2 000＋450＋150)×(1－30%)×1.2%÷12×4＝18.48(万元)。

15. 下列关于房产税纳税义务发生时间的表述，正确的是(　　)。

A. 纳税人出租房产，自交付房产之月起缴纳房产税

B. 纳税人自行新建房屋用于生产经营，从建成之次月起缴纳房产税

C. 购置新建商品房，自房屋交付使用之月起计征房产税

D. 房地产开发企业自用本企业建造的商品房，自房屋使用之月起缴纳房产税

【参考答案】 B

【答案解析】 选项A，纳税人出租房产，自交付出租房产之次月起，缴纳房产税。选项

C,购置新建商品房,自房屋交付使用之次月起计征房产税。选项D,房地产开发企业自用本企业建造的商品房,自房屋使用之次月起,缴纳房产税。

16. 对融资租赁房屋的情况,在计征房产税时,应该(　　)为计税依据,至于租赁期内房产税的纳税人,由当地税务机关根据实际情况确定。

A. 以房产原值计征　　B. 以房产租金计征

C. 以房产余值计征　　D. 免予征税

【参考答案】 C

【答案解析】 对融资租赁房屋的情况,由于租赁费包括购进房屋的价款、手续费、借款利息等,与一般房屋出租的"租金"内涵不同,且租赁期满后,当承租方偿还最后一笔租赁费时,房屋产权一般都转移到承租方,实际上是一种变相的分期付款购买固定资产的形式,所以在计征房产税时应以房产余值计算征收。至于租赁期内房产税的纳税人,由当地税务机关根据实际情况确定。

17. 某农贸市场经营农产品的同时经营其他产品,关于其房产税的征免规定,下列表述正确的是(　　)。

A. 不得免征房产税

B. 农产品收入占比超50%即可免征房产税

C. 按农产品销售额的比例确定征免房产税

D. 按交易场地面积的比例确定征免房产税

【参考答案】 D

【答案解析】 根据《财政部 税务总局关于继续实行农产品批发市场 农贸市场房产税城镇土地使用税优惠政策的通知》(财税〔2019〕12号)第一条的规定,对同时经营其他产品的农产品批发市场和农贸市场使用的房产、土地,按其他产品与农产品交易场地面积的比例确定征免房产税和城镇土地使用税。

18. 关于供热企业房产税税收优惠政策,下列理解不正确的是(　　)。

A. 对向居民供热收取采暖费的供热企业,为居民供热所使用的厂房免征房产税

B. 兼营供热企业,按向居民供热取得的采暖费收入占全部采暖费收入的比例,计算免征的房产税

C. 对专业供热企业,按其向居民供热取得的采暖费收入占全部采暖费收入的比例,计算免征的房产税

D. 对自供热单位,按向居民供热建筑面积占总供热建筑面积的比例,计算免征的房产税

【参考答案】 B

【答案解析】 根据《财政部 税务总局关于延续供热企业增值税房产税城镇土地使用税优惠政策的通知》(财税〔2019〕38号)第二条的规定,对兼营供热企业,视其供热所使用的房产及土地与其他生产经营活动所使用的厂房及土地是否可以区分,按照不同方法计算免征的房产税、城镇土地使用税。可以区分的,对其供热所使用厂房及土地,按向居民供热取得的采暖费收入占全部采暖费收入的比例,计算免征的房产税、城镇土地使用税。难以区分的,对其全部厂房及土地,按向居民供热取得的采暖费收入占其营业收入的比例,计算免征的房产税、城镇土地使用税。

19. 2022 年 5 月 31 日，张先生将两套闲置的住房出租给李先生，租期均为 2 年。其中一套用于居住，每月不含增值税租金 5 000 元；另外一套用于生产经营，每月不含增值税租金 7 500 元。已知当地可按最高比例享受房产税优惠政策。2022 年张先生出租住房应该缴纳的房产税税额是（　　）元。

A. 1 750　　B. 2 650

C. 2 950　　D. 3 850

【参考答案】 A

【答案解析】 根据《财政部 国家税务总局关于廉租住房 经济适用住房和住房租赁有关税收政策的通知》（财税〔2008〕24 号）第二条规定，对个人出租住房，不区分用途，按 4%的税率征收房产税。其他个人（也就是自然人个人）属于且只能是增值税小规模纳税人。据此，自然人个人也应当适用《财政部 税务总局关于实施小微企业普惠性税收减免政策的通知》（财税〔2019〕13 号）中所规定的增值税小规模纳税人“六税两费”减免优惠政策。张先生出租住房应该缴纳的房产税＝（5 000＋7 500）×7×4%×50%＝1 750（元）。

20. 某工业企业为增值税一般纳税人，2022 年 1 月对一栋原值 600 万元的厂房进行改扩建，5 月竣工结算共发生改扩建支出 120 万元。当地房产余值扣除比例为 30%，该企业 2022 年应缴纳的房产税为（　　）元。

A. 56 280　　B. 35 280

C. 2 150　　D. 2 200

【参考答案】 A

【答案解析】 根据《中华人民共和国房产税暂行条例》第四条的规定，房产税的税率，依照房产余值计算缴纳的，税率为 1.2%。该公司 2022 年应缴纳的房产税＝[600×（1－30%）×1.2%÷12×5＋（600＋120）×（1－30%）×1.2%÷12×7]＝21 000＋35 280＝56 280（元）。

21. 甲公司为增值税一般纳税人。2022 年 1 月，拥有办公楼及厂房原值共 6 600 万元。2022 年 5 月 20 日将其中原值为 800 万元的办公楼出租，租期 3 年，其中首月免租，每月不含增值税租金为 6 万元。已知当地计算房产余值的扣除比例为 30%，则甲公司 2022 年应该缴纳的房产税是（　　）万元。

A. 56. 30　　B. 56. 37

C. 56. 40　　D. 56. 56

【参考答案】 C

【答案解析】 根据《财政部 国家税务总局关于安置残疾人就业单位城镇土地使用税等政策的通知》（财税〔2010〕121 号）第二条的规定，对出租房产，租赁双方签订的租赁合同约定有免收租金期限的，免收租金期间由产权所有人按照房产原值缴纳房产税。甲公司 2022 年应缴纳的房产税＝（6 600－800）×（1－30%）×1. 2%＋800×（1－30%）×1. 2%×6÷12＋6×6×12%＝56. 40（万元）。

22. 根据相关政策规定，对经营公租房所取得的租金收入免征房产税。若公租房租金收入与其他住房经营收入未进行单独核算，则下列处理正确的是（　　）。

A. 由主管税务机关核定免征的房产税　　B. 不得享受免征房产税优惠政策

C. 可按收入占比计算免征的房产税　　D. 可按面积占比计算免征的房产税

【参考答案】 B

【答案解析】 根据《财政部 国家税务总局关于支持公共租赁住房建设和运营有关税收优惠政策的通知》(财税〔2010〕88号)第六条的规定,对经营公租房所取得的租金收入,免征营业税、房产税。公租房租金收入与其他住房经营收入应该单独核算,未单独核算的,不得享受免征营业税、房产税优惠政策。

23.甲企业作为增值税一般纳税人,2019年以7 000万元的价格购买一栋房产,后经批准在该房产地下修建了停车场,次年工程结算金额2 800万元,会计上已单独入账,当地规定地下建筑以原价的70%作为应税房产原值,当地房产余值扣除比例为30%。甲企业2021年应缴纳房产税税额是( )万元。

A. 58.80　　B. 16.46

C. 72.56　　D. 82.32

【参考答案】 D

【答案解析】 根据《中华人民共和国房产税暂行条例》第二条第三款的规定,对于与地上房屋相连的地下建筑,如房屋的地下室、地下停车场、商场的地下部分等,应将地下部分与地上房屋视为一个整体,按照地上房屋建筑的有关规定计算征收房产税。甲企业2021年应缴纳房产税=(7 000+2 800)×(1-30%)×1.2%=82.32(万元)。

24.张某拥有2套住房用于出租,甲住宅于2022年2月20日出租给王某居住,该房屋占地面积80平方米,每月租金2 000元;乙住宅于2022年2月22日出租给李某用于经营使用,该房屋占地面积120平方米,月租金3 000元。已知以上房产签订合同当日即交付给承租方,所在地城镇土地使用税年税额标准为10元/平方米,所在地按最高幅度执行优惠政策。张某2022年应缴纳房产税、城镇土地使用税合计税额为( )元。

A. 1 000　　B. 1 075

C. 2 150　　D. 2 200

【参考答案】 A

【答案解析】 根据《中华人民共和国房产税暂行条例》第五条第四款的规定,个人所有非营业用的房产免纳房产税。根据《财政部 国家税务总局关于廉租住房 经济适用住房和住房租赁有关税收政策的通知》(财税〔2008〕24号)第二条第三款的规定,对个人出租住房,不区分用途,按4%的税率征收房产税,免征城镇土地使用税。张某2022年应缴纳房产税、城镇土地使用税税额=(2 000×4%×10+3 000×4%×10)×50%=1 000(元)。

25.A公司多年前购买的房产,由于失火账目损毁,房产原值无法确定,下列处理正确的是( )。

A. 由房产所在地评估机构评估

B. 由房产所在地税务机关参考同类房产核定

C. 由房产所在地税务机关参考同时期的同类房产核定

D. 由房产所在地房产管理部门比照同时期同类房产核定

【参考答案】 B

【答案解析】 根据《中华人民共和国房产税暂行条例》第三条的规定,没有房产原值作为依据的,由房产所在地税务机关参考同类房产核定。

26. 2021 年 12 月 18 日，王先生将位于市区的门市出租给 A 公司办公，合同约定租期 1 年，按月收取月租金 12 万元（含税），年末一次性代开增值税普通发票。已知当地可按最高比例享受税费优惠政策。王先生 2021 年应缴房产税的税额是（　　）万元。

A. 8.54　　B. 8.64

C. 16.46　　D. 17.28

【参考答案】 A

【答案解析】 根据《国家税务总局关于小规模纳税人免征增值税政策有关征管问题的公告》（国家税务总局公告 2019 年第 4 号）第四条的规定，2019 年 1 月 1 日至 2021 年 3 月 31 日，其他个人采取一次性收取租金形式出租不动产取得的租金收入，可在对应的租赁期内平均分摊，分摊后的月租金收入未超过 10 万元的，免征增值税。《国家税务总局关于小规模纳税人免征增值税征管问题的公告》（国家税务总局公告 2021 年 5 号）第一条规定，自 2021 年 4 月 1 日起，月租金收入未超过 15 万元的，免征增值税。2021 年应缴房产税＝12÷（1＋5%）×12%×3×50%＋12×12%×9×50%＝2.06＋6.48＝8.54（万元）。

27. 甲科技孵化器企业为增值税一般纳税人，自有房产原值 7 000 万元，2022 年 3 月 1 日通过国家级科技企业孵化器认定，2022 年 8 月 1 日又被取消资格认定。已知当地房产余值扣除比例为 30%。甲企业 2022 年应缴纳的房产税税额是（　　）万元。

A. 29.4　　B. 34.3

C. 39.2　　D. 58.8

【参考答案】 B

【答案解析】 根据《财政部 税务总局 科技部 教育部关于科技企业孵化器大学科技园和众创空间税收政策的通知》（财税〔2018〕120 号）的规定，2019 年 1 月 1 日以后认定的国家级、省级科技企业孵化器、大学科技园和国家备案众创空间，自认定之日次月起享受本通知规定的税收优惠政策。2019 年 1 月 1 日以后被取消资格的，自取消资格之日次月起停止享受本通知规定的税收优惠政策。甲企业 2022 年应缴纳房产税税额＝7 000×（1－30%）×1.2%×（3＋4）÷12＝34.3（万元）。

28. A 商贸企业为增值税一般纳税人，为建造办公楼新取得一宗土地，面积 50 000 平方米，土地单价（含契税）为 200 元/平方米，房产建筑面积为 18 000 平方米，建筑成本为 2 200 万元，2020 年末投入使用，当地房产余值扣除比例为 30%，计算该商贸企业 2021 年应缴纳的房产税是（　　）万元。

A. 18.48　　B. 21.50

C. 24.53　　D. 26.88

【参考答案】 C

【答案解析】 根据《财政部 国家税务总局关于安置残疾人就业单位城镇土地使用税等政策的通知》（财税〔2010〕121 号）第三条的规定，对按照房产原值计税的房产，无论会计上如何核算，房产原值均应包含地价，包括为取得土地使用权支付的价款、开发土地发生的成本费用等。宗地容积率低于 0.5 的，按房产建筑面积的 2 倍计算土地面积并据此确定计入房产原值的地价。该地的容积率＝18 000÷50 000＝0.36，容积率低于 0.5 的，按房产建筑面积的 2 倍计算土地面积并据此计入房产原值的地价。该房产原值＝2 200＋（1 800×2×200）÷10 000＝2 920

(万元),2021 年应缴纳的房产税=2 920×(1−30%)×1.2%=24.53(万元)。

29. A 公司是增值税一般纳税人,拥有一个完全建在地面以下的地下商场,房产原值为 8 200万元。2021 年 5 月 31 日 A 公司将商场出租,每月不含增值税租金 40 万元,当地规定计算房产余值的扣除比例为 30%,地下建筑折算比例是 80%。该商场 2021 年应缴纳的房产税是(　　)万元。

A. 49.84　　B. 54.52

C. 56.56　　D. 58.24

【参考答案】 C

【答案解析】 根据《财政部 国家税务总局关于具备房屋功能的地下建筑征收房产税的通知》(财税〔2005〕181 号)第一条的规定,凡在房产税征收范围内的具备房屋功能的地下建筑,包括与地上房屋相连的地下建筑以及完全建在地面以下的建筑、地下人防设施等,均应当依照有关规定征收房产税。第二条规定,自用的地下建筑,按以下方式计税:商业和其他用途房产,以房屋原价的 70%~80%作为应税房产原值。第三条规定,出租的地下建筑,按照出租地上房屋建筑的有关规定计算征收房产税。该商场 2021 年应纳税额=8 200×80%×(1−30%)×1.2%×5÷12+40×12%×7=56.56(万元)。

30. 某市辖区税务局对辖区内进行房产税免税申报的体育场馆(已投入使用 8 年)开展后续管理。下列纳税人的房产税申报处理不正确的是(　　)。

A. 甲企业将运动员用房申报了减半房产税(上年度用于体育活动的天数 300 天)

B. 乙企业将新闻媒介用房申报了减半房产税(上年度用于体育活动的天数 265 天)

C. 丙企业将场馆运营用房申报了减半房产税(上年度用于体育活动的天数 270 天)

D. 丁企业将体育场馆申报了减半房产税(上年度用于体育活动的天数 240 天)

【参考答案】 D

【答案解析】 根据《财政部 国家税务总局关于体育场馆房产税和城镇土地使用税政策的通知》(财税〔2015〕130 号)第三条的规定,企业拥有并运营管理的大型体育场馆,其用于体育活动的房产、土地,减半征收房产税和城镇土地使用税。第五条规定,本通知所称用于体育活动的房产、土地,是指运动场地、看台、辅助用房(包括观众用房、运动员用房、竞赛管理用房、新闻媒介用房、广播电视用房、技术设备用房和场馆运营用房等)及占地,以及场馆配套设施(包括通道、道路、广场、绿化等)。第六条规定,享受上述税收优惠体育场馆的运动场地用于体育活动的天数不得低于全年自然天数的 70%。丁企业使用率=240÷365×100%=65.75%,小于 70%,其他甲乙丙都大于 70%。

二、多项选择题

1. 下列关于房产税纳税人的说法中,正确的有(　　)。

A. 产权属于国家所有,由经营管理单位缴纳房产税

B. 产权所有人不在房屋所在地的,由房产代管人或者使用人缴纳房产税

C. 拥有应税房产的外商投资企业属于房产税的纳税人

D. 纳税单位无租使用免税单位的房产,不需要缴纳房产税

【参考答案】 ABC

【答案解析】 选项 A,产权属于国家所有的,由经营管理单位缴纳房产税。选项 B,产

权所有人不在房屋所在地的，由房产代管人或使用人缴纳房产税。选项 C，自 2009 年 1 月 1 日起，外商投资企业、外国企业和组织以及外籍个人，依照《中华人民共和国房产税暂行条例》缴纳房产税。选项 D，纳税单位和个人无租使用房产管理部门、免税单位及纳税单位的房产，应由使用人代为缴纳房产税。

2. 下列关于居民住宅区内业主共有的经营性房产计税依据的表述中，正确的有（　　）。

A. 对居民住宅区内业主共有的经营性房产自营的，不征收房产税

B. 对居民住宅区内业主共有的经营性房产，其自营的，依照房产原值减除 10%至 30%后的余值计征房产税

C. 没有房产原值或不能将共有住房划分开的，一律按租金计征房产税

D. 对居民住宅区内业主共有的经营性房产出租的，依照租金计征房产税

【参考答案】 BD

【答案解析】 对居民住宅区内业主共有的经营性房产，由实际经营（包括自营和出租）的代管人或使用人缴纳房产税。其自营的，依照房产原值减除 10%至 30%后的余值计征，没有房产原值或不能将共有住房划分开的，由房产所在税务机关参照同类房产核定房产原值；出租的，依照租金计征。

3. 下列有关房产税征税办法的表述中，正确的有（　　）。

A. 纳税人在对原有房屋进行改建、扩建的，要相应增加房屋的原值

B. 与地上房屋相连的地下建筑，应将地下部分与地上房屋视为一个整体，按照地上房屋建筑物的有关规定计征房产税

C. 融资租赁房屋在租赁期间房产税的纳税人由当地税务机关根据情况确定，确定纳税人后，按照房产余值计征房产税

D. 居民住宅区内业主共有的经营性房产，实际经营的代管人或使用人为纳税人

【参考答案】 ABCD

【答案解析】 根据房产税征收办法，选项 ABCD 表述正确。

4. 下列有关房产税税率的表述，符合现行规定的有（　　）。

A. 工厂拥有并使用的车间适用 1.2%的房产税税率

B. 个体工商户房屋用于自办小卖部的，适用 1.2%的房产税税率

C. 个人出租住房用于美容机构开设连锁店的，适用 12%的房产税税率

D. 个人出租住房不区分用途，按照 4%的房产税优惠税率计税

【参考答案】 ABD

【答案解析】 选项 AB，自用经营性房屋适用 1.2%的房产税税率，从价计征房产税。选项 CD，个人出租住房，不分出租后用途，均按照 4%的优惠税率计征房产税。

5. 下列关于房产税的税收优惠的说法中，正确的有（　　）。

A. 红十字会自用房产免征房产税

B. 中国银行所属分支机构自用的房产免征房产税

C. 军队空余房产租赁收入暂免征房产税

D. 老年服务机构自用的房产暂免征房产税

【参考答案】 ACD

【答案解析】 选项B,不属于免征房产税范围。

6. 以下纳税人可以按4%征收房产税的有( )。

A. 王先生出租自有住房给李先生做办公场所

B. 甲企业向个人出租住房

C. 乙组织向专业化规模化住房租赁企业出租住房

D. 丙企业将办公用房改造建设的保障性租赁住房,取得保障性租赁住房项目认定书后,对个人出租用于居住的

E. 住房租赁企业将工业用房改造建设的保障性租赁住房,取得保障性租赁住房项目认定书后,对外出租用于居住的

【参考答案】 ABCD

【答案解析】 根据《财政部 国家税务总局关于廉租住房 经济适用住房和住房租赁有关税收政策的通知》(财税〔2008〕24号)第二条第三款的规定,对个人出租住房,不区分用途,按4%的税率征收房产税,免征城镇土地使用税。根据《财政部 税务总局 住房城乡建设部关于完善住房租赁有关税收政策的公告》(财政部 税务总局 住房城乡建设部公告2021年第24号)第二条的规定,对企事业单位、社会团体以及其他组织向个人、专业化规模化住房租赁企业出租住房的,减按4%的税率征收房产税。第三条规定,对利用非居住存量土地和非居住存量房屋(含商业办公用房、工业厂房改造后出租用于居住的房屋)建设的保障性租赁住房,取得保障性租赁住房项目认定后,企事业单位、社会团体以及其他组织向个人、专业化规模化住房租赁企业出租上述保障性租赁住房,比照适用第二条规定的房产税政策。

7. 体育社会团体用于体育活动的场馆免征房产税,须同时符合的条件是( )。

A. 非当年新办企业

B. 向社会开放,用于满足公众体育活动需要

C. 体育场馆取得的收入主要用于场馆的事业发展

D. 体育场馆取得的收入主要用于场馆的维护、管理

E. 除当年新设立或登记的以外,前一年度登记管理机关的检查结论为"合格"

【参考答案】 BCDE

【答案解析】 根据《财政部 国家税务总局关于体育场馆房产税和城镇土地使用税政策的通知》(财税〔2015〕130号)第二条规定,(一)向社会开放,用于满足公众体育活动需要;(二)体育场馆取得的收入主要用于场馆的维护、管理和事业发展;(三)拥有体育场馆的体育社会团体、体育基金会及体育类民办非企业单位,除当年新设立或登记的以外,前一年度登记管理机关的检查结论为"合格"。

8. 甲县A公司为增值税一般纳税人,小型微利企业,自用房产原值为2 600万元。2021年3月31日将原值300万元的一间商铺出租给张先生,租期一年,每月不含增值税租金2万元。200万元的住房出租给张先生用于居住,租赁期1年,每月不含增值税租金0.5万元。甲县计算房产余值的扣除比例为30%,按最高比例享受税费优惠。下列关于A公司房产税处理正确的是( )。

A. 出租给张先生的商铺按12%的税率申报房产税

B. 出租给张先生的住房按12%的税率申报房产税

C. 2021年度房产税按照减征50%的优惠进行申报

D. 2021年4月自用房产应缴纳房产税0.74万元

E. 2021年4月出租房产应缴纳房产税0.30万元

【参考答案】 ACD

【答案解析】 根据《财政部 国家税务总局关于廉租住房 经济适用住房和住房租赁有关税收政策的通知》(财税〔2008〕24号)第二条的规定,支持住房租赁市场发展的税收政策,(四)对企事业单位、社会团体以及其他组织按市场价格向个人出租用于居住的住房,减按4%的税率征收房产税。根据《财政部 税务总局关于进一步实施小微企业"六税两费"减免政策的公告》(财政部 税务总局公告2022年第10号)第一条的规定,对增值税小规模纳税人、小型微利企业和个体工商户可以在50%的税额幅度内减征"六税两费"。2021年4月自用房产应纳税额=(2 600-300-200)×(1-30%)×1.2%÷12×50%=0.74(万元)。

9. 甲企业拥有两处房产,一处为商场地下仓库,账载价值400万元;一处为单独建造的地下收费停车场,账载价值3 500万元。已知当地房产余值扣除比例、地下建造减征比例均为30%,不考虑其他优惠。关于两处建筑的房产税,下列说法正确的有(　　)。

A. 地下仓库每年缴纳房产税3.36万元

B. 地下仓库每年缴纳房产税2.352万元

C. 地下收费停车场每年缴纳房产税20.58万元

D. 地下收费停车场每年缴纳房产税29.40万元

E. 地下收费停车场应按年收入从租计征房产税

【参考答案】 AC

【答案解析】 根据《财政部 国家税务总局关于具备房屋功能的地下建筑征收房产税的通知》(财税〔2005〕181号)规定,商业和其他用途房产,以房屋原价的70%~80%作为应税房产原值。应纳房产税的税额=应税房产原值×(1-30%)×1.2%。对于与地上房屋相连的地下建筑,如房屋的地下室、地下停车场、商场的地下部分等,应将地下部分与地上房屋视为一个整体,按照地上房屋建筑的有关规定计算征收房产税。400×(1-30%)×1.2%=3.36(万元),3 500×(1-30%)×(1-30%)×1.2%=20.58(万元)。

10. 某免税单位与A公司(增值税小规模纳税人)共同使用一栋办公楼,房产原值6 000万元。A公司占用30%。免税单位将其使用房产的50%无偿借给B公司(增值税小规模纳税人),2022年2月底交付使用。A公司将其使用房产的30%对外投资,不承担生产经营风险,2022年2月底交付使用,当年取得固定利润分红20万元。已知当地房产余值扣除比例为30%,当地按最高幅度执行优惠政策,关于2022年房产税,下列说法正确的有(　　)。

A. 该免税单位应缴纳房产税7.35万元

B. A公司应缴纳房产税6.87万元

C. A公司应缴纳房产税7.56万元

D. B公司应缴纳房产税7.35万元

E. 该房产当年合计应缴纳房产税14.91万元

【参考答案】 BD

【答案解析】 根据《财政部 税务总局关于进一步实施小微企业"六税两费"减免政策的公告》(财政部 税务总局公告2022年第10号)第一条的规定,对增值税小规模纳税人、小型微利企业和个体工商户可以在50%的税额幅度内减征"六税两费"。根据《财政部 国家税务总局关于房产税城镇土地使用税有关问题的通知》(财税〔2009〕128 号)第一条的规定,无租使用其他单位房产的应税单位和个人,依照房产余值代缴纳房产税。B 公司=6 000×(1－30%)×(1－30%)×50%×50%×1.2%×10÷12=7.35(万元)。根据《国家税务总局关于安徽省若干房产税业务问题的批复》(国税函发〔1993〕368 号)第一条的规定,对于以房产投资,收取固定收入,不承担联营风险的情况,实际上是以联营名义取得房产的租金,应根据《中华人民共和国房产税暂行条例》的有关规定由出租方按租金收入计缴房产税。A 公司 2022 年应缴房产税=6 000×30%×(1－30%)×(1－30%)×50%×1.2%+6 000×30%×30%×(1－30%)×50%×1.2%×2÷12+20×12%×50%=5.29+0.38+1.2=6.87(万元)。

11. 甲公司位于 A 市市区,为增值税一般纳税人,拥有一处综合楼,房产原值 9 500 万元。2021 年 3 月初重新装修改造,更换采暖设施,拆除部分价值 100 万元,重新安装部分价值 300 万元,支出 300 万元新建智能化楼宇设备,3 月底改建完毕并恢复使用。已知 A 市房产余值的扣除比例为 30%。2021 年甲公司综合楼应缴纳房产税表述正确的有(　　)。

A. 2021 年 1 月应缴纳房产税 6.65 万元　　B. 2021 年 3 月应缴纳房产税 7.00 万元

C. 2021 年 4 月应缴纳房产税 7.00 万元　　D. 2021 年全年应缴纳房产税 82.95 万元

E. 拆除的采暖设施应从房屋原值中扣除

【参考答案】 ACDE

【答案解析】 甲公司 2021 年 1 月应缴纳房产税=9 500×(1－30%)×1.2%×1÷12=6.65(万元);3 月应缴纳房产税=9 500×(1－30%)×1.2%×1÷12=6.65(万元);4 月应缴纳房产税=(9 500－100+300+300)×(1－30%)×1.2%×1÷12=7(万元);全年应缴房产税=6.65×3+7×9=82.95(万元)。

12. A 商厦(增值税一般纳税人)为旺铺招商,提出凡是签约 3 年以上的经营者,可以免首年的 5 个月租金,月租金 80 元/平方米。该商厦原值 12 000 万元,建筑面积 40 000 平方米。2021 年 12 月签约并交付使用 150 户,共计面积 28 000 平方米。当地房产余值扣除比例为 30%。下列表述正确的有(　　)。

A. A 商厦 2022 年从价计征房产税 59.64 万元

B. A 商厦 2022 年从租计征房产税 188.16 万元

C. A 商厦 2022 年出租部分的房产应缴纳房产税 188.16 万元

D. A 商厦 2022 年出租部分的房产应缴纳房产税 217.56 万元

E. A 商厦 2022 年出租部分的房产应缴纳房产税 322.56 万元

【参考答案】 ABD

【答案解析】 根据《财政部 国家税务总局关于安置残疾人就业单位城镇土地使用税等政策的通知》(财税〔2010〕121 号)第二条的规定,对出租房产,租赁双方签订的租赁合同约定有免收租金期限的,免收租金期间由产权所有人按照房产原值缴纳房产税。出租部分免收租金需按原值缴纳房产税=12 000×28 000÷40 000×(1－30%)×1.2%×5÷12=29.4(万元),出租部分按租金缴纳房产税=80×28 000×7×12%÷10 000=188.16(万元)。出租部分合计缴纳房产税=29.4+188.16=217.56(万元)。按原值缴纳部分房产税=12 000×(40 000－28 000)÷40 000×(1－30%)×1.2%+29.4=30.24+29.4=59.64(万元)。

13. 根据房产税征收管理的有关规定，下列表述不正确的是（　　）。

A. 房屋内安装的中央空调不计入房产原值

B. 房产原值具体减除幅度由省级税务机关规定

C. 更换房屋附属设备和配套设施不得扣减原来设施的价值

D. 没有房产原值作为依据的，由房产所在地税务机关参考同类房产核定

E. 对附属设备和配套设施中易损坏、需要经常更换的零配件，更新后不计入房产原值

【参考答案】 ABC

【答案解析】 根据《中华人民共和国房产税暂行条例》第三条的规定，房产税依照房产原值一次性减除10%—30%后的余值计算缴纳。具体减除幅度，由省、自治区、直辖市人民政府规定。没有房产原值作为依据的，由房产所在地税务机关参考同类房产核定。根据《国家税务总局关于进一步明确房屋附属设备和配套设施计征房产税有关问题的通知》（国税发〔2005〕173号）第一条的规定，凡以房屋为载体，不可随意移动的附属设备和配套设施，如给排水、采暖、消防、中央空调、电气及智能化楼宇设备等，无论在会计核算中是否单独记账与核算，都应计入房产原值，计征房产税。第二条规定，对于更换房屋附属设备和配套设施的，再将其价值计入房产原值时，可扣减原来相应设备和设施的价值；对附属设备和配套设施中易损坏、需要经常更换的零配件，更新后不再计入房产原值。

14. S公司为增值税一般纳税人，在甲省乙市拥有一处写字楼，房产原值12 000万元。2021年6月30日将写字楼用于投资联营，收取固定收入，不承担风险，每月收取不含增值税租金50万元。另有一处商铺，房产原值900万元，2021年10月1日将商铺用于投资联营，共担风险参与利润分红。甲省房产余值扣除比例为30%。下列关于S公司2021年应缴房产税表述正确的是（　　）。

A. 两处房产2021年共应缴纳房产税108.36万元

B. 写字楼应由S公司按照房产原值缴纳房产税

C. 商铺应由被投资方按照房产原值缴纳房产税

D. 写字楼2021年应缴纳房产税100.80万元

E. 商铺2021年应缴纳房产税7.56万元

【参考答案】 CE

【答案解析】 根据《国家税务总局关于安徽若干房产税业务问题的批复》（国税函发〔1993〕368号）第一条的规定，对于投资联营的房产，应根据投资联营的具体情况，在计征房产税时予以区别对待。对于以房产投资联营，投资者参与投资利润分红，共担风险的情况，按房产原值为计税依据计征房产税；对于以房产投资，收取固定收入，不承担联营风险的情况，实际上是以联营名义取得房产的租金，应根据《中华人民共和国房产税暂行条例》的有关规定由出租方按租金收入计缴房产税。写字楼应纳税额＝12 000×（1－30%）×1.2%×6÷12＋50×12%×6＝86.40（万元），商铺应纳税额＝900×（1－30%）×1.2%＝7.56（万元），合计86.40＋7.56＝93.96（万元）。

15. 关于农产品批发市场相关房产税优惠政策，下列说法正确的是（　　）。

A. 农贸市场办公区使用房产应按规定缴纳房产税

B. 农贸市场生活区使用房产应按规定缴纳房产税

C. 农贸市场自有房产用于经营农产品的,免征房产税

D. 同时经营农产品及非农产品的,按收入比例减免房产税

E. 农贸市场承租的房产用于经营农产品的,出租方可以免征房产税

【参考答案】 ABCE

【答案解析】 根据《财政部 税务总局关于继续实行农产品批发市场农贸市场房产税城镇土地使用税优惠政策的通知》(财税〔2019〕12 号)第一条的规定,对农产品批发市场、农贸市场(包括自由和承租,下同)专门用于经营农产品的房产、土地,暂免征收房产税和城镇土地使用税。对同时经营其他产品的农产品批发市场和农贸市场使用的房产、土地,按其他产品与农产品交易场地面积的比例确定征免房产税和城镇土地使用税。

16. A 省 B 市市区甲公司为增值税一般纳税人,与市场监督管理局共用一栋办公楼。办公楼房产原值 1 800 万元,其中市场监督管理局占用房产原值 800 万元,甲公司占用房产原值 1 000 万元。2021 年 2 月 28 日,市场监督管理局将原值 200 万元的闲置房屋出租给甲公司,每月收取不含增值税租金 2 万元。已知 A 省计算房产余值的扣除比例为 30%。当地可按最高比例享受税费优惠政策。下列关于房产税处理正确的有( )。

A. 甲公司 2021 年应缴纳房产税 8.40 万元

B. 市场监督管理局出租房产应缴纳房产税

C. 市场监督管理局 2021 年应缴纳房产税 1.68 万元

D. 市场监督管理局属于国家机关,自用房产不缴纳房产税

E. 市场监督管理局与甲公司应按各自自用比例分别缴纳房产税

【参考答案】 ABD

【答案解析】 根据《中华人民共和国房产税暂行条例》第五条的规定,国家机关、人民团体、军队自用的房产免纳房产税。根据《财政部 税务总局关于房产税若干具体问题的解释和暂行规定》(财税地字〔1986〕8 号)第二十五条的规定,纳税单位与免税单位共同使用的房屋,按各自使用的部分划分,分别征收或免征房产税。甲公司房产税应缴纳=1 000×(1－30%)×1.2%=8.4(万元)。根据《增值税一般纳税人登记管理办法》第四条的规定,未办理一般纳税人登记的非企业性单位可以按照小规模纳税人享受"六税两费"减免政策,但如果办理了一般纳税人登记的非企业性单位则不能按照小规模纳税人享受减免政策。市场监督管理局 2021 年房产税应纳税额=2×10×12%×50%=1.2(万元)。

17. 甲企业通过法律诉讼从乙企业取得一处房产,法院判决文书日期为 2021 年 11 月 5 日,甲企业开始使用房产日期为 2021 年 12 月 28 日,把不动产产权证日期改为 2022 年 1 月 5 日。关于上述两企业涉及的房产税的纳税义务发生时间,下列表述正确的有( )。

A. 甲企业应于 2021 年 12 月起计征房产税

B. 甲企业应于 2022 年 1 月起计征房产税

C. 甲企业应于 2022 年 2 月起计征房产税

D. 乙企业应于 2021 年 12 月起终止计提该房屋房产税

E. 乙企业应于 2022 年 1 月起终止计提该房屋房产税

【参考答案】 AD

【答案解析】 根据《中华人民共和国房产税暂行条例》第二条的规定,房产税由产权所

有人缴纳。法院判决生效,既可以确定新的产权人为该企业。根据《财政部 国家税务总局关于房产税城镇土地使用税有关问题的通知》(财税〔2008〕152 号)的规定,纳税人因房产、土地的实物或权利状态发生变化而依法终止房产税、城镇土地使用税纳税义务的,其应纳税款的计算应截止到房产、土地的实物或权利状态发生变化的当月末。

18. 关于教育用房优惠政策,下列表述正确的是( )。

A. 企业开办托儿所自用的房产免征房产税

B. 企业开办托儿所承租的房产免征房产税

C. 国家拨付事业经费办的高级中学出租的房产免征房产税

D. 国家拨付事业经费办的高级中学自用的房产免征房产税

E. 国家拨付事业经费办的高级中学承租的房产免征房产税

【参考答案】 AD

【答案解析】 根据《财政部 国家税务总局关于教育税收政策的通知》(财税〔2004〕39 号)第二条的规定,对国家拨付事业经费和企业办的各类学校、托儿所、幼儿园自用的房产、土地,免征房产税、城镇土地使用税。

19. 下列各项房产中,适用从价计征房产税的有( )。

A. 融资租赁的房产

B. 个人用于经营的自有住宅

C. 有偿使用免税单位房产

D. 房地产开发企业已出租的待售房产

E. 用于自营的居民住宅区内业主共有的房产

【参考答案】 ABE

【答案解析】 《中华人民共和国房产税暂行条例》第三条规定,房产出租的,以房产租金收入为房产税的计税依据;第五条第四款规定,个人所有非营业用的房产免纳房产税。《财政部 国家税务总局关于房产税城镇土地使用税有关问题的通知》(财税〔2009〕128 号)第三条规定,融资租赁的房产,由承租人自融资租赁合同约定开始日的次月起依照房产余值缴纳房产税。《财政部 国家税务总局关于房产税、城镇土地使用税有关政策的通知》(财税〔2006〕186 号)第一条规定,对居民住宅区内业主共有的经营性房产,由实际经营(包括自营和出租)的代管人或使用人缴纳房产税。其中自营的,依照房产原值减除 10%—30%后的余值计征,没有房产原值或不能将业主共有房产与其他房产的原值准确划分开的,由房产所在地地方税务机关参照同类房产核定房产原值;出租的,依照租金收入计征。

20. A 省甲企业将位于 B 省开征范围内的房产无租借给 C 省子公司乙企业使用。关于出借房产的税务处理,下列说法正确的有( )。

A. 由甲企业缴纳房产税

B. 由乙企业代为缴纳房产税

C. 按房产余值计算缴纳房产税

D. 在乙企业所在地申报缴纳房产税

E. 在甲企业所在地申报缴纳房产税

【参考答案】 BC

【答案解析】《财政部 国家税务总局关于房产税 城镇土地使用税有关问题的通知》(财税〔2009〕128号)第一条规定，无租使用其他单位房产的应税单位和个人，依照房产余值代缴纳房产税。《中华人民共和国房产税暂行条例》第九条规定，房产税由房产所在地的税务机关征收。

三、判断题

1. 购置存量房，自办理房屋权属转移、变更登记手续，房地产权属登记机关签发房屋权属证书之月起计征房产税。(　　)

【参考答案】 错误

【答案解析】 购置存量房，自办理房屋权属转移、变更登记手续，房地产权属登记机关签发房屋权属证书之次月起计征房产税。

2. 以房屋为载体，不可随意移动的附属设施，无论在会计核算中是否单独记账与核算，都应计入房产原值，计征房产税。(　　)

【参考答案】 正确

【答案解析】 以房屋为载体，不可随意移动的附属设施，都计入房产原值，计征房产税。

3. 对于更换房屋配套设施的，在将其价值计入房产原值时，不可以扣减原来相应设施的价值。(　　)

【参考答案】 错误

【答案解析】 对于更换房屋附属设备和配套设施的，在将其价值计入房产原值时，可扣减原来相应设备和设施的价值。

4. 自2019年1月1日至2023年12月31日，对商品储备管理公司及其直属库自用的承担商品储备业务的房产免征房产税。(　　)

【参考答案】 正确

【答案解析】《财政部 税务总局关于延续执行部分国家商品储备税收优惠政策的公告》(财政部 税务总局公告2022年第8号)第二条规定，对商品储备管理公司及其直属库自用的承担商品储备业务的房产、土地，免征房产税、城镇土地使用税。

5. 军人服务社专为军人和军人家属服务，虽不对外营业，但是不属于非营利性机构，所以对其房产不得免征房产税。(　　)

【参考答案】 错误

【答案解析】《财政部关于对军队房产征免房产税的通知》(财税字〔1987〕32号)第四条规定，军人服务社的房产，专为军人和军人家属服务的免征房产税，对外营业的应按规定征收房产税。

6. 甲公司在A省B市和C市分别拥有应税房产，根据便民原则，可以在两市任选一地税务机关缴纳全部房产税。(　　)

【参考答案】 错误

【答案解析】《中华人民共和国房产税暂行条例》第九条规定，房产税由房产所在地的税务机关征收。甲公司应分别向B市和C市税务机关分别缴纳。

7. 国寿投资控股有限公司在全国各地的财产所涉及的房产税，可以不在房产所在地申报，由中国人寿保险股份有限公司统一汇总在总公司所在地申报缴纳。(　　)

【参考答案】 错误

【答案解析】 根据《国家税务总局关于国寿投资控股有限公司相关税收问题的公告》(国家税务总局公告 2013 年第 2 号)第五条的规定,国寿投资控股有限公司在全国各地(公司总部所在地除外)的财产所涉及的房产税、城镇土地使用税、契税等地方税种,可由中国人寿保险(集团)公司控股的中国人寿保险股份有限公司代理向财产所在地主管税务机关申报缴纳。

8. 李先生出租一套位于某乡辖区农村的住房,应减按 4%征收房产税。( )

【参考答案】 错误

【答案解析】 根据《财政部 国家税务总局关于房产税若干具体问题的解释和暂行规定》(财税地字〔1986〕8 号)第二条关于城市、建制镇征税范围的解释,城市的征税范围为市区、郊区和市辖县县城,不包括农村。建制镇的征税范围为镇人民政府所在地,不包括所辖的行政村。

9. 2021 年 A 企业(增值税一般纳税人)拥有两处地下建筑,一处与地上房屋相连可享受减半征收房产税,一处为单独建造可享受免征房产税优惠。( )

【参考答案】 错误

【答案解析】《财政部 国家税务总局关于具备房屋功能的地下建筑征收房产税的通知》(财税〔2005〕181 号)第一条规定,凡在房产税征收范围内的具备房屋功能的地下建筑,包括与地上房屋相连的地下建筑以及完全建在地面以下的建筑、地下人防设施等,均应当依照有关规定征收房产税。第四条规定,本通知自 2006 年 1 月 1 日起执行。

10. 某金融机构被撤销,清算期间自有房屋免征房产税,从债务方接受的房产正常缴纳房产税。( )

【参考答案】 错误

【答案解析】《财政部 国家税务总局关于被撤销金融机构有关税收政策问题的通知》(财税〔2003〕141 号)第三条第二款规定,对被撤销金融机构清算期间自有的或从债务方接收的房地产、车辆,免征房产税、城镇土地使用税和车船使用税。

11. 产权出典的房产,未转移产权的,由出典人依照房产余值缴纳房产税。( )

【参考答案】 错误

【答案解析】 根据《财政部 国家税务总局关于房产税 城镇土地使用税有关问题的通知》(财税〔2009〕128 号)第二条的规定,产权出典的房产,由承典人依照房产余值缴纳房产税。

12. A 企业使用 B 企业年久失修房屋,以支付修理费抵交房产租金,应由 A 企业依照房产余值缴纳房产税。( )

【参考答案】 错误

【答案解析】 根据《财政部 国家税务总局关于房产税若干具体问题的解释和暂行规定》(财税地字〔1986〕8 号)第二十三条的规定,承租人使用房产,已支付修理费抵交房产租金,仍由房产的产权所有人依照规定缴纳房产税。

13. 关于建制镇具体征税范围,由各省、自治区、直辖市税务局提出方案,经省、自治区、直辖市人民政府确定批准后执行,并报国家税务总局备案。( )

【参考答案】 正确

【答案解析】 根据《国家税务总局关于调整房产税和土地使用税具体征税范围解释规定的通知》(国税发〔1999〕44 号)第二条的规定,建制镇具体征税范围,由各省、自治区、直辖市税务局提出方案,经省、自治区、直辖市人民政府确定批准后执行,并报国家税务总局备案。

14. 由于按规定免租金期间由房屋产权所有人按原值计算缴纳房产税,所以 2021 年某企业对外出租的房产,因相应疫情号召减免承租商户 2 个月的房租需要按房产原值缴纳房产税。( )

【参考答案】 错误

【答案解析】 根据《关于安置残疾人就业单位城镇土地使用税等政策的通知》(财税〔2010〕121 号)第二条的规定,对出租房产,租赁双方签订的租赁合同约定有免收租金期限的,免收租金期间由产权所有人安置房产原值缴纳房产税。总局答复口径:纳税人由于新冠肺炎疫情给与租户房租临时性减免,以共同承担疫情的影响,不属于事先租赁双方签订租赁合同约定的免收租金情形,不适用财税〔2010〕121 号文件规定,即不用按照房产原值计算缴纳房产税,而是根据《中华人民共和国房产税暂行条例》规定来处理,房产出租的,按租金收入的 12%缴纳房产税。

15. 某商贸企业购买 A 咨询公司的房产,应于房屋交付使用的次月开始申报缴纳房产税。( )

【参考答案】 错误

【答案解析】 根据《国家税务总局关于房产税城镇土地使用税有关政策规定的通知》(国税发〔2003〕89 号)第二条第二款规定,购置存量房,自办理房屋权属转移、变更登记手续,房地产权属登记机关签发房屋权属证书之日次月起计征房产税和城镇土地使用税。

16. 对股改铁路运输企业及合资铁路运输公司自用的房产、土地暂免征收房产税和城镇土地使用税。( )

【参考答案】 正确

【答案解析】 根据《财政部 国家税务总局关于股改及合资铁路运输企业房产税城镇土地使用税有关政策的通知》(财税〔2009〕132 号)的规定,对股改铁路运输企业及合资铁路运输公司自用的房产、土地暂免征收房产税和城镇土地使用税。

17. A 是财政部门拨付事业经费的文化单位于 2021 年完成文化企业转制注册,其自用房产只能享受免征房产税政策至 2023 年 12 月 31 日。( )

【参考答案】 错误

【答案解析】 根据《财政部 国家税务总局 中央宣传部关于继续实施文化体制改革中经营性文化事业单位转制为企业若干税收政策的通知》(财税〔2019〕16 号)第一条第二款,由财政部门拨付事业经费的文化单位转制为企业,自转制注册之日起五年内对其自用房产免征房产税。第六条规定,本通知规定的税收政策执行期限为 2019 年月 1 日至 2023 年 12 月 31 日。企业在 2023 年 12 月 31 日享受本通知第一条第(一)、(二)项税收政策不满五年的,可继续享受至五年期满为止。

18. 李先生将位于甲市的个人房产出租,不分用途,均应征收房产税。( )

【参考答案】 正确

【答案解析】 根据《财政部 税务总局关于房产税若干具体问题的解释和暂行规定》(财

税地字〔1986〕8号)第十二条的规定,个人出租的房产,不分用途,均应征收房产税。

19. 围墙、烟囱、水塔、变电塔、油池油柜、酒窖菜窖等设施属于房产。(　　)

【参考答案】 错误

【答案解析】 根据《财政部 税务总局关于房产税和车船使用税几个业务问题的解释与规定》(财税地字〔1987〕3号)第一条的规定,独立于房屋之外的建筑物,如围墙、烟囱、水塔、变电塔、油池油柜、酒窖菜窖、酒精池、糖蜜池、室外游泳池、玻璃暖房、砖瓦石灰窑以及各种油气罐等,不属于房产。

20. 中国东方资产管理公司对各公司回收的房地产在未处置前的闲置期间,免征房产税。(　　)

【参考答案】 正确

【答案解析】 根据《财政部 国家税务总局关于中国信达等4家金融资产管理公司税收政策问题的通知》(财税〔2001〕10号)第三条第五款的规定,对各公司回收的房地产在未处置前的闲置期间,免征房产税和城镇土地使用税。

21. 甲企业将职工宿舍的40%出租给乙企业作为单身职工居住使用,按规定,甲企业出租部分房产减按4%税率征收房产税。(　　)

【参考答案】 错误

【答案解析】 根据《财政部 税务总局 住房城乡建设部关于完善住房租赁有关税收政策的公告》(财政部税务总局住房城乡建设部公告2021年第24号)第二条的规定,对企事业单位、社会团体以及其他组织向个人、专业化规模化住房租赁企业出租住房的,减按4%的税率征收房产税。

22. A劳改工厂自有的犯人宿舍、仓库等用房,均可享受免征房产税优惠政策。(　　)

【参考答案】 错误

【答案解析】 根据《财政部 税务总局关于对司法部所属的劳改劳教单位征免房产税问题的通知》(〔1987〕财税地字第21号)第二条的规定,对劳改工厂、劳改农场等单位,凡作为管教或生活用房,例如:办公室、警卫室、职工宿舍、犯人宿舍、储藏室、食堂、礼堂、图书室、阅览室、浴室、理发室、医务室等,均免征房产税;凡作为生产经营用房产,例如:厂房、仓库、门市部等,应征收房产税。

23. 甲企业委托某建筑公司为其建筑一栋房产,建成后办理验收手续前已投入使用,由于未结算无准确房产原值,所以暂不缴纳房产税。(　　)

【参考答案】 错误

【答案解析】 根据《财政部 税务总局关于房产税若干具体问题的解释和暂行规定》(财税地字〔1986〕8号)第十九条的规定,纳税人委托施工企业建设的房屋,从办理验收手续之次月起征收房产税。纳税人在办理验收手续前已经使用或出租、出借新建房屋,应按规定征收房产税。

24. 应税单位无租使用镇辖村房屋的,由应税单位按原值缴纳房产税。(　　)

【参考答案】 错误

【答案解析】 根据《财政部 税务总局关于房产税若干具体问题的解释和暂行规定》(财税地字〔1986〕8号)第二条的规定,城市的征税范围为市区、郊区和市辖县县城。不包括农村、建制镇的征税范围为镇人民政府所在地,不包括所辖的行政村。

25. 对合资铁路运输公司自用的房产、土地暂免征收房产税和城镇土地使用税。( )

【参考答案】 正确

【答案解析】 根据《财政部 国家税务总局关于股改及合资铁路运输企业房产税城镇土地使用税有关政策的通知》(财税〔2009〕132 号)的规定,对股改铁路运输企业及合资铁路运输公司自用的房产、土地暂免征收房产税和城镇土地使用税。

26. 甲公司是增值税一般纳税人,2022 年不能享受“六税两费”中房产税减半征收优惠政策。( )

【参考答案】 错误

【答案解析】 根据《财政部 税务总局关于进一步实施小微企业“六税两费”减免政策的公告》(财政部 税务总局公告 2022 年第 10 号)第一条的规定,由省、自治区、直辖市人民政府根据本地区实际情况,以及宏观调控需要确定,对增值税小规模纳税人、小型微利企业和个体工商户可以在 50%的税额幅度内减征“六税两费”。如果甲公司属于小型微利企业可以享受优惠。

27. 对居民住宅区内业主共有的经营性房产,由实际经营的代管人或使用人缴纳房产税。( )

【参考答案】 正确

【答案解析】 根据《财政部 国家税务总局关于房产税、城镇土地使用税有关政策的通知》(财税〔2006〕186 号)第一条的规定,对居民住宅区内业主共有的经营性房产,由实际经营(包括自营和出租)的代管人或使用人缴纳房产税。其中自营的,依照房产原值减除10%—30%后的余值计征,没有房产原值或不能将业主共有房产与其他房产的原值准确划分开的,由房产所在地地方税务机关参照同类房产核定房产原值;出租的,依照租金收入计征。

28. 国家机关单位自用的公务用房和出租的房产均不属于免税范围,应征收房产税。( )

【参考答案】 错误

【答案解析】 根据《财政部 税务总局关于房产税若干具体问题的解释和暂行规定》(财税地字〔1986〕8 号)第六条的规定,上述免税单位出租的房产以及非本身业务用的生产、营业用房产不属于免税范围,应征收房产税。

29. 自 2019 年 1 月 1 日至 2023 年 12 月 31 日对饮用水工程运营管理单位自用的生产、办公用房产免征房产税。对于既向城镇居民供水,又向农村居民供水的饮水工程运营管理单位,依据向农村居民供水量占总供水量的比例免征房产税。无法提供具体比例或所提供数据不实的,不得享受优惠政策。( )

【参考答案】 正确

【答案解析】 根据《财政部 税务总局关于继续实行农村饮水安全工程税收优惠政策的公告》(财政部 税务总局公告 2019 年第 67 号)第三条、第六条的规定。

30. 自 2019 年 6 月 1 日至 2025 年 12 月 31 日,为社区提供养老、托育、家政等服务的机构自有或其通过承租、无偿使用等方式取得并用于提供社区养老、托育、家政服务的房产,免征房产税。( )

【参考答案】 正确

【答案解析】 根据《财政部 税务总局 发展改革委 民政部 商务部 卫生健康委关于养老、托育、家政等社区家庭服务业税费优惠政策的公告》(财政部 税务总局 发展改革委 民政部 商务部 卫生健康委公告 2019 年第 76 号)第二条的规定,为社区提供养老、托育、家政等服务的机构自有或其通过承租、无偿使用等方式取得并用于提供社区养老、托育、家政服务的房产、土地,免征房产税、城镇土地使用税。第六条规定,本公告自 2019 年 6 月 1 日起执行至 2025 年 12 月 31 日。

四、计算题

(一)甲企业为增值税一般纳税人,2022 年委托施工企业在市区建造物资仓库,8 月末办理验收手续,入账原值为 300 万元,同年 9 月 1 日将原值 400 万元的旧仓库对外投资联营,不承担经营风险,当年收取固定利润 12 万元(不含增值税)。当地政府规定房产计税余值扣除比例为 30%。

要求:根据上述资料,计算该企业 2022 年度应缴纳的房产税。

【答案解析】 (1)施工企业建设的房屋,从办理验收手续之日的次月起,计征房产税。物资仓库应缴纳房产税=300×(1-30%)×1.2%÷12×4=0.84(万元)。

(2)以房产联营投资,不共担风险,只收取固定收入,应由出租方按租金收入计缴房产税,从租计征房产税=12×12%=1.44(万元),

2022 年 1 月 1 日到 2022 年 8 月 31 日,这 8 个月旧仓库应按照房产余值计征,从价计征房产税=400×(1-30%)×1.2%÷12×8=2.24(万元)。

(3)该企业 2022 年度应缴纳房产税=0.84+1.44+2.24=4.52(万元)。

(二)某公司为增值税一般纳税人,2022 年相关生产经营情况如下。

(1)房产原值 3 000 万元,其中企业办学校房产原值 500 万元。自 7 月 1 日签订合同,将 50 万元房产对外出租,期限一年,每月租金 10 万元。

(2)企业占地共计 1 000 平方米,其中办公楼 20 平方米,厂区内绿化用地和厂区外公共绿化用地各占地 100 平方米。

(3)企业拥有客运货车 10 辆整备质量为 10 吨,挂车 10 辆,整备质量为 20 吨,乘用车 5 辆。

(4)本年企业占用 10 平方米的耕地用于生产建设,所占耕地适用定额税率 10 元每平方米。占用 20 平方米的林地用于库房建设,所占林地适用定额税率 5 元/平方米。

其他相关资料:当地省政府规定的房产余值扣除比例为 20%;城镇土地使用税年税额每平方米 10 元;客运货车车船税年基准税额每吨 50 元;乘用车车船税年税额为 30 元每辆。

要求:根据上述资料,计算该企业当年应缴纳的相关税款。

【答案解析】 (1)企业办的各类学校、医院、托儿所、幼儿园自用的房产,免征房产税。

应缴纳房产税=[(3 000-500)×(1-20%)×1.2%÷12×6+(3 000-500-50)×(1-20%)×1.2%÷12×6+10×6×12%]×10 000=309 600(元)。

(2)对企业厂区(包括生产、办公及生活区)以内的绿化用地,应照章征收城镇土地使用税,厂区以外的公共绿化用地和向社会开放的公园用地,暂免征收城镇土地使用税。

应纳城镇土地使用税=(1 000-100)×10=9 000(元)。

(3)挂车按照货车税额的 50%计算车船税。

应纳车船税＝10×10×50＋10×20×50%×50＋30×5＝1 150(元)。

(4)应纳耕地占用税＝10×10＋20×5＝200(元)。

(三)某公司为增值税一般纳税人,2022 年关于房产税的有关情况如下。

(1)2 月 25 日,对刚建成的一座生产车间办理验收手续,同时接管基建工地上价值 100 万元的材料棚,一并转入固定资产,并于当月投入使用,原值合计 1 200 万元。3 月 1 日企业因资金紧张,将这座车间抵押给工商银行取得贷款 180 万元,抵押期间房屋仍由企业使用。

(2)4 月 30 日,将原值为 200 万元的闲置用房向 A 企业投资,协议规定,公司每月向 A 企业收取固定收入 2 万元(不含增值税),A 企业的经营盈亏情况与该公司无关。

(3)5 月 4 日,改建办公楼,办公楼账面原值 450 万元,为改造支付费用 120 万元,加装中央空调支付 75 万元,该中央空调单独作为固定资产入账,5 月底完成改建工程,交付使用。

(4)6 月 30 日,将原值 150 万元的闲置房产转让给 B 企业,转让价 100 万元。支付转让过程中发生的税金及费用 10 万元,账面显示该房产已提折旧 40 万元。

已知:该省规定计算房产余值的扣除比例为 30%。

要求:根据上述资料,分析回答下列问题。

1. 业务(1)中纳税人自建的房屋 2022 年应纳房产税(　　)万元。

A. 8. 40　　B. 7. 70

C. 9. 24　　D. 8. 47

【参考答案】 A

【答案解析】 施工企业将材料棚交还或估价转让给基建单位的,应从基建单位接收的次月起照章纳税。业务(1)应纳房产税＝1 200×(1－30%)×1. 2%×10÷12＝8. 4(万元)。

2. 业务(2)中该企业投资的房产 2022 年应纳房产税(　　)(万元)。

A. 3. 60　　B. 2. 72

C. 2. 48　　D. 2. 24

【参考答案】 C

【答案解析】 该企业以房产对外投资,收入固定收入,不承担联营风险,实际上是以联营名义取得房产的租金,应由出租方按租金收入计缴房产税。业务(2)应纳房产税＝200×(1－30%)×1. 2%×4÷12＋2×8×12%＝2. 48(万元)。

3. 业务(3)中办公楼 2022 年应纳房产税(　　)万元。

A. 5. 62　　B. 5. 12

C. 5. 58　　D. 4. 74

【参考答案】 D

【答案解析】 纳税人对原有房屋进行改建、扩建的,要相应增加房屋的原值。加装的中央空调,无论在会计核算中是否单独记账与核算,都应计入房产原值,计征房产税。业务(3)应纳房产税＝450×(1－30%)×1. 2%×5÷12＋(450＋120＋75)×(1－30%)×1. 2%÷12×7＝4. 74(万元)。

4. 业务(4)中闲置房产 2022 年应缴纳房产税(　　)万元。

A. 0. 38　　B. 0. 63

C. 0. 78　　D. 1. 05

【参考答案】 B

【答案解析】 转让后由B企业缴纳房产税。该公司1—6月应纳房产税＝150×(1－30%)×1.2%×6÷12＝0.63(万元)。

(四)某工业企业为增值税一般纳税人，非小型微利企业，2022年发生以下业务。

(1)该企业占地情况如下：厂房60 000平方米，办公楼占地5 000平方米，厂办子弟学校4 000平方米，厂办职工食堂及对外餐厅3 000平方米，厂办医院和幼儿园占地各2 000平方米，厂区内绿化用地4 000平方米，养殖专业用地10 000平方米，7月占用非耕地10 000平方米用于厂房扩建，签订产权转移数据，支付价款350万元，并且取得了土地使用证。

(2)其原有房产价值7 000万元，自7月1日起与甲企业签订合同将其中价值2 000万元的房产使用权出租给甲企业，期限两年，每年收取40万元的含税租金收入，在合同中按含税租金列示；另外委托施工企业修建物资仓库，签订合同，8月中旬办理验收手续，建筑合同注明价款800万元，并按此价值计入固定资产核算。

提示：城镇土地使用税为每平方米5元；已知当地省政府规定的房产原值扣除比例为30%。

要求：根据上述资料，分析回答下列问题。

1.该企业2022年应缴纳的城镇土地使用税为(　　)元。

A. 420 833.33　　B. 400 833.33

C. 380 833.33　　D. 360 000

【参考答案】 C

【答案解析】 厂办的学校、医院、幼儿园均属于城镇土地使用税的免税范围；用于养殖专业用地免征城镇土地使用税。全年应缴纳城镇土地使用税＝(60 000＋5 000＋3 000＋4 000)×5＋10 000×5÷12×5＝380 833.33(元)。

2.该企业2022年应缴纳的房产税为(　　)万元。

A. 50.40　　B. 52.62

C. 76.82　　D. 79.06

【参考答案】 D

【答案解析】 出租房产从租计征房产税。应纳房产税＝40÷(1＋9%)×6×12%＝26.42(万元)。委托施工企业建设的房屋，从办理验收手续之日的次月起，计征房产税。仓库应缴纳房产税＝800×(1－30%)×1.2%×4÷12＝2.24(万元)。从价房产税＝(7 000－2 000)×(1－30%)×1.2%＋2 000×(1－30%)×1.2%×6÷12＝50.40(万元)。

合计当年应缴纳房产税＝26.42＋2.24＋50.40＝79.06(万元)。

(五)某市市区A公司，2022年关于房产税的有关情况如下。

(1)本年委托乙建筑公司建设的房屋在5月29日办理验收手续，入账价值960万元(含中央空调100万元)验收投入使用；同时转入固定资产的还有为基建工地服务的工棚，原值40万元，目前作为仓库使用。

(2)6月25日，将原值为300万元的闲置房产向B企业投资，协议规定，A公司从7月1日起每月向B企业收取不含税固定收入3万元，B企业的经营盈亏情况与A公司无关，投资前该房产一直处于闲置状态。

(3)7月1日，改建旧办公楼，办公楼账面原值500万元，已计提折旧100万元，为改造支付费用200万元,另加装消防喷淋系统40万元,该套消防系统单独作为固定资产入账,7月底完成改建工程,并交付使用。

(4)8月31日,将原值为100万元的闲置房产,按照市场价格出租给个人居住,不含税月租金0.5万元。

已知:该省规定,计算房产税时按原值的30%作为扣除额,以上均为不含税金额。

要求:根据上述资料,分析回答下列问题。

1. A公司业务(1)2022年应缴纳房产税(　　)万元。

A. 4.41　　B. 4.70

C. 4.90　　D. 4.21

【参考答案】 C

【答案解析】 凡以房屋为载体,不可随意移动的附属设备和配套设施应计入房产原值计征房产税;施工企业将为基建工地服务的工棚转让给基建单位的,应从基建单位接收的次月起照章纳税;纳税人委托施工企业建设的房屋,从办理验收手续之次月起缴纳房产税。

应缴纳房产税=(960+40)×(1-30%)×1.2%×7÷12=4.90(万元)。

2. A公司业务(2)2022年应缴纳房产税(　　)万元。

A. 3.42　　B. 2.52

C. 2.48　　D. 2.16

【参考答案】 A

【答案解析】 投资前闲置的房产也应当缴纳房产税,从价计征房产税=300×(1-30%)×1.2%×6÷12=1.26(万元)。

以房产对外投资,收取固定收入,不承担联营风险,实际上是以联营名义取得房产的租金,应由出租方按租金收入计缴房产税。从租的房产税=3×6×12%=2.16(万元)。

合计应缴纳房产税=1.26+2.16=3.42(万元)。

3. A公司业务(3)2022年应缴纳房产税(　　)万元。

A. 4.55　　B. 4.69

C. 4.90　　D. 5.04

【参考答案】 D

【答案解析】 应缴纳房产税=500×(1-30%)×1.2%×7÷12+(500+200+40)×(1-30%)×1.2%×5÷12=2.45+2.59=5.04(万元)。

4. A公司业务(4)2022年应缴纳房产税(　　)万元。

A. 0.80　　B. 0.64

C. 0.59　　D. 0.79

【参考答案】 B

【答案解析】 该房屋出租后从9月起缴纳从租的房产税。从2008年3月1日起对企事业单位,社会团体以及其他组织按市场价格向个人出租用于居住的住房,减按4%的税率征收房产税。A公司1-8月应纳房产税=100×(1-30%)×1.2%×8÷12=0.56(万元)。9-12月应纳房产税=0.5×4×4%=0.08(万元)。

合计2022年应缴纳房产税=0.56+0.08=0.64(万元)。

第十章　城市维护建设税

一、单项选择题

1. 下列关于城市维护建设税的说法中，不符合规定的是（　　）。

A. 一般情况下，纳税人缴纳增值税、消费税的地点，就是该纳税人缴纳城市维护建设税的地点

B. 免征或者减征增值税，不能同时免征或者减征城市维护建设税

C. 海关对进口产品代征的增值税、消费税，不征收城市维护建设税

D. 纳税人因延迟缴纳而补缴增值税、消费税的，城市维护建设税应同时补缴

【参考答案】 B

【答案解析】 减免“二税”的企业，城市维护建设税也同时减免。

2. 某县城一生产企业为增值税一般纳税人，2022 年 9 月被查补增值税 3 000 元，消费税 50 000 元，土地增值税 4 000 元，房产税 10 000 元，企业所得税 700 元，被加收滞纳金 650 元，被处罚款 50 元。该企业当月应补缴城市维护建设税（　　）元。

A. 4 575　　　　B. 560

C. 2 650　　　　D. 6 000

【参考答案】 C

【答案解析】 城市维护建设税以纳税人实际缴纳的“增值税、消费税”税额为计税依据，不包括加收的滞纳金和罚款。该企业当月应补缴城市维护建设税＝（3 000＋50 000）× 5%＝2 650（元）。

3. 甲企业是位于市区的增值税一般纳税人，2022 年 10 月受托代销某品牌食品，取得含税收入 400 000 元，开具收据收取包装物押金 10 000 元，包装物押金单独记账核算。该批商品购进时已申报抵扣增值税专用发票上注明的增值税 10 000 元。甲企业 2022 年 10 月应缴纳的城市维护建设税税额是（　　）元。

A. 3 221. 24　　　　B. 2 521. 24

C. 2 601. 77　　　　D. 3 301. 77

【参考答案】 B

【答案解析】 城市维护建设税以纳税人实际缴纳的"增值税、消费税"税额为计税依据。根据《国家税务总局关于印发〈增值税若干具体问题的规定〉的通知》(国税发〔1993〕154号)第二条的规定,纳税人未销售货物而出租出借包装物收取的押金,单独记账核算的,不并入销售额征税。根据《中华人民共和国增值税暂行条例实施细则》第四条的规定,单位或者个体工商户销售代销货物的行为,视同销售货物。甲企业应缴纳城市建设维护税=[400 000÷(1+13%)×13%-10 000]×7%=2 521.24(元)。

4. 根据城市维护建设税法律制度的规定,下列关于城市维护建设税表述中,不正确的是(　　)。

A. 对出口货物退还增值税的,可同时退还已缴纳的城市维护建设税

B. 海关对进口货物代征的增值税,不征收城市维护建设税

C. 由受托方代扣代缴、代收代缴增值税、消费税的单位和个人,其代扣代缴、代收代缴的城市维护建设税按受托方所在地适用税率执行

D. 对实行增值税期末留抵退税的纳税人,允许其从城市维护建设税的计税依据中扣除退还的增值税税额

【参考答案】 A

【答案解析】 对出口产品退还增值税、消费税的,不退还已缴纳的城市维护建设税。

5. 甲企业为某市的增值税一般纳税人,主要经营业务是生产高档化妆品,2020年度企业所得税汇算结果确定为小型微利企业。2022年2月生产销售高档化妆品600箱,每箱不含税价0.9万元,消费税适用税率是15%,当月增值税进项税额和上期末留抵税额均为0,所在省规定相关优惠政策按照最高幅度减征。甲企业2022年应缴纳城市维护建设税税额是(　　)万元。

A. 2.46　　B. 2.84

C. 5.29　　D. 10.58

【参考答案】 C

【答案解析】 城市维护建设税的计税依据,是指纳税人实际缴纳的"二税"税额。应缴纳增值税=0.9×600×13%=70.2(万元),应缴纳消费税=0.9×600×15%=81(万元)。根据《国家税务总局关于进一步实施小微企业"六税两费"减免政策有关征管问题的公告》(国家税务总局公告2022年第3号)第一条的规定,适用"六税两费"减免政策的小型微利企业的判定以企业所得税年度汇算清缴(以下简称汇算清缴)结果为准。登记为增值税一般纳税人的企业,按规定办理汇算清缴后确定是小型微利企业的,除本条第(二)项规定外,可自办理汇算清缴当年的7月1日至次年6月30日申报享受"六税两费"减免优惠;2022年1月1日至6月30日期间,纳税人依据2021年办理2020年度汇算清缴的结果确定是否按照小型微利企业申报享受"六税两费"减免优惠。甲企业应纳城市维护建设税=(70.2+81)×7%×50%=5.29(万元)。

6. M公司是有进出口经营权的增值税一般纳税人,机构所在地和业务发生地均在县城。2021年7月内销商品取得不含税收入100万元,当月无可抵扣的增值税进项税额。经税务部门正式审核批准的上月免抵的增值税税额5万元,本月免抵的增值税税额10万元。该企

业 2022 年 7 月应缴纳的城市维护建设税税额是( )万元。

A. 0.65 B. 0.90

C. 1.15 D. 1.40

【参考答案】 B

【答案解析】《国家税务总局关于城市维护建设税征收管理有关事项的公告》(国家税务总局公告 2021 年第 26 号)第一条规定,城建税以纳税人依法实际缴纳的增值税、消费税(以下称两税)税额为计税依据。依法实际缴纳的增值税税额,是指纳税人依照增值税相关法律法规和税收政策规定计算应当缴纳的增值税税额,加上增值税免抵税额,扣除直接减免的增值税税额和期末留抵退税退还的增值税税额(以下简称留抵退税额)后的金额。第三条规定,对增值税免抵税额征收的城建税,纳税人应在税务机关核准免抵税额的下一个纳税申报期内向主管税务机关申报缴纳。上月审核批准免抵的增值税税额 5 万元应在 7 月申报,本月免抵的增值税税额 10 万元应在 8 月申报。该企业应缴城市维护建设税=(100×13%+5)×5%=0.90(万元)。

7. 位于县城的某化妆品生产企业为增值税一般纳税人,当月将其自产的一批化妆品对外抵偿债务,该批化妆品的平均不含税售价为 30 万元,最高不含税售价为 35 万元,当月该企业可抵扣增值税进项税额为 2 万元。已知化妆品适用的消费税税率为 15%,该企业应缴纳城市维护建设税( )万元。

A. 036 B. 0.50

C. 0.95 D. 0.78

【参考答案】 A

【答案解析】 该企业应缴纳增值税=30×13%-2=1.9(万元);消费税=35×15%=5.25(万元);城市维护建设税=(1.9+5.25)×5%=0.36(万元)。

8. 根据城市维护建设税的有关规定,下列表述正确的是( )。

A. 缴纳了增值税的自然人不需要缴纳城市维护建设税

B. 城市维护建设税的计税依据是纳税人实际缴纳的增值税、消费税以及加收的滞纳金和罚款

C. 为支持国家重大水利工程设施,对国家重大水利工程建设基金免征城市维护建设税

D. 海关对进口产品代征增值税、消费税的同时要代征城市维护建设税

【参考答案】 C

【答案解析】 选项 A,不论国有企业、集体企业、私营企业、个体工商业户,还是其他单位、个人,只要缴纳了增值税、消费税中的任何一种税,都必须同时缴纳城市维护建设税。选项 B,城市维护建设税的计税依据不包括纳税人违反“二税”有关规定而被加收的滞纳金和罚款。选项 D,海关对进口产品代征增值税、消费税的,不征收城市维护建设税。

9. 2022 年 8 月 1 日起增值税一般纳税人在适用“六税两费”减免优惠申报城市维护建设税时,下列操作正确的是( )。

A. 减免性质代码栏次需手动输入

B. 享受“六税两费”优惠政策应填写《减免税明细表》

C. 填写增值税相关信息后,需手动填写附列资料(五)相应栏次

D. 应通过《增值税及附加税费申报表(一般纳税人适用)》申报

【参考答案】 D

【答案解析】《国家税务总局关于增值税 消费税与附加税费申报表整合有关事项的公告》(国家税务总局公告 2021 年第 20 号)规定自 2021 年 8 月 1 日起,增值税、消费税分别与城市维护建设税、教育费附加、地方教育附加申报表整合,启用《增值税及附加税费申报表(一般纳税人适用)》、《增值税及附加税费申报表(小规模纳税人适用)》、《增值税及附加税费预缴表》及其附列资料和《消费税及附加税费申报表》。根据政策解读,具体为纳税人填写增值税、消费税相关申报信息后,自动带入附加税费附列资料(附表);纳税人填写完附加税费其他申报信息后,回到增值税、消费税申报主表,形成纳税人本期应缴纳的增值税、消费税和附加税费数据。上述表内信息预填均由系统自动实现。《国家税务总局关于进一步实施小微企业"六税两费"减免政策有关征管问题的公告》(国家税务总局公告 2022 年第 3 号)政策解读问题九,优化表单设计、减轻填报负担。纳税人勾选相应的减免政策使用主体选项并确认适用减免政策起止时间后,系统将自动填列相应的减免性质代码、自动计算减免税款。

10. 某外贸公司(位于县城)2022 年 8 月出口货物退还增值税 15 万元,退还消费税 30 万元;进口半成品缴纳进口环节增值税 60 万元,内销产品缴纳增值税 200 万元;本月将 3 年前购进的一块闲置土地转让,实际收到 500 万元,购入该土地时支付土地出让金 340 万元、各种税费 10 万元。该公司本月应缴纳城市维护建设税和教育费附加(　　)万元。

A. 21.44　　B. 17.36

C. 16.94　　D. 16.64

【参考答案】 D

【答案解析】出口退还流转税,不退还城市维护建设税和教育费附加,进口不征城市维护建设税和教育费附加;应缴纳城建税和教育费附加＝200×(5％＋3％)＋(500－340)×5％×(5％＋3％)＝16.64(万元)。

11. 某市一卷烟厂委托某县城一烟丝加工厂加工一批烟丝,委托方提供烟叶成本为 6 000 万元,支付加工费 800 万元(不含增值税),受托方无同类烟丝的市场销售价格。受托方应代收代缴的城市维护建设税为(　　)万元。(烟丝消费税税率为 30％)

A. 150.47　　B. 145.71

C. 105　　D. 204

【参考答案】 B

【答案解析】由受托方代收、代扣增值税和消费税的单位和个人,按纳税人缴纳"二税"所在地的规定税率就地缴纳城市维护建设税。所以本题应该在烟丝加工厂所在地缴纳城市维护建设税,按照加工厂所在地区(县城)的税率缴纳城建税。受托方代收代缴消费税＝(6 000＋800)÷(1－30％)×30％＝2 914.29(万元);代收代缴纳城市维护建设税＝2 914.29×5％＝145.71(万元)。

12. 甲企业从县城迁移至市区,城市维护建设税新税率适用的时间是(　　)。

A. 自变更完成当日起　　B. 自变更完成次日起

C. 自变更完成当月起　　D. 自变更完成次月起

【参考答案】 C

【答案解析】《国家税务总局关于城市维护建设税征收管理有关事项的公告》(国家税务总局公告 2021 年第 26 号)第四条规定,行政区划变更的,自变更完成当月起适用新行政区划对应的城建税税率,纳税人在变更完成当月的下一个纳税申报期按新税率申报缴纳。

13. A 企业是 2019 年成立的增值税一般纳税人,2022 年 3 月完成 2021 年度企业所得税汇算,确定是小型微利企业。根据 2021 年企业所得税汇算清缴结果,甲企业可以享受“六税两费”减免优惠期间是(　　)。

A. 2022 年 1 月 1 日至 2022 年 12 月 31 日　B. 2022 年 4 月 1 日至 2023 年 6 月 30 日

C. 2022 年 4 月 1 日至 2022 年 12 月 31 日　D. 2022 年 7 月 1 日至 2023 年 6 月 30 日

【参考答案】 D

【答案解析】 根据《国家税务总局关于进一步实施小微企业“六税两费”减免政策有关征管问题的公告》(国家税务总局公告 2022 年第 3 号)第一条的规定,适用“六税两费”减免政策的小型微利企业的判定以企业所得税年度汇算清缴(以下简称汇算清缴)结果为准。登记为增值税一般纳税人的企业,按规定办理汇算清缴后确定是小型微利企业的,除本条第(二)项规定外,可自办理汇算清缴当年的 7 月 1 日至次年 6 月 30 日申报享受“六税两费”减免优惠;2022 年 1 月 1 日至 6 月 30 日期间,纳税人依据 2021 年办理 2020 年度汇算清缴的结果确定是否按照小型微利企业申报享受“六税两费”减免优惠。

14. A 市客运站为增值税一般纳税人,非小型微利企业。2022 年 4 月提供公交客运服务取得不含税收入 130 万元,为客户单位提供上下班班车服务取得不含税收入 8 万元,该客运站 2022 年 4 月应缴纳城市维护建设税税额是(　　)元。

A. 0　B. 504

C. 8 190　D. 8 694

【参考答案】 A

【答案解析】《财政部 税务总局关于促进服务业领域困难行业纾困发展有关增值税政策的公告》(财政部 税务总局公告 2022 年第 11 号)规定,自 2022 年 1 月 1 日至 2022 年 12 月 31 日,对纳税人提供公共交通运输服务取得的收入,免征增值税。公共交通运输服务的具体范围,按照《营业税改征增值税试点有关事项的规定》(财税〔2016〕36 号印发)执行。公共交通运输服务,包括轮客渡、公交客运、地铁、城市轻轨、出租车、长途客车、班车。

15. A 企业是位于县城的增值税小规模纳税人,2022 年第一季度销售玉米取得含税销售额 22 万元、销售蔬菜取得收入 10 万元、提供中介服务取得含税销售额 13 万元,以上业务均开具增值税普通发票,所在省份执行最高幅度“六税两费”优惠政策。该企业第一季度应缴纳的城市维护建设税税额是(　　)元。

A. 0　B. 86. 64

C. 111. 39　D. 173. 26

【参考答案】 A

【答案解析】《国家税务总局关于小规模纳税人免征增值税征管问题的公告》(国家税务总局公告 2021 年第 5 号)第一条规定,小规模纳税人发生增值税应税销售行为,合计月销售额未超过 15 万元(以 1 个季度为 1 个纳税期的,季度销售额未超过 45 万元,下同)的,免征增值税。

16. A 企业为 2021 年 7 月新设立的增值税一般纳税人,从事国家非限制和禁止行业。2022 年 5 月底前,未按期办理首次企业所得税汇算清缴申报,9 月,企业办理汇算清缴申报,确定不属于小型微利企业。A 企业分别于 2022 年 4 月和 7 月征期申报当年 1—3 月和 4—6 月的“六税两费”时,按照小型微利企业享受了减免优惠。关于 A 企业的纳税申报,下列表述正确的是(　　)。

A. 企业两个属期的“六税两费”均无需更正申报

B. 企业应更正 4 月征期申报的 2022 年 1—3 月的“六税两费”

C. 企业应更正 7 月征期申报的 2022 年 4—6 月的“六税两费”

D. 企业无需更正 7 月征期申报的 2022 年 4—6 月的“六税两费”

【参考答案】 C

【答案解析】《国家税务总局关于进一步实施小微企业“六税两费”减免政策有关征管问题的公告》(国家税务总局公告 2022 年第 3 号)第一条规定,规定登记为增值税一般纳税人的新设立企业,从事国家非限制和禁止行业,且同时符合申报期上月末从业人数不超过 300 人、资产总额不超过 5 000 万元两项条件的,按规定办理首次汇算清缴申报前,可按照小型微利企业申报享受“六税两费”减免优惠。登记为增值税一般纳税人的小型微利企业、新设立企业,逾期办理或更正汇算清缴申报的,应当依据逾期办理或更正申报的结果,按照本条第(一)项、第(二)项规定的“六税两费”减免税期间申报享受减免优惠,并应当对“六税两费”申报进行相应更正。A 企业按照企业所得税相关规定,应当于 2022 年 5 月底前办理首次汇算清缴,在规定的首次汇算清缴截止时间前于 4 月征期申报 2022 年 1—3 月的“六税两费”不必进行更正。7 月征期申报的 4—6 月“六税两费”不能享受减免优惠,应当进行更正申报,补缴减征的税款。

17. A 企业是位于市区按季申报的增值税小规模纳税人,2022 年第二季度提供加工劳务取得不含税收入 760 000 元、提供仓储服务取得不含税收入 400 000 元、租赁设备取得不含税收入 200 000 元,均未开具增值税专用发票。所在省执行最高幅度减征“六税两费”优惠政策。该企业 2022 年二季度应缴纳城市维护建设税税额是(　　)元。

A. 0　　　　B. 476. 00

C. 483. 00　　　　D. 1 428. 00

【参考答案】 A

【答案解析】《财政部 税务总局关于对增值税小规模纳税人免征增值税的公告》(财政部 税务总局公告 2022 年第 15 号)规定,自 2022 年 4 月 1 日至 2022 年 12 月 31 日,增值税小规模纳税人适用 3%征收率的应税销售收入,免征增值税;适用 3%预征率的预缴增值税项目,暂停预缴增值税。《财政部 税务总局关于延续实施应对疫情部分税费优惠政策的公告》(财政部 税务总局公告 2021 年第 7 号)第一条规定的税收优惠政策,执行期限延长至 2022 年 3 月 31 日。

18. 某电厂是位于县城的增值税一般纳税人,非小型微利企业。2022 年 5 月销售电量 2 000 000 千瓦,本省国家重大水利建设基金征收标准是 1. 125 厘/千瓦时(含税)。所在省执行最高标准幅度减征“六税两费”优惠政策。该电厂缴纳国家重大水利建设基金时应缴纳的城市维护建设税税额是(　　)元。

A. 0　　B. 34.85
C. 39.38　　D. 69.69

【参考答案】 A

【答案解析】 根据《财政部 国家税务总局关于免征国家重大水利工程建设基金的城市维护建设税和教育费附加的通知》(财税〔2010〕44 号)规定，经国务院批准，为支持国家重大水利工程建设，对国家重大水利工程建设基金免征城市维护建设税和教育费附加。

19. 以下说法错误的是(　　)。

A. 依法实际缴纳的增值税税额，是指纳税人依照增值税相关法律法规和税收政策规定计算应当缴纳的增值税税额，加上增值税免抵税额，扣除直接减免的增值税税额和期末留抵退税退还的增值税税额(以下简称留抵退税额)后的金额

B. 依法实际缴纳的消费税税额，是指纳税人依照消费税相关法律法规和税收政策规定计算应当缴纳的消费税税额，扣除直接减免的消费税税额后的金额

C. 应当缴纳的两税税额，不含因进口货物或境外单位和个人向境内销售劳务、服务、无形资产缴纳的两税税额

D. 纳税人自收到留抵退税额之日起，应当在当期纳税申报期从城建税计税依据中扣除

【参考答案】 D

【答案解析】 根据《国家税务总局关于城市维护建设税征收管理有关事项的公告》的规定，依法实际缴纳的增值税税额，是指纳税人依照增值税相关法律法规和税收政策规定计算应当缴纳的增值税税额，加上增值税免抵税额，扣除直接减免的增值税税额和期末留抵退税退还的增值税税额(以下简称留抵退税额)后的金额。依法实际缴纳的消费税税额，是指纳税人依照消费税相关法律法规和税收政策规定计算应当缴纳的消费税税额，扣除直接减免的消费税税额后的金额。应当缴纳的两税税额，不含因进口货物或境外单位和个人向境内销售劳务、服务、无形资产缴纳的两税税额。纳税人自收到留抵退税额之日起，应当在下一个纳税申报期从城建税计税依据中扣除。

二、多项选择题

1. 下列关于城市维护建设税税收优惠的表述中，正确的有(　　)。

A. 对出口产品退还增值税的，可同时退还已缴纳的城市维护建设税

B. 海关对进口产品代征的增值税，不征收城市维护建设税

C. 对增值税实行先征后退办法的，除另有规定外，不予退还对随增值税附征的城市维护建设税

D. 对增值税实行即征即退办法的，除另有规定外，不予退还对随增值税附征的城市维护建设税

E. 对黄金交易所会员单位通过黄金交易所销售且发生实物交割的标准黄金，免征城市维护建设税

【参考答案】 BCDE

【答案解析】 选项 A，对出口产品退还增值税的，不退还已缴纳的城市维护建设税。

2. 下列关于城市维护建设税税收优惠的说法中，正确的有(　　)。

A. 海关对进口产品代征的增值税、消费税，不征收城市维护建设税

B. 对出口产品退还增值税、消费税的,同时退还城市维护建设税

C. 对软件开发企业即征即退的增值税,可以在增值税退还时,同时退还随增值税附征的城市维护建设税

D. 城市维护建设税原则上不单独减免的,但因主税发生减免时,城市维护建设税相应发生税收的减免

E. 对直接减免增值税、消费税的同时减免城市维护建设税

【参考答案】 ADE

【答案解析】 选项B,对出口产品退还增值税、消费税的,不退还已缴纳的城市维护建设税,对"二税"实行先征后返、先征后退、即征即退办法的,除另有规定外,对随"二税"附征的城市维护建设税,一律不退(返)还。选项C,增值税、消费税实行先征后退、先征后返、即征即退办法的,除非另有规定外,对随增值税、消费税附征的城市维护建设税,一律不予退(返)还。

3. 下列关于城市维护建设税纳税地点的说法中,正确的有(　　)。

A. 流动经营的单位和个人,在纳税人缴纳"二税"所在地缴纳城市维护建设税

B. 代扣代缴增值税、消费税的,在委托方所在地缴纳城市维护建设税

C. 纳税人销售不动产,在不动产所在地缴纳城市维护建设税

D. 中国铁路总公司分支机构预征1%增值税所应缴纳的城市维护建设税,由中国铁路总公司按5%每季向北京市税务局缴纳

E. 固定业户在机构所在地经营的,应当向机构所在地缴纳城市维护建设税

【参考答案】 ACDE

【答案解析】 选项B,代扣代缴增值税、消费税的,在受托方所在地缴纳城市维护建设税。

4. 下列退税业务中,纳税人可以同时申请退还城市维护建设税的有(　　)。

A. 先征后返的增值税　　B. 误收多缴的消费税

C. 即征即退的增值税　　D. 先征后退的增值税

E. 定额减免多缴的增值税

【参考答案】 BE

【答案解析】 《国家税务总局关于城市维护建设税征收管理有关事项的公告》(国家税务总局公告2021年第26号)第六条规定,因纳税人多缴发生的两税退税,同时退还已缴纳的城建税。两税实行先征后返、先征后退、即征即退的,除另有规定外,不予退还随两税附征的城建税。

5. 下列主体中,可以享受小微企业"六税两费"减免政策的有(　　)。

A. 代开劳务发票的自然人　　B. 登记为个体工商户的超市

C. 符合条件的小型微利企业　　D. 登记为增值税一般纳税人的合伙企业

E. 按增值税小规模纳税人管理的事业单位

【参考答案】 ABCE

【答案解析】 《财政部 税务总局关于进一步实施小微企业"六税两费"减免政策的公告》(财政部 税务总局公告2022年第10号)第一条规定,由省、自治区、直辖市人民政府根

据本地区实际情况，以及宏观调控需要确定，对增值税小规模纳税人、小型微利企业和个体工商户可以在50%的税额幅度内减征资源税、城市维护建设税、房产税、城镇土地使用税、印花税（不含证券交易印花税）、耕地占用税和教育费附加、地方教育附加。根据《增值税暂行条例实施细则》第二十九条、《营业税改征增值税试点实施办法》（财税〔2016〕36号）第三条，《增值税一般纳税人登记管理办法》（国家税务总局令43号）第四条的规定，自然人（即其他个人）可以适用《关于实施小微企业普惠性税收减免政策的通知》（财税〔2019〕13号）文件规定的增值税小规模纳税人地方税种和相关附加减征优惠政策，各省（自治区、直辖市）人民政府执法的落实文件中作出特殊规定的除外。

6. 根据规定，企业招用部分重点人群，可以享受在3年内按实际招用人数定额依次扣减增值税、城市维护建设税、教育费附加、地方教育附加和企业所得税的优惠。重点人群应符合的条件包括（　　）。

A. 建档立卡下岗人口

B. 依法缴纳社会保险费

C. 与其签订1年以上期限劳动合同

D. 在人力资源社会保障部门公共就业服务机构登记失业半年以上

E. 持《就业创业证》或《就业失业登记证》（注明“企业吸纳税收政策”）

【参考答案】 BCDE

【答案解析】 根据《财政部 税务总局人力资源社会保障部国务院扶贫办关于进一步支持和促进重点群体创业就业有关税收政策的通知》（财税〔2019〕22号）第二条的规定，企业招用建档立卡贫困人口，以及在人力资源社会保障部门公共就业服务机构登记失业半年以上且持《就业创业证》或《就业失业登记证》（注明“企业吸纳税收政策”）的人员，与其签订1年以上期限劳动合同并依法缴纳社会保险费的，自签订劳动合同并缴纳社会保险当月起，在3年内按实际招用人数予以定额依次扣减增值税、城市维护建设税、教育费附加、地方教育附加和企业所得税优惠。根据《财政部 税务总局人力资源社会保障部国家乡村振兴局关于延长部分扶贫税收优惠政策执行期限的公告》（财政部 税务总局人力资源社会保障部国家乡村振兴局公告2021年第18号）的规定，《财政部 税务总局 人力资源社会保障部 国务院扶贫办关于进一步支持和促进重点群体创业就业有关税收政策的通知》（财税〔2019〕22号）、《财政部 税务总局 国务院扶贫办关于企业扶贫捐赠所得税税前扣除政策的公告》（财政部 税务总局 国务院扶贫办公告2019年第49号）、《财政部 税务总局 国务院扶贫办关于扶贫货物捐赠免征增值税政策的公告》（财政部 税务总局 国务院扶贫办公告2019年第55号）中规定的税收优惠政策，执行期限延长至2025年12月31日。

7. 关于城市维护建设税计税依据的规定，下列表述正确的有（　　）。

A. 企业进口白酒应以进口环节缴纳的“增值税＋关税”为计税依据

B. 企业批发卷烟应以批发环节缴纳的“增值税＋消费税”为计税依据

C. 企业出口汽油应以出口环节缴纳的“增值税＋消费税”为计税依据

D. 企业销售金银首饰应以销售环节缴纳的“增值税＋消费税”为计税依据

E. 企业生产销售筷子应以销售环节缴纳的“增值税＋消费税”为计税依据

【参考答案】 BD

【答案解析】《中华人民共和国城市维护建设税法》第二条规定，城市维护建设税以纳税人依法实际缴纳的增值税、消费税税额为计税依据；第三条规定，对进口货物或者境外单位和个人向境内销售劳务、服务、无形资产缴纳的增值税、消费税税额，不征收城市维护建设税；第一条规定，在中华人民共和国境内缴纳增值税、消费税的单位和个人，为城市维护建设税的纳税人，应当依照本法规定缴纳城市维护建设税。《财政部 国家税务总局关于调整金银首饰消费税纳税环节有关问题的通知》(〔1994〕财税字第 95 号)第一条规定，在零售环节征收消费税的金银首饰。《消费税税目税率表》第 13 项列举的应税税目是木制一次性筷子，筷子不属于消费税应税项目。

8. 某信托投资公司被中国人民银行依法决定撤销，现转让企业固定资产用于清偿债务。转让环节可免征的税费种类包括(　　)。

A. 增值税　　B. 教育费附加
C. 企业所得税　　D. 土地增值税
E. 城市维护建设税

【参考答案】 ABDE

【答案解析】 根据《财政部 国家税务总局关于被撤销金融机构有关税收政策问题的通知》(财税〔2003〕141 号)第二条的规定，对被撤销金融机构财产用来清偿债务时，免征被撤销金融机构转让货物、不动产、无形资产、有价证券、票据等应缴纳的增值税、营业税、城市维护建设税、教育费附加和土地增值税。

9. 某快递公司是位于市区的增值税一般纳税人，专营为居民提供生活物资收派服务，2020 年度企业所得税汇算结果确定属于小型微利企业。2022 年 3 月取得不含税收入 150 000 元、4 月取得不含税收入 100 000 元、5 月取得不含税收入 120 000 元。3—5 月无抵扣进项税额，所在省执行最高幅度减征“六税两费”优惠政策。该快递公司应缴纳的城市维护建设税，下列表述正确的是(　　)。

A. 2022 年 3 月应缴纳城市维护建设税 315 元
B. 2022 年 3 月应缴纳城市维护建设税 378 元
C. 2022 年 4 月无需缴纳城市维护建设税
D. 2022 年 4 月应缴纳城市维护建设税 210 元
E. 2022 年 5 月无需缴纳城市维护建设税

【参考答案】 ADE

【答案解析】《财政部 税务总局关于进一步实施小微企业“六税两费”减免政策的公告》(财政部 税务总局公告 2022 年第 10 号)第一条规定，由省、自治区、直辖市人民政府根据本地区实际情况，以及宏观调控需要确定，对增值税小规模纳税人、小型微利企业和个体工商户可以在 50%的税额幅度内减征资源税、城市维护建设税、房产税、城镇土地使用税、印花税(不含证券交易印花税)、耕地占用税和教育费附加、地方教育附加。根据《国家税务总局关于进一步实施小微企业“六税两费”减免政策有关征管问题的公告》(国家税务总局公告 2022 年第 3 号)第一条的规定，适用“六税两费”减免政策的小型微利企业的判定以企业所得税年度汇算清缴(以下简称汇算清缴)结果为准。登记为增值税一般纳税人的企业，按规定办理汇算清缴后确定是小型微利企业的，除本条第(二)项规定外，可自办理汇算清缴当年的

7月1日至次年6月30日申报享受“六税两费”减免优惠；2022年1月1日至6月30日期间，纳税人依据2021年办理2020年度汇算清缴的结果确定是否按照小型微利企业申报享受“六税两费”减免优惠。2022年3月应缴纳城市维护建设税＝150 000×6%×7%×50%＝315(元)，2022年4月应缴纳城市维护建设税＝100 000×6%×7%×50%＝210(元)。根据《财政部 税务总局关于快递收派服务免征增值税政策的公告》(财政部 税务总局公告2022年第18号)的规定，自2022年5月1日至2022年12月31日，对纳税人为居民提供必需生活物资快递收派服务取得的收入，免征增值税。5月免征增值税，无需缴纳城市维护建设税。

10. 城市维护建设税以纳税人依法实际缴纳的增值税、消费税税额为计税依据。其中，作为城市维护建设税计税依据的“依法实际缴纳的增值税”包含(　　)。

A. 直接见面的增值税税额

B. 符合条件的增值税免抵税额

C. 期末留抵退税退还的增值税税额

D. 进口货物海关代征的增值税税额

E. 依照增值税相关法律计算应当缴纳的增值税税额

【参考答案】 BE

【答案解析】 根据《国家税务总局关于城市维护建设税征收管理有关事项的公告》(国家税务总局公告2021年第26号)第一条的规定，城建税以纳税人依法实际缴纳的增值税、消费税(以下称两税)税额为计税依据。依法实际缴纳的增值税税额，是指纳税人依照增值税相关法律法规和税收政策规定计算应当缴纳的增值税税额，加上增值税免抵税额，扣除直接减免的增值税税额和期末留抵退税退还的增值税税额(以下简称留抵退税额)后的金额。应当缴纳的两税税额，不含因进口货物或境外单位和个人向境内销售劳务、服务、无形资产缴纳的两税税额。

三、判断题

1. 某企业是制造业中小型出口退税企业，符合部分税费延缓缴纳政策。2022年3月无增值税税款，对按规定增值税免抵税额应缴纳的城市维护建设税，可办理延缓缴纳。(　　)

【参考答案】 正确

【答案解析】 根据关于制造业中小微企业缓缴政策，“制造业中小型出口退税企业，本月增值税没有税款，但是按规定免抵税额需要缴纳城建税，这部分附加税可以办理缓税吗?”制造业中小型出口退税企业，本月增值税没有税款，但是按规定免抵税额需要缴纳城建税，这部分附加税可以办理缓税。

2. A企业符合条件但未及时申报享受“六税两费”减免优惠，应依法申请抵减以后纳税期的应纳税费款，系统将在下次申报时，自动抵减同税费种的应纳税费款。(　　)

【参考答案】 错误

【答案解析】 根据《国家税务总局关于进一步实施小微企业“六税两费”减免政策有关征管问题的公告》(国家税务总局公告2022年第3号)第五条的规定，纳税人符合条件但未及时申报享受“六税两费”减免优惠的，可依法申请抵减以后纳税期的应纳税费款或者申请退还。

3. 乙企业是A市有进出口经营权的增值税一般纳税人，2022年10月因出口货物取得经税务部门正式审核批准的本月免抵的增值税税额15万元,当月无内销业务。甲企业应在11月纳税申报期内向主管税务机关申报缴纳城市维护建设税。( )

【参考答案】 正确

【答案解析】 根据《国家税务总局关于城市维护建设税征收管理有关事项的公告》(国家税务总局公告2021年第26号)第三条的规定,对增值税免抵税额征收的城建税,纳税人应在税务机关核准免抵税额的下一个纳税申报期内向主管税务机关申报缴纳。10月核准的免抵税额应缴纳的城市维护建设税在11月申报缴纳。

4.外籍个人在境内提供应税劳务免征城市维护建设税、教育费附加和地方教育费附加。( )

【参考答案】 错误

【答案解析】 根据《国务院关于统一内外资企业和个人城市维护建设税和教育费附加制度的通知》(国发〔2010〕35号)的规定,自2010年12月1日起,对外商投资企业、外国企业及外籍个人(以下简称外资企业)征收城市维护建设税和教育费附加。

5.实行出口货物免抵退税办法的生产企业,经批准的当期免抵的增值税税额,免征城市维护建设税和教育费附加。( )

【参考答案】 错误

【答案解析】 根据《财政部 税务总局关于城市维护建设税计税依据确定办法等事项的公告》(财政部 税务总局公告2021年第28号)第一条的规定,城市维护建设税以纳税人依法实际缴纳的增值税、消费税税额(以下简称两税税额)为计税依据。依法实际缴纳的两税税额,是指纳税人依照增值税、消费税相关法律法规和税收政策规定计算的应当缴纳的两税税额(不含因进口货物或境外单位和个人向境内销售劳务、服务、无形资产缴纳的两税税额),加上增值税免抵税额,扣除直接减免的两税税额和期末留抵退税退还的增值税税额后的金额。

6.甲企业委托乙企业加工应税消费品,乙企业应代扣代缴增值税、消费税及附加。( )

【参考答案】 错误

【答案解析】 根据《中华人民共和国消费税暂行条例》第四条的规定,委托加工的应税消费品,除受托方为个人外,由受托方在向委托方交货时代收代缴税款。根据《中华人民共和国城市维护建设税法》第八条的规定,城市维护建设税的扣缴义务人为负有增值税、消费税扣缴义务的单位和个人,在扣缴增值税、消费税的同时扣缴城市维护建设税。委托加工不需要代扣代缴增值税,由受托方按照加工劳务缴纳增值税。

7.上海期货交易所会员通过上海期货交易所销售标准黄金,发生实物交割并已出库的,享受增值税即征即退政策,同时免征城市维护建设税和教育费附加。( )

【参考答案】 正确

【答案解析】 根据《财政部 税务总局关于黄金期货交易有关税收政策的通知》(财税〔2008〕5号)第一条的规定,上海期货交易所会员和客户通过上海期货交易所销售标准黄金(持上海期货交易所开具的《黄金结算专用发票》),发生实物交割但未出库的,免征增值税;发生实物交割并已出库的,由税务机关按照实际交割价格代开增值税专用发票,并实行增值税即征即退的政策,同时免征城市维护建设税和教育费附加。

8. 所有缴纳增值税的纳税人都是城市维护建设税的纳税义务人。( )

【参考答案】 错误

【答案解析】 根据《国家税务总局关于城市维护建设税征收管理有关事项的公告》(国家税务总局公告2021年第26号)第一条的规定,城建税以纳税人依法实际缴纳的增值税、消费税(以下简称两税)税额为计税依据。应当缴纳的两税税额,不含因进口货物或境外单位和个人向境内销售劳务、服务、无形资产缴纳的两税税额。进口环节缴纳增值税的纳税人无需缴纳城市维护建设税。

9. 2022年3月3日,财政部、税务总局发布公告自2022年1月1日至2022年12月31日,航空和铁路运输企业分支机构暂停预缴增值税。2022年2月纳税申报期至文件发布之日已预缴的增值税及附加税费可申请抵减以后纳税期的应纳税费款。( )

【参考答案】 错误

【答案解析】 根据《财政部 税务总局关于促进服务业领域困难行业纾困发展有关增值税政策的公告》(财政部 税务总局公告2022年第11号)第二条的规定,自2022年1月1日至2022年12月31日,航空和铁路运输企业分支机构暂停预缴增值税。2022年2月纳税申报期至文件发布之日已预缴的增值税予以退还。

10. 城市维护建设税的纳税义务发生时间与增值税、消费税的纳税义务发生时间一致,分别与两税同时缴纳。同时缴纳是指在缴纳两税时,应当在两税同一缴纳地点、同一缴纳期限内,一并缴纳对应的城市维护建设税。( )

【参考答案】 正确

【答案解析】 根据《国家税务总局关于城市维护建设税征收管理有关事项的公告》(国家税务总局公告2021年第26号)第五条的规定,城市维护建设税的纳税义务发生时间与两税的纳税义务发生时间一致,分别与两税同时缴纳。同时缴纳是指在缴纳两税时,应当在两税同一缴纳地点、同一缴纳期限内,一并缴纳对应的城建税。

11. 登记为增值税小规模纳税人的二手车经销公司不得享受3%征收率免征增值税优惠,应按0.5%征收率计算缴纳增值税,并按实际缴纳的增值税缴纳附加税费。( )

【参考答案】 错误

【答案解析】 根据《财政部 税务总局关于对增值税小规模纳税人免征增值税的公告》(财政部 税务总局公告2022年第15号)第三条的规定,可以享受小规模纳税人免征增值税政策的应税销售收入,仅为纳税人取得的适用3%征收率的应税销售收入;对于纳税人取得的适用5%征收率的应税销售收入,仍应按照现行规定计算缴纳增值税。小规模纳税人大多数业务适用3%征收率,这里需要注意的是,前期出台的一些减征政策,比如销售自己使用过的物品减按2%征收,二手车经销减按0.5%征收等,其减征前的征收率均为3%,因此对于这些业务,既可以选择适用免税政策,开具普通发票;也可以仍适用原减征政策,按照减征的征收率开具增值税专用发票并计算缴纳税款。

12. 城市维护建设税、教育费附加和地方教育附加的计征依据一致,都是以纳税人依法实际缴纳的增值税、消费税税额为计税依据。( )

【参考答案】 正确

【答案解析】 根据《财政部 税务总局关于城市维护建设税计税依据确定办法等事项的公告》(财政部 税务总局公告 2021 年第 28 号)第一条的规定,城市维护建设税以纳税人依法实际缴纳的增值税、消费税税额(以下简称两税税额)为计税依据。第二条规定,教育费附加、地方教育附加计征依据与城市维护建设税计税依据一致。

13. 对国家石油储备基地第一期项目建设过程中涉及的城市维护建设税均可享受免征的优惠。( )

【参考答案】 错误

【答案解析】 根据《财政部 国家税务总局关于国家石油储备基地建设有关税收政策的通知》(财税〔2005〕23 号)第一条的规定,对国家石油储备基地第一期项目建设过程中涉及的营业税、城市维护建设税、教育费附加、城镇土地使用税、印花税、耕地占用税予以免征。第二条规定,上述免税范围仅限于应由国家石油储备基地缴纳的税收。

14. 2022 年度,纳税人提供公共交通运输服务取得的收入,免征增值税及附加税费。( )

【参考答案】 正确

【答案解析】 根据《财政部 税务总局关于促进服务业领域困难行业纾困发展有关增值税政策的公告》(财政部 税务总局公告 2022 年第 11 号)第三条的规定,自 2022 年 1 月 1 日起至 2022 年 12 月 31 日,对纳税人提供公共交通运输服务取得的收入,免征增值税。

15. A 企业为增值税小规模纳税人,已依法享受城市维护建设税其他优惠政策的,可叠加享受"六税两费"减免优惠。( )

【参考答案】 正确

【答案解析】《财政部 税务总局关于进一步实施小微企业"六税两费"减免政策的公告》(财政部 税务总局公告 2022 年第 10 号)第二条规定,增值税小规模纳税人、小型微利企业和个体工商户已依法享受资源税、城市维护建设税、房产税、城镇土地使用税、印花税、耕地占用税、教育费附加、地方教育附加其他优惠政策的,可叠加享受本公告第一条规定的优惠政策。

16. 企业招用自主就业退役士兵既可以享受定额扣减增值税、城市维护建设税、教育费附加、地方教育附加和企业所得税的优惠,又可以同时享受其他扶持就业专项税收优惠政策。( )

【参考答案】 错误

【答案解析】 根据《财政部 税务总局关于延长部分税收优惠政策执行期限的公告》(财政部 税务总局公告 2022 年第 4 号)的规定,《财政部税务总局退役军人部关于进一步扶持自主就业退役士兵创业就业有关税收政策的通知》(财税〔2019〕21 号)中规定的税收优惠政策,执行期限延长至 2023 年 12 月 31 日。根据《财政部 税务总局退役军人部关于进一步扶持自主就业退役士兵创业就业有关税收政策的通知》(财税〔2019〕21 号)第五条的规定,企业招用自主就业退役士兵既可以适用本通知规定的税收优惠政策,又可以适用其他扶持就业专项税收优惠政策的,企业可以选择适用最优惠的政策,但不得重复享受。

17. 登记为增值税一般纳税人的企业分支机构,应当根据总机构是否属于小型微利企业来申报享受"六税两费"减免优惠。( )

【参考答案】 正确

【答案解析】 根据小微企业"六税两费"减免政策,企业所得税实行法人税制,由总机构统一计算包括汇总缴纳企业所属各个不具有法人资格分支机构在内的全部应纳税所得额、应纳税额,以法人机构为整体判断是否属于小型微利企业。企业所属各个不具有法人资格的分支机构,登记为增值税一般纳税人的,应当根据总机构是否属于小型微利企业来申报享受减免优惠。

18. 某企业是享受增值税即征即退的制造业小微企业,申请办理部分税费延缓缴纳后,后期缴纳税款时,仍可正常享受即征即退政策。(　　)

【参考答案】 正确

【答案解析】 增值税即征即退政策,是对纳税人已经缴纳的增值税税款全部或者部分给予退还的政策,并未对申请退税的时间做出限制。享受即征即退政策的纳税人,可以先申请享受缓缴政策,待缓缴政策到期,实际缴纳税款后,再申请增值税退税政策,两者并不矛盾。因此,纳税人在办理缓缴、后期缴纳税款后,可以正常申请享受即征即退政策。

19. 融资性售后回租业务中承租方出售资产,应按照转让金额计征增值税及附加税费。(　　)

【参考答案】 错误

【答案解析】 根据《国家税务总局关于融资性售后回租业务中承租方出售资产行为有关税收问题的公告》(国家税务总局公告2010年第13号)第一条的规定,根据现行增值税和营业税有关规定,融资性售后回租业务中承租方出售资产的行为,不属于增值税和营业税征收范围,不征收增值税和营业税。

20. A企业是按季申报的增值税小规模纳税人,2021年第四季度取得不含税收入25万元,其中1万元开具增值税专用发票。A企业本季度可免征城市维护建设税、教育费附加和地方教育附加。(　　)

【参考答案】 错误

【答案解析】 根据《国家税务总局关于城市维护建设税征收管理有关事项的公告》(国家税务总局公告2021年第26号)第一条的规定,城建税以纳税人依法实际缴纳的增值税、消费税税额为计税依据。根据《财政部 国家税务总局关于扩大有关政府性基金免征范围的通知》(财税〔2016〕12号)的规定,自2016年2月1日起,按月纳税的月销售额或营业额不超过10万元(按季不超过30万元)的缴纳义务人,免征教育费附加、地方教育附加。

四、计算题

(一)某制造业企业位于某县城城郊,增值税一般纳税人,拥有出口商品资质,2020年企业所得税汇算结果为小型微利企业,2022年7月进行2021年企业所得税汇算结果为非小型微利企业。2022年企业发生以下业务。

(1)2022年6月国内销售商品应纳增值税销项税额100万元,本月进项税额60万元,自行进口原材料海关代征增值税20万元,6月经税务机关核准免抵税额30万元,6月应纳消费税2万元。

(2)2022年7月,销售商品应纳增值税30万元,消费税3万元,本月被主管税务机关开展纳税评估查补入库增值税3万元,消费税1万元,缴纳增值税、消费税滞纳金0.8万元,缴纳罚款0.2万元。7月经税务机关核准免抵税额10万元。

(3)2022 年 8 月,销售商品应纳增值税 40 万元,当月企业通过县政府向教育局捐赠产品一批,该批货物应纳增值税 5 万元。

(4)2022 年 9 月,销售商品应纳增值税 100 万元(包含本月收到当月出口货物先征后退退还增值税 5 万元),应纳消费税 5 万元。

已知:该省规定符合条件的企业按最高标准适用"六税两费"优惠政策。

要求:根据上述资料,分析回答下列问题。

1. 业务(1)应缴纳的城市维护建设税为(　　)万元。

A. 4. 6　　B. 3. 6
C. 2. 1　　D. 1. 05

【参考答案】 D

【答案解析】 进口环节不征城市维护建设税。根据《国家税务总局关于城市维护建设税征收管理有关事项的公告》(国家税务总局公告 2021 年第 26 号)第三条的规定,对增值税免抵税额征收的城建税,纳税人应在税务机关核准免抵税额的下一个纳税申报期内向主管税务机关申报缴纳。本月应纳增值税消费税=100－60＋2=42(万元),本月应纳城市维护建设税=42×5%×50%=1. 05(万元)。

2. 业务(2)应缴纳的城市维护建设税为(　　)万元。

A. 3. 40　　B. 3. 35
C. 2. 35　　D. 1. 85

【参考答案】 B

【答案解析】 应纳城市维护建设税=(30＋3＋3＋1＋30)×5%=3. 35(万元)。

3. 业务(3)应缴纳的城市维护建设税为(　　)万元。

A. 2. 75　　B. 2. 5
C. 2. 0　　D. 1. 75

【参考答案】 B

【答案解析】 通过县级以上人民政府向教育捐赠免征增值税。应纳城市维护建设税=(40＋10)×5%=2. 5(万元)。

4. 业务(4)实际缴纳的城市维护建设税为(　　)万元。

A. 5. 50　　B. 5. 25
C. 5. 00　　D. 4. 75

【参考答案】 B

【答案解析】 城市建设维护税出口不退。应纳城市维护建设税=(100＋5)×5%=5. 25(万元)。

(二)位于甲市的 X 服务公司为增值税一般纳税人,2021 年 11 月发生如下业务。

(1)出租闲置的仓库,取得租金收入 40 万元,同时向承租方收取管理费 8 万元。

(2)转让一块土地的土地使用权取得收入 400 万元,2017 年 10 月土地使用权受让原价为 200 万元。

(3)取得搬家服务收入 9. 54 万元。

(4)从事物业管理服务,共取得相关收入 20 万元,其中代业主支付水、电、煤气费共计 8

万元，以委托方名义开具发票。

(5)将本公司自有车辆的广告位出租给其他单位用于发布广告，取得租金收入13万元。

(6)在乙市购入1间商服作为当地办事处工作用房，取得增值税专用发票，发票上注明金额为400万元。

已知：上述业务均按一般计税方法计税，收入均为含税价格。本月取得的相关票据符合税法规定，并在当月申报抵扣。

要求：根据上述资料，分析回答下列问题。

1.该服务公司出租仓库应确认的销项税额是(　　)万元。

A.4.46　　B.3.96

C.4.16　　D.3.86

【参考答案】 B

【答案解析】 出租不动产适用9%税率。出租仓库销项税额=(40+8)÷(1+9%)×9%=3.96(万元)。

2.该服务公司转让土地使用权应确认的销项税额(　　)万元。

A.25.11　　B.23.10

C.33.03　　D.20.81

【参考答案】 C

【答案解析】 转让土地使用权适用9%税率。转让土地使用权应确认的销项税额=400÷(1+9%)×9%=33.03(万元)。

3.该服务公司购置商服本期准予抵扣的进项税额是(　　)万元。

A.36.00　　B.18.92

C.21.60　　D.21.50

【参考答案】 A

【答案解析】 购置商服可以抵扣的进项税=400×9%=36(万元)。

4.该服务公司本月应该缴纳的城市维护建设税是(　　)万元。

A.0　　B.0.26

C.0.20　　D.0.46

【参考答案】 B

【答案解析】 搬家属于物流辅助服务，适用6%税率。销项税额=9.54÷(1+6%)×6%=0.54(万元)。

物业服务属于商务辅助服务，适用6%税率。销项税额=(20−8)÷(1+6%)×6%=0.68(万元)。

飞机、车辆等有形动产广告位出租，适用有形动产租赁13%税率。销项税额=13÷(1+13%)×13%=1.50(万元)。

该服务公司本月应缴纳的增值税=3.96+33.03+0.54+0.68+1.50−36=3.71(万元)。

该服务公司本月应缴纳的城市维护建设税=3.71×7%=0.26(万元)。

第十一章　耕地占用税

一、单项选择题

1. 下列关于纳税人实际占用的耕地面积的表述，错误的是（　　）。

A. 凡有由省、自治区、直辖市人民政府确定的单位组织测定土地面积的，以测定的面积为准

B. 尚未组织测量，但纳税人持有政府部门核发的土地使用证书的，以证书确认的土地面积为准

C. 尚未核发出土地使用证书的，应由纳税人申报土地面积

D. 税务机关核定纳税人实际使用的土地面积

【参考答案】 D

【答案解析】 税务机关不能核定纳税人实际使用的土地面积。

2. 下列关于耕地占用税的表述中，正确的是（　　）。

A. 建设直接为农业生产服务的生产设施而占用农用地的，不征收耕地占用税

B. 获准占用耕地的单位或者个人，应当在收到土地管理部门的通知之日起 60 日内缴纳耕地占用税

C. 耕地占用税以纳税人实际使用的耕地面积为计税依据，按照规定的适用税额一次性征收

D. 纳税人临时占用耕地，应当依照规定缴纳耕地占用税，在批准临时占用耕地的期限内恢复原状的，可部分退还已经缴纳的耕地占用税

【参考答案】 A

【答案解析】 选项 B，获准占用耕地的单位或者个人，应当在收到土地管理部门的通知之日起 30 日内缴纳耕地占用税。选项 C，应为实际占用的耕地面积为计税依据，非使用的耕地面积。选项 D，纳税人临时占用耕地，应当按照规定缴纳耕地占用税，在批准临时占用耕地的期限内恢复所占用耕地原状的，全额退还已经缴纳的耕地占用税。

3. 下列占用耕地的行为中，免征耕地占用税的是（　　）。

A. 公立医院占用耕地　　B. 铁路线路占用耕地

C. 农村居民新建住宅占用耕地　　D. 民用飞机场跑道占用耕地

【参考答案】 A

【答案解析】 选项BD,铁路线路、公路线路、飞机场跑道、停机坪、港口、航道占用耕地,减按每平方米2元的税额征收耕地占用税。选项C,农村居民占用耕地新建住宅,按照当地适用税额减半征收耕地占用税。

4. 获准占用耕地的单位或者个人应当在(　　)缴纳耕地占用税。

A. 实际占用耕地之日起10日内

B. 实际占用耕地之日起30日内

C. 收到土地管理部门的通知之日起10日内

D. 收到土地管理部门的通知之日起30日内

【参考答案】 D

【答案解析】 获准占用耕地的单位或者个人应当在收到土地管理部门的通知之日起30日内缴纳耕地占用税。

5. 根据耕地占用税法律制度的规定,下列情形中,不缴纳耕地占用税的是(　　)。

A. 占用市区工厂土地建设商品房　　B. 占用市郊菜地建设公路

C. 占用牧草地建设厂房　　D. 占用果园建设旅游度假村

【参考答案】 A

【答案解析】 选项A,占用的是"工厂土地",并非耕地,肯定不缴纳耕地占用税。选项BCD,菜地、牧草地、果园均属于耕地,建设厂房、旅游度假村应当缴纳耕地占用税,建设公路可能涉及减征。

6. 下列各项中,减半征收耕地占用税的是(　　)。

A. 民营企业临时占用耕地　　B. 军事设施占用耕地

C. 农村居民占用耕地新建住宅　　D. 公路线路占用耕地

【参考答案】 C

【答案解析】 选项A,民营企业临时占用耕地,应当缴纳耕地占用税。选项B,军事设施占用耕地,免征耕地占用税。选项D,铁路线路、公路线路等占用耕地,减按每平方米2元的税额征收耕地占用税。选项C,农村居民占用耕地新建住宅,按照当地适用税额减半征收耕地占用税。

7. 根据耕地占用税法律制度的规定,下列情形中,不缴纳耕地占用税的是(　　)。

A. 占用市区工业土地建设商品房　　B. 占用养殖水面建设公路

C. 占用茶园建设厂房　　D. 占用果园建设旅游度假村

【参考答案】 A

【答案解析】 耕地占用税的征税范围是在中华人民共和国境内占用耕地建设建筑物、构筑物或者从事非农业建设的。选项A,占用的是非耕地,故不缴纳耕地占用税。

8. 村民张某2021年起承包耕地面积3 000平方米。2022年将其中300平方米用于新建住宅,其余耕地仍和上年一样使用,即700平方米用于种植药材,2 000平方米用于种植水稻。当地耕地占用税税额为25元/平方米,张某2022年应缴纳的耕地占用税为(　　)元。

A. 3 750　　B. 2 750

C. 12 500　　D. 2 500

【参考答案】 A

【答案解析】 农村居民占用耕地新建住宅,按照当地适用税额减半征收耕地占用税。张某应缴纳耕地占用税=300×25÷2=3 750(元)。

9. 某航空公司经批准占用耕地 500 000 平方米,于 2021 年 5 月 31 日办妥占用耕地手续,其中用于建设飞机场跑道、停机坪占地 320 000 平方米、候机厅占地 100 000 平方米、宾馆和办公楼占地 80 000 平方米。2022 年 6 月 1 日,航空公司就该耕地与当地政府签订土地出让合同,支付土地补偿费 4 200 万元、拆迁补偿费 500 万元、市政配套费 300 万元。当地耕地占用税税额为 12 元/平方米、城镇土地使用税年税额为 4 元/平方米、契税税率为 4%,该航空公司应缴纳耕地占用税(　　)万元。

A. 280　　B. 384

C. 216　　D. 448

【参考答案】 A

【答案解析】 飞机场跑道、停机坪占用耕地,减按每平方米 2 元的税额征收耕地占用税。该航空公司应缴纳耕地占用税=320 000×2÷10 000+(100 000+80 000)×12÷10 000=280(万元)。

10. 新征用耕地应缴纳的城镇土地使用税,其纳税义务发生时间是(　　)。

A. 自批准征用之日起满 3 个月　　B. 自批准征用之日起满 6 个月

C. 自批准征用之日起满 1 年　　D. 自批准征用之日起满 2 年

【参考答案】 C

【答案解析】 纳税人新征用的耕地,自批准征用之日起满 1 年时开始缴纳土地使用税;纳税人新征用的非耕地,自批准征用次月起缴纳土地使用税。

11. 下列各项中,属于耕地占用税征税范围的是(　　)。

A. 占用园地开发花圃　　B. 占用林地从事非农业建设

C. 占用耕地开发经济林　　D. 占用耕地开发茶园

【参考答案】 B

【答案解析】 占用园地、林地、草地、农田水利用地、养殖水面、渔业水域滩涂以及其他农用地建设建筑物、构筑物或者从事非农业建设的,依法缴纳耕地占用税。

12. 甲公司占用园地 40 万平方米建造生态高尔夫球场,同时占用林地 20 万平方米开发经济林木,所占耕地的耕地占用税适用的定额税率为 20 元/平方米。甲公司应缴纳的耕地占用税为(　　)万元。

A. 800　　B. 1 200

C. 1 000　　D. 400

【参考答案】 A

【答案解析】 甲公司占用园地建造生态高尔夫球场属于占用耕地从事非农业建设,应缴纳耕地占用税=40×20=800(万元);开发经济林木占地林地属于用于农业建设,不缴纳耕地占用税。

13. 在人均耕地低于0.5亩的地区,省、自治区、直辖市可以根据当地经济发展情况,适当提高耕地占用税的适用税额,但是提高的部分最高不得超过当地适用税额的( )。

A. 10% B. 20%

C. 30% D. 50%

【参考答案】 D

【答案解析】 在人均耕地低于0.5亩的地区,省、自治区、直辖市可以根据当地经济发展情况,适当提高耕地占用税的适用税额,但是提高的部分最高不得超过规定的当地适用税额的50%。

14. 2021年农村居民甲某占有4 000平方米耕地,其中300平方米新建住宅,1 700平方米种植棉花、2 000平方米种植小麦,该地区耕地占用税适用定额税率25元/平方米,甲某当年应缴纳耕地占用税( )元。(甲某在规定用地标准以内新建自用住宅)

A. 3 750 B. 7 500

C. 6 250 D. 12 500

【参考答案】 A

【答案解析】 农村居民在规定用地标准以内占用耕地新建自用住宅,按照当地适用税额减半征收耕地占用税。种植棉花和小麦不缴纳耕地占用税。甲某当年应缴纳耕地占用税=300×25×50%=3 750(元)。

15. 下列耕地占用行为,减按每平方米2元的税额征收耕地占用税的是( )。

A. 铁路线路、港口、航道占用耕地 B. 农村居民新建住宅占用耕地

C. 军事设施占用耕地 D. 学校占用耕地

【参考答案】 A

【答案解析】 选项A,铁路线路、公路线路、飞机场跑道、停机坪、港口、航道、水利工程占用耕地,减按每平方米2元的税额征收耕地占用税。选项B,农村居民在规定用地标准以内占用耕地新建自用住宅,按照当地适用税额减半征收耕地占用税。选项CD,均免征耕地占用税。

16. 下列关于耕地占用税减免税优惠的说法,正确的是( )。

A. 建设直接为农业生产服务的生产设施占用林地的,不征耕地占用税

B. 专用铁路占用耕地的,减按2元/平方米的税额征收耕地占用税

C. 农村居民经批准搬迁新建住宅占用耕地的,减半征收耕地占用税

D. 专用公路占用耕地的,免征耕地占用税

【参考答案】 A

【答案解析】 选项BD,专用铁路和专用公路占用耕地的,按照当地适用税额缴纳耕地占用税。选项C,农村居民经批准搬迁,新建自用住宅占用耕地不超过原宅基地面积的部分,免征耕地占用税。

17. 纳税义务人申报缴纳耕地占用税,其时限应当自缴纳义务发生之日起( )。

A. 一个月内 B. 15天内

C. 60天内 D. 30天内

【参考答案】 D

【答案解析】 纳税人应当自纳税义务发生之日起 30 日内申报缴纳耕地占用税。

18. 下列工程占用耕地，可减征耕地占用税的是(　　)。

A. 军用机场占用耕地　　B. 水利工程占用耕地

C. 边防管控设施占用耕地　　D. 军用输水管道占用耕地

【参考答案】 B

【答案解析】 选项 ACD，军事设施占用耕地，免征耕地占用税。选项 B，铁路线路、公路线路、飞机场跑道、停机坪、港口、航道、水利工程占用耕地，减按每平方米 2 元的税额征收耕地占用税。

19. 农村居民张某 2021 年 1 月经批准，在户口所在地占用耕地 2 500 平方米，其中 2 000 平方米用于种植中药材，500 平方米用于新建住宅(在规定用地标准内)。该地区耕地占用税单位税额为每平方米 30 元。张某应缴纳耕地占用税(　　)元。

A. 7 500　　B. 15 000

C. 37 500　　D. 75 000

【参考答案】 A

【答案解析】 农村居民在规定用地标准以内占用耕地新建自用住宅，按照当地适用税额减半征收耕地占用税。占用 2 000 平方米耕地种植中药材，不征收耕地占用税。张某应缴纳的耕地占用税＝500×30×50%＝7 500(元)。

20. 下列占用耕地的行为，不征收耕地占用税的是(　　)。

A. 农田水利占用耕地　　B. 医疗机构内职工住房占用耕地

C. 城区内机动车道占用耕地　　D. 专用铁路和铁路专用线占用耕地

【参考答案】 A

【答案解析】 选项 A，农田水利不论是否包含建筑物、构筑物占用耕地，均不属于耕地占用税征税范围，不征收耕地占用税。

二、多项选择题

1. 下列各项中，属于耕地占用税征税范围的有(　　)。

A. 占用菜地开发花圃　　B. 占用 2 年前的农用土地建造住宅区

C. 占用耕地开发食品加工厂　　D. 占用养殖的滩涂修建飞机场跑道

E. 城市绿化带

【参考答案】 BCD

【答案解析】 耕地占用税的征税范围，是纳税人为建房或从事其他非农业建设而占用的国家所有和集体所有的耕地。

2. 根据耕地占用税法律制度的规定，下列各项中，免征耕地占用税的有(　　)。

A. 福利机构占用耕地　　B. 城区内机动车道占用耕地

C. 军事设施占用耕地　　D. 医院内职工住房占用耕地

E. 农村超市占用耕地

【参考答案】 AC

【答案解析】 选项 B，公路线路占用应税土地，可以减按每平方米 2 元的税额标准缴纳耕地占用税；但专用公路和城区内机动车道占用应税土地的，按照当地适用税额缴纳耕地占用税。选项 D,医院内职工住房占用应税土地的,按照当地适用税额缴纳耕地占用税。选项 E,农村超市占用耕地需要按规定缴纳耕地占用税。

3. 某县直属中心医院,2021 年 5 月 6 日收到土地管理部门办理农用地手续的通知,占用耕地 9 万平方米,其中医院内职工住房占用果树园地 1.5 万平方米,占用养殖水面 1 万平方米,所占耕地适用的税额为 20 元/平方米。下列关于耕地占用税的说法,正确的有(　　)。

A. 该医院耕地占用税的计税依据是 2.5 万平方米

B. 该医院应缴纳耕地占用税 50 万元

C. 耕地占用税在纳税人获准占用耕地环节一次性课征

D. 养殖水面属于其他农用地,不属于耕地占用税征税范围

E. 该医院应缴纳耕地占用税 25 万元

【参考答案】 ABC

【答案解析】 县级以上人民政府卫生行政部门批准设立的医院内专用于提供医护服务的场所及配套设施是免征耕地占用税的,医院内职工住房占用耕地要正常缴税。耕地占用税计税依据是 2.5 万平方米,耕地占用税＝2.5×20＝50(万元)。经批准占用耕地的,耕地占用税纳税义务发生时间为纳税人收到土地管理部门办理占用农用地手续通知的当天。

4. 下列关于耕地占用税的说法中,正确的有(　　)。

A. 占用园地从事非农业建设,视同占用耕地征收耕地占用税

B. 减免耕地占用税后纳税人改变原占地用途、不再属于减免税情形的,应当补缴耕地占用税

C. 耕地占用税采用地区差别比例税率

D. 医院内职工住房占用耕地的,应按照当地适用税额缴纳耕地占用税

E. 福利机构占用耕地免税

【参考答案】 ABDE

【答案解析】 选项 C,耕地占用税采用地区差别定额税率,而非比例税率。

5. 根据耕地占用税法律制度的规定,下列各项中,免征耕地占用税的有(　　)。

A. 福利机构占用的耕地　　B. 铁路线路占用的耕地

C. 医疗机构占用的耕地　　D. 学校占用的耕地

E. 医院职工宿舍占用的耕地

【参考答案】 ACD

【答案解析】 选项 ACD,免征耕地占用税。选项 B,可以减按每平方米 2 元的税额标准征收耕地占用税,根据实际需要,履行法定批准手续后,可以免征或减征耕地占用税。选项 E,医院职工宿舍占用的耕地,不免耕地占用税。

6. 根据耕地占用税相关制度的规定,以下说法正确的有(　　)。

A. 依照规定免征或者减征耕地占用税后,纳税人改变原占地用途,不再属于免征减征耕地占用税情形的,应当按照当地适用税额补缴耕地占用税

B. 建设直接为农业生产服务的生产设施占用耕地的不征耕地占用税

C. 农民临时占用耕地可不缴纳耕地占用税

D. 农民占用耕地建房免征耕地占用税

E. 学校占用耕地不免耕地占用税

【参考答案】 AB

【答案解析】 选项C,纳税人临时占用耕地,应按照规定缴纳耕地占用税,在批准临时占用耕地期限内将所占耕地恢复原状的,全部退还已缴纳的耕地占用税。选项D,农民占用耕地建房,按当地适用税额减半征收耕地占用税。选项E,学校占用耕地免耕地占用税。

7. 下列关于耕地占用税的表述中,正确的有( )。

A. 占用耕地建设农田水利设施的,不征收耕地占用税

B. 耕地占用税的纳税义务发生时间为纳税人收到自然资源主管部门办理占用耕地手续的书面通知的当日

C. 航道占用耕地,减按每平方米2元的税额征收耕地占用税

D. 纳税人因建设项目施工临时占用耕地,应当按规定缴纳耕地占用税,其在批准临时占用耕地期满之日起1年内依法复垦,恢复种植条件的,减半退还已经缴纳的耕地占用税

E. 社会福利机构占用耕地,减半征收耕地占用税

【参考答案】 ABC

【答案解析】 选项D,纳税人因建设项目施工或者地质勘查临时占用耕地,应当按规定缴纳耕地占用税。纳税人在批准临时占用耕地期满之日起一年内依法复垦,恢复种植条件的,全额退还已经缴纳的耕地占用税。选项E,社会福利机构占用耕地,免征耕地占用税。

8. 根据耕地占用税法律制度的规定,下列各项中,可以免征耕地占用税的有( )。

A. 军用机场占用的耕地

B. 养老院为老人提供生活照顾场所占用的耕地

C. 幼儿园用于幼儿保育、教育场所占用的耕地

D. 学校内教职工住房占用的耕地

E. 医院内职工住房占用的耕地

【参考答案】 ABC

【答案解析】 免征耕地占用税的项目包括:军事设施、学校、幼儿园、养老院和医院占用耕地。

9. 根据耕地占用税法律制度的规定,下列各项中,可以免征耕地占用税的有( )。

A. 军用港口、码头占用的耕地

B. 福利机构为老人提供生活照顾场所占用的耕地

C. 幼儿园用于幼儿保育、教育场所占用的耕地

D. 水利工程占用的耕地

E. 公路线路占用的耕地

【参考答案】 ABC

【答案解析】 选项DE,铁路线路、公路线路、飞机场跑道、停机坪、港口、航道、水利工程占用耕地,减按2元/平方米的税额征收耕地占用税。

10. 下列各项中,应征收耕地占用税的有( )。

A. 停机坪占用耕地

B. 社会福利机构占用耕地

C. 港口占用耕地　　D. 居民建设占用耕地

E. 医院门诊大楼占用耕地

【参考答案】 ACD

【答案解析】 选项 B,社会福利机构占用耕地免征耕地占用税,停机坪、港口按 2 元/平方米的税额征收耕地占用税。选项 E,医院门诊大楼占用耕地免征耕地占用税。

11. 根据耕地占用税法律制度的规定,下列各项中,免征耕地占用税的有(　　)。

A. 工厂生产车间占用的耕地　　B. 军用公路专用线占用的耕地

C. 学校教学楼占用的耕地　　D. 医院职工住宅楼占用的耕地

E. 学校职工住宅楼占用的耕地

【参考答案】 BC

【答案解析】 选项 ADE,没有免征耕地占用税的优惠。

12. 根据耕地占用税法律制度的规定,下列各项中,免征耕地占用税的有(　　)。

A. 公立学校教学楼占用耕地　　B. 厂区内机动车道占用耕地

C. 军事设施占用耕地　　D. 医院内职工住房占用耕地

E. 公路线路占用耕地

【参考答案】 AC

【答案解析】 选项 BD,照章征收耕地占用税。选项 E,铁路线路、公路线路、飞机场跑道、停机坪、港口、航道、水利工程占用耕地,减按 2 元/平方米的税额征收耕地占用税。

13 耕地占用税是对在境内占用耕地建设建筑物、构筑物或从事其他非农业建设的单位个人,就其实际占用的耕地面积征收的一种税。其特点表述正确的有(　　)。

A. 属于对特定土地资源占用课税,具有资源税性质

B. 具有特定行为税的性质

C. 在占用耕地环节一次性课征

D. 采用地区差别比例税率

E. 由自然资源、农业农村和水利等相关部门负责征收

【参考答案】 ABC

【答案解析】 选项 D,耕地占用税采用的是地区差别幅度单位税额,不是比例税率。选项 E,耕地占用税由税务机关负责征收。

14. 下列属于耕地占用税征税范围的有(　　)。

A. 在滩涂上从事农业种植　　B. 占用苗圃用地建游乐园

C. 在鱼塘用地上建设厂房　　D. 占用耕地建农产品加工厂

E. 占用园地建房

【参考答案】 BCDE

【答案解析】 选项 A,在滩涂上从事农业种植,不属于耕地占用税征税范围,不征收耕地占用税。

15. 下列各项中,应征收耕地占用税的有(　　)。

A. 铁路线路占用耕地　　B. 学校占用耕地

C. 公路线路占用耕地　　D. 军事设施占用耕地

E. 桑园和其他种植经济林木的土地被占用建设水利工程

【参考答案】 ACE

【答案解析】 学校和军事设施占用的耕地免征耕地占用税。

16. 下列关于耕地占用税的表述,正确的有(　　)。

A. 耕地占用税由税务机关负责征收

B. 纳税人因建设项目施工或地质勘查临时占用耕地,应当缴纳耕地占用税

C. 纳税人在批准临时占用耕地的期满之日起一年内依法复垦,恢复种植条件的,全额退还已经缴纳的耕地占用税

D. 建设直接为农业生产服务的生产设施占用草地的,征收耕地占用税

E. 耕地占用税以纳税人实际占用的耕地面积为计税依据,按照规定的适用税额一次性征收

【参考答案】 ABCE

【答案解析】 占用园地、林地、草地、农田水利用地、养殖水面、渔业水域滩涂以及其他农用地建设建筑物、构筑物或者从事非农业建设的,依照规定征收耕地占用税。选项 D,建设直接为农业生产服务的生产设施占用规定的农用地的,不征收耕地占用税。

17. 下列关于耕地占用税纳税义务发生时间的表述,正确的有(　　)。

A. 医疗机构未经批准改变用途,为相关部门认定用途改变之日

B. 经批准占用耕地,为收到相关部门建设用地批准书之日

C. 因挖损、污染毁损耕地的,为相关部门认定毁损之日

D. 军事设施经批准改变用途的,为收到相关部门批准文件之日

E. 企业未经批准占用耕地,为相关部门认定纳税人实际占用之日

【参考答案】 ACDE

【答案解析】 选项 B,经批准占用耕地,耕地占用税的纳税义务发生时间为纳税人收到自然资源主管部门办理占用耕地手续的书面通知的当日。

18. 关于耕地占用税的征收管理,下列说法正确的有(　　)。

A. 免税学校内的经营性场所占用耕地,按当地适用税额缴纳耕地占用税

B. 占用基本农田的,按照确定的当地适用税额加按 150%征收

C. 纳税义务发生时间为纳税人收到自然资源主管部门办理占用耕地手续书面通知当日

D. 自纳税义务发生之日起 10 日申报纳税

E. 耕地占用税的征收管理,依照《中华人民共和国耕地占用税法》和《中华人民共和国税收征收管理法》的规定执行

【参考答案】 ABCE

【答案解析】 选项 D,纳税人应当自纳税义务发生之日起 30 日内申报缴纳耕地占用税。

19. 下列关于耕地占用税征收管理的说法,正确的有(　　)。

A. 纳税人在批准临时占用耕地期满之日起一年内依法复垦,恢复种植条件的,全额退还已缴耕地占用税

B. 纳税人占用耕地的,应当在耕地所在地申报纳税

C. 土地管理部门在通知单位办理占用耕地手续时，应当同时通知耕地所在地上级税务机关

D. 耕地占用税的纳税义务发生时间为纳税人收到自然资源主管部门办理占用耕地手续的书面通知的当天

E. 纳税人应当自纳税义务发生之日起 15 日内申报缴纳耕地占用税

【参考答案】 ABD

【答案解析】 选项 C，土地管理部门在通知单位办理占用耕地手续时，应当同时通知耕地所在地同级税务机关。选项 E，纳税人应当自纳税义务发生之日起 30 日内申报缴纳耕地占用税。

20. 下列用地行为，应征收耕地占用税的有（ ）。

A. 农田水利占用耕地　　B. 企业新建厂房占用耕地

C. 修建专用公路占用耕地　　D. 飞机场修建跑道占用耕地

E. 新建住宅和办公楼占用林地

【参考答案】 BCDE

【答案解析】 在中华人民共和国境内占用耕地建设建筑物、构筑物或者从事非农业建设的单位和个人，为耕地占用税的纳税人，应当依照《中华人民共和国耕地占用税法》规定缴纳耕地占用税。农田水利占用耕地的，不征收耕地占用税。铁路线路、公路线路、飞机场跑道、停机坪、港口、航道、水利工程占用耕地，减按每平方米 2 元的税额征收耕地占用税。专用公路占用耕地的，按照当地适用税额缴纳耕地占用税。

三、判断题

1. 耕地占用税的征税对象是指占用土地建房和从事其他非农业建设的行为。（ ）

【参考答案】 错误

【答案解析】 在中华人民共和国境内占用耕地建设建筑物、构筑物或者从事非农业建设的单位和个人，为耕地占用税的纳税人，应当缴纳耕地占用税。

2. 占用基本农田的，应当按照当地适用税额，加按 150%征收耕地占用税。（ ）

【参考答案】 正确

【答案解析】《中华人民共和国耕地占用税法》第六条规定，占用基本农田的，应当按照本法第四条第二款或者第五条确定的当地适用税额，加按 150%征收。

3. 建设直接为农业生产服务的生产设施占用税法规定的农用地的，不征收耕地占用税。（ ）

【参考答案】 正确

【答案解析】《中华人民共和国耕地占用税法》规定，建设直接为农业生产服务的生产设施占用税法规定的农用地的，不征收耕地占用税。

4. 某农场占用苗圃修建水渠，不缴纳耕地占用税。（ ）

【参考答案】 正确

【答案解析】 建设直接为农业生产服务的生产设施（水渠）占用农用地的，不征收耕地占用税。

5. 疗养院等免征耕地占用税。（ ）

【参考答案】 错误

【答案解析】 免税的养老院,具体范围限于经批准设立的养老院内专门为老年人提供生活照顾的场所。

6.耕地占用税按年缴纳。( )

【参考答案】 错误

【答案解析】 耕地占用税是一次性征收,不是每年都交。

7.耕地占用税以每亩为计量单位。( )

【参考答案】 错误

【答案解析】 耕地占用税以纳税人占用耕地的面积为计税依据,以平方米为计量单位。

8.医院内职工住房占用耕地的,免征耕地占用税。( )

【参考答案】 错误

【答案解析】 医疗机构内职工住房占用耕地的,应按规定缴纳耕地占用税。但需注意医疗机构占用耕地可享受免征耕地占用税的优惠。

9.纳税人在批准临时占用耕地期满之日起半年内依法复垦,恢复种植条件的,全额退还已经缴纳的耕地占用税。( )

【参考答案】 错误

【答案解析】 纳税人在批准临时占用耕地期满之日起1年内依法复垦,恢复种植条件的,全额退还已经缴纳的耕地占用税。

10.经批准占用耕地的,耕地占用税纳税义务发生时间为收到相关部门建设用地批准书的当日。( )

【参考答案】 错误

【答案解析】 耕地占用税的纳税义务发生时间为纳税人收到自然资源主管部门办理占用耕地手续的书面通知的当日。

11.占用基本农田的,应当按照当地适用税额加按200%征收耕地占用税。( )

【参考答案】 错误

【答案解析】 占用基本农田的,应当按照当地适用税额加按150%征收耕地占用税。

12.农村烈士遗属,在规定用地标准以内新建自用住宅,减半征收耕地占用税。( )

【参考答案】 错误

【答案解析】 农村烈士遗属,在规定用地标准以内新建自用住宅占用耕地,免征耕地占用税。

四、计算题

(一)甲县乙村的村委会为适应新时期发展要求,在抓好农业生产的同时,利用自有资源多措并举发展生态产业,为农民解决急难愁盼问题,促进乡村全面振兴。通过兴建生态产业园、修路、建堤等措施,进一步提升村民的幸福感。经向当地政府及自然资源主管部门批准,2021年开展如下建设发展项目。

(1)2021年3月,占用耕地20 000平方米建设集养殖、加工、销售为一体的生态农家产业园,其中15 000平方米用于建造猪舍,2 000平方米用于建造屠宰车间,1 000平方米建造销售门市部,1200平方米建设小型农家乐,800平方米为其他村外来打工的农民建造宿舍。

(2)2021 年 5 月,为了农家产业园的后续发展,该村委会对 2 条“村村通”公路进行了加宽加固,在修建两侧边沟时共占用耕地 2 500 平方米。

(3)2021 年 5 月,乙村丁屯村民代表向村委会反映,丁屯共有 1 000 亩耕地处于低洼地段,排水困难,作物连年歉收。经请示有关部门批准,占用 500 平方米基本农田建设排涝工程。

(4)2021 年 9 月,从部队退役的本村村民赵某,家中人口 3 人,原有住房拥挤,拟自建住宅。村委会为扶持退役士兵积极协调宅基地审批,赵某获批占用耕地 100 平方米新建住宅。

已知:乙村所在县规定,辖区内农民宅基地标准为每人 30 平方米,乙村适用的耕地占用税定额税率为每平方米 18 元。乙村所在省规定,符合条件的增值税小规模纳税人(不含个体工商户、其他个人)按 50%的幅度减免“六税两费”税额,其他单位不享受此优惠。

要求:根据上述资料,分析回答下列问题。

1. 乙村村委会建设生态农家产业园应缴纳的耕地占用税税额是(　　)元。

A. 72 000　　B. 75 600

C. 90 000　　D. 360 000

【参考答案】 C

【答案解析】 乙村委会建设生态农家产业园应缴纳的耕地占用税税额=(2 000+1 000+1 200+800)×18=90 000(元)。

2. 乙村村委会扩建“村村通”公路时修建两侧边沟应缴纳的耕地占用税税额是(　　)元。

A. 5 000　　B. 7 500

C. 15 000　　D. 67 500

【参考答案】 A

【答案解析】 建“村村通”时修建两侧边沟属于耕地占用税按 2 元征收范围,应纳税额=2 500×2=5 000(元)。

3. 乙村村委会修建排涝工程应缴纳的耕地占用税税额是(　　)元。

A. 0　　B. 1 000

C. 9 000　　D. 13 500

【参考答案】 B

【答案解析】 乙村委会修建排涝工程应缴纳的耕地占用税税额=500×2=1 000(元)。

4. 赵某新建住宅应缴纳的耕地占用税税额是(　　)元。

A. 0　　B. 900

C. 990　　D. 1 800

【参考答案】 C

【答案解析】 农村居民在规定用地标准以内占用耕地新建自用住宅,按照当地适用税额减半征收耕地占用税;其中农村居民经批准搬迁,新建自用住宅占用耕地不超过原宅基地面积的部分,免征耕地占用税。赵先生新建住宅应缴纳的耕地占用税=90×18×50%+10×18=990(元)。

5. 2021 年乙村委会合计应缴纳的耕地占用税税额是(　　)元。

A. 93 000　　B. 96 000

C. 96 600　　D. 114 000

【参考答案】 B

【答案解析】 2021 年乙村委会合计应缴纳的耕地占用税税额＝90 000＋5 000＋1 000＝96 000(元)。

(二)某县私营养殖企业,登记为增值税一般纳税人,占用土地建设奶牛养殖场,建设期间自 2021 年 3 月至 2021 年 10 月。

(1)2021 年 3 月,建设养殖场占地情况:占用耕地 2 000 平方米(其中基本农田 600 平方米,非基本农田 1 400 平方米),人工牧草地 2 000 平方米。

(2)2021 年 3 月,经批准,占用人工牧草地 300 平方米建造房屋,其中养殖管理必需的仓库 200 平方米,产品展示厅 100 平方米。

(3)2021 年 3 月,经批准,建设期间临时占用耕地(非基本农田)200 平方米,2022 年 5 月,经相关部门联合验收,建设期临时占用耕地已经恢复,达到可种植条件。

已知:该地区耕地占用税适用税额为 32 元/m^2,草地适用税额为 26 元/m^2。

要求:根据上述资料,分析回答下列问题。

1. 该企业 2021 年 3 月占用基本农田应缴纳的耕地占用税是(　　)元。

A. 9 600　　B. 19 200

C. 28 800　　D. 38 400

【参考答案】 C

【答案解析】 占用基本农田的,应当按照本法第四条第二款或者第五条确定的当地适用税额,加按百分之一百五十征收。占用基本农田应缴纳耕地占用税＝600×32×150%＝28 800(元)。

2. 该企业 2021 年 3 月占用非基本农田应缴纳的耕地占用税是(　　)元。

A. 6 400　　B. 44 800

C. 51 200　　D. 76 800

【参考答案】 C

【答案解析】 占用基本农田应缴纳耕地占用税＝1 400×32＋200×32＝51 200(元)。

3. 该企业 2021 年 3 月占用人工牧草地应缴纳的耕地占用税是(　　)元。

A. 2 600　　B. 7 800

C. 11 700　　D. 59 800

【参考答案】 A

【答案解析】 直接为农业生产服务的生产设施包含畜禽养殖设施和农业生产者从事生产必需的管理设施,占用人工牧草地 2 000 平方米建设畜禽养殖设施,不缴纳耕地占用税,占用 200 平方米人工牧草地建设养殖必需的仓库,不缴纳耕地占用税。该企业 2021 年 3 月占用人工牧草地应缴纳的耕地占用税＝100×26＝2 600(元)。

4. 该企业 2022 年 5 月可申请退还的耕地占用税是(　　)元。

A. 0　　B. 3 200

C. 5 200　　D. 6 400

【参考答案】 D

【答案解析】 纳税人在批准临时占用耕地期满之日起一年内依法复垦，恢复种植条件的，全额退还已经缴纳的耕地占用税。该企业建设期经批准临时占用耕地，占用期满(2021年10月)至依法复垦时间(2022年5月)不超过一年，应退还的耕地占用税＝200×32＝6 400(元)。

第十二章　环境保护税

一、单项选择题

1. 下列关于环境保护税税率说法正确的是（　　）。

A. 环境保护税采用浮动定额税率

B. 环境保护税中对于应税大气污染物和水污染物适用税额的确定和调整由省、自治区、直辖市人民政府统筹考虑，在规定的税额幅度内提出

C. 环境保护税全部应税污染物适用税额的确定和调整均需国家税务总局决定

D. 环境保护税全部应税污染物适用税额的确定和调整均需报国务院备案

【参考答案】 B

【答案解析】 应税污染物的适用税率有两种：一是全国统一定额税，二是浮动定额税。对应税大气污染物和水污染物规定了幅度定额税率，具体适用税额的确定和调整由省、自治区、直辖市人民政府统筹考虑本地区环境承载能力、污染物排放现状和经济社会生态发展目标要求，在《环境保护税税目税额表》规定的税额幅度内提出，报同级人民代表大会常务委员会决定，并报全国人民代表大会常务委员会和国务院备案。

2. 下列各项中，免征环境保护税的是（　　）。

A. 企业向依法设立的污水集中处理场所排放应税污染物

B. 农业生产（不包括规模化养殖）排放应税污染物的

C. 依法设立的城乡生活垃圾集中处理场所超过规定的排放标准向环境排放应税污染物

D. 纳税人排放应税大气污染物的浓度值低于规定的污染物排放标准 50%

【参考答案】 B

【答案解析】 选项 A，不属于直接向环境排放污染物，不缴纳相应污染物的环境保护税。选项 B，根据《中华人民共和国环境保护税法》第十三条的规定，农业生产（不包括规模化养殖）排放应税污染物的，暂予免征环境保护税；依法设立的城乡污水集中处理、生活垃圾集中处理场所排放相应应税污染物，不超过国家和地方规定的排放标准的，暂予免征环境保护税。选项 C，应当依法缴纳环境保护税。选项 D，纳税人排放应税大气污染物或者水污染

物的浓度值低于国家和地方规定的污染物排放标准50%的，减按50%征收环境保护税。

3. 某钢铁生产企业2022年6月冶炼钢铁过程中，产生冶炼渣80吨，其中按照国家和地方环境保护标准综合利用30吨。已知冶炼渣的税额为每吨25元，则该钢铁企业2022年6月应缴纳环境保护税为(　　)元。

A. 7 500　　B. 1 250

C. 1 500　　D. 2 000

【参考答案】 B

【答案解析】 固体废物的排放量为当期应税固体废物的产生量减去当期应税固体废物的贮存量、处置量、综合利用量的余额。应缴纳环境保护税＝(80－30)×25＝1 250(元)。

4. 某牧业有限公司2022年8月猪、牛月存栏数分别为600头和200头，牛的污染当量值是0.1头，猪的污染当量值是1头。假设当地水污染物适用税额为每污染当量1.6元。该公司当月应缴纳环境保护税(　　)元。

A. 620　　B. 1 280

C. 320　　D. 4 160

【参考答案】 D

【答案解析】 污染当量数＝污染排放特征值÷污染当量值。牛的污染当量数＝200÷0.1＝2 000；猪的污染当量数＝600÷1＝600。该公司当月应缴纳环境保护税＝1.6×(2 000＋600)＝4 160(元)。

5. 甲化工厂是环境保护税纳税人，该厂仅有1个污水排放口且直接向河流排放污水，已安装使用符合国家规定和监测规范的污染物自动监测设备。检测数据显示，该排放口2022年5月共排放污水3万立方米，应税污染物为总铅，浓度为总铅0.6mg/L。已知该厂所在省的水污染物税率为3.6元/污染当量，总铅的污染当量值为0.025。该化工厂5月应缴纳环境保护税(　　)元。(1立方米＝1 000L)

A. 2 880　　B. 2 592

C. 480　　D. 240

【参考答案】 B

【答案解析】 已知污水排放量，应先进行换算，得出应税污染物的排放数量。总铅污染当量数＝污水排放总量×浓度值÷当量值＝30 000×0.6÷1 000÷0.025＝720，应纳税额＝720×3.6＝2 592(元)。

6. 下列关于环境保护税税收优惠的表述，不正确的是(　　)。

A. 农业生产(不包括规模化养殖)排放应税污染物的，暂予免征环境保护税

B. 依法设立的生活垃圾集中处理场所排放相应应税污染物，不超过国家和地方规定的排放标准的，暂予免征环境保护税

C. 机动车、铁路机车等流动污染源排放应税污染物的，暂予免征环境保护税

D. 纳税人排放应税大气污染物或者水污染物的浓度值低于国家和地方规定的污染物排放标准30%的，减按50%征收环境保护税

【参考答案】 D

【答案解析】 纳税人排放应税大气污染物或者水污染物的浓度值低于国家和地方规定

的污染物排放标准30%的，减按75%征收环境保护税。

7. 下列各项不属于环境保护税征税对象的是(　　)。

A. 大气污染物

B. 水污染物

C. 固体废物

D. 依法对畜禽养殖废弃物进行综合利用和无害化处理

【参考答案】 D

【答案解析】 环境保护税的征税对象为应税污染物，是《中华人民共和国环境保护税法》所附《环境保护税税目税额表》《应税污染物和当量值表》规定的大气污染物、水污染物、固体废物和噪声。依法对畜禽养殖废弃物进行综合利用和无害化处理的，不属于直接向环境排放污染物，不缴纳环境保护税。

8. 下列情形中应缴纳环境保护税的是(　　)。

A. 企业、事业单位处置固定废物不符合国家和地方环境保护税标准的

B. 企业、事业单位向依法设立的污水集中处理场所排放应税污染物的

C. 其他生产经营者在符合国家和地方环境保护标准的设施、场所贮存固体废物的

D. 其他生产经营者向依法设立的生活垃圾集中处理场所排放应税污染物的

【参考答案】 A

【答案解析】 企业、事业单位和其他生产经营者贮存或者处置固定废物不符合国家和地方环境保护标准的，应当缴纳环境保护税。

9. 下列污染物中，不属于环境保护税征税对象的是(　　)。

A. 大气污染物　　B. 噪声污染

C. 固体废物　　D. 光污染

【参考答案】 D

【答案解析】 环境保护税的征税对象为应税污染物，是《中华人民共和国环境保护税法》所附《环境保护税税目税额表》《应税污染物和当量值表》规定的大气污染物、水污染物、固体废物和噪声。

10. 根据规定，纳税人排放应税大气污染物或者水污染物的浓度值低于国家和地方规定的污染物排放标准50%的，征收环境保护税可减按的优惠比例为(　　)。

A. 50%　　B. 30%

C. 75%　　D. 55%

【参考答案】 A

【答案解析】 纳税人排放应税大气污染物或者水污染物的浓度值低于国家和地方规定的污染物排放标准50%的，减按50%征收环境保护税。

11. 环境保护税的申报缴纳期限是(　　)。

A. 15日　　B. 一个月

C. 一个季度　　D. 一年

【参考答案】 C

【答案解析】 环境保护税按月计算，按季申报缴纳。

12. 根据环境保护税规定,纳税人缴纳环境保护税的纳税地点是(　　)。

A. 应税污染物排放单位机构所在地的税务机关

B. 应税污染物排放地的税务机关

C. 扣缴义务人所在地的税务机关

D. 应税污染物排放地的上级税务机关

【参考答案】 B

【答案解析】 纳税人应当向应税污染物排放地的税务机关申报缴纳环境保护税。

13. 关于环境保护税计税依据,下列说法正确的是(　　)。

A. 应税噪声以分贝数为计税依据

B. 应税水污染物以污染物排放量折合的污染当量数为计税依据

C. 应税固体废物按照固体废物产生量为计税依据

D. 应税大气污染物排放量为计税依据

【参考答案】 B

【答案解析】 选项 A,应税噪声的计税依据按照超过国家规定标准的分贝数确定。选项 C,应税固体废物的计税依据照固体废物的排放量确定。选项 D,应税大气污染物的计税依据按照污染物排放量折合的污染当量数确定。

14. 下列行为免征环境保护税的是(　　)。

A. 符合国家和地方环境保护标准的综合利用固体废物

B. 生活垃圾填埋场排放应税污染物

C. 规模化养殖场排放应税污染物

D. 水泥厂排放应税大气污染物的浓度值低于国家和地方规定的污染物排放标准50%的

【参考答案】 A

【答案解析】 选项 BC,不符合免征环境保护税的规定。选项 D,纳税人排放应税大气污染物或者水污染物的浓度值低于国家和地方规定的污染物排放标准 50%的,减按 50%征收环境保护税。

15. 甲企业 2021 年 3 月在生产过程中产生固体废物 600 吨,其中按照国家和地方环境保护标准综合利用 200 吨。已知每吨固体废物的税额是 5 元。该企业排放固体废物应缴纳环境保护税(　　)元。

A. 1 000　　　　B. 2 000

C. 4 000　　　　D. 3 000

【参考答案】 B

【答案解析】 应税固体废物的应纳税额=(产生量－贮存量－处置量－综合利用量)×单位税额=(600－200)×5=2 000(元)。

16. 下列关于环境保护税纳税人和征税对象的表述,错误的是(　　)。

A. 在某小区装修新房并产生噪声的房主刘某是环境保护税的纳税人

B. 在北京市从事餐饮服务并直接向环境排放水污染物的饭店是环境保护税的纳税人

C. 依法设立的城乡污水集中处理、生活垃圾集中处理场所超过国家和地方规定的排放

标准向环境排放的应税污染物,应当缴纳环境保护税

D. 存栏量为 1 000 头奶牛的养殖场排放应税污染物,应当缴纳环境保护税

【参考答案】 A

【答案解析】 征收环境保护税的应税噪声目前只包括工业噪声。

17. 甲企业 2021 年 12 月产生冶炼渣 500 吨、粉煤灰 200 吨、其他废物中的半固态废物 300 吨,其中综合利用的冶炼渣和粉煤灰共 200 吨(符合国家和地方环境保护标准),在符合国家和地方环境保护标准的设施贮存其他废物中的半固态废物 50 吨,同时处置粉煤灰 20 吨,适用税额为 25 元/吨。甲企业当月固体废物应缴纳环境保护税(　　)元。

A. 18 250　　B. 18 750

C. 20 000　　D. 21 250

【参考答案】 A

【答案解析】 应税固体废物的排放量为当期应税固体废物的产生量减去当期应税固体废物贮存量、处置量、综合利用量的余额。甲企业当月固体废物应缴纳环境保护税=[(500+200+300)-(200+50+20)]×25=18 250(元)。

18. 下列有关环境保护税减免税规定,说法正确的是(　　)。

A. 农业生产规模化养殖排放的应税污染物免征环境保护税

B. 机动车、铁路机车、道路移动机械、船舶和航空器等流动污染源排放的应税污染物免征环境保护税

C. 纳税人排放应税大气污染物的浓度值低于国家和地方规定的污染物排放标准 30%的,减按 70%征收环境保护税

D. 纳税人排放应税水污染物的浓度值低于国家和地方规定的污染物排放标准 50%的,减按 50%征收环境保护税

【参考答案】 D

【答案解析】 选项 A,农业生产(不包括规模化养殖)排放应税污染物的免征环境保护税。选项 B,机动车、铁路机车、非道路移动机械、船舶和航空器等流动污染源排放应税污染物的暂免征收环境保护税。选项 C,纳税人排放应税大气污染物或者水污染物的浓度值低于国家和地方规定的污染物排放标准 30%的,减按 75%征收环境保护税。

19. 根据环境保护税的规定,下列各项中,不属于环境保护税征税范围的是(　　)。

A. 工业噪声　　B. 电磁辐射

C. 尾矿　　D. 冶炼渣

【参考答案】 B

【答案解析】 环境保护税的征税范围是法定的大气污染物、水污染物、固体废物和噪声。

20. 根据环境保护税的规定,下列情形中,应征收环境保护税的是(　　)。

A. 企业综合利用的固体废物,符合国家和地方环境保护标准

B. 机动车等流动污染源排放应税污染物

C. 依法设立的生活垃圾集中处理场所在国家和地方规定排放标准内排放应税污染物

D. 规模化养殖排放应税污染物

【参考答案】 D

【答案解析】 选项ABC,免征环境保护税。选项D,农业生产排放应税污染物的,一般免征环境保护税,但规模化养殖排放应税污染物,应征收环境保护税。

21. 下列选项中,属于环境保护税征税范围的是( )。

A. 某造纸厂将污水集中排放到依法设立的污水处理厂

B. 飞机场因飞机起落产生的超标噪声

C. 居民个人丢弃的生活垃圾

D. 某集体供热公司在居民采暖期间直接向环境排放的大气污染物

【参考答案】 D

【答案解析】 选项A,不属于直接向环境排放污染物,不属于征税范围。选项B,交通噪声不属于环境保护税的征税范围。选项C,居民个人不属于环境保护税的纳税人,其排放的生活垃圾不属于环境保护税征税范围。

22. 下列污染物中,不属于环境保护税征收范围的是( )。

A. 建筑施工噪声　　B. 二氧化硫

C. 煤矸石　　D. 氮氧化物

【参考答案】 A

【答案解析】 目前只对工业企业噪声超标的情况征收环境保护税。

23. 2022年5月,甲公司产生炉渣400吨,其中80吨贮存在符合国家和地方环境保护标准的设施中,100吨综合利用且符合国家和地方环境保护标准,其余的直接倒弃于周边空地。已知,炉渣环境保护税税率为25元/吨。甲公司当月所产生炉渣应缴纳环境保护税税额( )元。

A. 5 500　　B. 10 000

C. 7 500　　D. 8 000

【参考答案】 A

【答案解析】 应税固体废物的计税依据按照固体废物的排放量确定。应税固体废物的排放量为当期应税固体废物的产生量减去当期应税固体废物的贮存量、处置量、综合利用量的余额。甲公司当月所产生炉渣应缴纳环境保护税=(400-80-100)×25=5 500(元)。

24. 某养殖场2022年2月养牛平均存栏量为100头,污染当量值为0.1头,假设当地水污染物适用税额为每污染当量2.8元,该养殖场当月应纳环境保护税税额( )元。

A. 0　　B. 28

C. 280　　D. 2 800

【参考答案】 D

【答案解析】 畜禽养殖业水污染物的污染当量数=月均存栏量,污染当量值=100÷0.1=1 000,应纳税额=1 000×2.8=2 800(元)。

25. 某企业是环境保护税的纳税人,该企业有一个污水排放口,2022年2月排放总铅600千克,污染当量值0.025千克,假定其所在省公布的环境保护税税率为每污染当量4.2元,则该企业应纳的环境保护税为( )元。

A. 2 520　　B. 35 000

C. 63 000　　　　　　　　　　　　　　D. 100 800

【参考答案】 D

【答案解析】 应税水污染物污染当量数＝污染物排放量÷污染当量值＝600÷0.025＝24 000。应纳环境保护税＝污染当量数×具体适用税额＝24 000×4.2＝100 800(元)。

26. 某企业2022年2月向大气排放汞及其化合物5千克,汞及其化合物的污染当量值为0.000 1千克,假定当地大气污染物每污染物当量适用税额为8元。该企业当月应缴纳环境保护税(　　)万元。

A. 80　　　　　　　　　　　　　　　B. 4

C. 40　　　　　　　　　　　　　　　D. 20

【参考答案】 C

【答案解析】 污染当量数＝该污染物的排放值÷该污染物的污染当量值＝5÷0.000 1＝50 000,应纳税额＝污染当量数×适用税额＝50 000×8＝400 000(元),即40万元。

27. 下列关于环境保护税计税依据的说法中,正确的是(　　)。

A. 大气污染物应当按照污染当量数从大到小排序,对前三项污染物征收环境保护税

B. 第一类水污染物按照污染当量数从大到小排序,对前三项污染物征收环境保护税

C. 其他类水污染物按照污染当量数从大到小排序,对前五项污染物征收环境保护税

D. 固体废物按照当期固体废物的产生量征收环境保护税

【参考答案】 A

【答案解析】 选项B,第一类水污染物按照污染当量数从大到小排序,对排在前五项的征收环境保护税。选项C,其他类水污染物按照污染当量数从大到小排序,对排在前三项的征收环境保护税。选项D,固体废物按照当期固体废物的排放量作为计税依据,当期固体废物的排放虽＝当期固体废物的产生量－当期固体废物的综合利用量－当期固体废物的贮存量－当期固体废物的处置量。

28. 某工业企业只有一个生产场所,昼夜生产,生产时产生噪声均为70分贝,《工业企业厂界环境噪声排放标准》规定昼间排放限值为55分贝、夜间的噪声排放限值为45分贝,当月超标天数为昼间25昼,夜间12夜。已知超标13－15分贝对应的税额为每月5 600元,超标16分贝以上对应的税额为每月11 200元。该企业当月噪声污染应缴纳环境保护税(　　)元。

A. 5 600　　　　　　　　　　　　　　B. 8 400

C. 11 200　　　　　　　　　　　　　D. 16 800

【参考答案】 C

【答案解析】 昼间超标分贝数:70－55＝15(分贝)夜间超标分贝数:70－45＝25(分贝)。噪声声源一个月内累计昼间超标不足15昼或者累计夜间超标不足15夜的,分别减半计算应纳税额。该企业当月噪声污染应缴纳环境保护＝5 600＋11 200×50%＝11 200(元)。

29. 某工业企业常年向环境排放一氧化碳。2022年4月直接向环境排放的一氧化碳经自动监测设备监测的排放量为35 000千克,浓度值为规定的污染物排放标准的45%,已知一氧化碳污染当量值为16.7千克,当地大气污染物税额标准为5元/污染当量,该工业企业当月应缴纳环境保护税(　　)元。

A. 10 479.04　　B. 5 239.52
C. 3 143.71　　D. 7 859.28

【参考答案】 B

【答案解析】 纳税人排放应税大气污染物或者水污染物的浓度值低于国家和地方规定的污染物排放标准 50%的，减按 50%征收环境保护税。当月应缴纳环境保护税＝35 000÷16.7×5×50%＝5 239.52(元)。

二、多项选择题

1. 下列关于应税污染物计税依据的说法，正确的有(　　)。

A. 应税大气污染物按污染物排放量折合的污染当量数确定

B. 应税水污染物的污染当量数，以该污染物的排放量除以该污染物的污染当量值计算

C. 应税固体废物按照固体废物的排放量确定

D. 固体废物的排放量为当期应税固体废物的产生量加上当期应税固体废物的贮存量、处置量、综合利用量

E. 应税固体废物按照固体废物的排放量折合的污染当量数确定

【参考答案】 ABC

【答案解析】 选项 D，固体废物的排放量为当期应税固体废物的产生量减去当期应税固体废物的贮存量、处置量、综合利用量的余额。选项 E，应税固体废物按照固体废物的排放量确定。

2. 下列关于环境保护税的征收管理规定，说法正确的有(　　)。

A. 纳税义务发生时间为纳税人排放应税污染物的当日

B. 纳税人应当向机构所在地的税务机关申报缴纳环境保护税

C. 环境保护税按月计算，按季申报缴纳

D. 纳税人按季申报缴纳的，应当自季度终了之日起 15 日内，向税务机关办理纳税申报并缴纳税款

E. 纳税义务发生时间为纳税人排放应税污染物的当月

【参考答案】 ACD

【答案解析】 选项 B，纳税人应当向应税污染物排放地的税务机关申报缴纳环境保护税。选项 E，纳税义务发生时间为纳税人排放应税污染物的当日。

3. 环境保护税的计税单位有(　　)。

A. 每污染当量　　B. 每吨
C. 每头　　D. 每千克
E. 每升

【参考答案】 AB

【答案解析】 环境保护税的计税单位包括每污染当量、每吨、超标分贝。

4. 下列各项中，属于环境保护税征税范围，应缴纳环境保护税的有(　　)。

A. 工业噪声

B. 大气污染物

C. 事业单位向依法设立的污水集中处理场所排放应税污染物

D. 固体废物

E. 大楼外墙产生的光学污染

【参考答案】 ABD

【答案解析】 选项C,企事业单位和其他生产经营者向依法设立的污水集中处理、生活垃圾集中处理场所排放应税污染物的,不属于直接向环境排放污染物,不缴纳相应污染物的环境保护税。选项E,大楼外墙产生的光学污染不属于环境保护税征税范围。

5. 关于环境保护税,下列说法正确的有(　　)。

A. 环境保护税是原有的排污费“费改税”平移过来的税收

B. 政府机关、家庭和个人如果有排放污染物的行为,也属于环境保护税的纳税人

C. 环境保护税税率为定额税率,且实行统一定额税和浮动定额税相结合的税额标准

D. 环境保护税的征税环节是生产销售环节

E. 环境保护税收入全部归地方

【参考答案】 ACE

【答案解析】 选项B,直接向环境排放应税污染物的企业事业单位和其他生产经营者为环境保护税的纳税人,政府机关、家庭和个人即便有排放污染物的行为,也不属于环境保护税的纳税人。选项D,环境保护税的征税环节不是生产销售环节,也不是消费使用环节,而是直接向环境排放应税污染物的排放环节。

6. 关于环境保护税税目,下列说法正确的有(　　)。

A. 二氧化碳属于应税大气污染物　　B. 危险废物属于应税固体废物

C. 石棉尘属于应税大气污染物　　D. 交通噪声属于应税噪声污染

E. 总汞属于水污染物

【参考答案】 BCE

【答案解析】 选项A,二氧化碳不属于应税污染物。选项D,目前只对工业企业厂界噪声超标的情况征收环境保护税。

7. 下列各项中,由省、自治区、直辖市人民政府统筹考虑后在规定的幅度内按照规定程序确定具体适用税额的有(　　)。

A. 装修公司施工产生的超标噪声　　B. 燃烧产生废气中的颗粒物

C. 粉煤灰　　D. 光源污染

E. 医院排放水污染物

【参考答案】 BE

【答案解析】 应税大气污染物和水污染物的具体适用税额的确定和调整,由省、自治区、直辖市人民政府统筹考虑本地区环境承载能力、污染物排放现状和经济社会生态发展目标要求,在《环境保护税税目税额表》规定的税额幅度内提出,报同级人民代表大会常务委员会决定,并报全国人民代表大会常务委员会和国务院备案。选项A,目前只对工业企业厂界噪声超标的情况征收环境保护税。选项C,粉煤灰属于固体废物。选项D,光源污染不属于环境保护税的征税范围。

8. 根据环境保护税的规定,下列情形中,应缴纳环境保护税的有(　　)。

A. 煤厂处置固体废物不符合国家和地方环境保护标准

B. 热电厂在符合国家和地方环境保护标准的场所贮存固体废物

C. 机动车辆排放尾气

D. 依法设立的城乡污水集中处理场所超过国家和地方规定的排放标准向环境排放应税污染物

E. 达到省级人民政府确定的规模标准并且有污染物排放口的畜禽养殖场依法对畜禽养殖废弃物进行综合利用和无害化处理

【参考答案】 AD

【答案解析】 选项 BE,不属于直接向环境排放应税污染物,不缴纳环境保护税。选项 C,免征环境保护税。

9. 下列关于应税污染物计税依据及应纳税额计算的说法,正确的有(　　)。

A. 应税大气污染物、水污染物的计税依据按照污染物排放量折合的污染当量数确定

B. 污染当量数,以该污染物的排放量乘以该污染物的污染当量值计算

C. 应税固体废物的计税依据按照固体废物的排放量确定

D. 固体废物的排放量为当期应税固体废物的产生量加上当期应税固体废物的贮存量、处置量、综合利用量

E. 非法倾倒应税固体废物,应以其当期应税固体废物的产生量作为固体废物的排放量

【参考答案】 ACE

【答案解析】 选项 B,应税大气污染物、水污染物的污染当量数,以该污染物的排放量除以该污染物的污染当量值计算。选项 D,固体废物的排放量为当期应税固体废物的产生量减去当期应税固体废物的贮存量、处置量、综合利用量的余额。

10. 下列关于噪声征收环境保护税的说法,正确的有(　　)。

A. 应税噪声的计税依据按照国家规定标准的分贝数确定

B. 一个单位边界上有多处噪声超标,根据最高一处超标声级计算应纳税额

C. 一个单位有不同地点作业场所,应当分别计算应纳税额,合并计征

D. 昼、夜均超标的环境噪声,昼、夜分别计算应纳税额,累计计征

E. 声源 1 个月内超标不足 15 天的,减半计算应纳税额

【参考答案】 BCDE

【答案解析】 选项 A,应税噪声按照超过国家规定标准的分贝数确定。

11. 下列情形中,以纳税人当期应税大气污染物、水污染物产生量作为排放量计算缴纳环境保护税的有(　　)。

A. 依法安装使用污染物自动监测设备　　B. 通过暗管方式违法排放应税污染物

C. 篡改、伪造污染物监测数据　　D. 损毁或擅自移动污染物自动监测设备

E. 规模化养殖以外的农业生产排放污染物

【参考答案】 BCD

【答案解析】 纳税人有下列情形之一的,以其当期应税大气污染物、水污染物的产生量作为污染物的排放量:(1)未依法安装使用污染物自动监测设备或者未将污染物自动监测设备与生态环境主管部门的监控设备联网;(2)损毁或者擅自移动、改变污染物自动监测设备;(3)篡改、伪造污染物监测数据;(4)通过暗管、渗井、渗坑、灌注或者稀释排放以及不正常运

行防治污染设施等方式违法排放应税污染物;(5)进行虚假纳税申报。

12. 下列情形中,不予免征环境保护税的有(　　)。

A. 农业种植排放应税污染物

B. 工业企业向其自建自用的污水处理场所排放应税水污染物

C. 依法设立的生活垃圾填埋场排放相应应税污染物,超过国家和地方规定的排放标准的

D. 某造纸厂当月排放水污染物浓度值低于国家和地方规定的污染物排放标准30%

E. 某企业产生工业噪声,当月噪声累计昼间超标10天

【参考答案】 BCDE

【答案解析】 选项B,企业事业单位和其他生产经营者向依法设立的污水集中处理场所排放应税污染物的,不属于直接向环境排放应税污染物,不征收环境保护税,但这里的城乡污水集中处理场所是指为社会公众提供生活污水处理服务的场所,不包括为工业园区、开发区等工业聚集区域内的企业事业单位和其他生产经营者提供污水处理服务的场所,以及企业事业单位和其他生产经营者自建自用的污水处理场所(向自建自用的污水处理场所排放应税水污染物正常征税)。选项C,依法设立的生活垃圾集中处理场所排放相应应税污染物,不超过国家和地方规定的排放标准的,免征环境保护税(超标的正常征税)。选项D,纳税人排放应税大气污染物或者水污染物的浓度值低于国家和地方规定的污染物排放标准30%的,减按75%征收环境保护税。选项E,纳税人噪声声源一个月内累计昼间超标不足15昼或者累计夜间超标不足15夜的,分别减半计算应纳税额。

13. 以下符合环境保护税政策规定的有(　　)。

A. 环境保护税的纳税义务发生时间为纳税人排放应税污染物的当日

B. 纳税人应当向机构所在地的税务机关申报缴纳环境保护税

C. 环境保护税不能按固定期限计算缴纳的,可按次申报缴纳

D. 纳税人按次申报缴纳的,应当自纳税义务发生之日起10日内,向税务机关办理纳税申报并缴纳税款

E. 纳税人按季申报缴纳的,应当自季度终了之日起15日内,向税务机关办理纳税申报并缴纳税款

【参考答案】 ACE

【答案解析】 选项B,纳税人应当向应税污染物排放地的税务机关申报缴纳环境保护税。选项D,纳税人按次申报缴纳的,应当自纳税义务发生之日起15日内,向税务机关办理纳税申报并缴纳税款。

14. 下列属于环境保护税纳税地点的有(　　)。

A. 应税大气污染物排放口所在地　　B. 应税水污染物排放企业所在地

C. 应税固体废物产生地　　D. 应税固体废物堆放地

E. 应税噪声产生地

【参考答案】 ACE

【答案解析】 应税污染物排放地是指:应税大气污染物、水污染物排放口所在地;应税固体废物产生地;应税噪声产生地。

15. 下列关于应税污染物计税依据的说法，正确的有（ ）。

A. 应税大气污染物按照污染物排放量折合的污染当量数确定

B. 应税水污染物的污染当量数，以该污染物的排放量除以该污染物的污染当量值计算

C. 应税固体废物按照固体废物的排放量确定

D. 固体废物的排放量为当期应税固体废物的产生量加上当期应税固体废物的贮存量、处置量、综合利用量

E. 应税噪声按照超过国家规定标准的分贝数确定

【参考答案】 ABCE

【答案解析】 固体废物的排放量为当期应税固体废物的产生量减去当期应税固体废物的贮存量、处置量、综合利用量的余额。

16. 下列情形中，以纳税人当期污染物产生量作为排放量计征环境保护税的有（ ）。

A. 未依法安装使用污染物自动监测设备

B. 通过暗管方式违法排放污染物

C. 损毁或擅自移动污染物自动监测设备

D. 规模化养殖以外的农业生产排放污染物

E. 篡改、伪造污染物监测数据

【参考答案】 ABCE

【答案解析】 纳税人有下列情形之一的，以其当期应税大气污染物、水污染物的产生量作为污染物的排放量：(1)未依法安装使用污染物自动监测设备或者未将污染物自动监测设备与生态环境保护主管部门的监控设备联网；(2)损毁或者擅自移动、改变污染物自动监测设备；(3)篡改、伪造污染物监测数据；(4)通过暗管、渗井、渗坑、灌注或者稀释排放以及不正常运行防治污染设施等方式违法排放应税污染物；(5)进行虚假纳税申报。

17. 企事业单位和其他生产经营者的下列情形中，不缴或者免缴相应污染物的环境保护税的有（ ）。

A. 向依法设立的污水集中处理场所排放应税污染物未超过规定标准的

B. 向依法设立的生活垃圾集中处理场所排放应税污染物未超过规定标准的

C. 在符合国家和地方环境保护标准的设施、场所贮存固体废物的

D. 贮存或者处置固体废物不符合国家和地方环境保护标准的

E. 依法对畜禽养殖废弃物进行综合利用和无害化处理的

【参考答案】 ABCE

【答案解析】 企业事业单位和其他生产经营者贮存或者处置固体废物不符合国家和地方环境保护标准的，应当缴纳环境保护税。

18. 下列关于环境保护税纳税地点的表述中，正确的有（ ）。

A. 应税大气污染物的产生地

B. 水污染物排放口所在地

C. 应税固体废物的产生地

D. 应税固体废物的存放地

E. 应税噪声的产生地

【参考答案】 BCE

【答案解析】 环境保护税的纳税地点为应税污染排放地。选项 A，应税大气污染物纳

税地点应当是排放口所在地。选项 D,应税固体废物纳税地点应当是产生地。

19. 下列直接向环境排放污染物的主体中,属于环境保护税纳税人的有(　　)。

A. 事业单位　　B. 个人

C. 家庭　　D. 私营企业

E. 国有企业

【参考答案】 ADE

【答案解析】 环境保护税的纳税人是指在中华人民共和国领域和中华人民共和国管辖的其他海域,直接向环境排放应税污染物的企业事业单位和其他生产经营者,不包含个人和家庭。

20. 关于环境保护税税目,下列说法正确的有(　　)。

A. 石棉尘属于大气污染物　　B. 建筑施工噪声属于噪声污染

C. 城市洗车行业排放污水属于水污染物　　D. 煤矸石属于固体废物

E. 一氧化碳属于大气污染物

【参考答案】 ACDE

【答案解析】 选项 B,噪声税目只包括工业噪声,不包括建筑噪声。

21. 下列各项中,关于环境保护税的说法正确的有(　　)。

A. 实行统一的定额税和浮动定额税相结合的税额标准

B. 环境保护税的征税环节是生产销售环节

C. 应税污染物的具体适用税额由省级税务机关确定

D. 对机动车排放废气暂免征收环境保护税

E. 环境保护税收入全部归地方政府

【参考答案】 ADE

【答案解析】 选项 B,环境保护税的征税环节不是生产销售环节,也不是消费使用环节,而是直接向环境排放应税污染物的排放环节。选项 C,应税污染物的具体适用税额的确定和调整,由省、自治区、直辖市人民政府在规定的税额幅度内提出,报同级人民代表大会常务委员会决定,并报全国人民代表大会常务委员会和国务院备案。

22. 下列情形属于环境保护税不征税项目的有(　　)。

A. 企事业单位向依法设立的生活垃圾集中处理场所排放应税污染物的

B. 企事业单位在符合国家和地方环境保护标准的设施、场所贮存或者处置固体废物的

C. 企事业单位向依法设立的城乡污水集中处理场所排放应税污染物的

D. 禽畜养殖场依法对禽畜养殖废弃物进行综合利用和无害化处理的

E. 纳税人排放应税大气污染物的浓度值低于国家和地方规定的污染物排放标准的

【参考答案】 ABCD

【答案解析】 选项 E,纳税人排放应税大气污染物或者水污染物的浓度值低于国家和地方规定的污染物排放标准的属于环境保护税的征税范围,有减征规定,不属于不征税项目。

23. 下列关于环境保护税的说法中正确的有(　　)。

A. 企业向依法设立的生活垃圾集中处理场所排放应税污染物不缴纳环境保护税

B. 环境保护税税目包括大气污染物、水污染物、固体废物和噪声四大类

C. 应税大气污染物的污染当量数以该污染物的排放量除以该污染物的污染当量值计算

D. 应税固体废物的计税依据按照固体废物的排放量确定

E. 达到省级人民政府确定的规模标准并且有污染物排放口的畜禽养殖场不用缴纳环境保护税

【参考答案】 ABCD

【答案解析】 选项 E,达到省级人民政府确定的规模标准并且有污染物排放口的畜禽养殖场,应当依法缴纳环境保护税,但依法对畜禽养殖废弃物进行综合利用和无害化处理的除外。

24. 某工业企业只有一个生产场所,昼间生产时产生噪声为 70 分贝,《工业企业厂界环境噪声排放标准》规定,1 类功能区昼间的噪声排放限值为 55 分贝,当月超标天数为 12 天。下列关于该企业环境保护税的说法正确的有( )。

A. 计税依据为产生的噪声值 70 分贝数

B. 计税依据为噪声排放限值 55 分贝数

C. 计税依据为噪声的超标值 15 分贝数

D. 当月累计昼间超标天数不足 15 天,免税

E. 当月累计昼间超标天数不足 15 天,可减半纳税

【参考答案】 CE

【答案解析】 应税噪声的计税依据为超标分贝数=70－55=15(分贝);对应《环境保护税税目税率表》,可得出超标 15 分贝对应的税额为每月 5 600 元。声源一个月内累计昼间超标不足 15 昼或者累计夜间超标不足 15 夜的,分别减半计算应纳税额。

25. 某钢铁企业 2021 年 5 月在冶炼钢铁的过程中,产生冶炼渣 450 吨,在符合国家和地方环境保护标准的地方综合利用 200 吨,贮存 50 吨。已知冶炼渣的适用税额为 25 元/吨,则下列说法正确的有( )。

A. 固体废物的排放量为当期应税固体废物的产生量

B. 该企业计算环境保护税的计税依据是 450 吨冶炼渣

C. 该企业当月应缴纳的环境保护税是 5 000 元

D. 该企业计算环境保护税的计税依据是 200 吨冶炼渣

E. 该企业当月应缴纳的环境保护税是 11 250 元

【参考答案】 CD

【答案解析】 选项 AB,固体废物的排放量为当期应税固体废物的产生量减去当期应税固体废物的贮存量、处置量、综合利用量的余额。选项 E,该钢铁企业当月应缴纳环境保护税=(450－200－50)×25=5 000(元)。

三、判断题

1. 税务主管部门依法负责应税污染物监测管理,制定和完善污染物监测规范。( )

【参考答案】 错误

【答案解析】 环境保护主管部门依法负责应税污染物监测管理,制定和完善污染物监

测规范。

2.每一排放口的应税水污染物,按照污染当量数从大到小排序,对第一类水污染物按照前三项征收环境保护税。(　　)

【参考答案】 错误

【答案解析】 每一排放口的应税水污染物,按照污染当量数从大到小排序,对第一类水污染物按照前五项征收环境保护税。

3.存栏300头奶牛的养牛场排放应税污染物可以享受暂免征收环境保护税的优惠。(　　)

【参考答案】 错误

【答案解析】 按照《中华人民共和国环境保护税法》的规定,农业生产(不包括规模化养殖)排放应税污染物的,暂予免征环境保护税。

4.在中华人民共和国领域和中华人民共和国管辖的其他海域,直接向环境排放应税污染物的企业事业单位和其他生产经营者为环境保护税的纳税人,应当依法缴纳环境保护税。(　　)

【参考答案】 正确

【答案解析】 根据《中华人民共和国环境保护税法》第二条,在中华人民共和国领域和中华人民共和国管辖的其他海域,直接向环境排放应税污染物的企业事业单位和其他生产经营者为环境保护税的纳税人,应当依照本法规定缴纳环境保护税。

5.所称应税污染物,是指《环境保护税税目税额表》《应税污染物和当量值表》规定的大气污染物、水污染物、固体废物和光污染。(　　)

【参考答案】 错误

【答案解析】 所称应税污染物,是指《环境保护税税目税额表》《应税污染物和当量值表》规定的大气污染物、水污染物、固体废物和噪声。

6.企业事业单位和其他生产经营者向依法设立的污水集中处理、生活垃圾集中处理场所排放应税污染物的,不缴纳相应污染物的环境保护税。(　　)

【参考答案】 正确

【答案解析】 根据《中华人民共和国环境保护税法》第四条,有下列情形之一的,不属于直接向环境排放污染物,不缴纳相应污染物的环境保护税:(一)企业事业单位和其他生产经营者向依法设立的污水集中处理、生活垃圾集中处理场所排放应税污染物的;(二)企业事业单位和其他生产经营者在符合国家和地方环境保护标准的设施、场所贮存或者处置固体废物的。

7.噪声声源一个月内超标不足15天的,不征收环境保护税。(　　)

【参考答案】 错误

【答案解析】 噪声声源一个月内超标不足15天的,减半计算应纳税额

8.工业噪声中一个单位有不同地点作业场所的,应当分别计算应纳税额,合并计征。(　　)

【参考答案】 正确

【答案解析】 根据环境保护税税目税额表备注栏内容,工业噪声中一个单位有不同地点作业场所的,应当分别计算应纳税额,合并计征。

9. 大气污染物税目中不包括温室气体二氧化碳。( )

【参考答案】 正确

【答案解析】 根据应税污染物和当量值表,大气污染物税目中不包括二氧化碳。

10. 向依法设立的城乡污水集中处理、生活垃圾集中处理场所排放应税污染物的,应当缴纳环境保护税。( )

【参考答案】 错误

【答案解析】 根据《环境保护税法》第五条,依法设立的城乡污水集中处理、生活垃圾集中处理场所超过国家和地方规定的排放标准向环境排放应税污染物的,应当缴纳环境保护税。

11. 每一排放口或者没有排放口的应税大气污染物,按照污染当量数从大到小排序,对前四项污染物征收环境保护税。( )

【参考答案】 错误

【答案解析】 根据《中华人民共和国环境保护税法》第九条,每一排放口或者没有排放口的应税大气污染物,按照污染当量数从大到小排序,对前三项污染物征收环境保护税。

12. 纳税人排放应税大气污染物或者水污染物的浓度值低于国家和地方规定的污染物排放标准30%的,减按50%征收环境保护税。( )

【参考答案】 错误

【答案解析】 纳税人排放应税大气污染物或者水污染物的浓度值低于国家和地方规定的污染物排放标准30%的,减按75%征收环境保护税。

13. 生活垃圾填埋场排放应税污染物免征环境保护税。( )

【参考答案】 错误

【答案解析】 不超过国家和地方规定的排放标准的,暂予免征环境保护税;超过国家和地方规定的排放标准的,照章征税。

14. 水泥厂排放应税大气污染物低于国家规定的污染物排放标准50%的减按50%征收环境保护税。( )

【参考答案】 正确

【答案解析】 根据《中华人民共和国环境保护税法》第十三条,纳税人排放应税大气污染物或者水污染物的浓度值低于国家和地方规定的污染物排放标准百分之三十的,减按百分之七十五征收环境保护税。纳税人排放应税大气污染物或者水污染物的浓度值低于国家和地方规定的污染物排放标准百分之五十的,减按百分之五十征收环境保护税。

15. 某公司一污水排放口排放污水中包含总铜(浓度值低于规定标准32%)和总锌(浓度值超过规定标准8%),总铜浓度值低于国家和地方规定的污染物排放标准30%,减按50%征收环境保护税。( )

【参考答案】 错误

【答案解析】 纳税人任何一个排放口排放应税大气污染物、水污染物的浓度值,以及没有排放口排放应税大气污染物的浓度值,超过国家和地方规定的污染物排放标准的,依法不予减征环保税。该公司排放口中总铜浓度值符合减征标准,但总锌浓度值超过规定标准,排放浓度超标,不能享受环保税优惠政策。

16. 应税大气污染物以排放量为计税依据。( )

【参考答案】 错误

【答案解析】 应税大气污染物的计税依据为污染物排放量折合的污染当量数。

17. 应税噪声以分贝数为计税依据( )

【参考答案】 错误

【答案解析】 应税噪声按照超过国家规定标准的分贝数确定计税依据。

18. 环境保护税的计税单位包括每污染当量、每吨、每千克指数、分贝。( )

【参考答案】 错误

【答案解析】 环境保护税的计税单位包括每污染当量、每吨、超标分贝。

19. 纳税人非法倾倒应税固体废物,以其当期应税固体废物的产生量作为固体废物的排放量。( )

【参考答案】 正确

【答案解析】 根据《中华人民共和国环境保护税法》第七条,应税污染物的计税依据,按照下列方法确定:(一)应税大气污染物按照污染物排放量折合的污染当量数确定;(二)应税水污染物按照污染物排放量折合的污染当量数确定;(三)应税固体废物按照固体废物的排放量确定;(四)应税噪声按照超过国家规定标准的分贝数确定。

20. 应税大气污染物、水污染物、固体废物的排放量和噪声分贝数只能按照污染物自动检测设备的检测数据计算。( )

【参考答案】 错误

【答案解析】 应税大气污染物、水污染物、固体废物的排放量和噪声的分贝数,按照下列方法和顺序计算:

(1)纳税人安装使用符合国家规定和监测规范的污染物自动监测设备的,按照污染物自动监测数据计算。

(2)纳税人未安装使用污染物自动监测设备的,按照监测机构出具的符合国家有关规定和监测规范的监测数据计算。

21. 应税水污染物中,一般污水的污染当量数=污水(千克)/污染当量值。( )

【参考答案】 错误

【答案解析】 污染物排放量与污水排放量不是等同概念,一般污水的污染当量数=污染物排放量(千克)/污染当量值。

22. 环境保护税的纳税期限为按季计算、按年申报缴纳。( )

【参考答案】 错误

【答案解析】 环境保护税的纳税期限为按月计算、按季申报缴纳,不能按固定期限计算缴纳的,可以按次申报缴纳。

23. 纳税人按次申报缴纳环境保护税的,应当自纳税义务发生之日起 30 日内,向税务机关办理纳税申报并缴纳税款。( )

【参考答案】 错误

【答案解析】 纳税人按次申报缴纳环境保护税的,应当自纳税义务发生之日起 15 日内,向税务机关办理纳税申报并缴纳税款。

24. 环境保护税纳税义务发生时间为纳税人排放应税污染物后 15 日内。( )

【参考答案】 错误

【答案解析】 环境保护税纳税义务发生时间为纳税人排放应税污染物的当日。

25. 纳税人应当向机构所在地的税务机关申报缴纳环境保护税。( )

【参考答案】 错误

【答案解析】 纳税人应当向应税污染物排放地的税务机关申报缴纳环境保护税。

26. 纳税人应当向应税污染物排放地的税务机关申报缴纳环境保护税。应税污染物排放地是指应税大气污染物、水污染物排放口所在地;应税固体废物产生地;应税噪声产生地。( )

【参考答案】 正确

【答案解析】 根据《中华人民共和国环境保护税法实施条例》第十七条,环境保护税法第十七条所称应税污染物排放地是指:(一)应税大气污染物、水污染物排放口所在地;(二)应税固体废物产生地;(三)应税噪声产生地。

27. 依法负责应税污染物监测管理,制定和完善污染物监测规范的部门是税务主管部门。( )

【参考答案】 错误

【答案解析】 依法负责应税污染物监测管理,制定和完善污染物监测规范的部门是生态环境主管部门。

28. 应税噪声超标的分贝数不是整数的,取数值的整数位。( )

【参考答案】 错误

【答案解析】 应税噪声超标的分贝数不是整数的,按四舍五入取整。

29. 机动车、铁路机车、非道路移动机械、船舶和航空器等流动污染源排放应税污染物的暂免征收环保税。( )

【参考答案】 正确

【答案解析】 根据《中华人民共和国环境保护税法》第十二条,下列情形,暂予免征环境保护税:(一)农业生产(不包括规模化养殖)排放应税污染物的;(二)机动车、铁路机车、非道路移动机械、船舶和航空器等流动污染源排放应税污染物的;(三)依法设立的城乡污水集中处理、生活垃圾集中处理场所排放相应应税污染物,不超过国家和地方规定的排放标准的;(四)纳税人综合利用的固体废物,符合国家和地方环境保护标准的;(五)国务院批准免税的其他情形。前款第五项免税规定,由国务院报全国人民代表大会常务委员会备案。

30. 每一排放口或者没有排放口的应税大气污染物,按照污染当量数从小到大排序,对前三项污染物征收环境保护税。( )

【参考答案】 错误

【答案解析】 每一排放口或者没有排放口的应税大气污染物,按照污染当量数从大到小排序,对前三项污染物征收环境保护税。

四、计算题

(一)M 公司为生产洗涤用品的化工厂,2021 年 1 月办理工商注册登记,M 公司的注册机构地在 A 市甲区,生产厂房在 A 市乙县,M 公司 2021 年度为增值税一般纳税人。

M 公司的生产车间未安装环保减排设备,直接向外排放大气污染物,M 公司只有一个废气排放口,排放时间每天 12 小时。

经主管机关检测的大气污染物排放情况如下:2020 年 11 月排放量为 3 200m^2/h。其中二氧化硫浓度 120mg/m^3,氮氧化物浓度 160mg/m^3,一氧化碳浓度 198mg/m^3,硫化氢浓度 50mg/m^3。

已知:二氧化硫、氮氧化物、一氧化碳和硫化氢的污染当量数分别为 0.95、0.95、16.7 和 0.29。当地应税大气污染物的单位税额为每污染当量 2.5 元。

要求:根据上述资料,分析回答下列问题。

1. 关于 M 公司的大气排放量的计算,下列表述正确的是(　　)。

A. 二氧化硫 138.24kg　　B. 氮氧化物 184.32g

C. 一氧化碳 22.81kg　　D. 硫化氢 576kg

【参考答案】 A

【答案解析】 二氧化硫排放量=3 200×120×30×12÷1 000 000=138.24(kg);氮氧化物排放量=3 200×160×30×12÷1 000 000=184.32(kg);一氧化碳排放量=3 200×198×30×12÷1 000 000=228.10(kg);硫化氢排放量=3 200×50×30×12÷1 000 000=57.60(kg)。

2. 关于 M 公司大气污染物的污染当量数计算,下列表述正确的是(　　)。

A. 二氧化硫 1 455.20　　B. 氮氧化物 194.02

C. 一氧化碳 136.60　　D. 硫化氢 19.86

【参考答案】 B

【答案解析】 二氧化硫的污染当量数=138.24÷0.95=145.52;氮氧化物的污染当量数=184.32÷0.95=194.02;一氧化碳的污染当量数=228.10÷16.7=13.66;硫化氢的污染当量数=57.6÷0.29=198.62。

3. 下列选项中,无需缴纳环境保护税的是(　　)。

A. 硫化氢　　B. 二氧化硫

C. 氮氧化物　　D. 一氧化碳

【参考答案】 D

【答案解析】 按照污染当量数排序:硫化氢 198.62>氮氧化物 194.02>二氧化硫 145.52>一氧化碳 13.66,每一排放口的应税大气污染物,按照污染当量数从大到小排序,对前三项污染物征收环境保护税。

4. 2021 年 11 月,M 公司应缴纳的环境保护税税额为(　　)元。

A. 883　　B. 1 015.75

C. 1 345.4　　D. 1 435.4

【参考答案】 C

【答案解析】 应纳环境保护税=(198.62+194.02+145.52)×2.5=1 345.4(元)。

5. M 公司应缴纳环境保护税的纳税地点是(　　)。

A. 甲区　　B. 乙县

C. 丙区　　D. 由纳税人自己选择

【参考答案】 B

【答案解析】 纳税人应当向应税污染物排放地的税务机关申报缴纳环境保护税,在乙县缴纳。

(二)甲市A玻璃陶瓷生产企业,主要生产玻璃制品、陶瓷制品,拥有两个窑炉和两套专业烤花炉,玻璃制品厂主要生产125—700毫升的各类高、中档晶白料、高白料、普白料,陶瓷厂,主要生产纯天然的各种规格防腐耐酸的工业陶瓷和建筑陶瓷。生产过程中需用电机、齿轮减速箱、鼓风机、磨边机前台机、后台机,作业过程中产生噪声,企业按国家环保部门要求进行降噪处理后仍存在噪声超标,厂区东、西、南、北四侧厂界均有噪声超标情况。

A企业2022年4月,经监测设备监测数据显示,该公司东、西、南、北侧厂界的噪声最敏感处的昼/夜噪声等效值分别为68/59分贝、72/65分贝、68/52分贝、72/54分贝,该企业各噪声源每月白天工作22天,夜间工作12天。

已知:(1)该企业厂界东侧为以居住、文教机关为主的区域,厂界南侧、西侧为工业区,厂界北侧为交通干线道路两侧区域。

(2)当月监测时,该厂沿厂界100米以上有两处以上噪声超标。

(3)工业企业厂界环境噪声排放标准及适用区域简表如下:

附表1:噪声排放标准及适用区域简表 单位:分贝

类别	昼间	夜间	适用区域
0	50	40	疗养区、高级别墅区、高级宾馆区等特别需要安静的区域
1	55	45	以居住、文教机关为主的区域
2	60	50	居住、商业、工业混杂区及商业中心区
3	65	55	工业区
4	70	55	交通干线道路两侧区域

(4)环境保护税税目税额简表如下:

附表2:环境保护税目税额简表

税目	计税单位	税额
噪声—工业噪声	超标1—3分贝	每月350元
	超标4—6分贝	每月700元
	超标7—9分贝	每月1 400元
	超标10—12分贝	每月2 800元
	超标13—15分贝	每月5 600元
	超标16分贝以上	每月11 200元

要求:根据上述资料,分析回答下列问题。

1. A企业厂界噪声夜间最高超标分贝数为(　　)。

A. 7分贝　　B. 10分贝

C. 13分贝　　D. 14分贝

【参考答案】 D

【答案解析】 按照东、西、南、北适用区域计算夜间超标分贝数:东侧厂界噪声夜间超标分贝数=59－45=14(分贝);西侧厂界噪声夜间超标分贝数=65－55=10(分贝);南侧厂界噪声夜间超标分贝数=52－55=－3(分贝);北侧厂界噪声夜间超标分贝数=54－55=－1(分贝);经比较,东侧厂界噪声夜间超标分贝数最高,为14分贝。

2. A企业2022年4月昼间应缴纳的环境保护税税额为(　　)元。

A. 11 200　　B. 5 600

C. 2 800　　D. 1 400

【参考答案】 A

【答案解析】 根据《中华人民共和国环境保护税法》(中华人民共和国主席令第六十一号)第七条的规定,应税噪声按照超过国家规定标准的分贝数确定。第十一条规定,环境保护税应纳税额按照下列方法计算:应税噪声的应纳税额为超过国家规定标准的分贝数对应的具体适用税额。按照《环境保护税税目税额表》备注表述,一个单位边界有多处噪声超标,根据最高一处超标声级计算应纳税额,当沿边界长度超过100米有两处以上噪声超标,按照两个单位计算应纳税额。按照东、西、南、北适用区域计算超标分贝数:东侧厂界噪声昼间超标分贝数=68－55=13(分贝);西侧厂界噪声昼间超标分贝数=72－65=7(分贝);南侧厂界噪声昼间超标分贝数=68－65=3(分贝);北侧厂界噪声昼间超标分贝数=72－70=2(分贝);经比较,东侧厂界噪声昼间超标分贝数最高,为13分贝,且厂界沿边界长度超过100米有二处以上噪声超标,按环境保护税法规定,按2个单位计算应税环保税税额。昼间工作22天,不减免环保税,13分贝对应的环保税税额为5 600元。则A企业2022年4月昼间应缴纳的环保税=5 600×2=11 200(元)。

3. A企业2022年4月可以减免的环境保护税税额为(　　)元。

A. 12 000　　B. 5 600

C. 2 800　　D. 1 400

【参考答案】 B

【答案解析】 根据《中华人民共和国环境保护税法》(中华人民共和国主席令第六十一号)附件《环境保护税税目税额表》备注表述,声源一个月内超标不足15天的,减半计算应纳税额。根据资料中条件可知,2022年4月昼间工作22天,多于15天,不减免环境保护税,夜间工作12天,不足15天,可减半计算应纳环保税。由第1问可知,夜间最高超标分贝为14分贝,且厂界沿边界长度超过100米有二处以上噪声超标,按环保税法规定,按2个单位计算应税环保税税额。14分贝对应的环保税税额为5 600元。则A企业2022年4月夜间应缴纳的、应减免的环境保护税税额均为5 600×2×50%=5 600(元)。

4. A企业2022年4月应缴纳的环境保护税税额为(　　)元。

A. 8 400　　B. 11 200

C. 16 800　　D. 22 400

【参考答案】 C

【答案解析】 根据《中华人民共和国环境保护税法》(中华人民共和国主席令第六十一号)附件《环境保护税税目税额表》备注表述,昼、夜均超标的环境噪声,昼、夜分别计算应纳税额,累计计征。A企业2022年4月应缴纳的环保税=11 200+5 600=16 800(元)。

第十三章　社会保险费

一、单项选择题

1. 按照我国现行的社会保险制度规定，职工个人的缴费工资基数为（　　）。

A. 本人当月工资　　B. 本单位职工当月平均工资

C. 本人上一年度月平均工资　　D. 本单位职工上一年度月平均工资

【参考答案】 C

【答案解析】 职工本人一般以上一年度本人月平均工资为个人缴费工资基数。

2.《中华人民共和国社会保险法》自（　　）起施行。

A. 2011 年 1 月 1 日　　B. 2011 年 7 月 1 日

C. 2010 年 1 月 1 日　　D. 2010 年 7 月 1 日

【参考答案】 B

【答案解析】《中华人民共和国社会保险法》自 2011 年 7 月 1 日起施行。

3. 按照规定，用人单位应当自用工之日起（　　）日内为其职工向社会保险经办机构申请办理社会保险登记。

A. 10　　B. 15

C. 30　　D. 60

【参考答案】 C

【答案解析】 根据《中华人民共和国社会保险法》第五十八条，用人单位应当自用工之日起三十日内为其职工向社会保险经办机构申请办理社会保险登记。未办理社会保险登记的，由社会保险经办机构核定其应当缴纳的社会保险费。

4. 小王失业前在用人单位和本人累计缴费 3 年，则他领取失业保险金的期限最长为（　　）个月。

A. 6　　B. 9

C. 12　　D. 15

【参考答案】 C

【答案解析】 根据《中华人民共和国社会保险法》第四十六条的规定,失业人员失业前用人单位和本人累计缴费满一年不足五年的,领取失业保险金的期限最长为十二个月。

5. 下列情形(　　)不符合失业人员领取失业保险金的条件。

A. 小李在失业前用人单位和本人已经缴纳失业保险费满一年

B. 非小王本人意愿中断就业

C. 小张已经进行失业登记,并有求职要求的

D. 小刘在工作单位主动辞职

【参考答案】 D

【答案解析】 根据《中华人民共和国社会保险法》第四十五条的规定,(一)失业前用人单位和本人已经缴纳失业保险费满一年的;(二)非因本人意愿中断就业的;(三)已经进行失业登记,并有求职要求的。

6. 工伤保险分为(　　)类行业基准费率。

A. 10　　B. 9

C. 8　　D. 7

【参考答案】 C

【答案解析】 《人力资源社会保障部财政部关于调整工伤保险费率政策的通知》(人社部发〔2015〕71号)规定,不同工伤风险类别的行业执行不同的工伤保险行业基准费率。各行业工伤风险类别对应的全国工伤保险行业基准费率为,一类至八类分别控制在该行业用人单位职工工资总额的0.2%、0.4%、0.7%、0.9%、1.1%、1.3%、1.6%、1.9%左右。

7. 用人单位未按时足额缴纳社会保险费的,由社会保险费征收机构责令限期改正或者补足,并自欠缴之日起,按日加收万分之五的滞纳金。逾期仍不缴纳的,由有关行政部门处欠缴数额(　　)的罚款。

A. 1倍以上3倍以下　　B. 1倍以上4倍以下

C. 1倍以上5倍以下　　D. 1倍以上6倍以下

【参考答案】 A

【答案解析】 用人单位未按时足额缴纳社会保险费的,由社会保险征收机构责令限期缴纳或者补足,并自欠缴之日起,按日加收万分之五的滞纳金;逾期仍不缴纳的,由有关行政部门处欠缴数额1倍以上3倍以下的罚款。

8. 对财政全额供款的单位,职业年金的单位缴费方式为(　　)。

A. 记账方式　　B. 实账积累

C. 个人账户管理　　D. 统筹账户管理

【参考答案】 A

【答案解析】 对财政全额供款的单位,单位缴费根据单位提供的信息采取记账方式,每年按照国家统一公布的记账利率计算利息,工作人员退休前,本人职业年金账户的累计储存额由同级财政拨付资金记实;对非财政全额供款的单位,单位缴费实行实账积累。

9. 小王今年16周岁,非在校学生,他可以在(　　)参加城乡居民基本养老保险。

A. 任何地方　　B. 居住地

C. 工作地　　D. 户籍地

【参考答案】 D

【答案解析】 年满16周岁(不含在校学生),非国家机关和事业单位工作人员及不属于职工基本养老保险制度覆盖范围的城乡居民,可以在户籍地参加城乡居民养老保险。

10. 职工个人基本养老保险缴费比例是(　　)。

A. 20%　　B. 12%

C. 8%　　D. 6%

【参考答案】 C

【答案解析】 我国基本养老保险实行的是社会统筹和个人账户相结合的模式,统筹养老金来自用人单位缴费和财政补贴等构成的社会统筹基金,个人缴纳比例为本人缴费工资的8%。

11. 职业年金个人缴费比例是(　　)。

A. 4%　　B. 6%

C. 8%　　D. 12%

【参考答案】 A

【答案解析】 职业年金所需费用由单位和工作人员个人共同承担。单位缴纳职业年金费用的比例为本单位工资总额的8%,个人缴费比例为本人缴费工资的4%,由单位代扣。

12. 我国现行的社会保险制度中,按照规定覆盖范围最大的保险项目是(　　)。

A. 养老保险　　B. 医疗保险

C. 失业保险　　D. 工伤保险

【参考答案】 B

【答案解析】 城镇职工基本医疗保险和城乡居民基本医疗保险覆盖了全体居民。其他保险都有特定的范围。

13. 小李今年31岁,在湖南某市一家上市公司工作,2021年月平均工资为6 500元,假定该市上一年度职工的月平均工资水平为1 900元。2022年他应该缴纳的基本医疗保险月缴费基数是(　　)元。

A. 6 500　　B. 5 700

C. 1 900　　D. 1 140

【参考答案】 B

【答案解析】 现行我国医疗保险缴费基数一般以本人工资确定,本人月工资总额超过本市上年度在岗职工月平均工资300%的,按本市上年度在岗职工月平均工资的300%缴费;月工资总额低于本市上年度在岗职工月平均工资60%的,按本市上年度在岗职工月平均工资的60%缴费。小李的缴费基数不能低于月平均工资的60%,低于部分由单位缴纳;也不能高于月平均工资的300%,超过部分不作为核定个人账户定额的基数,因此小李的缴费基数为1 900×300%=5 700(元)。

14 失业人员失业前用人单位和本人累计缴费时间满1年不足5年的,领取失业保险金的期限最长为(　　)个月。

A. 6　　B. 12

C. 18　　D. 24

【参考答案】 B

【答案解析】 根据《中华人民共和国社会保险法》第四十六条的规定，失业人员失业前用人单位和本人累计缴费时间满1年不足5年的，领取失业保险金的期限最长为12个月。

15. 李某为一名私企员工，2021年月平均工资为12 500元，当地在岗职工月平均工资为2 600元，2022年单位每月应给李某缴纳(　　)元基本养老保险费。

A. 2 500　　B. 520

C. 2 100　　D. 1 560

【参考答案】 D

【答案解析】 根据规定，本人月平均工资低于当地职工平均工资60%的，按当地职工月平均工资的60%缴费；超过当地职工月平均工资300%的，按当地职工月平均工资300%缴费，超过部分不计入缴费工资基数，也不计入计发养老金的基数。李某2021年月均工资超过当地职工月平均工资的300%，所以2022年缴费基数应为2 600×300%＝7 800(元)，单位应为其缴纳7 800×20%＝1 560(元)基本养老保险费。

16. 缴费单位不按规定申报应缴纳基本养老保险数额的，由社会保险经办机构按照该单位上月缴费数额的(　　)确定缴费数额。

A. 100%　　B. 110%

C. 150%　　D. 200%

【参考答案】 B

【答案解析】 缴费单位不按规定申报应缴纳基本养老保险数额的，由社会保险经办机构按照该单位上月缴费数额的110%确定缴费数额。

17. 参加职工基本医疗保险的个人，达到法定退休年龄时累计缴费达到(　　)的，退休后不再缴纳基本医疗保险费，按照国家规定享受基本医疗保险待遇。

A. 35年　　B. 40年

C. 45年　　D. 国家规定年限

【参考答案】 D

【答案解析】 《中华人民共和国社会保险法》第二十三条规定，参加职工基本医疗保险的个人，达到法定退休年龄时累计缴费达到国家规定年限的，退休后不再缴纳基本医疗保险费，按照国家规定享受基本医疗保险待遇。

18. 缴费单位应当(　　)向本单位职工公布本单位全年社会保险费缴纳情况，接受职工监督。

A. 每季度　　B. 每年

C. 两年一次　　D. 三年一次

【参考答案】 B

【答案解析】 根据《社会保险费征缴暂行条例》第十七条的规定，缴费单位应当每年向本单位职工公布本单位全年社会保险费缴纳情况，接受职工监督。

19. 个人跨统筹地区就业的，其基本养老保险关系随本人转移，缴费年限(　　)。

A. 重新计算　　B. 分段计算

C. 按当地规定计算　　　　　　　　　　D. 累计计算

【参考答案】 D

【答案解析】 《中华人民共和国社会保险法》规定，个人跨统筹地区就业的，其基本养老保险关系随本人转移，缴费年限累计计算。

20. 参保单位因不可抗力无力缴纳养老保险费的，应提出书面申请，经批准后，可以暂缓缴纳定期限的养老保险费，期限不超过(　　)。

A. 60 日　　　　　　　　　　B. 90 日

C. 120 日　　　　　　　　　　D. 1 年

【参考答案】 D

【答案解析】 《中华人民共和国社会保险法》若干规定(中华人民共和国人力资源和社会保障部令第 13 号)第二十一条规定，用人单位因不可抗力造成生产经营出现严重困难的，经省级人民政府社会保险行政部门批准后，可以暂缓缴纳一定期限的社会保险费，期限一般不超过一年。暂缓缴费期间，免收滞纳金。

二、多项选择题

1. 下列属于失业保险征缴范围的有(　　)。

A. 事业单位及其职工　　　　　　　　B. 无雇工的个体工商户

C. 国家机关编制外聘用人员　　　　　D. 外商投资企业及其职工

【参考答案】 ACD

【答案解析】 失业保险费征缴范围：国有和国有控股企业、股份有限公司、外商投资企业及其职工，城镇集体企业、城镇私营企业和其他城镇企业及其职工，事业单位及其职工，社会团体及其专职人员国家机关及其编制外聘用人员，民办非企业单位及其职工，有雇工的城镇个体工商户及其雇工。

2. 机关单位(含参公管理的单位)工作人员参加基本养老保险，个人缴费基数包括(　　)。

A. 本人上年度工资收入中的基本工资

B. 国家统一的津贴补贴(艰苦边远地区津贴、西藏特贴、特区津贴、警衔津贴、海关津贴等国家统一规定纳入原退休费计发基数的项目)

C. 规范后的津贴补贴(地区附加津贴)

D. 年终一次性奖金

【参考答案】 ABCD

【答案解析】 选项 ABCD 属于机关单位(含参公管理的单位)工作人员参加基本养老保险，个人缴费基数的内容。

3. 社会保险费收入包含以下(　　)内容。

A. 单位按规定缴纳的社会保险费

B. 个人按规定缴纳的社会保险费

C. 滞纳金

D. 财政资金代参保对象缴纳的社会保险费

【参考答案】 ABD

【答案解析】 社会保险费收入指用人单位和个人按规定缴纳的社会保险费,或其他资金(含财政资金)代参保对象缴纳的社会保险费收入。滞纳金属于社会保险基金收入中的其他收入。

4. 职业年金的征缴范围是(　　)。

A. 各类企业及其职工

B. 实行企业化管理的事业单位及其职工

C. 按照《中华人民共和国公务员法》管理的单位、参照《中华人民共和国公务员法》管理的机关(单位)及其编制内的工作人员

D. 事业单位及其编制内的工作人员

【参考答案】 CD

【答案解析】 职业年金征缴范围与机关事业基本养老保险征缴范围一致,为按照《中华人民共和国公务员法》管理的单位、参照《中华人民共和国公务员法》管理的机关(单位)、事业单位及其编制内的工作人员。

5. 职工有下列情形之一的,视同工伤(　　)。

A. 在工作时间和工作岗位,突发疾病死亡或者在 48 小时之内经抢救无效死亡的

B. 在工作时间和工作岗位,突发疾病死亡或者在 12 小时之内经抢救无效死亡的

C. 职工原在军队服役,因战、因公负伤致残,已取得革命伤残军人证,到用人单位后旧伤复发的

D. 在抢险救灾等维护国家利益、公共利益活动中受到伤害的

【参考答案】 ACD

【答案解析】 根据《工伤保险条例》第十五条的规定,职工有下列情形之一的,视同工伤:(1)在工作时间和工作岗位,突发疾病死亡或者在 48 小时之内经抢救无效死亡的;(2)在抢险救灾等维护国家利益、公共利益活动中受到伤害的,(3)职工原在军队服役,因战、因公负伤到残,已取得革命伤残军人证,到用人单位后旧伤复发的。

6. 工伤保险费根据(　　)的原则,确定费率。

A. 以支定收　　　　B. 据实结算

C. 收支平衡　　　　D. 量入为出

【参考答案】 AC

【答案解析】 根据《工伤保险条例》第八条的规定,工伤保险费根据以支定收、收支平衡的原则,确定费率。

7. 下列人员参加基本医疗保险,需全部由个人缴纳基本医疗保险费的有(　　)。

A. 无雇工的个体工商户

B. 未在用人单位参加基本养老保险的非全日制从业人员

C. 其他灵活就业人员

D. 被个体工商户雇用的雇工

【参考答案】 ABC

【答案解析】 需全部由个人缴纳基本医疗保险费的有无雇工的个体工商户、未在用人单位参加基本养老保险的非全日制从业人员、其他灵活就业人员,被个体工商户雇用的雇工

由用人单位和个人共同缴纳。

8. 社会保险经办机构根据用人单位(　　)等情况，确定用人单位工伤保险的缴费费率。

A. 使用工伤保险基金　　B. 工伤发生率

C. 所属行业费率档次　　D. 职工人数

【参考答案】 ABC

【答案解析】 社会保险经办机构根据用人单位使用工伤保险基金、工伤发生率、所属行业费率档次等情况，确定用人单位工伤保险的缴费费率。

9. 社会保险基金包括(　　)。

A. 基本养老保险基金　　B. 基本医疗保险基金

C. 工伤保险基金　　D. 失业保险基金

【参考答案】 ABCD

【答案解析】 社会保险基金包括五项：基本养老保险基金、基本医疗保险基金、工伤保险基金、失业保险基金、生育保险基金。

10. 下列属于职业年金基金组成的有(　　)。

A. 单位缴费　　B. 个人缴费

C. 职业年金　　D. 国家规定的其他收入

【参考答案】 ABCD

【答案解析】 职业年金基金由下列各项组成：单位缴费，个人缴费，职业年金基金投资运营收益，国家规定的其他收入。

11. 生育保险的优越性体现在以下几个方面(　　)。

A. 保护生育妇女及胎儿的身体健康　　B. 均衡单位之间生育费用的负担

C. 有利于促进妇女就业　　D. 有利于国家计划生育政策的落实

【参考答案】 ABCD

【答案解析】 生育保险的优越性体现在保护生育妇女及胎儿的身体健康、均衡单位之间生育费用的负担、有利于促进妇女就业、有利于国家计划生育政策的落实。

12. 下列社会保险项目中，需要职工个人缴费的有(　　)。

A. 基本养老保险　　B. 失业保险

C. 基本医疗保险　　D. 工伤保险

【参考答案】 ABC

【答案解析】 职工个人必须缴纳社会保险费的有基本养老保险、基本医疗保险、失业保险，个人不需要缴费的有工伤保险和生育保险。

13. 下列项目中，依法必须建立个人账户的有(　　)。

A. 基本养老保险　　B. 失业保险

C. 基本医疗保险　　D. 工伤保险

【参考答案】 AC

【答案解析】 基本养老保险和基本医疗保险依法必须建立个人账户。失业保险、工伤保险、生育保险都只有社会统筹基金，没有个人账户。

14. 工伤保险费率实行(　　)。

A. 统一费率　　B. 行业差别费率

C. 协商费率　　D. 企业浮动费率

【参考答案】 BD

【答案解析】 工伤保险实行行业差别费率和企业浮动费率

15. 自 2021 年 1 月 1 日起,不再实施阶段性减免和缓缴(　　)政策各项社会保险缴费按相关规定正常征收。

A. 企业养老保险费　　B. 职工医疗保险费

C. 失业保险费　　D. 工伤保险费费

【参考答案】 ACD

【答案解析】《人力资源社会保障部办公厅财政部办公厅国家税务总局办公厅关于 2021 年社会保险缴费有关问题的通知》规定,2021 年 1 月 1 日起不再实施阶段性减免和缓缴企业养老保险、失业保险、工伤保险费政策,各项社会保险缴费按相关规定正常征收。

16. 参加企业职工基本养老保险的参保人领取基本养老金需要符合以下条件(　　)。

A. 达到法定退休年龄　　B. 满 60 周岁

C. 参保地缴费满 10 年　　D. 个人累计缴费年限满 15 年

【参考答案】 AD

【答案解析】 领取基本养老金必须符合三个条件:一是参保人员达到法定退休年龄,二是个人累计缴费年限满 15 年,三是办理了退休手续。

17. 职工有下列情形之一的,可以按照国家规定享受生育津贴(　　)。

A. 育龄女职工年休假　　B. 女职工生育享受产假

C. 享受计划生育手术休假　　D. 女职工生育前休探亲假

【参考答案】 BC

【答案解析】《中华人民共和国社会保险法》第五十六条规定,职工有下列情形之一的,可以按照国家规定享受生育津贴:(一)女职工生育享受产假;(二)享受计划生育手术休假;(三)法律、法规规定的其他情形。

18. 职工因下列情形之一导致本人在工作中伤亡的,不认定为工伤。(　　)

A. 故意犯罪　　B. 醉酒或者吸毒

C. 自残或者自杀　　D. 法律、行政法规规定的其他情形

【参考答案】 ABCD

【答案解析】 根据《中华人民共和国社会保险法》第三十七条的规定,职工因下列情形之一导致本人在工作中伤亡的,不认定为工伤:(一)故意犯罪;(二)醉酒或者吸毒;(三)自残或者自杀;(四)法律、行政法规规定的其他情形。

19. 2021 年 2 月 26 日,习近平总书记主持召开中央政治局第二十八次集体学习,他强调,要健全(　　)、(　　)、(　　)参加社会保险制度,健全退役军人保障制度。

A. 农民工　　B. 新业态就业人员

C. 快递小哥　　D. 灵活就业人员

【参考答案】 ABD

【答案解析】 要健全农民工、灵活就业人员、新业态就业人员参加社会保险制度,健全退役军人保障制度,健全老年人关爱服务体系,完善帮扶残疾人、孤儿等社会福利制度。

20. 我国基本养老保险包括(　　)。

A. 养老年金

B. 企业职工基本养老保险

C. 机关事业单位工作人员基本养老保险

D. 城乡居民基本养老保险

【参考答案】 BCD

【答案解析】 我国目前基本养老保险分为企业职工基本养老保险、机关事业单位工作人员基本养老保险、城乡居民基本养老保险三类。

三、判断题

1. 按照《中华人民共和国公务员法》管理的单位、参照《中华人民共和国公务员法》管理的机关(单位)事业单位编制外的签订劳动合同聘用人员应参加机关事业单位基本养老保险。(　　)

【参考答案】 错误

【答案解析】 按照《中华人民共和国公务员法》管理的单位、参照《中华人民共和国公务员法》管理的机关(单位)事业单位编制外的签订劳动合同聘用人员应参加城镇企业职工基本养老保险。

2. 用人单位未缴纳生育保险费的,其职工也能享受生育保险待遇。(　　)

【参考答案】 错误

【答案解析】《中华人民共和国社会保险法》第五十四条规定,用人单位已经缴纳生育保险费的,其职工享受生育保险待遇。

3 职工参加生育保险,由用人单位缴纳生育保险费,职工不缴纳生育保险费。(　　)

【参考答案】 正确

【答案解析】《中华人民共和国社会保险法》第五十三条规定,职工应当参加生育保险,由用人单位按照国家规定缴纳生育保险费,职工不缴纳生育保险费。

4. 只要累计缴费满 15 年基本养老保险,就能领取养老金。(　　)

【参考答案】 错误

【答案解析】《中华人民共和国社会保险法》第十六条规定,参加基本养老保险的个人,达到法定退休年龄时累计缴费满 15 年的,按月领取基本养老金。

5. 无雇工的个体商户、未在用人单位参加基本养老保险的非全日制从业人员以及其他灵活就业人员应当参加基本养老保险。(　　)

【参考答案】 错误

【答案解析】 无雇工的个体商户、未在用人单位参加基本养老保险的非全日制从业人员以及其他灵活就业人员可以参加基本养老保险,是自愿参加,不做强制要求。

6. 社会保险中,缴费年度一定是每年的 1 月 1 日至 12 月 31 日。(　)

【参考答案】 错误

【答案解析】 社会保险的缴费年度与自然年度不同,缴费年度一般是指当年 7 月至次年6月。

7.职工应当参加失业保险,由用人单位和职工按照国家规定共同缴纳失业保险费。(　　)

【参考答案】 正确

【答案解析】 《中华人民共和国社会保险法》规定,职工应当参加失业保险,由用人单位和职工按照国家规定共同缴纳失业保险费。

8.所有行业的工伤保险费率都可上下浮动。(　　)

【参考答案】 错误

【答案解析】 一类行业的工伤保险费率只可上浮,不可下浮。

9.若某单位只有男员工即可不缴纳生育保险。(　　)

【参考答案】 错误

【答案解析】 企业中即使没有女职工,也要以其工资总额为基数缴纳生育保险费。

10.根据《中华人民共和国社会保险法》国家建立全国统一的个人社会保障号码。个人社会保障号码为公民身份号码。(　　)

【参考答案】 正确

【答案解析】《中华人民共和国社会保险法》第五十八条规定,国家建立全国统一的个人社会保障号码。个人社会保障号码为公民身份号码。

11.基本养老保险缴费已满15年的参保职工,可不用继续缴费。(　　)

【参考答案】 错误

【答案解析】 基本养老保险缴费年限最低为15年,而不是缴满15年后就可以不缴费。对职工来说,缴费是法定义务,只要仍在就业,职工就应当按照国家规定继续缴费。

12.职工应当参加工伤保险,由用人单位和职工共同缴纳工伤保险费。(　　)

【参考答案】 错误

【答案解析】 职工参加工伤保险,由用人单位缴纳工伤保险费,个人不需要缴费。

13.违反法律规定,隐匿、转移、侵占、挪用社会保险基金或者违规投资运营的,由社会保险行政部门、财政部门、审计机关责令追回。(　　)

【参考答案】 正确

【答案解析】《中华人民共和国社会保险法》规定:违反法律规定,隐匿、转移、侵占、挪用社会保险基金或者违规投资运营的,由社会保险行政部门、财政部门、审计机关责令追回。

14.小王为锅炉工,某日因午休时在宿舍喝了几瓶酒,导致其在工作中因醉酒操作失误,锅炉爆炸将其右腿炸伤,小王应当被认定为工伤。(　　)

【参考答案】 错误

【答案解析】 根据《中华人民共和国社会保险法》第三十七条的规定,职工因下列情形之一导致本人在工作中伤亡的,不认定为工伤:故意犯罪、醉酒或者吸毒、自残或者自杀、法律行政法规规定的其他情形。

15.享受最低生活保障的人,丧失劳动能力的残疾人、低收入家庭六十周岁以上的老年人和未成年人等参加城镇居民基本医疗保险的,所需个人缴费部分,由政府给予补贴。(　　)

【参考答案】 正确

【答案解析】《中华人民共和国社会保险法》第二十五条规定，国家建立和完善城镇居民基本医疗保险制度。城镇居民基本医疗保险实行个人缴费和政府补贴相结合。享受最低生活保障的人、丧失劳动能力的残疾人、低收入家庭六十周岁以上的老年人和未成年人等所需个人缴费部分，由政府给予补贴。

16. 参保人员死亡的情况下，个人账户余额可以继承。（　）

【参考答案】 正确

【答案解析】《中华人民共和国社会保险法》规定，个人死亡的，个人账户余额可以继承。

17. 参加职工基本医疗保险的个人，达到法定退休年龄时累计缴费未达到国家规定年限的，可以缴费至国家规定年限。（　）

【参考答案】 正确

【答案解析】《中华人民共和国社会保险法》第二十七条规定，参加职工基本医疗保险的个人，达到法定退休年龄时累计缴费达到国家规定年限的，退休后不再缴纳基本医疗保险费，按照国家规定享受基本医疗保险待遇;未达到国家规定年限的，可以缴费至国家规定年限。

18. 用人单位必须按期办理社会保险费申报，不可以延期申报。（　）

【参考答案】 错误

【答案解析】 根据《社会保险费征缴暂行条例》第六十条的规定，非因不可抗力等法定事由不得缓缴、减免。

19. 重新就业后，再次失业的，失业保险缴费时间重新计算，领取失业保险金的期限可以与前次失业应领取而尚未领取的失业保险金的期限合并计算，但是最长不超过 24 个月。（　）

【参考答案】 正确

【答案解析】 重新就业后，再次失业的，失业保险缴费时间重新计算，领取失业保险金的期限可以与前次失业应领取而尚未领取的失业保险金的期限合并计算，但是最长不超过 24 个月。

20. 缴费个人应当缴纳的社会保险费，由所在单位从其本人工资中代扣代缴。（　）

【参考答案】 正确

【答案解析】《社会保险费征缴暂行条例》第十二条规定，缴费单位和缴费个人应当以货币形式全额缴纳社会保险费。缴费个人应当缴纳的社会保险费，由所在单位从其本人工资中代扣代缴。

四、简答题

（一）五险包括哪五种?

【答案解析】 基本养老保险、基本医疗保险、工伤保险、失业保险、生育保险。

（二）关于社会保险，不需要个人缴纳的是哪些?

【答案解析】 工伤保险和生育保险。

五、计算题

（一）老唐一家三口均参加基本养老保险，老唐是机关工作人员，2021 年月均基本工资是4 300元,月平均津贴补贴2 560元;老唐的太太自己经营一家没有雇用员工的小超市,2021年月均收入是6 500元;老唐的儿子大学毕业之后进入外企工作,月均工资收入达到15 500元。当地在职职工月平均工资是3 895元(不考虑地区缴费比例差异及阶段性降低费率)。

要求:根据上述资料,分析回答下列问题。

1. 2022年,老唐个人每月需缴纳多少元基本养老保险费?

【答案解析】 老唐2021年月均工资为4 300+2 560=6 860(元),个人缴纳比例为8%,2022年,老唐个人每月需缴纳6 860×8%=548.8(元)基本养老保险费。

2. 2022年,老唐儿子的用人单位每月需为其缴纳多少元基本养老保险费?

【答案解析】 老唐儿子的月收入高于当地平均工资的300%,缴费基数应为3 895×300%=11 685(元),2022年用人单位每月应为其缴纳基本养老保险费11 685×20%=2 337(元)。

3. 2022年,老唐太太每月需缴纳多少元基本养老保险费?

【答案解析】 老唐的太太是灵活就业人员,以当地在职职工月平均工资3 895元为缴费基数,缴费比例为20%。2022年,老唐太太每月需缴纳3 895×20%=779(元)基本养老保险费。

(二)小王是某机关事业单位职工,2021年月平均工资是15 000元,当地职工月平均工资是4 534元(不考虑地区缴费比例差异及阶段性降低费率)。2022年小王个人每月需缴纳多少元基本养老保险费?

【答案解析】 小王的月收入高于当地平均工资的300%,基本养老保险费基数应为4 534×300%=13 602(元),个人每月应缴纳基本养老保险费=4 534×300%×8%=1 088.16(元)。

(三)老李2021年月均基本工资是4 800元,月平均津贴补贴2 530元。当地在职职工月平均工资是3 785元(不考虑地区缴费比例差异及阶段性降低费率)。2022年,老李个人每月需缴纳多少元基本养老保险费?

【答案解析】 老李2021年月均工资为4 800+2 530=7 330(元),个人缴纳比例为8%,2022年,老李个人每月需缴纳7 330×8%=586.4(元)基本养老保险费。

(四)职工A的月平均工资为4 832元,职工B月平均工资为13 650元,职工C月平均工资为2 000元。假设2021年当地城镇单位在岗职工年平均工资为44 365元,职工基本医疗保险缴费比例:企业为6%,个人为2%。

要求:计算职工A、B和C在2022年的职工基本医疗保险每月缴费工资基数,并说明理由,再计算出他们每月所缴纳的职工基本医疗保险费(精确到小数点后一位,四舍五入)。

【答案解析】 依据当地上一年度在岗职工平均工资计算,本年度最低缴费基数=44 365÷12×60%=2 218.3(元);最高缴费基数=44 365÷12×300%=11 091.3(元)。因为每个人的缴费基数不能高于上限也不能低于下限,所以三个人的缴费基数分别是4 832元、11 091.3元、2 218.3元。职员A每月所缴纳的职工基本医疗保险费=4 832×2%=96.6(元)。职员B每月所缴纳的职工基本医疗保险费=1 1091.3×2%=221.8(元)。职员C每月所缴纳的职工基本医疗保险费＝2 000×2％＝40(元)，其实际工资低于缴费基数的部分即 218.3×2％＝4.4(元)由用人单位缴纳。

(五)小李 2021 年月平均工资是 15 000 元，当地职工月平均工资是 5 820 元(不考虑地区缴费比例差异及阶段性降低费率)。则 2022 年小李个人每月需缴纳多少元基本养老保险费？

【答案解析】 5 820×300％＝17 460，2022 年，小李每月应缴纳失业保险费＝15 000×8％＝1 200(元)。

第十四章　印花税

一、单选题

1. 下列合同，应按“买卖合同”税目征收印花税的是(　　)。

A. 仲裁机构的仲裁文书

B. 发电厂与电网之间签订的购售电合同

C. 县级以上人民政府及其所属部门按照行政管理权限征收、收回或者补偿安置房地产书立的合同、协议或者行政类文书

D. 总公司与分公司之间书立的作为执行计划使用的凭证

【参考答案】 B

【答案解析】 选项B，根据《财政部 税务总局关于印花税若干事项政策执行口径的公告》(财政部 税务总局公告2022年第22号)的规定，发电厂与电网之间、电网与电网之间书立的购售电合同，应当按买卖合同税目缴纳印花税。

选项ACD，根据《财政部 税务总局关于印花税若干事项政策执行口径的公告》(财政部税务总局公告2022年第22号)的规定，下列情形的凭证，不属于印花税征收范围：(1)人民法院的生效法律文书，仲裁机构的仲裁文书，监察机关的监察文书。(2)县级以上人民政府及其所属部门按照行政管理权限征收、收回或者补偿安置房地产书立的合同、协议或者行政类文书。(3)总公司与分公司、分公司与分公司之间书立的作为执行计划使用的凭证。

2. 下列印花税的税率为千分之一的是(　　)。

A. 承揽合同　　B. 仓储合同

C. 专有技术使用权转让书据　　D. 运输合同

【参考答案】 B

【答案解析】 《印花税科目税率表》规定，印花税的税率为千分之一的有：租赁合同；保管合同；仓储合同；财产保险合同；证券交易。

3.《中华人民共和国印花税法》所称应税凭证，是指《印花税税目税率表》列明的(　　)。

A. 合同、产权转移书据、营业账簿和定额征收的权利、许可证照

B. 合同、产权转移书据、营业账簿和权利、许可证照

C. 合同、产权转移书据、资金账簿和其他账簿

D. 合同、产权转移书据和营业账簿

【参考答案】 D

【答案解析】 《中华人民共和国印花税法》第二条规定，本法所称应税凭证，是指本法所附《印花税税目税率表》列明的合同、产权转移书据和营业账簿。

4. 甲企业签订购销合同一份，购销金额 1 000 万元；签订以货换货合同一份，用库存的 500 万元的存货换取对方相同金额的材料。甲企业应纳印花税（　　）万元。

A. 5　　　　B. 3

C. 0.1　　　　D. 0.6

【参考答案】 D

【答案解析】 依据印花税法相关规定，购销合同，包括供应、预购、采购、购销结合及协作、调剂、补偿、易货等合同。“购”与“销”的合同均缴纳印花税。

甲企业应缴纳的印花税＝(1 000＋500×2)×0.3‰＝0.6(万元)。

5. 某加工企业签订甲、乙两份加工承揽合同，甲合同约定：由委托方提供主要材料，金额 5 000 万元，受托方只提供辅助材料，金额 500 万元，受托方另收取加工费 500 万元；乙合同约定：由受托方提供主要材料，金额 4 000 万元，并收取加工费 1 000 万元。该加工企业缴纳印花税（　　）万元。

A. 3.6　　　　B. 1.8

C. 1　　　　D. 0.9

【参考答案】 B

【答案解析】 甲合同：委托方提供主要材料或原料，受托方只提供辅助材料的，无论加工费和辅助材料金额是否分别记载，均以辅助材料与加工费的合计数，依照加工承揽合同计税贴花。对委托方提供的主要材料或原料金额不计税贴花。

甲合同缴纳印花税(500＋500)×0.3‰＝0.3(万元)。

乙合同：由受托方提供原材料的加工、定作合同，凡在合同中分别记载加工费金额与原材料金额的，应分别按“加工承揽合同”、“购销合同”计税，两项税额相加数，即为合同应贴印花；合同中不划分加工费金额与原材料金额的，应按全部金额，依照“加工承揽合同”计税贴花。

乙合同缴纳印花税 4 000×0.3‰＋1 000×0.3‰＝1.2＋0.3＝1.5(万元)。

该加工企业应缴纳的印花税＝0.3＋1.5＝1.8(万元)。

6.《中华人民共和国印花税法》所称证券交易，是指（　　）。

A. 转让在依法设立的证券交易所、国务院批准的其他全国性证券交易场所交易的股票

B. 转让在依法设立的证券交易所、国务院批准的其他全国性证券交易场所交易的以股票为基础的存托凭证

C. 转让在依法设立的证券交易所、国务院批准的其他全国性证券交易场所交易的股票和以股票为基础的存托凭证

D. 转让在依法设立的证券交易所、国务院批准的其他全国性证券交易场所交易的股票

或者以股票为基础的存托凭证

【参考答案】 C

【答案解析】《中华人民共和国印花税法》第三条规定，本法所称证券交易，是指转让在依法设立的证券交易所、国务院批准的其他全国性证券交易场所交易的股票和以股票为基础的存托凭证。

证券交易印花税对证券交易的出让方征收，不对受让方征收。

7. 甲公司 2022 年 6 月与某会计师事务所签订一份会计咨询合同，合同约定咨询费金额共计 200 万元，另外作为承包方签订一份建筑工程承包合同，总金额 8 000 万元，又与乙公司签订一分建筑工程转包合同，金额 1 000 万元。该公司当月应缴纳印花税(　　)万元。

A. 2.4　　　　B. 2.7

C. 5　　　　D. 4

【参考答案】 B

【答案解析】 根据《国家税务局关于对技术合同征收印花税问题的通知》(国税地字 1989 第 34 号)的规定，技术咨询合同是当事人就有关项目的分析、论证、评价、预测和调查订立的技术合同。有关项目包括：有关科学技术与经济、社会协调发展的软科学研究项目；促进科技进步和管理现代化，提高经济效益和社会效益的技术项目；其他专业项目。对属于这些内容的合同，均应按照“技术合同”税目的规定计税贴花。

一般的法律、法规、会计、审计等方面的咨询不属于技术咨询，其所立合同不贴印花。

根据《印花税税目税率表》，建设工程合同印花税税率为万分之三。

应缴纳印花税＝(8 000＋1 000)×0.3‰＝2.7(万元)。

8. 甲公司进口一批货物，由境外的乙公司负责承运，双方签订的运输合同注明所运输货物价值 30 000 万元，运输费用 600 万元和装卸费 20 万元，下列关于印花税的税务处理，正确的是(　　)。

A. 甲公司应缴纳印花税 0.18 元　　　　B. 甲公司应缴纳印花税 0.21 万元

C. 甲公司和乙公司免征印花税　　　　D. 乙公司应缴纳印花税 0.75 元

【参考答案】 A

【答案解析】 计税依据为取得的运输费金额(即运费收入)，不包括所运货物的金额、装卸费和保险费等。

根据《国家税务局关于货运凭证征收印花税几个具体问题的通知》(国税发〔1990〕173 号)的规定，(1)由我国运输企业运输的，不论在我国境内、境外起运或中转分程运输，我国运输企业所持的一份运费结算凭证，均按本程运费计算应纳税额；托运方所持的一份运费结算凭证，按全程运费计算应纳税额。(2)由外国运输企业运输进出口货物的，外国运输企业所持的一份运费结算凭证免纳印花税；托运方所持的一份运费结算凭证应缴纳印花税。(3)国际货运运费结算凭证在国外办理的，应在凭证转回我国境内时按规定缴纳印花税。

所以乙公司不交印花税。

根据《印花税税目税率表》，运输合同印花税税率为万分之三。

甲公司应缴纳印花税＝600×0.3‰＝0.18(万元)。

9. 甲企业向银行申办一项金额 14 000 万贷款，未签订借款合同，分四次填开借据作为合同使用，四次填开借据共载借款金额 15 000 万，该贷款业务甲公司应缴纳印花税（ ）万元。

A. 0.45　　B. 1.5

C. 0.75　　D. 7.5

【参考答案】 C

【答案解析】 根据《国家税务局关于对借款合同贴花问题的具体规定》（国税地字第 30 号）的规定，目前，各地银行办理信贷业务的手续不够统一，有的只签订合同，有的只填开借据，也有的既签订合同又填开借据。为此规定：凡一项信贷业务既签订借款合同又一次或分次填开借据的，只就借款合同按所载借款金额计税贴花；凡只填开借据并作为合同使用的，应按照借据所载借款金额计税，在借据上贴花。

甲公司应缴纳印花税＝15 000×0.05‰＝0.75（万元）。

10. 证券交易印花税的征税对象是（ ）。

A. 证券交易的出让方或受让方　　B. 证券交易的出让方和受让方

C. 证券交易的受让方　　D. 证券交易的出让方

【参考答案】 D

【答案解析】《中华人民共和国印花税法》第三条规定，本法所称证券交易，是指转让在依法设立的证券交易所、国务院批准的其他全国性证券交易场所交易的股票和以股票为基础的存托凭证。

证券交易印花税对证券交易的出让方征收，不对受让方征收。

11. 甲公司作为受托方签订技术开发合同一份，合同约定：技术开发金额共计 5 000 万元，其中研究开发费用与报酬金额之比为 4∶1，甲公司应缴纳印花税（ ）万元。

A. 0.3　　B. 1.5

C. 3　　D. 0.38

【参考答案】 A

【答案解析】 根据《国家税务局关于对技术合同征收印花税问题的通知》（国税地字 1989 第 34 号）的规定，对各类技术合同，应当按合同所载价款、报酬、使用费的金额依率计税。

为鼓励技术研究开发，对技术开发合同，只就合同所载的报酬金额计税，研究开发经费不作为计税依据。但对合同约定按研究开发经费一定比例作为报酬的，应按一定比例的报酬金额计税贴花。

应缴纳的印花税＝5 000÷5×0.3‰＝0.3（万元）。

12. 下列关于印花税纳税人的说法错误的是（ ）。

A. 书立应税凭证的纳税人，为对应税凭证有直接权利义务关系的单位和个人

B. 采用委托贷款方式书立的借款合同纳税人，为受托人、借款人和委托人

C. 按买卖合同税目缴纳印花税的拍卖成交确认书纳税人，为拍卖标的的产权人和买受人

D. 按产权转移书据税目缴纳印花税的拍卖成交确认书纳税人，不包括拍卖人

【参考答案】 B

【答案解析】 选项B,根据《财政部 税务总局关于印花税若干事项政策执行口径的公告》(财政部 税务总局公告2022年第22号)的规定,书立应税凭证的纳税人,为对应税凭证有直接权利义务关系的单位和个人。采用委托贷款方式书立的借款合同纳税人,为受托人和借款人,不包括委托人。按买卖合同或者产权转移书据税目缴纳印花税的拍卖成交确认书纳税人,为拍卖标的的产权人和买受人,不包括拍卖人。

13. 以下( )在中华人民共和国境外书立在境内使用的应税凭证,应当缴纳印花税。

A. 应税凭证的标的为不动产的,该不动产在境外

B. 应税凭证的标的为股权的,该股权为中国居民企业的股权

C. 境外单位或者个人向境内单位或者个人销售完全在境外使用的动产

D. 境外单位或者个人向境内单位或者个人提供完全在境外发生的服务

【参考答案】 B

【答案解析】 选项ACD,根据《财政部 税务总局关于印花税若干事项政策执行口径的公告》(财政部 税务总局公告2022年第22号)的规定,在中华人民共和国境外书立在境内使用的应税凭证,应当按规定缴纳印花税。包括以下几种情形:应税凭证的标的为不动产的,该不动产在境内;应税凭证的标的为股权的,该股权为中国居民企业的股权;应税凭证的标的为动产或者商标专用权、著作权、专利权、专有技术使用权的,其销售方或者购买方在境内,但不包括境外单位或者个人向境内单位或者个人销售完全在境外使用的动产或者商标专用权、著作权、专利权、专有技术使用权;应税凭证的标的为服务的,其提供方或者接受方在境内,但不包括境外单位或者个人向境内单位或者个人提供完全在境外发生的服务。

14. 依据印花税有关规定,下列不属于免征印花税凭证的是( )。

A. 财产所有人将财产卖给慈善组织所立的书据

B. 中国人民解放军、中国人民武装警察部队书立的应税凭证

C. 非营利性医疗卫生机构采购药品或者卫生材料书立的买卖合同

D. 个人与电子商务经营者订立的电子订单

【参考答案】 A

【答案解析】 选项A,《中华人民共和国印花税法》第十二条规定,下列凭证免征印花税:(一)应税凭证的副本或者抄本;(二)依照法律规定应当予以免税的外国驻华使馆、领事馆和国际组织驻华代表机构为获得馆舍书立的应税凭证;(三)中国人民解放军、中国人民武装警察部队书立的应税凭证;(四)农民、家庭农场、农民专业合作社、农村集体经济组织、村民委员会购买农业生产资料或者销售农产品书立的买卖合同和农业保险合同;(五)无息或者贴息借款合同、国际金融组织向中国提供优惠贷款书立的借款合同;(六)财产所有权人将财产赠与政府、学校、社会福利机构、慈善组织书立的产权转移书据;(七)非营利性医疗卫生机构采购药品或者卫生材料书立的买卖合同;(八)个人与电子商务经营者订立的电子订单。

根据国民经济和社会发展的需要,国务院对居民住房需求保障、企业改制重组、破产、支持小型微型企业发展等情形可以规定减征或者免征印花税,报全国人民代表大会常务委员会备案。

15. 依据印花税有关规定,下列合同中不按"产权转移书据"税目征收印花税的有( )。

A. 土地经营权转移　　B. 专有技术使用权转让书据

C. 土地使用权出让合同　　D. 土地使用权转让合同

【参考答案】 A

【答案解析】 《印花税科目税率表》规定，产权转移书据包括4个子目：土地使用权出让书据，土地使用权、房屋等建筑物和构筑物所有权转让书据（不包括土地承包经营权和土地经营权转移），股权转让书据（不包括应缴纳证券交易印花税的），商标权、著作权、专利权、专有技术使用权转让书据。

16. 下列选项中应缴纳印花税的是（　　）。

A. 仓储合同　　B. 人身保险合同

C. 土地使用证　　D. 民间个人间的借贷合同

【参考答案】 A

【答案解析】 选项B，《印花税税目科率表》列明保险合同只是财产保险合同。选项C，《印花税税目科率表》已删除权利、许可证照。选项D，《印花税科目税率表》明确借款合同：指银行业金融机构、经国务院银行业监督管理机构批准设立的其他金融机构与借款人（不包括同业拆借）的借款合同。故借款合同的一方必须为金融机构或经国务院银行业监督管理机构批准设立的其他金融机构。

17. 甲企业于2022年7月成立，由四人共同认缴出资10 000万元，实缴资本6 000万元。甲企业就上述行为应缴纳印花税（　　）万元。

A. 1　　B. 1.5

C. 0.75　　D. 3

【参考答案】 B

【答案解析】 《中华人民共和国印花税法》第五条规定，印花税的计税依据如下：（一）应税合同的计税依据，为合同所列的金额，不包括列明的增值税税款；（二）应税产权转移书据的计税依据，为产权转移书据所列的金额，不包括列明的增值税税款；（三）应税营业账簿的计税依据，为账簿记载的实收资本（股本）、资本公积合计金额；（四）证券交易的计税依据，为成交金额。

营业账簿的印花税税率为实收资本（股本）、资本公积合计金额的万分之二点五。

甲企业就上述行为应缴纳印花税＝6 000×0.25‰＝1.5（万元）。

18. 2022年9月，甲公司办理财产保险一份，保险合同保额1 000万元，合同约定保险费50万元；同月甲公司将一项专利权转让，签订转让合同，合同约定转让金额为500万元，双方约定次月收取款项。甲公司当月应缴纳印花税（　　）元。

A. 2 000　　B. 1 200

C. 1 500　　D. 900

【参考答案】 A

【答案解析】 财产保险合同的印花税计税依据为支付（收取）的保险费金额，不包括所保财产的金额。专利权转让合同，应按产权转移书据贴花。

专利权转让的印花税税率为价款的万分之三。

财产保险合同的印花税税率为保险费的千分之一。

甲公司当月应缴纳印花税＝50×1‰×10 000＋500×0.3‰×10 000＝500＋1 500＝2 000(元)。

19. 下列不需要缴纳印花税的是(　　)。

A. 个人与电子商务经营者订立的电子订单

B. 个人出租门店所签订的合同

C. 财产保险合同

D. 融资租赁合同

【参考答案】 A

【答案解析】 《中华人民共和国印花税法》第十二条规定，下列凭证免征印花税：(一)应税凭证的副本或者抄本；(二)依照法律规定应当予以免税的外国驻华使馆、领事馆和国际组织驻华代表机构为获得馆舍书立的应税凭证；(三)中国人民解放军、中国人民武装警察部队书立的应税凭证；(四)农民、家庭农场、农民专业合作社、农村集体经济组织、村民委员会购买农业生产资料或者销售农产品书立的买卖合同和农业保险合同；(五)无息或者贴息借款合同、国际金融组织向中国提供优惠贷款书立的借款合同；(六)财产所有权人将财产赠与政府、学校、社会福利机构、慈善组织书立的产权转移书据；(七)非营利性医疗卫生机构采购药品或者卫生材料书立的买卖合同；(八)个人与电子商务经营者订立的电子订单。

根据国民经济和社会发展的需要，国务院对居民住房需求保障、企业改制重组、破产、支持小型微型企业发展等情形可以规定减征或者免征印花税，报全国人民代表大会常务委员会备案。

20. 下列关于印花税的表述中不正确的是(　　)。

A. 印花税兼有凭证税和行为税的性质

B. 一项信贷业务既签订借款合同，又一次或分次填开借据的，只以借款合同所载金额计税贴花

C. 基本建设贷款，如果先按年度用款计划分年签订借款分合同，在最后一年按总概算签订借款总合同，总合同的借款金额中包括各分合同的借款金额，应按总合同贴花

D. 凡附有军事运输命令或使用专用的军事物资运费结算凭证，免纳印花税贴花

【参考答案】 C

【答案解析】 选项 C，根据《国家税务局关于对借款合同贴花问题的具体规定》(国税地字第 30 号)的规定，有些基本建设贷款，先按年度用款计划分年签订借款分合同，在最后一年按总概算签订借款总合同，总合同的借款金额中包括各分合同的借款金额。对这类基建借款合同，应按分合同分别贴花，最后签订的总合同，只就借款总额扣除分合同借款金额后的余额计税贴花。

21. 2022 年，甲企业由于经营不善，将本企业价值 6 000 万元的办公楼向银行抵押，从银行取得抵押贷款 5 000 万元，签订借款合同。由于甲企业资金周转困难，到期无力偿还贷款本金，按照贷款合同约定将办公楼所有权转移给银行，双方签订产权转移书据，按照市场公平交易原则注明办公楼价值为 6 000 万元，银行另支付给甲企业 1 000 万元差价款。针对上述业务，甲企业应缴纳印花税(　　)万元。

A. 5.5　　　　B. 3.25

C. 0.55　　　　　　　　　　　　D. 0.33

【参考答案】 B

【答案解析】 根据《国家税务局关于对借款合同贴花问题的具体规定》(国税地字第30号)的规定，借款方以财产作抵押，与贷款方签订的抵押借款合同，属于资金信贷业务，借贷双方应按“借款合同”计税贴花。因借款方无力偿还借款而将抵押财产转移给贷款方，应就双方书立的产权转移书据，按“产权转移书据”计税贴花。

甲企业应缴纳印花税＝5 000×0.05‰＋6 000×0.5‰＝0.25＋3＝3.25(万元)。

22. 下列关于印花税的说法中不正确的是(　　)。

A. 企业、个人出租门店、柜台等签订的合同，属于财产租赁合同，应按照规定贴花

B. 在商品住房等开发项目中配套建造安置住房的，依据政府部门出具的相关材料、房屋征收(拆迁)补偿协议或棚户区改造合同(协议)，按改造安置住房建筑成本占总建筑成本的比例免征印花税

C. 对改造安置住房经营管理单位、开发商与改造安置住房相关的印花税以及购买安置住房的个人涉及的印花税予以免征

D. 外国政府或者国际金融组织向我国政府及国家金融机构提供优惠贷款所书立的合同，免征印花税

【参考答案】 B

【答案解析】 选项B，《财政部 国家税务总局关于棚户区改造有关税收政策的通知》(财税〔2013〕101号)规定，对改造安置住房建设用地免征城镇土地使用税。对改造安置住房经营管理单位、开发商与改造安置住房相关的印花税以及购买安置住房的个人涉及的印花税予以免征。

在商品住房等开发项目中配套建造安置住房的，依据政府部门出具的相关材料、房屋征收(拆迁)补偿协议或棚户区改造合同(协议)，按改造安置住房建筑面积占总建筑面积的比例免征城镇土地使用税、印花税。

23. 下列关于印花税的说法不正确的是(　　)。

A. 凡附有军事运输命令或使用专用的军事物资运费结算凭证，免纳印花税贴花

B. 对改造安置住房经营管理单位、开发商与改造安置住房相关的印花税以及购买安置住房的个人涉及的印花税予以免征

C. 在商品住房等开发项目中配套建造安置住房的，不能免征印花税

D. 农民、家庭农场、农民专业合作社、农村集体经济组织、村民委员会购买农业生产资料或者销售农产品书立的买卖合同和农业保险合同，免征印花税

【参考答案】 C

【答案解析】 选项C，《财政部 国家税务总局关于棚户区改造有关税收政策的通知》(财税〔2013〕101号)规定，对改造安置住房建设用地免征城镇土地使用税。对改造安置住房经营管理单位、开发商与改造安置住房相关的印花税以及购买安置住房的个人涉及的印花税予以免征。

在商品住房等开发项目中配套建造安置住房的，依据政府部门出具的相关材料、房屋征收(拆迁)补偿协议或棚户区改造合同(协议)，按改造安置住房建筑面积占总建筑面积的比

例免征城镇土地使用税、印花税。

24.《中华人民共和国印花税法》于 2022 年 7 月 1 日起实施,下列说法不正确的是( )。

A. 明确营业账簿的印花税税率为实收资本(股本)、资本公积合计金额的万分之二点五

B. 明确规定买卖合同不包括个人书立的动产买卖合同

C. 明确规定再保险合同征收印花税

D. 增加了印花税法定扣缴义务的规定

【参考答案】 C

【答案解析】 《中华人民共和国印花税法》附的税目税率表规定,财产保险合同不包括再保险合同。

25. 下列关于《中华人民共和国印花税法》的说法中不正确的是( )。

A. 证券登记结算机构为证券交易印花税的扣缴义务人,应当向其机构所在地的主管税务机关申报解缴税款以及银行结算的利息

B. 证券交易印花税扣缴义务发生时间为证券交易完成的当日

C. 个人与电子商务经营者订立的电子订单,视同买卖合同,征收印花税

D. 纳税人为境外单位或者个人,在境内有代理人的,以其境内代理人为扣缴义务人

【参考答案】 C

【答案解析】 《中华人民共和国印花税法》第十二条规定,下列凭证免征印花税:(一)应税凭证的副本或者抄本;(二)依照法律规定应当予以免税的外国驻华使馆、领事馆和国际组织驻华代表机构为获得馆舍书立的应税凭证;(三)中国人民解放军、中国人民武装警察部队书立的应税凭证;(四)农民、家庭农场、农民专业合作社、农村集体经济组织、村民委员会购买农业生产资料或者销售农产品书立的买卖合同和农业保险合同;(五)无息或者贴息借款合同、国际金融组织向中国提供优惠贷款书立的借款合同;(六)财产所有权人将财产赠与政府、学校、社会福利机构、慈善组织书立的产权转移书据;(七)非营利性医疗卫生机构采购药品或者卫生材料书立的买卖合同;(八)个人与电子商务经营者订立的电子订单。

26. 下列关于印花税法说法中正确的是( )。

A. 应税合同的计税依据,为合同所列的金额,不包括增值税税款

B. 应税产权转移书据的计税依据,为产权转移书据所列的金额,不包括增值税税款

C. 应税营业账簿的计税依据,为账簿记载的实收资本(股本)金额

D. 证券交易的计税依据,为成交金额

【参考答案】 D

【答案解析】 《中华人民共和国印花税法》第五条规定,印花税的计税依据如下:(一)应税合同的计税依据,为合同所列的金额,不包括列明的增值税税款;(二)应税产权转移书据的计税依据,为产权转移书据所列的金额,不包括列明的增值税税款;(三)应税营业账簿的计税依据,为账簿记载的实收资本(股本)、资本公积合计金额;(四)证券交易的计税依据,为成交金额。

27. 某企业 2022 年 7 月与银行签订一年期流动资金周转性借款合同,合同注明 2022 年流动资金最高限额为 800 万元。当年发生借款 5 笔,其中借款金额为 200 万元的有 2 笔,借

款金额为300万元的有2笔，借款在2022年内均在规定的期限和最高限额内随借随还，且每笔借款均未签订新合同。则该企业上述业务应缴纳印花税（　　）元。

A. 300　　B. 150

C. 400　　D. 250

【参考答案】 C

【答案解析】 根据《国家税务局关于对借款合同贴花问题的具体规定》（国税地字第30号）的规定，借贷双方签订的流动资金周转性借款合同，一般按年（期）签订，规定最高限额，借款人在规定的期限和最高限额内随借随还。为此，在签订流动资金周转借款合同时，应按合同规定的最高借款限额计税贴花。以后，只要在限额内随借随还，不再签新合同的，就不另贴印花。

则该企业应缴纳印花税＝800×0.05‰×10 000＝400（元）。

28. 下列关于印花税的说法中不正确的是（　　）。

A. 国防科工委管辖的军工企业和科研单位，与军队、武警总队、公安、国家安全部门，为研制和供应军火武器（包括指挥、侦察、通讯装备，下同）所签订的合同免征印花税

B. 中国人民解放军、中国人民武装警察部队书立的应税凭证，免征印花税

C. 国防科工委管辖的军工系统内各单位之间，为研制军火武器所签订的合同，按照买卖合同征收印花税

D. 对商品储备管理公司及其直属库承担商品储备业务过程中书立的购销合同免税，对合同其他各方当事人应缴纳的印花税照章缴纳

【参考答案】 C

【答案解析】 选项C，《国家税务局关于军火武器合同免征印花税问题的通知》（国税发〔1990〕200号）规定，国防科工委管辖的军工企业和科研单位，与军队、武警总队、公安、国家安全部门，为研制和供应军火武器（包括指挥、侦察、通讯装备，下同）所签订的合同免征印花税。国防科工委管辖的军工系统内各单位之间，为研制军火武器所签订的合同免征印花税。

29. 下列关于印花税的说法中不正确的是（　　）。

A. 应税合同的计税依据，为合同所列的金额，不包括列明的增值税税款

B. 应税产权转移书据的计税依据，为产权转移书据所列的金额，不包括列明的增值税税款

C. 应税合同、产权转移书据未列明金额的，印花税的计税依据按照实际结算的金额确定

D. 应税合同、产权转移书据未列明金额的，印花税的计税依据按照实际结算的金额确定，若仍不能确定的，由税务机关核定

【参考答案】 D

【答案解析】 选项D，《中华人民共和国印花税法》第六条规定，应税合同、产权转移书据未列明金额的，印花税的计税依据按照实际结算的金额确定。

计税依据按照前款规定仍不能确定的，按照书立合同、产权转移书据时的市场价格确定；依法应当执行政府定价或者政府指导价的，按照国家有关规定确定。

30. 下列关于印花税的说法不正确的是（　　）。

A. 印花税按季、按年或者按次计征

B. 实行按季、按年计征的,纳税人应当自季度、年度终了之日起十五日内申报缴纳税款

C. 实行按次计征的,纳税人应当自纳税义务发生之日起十五日内申报缴纳税款

D. 证券交易印花税扣缴义务人应当自每月终了之日起十五日内申报解缴税款以及银行结算的利息

【参考答案】 D

【答案解析】 《中华人民共和国印花税法》第十六条规定,印花税按季、按年或者按次计征。实行按季、按年计征的,纳税人应当自季度、年度终了之日起十五日内申报缴纳税款;实行按次计征的,纳税人应当自纳税义务发生之日起十五日内申报缴纳税款。

证券交易印花税按周解缴。证券交易印花税扣缴义务人应当自每周终了之日起五日内申报解缴税款以及银行结算的利息。

二、多选题

1. 下列有关印花税的说法正确的有(　　)。

A. 国家政策性银行记载资金的账簿经核准可在 3 年内分次贴足

B. 一份凭证应纳税额超过 500 元可用缴款书或完税证代替

C. 同一类凭证频繁贴花的可按期汇总缴纳,但最长期限不得超过一个月

D. 购票等于履行了纳税义务

【参考答案】 ABC

【答案解析】 选项 D,按技术合同交纳印花税。《中华人民共和国印花税法》第十七条规定,印花税可以采用粘贴印花税票或者由税务机关依法开具其他完税凭证的方式缴纳。

印花税票粘贴在应税凭证上的,由纳税人在每枚税票的骑缝处盖戳注销或者画销。

2. 下列凭证应征收印花税的有(　　)。

A. 买卖合同　　B. 著作权转让书据

C. 管道运输合同　　D. 土地承包经营权转移合同

【参考答案】 AB

【答案解析】 选项 CD,《印花税税目科率表》明确产权转移书据不包括土地承包经营权转移,合同不包括管道运输合同。

3. 下列凭证免征印花税的有(　　)。

A. 中国人民解放军、中国人民武装警察部队书立的应税凭证

B. 贴息借款合同

C. 附有县级以上(含县级)人民政府抢险救灾物资运输证明文件的运费结算凭证

D. 货物运输合同

【参考答案】 ABC

【答案解析】 选项 A 和 B,《中华人民共和国印花税法》第十二条规定,下列凭证免征印花税:(一)应税凭证的副本或者抄本;(二)依照法律规定应当予以免税的外国驻华使馆、领事馆和国际组织驻华代表机构为获得馆舍书立的应税凭证;(三)中国人民解放军、中国人民武装警察部队书立的应税凭证;(四)农民、家庭农场、农民专业合作社、农村集体经济组织、村民委员会购买农业生产资料或者销售农产品书立的买卖合同和农业保险合同;(五)无息或者贴息借款合同、国际金融组织向中国提供优惠贷款书立的借款合同;(六)财产所有权人

将财产赠与政府、学校、社会福利机构、慈善组织书立的产权转移书据；(七)非营利性医疗卫生机构采购药品或者卫生材料书立的买卖合同；(八)个人与电子商务经营者订立的电子订单。

根据国民经济和社会发展的需要，国务院对居民住房需求保障、企业改制重组、破产、支持小型微型企业发展等情形可以规定减征或者免征印花税，报全国人民代表大会常务委员会备案。

选项C，根据《国家税务局关于货运凭证征收印花税几个具体问题的通知》(国税发〔1990〕173号)的规定，凡附有军事运输命令或使用专用的军事物资运费结算凭证，免纳印花税。凡附有县级以上(含县级)人民政府抢险救灾物资运输证明文件的运费结算凭证，免纳印花税。

4. 下列有关印花税说法正确的有(　　)。

A. 发行单位与订阅单位之间书立的征订凭证，暂免征印花税

B. 财产所有权人将财产赠与政府、学校、社会福利机构、慈善组织书立的产权转移书据免征印花税

C. 人身保险合同不征收印花税

D. 出版单位与发行单位之间订立的图书订购单不征收印花税

【参考答案】 ABC

【答案解析】 选项D，《国家税务局关于图书、报刊等征订凭证征免印花税问题的通知》(国税地字1989第142号)规定，各类出版单位与发行单位之间订立的图书、报纸、期刊以及音像制品的征订凭证(包括订购单、订数单等)，应由持证双方按规定纳税。各类发行单位之间，以及发行单位与订阅单位或个人之间书立的征订凭证，暂免征印花税。

5. 甲是国内运输企业，乙是国外运输企业，丙委托甲和乙运输，甲是起运方，乙负责国外运输，甲乙丙都签了全程运输单，以下说法不正确的是(　　)。

A. 甲按本程运费贴花　　B. 乙按本程运费贴花

C. 乙按全程运费贴花　　D. 丙按全程运费贴花

【参考答案】 BC

【答案解析】 《国家税务局关于货运凭证征收印花税几个具体问题的通知》(国税发〔1990〕173号)规定，由我国运输企业运输的，不论在我国境内、境外起运或中转分程运输，我国运输企业所持的一份运费结算凭证，均按本程运费计算应纳税额；托运方所持的一份运费结算凭证，按全程运费计算应纳税额。由外国运输企业运输进出口货物的，外国运输企业所持的一份运费结算凭证免纳印花税；托运方所持的一份运费结算凭证应缴纳印花税。国际货运运费结算凭证在国外办理的，应在凭证转回我国境内时按规定缴纳印花税。

6. 下列有关印花税表述错误的有(　　)。

A. 房地产管理部门与个人签订的用于生活居住的租赁合同免征印花税

B. 国防科工委管辖的军工系统内各单位之间，为研制军火武器所签订的合同，按照买卖合同征收印花税

C. 在融资性售后回租业务中，对承租人、出租人因出售租赁资产及购回租赁资产所签订的合同，不征收印花税

D. 国防科工委管辖的军工企业和科研单位，与军队、武警总队、公安、国家安全部门，为研制和供应军火武器(包括指挥、侦察、通讯装备，下同)所签订的合同照章征收印花税

【参考答案】 BD

【答案解析】 《国家税务局关于军火武器合同免征印花税问题的通知》(国税发〔1990〕200 号)规定，国防科工委管辖的军工企业和科研单位，与军队、武警总队、公安、国家安全部门，为研制和供应军火武器(包括指挥、侦察、通讯装备，下同)所签订的合同免征印花税。国防科工委管辖的军工系统内各单位之间，为研制军火武器所签订的合同免征印花税。

7. 下列免征印花税的凭证有(　　)。

A. 非营利性医疗卫生机构采购药品的买卖合同

B. 抵押贷款合同

C. 国际金融组织向中国提供优惠贷款书立的借款合同

D. 个人承租、出租柜台的租赁合同

【参考答案】 AC

【答案解析】 《中华人民共和国印花税法》第十二条规定，下列凭证免征印花税：(一)应税凭证的副本或者抄本；(二)依照法律规定应当予以免税的外国驻华使馆、领事馆和国际组织驻华代表机构为获得馆舍书立的应税凭证；(三)中国人民解放军、中国人民武装警察部队书立的应税凭证；(四)农民、家庭农场、农民专业合作社、农村集体经济组织、村民委员会购买农业生产资料或者销售农产品书立的买卖合同和农业保险合同；(五)无息或者贴息借款合同、国际金融组织向中国提供优惠贷款书立的借款合同；(六)财产所有权人将财产赠与政府、学校、社会福利机构、慈善组织书立的产权转移书据；(七)非营利性医疗卫生机构采购药品或者卫生材料书立的买卖合同；(八)个人与电子商务经营者订立的电子订单。

根据国民经济和社会发展的需要，国务院对居民住房需求保障、企业改制重组、破产、支持小型微型企业发展等情形可以规定减征或者免征印花税，报全国人民代表大会常务委员会备案。

8. 下列有关印花税说法中正确的有(　　)。

A. 应税合同的计税依据，为合同所列的金额，不包括列明的增值税税款

B. 经县级以上人民政府及企业主管部门批准改制的企业因改制签订的产权转移书据，要照章缴纳印花税

C. 农民、家庭农场、农民专业合作社、农村集体经济组织、村民委员会购买农业生产资料或者销售农产品书立的买卖合同和农业保险合同免征印花税

D. 个人承租住房免征印花税

【参考答案】 ACD

【答案解析】 选项 B，根据《财政部 国家税务总局关于企业改制过程中有关印花税政策的通知》(财税〔2003〕183 号)的规定，企业因改制签订的产权转移书据免予贴花。

9. 下列可免征印花税的有(　　)。

A. 个人购买安置住房　　B. 个人承租住房
C. 个人出租住房　　D. 企业购买商品房

【参考答案】 ABC

【答案解析】 选项 A,《财政部 国家税务总局关于棚户区改造有关税收政策的通知》(财税〔2013〕101 号)规定,对改造安置住房建设用地免征城镇土地使用税。对改造安置住房经营管理单位、开发商与改造安置住房相关的印花税以及购买安置住房的个人涉及的印花税予以免征。在商品住房等开发项目中配套建造安置住房的,依据政府部门出具的相关材料、房屋征收(拆迁)补偿协议或棚户区改造合同(协议),按改造安置住房建筑面积占总建筑面积的比例免征城镇土地使用税、印花税。

选项 BC,《财政部 国家税务总局关于廉租住房经济适用住房和住房租赁有关税收政策的通知》(财税〔2008〕24 号)规定,对个人出租住房取得的所得减按 10%的税率征收个人所得税。对个人出租、承租住房签订的租赁合同,免征印花税。

10. 关于印花税计税依据的说法正确的有(　　)。

A. 保管合同的计税依据为保管的费用

B. 货物运输合同的计税依据为取得的运费收入,包括装卸费和保险费等

C. 融资租赁合同的计税依据收取或支付的租金

D. 对于由受托方提供原材料的加工合同,凡在合同中分别记载加工费金额与原材料金额的,应分别按加工承揽合同、购销合同计税,两项税额相加数即为合同应纳印花税税额

【参考答案】 ACD

【答案解析】 选项 B,货物运输合同:计税依据为取得的运输费金额(即运费收入),不包括所运货物的金额、装卸费和保险费等。

11. 下列关于印花税的说法正确的有(　　)。

A. 应征印花税的财产保险合同包括再保险合同

B. 应征印花税的运输合同包括管道运输合同

C. 应征印花税的买卖合同仅指动产买卖合同

D. 应征印花税的借款合同不包括民间个人借贷合同

【参考答案】 CD

【答案解析】《印花税科目税率表》规定,财产保险合同不包括再保险合同;运输合同不包括管道运输合同。

12. 下列关于印花税的说法正确的是(　　)。

A. 借款方以财产作抵押,与贷款方签订的抵押借款合同,属于资金信贷业务,借贷双方应按“借款合同”计税贴花

B. 借款方以财产作抵押,因借款方无力偿还借款而将抵押财产转移给贷款方,不再另行计税贴花

C. 有些基本建设贷款,先按年度用款计划分年签订借款分合同,在最后一年按总概算签订借款总合同,总合同的借款金额中包括各分合同的借款金额。只需要依据最后签订的总合同计税贴花

D. 有些基本建设贷款,先按年度用款计划分年签订借款分合同,在最后一年按总概算签订借款总合同,总合同的借款金额中包括各分合同的借款金额。对这类基建借款合同,应按分合同分别贴花,最后签订的总合同,只就借款总额扣除分合同借款金额后的余额计税贴花

【参考答案】 AD

【答案解析】 选项 B,《国家税务局关于对借款合同贴花问题的具体规定》(〔1988〕国税地字第 30 号)规定,借款方以财产作抵押,与贷款方签订的抵押借款合同,属于资金信贷业务,借贷双方应按“借款合同”计税贴花。因借款方无力偿还借款而将抵押财产转移给贷款方,应就双方书立的产权转移书据,按“产权转移书据”计税贴花。

选项 C,《国家税务局关于对借款合同贴花问题的具体规定》(〔1988〕国税地字第 30 号)规定,有些基本建设贷款,先按年度用款计划分年签订借款分合同,在最后一年按总概算签订借款总合同,总合同的借款金额中包括各分合同的借款金额。对这类基建借款合同,应按分合同分别贴花,最后签订的总合同,只就借款总额扣除分合同借款金额后的余额计税贴花。

13. 下列关于印花税的说法正确的有(　　)。

A. 购买安置住房的个人涉及的印花税予以免征

B. 借款方以财产作抵押,与贷款方签订的抵押借款合同,属于资金信贷业务,借贷双方应按“借款合同”计税贴花

C. 在商品住房等开发项目中配套建造安置住房的,依据政府部门出具的相关材料、房屋征收(拆迁)补偿协议或棚户区改造合同(协议),按改造安置住房建筑成本占总建筑成本的比例免征印花税

D. 在融资性售后回租业务中,对承租人、出租人因购回租赁资产所签订的合同,不征收印花税

【参考答案】 ABD

【答案解析】 选项 C,《财政部 国家税务总局关于棚户区改造有关税收政策的通知》(财税〔2013〕101 号)规定,对改造安置住房建设用地免征城镇土地使用税。对改造安置住房经营管理单位、开发商与改造安置住房相关的印花税以及购买安置住房的个人涉及的印花税予以免征。

在商品住房等开发项目中配套建造安置住房的,依据政府部门出具的相关材料、房屋征收(拆迁)补偿协议或棚户区改造合同(协议),按改造安置住房建筑面积占总建筑面积的比例免征城镇土地使用税、印花税。

14. 2022 年 3 月,甲企业以价值 3 000 万元的商品换取乙企业价值 2 500 万元的原材料,乙企业通过银行转账方式支付甲企业差价款 500 万元,甲乙双方签订了以货换货合同。则下列说法正确的有(　　)。

A. 甲企业应缴纳印花税 1.45 万元

B. 甲企业应缴纳印花税 1.65 万元

C. 乙企业应缴纳印花税 1.5 万元

D. 甲乙企业合计应缴纳印花税 3.3 万元

【参考答案】 BD

【答案解析】 依据印花税法相关规定，购销合同，包括供应、预购、采购、购销结合及协作、调剂、补偿、易货等合同。“购”与“销”的合同均缴纳印花税。

甲乙双方各自应缴纳印花税＝(3 000＋2 500)×0.3‰＝1.65(万元)。

双方合计应缴纳印花税＝1.65×2＝3.3(万元)。

15.2022 年 1 月，甲企业将闲置办公楼出租给乙企业，双方签订的合同中注明每月租金 40 000 元，租期未定，当月甲企业预收两个月的租金。2022 年 5 月底合同解除，甲企业收到乙企业补交的租金 120 000 元。下列关于甲企业印花税处理的表述中，正确的有(　　)。

A. 甲企业 2022 年 1 月应缴纳印花税 5 元

B. 甲企业 2022 年 1 月应缴纳印花税 80 元

C. 甲企业 2022 年 5 月应补缴印花税 195 元

D. 甲企业 2022 年 5 月应补缴印花税 120 元

【参考答案】 AC

【答案解析】 《国家税务局关于印花税若干具体问题的规定》(国税地字〔1988〕25 号)规定，有些合同在签订时无法确定计税金额，如技术转让合同中的转让收入，是按销售收入的一定比例收取或是按实现利润分成的；财产租赁合同，只是规定了月(天)租金标准而却无租赁期限的。对这类合同，可在签订时先按定额五元贴花，以后结算时再按实际金额计税，补贴印花。

2022 年 1 月应缴纳印花税 5 元。

2022 年 5 月应补缴印花税＝(2×40 000＋120 000)×1‰－5＝195(元)。

16. 下列关于印花税的表述中正确的有(　　)。

A. 证券交易无转让价格的，按照办理过户登记手续时该证券前一个交易日收盘价计算确定计税依据；无收盘价的，按照证券面值计算确定计税依据

B. 已缴纳印花税的营业账簿，以后年度记载的实收资本(股本)、资本公积合计金额比已缴纳印花税的实收资本(股本)、资本公积合计金额增加的，按照增加部分计算应纳税额

C. 在融资性售后回租业务中，对承租人、出租人因出售租赁资产所签订的合同，按购销合同征收印花税

D. 在融资性售后回租业务中，对承租人、出租人因购回租赁资产所签订的合同，不征收印花税

【参考答案】 ABD

【答案解析】 选项 C，《财政部　国家税务总局关于融资租赁合同有关印花税政策的通知财税》(财税〔2015〕144 号)规定，在融资性售后回租业务中，对承租人、出租人因出售租赁资产及购回租赁资产所签订的合同，不征收印花税。

17. 下列有关印花税的表述中正确的有(　　)。

A. 开展融资租赁业务签订的融资租赁合同，属于印花税的征税范围

B. 开展融资租赁业务签订的融资租赁合同，按照租金的万分之零点五计税贴花

C. 个人购买首套普通住房的合同免征印花税

D. 对铁路、公路、航运、水路承运快件行李、包裹开具的托运单据照章征收印花税

【参考答案】 ABC

【答案解析】 选项D,《国家税务局关于印花税若干具体问题的规定》(国税地字〔1988〕25号)规定,对铁路、公路、航运、水路承运快件行李、包裹开具的托运单据,暂免贴印花。

18. 下列关于印花税的表述正确的有(　　)。

A. 对投资者(包括个人和机构)买卖封闭式证券投资基金免征印花税

B. 国际金融组织向中国提供优惠贷款书立的借款合同免征印花税

C. 经县级以上人民政府及企业主管部门批准改制的企业因改制签订的产权转移书据免税

D. 图书出版单位和发行单位之间订立的合同免征印花税

【参考答案】 ABC

【答案解析】 选项D,《国家税务局关于图书、报刊等征订凭证征免印花税问题的通知》(国税地字1989第142号)规定,各类出版单位与发行单位之间订立的图书、报纸、期刊以及音像制品的征订凭证(包括订购单、订数单等),应由持证双方按规定纳税。各类发行单位之间,以及发行单位与订阅单位或个人之间书立的征订凭证,暂免征印花税。

19. 下列关于印花税的说法中正确的是(　　)。

A. 纳税人为境外单位或者个人,由纳税人自行申报缴纳印花税

B. 不动产产权发生转移的,纳税人应当向不动产所在地的主管税务机关申报缴纳印花税

C. 根据国民经济和社会发展的需要,国务院对居民住房需求保障、企业改制重组、破产、支持小型微型企业发展等情形可以规定减征或者免征印花税,报全国人民代表大会常务委员会备案

D. 纳税人为个人的,应当向应税凭证书立地或者纳税人居住地的主管税务机关申报缴纳印花税

【参考答案】 BCD

【答案解析】 选项A,《中华人民共和国印花税法》第十四条规定,纳税人为境外单位或者个人,在境内有代理人的,以其境内代理人为扣缴义务人;在境内没有代理人的,由纳税人自行申报缴纳印花税,具体办法由国务院税务主管部门规定。

20. 下列关于印花税的说法中正确的是(　　)。

A. 按买卖合同或者产权转移书据税目缴纳印花税的拍卖成交确认书纳税人,为拍卖标的的产权人和买受人,不包括拍卖人

B. 企业之间书立的确定买卖关系、明确买卖双方权利义务的订单、要货单等单据,且未另外书立买卖合同的,应当按规定缴纳印花税

C. 总公司与分公司、分公司与分公司之间书立的作为执行计划使用的凭证,属于印花税的征税范围

D. 企业、个人出租门店、柜台等签订的合同,属于财产租赁合同,应按照规定贴花

【参考答案】 ABD

【答案解析】 选项C,《财政部 税务总局关于印花税若干事项政策执行口径的公告》

(财政部 税务总局公告 2022 年第 22 号)规定，下列情形的凭证，不属于印花税征收范围：(1)人民法院的生效法律文书，仲裁机构的仲裁文书，监察机关的监察文书。(2)县级以上人民政府及其所属部门按照行政管理权限征收、收回或者补偿安置房地产书立的合同、协议或者行政类文书。(3)总公司与分公司、分公司与分公司之间书立的作为执行计划使用的凭证。

21.《中华人民共和国印花税法》于 2022 年 7 月 1 日起实施，下列说法正确的是(　　)。

A. 规定仓储合同的印花税税率为仓储费的千分之一

B. 规定买卖合同仅指动产买卖合同(不包括个人书立的动产买卖合同)

C. 规定营业账簿的印花税税率为实收资本(股本)和资本公积合计金额的万分之二点五

D. 明确规定再保险合同征收印花税

【参考答案】 ABC

【答案解析】 《中华人民共和国印花税法》附的税目税率表明确规定：不包括再保险合同。

22. 下列关于印花税的说法中正确的是(　　)。

A. 财产所有权人将财产卖于政府的产权转移书据免征印花税

B. 抢险救灾物资运输凭证免征印花税

C. 医疗卫生机构采购药品或者卫生材料书立的买卖合同免征印花税

D. 个人与电子商务经营者订立的电子订单免征印花税

【参考答案】 BD

【答案解析】 选项 AC，《中华人民共和国印花税法》第十二条规定，下列凭证免征印花税：(一)应税凭证的副本或者抄本；(二)依照法律规定应当予以免税的外国驻华使馆、领事馆和国际组织驻华代表机构为获得馆舍书立的应税凭证；(三)中国人民解放军、中国人民武装警察部队书立的应税凭证；(四)农民、家庭农场、农民专业合作社、农村集体经济组织、村民委员会购买农业生产资料或者销售农产品书立的买卖合同和农业保险合同；(五)无息或者贴息借款合同、国际金融组织向中国提供优惠贷款书立的借款合同；(六)财产所有权人将财产赠与政府、学校、社会福利机构、慈善组织书立的产权转移书据；(七)非营利性医疗卫生机构采购药品或者卫生材料书立的买卖合同；(八)个人与电子商务经营者订立的电子订单。

23. 下列关于印花税的说法正确的是(　　)。

A. 凡一项信贷业务既签订借款合同又一次或分次填开借据的，只就借款合同按所载借款金额计税贴花

B. 凡一项信贷业只填开借据并作为合同使用的，应按照借据所载借款金额计税，在借据上贴花

C. 借贷双方签订的流动资金周转性借款合同，一般按年(期)签订，规定最高限额，借款人在规定的期限和最高限额内随借随还。为此，在签订流动资金周转借款合同时，应按合同规定的最高借款限额计税贴花。以后只要在限额内随借随还，不再签新合同的，就不另贴印花

D. 借贷双方签订的流动资金周转性借款合同，一般按年(期)签订，规定最高限额，借款人在规定的期限和最高限额内随借随还。为此，在签订流动资金周转借款合同时，应

按合同规定的最高借款限额计税贴花。合同结束时按在限额内随借随还的各期金额合计与规定的最高限额之差补缴印花税

【参考答案】 ABC

【答案解析】 选项D,根据《国家税务局关于对借款合同贴花问题的具体规定》(〔1988〕国税地字第30号),关于以填开借据方式取得银行借款的借据贴花问题。目前,各地银行办理信贷业务的手续不够统一,有的只签订合同,有的只填开借据,也有的既签订合同又填开借据。为此规定:凡一项信贷业务既签订借款合同又一次或分次填开借据的,只就借款合同按所载借款金额计税贴花;凡只填开借据并作为合同使用的,应按照借据所载借款金额计税,在借据上贴花。

关于对流动资金周转性借款合同的贴花问题。借贷双方签订的流动资金周转性借款合同,一般按年(期)签订,规定最高限额,借款人在规定的期限和最高限额内随借随还。为此,在签订流动资金周转借款合同时,应按合同规定的最高借款限额计税贴花。以后,只要在限额内随借随还,不再签新合同的,就不另贴印花。

24. 下列关于印花税的说法正确的是(　　)。

A. 书立应税凭证的纳税人,为对应税凭证有直接权利义务关系的单位和个人

B. 采用委托贷款方式书立的借款合同纳税人,为受托人和借款人,不包括委托人

C. 按买卖合同或者产权转移书据税目缴纳印花税的拍卖成交确认书纳税人,为拍卖标的的产权人、买受人和拍卖人

D. 印花税的纳税人不包括担保人

【参考答案】 ABD

【答案解析】 选项C,《财政部 税务总局关于印花税若干事项政策执行口径的公告》(财政部 税务总局公告2022年第22号)规定,书立应税凭证的纳税人,为对应税凭证有直接权利义务关系的单位和个人。采用委托贷款方式书立的借款合同纳税人,为受托人和借款人,不包括委托人。按买卖合同或者产权转移书据税目缴纳印花税的拍卖成交确认书纳税人,为拍卖标的的产权人和买受人,不包括拍卖人。

25. 以下在中华人民共和国境外书立在境内使用的应税凭证,应当按规定缴纳印花税的是(　　)。

A. 应税凭证的标的为不动产的,该不动产在境内

B. 应税凭证的标的为股权的,该股权为中国居民企业的股权

C. 应税凭证的标的为动产或者商标专用权、著作权、专利权、专有技术使用权的,其销售方或者购买方在境内,但不包括境外单位或者个人向境内单位或者个人销售完全在境外使用的动产或者商标专用权、著作权、专利权、专有技术使用权

D. 应税凭证的标的为服务的,其提供方或者接受方在境内,但不包括境外单位或者个人向境内单位或者个人提供完全在境外发生的服务

【参考答案】 ABCD

【答案解析】《财政部 税务总局关于印花税若干事项政策执行口径的公告》(财政部 税务总局公告2022年第22号)规定,在中华人民共和国境外书立在境内使用的应税凭证,应当按规定缴纳印花税。包括以下几种情形:应税凭证的标的为不动产的,该不动产在境

内；应税凭证的标的为股权的，该股权为中国居民企业的股权；应税凭证的标的为动产或者商标专用权、著作权、专利权、专有技术使用权的，其销售方或者购买方在境内，但不包括境外单位或者个人向境内单位或者个人销售完全在境外使用的动产或者商标专用权、著作权、专利权、专有技术使用权；应税凭证的标的为服务的，其提供方或者接受方在境内，但不包括境外单位或者个人向境内单位或者个人提供完全在境外发生的服务。

26. 下列情形的凭证，不属于印花税征收范围的是（　　）。

A. 人民法院的生效法律文书

B. 县级以上人民政府及其所属部门按照行政管理权限征收、收回或者补偿安置房地产书立的合同、协议或者行政类文书

C. 总公司与分公司、分公司与分公司之间书立的作为执行计划使用的凭证

D. 仲裁机构的仲裁文书

【参考答案】 ABCD

【答案解析】《财政部 税务总局关于印花税若干事项政策执行口径的公告》（财政部 税务总局公告 2022 年第 22 号）规定，下列情形的凭证，不属于印花税征收范围：人民法院的生效法律文书，仲裁机构的仲裁文书，监察机关的监察文书。县级以上人民政府及其所属部门按照行政管理权限征收、收回或者补偿安置房地产书立的合同、协议或者行政类文书。总公司与分公司、分公司与分公司之间书立的作为执行计划使用的凭证。

27. 下列关于印花税的说法中正确的是（　　）。

A. 应税合同、应税产权转移书据所列的金额与实际结算金额不一致，不变更应税凭证所列金额的，以所列金额为计税依据

B. 应税合同、应税产权转移书据所列的金额与实际结算金额不一致，变更应税凭证所列金额的，以变更后的所列金额为计税依据

C. 已缴纳印花税的应税凭证，变更后所列金额增加的，纳税人应当就增加部分的金额补缴印花税

D. 已缴纳印花税的应税凭证，变更后所列金额减少的，多缴印花税不予退税

【参考答案】 ABC

【答案解析】 选项 D，《财政部 税务总局关于印花税若干事项政策执行口径的公告》（财政部 税务总局公告 2022 年第 22 号）规定，应税合同、应税产权转移书据所列的金额与实际结算金额不一致，不变更应税凭证所列金额的，以所列金额为计税依据；变更应税凭证所列金额的，以变更后的所列金额为计税依据。已缴纳印花税的应税凭证，变更后所列金额增加的，纳税人应当就增加部分的金额补缴印花税；变更后所列金额减少的，纳税人可以就减少部分的金额向税务机关申请退还或者抵缴印花税。

28. 下列关于印花税的说法中正确的是（　　）。

A. 纳税人因应税凭证列明的增值税税款计算错误导致应税凭证的计税依据减少或者增加的，纳税人应当按规定调整应税凭证列明的增值税税款，重新确定应税凭证计税依据

B. 纳税人因应税凭证列明的增值税税款计算错误导致应税凭证的计税依据减少或者增加的，纳税人应当按规定调整应税凭证列明的增值税税款，重新确定应税凭证计税依

据。已缴纳印花税的应税凭证,调整后计税依据增加的,纳税人应当就增加部分的金额补缴印花税

C. 纳税人因应税凭证列明的增值税税款计算错误导致应税凭证的计税依据减少或者增加的,纳税人应当按规定调整应税凭证列明的增值税税款,重新确定应税凭证计税依据。已缴纳印花税的应税凭证,调整后计税依据减少的,纳税人可以就减少部分的金额向税务机关申请退还或者抵缴印花税

D. 纳税人因应税凭证列明的增值税税款计算错误导致应税凭证的计税依据减少或者增加的,无需调整应税凭证计税依据

【参考答案】 ABC

【答案解析】 选项 D,《财政部 税务总局关于印花税若干事项政策执行口径的公告》(财政部 税务总局公告 2022 年第 22 号)规定,纳税人因应税凭证列明的增值税税款计算错误导致应税凭证的计税依据减少或者增加的,纳税人应当按规定调整应税凭证列明的增值税税款,重新确定应税凭证计税依据。已缴纳印花税的应税凭证,调整后计税依据增加的,纳税人应当就增加部分的金额补缴印花税;调整后计税依据减少的,纳税人可以就减少部分的金额向税务机关申请退还或者抵缴印花税。

29. 下列关于印花税的说法中正确的是( )。

A. 纳税人转让股权的印花税计税依据,按照产权转移书据所列的金额确定,但不包括列明的认缴后尚未实际出资权益部分

B. 应税凭证金额为人民币以外的货币的,应当按照产权转移当日的人民币汇率中间价折合人民币确定计税依据

C. 未履行的应税合同、产权转移书据,已缴纳的印花税不予退还及抵缴税款

D. 纳税人多贴的印花税票,不予退税及抵缴税款

【参考答案】 ACD

【答案解析】 选项 B,《财政部 税务总局关于印花税若干事项政策执行口径的公告》(财政部 税务总局公告 2022 年第 22 号)规定,纳税人转让股权的印花税计税依据,按照产权转移书据所列的金额(不包括列明的认缴后尚未实际出资权益部分)确定。应税凭证金额为人民币以外的货币的,应当按照凭证书立当日的人民币汇率中间价折合人民币确定计税依据。境内的货物多式联运,采用在起运地统一结算全程运费的,以全程运费作为运输合同的计税依据,由起运地运费结算双方缴纳印花税;采用分程结算运费的,以分程的运费作为计税依据,分别由办理运费结算的各方缴纳印花税。未履行的应税合同、产权转移书据,已缴纳的印花税不予退还及抵缴税款。纳税人多贴的印花税票,不予退税及抵缴税款。

30. 下列关于印花税的说法中正确的是( )。

A. 纳税人为单位的,应当向其机构所在地的主管税务机关申报缴纳印花税

B. 纳税人为个人的,应当向应税凭证书立地或者纳税人户籍所在地的主管税务机关申报缴纳印花税

C. 不动产产权发生转移的,纳税人应当向不动产所在地的主管税务机关申报缴纳印花税

D. 证券登记结算机构为证券交易印花税的扣缴义务人,应当向纳税人机构所在地的主

管税务机关申报解缴税款以及银行结算的利息

【参考答案】 AC

【答案解析】 选项B,《中华人民共和国印花税法》第十三条规定,纳税人为单位的,应当向其机构所在地的主管税务机关申报缴纳印花税;纳税人为个人的,应当向应税凭证书立地或者纳税人居住地的主管税务机关申报缴纳印花税。

不动产产权发生转移的,纳税人应当向不动产所在地的主管税务机关申报缴纳印花税。

选项D,《中华人民共和国印花税法》第十四条规定,纳税人为境外单位或者个人,在境内有代理人的,以其境内代理人为扣缴义务人;在境内没有代理人的,由纳税人自行申报缴纳印花税,具体办法由国务院税务主管部门规定。

证券登记结算机构为证券交易印花税的扣缴义务人,应当向其机构所在地的主管税务机关申报解缴税款以及银行结算的利息。

三、判断题

1. 印花税纳税人不包括担保人、证人、鉴定人。(　)

【参考答案】 正确

【答案解析】 依据印花税法的相关规定,印花税纳税人不包括担保人、证人、鉴定人。

2. 按买卖合同或者产权转移书据税目缴纳印花税的拍卖成交确认书纳税人,为拍卖标的的产权人和买受人,不包括拍卖人。(　)

【参考答案】 正确

【答案解析】 《财政部 税务总局关于印花税若干事项政策执行口径的公告》(财政部税务总局公告2022年第22号)规定,书立应税凭证的纳税人,为对应税凭证有直接权利义务关系的单位和个人。采用委托贷款方式书立的借款合同纳税人,为受托人和借款人,不包括委托人。按买卖合同或者产权转移书据税目缴纳印花税的拍卖成交确认书纳税人,为拍卖标的的产权人和买受人,不包括拍卖人。

3. 发行单位与订阅单位或个人之间书立的征订凭证,暂免征印花税。(　　)

【参考答案】 正确

【答案解析】 《国家税务局关于图书、报刊等征订凭证征免印花税问题的通知》(国税地字1989第142号)规定,各类发行单位之间,以及发行单位与订阅单位或个人之间书立的征订凭证,暂免征印花税。

4. 以电子形式签订的各类凭证免征印花税。(　)

【参考答案】 错误

【答案解析】 《财政部 国家税务总局关于印花税若干政策的通知》(财税〔2006〕162号)规定,对纳税人以电子形式签订的各类应税凭证按规定征收印花税。对发电厂与电网之间、电网与电网之间(国家电网公司系统、南方电网公司系统内部各级电网互供电量除外)签订的购售电合同按购销合同征收印花税。电网与用户之间签订的供用电合同不属于印花税列举征税的凭证,不征收印花税。

5. 土地使用权转让合同按照“产权转移书据”税目征收印花税。(　　)

【参考答案】 正确

【答案解析】 《印花税科目税率表》明确,土地使用权出让书据,土地使用权、房屋等建筑物和构筑物所有权转让书据(不包括土地承包经营权和土地经营权转移)按照“产权转移书据”税目征收印花税。

6. 同一应税凭证载有两个以上税目事项并分别列明金额的,按照各自适用的税目税率分别计算应纳税额;未分别列明金额的,由税务机关核定。( )

【参考答案】 错误

【答案解析】《中华人民共和国印花税法》第九条规定,同一应税凭证载有两个以上税目事项并分别列明金额的,按照各自适用的税目税率分别计算应纳税额;未分别列明金额的,从高适用税率。

7. 企业与主管部门签订的租赁承包合同应按规定缴纳印花税。( )

【参考答案】 错误

【答案解析】《国家税务局关于印花税若干具体问题的规定》(国税地字〔1988〕25 号)规定,企业与主管部门等签订的租赁承包经营合同,不属于财产租赁合同,不应贴花。

8. 农民、家庭农场、农民专业合作社、农村集体经济组织、村民委员会购买农业生产资料或者销售农产品书立的买卖合同和农业保险合同免征印花税。( )

【参考答案】 正确

【答案解析】《中华人民共和国印花税法》第十二条规定,下列凭证免征印花税:应税凭证的副本或者抄本;依照法律规定应当予以免税的外国驻华使馆、领事馆和国际组织驻华代表机构为获得馆舍书立的应税凭证;中国人民解放军、中国人民武装警察部队书立的应税凭证;农民、家庭农场、农民专业合作社、农村集体经济组织、村民委员会购买农业生产资料或者销售农产品书立的买卖合同和农业保险合同……

9. 保险合同属于印花税的征税凭证范围。( )

【参考答案】 错误

【答案解析】《印花税税目科率表》列明的征税范围只有财产保险合同,不包括人身保险合同。

10. 国家政策性银行记载资金的账簿经核准可在 3 年内分次贴足。( )

【参考答案】 正确

【答案解析】 根据印花税法相关规定,国家政策性银行记载资金的账簿经核准可在 3 年内分次贴足。

11. 证券交易印花税的征税对象为证券交易双方。( )

【参考答案】 错误

【答案解析】《中华人民共和国印花税法》第三条规定,本法所称证券交易,是指转让在依法设立的证券交易所、国务院批准的其他全国性证券交易场所交易的股票和以股票为基础的存托凭证。

证券交易印花税对证券交易的出让方征收,不对受让方征收。

12. 个人出租、承租不动产签订的租赁合同,免征印花税。( )

【参考答案】 错误

【答案解析】《财政部 国家税务总局关于廉租住房经济适用住房和住房租赁有关税收政策的通知》(财税〔2008〕24 号)规定,对个人出租住房取得的所得减按 10%的税率征收个人所得税。对个人出租、承租住房签订的租赁合同,免征印花税。

13. 应税合同的计税依据,为合同所列的金额,不包括未列明的增值税税款( )

【参考答案】 错误

【答案解析】《中华人民共和国印花税法》第五条规定,印花税的计税依据如下:应税合同的计税依据,为合同所列的金额,不包括列明的增值税税款;应税产权转移书据的计税依据,为产权转移书据所列的金额,不包括列明的增值税税款;应税营业账簿的计税依据,为账簿记载的实收资本(股本)、资本公积合计金额;证券交易的计税依据,为成交金额。

14. 股权转让书据应按照产权转移书据缴纳印花税。( )

【参考答案】 错误

【答案解析】《印花税税目科率表》明确,股权转让书据(不包括应缴纳证券交易印花税的)应按照产权转移书据缴纳印花税。

15. 经县级以上人民政府及企业主管部门批准改制,实行公司制改造的企业在改制过程中成立的新企业(重新办理法人登记的),其新启用的资金账簿记载的资金或因企业建立资本纽带关系而增加的资金,凡原已贴花的部分可不再贴花,未贴花的部分和以后新增加的资金按规定贴花。( )

【参考答案】 正确

【答案解析】《财政部 国家税务总局关于企业改制过程中有关印花税政策的通知》(财税〔2003〕183 号)规定,实行公司制改造的企业在改制过程中成立的新企业(重新办理法人登记的),其新启用的资金账簿记载的资金或因企业建立资本纽带关系而增加的资金,凡原已贴花的部分可不再贴花,未贴花的部分和以后新增加的资金按规定贴花。

16. 经县级以上人民政府及企业主管部门批准改制的,企业改制中经评估增加的资金按规定免予贴花。( )

【参考答案】 错误

【答案解析】《财政部 国家税务总局关于企业改制过程中有关印花税政策的通知》(财税〔2003〕183 号)规定,(一)实行公司制改造的企业在改制过程中成立的新企业(重新办理法人登记的),其新启用的资金账簿记载的资金或因企业建立资本纽带关系而增加的资金,凡原已贴花的部分可不再贴花,未贴花的部分和以后新增加的资金按规定贴花。

公司制改造包括国有企业依《公司法》整体改造成国有独资有限责任公司;企业通过增资扩股或者转让部分产权,实现他人对企业的参股,将企业改造成有限责任公司或股份有限公司;企业以其部分财产和相应债务与他人组建新公司;企业将债务留在原企业,而以其优质财产与他人组建的新公司。

(二)以合并或分立方式成立的新企业,其新启用的资金账簿记载的资金,凡原已贴花的部分可不再贴花,未贴花的部分和以后新增加的资金按规定贴花。

合并包括吸收合并和新设合并。分立包括存续分立和新设分立。

(三)企业债权转股权新增加的资金按规定贴花。

(四)企业改制中经评估增加的资金按规定贴花。

17. 同一应税凭证由两方以上当事人书立的,按照各自涉及的金额分别计算应纳税额。( )

【参考答案】 正确

【答案解析】《中华人民共和国印花税法》第十条规定,同一应税凭证由两方以上当事人书立的,按照各自涉及的金额分别计算应纳税额。

18. 对房地产管理部门与个人订立的租房合同,凡用于生活居住的,暂免贴印花。( )

【参考答案】 正确

【答案解析】《国家税务局关于印花税若干具体问题的规定》(国税地字〔1988〕25 号)规定,对房地产管理部门与个人订立的租房合同,凡用于生活居住的,暂免贴印花;用于生产经营的,应按规定贴花。

19. 未履行的应税合同、产权转移书据,不需缴纳印花税。( )

【参考答案】 错误

【答案解析】《财政部 税务总局关于印花税若干事项政策执行口径的公告》(财政部 税务总局公告 2022 年第 22 号)规定,未履行的应税合同、产权转移书据,已缴纳的印花税不予退还及抵缴税款。

20. 对于企业集团内部订立的凭证,不征收印花税。( )

【参考答案】 错误

【答案解析】《国家税务总局关于企业集团内部使用的有关凭证征收印花税问题的通知》(国税函〔2009〕9 号)规定,对于企业集团内具有平等法律地位的主体之间自愿订立、明确双方购销关系、据以供货和结算、具有合同性质的凭证,应按规定征收印花税。对于企业集团内部执行计划使用的、不具有合同性质的凭证,不征收印花税。

21. 在融资性售后回租业务中,对承租人、出租人因出售租赁资产所签订的合同,不征收印花税;购回租赁资产所签订的合同,征收印花税。( )

【参考答案】 错误

【答案解析】《财政部 国家税务总局关于融资租赁合同有关印花税政策的通知财税》(财税〔2015〕144 号)规定,在融资性售后回租业务中,对承租人、出租人因出售租赁资产及购回租赁资产所签订的合同,不征收印花税。

22. 已缴纳印花税的营业账簿,以后年度记载的实收资本(股本)、资本公积合计金额比已缴纳印花税的实收资本(股本)、资本公积合计金额增加的,按照增加部分计算应纳税额。( )

【参考答案】 正确

【答案解析】《中华人民共和国印花税法》第十一条规定,已缴纳印花税的营业账簿,以后年度记载的实收资本(股本)、资本公积合计金额比已缴纳印花税的实收资本(股本)、资本公积合计金额增加的,按照增加部分计算应纳税额。

23. 不动产产权发生转移的,纳税人应当向机构所在地的主管税务机关申报缴纳印花税。( )

【参考答案】 错误

【答案解析】《中华人民共和国印花税法》第十三条规定,纳税人为单位的,应当向其机构所在地的主管税务机关申报缴纳印花税;纳税人为个人的,应当向应税凭证书立地或者纳税人居住地的主管税务机关申报缴纳印花税。不动产产权发生转移的，纳税人应当向不动产所在地的主管税务机关申报缴纳印花税。

24. 计税依据为取得的运输费金额，即运费收入，不包括所运货物的金额、装卸费和保险费等。(　　)

【参考答案】 正确

【答案解析】 计税依据为取得的运输费金额，即运费收入，不包括所运货物的金额、装卸费和保险费等。

25. 国际联合运输合同中，我国和外国的运输企业均应按照本程运费计算应纳税额。(　　)

【参考答案】 错误

【答案解析】 《国家税务总局关于货运凭证征收印花税几个具体问题的通知》(国税发〔1990〕173 号)规定，由我国运输企业运输的，不论在我国境内、境外起运或中转分程运输，我国运输企业所持的一份运费结算凭证，均按本程运费计算应纳税额；托运方所持的一份运费结算凭证，按全程运费计算应纳税额。由外国运输企业运输进出口货物的，外国运输企业所持的一份运费结算凭证免纳印花税；托运方所持的一份运费结算凭证应缴纳印花税。国际货运运费结算凭证在国外办理的，应在凭证转回我国境内时按规定缴纳印花税。

26. 借贷双方签订的流动资金周转性借款合同，一般按年(期)签订，规定最高限额，借款人在规定的期限和最高限额内随借随还。为此，在签订流动资金周转借款合同时，应按合同规定的最高借款限额计税贴花。以后，只要在限额内随借随还，不再签新合同的，就不另贴印花。(　　)

【参考答案】 正确

【答案解析】 《国家税务总局关于对借款合同贴花问题的具体规定》(〔1988〕国税地字第 30 号)规定，目前，各地银行办理信贷业务的手续不够统一，有的只签订合同，有的只填开借据，也有的既签订合同又填开借据。为此规定：凡一项信贷业务既签订借款合同又一次或分次填开借据的，只就借款合同按所载借款金额计税贴花；凡只填开借据并作为合同使用的，应按照借据所载借款金额计税，在借据上贴花。

借贷双方签订的流动资金周转性借款合同，一般按年(期)签订，规定最高限额，借款人在规定的期限和最高限额内随借随还。为此，在签订流动资金周转借款合同时，应按合同规定的最高借款限额计税贴花。以后，只要在限额内随借随还，不再签新合同的，就不另贴印花。

27. 借款方以财产作抵押，与贷款方签订的抵押借款合同，借贷双方应按“借款合同”计税贴花。因借款方无力偿还借款而将抵押财产转移给贷款方，则不再重复贴花。(　　)

【参考答案】 错误

【答案解析】 《国家税务总局关于对借款合同贴花问题的具体规定》(〔1988〕国税地字第 30 号)规定，借款方以财产作抵押，与贷款方签订的抵押借款合同，属于资金信贷业务，借贷双方应按“借款合同”计税贴花。因借款方无力偿还借款而将抵押财产转移给贷款方，应就双方书立的产权转移书据，按“产权转移书据”计税贴花。

28. 企业之间书立的确定买卖关系、明确买卖双方权利义务的订单、要货单等单据，且未

另外书立买卖合同的,应当按规定缴纳印花税。( )

【参考答案】 正确

【答案解析】 《财政部 税务总局关于印花税若干事项政策执行口径的公告》(财政部税务总局公告 2022 年第 22 号)规定,企业之间书立的确定买卖关系、明确买卖双方权利义务的订单、要货单等单据,且未另外书立买卖合同的,应当按规定缴纳印花税。

29. 如果技术转让合同中的转让收入,是按销售收入的一定比例收取或是按实现利润分成的,对这类合同可暂不征收印花税,待以后结算时再按实际缴纳印花税。( )

【参考答案】 错误

【答案解析】 《国家税务总局关于印花税若干具体问题的规定》(国税地字〔1988〕25 号)规定,有些合同在签订时无法确定计税金额,如技术转让合同中的转让收入,是按销售收入的一定比例收取或是按实现利润分成的;财产租赁合同,只是规定了月(天)租金标准而却无租赁期限的。对这类合同,可在签订时先按定额五元贴花,以后结算时再按实际金额计税,补贴印花。

30. 纳税人因应税凭证列明的增值税税款计算错误导致应税凭证的计税依据减少或者增加的,纳税人应当按规定调整应税凭证列明的增值税税款,重新确定应税凭证计税依据。调整后计税依据减少的,纳税人可以就减少部分的金额向税务机关申请退还或者抵缴印花税。( )

【参考答案】 正确

【答案解析】 《财政部 税务总局关于印花税若干事项政策执行口径的公告》(财政部税务总局公告 2022 年第 22 号)规定,纳税人因应税凭证列明的增值税税款计算错误导致应税凭证的计税依据减少或者增加的,纳税人应当按规定调整应税凭证列明的增值税税款,重新确定应税凭证计税依据。已缴纳印花税的应税凭证,调整后计税依据增加的,纳税人应当就增加部分的金额补缴印花税;调整后计税依据减少的,纳税人可以就减少部分的金额向税务机关申请退还或者抵缴印花税。

四、计算题

(一)甲公司 2022 年发生的业务情况具体如下。

(1)与乙企业签订了一份以物易物合同,甲企业以 200 万元的商品互换了乙企业价值 200 万元的机器一台;签订专有技术使用权转让合同一份,金额 500 万元。

(2)签订建筑安装工程承包合同一份,取得工程价款 5 000 万元;同时将一部分工程转包给另一企业,签订转包合同,合同金额 1 000 万元。

(3)签订货物运输合同一份,运输费金额 200 万元,所运货物金额 2 000 万元,装卸费 10 万元。

要求:根据上述资料,分析回答下列问题。

1. 甲公司业务(1)应缴纳印花税( )元。

A. 2 700　　B. 3 000

C. 2 100　　D. 2 250

【参考答案】 A

【答案解析】 依据印花税法相关规定,购销合同,包括供应、预购、采购、购销结合及协作、调剂、补偿、易货等合同。"购"与"销"的合同均缴纳印花税。应纳印花税＝200×2×0.3‰×10 000＝1 200(元)。

专有技术使用权转让合同属于产权转移书据。应纳印花税＝500×0.3‰×10 000＝1 500(元)。

合计应纳印花税＝1 200＋1 500＝2 700(元)。

2. 甲公司业务(2)应缴纳印花税(　　)元。

A. 15 000　　B. 18 000

C. 16 000　　D. 30 000

【参考答案】 B

【答案解析】 建设工程承包合同应纳印花税＝(5 000＋1 000)×0.3‰×10 000＝18 000(元)。

3. 甲公司业务(3)应缴纳印花税(　　)元。

A. 1 200　　B. 800

C. 1 000　　D. 600

【参考答案】 D

【答案解析】 货物运输合同的计税依据为运输费金额，不包括所运货物的金额、装卸费和保险费等。运输合同印花税税率为万分之三，应纳印花税＝200×0.3‰×10 000＝600(元)。

(二)甲企业2022年2月开业。营业账簿中记载的"实收资本"金额3 000万元，"资本公积"金额1 000万元，已经完成印花税纳税义务。2022年9月甲企业发生的业务情况具体如下。

(1)受托加工一批商品，甲企业提供原材料1 000万元，另收取加工费200万元；另外，签订无息贷款合同一份，金额2 000万元。

(2)签订财产租赁合同一份，注明月租金20万元，未规定具体租赁期限。

(3)营业账簿中，记载"实收资本"的金额增加到5 000万元。其他相关资料：以上金额均不含增值税。

要求：根据上述资料，分析回答下列问题。

1. 甲公司业务(1)应缴纳印花税(　　)元。

A. 3 000　　B. 4 000

C. 3 600　　D. 4 500

【参考答案】 C

【答案解析】 《国家税务总局关于印花税若干具体问题的规定》(国税地字〔1988〕25号)规定，对由受托方提供原材料的加工、定作合同，如何贴花由受托方提供原材料的加工、定作合同，凡在合同中分别记载加工费金额与原材料金额的，应分别按"加工承揽合同"、"购销合同"计税，两项税额相加数，即为合同应贴印花；合同中不划分加工费金额与原材料金额的，应按全部金额，依照"加工承揽合同"计税贴花。购销合同与承揽合同印花税税率均为万分之三，应纳印花税＝1 000×0.3‰×10 000＋200×0.3‰×10 000＝3 000＋600＝3 600(元)。

《中华人民共和国印花税法》第十二条规定，下列凭证免征印花税：(一)应税凭证的副本或者抄本……(五)无息或者贴息借款合同、国际金融组织向中国提供优惠贷款书立的借款合同;(六)财产所有权人将财产赠与政府、学校、社会福利机构、慈善组织书立的产权转移书据;(七)非营利性医疗卫生机构采购药品或者卫生材料书立的买卖合同;(八)个人与电子商务经营者订立的电子订单。故无息、贴息贷款合同免纳印花税。

业务1合计缴纳印花税3 600元。

2. 甲企业业务(2)应缴纳印花税(　　)元。

A. 0　　B. 5

C. 60　　D. 200

【参考答案】 B

【答案解析】 《国家税务总局关于印花税若干具体问题的规定》(国税地字〔1988〕25号)规定,有些技术合同、租赁合同等,在签订时不能计算金额的,如何贴花。有些合同在签订时无法确定计税金额,如技术转让合同中的转让收入,是按销售收入的一定比例收取或是按实现利润分成的;财产租赁合同,只是规定了月(天)租金标准而却无租赁期限的。对这类合同,可在签订时先按定额五元贴花,以后结算时再按实际金额计税,补贴印花。应纳印花税=5(元)。

3. 甲企业业务(3)应缴纳印花税(　　)元。

A. 0　　B. 5 000

C. 10 000　　D. 6 000

【参考答案】 B

【答案解析】 《中华人民共和国印花税法》第十一条规定,已缴纳印花税的营业账簿,以后年度记载的实收资本(股本)、资本公积合计金额比已缴纳印花税的实收资本(股本)、资本公积合计金额增加的,按照增加部分计算应纳税额。营业账簿的印花税税率更改为万分之二点五。应纳印花税=(5 000−3 000)×0.25‰×10 000=5 000(元)。

(三)某企业于2022年成立,当年发生经济业务如下。

(1)本年内取得租金收入100万元。

(2)与某公司签订货物运输保管合同,合同记载运费50万元、装卸数5万元、仓储保管费100万元、货物保价1 000万元。

(3)签订技术服务合同1份,记载金额500万元;签订转让专有技术使用权合同1份,记载金额1 000万元。

已知,合同所载金额为不含增值税的金额。

要求:根据上述资料,分析回答下列问题。

1. 甲公司业务(1)应缴纳印花税(　　)元。

A. 1 000　　B. 300

C. 500　　D. 100

【参考答案】 A

【答案解析】 财产租赁合同的计税依据为租金收入,且在合同书立时贴花,一次性缴纳。

业务(1)应缴纳印花税=100×1‰×10 000=1 000(元)。

2. 该企业业务(2)应缴纳印花税(　　)元。

A. 450　　B. 1 500

C. 1 000　　D. 1 150

【参考答案】 D

【答案解析】 货物运输合同：计税依据为取得的运输费用，不包括所运货物的金额、装卸费和保险费等。

仓储保管合同：计税依据为仓储保管费用。

业务(2)应缴纳印花税＝50×0.3‰×10 000＋100×1‰×10 000＝150＋1 000＝1 150(元)。

3. 该企业业务(3)应缴纳印花税(　　)元。

A. 15 000　　B. 10 000

C. 7 500　　D. 4 500

【参考答案】 D

【答案解析】 《印花税税目税率表》规定，"专有技术使用权转移书据"的印花税税率更改为万分之三；技术合同的印花税税率更改为万分之三。

业务(3)应缴纳印花税＝500×0.3‰×10 000＋1 000×0.3‰×10 000＝1 500＋3 000＝4 500(元)。

第十五章　车船税

一、单项选择题

1. 下列关于车船税的说法中，不正确的是（　　）。

A. 境内单位租入外国籍的船舶，不缴纳车船税

B. 境内单位将船舶出租到境外，照章缴纳车船税

C. 农村居民拥有并主要在农村地区使用的摩托车、三轮汽车等定期减征或免征车船税

D. 车船税由车辆所在地交通管理部门负责征收

【参考答案】 D

【答案解析】 车船税由税务机关负责征收。

2. 下列关于车船税相关规定的表述，不正确的是（　　）。

A. 车船税采用定率征收

B. 拖船按照发动机功率每 1 千瓦折合净吨位 0.67 吨计算征收车船税

C. 拖船按照机动船舶税额的 50%计算车船税

D. 非机动驳船按照机动船舶税额的 50%计算车船税

【参考答案】 A

【答案解析】 车船税采用定额幅度税率，即对征税的车船规定单位上下限税额标准。

3. 某公司 2021 年拥有货车 2 辆，每辆货车的整备质量均为 1.499 吨；挂车 1 辆，其整备质量为 1.2 吨；小汽车 2 辆。已知货车车船税为整备质量每吨年基准税额 16 元，小汽车车船税为每辆年基准税额 300 元。该公司当年度应缴纳车船税金额为（　　）元。

A. 667.22　　　　B. 643.18

C. 67.17　　　　D. 657.57

【参考答案】 D

【答案解析】 挂车按照货车税额的 50%计算纳税。《中华人民共和国车船税法》及有关规定涉及的整备质量、净吨位等计税单位，有尾数的一律按照含尾数的计税单位据实计算车船税应纳税额。该制造厂应纳的车船税＝1.499×2×16＋1.2×1×16×50%＋2×300＝

657.57(元)。

4. 下列关于车船税的计税单位的表述,不正确的是(　　)。

A. 摩托车按“每辆”作为计税单位

B. 游艇按“艇身长度每米”作为计税单位

C. 商用货车按“每辆”作为计税单位

D. 专用作业车与挂车计税单位相同

【参考答案】 C

【答案解析】 选项 C,商用货车按“整备质量每吨”作为计税单位。

5. 某企业 2021 年年初拥有小轿车 1 辆;当年 4 月,1 辆小轿车被盗,已按照规定办理退税。通过公安机关的侦查,9 月被盗车辆失而复得,并取得公安机关的相关证明。当地小轿车车船税年税额为 360 元/辆,该企业 2021 年实际应缴纳的车船税金额为(　　)元。

A. 360　　B. 240

C. 210　　D. 180

【参考答案】 C

【答案解析】 已办理退税的被盗抢车船失而复得的,纳税人应当从公安机关出具相关证明的当月起计算缴纳车船税。应纳税额=360×1−360×1×5÷12=210(元)。

6. 在交通运输部直属海事管理机构登记的应税船舶,其车船税由船籍港所在地的税务机关委托(　　)代征。

A. 当地交通运输部门　　B. 税务机关

C. 地方人民政府　　D. 当地海事管理机构

【参考答案】 D

【答案解析】 在交通运输部直属海事管理机构登记的应税船舶,其车船税由船籍港所在地的税务机关委托当地海事管理机构代征。

7. 王某于 2021 年 3 月购买小轿车 1 辆,当月取得管理部门核发的登记证,排量 1.6 升;2021 年 8 月为其儿子购买摩托车 1 辆,但登记在王某名下,当月也取得管理部门核发的登记证。当地有关车船税标准:1.6 升小轿车单位税额为每年 480 元,摩托车单位税额每年 60 元。王某 2018 年需要申报缴纳的车船税金额为(　　)元。

A. 360　　B. 180

C. 425　　D. 505

【参考答案】 C

【答案解析】 购置的新车船,车船税的纳税义务发生时间为车船管理部门核发的车船登记证书或者行驶证书所记载日期的当月。计算公式:应纳税额=年应纳税额÷12×应纳税月份数,王某当年应纳车船税=480÷12×10+60÷12×5=425(元)。

8. 下列各项中,不属于车船税征税范围的是(　　)。

A. 三轮汽车　　B. 纯电动乘用车

C. 电车　　D. 养殖渔船

【参考答案】 B

【答案解析】 纯电动乘用车和燃料电池乘用车不属于车船税征税范围,对其不征车船税。

9. 根据车船税法规定,办理登记的车船,纳税人自行申报缴纳车船税的,车船税的纳税地点为(　　)。

A. 车船的登记地　　B. 车船的使用地
C. 车船的销售地　　D. 纳税人机构所在地

【参考答案】 A

【答案解析】 办理登记的车船,纳税人自行申报缴纳车船税的,纳税地点为车船的登记地。

10. 某公司2021年拥有排气量为1.6升的乘用车6辆(其中纯电动车2辆),发动机功率为2 000千瓦的拖船4艘,当地规定排气量6升的汽车,年税额为360元每辆,机动船舶净吨位超过20吨但不超过2 000吨的,年税额为每吨4元。2021年应缴纳车船税为(　　)元。

A. 18 160　　B. 12 160
C. 23 600　　D. 22 880

【参考答案】 B

【答案解析】 拖船、非机动驳船按照发动机功率每1千瓦折合净吨位0.67吨计算征收车船税。该公司应缴纳的车船税=(6—2)×360+2 000×0.67×4×4×50%=12 160(元)。

11. 下列关于车船税纳税义务发生时间的说法,正确的是(　　)。

A. 取得车船所有权的次月
B. 合同、协议载明的车船交付日的次月
C. 购买车船的发票或其他证明文件所载日期的次月
D. 取得车船所有权或者管理权的当月

【参考答案】 D

【答案解析】 车船税纳税义务发生时间为取得车船所有权或者管理权的当月,即为购买车船的发票或者其他证明文件所载日期的当月。

12. 根据车船税法的规定,下列车船中需要缴纳车船税的是(　　)。

A. 符合规定的领事馆大使专用车辆
B. 武装警察部队专用的车船
C. 某省省长拥有的小汽车
D. 符合规定标准的纯电动商用车

【参考答案】 C

【答案解析】 选项A,依照我国有关法律和我国缔结或者参加的国际条约的规定应当予以免税的外国驻华使领馆、国际组织驻华代表机构及其有关人员的车船免征车船税。选项BD,免征车船税。

13. 某海运公司2021年初拥有机动船舶20艘,净吨位均为1 500吨;拥有拖船3艘,每艘发动机功率500千瓦。当年7月新购置机动船舶5艘,当月已经交付使用,每艘净吨位1 800吨。机动船舶适用税额为:净吨位超过200吨但不超过2 000吨的,每吨4元。该公司当年应缴纳的车船税为(　　)元。

A. 139 500　　B. 114 000

C. 140 010　　D. 142 500

【参考答案】 C

【答案解析】 应纳车船税＝20×1 500×4＋3×500×0.67×4×50%＋5×1 800×4÷12×6＝140 010(元)。

14. 下列车船中,以“整备质量每吨”作为车船税计税单位的是(　　)。

A. 载客汽车　　B. 三轮汽车

C. 船舶　　D. 拖船

【参考答案】 B

【答案解析】 以“整备质量每吨”作为车船税计税单位的是货车(包括半挂牵引车、三轮汽车和低速载货汽车等)、挂车、专用作业车和轮式专用机械车。

15. 下列各项中,符合车船税征收管理规定的是(　　)。

A. 车船税纳税义务发生时间为取得车船所有权或者管理权的当月

B. 纳税人自行申报缴纳的,应在纳税人所在地缴纳

C. 车船税的具体申报纳税期限由省、自治区、直辖市税务局规定

D. 车船税按年申报,分月计算,分期缴纳

【参考答案】 A

【答案解析】 选项 B,纳税人自行申报缴纳的,应在车船的登记地缴纳车船税。选项 C,车船税的具体申报纳税期限由省、自治区、直辖市人民政府规定。选项 D,车船税按年申报,分月计算,一次性缴纳。

16. 有关车船税的计税依据,下列表述正确的是(　　)。

A. 境内单位和个人租入外国籍船舶的,按规定征收车船税

B. 拖船、非机动驳船分别按照机动船舶税额的 70%计算车船税

C. 挂车按照货车税额的 50%计算车船税

D. 拖船按照发动机功率每 1 千瓦折合净吨位 0.5 吨计算征收车船税

【参考答案】 C

【答案解析】 选项 A,境内单位和个人租入境外国籍船舶的,不征收车船税。选项 B,拖船、非机动驳船分别按照船舶税额的 50%计算车船税。选项 D,拖船按照发动机功率,每 1 千瓦折合净吨位 0.67 吨计算征收车船税。

17. 下列车船中,不享受免征车船税优惠的是(　　)。

A. 悬挂应急救援专用号牌的国家综合性消防救援专用船舶

B. 武装警察部队专用的车辆

C. 符合规定标准的插电式混合动力汽车

D. 非机动驳船

【参考答案】 D

【答案解析】 非机动驳船按机动船舶税额的 50%计算车船税。

18. 某市旅游公司 2021 年拥有符合规定标准的纯电动商用车 5 辆,符合规定标准的插电式混合动力汽车 5 辆,符合规定标准的节能汽车 4 辆,汽车核定载客人数均为 8 人;该公

司同时拥有机动船舶 20 艘,每艘净吨位 2 吨,游艇 1 艘艇身长度 15 米,当地省人民政府规定,8 人载客汽车年税额为 500 元每辆,机动船舶净吨位不超过 200 吨的,每吨 3 元,游艇 900 元每米。当年该公司应缴纳车船税(　　)元。

A. 19 700　　B. 14 620

C. 17 200　　D. 15 620

【参考答案】 B

【答案解析】 符合规定标准的纯电动商用车、插电式混合动力汽车,免征车船税;符合规定标准的节能汽车,减半征收车船税。应纳车船税＝4×500×50%＋20×2×3＋15×900＝14 620(元)。

19. 免征车船税的新能源船舶,应符合的标准是(　　)。

A. 船舶的主推进动力装置为纯天然气发动机

B. 船舶的主推进动力装置为混合动力装置

C. 船舶的主推进动力装置为纯电力发动机

D. 船舶的主推进动力装置为燃料电池装置

【参考答案】 A

【答案解析】 免征车船税的新能源船舶应符合以下标准:船舶的主推进动力装置为纯天然气发动机。发动机采用微量柴油引燃方式且引燃油热值占全部燃料总热值的比例不超过 5%的,视同纯天然气发动机。

二、多项选择题

1. 根据《中华人民共和国车船税法》的规定,下列说法正确的有(　　)。

A. 对受地震、洪涝等严重自然灾害影响纳税困难以及其他特殊原因确需减免税的车船,可以在一定期限内减征或者免征车船税

B. 国家综合性消防救援车辆由部队号牌改挂应急救援专用号牌的,一次性免征改挂当年车船税

C. 省、自治区、直辖市人民政府确定的车辆具体适用税额

D. 经批准临时入境的外国车船和香港特别行政区、澳门特别行政区、台湾地区的车船,不征收车船税

【参考答案】 ABCD

【答案解析】 根据《中华人民共和国车船税法》的规定,国家综合性消防救援车辆由部队号牌改挂应急救援专用号牌的,一次性免征改挂当年车船税;对受地震、洪涝等严重自然灾害影响纳税困难以及其他特殊原因确需减免税的车船,可以在一定期限内减征或者免征车船税;省、自治区、直辖市人民政府确定的车辆具体适用税额;经批准临时入境的外国车船和香港特别行政区、澳门特别行政区、台湾地区的车船,不征收车船税。因此 ABCD 表述正确。

2. 根据《中华人民共和国车船税法》的规定,下列说法正确的有(　　)。

A. 车船税纳税义务发生时间为取得车船所有权或者管理权的次月

B. 车船税的纳税地点为车船的登记地或者车船税扣缴义务人所在地

C. 国家综合性消防救援车辆由部队号牌改挂应急救援专用号牌的,一次性免征改挂当

年车船税

D. 车船税按年申报，分月计算，一次性缴纳

【参考答案】 BCD

【答案解析】 选项 A，车船税纳税义务发生时间为取得车船所有权或者管理权的当月。

3. 下列车船应缴纳车船税的有（　　）。

A. 符合规定标准的插电式混合动力汽车　　B. 非机动驳船

C. 警用车船　　D. 挂车

E. 养殖渔船

【参考答案】 BD

【答案解析】 符合规定标准的插电式混合动力汽车、警用车船、养殖渔船均属于免税车船。选项 B，非机动驳船按照机动船舶税额的 50%计征车船税。选项 D，挂车按照货车税额的 50%计征车船税。

4. 根据车船税的规定，下列说法错误的有（　　）。

A. 车船税属于财产税

B. 捕捞、养殖渔船依法征收车船税

C. 跨省、自治区、直辖市使用的车船，纳税地点为车船登记地

D. 税务机关可以委托交通运输部门海事管理机构代为征收船舶车船税税款

E. 车辆整备质量尾数为 0.5 吨的，按 1 吨计算

【参考答案】 BE

【答案解析】 选项 B，捕捞、养殖渔船免征车船税。选项 E，车辆自重有尾数的，一律按照含尾数的计税单位据实计算车船税应纳税额。

5. 下列关于委托交通运输部门海事管理机构代为征收船舶车船税的表述，正确的有（　　）。

A. 在海事管理机构登记的应税船舶，其车船税由船籍港所在地的税务机关委托当地海事管理机构代征

B. 对以前年度未按照规定缴纳的税款，海事管理机构应代征欠缴税款，并按规定代加收滞纳金

C. 海事管理机构受税务机关委托，在办理船舶登记手续或受理年度船舶登记信息报告时代征船舶车船税

D. 税务机关出具减免税证明和完税凭证的船舶，海事管理机构对免税和完税船舶不代征车船税，对减税船舶根据减免税证明规定的实际年应纳税额代征车船税

E. 海事管理机构在代征税款时，无需向纳税人开具完税凭证

【参考答案】 ABCD

【答案解析】 选项 E，海事管理机构在代征税款时，应向纳税人开具税务机关提供的完税凭证。

6. 根据车船税法规定，下列属于车船税征税范围的有（　　）。

A. 经批准临时入境的外国车船

B. 依法应当在车船管理部门登记的车船

C. 香港特别行政区的车船

D. 依法不需要在车船管理部门登记、在单位内部场所行驶的船舶

E. 依法在中国境内购买的车船

【参考答案】 BDE

【答案解析】 经批准临时入境的外国车船和香港特别行政区的车船,不征收车船税。

7. 下列说法符合车船税法规定的有( )。

A. 境内单位将船舶出租到境外的,应依法征收车船税

B. 境内单位租入外国籍船舶的,应依法征收车船税

C. 境内个人租入外国籍船舶的,应依法征收车船税

D. 境内个人将船舶出租到境外的,应依法征收车船税

E. 经批准临时入境的外国车船,应依法征收车船税

【参考答案】 AD

【答案解析】 选项BC,境内单位和个人租入外国籍船舶的,不征收车船税。选项E,经批准临时入境的外国车船,不征收车船税。

8. 下列关于车船税的税源管理和风险管理的说法,正确的有( )。

A. 税务机关应建立车船税税源数据库

B. 税务机关、保险机构和代征单位应整理《车船税纳税申报表》《车船税代收代缴报告表》的涉税信息,各自对其征税情况进行保密

C. 将车船税联网征收系统车辆完税信息与本地区车辆完税信息进行比对,防范少征、漏征、重复征税风险等

D. 税务机关应当将自行征收车船税信息和获取的车船税第三方信息充实到车船税税源数据库中

E. 税务机关应当积极同相关部门建立联席会议、合作框架等制度,采集第三方信息

【参考答案】 ACDE

【答案解析】 选项B,税务机关、保险机构和代征单位应整理《车船税纳税申报表》《车船税代收代缴报告表》的涉税信息,并及时共享。

9. 下列表述符合车船税法规定的有( )。

A. 符合规定标准的燃料电池商用车免征车船税

B. 半挂牵引车不缴纳车船税

C. 人力三轮车不征车船税

D. 拖船按照机动船舶税额的50%计征车船税

E. 电车不缴纳车船税

【参考答案】 ACD

【答案解析】 选项B,半挂牵引车按照货车缴纳车船税。选项E,电车属于商用车中的客车,需要按照规定缴纳车船税。

10. 下列关于车船税减免税优惠的表述,正确的有( )。

A. 捕捞、养殖渔船,免征车船税

B. 对符合规定标准的节能汽车,减半征收车船税

C. 悬挂应急救援专用号牌的国家综合性消防救援车辆和国家综合性消防救援专用船舶免征车船税

D. 纯电动乘用车，免征车船税

E. 机场、港口内部行驶或作业的车船，自《中华人民共和国车船税法》实施之日起 3 年内免征车船税

【参考答案】 ABC

【答案解析】 选项 D 纯电动乘用车和燃料电池乘用车不属于车船税征税范围，对其不征车船税。选项 E，机场、港口内部行驶或作业的车船，自《中华人民共和国车船税法》实施之日起 5 年内免征车船税。

11. 下列车辆中，免征车船税的有（　　）。

A. 纯电动商用车　　B. 插电式混合动力汽车

C. 燃用柴油重型商用车　　D. 燃用汽油乘用车

E. 燃料电池商用车

【参考答案】 ABE

【答案解析】 纯电动商用车、插电式（含增程式）混合动力汽车、燃料电池商用车，免征车船税。

12. 以"整备质量每吨"作为车船税计税单位的有（　　）。

A. 挂车　　B. 货车

C. 乘用车　　D. 专用作业车

E. 客车

【参考答案】 ABD

【答案解析】 乘用车、客车，均以"每辆"作为车船税计税单位。

13. 根据车船税税收优惠相关规定，下列说法正确的有（　　）。

A. 机场、港口内部行驶或作业车船，自《中华人民共和国车船税法》实施之日起 3 年内免征车船税

B. 燃料电池商用车免征车船税

C. 按规定缴纳船舶吨税的机动船舶，自《中华人民共和国车船税法》实施之日起 5 年内免征车船税

D. 省、自治区、直辖市人民政府可根据当地情况，对公共交通车船定期减征或免征车船税

E. 经批准临时入境的台湾籍车船不征收车船税

【参考答案】 BCDE

【答案解析】 选项 A，机场、港口内部行驶或作业车船，自《中华人民共和国车船税法》实施之日起 5 年内免征车船税。

14. 下列关于车船税的表述中，正确的有（　　）。

A.《中华人民共和国车船税法》将车船税由财产与行为税改为行为税

B. 不需要登记的机动车辆和船舶不属于车船税的征税范围

C. 货车和挂车按照"整备质量每吨"作为计税单位

D. 车船税采用定额幅度税率

E. 对符合规定标准的节能汽车,免征车船税

【参考答案】 CD

【答案解析】 选项 A,《中华人民共和国车船税法》将车船税由财产与行为税改为财产税。选项 B,依法不需要在车船管理部门登记、在单位内部场所行驶或者作业的机动车辆和船舶属于征税范围;选项 E,对符合规定标准的节能汽车,减半征收车船税。

15. 根据车船税法的规定,人民政府可根据当地实际情况,给予定期减征或免征的车船有(　　)。

A. 捕捞渔船

B. 公共交通车船

C. 农村居民拥有的摩托车

D. 机场、港口内部行驶或作业的车船

E. 农村居民拥有并主要在农村使用的三轮汽车

【参考答案】 BE

【答案解析】 省、自治区、直辖市人民政府根据当地实际情况,可以对公共交通车船,农村居民拥有并主要在农村地区使用的摩托车、三轮汽车和低速载货汽车定期减征或者免征车船税。

16. 关于车船税纳税义务发生时间,下列说法正确的有(　　)。

A. 取得车船所有权的次月

B. 取得车船所有权的当月

C. 取得车船管理权的当月

D. 购买车船的发票或者其他证明文件所载日期的次月

E. 购买车船的发票或者其他证明文件所载日期的当月

【参考答案】 BCE

【答案解析】 车船税纳税义务发生时间为取得车船所有权或者管理权的当月,即为购买车船的发票或者其他证明文件所载日期的当月。

17. 下列关于车船税征收管理的说法,正确的有(　　)。

A. 依法不需要办理登记的车船,车船税的纳税地点为车船所有人或管理人的所在地

B. 扣缴义务人代收代缴车船税后车辆登记地主管税务机关不再征收车船税

C. 购买的船舶,纳税义务发生时间为购买发票或其他证明文件所载日期的当月

D. 车船税按年申报,分月缴纳,纳税年度为公历 1 月 1 日至 12 月 31 日

E. 依法需要办理登记的车船,车船税的纳税地点为车船的登记地或者车船税扣缴义务人所在地

【参考答案】 ABCE

【答案解析】 选项 D,车船税按年申报,分月计算,一次性缴纳。纳税年度为公历 1 月 1 日至 12 月 31 日。

18. 下列关于车船税的说法,正确的有(　　)。

A. 中国境内应税车辆、船舶的所有人或者管理人为车船税的纳税人

B. 拖船按照发动机功率每 1 千瓦折合净吨位 0.05 吨计征车船税

C. 计税单位有尾数的应四舍五入保留两位小数后计算车船税应纳税额

D. 计算得出的应纳税额有尾数的一律按照含尾数的金额据实缴纳车船税

E. 购置的新车船，购置当年的应纳税额自纳税义务发生的当月起按月计算

【参考答案】 AE

【答案解析】 选项B，拖船按照发动机功率每1千瓦折合净吨位0.67吨计征车船税。选项CD：计税单位有尾数的一律按照含尾数的计税单位据实计算车船税应纳税额。计算得出的应纳税额小数点后超过两位的可四舍五入保留两位小数。

19. 税法给予定期减征或者免征的车船有（　　）。

A. 捕捞渔船　　B. 公共交通车船

C. 农村居民拥有在市区使用的摩托车　　D. 警用车船

E. 农村居民拥有并主要在农村使用的三轮汽车

【参考答案】 BE

【答案解析】 省、自治区、直辖市人民政府根据当地实际情况，可以对公共交通车船、农村居民拥有并主要在农村地区使用的摩托车、三轮汽车和低速载货汽车定期减征或免征车船税。

20. 下列车船，自《中华人民共和国车船税法》实施之日起5年内免征车船税的有（　　）。

A. 城市内行驶的公共交通车辆

B. 悬挂应急救援专用号牌的国家综合性消防救援车辆

C. 机场内部行驶的车辆

D. 节能乘用车

E. 按照规定缴纳船舶吨税的机动船舶

【参考答案】 CE

【答案解析】 选项A，省、自治区、直辖市人民政府根据当地实际情况，可以对公共交通车船，农村居民拥有并主要在农村地区使用的摩托车、三轮汽车和低速载货汽车定期减征或者免征车船税。选项B，免征车船税。选项D，减半征收车船税。

三、判断题

1. 对于购买的船舶，以购买船舶的发票或者其他证明文件所载日期的次月为准。（　　）

【参考答案】 错误

【答案解析】 对于购买的船舶，以购买船舶的发票或者其他证明文件所载日期的当月为准。

2. 客货两用车依照客车的计税单位和年基准税额计征车船税。（　　）

【参考答案】 错误

【答案解析】 客货两用车依照货车的计税单位和年基准税额计征车船税。

3. 在确定车辆税额时，对车辆净吨位尾数在半吨以下者免算；超过半吨者按1吨计算。（　　）

【参考答案】 错误

【答案解析】 对车辆净吨位尾数在半吨以下的按半吨计算，超过半吨的按1吨计算

4.公安、交通运输、农业、渔业等车船登记管理部门、船舶检验机构和车船税扣缴义务人的行业主管部门应当在提供车船有关信息等方面,协助税务机关加强车船税的征收管理。(　　)

【参考答案】 正确

【答案解析】 根据《中华人民共和国车船税法》第十条规定,公安、交通运输、农业、渔业等车船登记管理部门、船舶检验机构和车船税扣缴义务人的行业主管部门应当在提供车船有关信息等方面,协助税务机关加强车船税的征收管理。

5.车船税按车船的种类和性能,分为辆、整备质量、净吨位三种计税依据。(　　)

【参考答案】 错误

【答案解析】 车船税计税依据为按车船的种类和性能,分别确定为每辆、整备质量每吨、净吨位每吨和艇身长度每米。

6.按照规定缴纳船舶吨税的机动船舶,自车船税法实施之日起10年内免征车船税。(　　)

【参考答案】 错误

【答案解析】 根据《中华人民共和国车船税法实施条例》第二十五条,按照规定缴纳船舶吨税的机动船舶,自车船税法实施之日起5年内免征车船税。

7.拖船、非机动驳船按机动船舶税额的50%计税。(　　)

【参考答案】 正确

【答案解析】 拖船、非机动驳船按机动船舶税额的50%计税。

8.只要拥有车船就要缴纳车船使用税。(　　)

【参考答案】 错误

【答案解析】 国家法律中有明确的规定,车主必须缴纳相应的车船税,车辆只要有使用的话,就需要缴纳车船使用税。

9.车船税纳税义务发生时间为取得车船所有权或者管理权的次月。(　　)

【参考答案】 错误

【答案解析】 根据《中华人民共和国车船税法》第八条规定,车船税纳税义务发生时间为取得车船所有权或者管理权的当月。

10.悬挂应急救援专用号牌的国家综合性消防救援车辆免征车船税。(　　)

【参考答案】 正确

【答案解析】 根据《中华人民共和国车船税法》第三条规定,下列车船免征车船税:

(一)捕捞、养殖渔船;

(二)军队、武装警察部队专用的车船;

(三)警用车船;

(四)悬挂应急救援专用号牌的国家综合性消防救援车辆和国家综合性消防救援专用船舶;

(五)依照法律规定应当予以免税的外国驻华使领馆、国际组织驻华代表机构及其有关人员的车船。

11.按吨位计征车船使用税的车船,吨位尾数超过半吨的,按一吨计算,半吨以下的不

计。(　　)

【参考答案】　错误

【答案解析】　按吨位计征的车船，吨位尾数超过半吨的，按一吨计算，半吨以下的(含半吨)，按半吨计算。

12. 依法不需要办理登记的车船，车船税的纳税地点为车船的所有人或者管理人所在地。(　　)

【参考答案】　正确

【答案解析】　根据《中华人民共和国车船税法》第七条的规定，车船税的纳税地点为车船的登记地或者车船税扣缴义务人所在地。依法不需要办理登记的车船，车船税的纳税地点为车船的所有人或者管理人所在地。

13. 扣缴义务人已代收代缴车船税的，纳税人需要再向车辆登记地的主管税务机关申报缴纳车船税。(　　)

【参考答案】　错误

【答案解析】　根据《中华人民共和国车船税法实施条例》第十五条的规定，扣缴义务人已代收代缴车船税的，纳税人不再向车辆登记地的主管税务机关申报缴纳车船税。

14. 购置的新车船，购置当年的应纳税额自纳税义务发生的当月起按月计算。(　　)

【参考答案】　正确

【答案解析】　根据《中华人民共和国车船税法实施条例》第十九条的规定，购置的新车船，购置当年的应纳税额自纳税义务发生的当月起按月计算。

15. 个人自有自用的自行车和其他非营业用的非机动车船免征收车船使用税。(　　)

【参考答案】　错误

【答案解析】　个人自有自用的自行车和其他非营业用的非机动车船，征收或者免征车船使用税，由省、自治区、直辖市人民政府确定。

16. 临时入境的外国车船和香港特别行政区、澳门特别行政区、台湾地区的车船，征收车船税。(　　)

【参考答案】　错误

【答案解析】　根据《中华人民共和国车船税法实施条例》第二十四条的规定，临时入境的外国车船和香港特别行政区、澳门特别行政区、台湾地区的车船，不征收车船税。

17. 在确定车辆税额时，对车辆自重尾数在半吨以下者免算；超过半吨者按 1 吨计算。(　　)

【参考答案】　错误

【答案解析】　车辆自重尾数在 0.5 吨以下(含 0.5 吨)的，按照 0.5 吨计算；超过 0.5 吨的，按照 1 吨计算。

18. 境内单位和个人租入外国籍船舶的，征收车船税；境内单位和个人将船舶出租到境外的，不征收车船税。(　　)

【参考答案】　错误

【答案解析】　境内单位和个人租入外国籍船舶的，不征收车船税；境内单位和个人将船舶出租到境外的，应依法征收车船税。

19. 机动车车船税扣缴义务人在代收车船税时,应当在机动车交通事故责任强制保险的保险单以及保费发票上注明已收税款的信息,作为代收税款凭证。( )

【参考答案】 正确

【答案解析】 根据《中华人民共和国车船税法实施条例》第十二条的规定,机动车车船税扣缴义务人在代收车船税时,应当在机动车交通事故责任强制保险的保险单以及保费发票上注明已收税款的信息,作为代收税款凭证。

20. 车船税按月申报,按月计算。( )

【参考答案】 错误

【答案解析】 车船税按年申报,按月计算。

四、计算题

(一)某机械设备租赁公司,成立于 2018 年 4 月 15 日,注册类型为其他有限责任公司,增值税一般纳税人,企业经营范围工程设备租赁、汽车租赁。

(1)该公司 2021 年年初"固定资产账——机器设备"中记载装载机 30 台,分别是整备质量为 15 吨的 A 型装载机 10 台,整备质量为 13.6 吨的 B 型推土机 10 台,整备质量为 16.2 吨的 C 型装载机 4 台,整备质量为 8 吨的 D 型装载机 6 台。

(2)该公司 2021 年年初"固定资产账——交通工具"中记载整备质量 18 吨的货车 20 台,整备质量 8 吨的挂车 8 台,整备质量 2.8 吨的排量 2.0 升的客货两用车 3 台,排气量为 1.6 升的小轿车 20 辆,排气量为 2.8 升的越野车 20 辆。

(3)2021 年 6 月,公司购买排气量为 1.6 升的小轿车 10 辆,2021 年 7 月,有 6 台1.6升的小轿车未通过机动车性能检测,被强制报废,取得相关部门报废证明。2020 年 6 月购买纯电动小汽车 7 辆,购买纯电 48 座客车 2 辆。

(4)2021 年 6 月,购买整备质量为 3.5 吨的山工装载机 1 辆,整备质量为 3.1 吨的拖拉机 3 辆,2021 年 8 月,购买整备质量 12 吨的三菱装载机 2 台,2021 年 9 月,通过竞拍方式购得应急救援保障部门淘汰的整备质量 28 吨的专用作业车辆 4 台,到交通管理部门将专用号牌变更成普通号牌。

已知:该企业每年年初一次性缴纳全年的车船税。该企业所在省份车船税税目税额表如下表所示。

附表 1 车船税税目税额表(部分)

<table>
<tr><th colspan="2">税目</th><th>计税单位</th><th>年基准税额</th><th>备注</th></tr>
<tr><td rowspan="2">乘用车(按发动机汽缸容量(排气量)分档)</td><td>1.0 升以上至 1.6 升(含)的</td><td rowspan="2">每辆</td><td>560 元</td><td rowspan="2">核定载客人数 9 人(含)以下</td></tr>
<tr><td>2.5 升以上至 3.0 升(含)的</td><td>1 800 元</td></tr>
<tr><td rowspan="2">商用车</td><td>客车</td><td>每辆</td><td>1 200 元</td><td></td></tr>
<tr><td>货车</td><td>整备质量每吨</td><td>100 元</td><td></td></tr>
<tr><td rowspan="2">其他车辆</td><td>专用作业车</td><td>整备质量每吨</td><td>90 元</td><td></td></tr>
<tr><td>轮式专用机械车</td><td>整备质量每吨</td><td>90 元</td><td></td></tr>
</table>

要求：根据上述资料，分析回答下列问题。

1. 该机械设备租赁公司 2021 年年初应缴纳的车船税税额是（　　）元。

A. 108 256　　B. 119 772

C. 123 132　　D. 133 567

【参考答案】 C

【答案解析】 该公司 2021 年年初拥有车辆应缴纳车船税（15×10＋13.6×10＋16.2×4＋8×6）×90＋（18×20＋2.8×3）×100＋8×8×100×50%＋560×20＋1 800×20＝123 132（元）。

2. 该机械设备租赁公司 2021 年新购车辆应缴纳的车船税税额是（　　）元。

A. 7 710.42　　B. 7 812.57

C. 8 453.67　　D. 8 674.42

【参考答案】 A

【答案解析】 根据车船税法相关规定，购置的新车船，购置当年的应纳税额自取得车船所有权或管理权的当月起按月计算，应纳税额为年应纳税额除以 12 再乘以应纳税月份数。公司 2021 年新购车辆应缴纳的车船税税额＝10×560÷12×7＋3.5×90÷12×7＋2×12×90÷12×5＋28×4×90÷12×4＝7 710.42（元）。

3. 该机械设备租赁公司 2021 年报废车辆可以申请退回的车船税税额为（　　）元。

A. 1 400　　B. 1 680

C. 1 960　　D. 3 360

【参考答案】 B

【答案解析】 根据车船税法相关规定，在一个纳税年度内，已完税的车船被盗抢、报废、灭失的，纳税人可以凭有关管理机关出具的证明和完税证明，向纳税人所在地的主管税务机关申请退还自被盗抢、报废、灭失月份起至该纳税年度终了期间的税款。该机械设备租赁公司 2021 年报废车辆可以申请退回的车船税＝560×6÷12×6＝1 680（元）。

4. 该机械设备租赁公司 2022 年年初应缴纳的车船税税额是（　　）元。

A. 155 587　　B. 139 047

C. 137 927　　D. 116 512

【参考答案】 C

【答案解析】 该公司 2022 年年初拥有车辆应缴纳车船税＝123 132－6×560＋10×560＋3.5×90＋2×12×90＋28×4×90＝137 927（元）。

（二）甲企业为增值税一般纳税人，2021 年年初固定资产明细账分别记载经营用房屋原值 3 000 万元、整备质量 10 吨的载货卡车 30 辆、载客汽车 2 辆、挂车 5 辆（每辆整备质量 4 吨）。该企业 2021 年发生下列业务。

（1）5 月底对其中原值为 500 万元的 A 办公楼进行停工维修，8 月底完工办理验收手续并投入使用，房产原值增加 100 万元。

（2）7 月底将其中原值为 200 万元的 B 仓库出租给乙企业，约定 8—9 月为免租期，以后每月收取不含税租金 2 万元，租期 3 年。

（3）8 月底签订融资租赁协议，以 300 万元不含税价格租入 C 仓库（出租方该仓库原值

300 万元、账面净值 280 万元),协议约定 8 月底交付使用。

(4)10 月购入客货两用车 2 辆(每辆整备质量 9 吨),插电式混合动力汽车 2 辆,当月均取得车辆购置发票。

(其他相关资料:已知当地计算房产余值扣除比例为 30%,载货汽车年税额 60 元/吨,载客汽车年税额 360 元/辆)

要求:根据上述资料,分析回答下列问题。

1. 业务(1)A 办公楼 2021 年甲企业应缴纳房产税(　　)元。

A. 30 800　　B. 44 800

C. 50 400　　D. 42 000

【参考答案】 B

【答案解析】 A 办公楼 2021 年应缴纳房产税=[500×(1-30%)×1.2%/12×8+(500+100)×(1-30%)×1.2%÷12×4]×10 000=44 800(元)。

2. 业务(2)B 仓库 2021 年甲企业应缴纳房产税(　　)元。

A. 19 800　　B. 17 000

C. 16 800　　D. 28 800

【参考答案】 A

【答案解析】 对出租房产,租赁双方签订的租赁合同约定有免收租金期限的,免收租金期间由产权所有人按照房产余值缴纳房产税。应缴纳房产税=[200×(1-30%)×1.2%÷12×9+3×2×12%]×10 000=19 800(元)。

3. 业务(3)C 仓库 2021 年甲企业应缴纳房产税(　　)元。

A. 7 840　　B. 5 880

C. 8 400　　D. 6 300

【参考答案】 C

【答案解析】 融资租赁的房产,由承租人自融资租赁合同约定开始日的次月起依照房产余值缴纳房产税。合同未约定开始日的,由承租人自合同签订的次月起依照房产余值缴纳房产税。应缴纳房产税=300×(1-30%)×1.2%÷12×4×10 000=8 400(元)。

4. 2021 年甲企业合计应缴纳车船税(　　)元。

A. 20 220　　B. 20 580

C. 20 400　　D. 19 590

【参考答案】 D

【答案解析】 插电式(含增程式)混合动力汽车,免征车船税。应缴纳的车船税=10×30×60+2×360+5×4×60×50%+2×9×60÷12×3=19 590(元)。

第十六章　烟叶税

一、单项选择题

1. 根据烟叶税法的规定，下列属于烟叶税纳税人的是(　　)。

A. 生产烟叶的个人　　B. 收购烟叶的单位

C. 销售香烟的单位　　D. 消费香烟的个人

【参考答案】 B

【答案解析】 烟叶税的纳税人为在中华人民共和国境内收购烟叶的单位。另外，香烟不属于烟叶，不属于烟叶税征税范围。

2. 某烟厂为增值税一般纳税人，2022 年 2 月从烟农手中收购烟叶支付价款 300 万元，并按规定支付了 10%的价外补贴，已开具烟叶收购发票，该烟厂当月应缴纳烟叶税(　　)万元。

A. 100　　B. 60

C. 85　　D. 66

【参考答案】 D

【答案解析】 实际支付的价款总额包括烟叶收购价款和价外补贴。烟叶税实行比例税率，税率为 20%。实际支付的价款总额＝烟叶收购价款×(1＋10%)＝300×(1＋10%)＝330(万元)。

应缴纳烟叶税＝330×20%＝66(万元)。

3. 2022 年 5 月，甲市某烟草公司在邻市乙县向当地某烟叶种植户收购了一批烟叶，收购价款 100 万元、价外补贴 10 万元。下列关于该笔烟叶交易涉及烟叶税征收管理的表述中，不符合税法规定的是(　　)。

A. 纳税人为烟草公司　　B. 应向甲市主管税务机关申报纳税

C. 应纳税额为 22 万元　　D. 应在次月 15 日内申报纳税

【参考答案】 B

【答案解析】 选项 A，烟草公司作为收购单位，是烟叶税的纳税人。选项 B，纳税人应当向烟叶收购地(乙县)的主管税务机关申报缴纳烟叶税。选项 C,应纳烟叶税＝100×(1＋10%)×20%＝22(万元)。选项 D,烟叶税按月计征,纳税人应当于纳税义务发生月终了之日起 15 日内申报并缴纳税款。

4. 甲县某烟草公司去相邻的乙县收购烟叶,2022 年 4 月 9 日支付烟叶收购价款 80 万元,另对烟农支付了价外补贴,下列纳税事项的表述中,正确的是(　　)。

A. 该烟草公司应在 5 月 10 日前申报缴纳烟叶税

B. 该烟草公司收购烟叶的纳税义务发生时间是 4 月 10 日

C. 该烟草公司 4 月收购烟叶应缴纳烟叶税 17.6 万元

D. 该烟草公司应向甲县主管税务机关申报缴纳烟叶税

【参考答案】 C

【答案解析】 选项 AB,按照《中华人民共和国烟叶税法》的规定,烟叶税按月计征,纳税人应当于纳税义务发生月终了之日起 15 日内申报并缴纳税款。该烟草公司收购烟叶的纳税义务发生时间为收购烟叶的当天(4 月 9 日),那么应于 5 月 15 日前(含当天)申报缴纳烟叶税。选项 C,纳税人收购烟叶实际支付的价款总额包括纳税人支付给烟叶生产销售单位和个人的烟叶收购价款和价外补贴。其中,价外补贴统一按烟叶收购价款的 10%计算。其应纳烟叶税＝80×(1＋10%)×20%＝17.6(万元)。选项 D,纳税人收购烟叶应当向烟叶收购地(乙县)的主管税务机关申报纳税。

5. 下列关于烟叶税的说法中,错误的是(　　)。

A. 烟叶税的征税范围是晾晒烟叶和烤烟叶

B. 向烟叶销售地的主管税务机关申报纳税

C. 烟叶税按月计征

D. 烟叶税采用从价定率计征

【参考答案】 B

【答案解析】 纳税人收购烟叶,应当向烟叶收购地的主管税务机关申报纳税。

6. 某烟厂收购烟叶,支付给烟叶销售者收购价款 600 万元,开具烟叶收购发票,该烟厂应纳烟叶税(　　)万元。

A. 132.00　　　　B. 116.80

C. 120.00　　　　D. 106.19

【参考答案】 A

【答案解析】 烟叶税应纳税额＝烟叶实际支付的收购金额×20%＝烟叶收购价款×(1＋10%)×20%＝600×(1＋10%)×20%＝132(万元)。

7. 甲县某烟草公司去相邻的乙县收购烟叶,2021 年 8 月 9 日支付烟叶收购价款 100 万元,另对烟农支付了价外补贴。下列税务处理表述正确的是(　　)。

A. 该烟草公司应在 9 月 20 日申报缴纳烟叶税

B. 该烟草公司 8 月收购烟叶应缴纳烟叶税 22 万元

C. 该烟草公司应向甲县主管税务机关申报缴纳烟叶税

D. 该烟草公司收购烟叶的纳税义务发生时间是 8 月 10 日

【参考答案】 B

【答案解析】 选项A,纳税人应当于纳税义务发生月终了之日起15日内申报并缴纳税款。选项B,应缴纳烟叶税=100×(1+10%)×20%=22(万元)。选项C,该烟草公司应向收购地(乙县)主管税务机关申报缴纳烟叶税。选项D,烟叶税的纳税义务发生时间为纳税人收购烟叶当天,即8月9日。

8.下列关于烟叶税的征收管理,说法正确的是( )。

A.纳税地点是销售地主管税务机关

B.纳税义务时间是收购烟叶的当天

C.纳税期限是按季度计算

D.缴库期限是纳税义务发生月终了之日起10日内

【参考答案】 B

【答案解析】 选项A,烟叶税的纳税地点是烟叶收购地的主管税务机关。选项C,烟叶税应按月计征。选项D,缴库期限应为纳税义务发生月终了之日起15日内申报并缴纳税款。

9.某卷烟厂为增值税一般纳税人,2021年3月收购烟叶7 500公斤,收购金额为80万元,已开具烟叶收购发票,烟叶税税率20%,关于烟叶税的税务处理,下列表述正确的是( )。

A.该卷烟厂代扣代缴烟叶税17.6万元

B.该卷烟厂自行缴纳烟叶税16万元

C.该卷烟厂代扣代缴烟叶税16万元

D.该卷烟厂自行缴纳烟叶税17.6万元

【参考答案】 D

【答案解析】 烟叶税的纳税人是收购烟叶的单位,应自行缴纳的烟叶税=80×(1+10%)×20%=17.60(万元)。

10.某卷烟厂为增值税一般纳税人,2022年3月收购烟叶5 000千克,实际支付的收购价款为65万元、价外补贴5万元,已开具烟叶收购发票。烟叶税税率20%,关于烟叶税的税务处理,下列表述正确的是( )。

A.该卷烟厂自行缴纳烟叶税14.30万元
B.该卷烟厂自行缴纳烟叶税14.00万元

C.该卷烟厂自行缴纳烟叶税13.00万元
D.该卷烟厂代扣代缴烟叶税14.00万元

【参考答案】 A

【答案解析】 在中华人民共和国境内收购烟叶的单位为烟叶税纳税人。卷烟厂自行缴纳烟叶税=实际支付的价款总额×税率=65×(1+10%)×20%=14.30(万元)。

二、多项选择题

1.某烟草公司2019年5月向烟叶生产者收购晾晒烟叶一批,支付收购价款20 000元,价外补贴2 000元,同时收购烤烟叶一批,支付收购价款15 000元,价外补贴1 500元。下列说法正确的有( )。

A.该烟草公司收购晾晒烟叶应纳烟叶税4400元

B.该烟草公司收购烤烟叶应纳烟叶税3 300元

C.该烟草公司收购烟叶共计应纳烟叶税7 700元

D. 该烟草公司收购晾晒烟叶应纳烟叶税 4 000 元

【参考答案】 ABC

【答案解析】 烟叶税的计税依据是纳税人收购烟叶的收购金额，详细包括支付的收购价款和价外补贴，该烟草公司收购晾晒烟叶应纳烟叶税＝(20 000＋2 000)×20％＝4 400(元)；收购烤烟叶应纳烟叶税＝(15 000＋1 500)×20％＝3 300(元)；该烟草公司收购烟叶共计应纳烟叶税＝4 400＋3 300＝7 700(元)。

2. 下列关于烟叶税的说法，正确的有(　　)。

A. 在中国境内收购烟叶的单位需要代扣代缴烟叶税

B. 烟叶税的税率为 20％

C. 烟叶税的征税对象包括烤烟叶、晾晒烟叶

D. 烟叶税的纳税义务发生时间为纳税人收购烟叶的当天

E. 烟叶税纳税人应当自纳税义务发生之日起 10 日内申报纳税

【参考答案】 BCD

【答案解析】 选项 A，烟叶税的纳税人是收购烟叶的单位，所以其本身就是纳税人，而不是代扣代缴义务人。选项 E，纳税人应当于纳税义务发生月终了之日起 15 日内申报并缴纳税款。

3. 关于烟叶税，下列说法正确的有(　　)。

A. 计税依据是烟叶的收购价款

B. 实行从价定率计算应纳税额

C. 纳税地点为烟叶收购地

D. 纳税人是烟叶生产销售方

E. 烟叶税作为一般纳税人购进农产品进项税额的计算基数

【参考答案】 BCE

【答案解析】 选项 A，烟叶税的计税依据是收购烟叶实际支付的价款总额。选项 D，烟叶的生产销售方不是烟叶税的纳税人，烟叶的收购方是烟叶税的纳税人。

4. 下列关于烟叶税征收管理的说法中，正确的有(　　)。

A. 烟叶税按月计征

B. 纳税人应当于纳税义务发生月终了之日起 15 日内申报并缴纳税款

C. 烟叶税的纳税义务发生时间为收购烟叶的当天

D. 烟叶税的纳税地点是烟叶收购单位所在地

E. 烟叶税的征收机关是税务机关

【参考答案】 ABCE

【答案解析】 选项 D，烟叶税应当向烟叶收购地的主管税务机关申报纳税。

5. 根据烟叶税法的规定，下列各项中属烟叶税征收范围的有(　　)。

A. 晾晒烟叶

B. 烟丝

C. 卷烟

D. 烤烟叶

E. 新鲜烟叶

【参考答案】 AD

【答案解析】 烟叶税的征税范围包括晾晒烟叶和烤烟叶，新鲜烟叶、烟丝和卷烟不属于烟叶税的征税范围。

6. 以下不符合烟叶税规定的有（ ）。

A. 在中华人民共和国境内收购烟叶的单位和个人为烟叶税的纳税人

B. 烟叶税实行比例税率，税率为20%

C. 烟叶税按季度计征

D. 烟叶税的纳税义务发生时间为纳税人收购烟叶的当天

E. 烟叶税作为一般纳税人购进烟叶抵扣进项税额的计算基数

【参考答案】 AC

【答案解析】 选项A，在中华人民共和国境内收购烟叶的单位为烟叶税的纳税人，不包括个人。选项C，烟叶税按月计征。

7. 根据烟叶税的规定，纳税人支付的下列款项中，应计入烟叶税计税依据的有（ ）。

A. 支付给烟叶生产销售单位的价外补贴

B. 支付给烟叶生产销售单位的烟叶收购价款

C. 支付给物流公司的烟叶运输费用

D. 向税务机关缴纳的烟叶税

E. 向税务机关缴纳的消费税

【参考答案】 AB

【答案解析】 烟叶税的计税依据是纳税人收购烟叶实际支付的价款总额，包括纳税人支付给烟叶生产销售单位和个人的烟叶收购价款和价外补贴（烟叶收购价款×10%）。

8. 甲卷烟厂为增值税一般纳税人，2022年1月向烟农收购烟叶，在收购发票上注明收购价款90万元，同时在发票中注明另外支付价外补贴10万元。将收购的烟叶全部运往位于县城的乙企业加工烟丝并于当月生产领用，从乙企业取得的增值税专用发票，注明加工费40万元、代垫辅料10万元，本月收回全部委托加工的烟丝。已知烟丝的消费税税率为30%，乙企业无同类烟丝的销售价格。关于上述业务，下列涉税事项处理正确的有（ ）。

A. 甲卷烟厂应缴纳烟叶税20万元

B. 甲卷烟厂收购烟叶准予抵扣的进项税额10.8万元

C. 甲卷烟厂收购烟叶准予抵扣的进项税额11.98万元

D. 乙企业应代收代缴消费税67.71万元

E. 乙企业应代收代缴消费税67.64万元

【参考答案】 CE

【答案解析】 (1)烟叶税的计算：甲卷烟厂应缴纳烟叶税＝90×(1＋10%)×20%＝19.8(万元)。

(2)一般纳税人收购烟叶(农产品)准予抵扣进项税额的计算：甲卷烟厂收购烟叶准予抵扣的进项税额＝(90＋10＋19.8)×10%＝11.98(万元)。

(3)委托加工业务受托方代收代缴消费税的计算：材料成本＝(90＋10＋19.8)×(1－10%)＝107.82(万元)，乙企业应代收代缴消费税＝(107.82＋40＋10)÷(1－30%)×30%＝67.64(万元)。

9. 2021年8月5日，甲市某烟草公司向乙县某烟叶种植户收购了一批烟叶，收购价款100万元、价外补贴10万元。下列关于该笔烟叶交易涉及烟叶税征收管理的表述中，符合税法规定的有(　　)。

A. 纳税人为烟草公司

B. 应向甲市主管税务机关申报纳税

C. 应纳税额为 22 万元

D. 烟叶税的纳税义务发生时间为 8 月 5 日

E. 应在 9 月 15 日前申报纳税

【参考答案】 ACDE

【答案解析】 选项 A,烟草公司作为收购单位,是烟叶税的纳税人。选项 B:纳税人应当向烟叶收购地(乙县)的主管税务机关申报缴纳烟叶税。选项 C,应纳烟叶税＝100×(1＋10％)×20％＝22(万元)。选项 D,烟叶税的纳税义务发生时间为纳税人收购烟叶的当日。选项 E,烟叶税按月计征,纳税人应当于纳税义务发生月终了之日起 15 日内申报并缴纳税款。

10. 2022 年 5 月,甲烟叶收购单位向烟农收购晾晒烟叶,当月全部领用加工烟丝,在收购发票上注明收购价款 20 万元,同时在发票中注明另支付价外补贴 1. 6 万元。则以下表述正确的有(　　)。

A. 烟农是烟叶税的纳税人

B. 甲单位是烟叶税的纳税人

C. 应纳烟叶税 4. 4 万元

D. 甲单位可抵扣增值税进项税 2. 64 万元

E. 甲单位可抵扣增值税进项税 2. 6 万元

【参考答案】 BCE

【答案解析】 选项 AB,在中华人民共和国境内收购烟叶的单位(甲单位)为烟叶税的纳税人。选项 C,应纳烟叶税＝20×(1＋10％)×20％＝4. 4(万元)。选项 DE,计算抵扣增值税进项税＝(20＋1. 6＋4. 4)×10％＝2. 6(万元)。

三、判断题

1. 烟叶税的纳税人应当自纳税义务发生之日起 30 日内申报纳税并缴纳税款。(　　)

【参考答案】 错误

【答案解析】 烟叶税的纳税人应当自纳税义务发生月终了之日起 15 日内申报并缴纳税款。烟叶税的纳税义务发生时间为纳税人收购烟叶的当天。

2. 烟叶税是国家对从事烟叶生产以及收购的单位和个人征收的一种税。(　　)

【参考答案】 错误

【答案解析】 烟叶税是国家对从事烟叶收购的单位征收的一种税。

3. 烟叶税征税对象为晾晒烟叶、熟烟叶。(　　)

【参考答案】 错误

【答案解析】 烟叶税征税对象为晾晒烟叶、烤烟叶。

4. 烟叶税实行比例税率,税率为 13％。(　　)

【参考答案】 错误

【答案解析】 烟叶税实行比例税率,税率为 20％。

5. 纳税人收购烟叶实际支付的价款总额包括纳税人支付给烟叶生产销售单位和个人的烟叶收购价款和价外补贴。(　　)

【参考答案】 正确

【答案解析】 根据《财政部 税务总局关于明确烟叶税计税依据的通知》，纳税人收购烟叶实际支付的价款总额包括纳税人支付给烟叶生产销售单位和个人的烟叶收购价款和价外补贴。其中，价外补贴统一按烟叶收购价款的10%计算。

6. 烟叶税的纳税地点为烟叶生产所在地。（　　）

【参考答案】 错误

【答案解析】 烟叶税纳税地点为烟叶收购地。

7. 烟叶税中的烟叶，是指烤烟叶、晾晒烟叶。（　　）

【参考答案】 正确

【答案解析】 根据《中华人民共和国烟叶税法》第二条，本法所称烟叶，是指烤烟叶、晾晒烟叶。

8. 烟叶税的纳税期限是按月计征，纳税人应当于纳税义务发生月终了之日起15日内申报并缴纳税款。（　　）

【参考答案】 正确

【答案解析】 根据《中华人民共和国烟叶税法》第九条，烟叶税按月计征，纳税人应当于纳税义务发生月终了之日起十五日内申报并缴纳税款。

9. 向单位和个人收购烟叶时，计算烟叶税价外补贴统一规定为收购价款的10%。（　　）

【参考答案】 正确

【答案解析】 向单位和个人收购烟叶时，计算烟叶税价外补贴统一规定为收购价款的10%。

10. 烟叶收购单位，将价外补贴与烟叶收购价格在不同的农产品收购发票或者销售发票上分别注明，价外补贴也可以计算增值税进项税额进行抵扣。（　　）

【参考答案】 错误

【答案解析】 烟叶收购单位，应将价外补贴与烟叶收购价格在同一张农产品收购发票或者销售发票上分别注明，否则，价外补贴不得计算增值税进项税额进行抵扣。

四、计算题

甲卷烟厂为增值税一般纳税人，主要生产销售A牌卷烟，2020年1月发生如下经营业务。

(1)向农业生产者收购烟叶，实际支付价款360万元，另支付10%价外补贴，按规定缴纳了烟叶税，开具合法的农产品收购凭证。另支付运费，取得运输公司（小规模纳税人）开具的增值税专用发票，注明运费5万元。

(2)将收购的烟叶全部运往位于县城的乙企业加工烟丝，取得增值税专用发票，注明加工费40万元、代垫辅料10万元，本月收回全部委托加工的烟丝，乙企业已代收代缴相关税费。

（已知：烟丝消费税税率为30%）

要求：根据上述资料，分析回答下列问题。

1. 业务(1)甲厂应缴纳烟叶税（　　）万元。

A. 36.00　　　　B. 72.00

C. 79.20　　　　D. 43.20

【参考答案】 C

【答案解析】 业务(1)甲厂应缴纳烟叶税＝360×(1＋10%)×20%＝79.20(万元)。

2. 业务(2)乙企业应代收代缴消费税(　　)万元。

A. 227.23　　B. 177.86

C. 206.86　　D. 162.43

【参考答案】 C

【答案解析】 材料成本=收购价款+实际价外补贴-计算抵扣的增值税进项税+烟叶税+不含税运费=360×(1+10%)×(1+20%)×(1-10%)+5=432.68(万元),公式中第一个10%为价外补贴;20%为烟叶税税率;第二个10%为增值税进项税的扣除率(9%+1%);最后的5万元为不含税运费。业务(2)乙企业应代收代缴消费税=(432.68+40+10)÷(1-30%)×30%=206.86(万元)。

第十七章　契税

一、单项选择题

1. 某公司 2022 年 1 月以 1200 万元(不含增值税)购入一幢旧写字楼作为办公用房，该写字楼原值为 2 000 万元，已计提折旧 800 万元。当地适用契税税率 3%，该公司购入写字楼应缴纳契税的金额是(　　)万元。

A. 60　　B. 36

C. 30　　D. 24

【参考答案】 B

【答案解析】 应缴纳的契税＝1 200×3%＝36(万元)。

2. 下列关于契税计税依据的说法，正确的是(　　)。

A. 买卖装修的房屋，契税计税依据不包括装修费用

B. 契税的计税依据不含增值税

C. 承受国有土地，契税计税依据可以扣减政府减免的土地出让金

D. 房屋交换价格差额明显不合理且无正当理由的，由税务机关参照成本价格核定

【参考答案】 B

【答案解析】 选项 A，房屋买卖的契税计税价格为房屋买卖合同的总价款，买卖装修的房屋，装修费用应包括在内。选项 C，不得因减免土地出让金而减免契税。选项 D，由征收机关参照市场价格核定。

3. 2022 年 10 月王某购买一套住房(个人名下第三套住房)，支付购房价款 97 万元、增值税税额 10.67 万元。已知契税适用税率为 3%，王某应缴纳契税金额是(　　)万元。

A. 3.23　　B. 2.30

C. 2.58　　D. 2.91

【参考答案】 D

【答案解析】 房屋买卖，以"不含增值税的成交价格"作为计税依据。王某应缴纳契税＝97×3%＝2.91(万元)。

4. 根据契税法律制度的规定,下列各项中应征收契税的是(   )。

A. 法定继承人承受房屋权属

B. 企业以行政划拨方式取得土地使用权

C. 承包者获得农村集体土地承包经营权

D. 运动员因成绩突出获得国家奖励的住房

【参考答案】 D

【答案解析】 选项A,继承行为不属于契税征税范围。选项B,以划拨方式取得土地使用权,后经批准改为出让方式取得该土地使用权的,应依法缴纳契税,公司只是以划拨方式取得土地使用权的,不需要缴纳契税。选项C,土地使用权的转让不包括农村集体土地承包经营权的转移,不征契税。选项D,以获奖方式承受房屋权属,视作房屋赠与征收契税。

5. 承受的房屋附属设施权属单独计价的,应按照(   )计征契税。

A. 与房屋相同的契税税率

B. 当地确定的适用税率

C. 固定的3%的税率

D. 固定的5%的税率

【参考答案】 B

【答案解析】 承受的房屋附属设施权属单独计价的,按照当地确定的适用税率征收契税;与房屋统一计价的,适用与房屋相同的契税税率。

6. 下列关于契税计税依据的说法中,不正确的是(   )。

A. 以协议方式出让的,对于成交价格明显偏低的,征收机关可以依次按照评估价格、土地基准地价确定

B. 以竞价方式出让的,契税计税依据包括土地出让金、市政建设配套费及各种补偿费用

C. 先以划拨方式取得土地使用权,后经批准改为出让方式取得土地使用权的,应依法缴纳契税,其计税依据为应补缴的土地出让金和其他出让费用

D. 已购公有住房经补缴费用后成为完全产权住房的,契税计税依据为补缴的土地出让金

【参考答案】 D

【答案解析】 选项D,已购公有住房经补缴土地出让金和其他出让费用成为完全产权住房的,免征土地权属转让的契税。

7. 居民张某和周某等价交换一套住房,此住房市价70万元,另购买一套住房,价款100万元,含装修费用20万元。假定契税税率为4%,所有金额不含增值税,则张某应缴纳契税金额是(   )万元。

A. 4

B. 3.2

C. 6.8

D. 6

【参考答案】 A

【答案解析】 房屋等价交换不缴纳契税。买卖装修的房屋,计税依据包含装修费用。张某应缴纳契税=100×4%=4(万元)。

8. 根据契税法律制度的规定,下列各项中,属于契税纳税人的是(   )。

A. 出租房屋的李某

B. 出让土地使用权的某市政府

C. 出售房屋的个体工商户

D. 获得住房奖励的个人

【参考答案】 D

【答案解析】 选项 A,房屋的出租不属于契税的征税范围。选项 BC,应由土地使用权的"承受方"缴纳契税。

9. 某市政府对郊区居民征收房屋,其中给予张某货币补偿 120 万元。之后张某购买了一套市中心住房,住房价款 260 万元,张某应缴纳契税的金额是(　　)万元。(当地契税税率为 3%)

A. 2.1　　　　B. 7.8

C. 3.6　　　　D. 4.2

【参考答案】 D

【答案解析】 市、县级政府征收居民房屋,居民因个人房屋被征收而选择货币补偿用以重新购置房屋,并且购房成交价格不超过货币补偿的,对新购房屋免征契税;购房成交价格超过货币补偿的,对差价部分按规定征收契税。张某应纳契税=(260－120)×3%=4.2(万元)。

10. 孙某 2022 年 3 月通过房屋中介买了一套 140 平方米的住房(此套住房是孙某的第二套住房),房屋买卖合同的总价款为 400 万元,另按照与房地产开发公司的合同约定支付装修费用 80 万元。当地(非北上广深)契税税率为 3%,则孙某应缴纳契税的金额是(　　)万元。

A. 8　　　　B. 10.5

C. 14.4　　　　D. 9.6

【参考答案】 D

【答案解析】 对个人购买家庭第二套改善性住房,面积为 90 平方米以上的,减按 2%的税率征收契税。房屋买卖的契税计税价格为房屋买卖合同的总价款,买卖装修的房屋,装修费用应包括在内。孙某应缴纳契税=(400+80)×2%=9.6(万元)。

11. 根据契税相关规定,契税采用的税率形式是(　　)。

A. 单一比例税率　　　　B. 幅度比例税率

C. 超额累进税率　　　　D. 超率累进税率

【参考答案】 B

【答案解析】 根据《中华人民共和国契税法》第三条的规定,契税税率为百分之三至百分之五。契税的具体适用税率,由省、自治区、直辖市人民政府在前款规定的税率幅度内提出,报同级人民代表大会常务委员会和国务院备案。

12. 纳税人因改变土地性质,容积率等土地使用条件需补缴土地出让价款,按规定不再需要办理土地、房屋权属登记的,纳税人申报缴纳契税的时限是(　　)。

A. 自纳税义务发生之日起 10 日内　　　　B. 自纳税义务发生之日起 15 日内

C. 自纳税义务发生之日起 30 日内　　　　D. 自纳税义务发生之日起 90 日内

【参考答案】 D

【答案解析】 根据《财政部 税务总局关于贯彻实施契税法若干事项执行口径的公告》(财政部 税务总局公告 2021 年第 23 号)的规定,改变土地性质,容积率等土地使用条件需补缴土地出让价款,应当缴纳契税,纳税义务发生时间为改变土地使用条件当日。按规定不再需要办理土地、房屋权属登记的,纳税人应自纳税义务发生之日起 90 日内申报缴纳契税。

13. 甲公司经批准占用耕地 10 000 平方米,支付土地出让金 120 万元、青苗补偿费 50 万元、土地补偿费 30 万元,当地自然资源局的土地储备管理中心缴纳耕地占用税 30 万元,甲公司缴纳契税的计税依据是(　　)万元。

A. 120　　B. 150

C. 200　　D. 230

【参考答案】 C

【答案解析】 根据《财政部 税务总局关于贯彻实施契税法若干事项执行口径的公告》(财政部 税务总局公告 2021 年第 23 号)第二条的规定,土地使用权出让的,计税依据包括土地出让金、土地补偿费、安置补助费、地上附着物和青苗补偿费、征收补偿费、城市基础设施配套费、实物配建房屋等应交付的货币以及实物、其他经济利益对应的价款。契税计税依据=120+50+30=200(万元)。

14. 张某在南京居住,2022 年 10 月,受赠一套住房(家庭唯一住房),面积 40 平方米,赠与合同注明住房价款为 50 万元,税务机关参照市场价格核定此套住房的价格为 80 万元,当地契税税率为 3%。关于该房屋转让的契税处理,下列说法正确的是(　　)。

A. 张某应缴纳契税 0 万元　　B. 张某应缴纳契税 0.8 万元

C. 张某应缴纳契税 1.5 万元　　D. 张某应缴纳契税 2.4 万元

【参考答案】 D

【答案解析】 根据《中华人民共和国契税法》第四条第三款的规定,土地使用权赠与、房屋赠与以及其他没有价格的转移土地、房屋权属行为,为税务机关参照土地使用权出售、房屋买卖的市场价格依法核定的价格。根据《财政部 国家税务总局住房城乡建设部关于调整房地产交易环节契税营业税优惠政策的通知》(财税〔2016〕23 号)第一条第一款的规定,对个人购买家庭唯一住房(家庭成员范围包括购房人、配偶以及未成年子女),面积为 90 平方米及以下的,减按 1%的税率征收契税;面积为 90 平方米以上的,减按 1.5%的税率征收契税。该优惠政策是购买环节才可以享受,赠与环节不享受优惠政策。张某应缴纳契税 80×3%=2.4(万元)。

15. X 公司支付 500 万元(不含增值税)购置一处房屋,其中:20%用于为社区提供托育服务、30%用于社区家政服务、50%用于教育培训。当地契税税率为 5%,X 公司应申报缴纳契税税额是(　　)万元。

A. 5.00　　B. 7.50

C. 12.5　　D. 25.0

【参考答案】 C

【答案解析】 根据《财政部 税务总局发展改革委员会、民政部商务部卫生健康委关于养老、托育、家政等社区家庭服务业税费优惠政策的公告》(财政部 税务总局发展改革委员会、民政部商务部卫生健康委公告 2019 年第 76 号)第一条第三款的规定,承受房屋、土地用于提供社区养老、托育、家政服务的,免征契税。X 公司应缴纳契税=500×50%×5%=12.5(万元)。

16. 王某将一套购买满 2 年、面积 70 平方米的住房销售给张某(家庭唯一住房),合同确定的交易含税价为210万元，符合免征增值税条件，向税务机关申请代开增值税发票上注明增值税额为0，不含税价格为210万元。当地住宅的契税税率为3%，则张某应缴纳的契税税额是（ ）万元。

A. 6.30　　B. 4.20

C. 3.15　　D. 2.10

【参考答案】 D

【答案解析】 根据《财政部 国家税务总局住房城乡建设部关于调整房地产交易环节契税营业税优惠政策的通知》（财税〔2016〕23号），对个人购买家庭唯一住房（家庭成员范围包括购房人、配偶以及未成年子女），面积为90平方米及以下的，减按1%的税率征收契税。张某应缴纳契税=210×1%=2.10（万元）。

17. 李某是个人独资企业业主，2022年2月，将100万元的自有房产投入本人企业作为经营场所。2022年3月，购买不含税价格为200万元的商服。2022年4月，张某因资金紧张，以一处房产作为抵押向李某借款100万元，到产权管理部门办理抵押登记。当地契税税率为5%。上述事项，李某合计应缴纳契税税额是（ ）万元。

A. 5　　B. 10

C. 15　　D. 20

【参考答案】 B

【答案解析】 根据《财政部 税务总局关于继续支持企业事业单位改制重组有关契税政策的通知》（财税〔2018〕17号）第六条的规定，同一自然人与其设立的个人独资企业，一人有限公司之间土地、房屋权属的划转，免征契税。接受房屋抵押权不缴纳契税。因此，李某共应缴纳契税=200×5%=10（万元）。

18. 甲企业为集团公司，总部在广州。2017年，甲公司在杭州注册成立全资子公司。2022年为入驻苏州A工业园区，乙公司支付9 000万元，在苏州A工业园区购买了厂房B，用于生产经营。根据现行契税的相关规定，B厂房涉及契税的纳税地点是（ ）。

A. 广州　　B. 杭州

C. 苏州　　D. 由企业自行选择

【参考答案】 C

【答案解析】 根据《中华人民共和国契税法》第十四条的规定，契税由土地、房屋所在地的税务机关依照本法和《中华人民共和国税收征收管理法》的规定征收管理。

19. 2022年12月，A公司经法院批准破产，破产时在册职工100人，B公司通过法院购买A公司资产，支付价款2 000万元（其中厂房及土地使用权1 600万元，厂房内机器400万元）。与其全部职工签订劳动用工合同，其中签订1年合同的50人、3年合同的30人，5年合同的20人。以上支付价款都不含增值税，当地契税税率为5%，B公司应申报缴纳契税税额是（ ）万元。

A. 0　　B. 40

C. 80　　D. 100

【参考答案】 B

【答案解析】 根据《财政部 税务总局关于继续执行企业、事业单位改制重组有关契税政策的公司》(财政部 税务总局公告 2021 年第 17 号)第五条的规定,对非债权人承受破产企业土地、房屋权属,凡按照《中华人民共和国劳动法》等国家有关法律法规政策妥善安置原企业全部职工规定,与原企业全部职工签订服务年限不少于三年的劳动用工合同的,对其承受所购企业土地、房屋权属,免征契税;与原企业超过 30%的职工签订服务年限不少于三年的劳动合同的,减半征收契税。B 公司应缴纳契税=1600×5%×50%=40(万元)。

20. 下列情形中,免征契税的是(　　)。

A. 城镇职工购买商业用房的

B. 私营企业购买生产经营用房的

C. 中国红十字会承受土地权属用于办公楼建设的

D. 股份公司承受荒滩土地使用权用于工业园建设的

【参考答案】 C

【答案解析】 根据《中华人民共和国契税法》第六条第一款的规定,国家机关、事业单位、社会团体、军事单位承受土地、房屋权属用于办公、教学、医疗、科研、军事设施,免征契税。

21. 李某是某个人独资企业的业主,2022 年 3 月以 200 万元的价格购入甲公司一处房屋作为办公场所,并将其价值 60 万元的自有房屋投入独资企业作为经营场所;为节省运输费用,李某将自有价值 160 万元的仓库与另一企业价值 200 万元的仓库互换,由李某向该企业支付差价。已知契税税率为 4%,以上价格均为不含增值税的价格。李某上述经济事项应缴纳契税税额是(　　)万元。

A. 8　　B. 8.4

C. 9.6　　D. 16

【参考答案】 C

【答案解析】 根据《中华人民共和国契税法》第四条第一款的规定,土地使用权出让、出售,房屋买卖,为土地、房屋权属转移合同确定的成交价格,包括应交付的货币以及实物、其他经济利益对应的价款。第四条第二款规定,土地使用权互换、房屋互换,为所互换的土地使用权、房屋价格的差额。根据《财政部 税务总局关于继续执行企业、事业单位改制重组有关契税政策的公司》(财政部 税务总局公告 2021 年第 17 号)第六条的规定,同一自然人与其设立的个人独资企业、一人有限公司之间土地、房屋权属的划转,免征契税。李某上述经济事项应缴纳契税=200×4%+(200−160)×4%=9.6(万元)。

22. H 市市民宋某拥有多套住宅,2022 年 11 月,为方便女儿上学,自当地房开企业(增值税一般纳税人)处购买新建商品房样板间住宅一套,房开企业给宋某开具普通发票,价税合计 80 万元;另开具装修发票,价税合计 20 万元,当地契税税率为 3%。宋某应当缴纳契税税额为(　　)万元。

A. 2.20　　B. 2.40

C. 2.75　　D. 3.00

【参考答案】 C

【答案解析】 根据《财政部 税务总局关于贯彻实施契税法若干事项执行口径的公告》(财政部 税务总局公告 2021 年第 23 号)第二条第七款的规定,承受已装修房屋的,应将包括装修费用在内的费用计入承受方应交付的总价款。第九条规定，契税的计税依据不包括增值税。宋某应缴纳契税税额＝(80＋20)÷(1＋9%)×3%＝2.75(万元)。

23. 按照现行契税相关政策规定，下列凭证中，不属于具有土地、房屋权属转移合同性质的凭证是(　　)。

A. 契约　　B. 协议

C. 合约　　D. 意向书

【参考答案】 D

【答案解析】 根据《财政部 税务总局关于贯彻实施契税法若干事项执行口径的公告》(财政部 税务总局公告 2021 年第 23 号)第五条第一款的规定，具有土地、房屋权属转移合同性质的凭证包括契约、协议、合约、单据、确认书以及其他凭证。

24. 2022 年 11 月，A 市新成立一所公立学校，购置三处房产，其中：用于教学一处，支付价款 1 200 万元；用于办公一处，支付价款 500 万元；用于教师公寓一处，支付价款 300 万元。以上支付价款都不含增值税，当地契税税率为 5%，该学校应该申报缴纳契税税额为(　　)万元。

A. 15　　B. 25

C. 40　　D. 100

【参考答案】 A

【答案解析】 根据《中华人民共和国契税法》第六条第一款的规定，国家机关、事业单位、社会团体、军事单位承受土地、房屋权属用于办公、教学、医疗、科研、军事设施，免征契税。该学校应缴纳契税＝300×5%＝15(万元)。

25. 2022 年 11 月，甲公司因融资需要，将土地使用权销售给乙金融租赁公司，销售款价税合计为 3 000 万元。转让后直接租回使用，每年支付租金 700 万元，10 年后该土地使用权由甲公司以 6 000 万元够回。当地适用的契税税率为 5%，按照现行契税规定，甲公司、乙公司应当缴纳的契税税额合计是(　　)万元。

A. 0　　B. 0.5

C. 150　　D. 150.5

【参考答案】 C

【答案解析】 根据《财政部 国家税务总局关于企业以售后回租方式进行融资等有关契税政策的通知》(财税〔2012〕82 号)第一条的规定，对金融租赁公司开展售后回租业务，承受承租人房屋、土地权属的，照章征税。对于售后回租合同期满，承租人回购原房屋、土地权属的，免征契税。应缴纳契税合计＝3 000×5%＝150(万元)。

26. 下列关于契税纳税义务发生时间的确定，表述正确的是(　　)。

A. 甲先生因法院判决取得房屋权属的，为法院判决的当日

B. 乙女士因改变土地性质需缴纳契税的，为办理权属登记的当日

C. 丙公司因改变土地用途需缴纳契税的，改变有关土地用途的次日

D. 丁公司因改变土地容积率需缴纳契税的，为改变土地使用条件当日

【参考答案】 D

【答案解析】 根据《财政部 税务总局关于贯彻实施契税法若干事项执行口径的公告》

(财政部 税务总局公告2021年第23号)第四条的规定,因人民法院、仲裁委员会的生效法律文书或者监察机关出具的监察文书等发生土地、房屋权属转移的,纳税义务发生时间为法律文书等生效当日。因改变土地、房屋用途等情形应当缴纳已经减征、免征契税的,纳税义务发生时间为改变有关土地、房屋用途等情形的当日。因改变土地性质、容积率等土地使用条件需补缴土地出让价款,应当缴纳契税的,纳税义务发生时间为改变土地使用条件当日。

27. 下列资料中,契税纳税人依法纳税申报时无需提交的资料是(　　)。

A. 纳税人身份证　　B. 房屋权属转移合同

C. 房屋买卖的增值税发票　　D. 产权交易的增值税完税证

【参考答案】 D

【答案解析】 根据《国家税务总局关于契税纳税服务与征收管理若干事项的公告》(国家税务总局公告2021年第25号)第五条的规定,契税纳税人依法纳税申报时,应填报《财产和行为税税源明细表》(《契税税源明细表》部分,附件1),并根据具体情形提交下列资料:(一)纳税人身份证件;(二)土地、房屋权属转移合同或其他具有土地、房屋权属转移合同性质的凭证;(三)交付经济利益方式转移土地、房屋权属的,提交土地、房屋权属转移相关价款支付凭证,其中,土地使用权出让为财政票据,土地使用权出售、互换和房屋买卖、互换为增值税发票;(四)因人民法院、仲裁委员会的生效法律文书或者监察机关出具的监察文书等因素发生土地、房屋权属转移的,提交生效法律文书或监察文书等。

28. 根据契税相关规定,契税的纳税地点是(　　)。

A. 土地、房屋所在地　　B. 转让所在地

C. 受让方所在地　　D. 合同签订地

【参考答案】 A

【答案解析】 根据《中华人民共和国契税法》第十四条的规定,契税由土地、房屋所在地的税务机关依照本法和《中华人民共和国税收征收管理法》的规定征收管理。

29. 2022年9月,A公司向B公司购买一栋办公楼,转让合同约定的不含税价格为3 000万元,A公司已缴纳契税,但双方未办理产权转移手续。截至2021年12月,A公司除支付1 000万元首付款后未如期支付其他购房款,造成合同违约。B公司向法院申请认定转让合同无效。经双方协商,A公司办理了退房手续,已知当地契税税率为3%。针对该退房业务,税务机关应退还A公司契税税额是(　　)万元。

A. 90　　B. 60

C. 30　　D. 0

【参考答案】 A

【答案解析】 根据《中华人民共和国契税法》第十二条的规定,在依法办理土地、房屋权属登记前,权属转移合同、权属转移合同性凭证不生效、无效、被撤销或者被解除的,纳税人可以向税务机关申请退还已缴纳的税款,税务机关应当依法办理。应退契税=3 000×3%=90(万元)。

二、多项选择题

1. 下列各项中,承受房产的一方应缴纳契税的有(　　)。

A. 以房产作价投资到非本人经营的企业　　B. 房产赠与

C. 子女继承父母的房产　　　　　　　　D. 处于抵押期间的房产

【参考答案】 AB

【答案解析】 选项C,法定继承人继承房屋权属,不缴纳契税。选项D,处于抵押期间的房产,所有权并没有发生转移,不缴纳契税。

2. 2022年9月,李某因原有住房拆迁获得补偿款80万元;10月与开发商签订购房合同,购置一套面积120平方米的房屋,支付不含增值税价款100万元,未办理房屋产权登记手续,当地契税税率为3%;11月李某因工作调动,和开发商达成协议退掉已购住房。下列说法正确的有(　　)。

A. 李某退房应退还已缴纳的契税

B. 李某购房行为需要缴纳契税0.6万元

C. 李某应在办理契税纳税申报后7日内缴纳税款

D. 李某应向购置的房屋所在地的契税征收机关办理契税纳税申报

【参考答案】 ABD

【答案解析】 选项A,对已缴纳契税的购房单位和个人,在未办理房屋权属变更登记前退房的,退还已纳契税;在办理房屋权属变更登记后退房的,不予退还已纳契税。本题中未办理房屋产权登记手续,可以退税。选项B,对拆迁居民因拆迁重新购置住房的,对购房成交价格中相当于拆迁补偿款的部分免征契税,成交价格超过拆迁补偿款的,对超过部分征收契税,应纳契税=(100−80)×3%=0.6(万元)。选项C,纳税人应当在办理房屋权属登记前,向土地、房屋所在地的契税征收机关办理纳税申报。选项D,契税在土地、房屋所在地的征收机关缴纳。

3. 根据契税法律制度的规定,下列行为中不应征收契税的有(　　)。

A. 甲公司出租地下停车场　　　　　　　B. 乙公司购买办公楼

C. 丙公司将房屋抵押给银行　　　　　　D. 丁公司承租仓库

【参考答案】 ACD

【答案解析】 选项B,购买办公楼属于契税的征税范围。

4. 下列表述符合契税有关规定的有(　　)。

A. 股份有限公司整体改建为有限责任公司的,对改建后的公司承受原企业土地、房屋权属,免征契税

B. 国有控股公司以部分资产投资组建新公司,且该国有控股公司占新公司股份超过75%的,对新公司承受该国有控股公司土地、房屋权属,免征契税

C. 对于承受与房屋相关的附属设施,不涉及土地使用权和房屋所有权转移变动的,不征收契税

D. 采取分期付款方式购买房屋附属设施土地使用权、房屋所有权的,应按合同规定的总价款计征契税

【参考答案】 ACD

【答案解析】 选项B,国有控股公司以部分资产投资组建新公司,且该国有控股公司占新公司股份超过85%的,对新公司承受该国有控股公司土地、房屋权属,免征契税。

5. 关于契税计税依据的下列表述中,符合法律制度规定的有(　　)。

A. 受让国有土地使用权的，以成交价格为计税依据

B. 受赠房屋的，由征收机关参照房屋买卖的市场价格规定计税依据

C. 购入土地使用权的，以评估价格为计税依据

D. 交换土地使用权的，以交换土地使用权的价格差额为计税依据

【参考答案】 ABD

【答案解析】 选项 C，国有土地使用权出让、土地使用权出售，以成交价格作为计税依据。

6. 下列关于契税征收管理的说法，正确的有(　　)。

A. 纳税人应当自纳税义务发生之日起 10 日内，向征收机关办理申报

B. 纳税人不能取得销售不动产发票的，可持人民法院的裁定书原件及相关资料办理契税纳税申报

C. 纳税义务发生时间是纳税人签订土地、房屋权属转移合同的当日，或者纳税人取得其他具有土地、房屋权属转移合同性质凭证的当日

D. 纳税人因房地产开发企业被税务机关列为非正常户，不能取得销售不动产发票的，无法办理契税纳税申报

E. 契税应向土地、房屋的承受人居住地或单位注册地所在地缴纳

【参考答案】 BC

【答案解析】 选项 A，纳税人应当在依法办理土地、房屋权属登记手续前申报缴纳契税。选项 D，纳税人因房地产开发企业被税务机关列为非正常户，不能取得销售不动产发票的，税务机关在核实有关情况后应予受理。选项 E，契税在土地、房屋所在地的征收机关缴纳。

7. 下列情形中，可免征契税的有(　　)。

A. 公办大学承受房屋用于建造教师职工宿舍

B. 国有企业承受荒山用于种植花生、大豆

C. 非营利性医疗机构承受土地使用权用于科学研究

D. 某物流公司以出让方式承受原改制重组的商贸企业的划拨用地

E. 夫妻因离婚分割共同财产发生土地、房屋权属变更

【参考答案】 BCE

【答案解析】 根据《中华人民共和国契税法》第六条第二款的规定，非营利性的学校、医疗机构、社会福利机构承受土地、房屋权属用于办公、教学、医疗、科研、养老、救助。第三款规定，承受荒山、荒地、荒滩土地使用权用于农、林、牧、渔业生产。根据《财政部 税务总局关于继续支持企业事业单位改制重组有关契税政策的通知》(财税〔2018〕17 号)第八条的规定，以出让方式或国家作价出资(入股)方式承受原改制重组企业、事业单位划拨用地的，不属上述规定的免税范围，对承受方应按规定征收契税。根据《财政部 税务总局关于契税法实施后有关优惠政策衔接问题的公告》(财政部 税务总局公告 2021 年第 29 号)第一条的规定，夫妻因离婚分割共同财产发生土地、房屋权属变更的，免征契税。

8. 下列各项情形中，属于契税征税范围的有(　　)。

A. 以房屋使用权对外投资

B. 承受房地产开发公司股权

C. 母公司以房屋权属向其全资子公司增资

D. 同一公司所属全资子公司之间房屋权属划转

E. 破产企业职工承受破产企业抵偿债务的房屋权属

【参考答案】 CDE

【答案解析】 根据《中华人民共和国契税法》第一条的规定，在中华人民共和国境内转移土地、房屋权属，承受的单位和个人为契税的纳税人，应当依照本法规定缴纳契税。根据《财政部 税务总局关于继续执行企业事业单位改制重组有关契税政策的公告》(财政部 税务总局公告 2021 年第 17 号)第五条的规定，企业依照有关法律法规规定实施破产，债权人(包括破产企业职工)承受破产企业抵偿债务的土地、房屋权属，免征契税。第六条，同一投资主体内部所属企业之间土地、房屋权属的划转，包括母公司与其全资子公司之间，同一公司所属全资子公司之间，同一自然人与其设立的个人独资企业、一人有限公司之间土地、房屋权属的划转，免征契税。

9. 下列情形中，应视同转让土地使用权而征收契税的有(　　)。

A. 甲公司以经营租赁方式租入土地的

B. 乙公司以受赠方式承受土地使用权的

C. 丙公司以获奖方式承受土地使用权的

D. 丁公司以土地使用权抵偿其他企业债务的

E. 戊公司以土地使用权作价投资到其他企业的

【参考答案】 BC

【答案解析】 根据《中华人民共和国契税法》第一条的规定，在中华人民共和国境内转移土地、房屋权属，承受的单位和个人为契税的纳税人，应当依照本法规定缴纳契税。第二条规定，本法所称转移土地、房屋权属，是指下列行为：(一)土地使用权出让；(二)土地使用权转让，包括出售、赠予、互换；(三)房屋买卖、赠与、互换。以作价投资(入股)、偿还债务、划转、奖励等方式转移土地、房屋权属的，应当依照本法规定征收契税。

10. 关于契税计税依据的确定，下列说法正确的有(　　)。

A. 房屋互换，契税计税依据为不含增值税价格的差额

B. 土地使用权互换，契税计税依据为不含增值税价格的差额

C. 税务机关核定的契税计税价格，应换算为不含增值税价格

D. 国有土地使用权转让，承受方计征契税的成交价格不含增值税

E. 房屋买卖，实际取得增值税发票的，计征契税的成交价格按照发票上注明的不含税价格确定

【参考答案】 ABDE

【答案解析】 根据《国家税务总局关于契税纳税服务与征收管理若干事项的公告》(国家税务总局公告 2021 年第 25 号)第三条的规定，契税计税依据不包括增值税，具体情形为(一)土地使用权出售、房屋买卖，承受方计征契税的成交价格不含增值税；实际取得增值税发票的，成交价格以发票上注明的不含税价格确定。(二)土地使用权互换、房屋互换，契税计税依据为不含增值税价格的差额。(三)税务机关核定的契税计税价格为不含增值税

价格。

11. 下列情形中,可以免征契税的有(　　)。

A. 国有企业承受房屋权属用于办公

B. 社会团体承受房屋权属用于办公

C. 非营利性医疗机构承受房屋权属用于医疗

D. 上市公司承受荒地土地使用权用于农业生产

E. 养老院承受房屋权属用于为老年人提供大健康理疗收费服务

【参考答案】 BCD

【答案解析】 根据《中华人民共和国契税法》第六条的规定,有下列情形之一的,免征契税:(一)国家机关、事业单位、社会团体、军事单位承受土地、房屋权属用于办公、教学、医疗、科研、军事设施;(二)非营利性的学校、医疗机构、社会福利机构承受土地、房屋权属用于办公、教学、医疗、科研、养老、救助;(三)承受荒山、荒地、荒滩土地使用权用于农林牧渔业生产。

12. 按照现行契税的规定,下列应当作为契税计税依据的是(　　)。

A. 张某和王某互换房屋,张某换回房屋的价格

B. 李某购买已装修房屋,销售方单独收取的装修费用

C. 甲公司(增值税小规模纳税人)购买房产价格中包含的增值税

D. 乙公司经批准划拨方式改为出让方式补缴的土地出让价款

E. 丙公司承受土地使用权及所附建筑物,单独列明的附属建筑物价款

【参考答案】 BDE

【答案解析】 根据《财政部 税务总局关于贯彻实施契税法若干事项执行口径的公告》(财政部 税务总局公告 2021 年第 23 号)第二条的规定,以划拨方式取得的土地使用权,经批准改为出让方式重新取得该土地使用权的,应由该土地使用权人以补缴的土地出让价款为计税依据缴纳契税。承受已装修房屋的,应将包括装修费用在内的费用计入承受方应交付的总价款。土地使用权互换、房屋互换,互换价格相等的,互换双方计税依据为零;互换价格不相等的,以其差额为计税依据,由支付差额的一方缴纳契税。契税的计税依据不包括增值税。

13. 赵大、赵二两兄弟,继承父母价值 100 万元的商品房一处,遗嘱注明各自享有 50%份额。办理产权时,经二人协商,赵大享有 20%的份额,赵二享有 80%的份额,当地适用的契税税率为 3%。关于赵大、赵二应缴纳的契税,下列说法正确的有(　　)。

A. 赵大无需缴纳契税　　B. 赵大应缴纳契税 0.6 万元

C. 赵二应缴纳契税 0.9 万元　　D. 兄弟二人合计应缴纳契税 1.5 万元

E. 兄弟二人合计应缴纳契税 2.4 万元

【参考答案】 AC

【答案解析】 根据《中华人民共和国契税法》第六条的规定,法定继承人通过继承承受土地、房屋权属的,免征契税。赵大、赵二继承房屋免征契税。根据《财政部 税务总局关于贯彻实施契税法若干事项执行口径的公告》(财政部 税务总局公告 2021 年第 23 号)第一条第二款的规定,因共有不动产份额变化的,承受方应当依法缴纳契税。赵二增加的 30%份额

应当缴纳契税，100×(80％－50％)×3％＝0.9(万元)。

14. 下列情形中，属于契税征税范围的有(　　)。

A. 承受房屋使用权　　　　　　B. 承受房屋所有权

C. 承受土地使用权　　　　　　D. 承受土地所有权

E. 承租土地使用权

【参考答案】 BC

【答案解析】 根据《财政部 税务总局关于贯彻实施契税法若干事项执行口径的公告》(财政部 税务总局公告2021年第23号)第一条第一款的规定，征收契税的土地、房屋权属，具体为土地使用权、房屋所有权。

15. 2021年12月5日，李先生与A房地产公司口头约定购买开发房产一处；2021年12月15日，签订购房合同并交纳首付款；2022年1月20日，办理银行按揭；2022年3月20日，办理不动产登记。下列日期中，李先生办理纳税申报符合契税相关规定的有(　　)。

A. 2021年12月13日　　　　　　B. 2021年12月20日

C. 2022年1月11日　　　　　　D. 2022年2月11日

E. 2022年3月25日

【参考答案】 BCD

【答案解析】 根据《中华人民共和国契税法》第九条的规定，契税的纳税义务发生时间，为纳税人签订土地、房屋权属转移合同的当日，或者纳税人取得其他具有土地、房屋权属转移合同行凭证的当日。第十条规定，纳税人应当在依法办理土地、房屋权属登记手续前申报缴纳契税。

16. A企业将其闲置的厂房按照市场价格出售给B企业，双方签订房屋权属转移合同并按规定办理了房屋产权过户手续。根据契税相关规定，下列表述正确的有(　　)。

A. B企业应在厂房所在地缴纳契税

B. B企业在签订房屋权属转移合同的当天发生纳税义务

C. 作为交易双方，A企业和B企业均负有契税纳税义务

D. B企业应当在依法办理房屋权属登记手续前进行契税纳税申报

E. 契税的计税依据为房屋权属转移合同中确定的厂房成交价格

【参考答案】 ABDE

【答案解析】 根据《中华人民共和国契税法》第一条的规定，在中华人民共和国境内转移土地、房屋权属，承受的单位和个人为契税的纳税人，应当依照本法规定缴纳契税。第四条第一款规定，土地使用权出让、出售，房屋买卖，为土地、房屋权属转移合同确定的成交价格，包括应交付的货币以及实物、其他经济利益对应的价款。第九条规定，契税的纳税义务发生时间，为纳税人签订土地、房屋权属转移合同的当日，或者纳税人取得其他具有土地、房屋权属转移合同性质凭证的当日。第十条规定，纳税人应当在依法办理土地、房屋权属登记手续前申报缴纳契税。第十四条规定，契税由土地、房屋所在地的税务机关依照本法和《中华人民共和国税收征收管理法》的规定征收管理。

17. 以出让方式取得国有土地使用权，其契税计税依据包括(　　)。

A. 土地出让金　　　　　　B. 土地补偿费

C. 相关手续费　　　　　　　　　　　　　D. 城市基础设施配套费

E. 实物配建房屋所对应的价款

【参考答案】 ABDE

【答案解析】 根据《财政部 税务总局关于贯彻实施契税法若干事项执行口径的公告》(财政部 税务总局公告2021年第23号)第二条第五款的规定,土地使用权出让的,计税依据包括土地出让金、土地补偿费、安置补助费、地上附着物和青苗补偿费、征收补偿费、城市基础设施配套费、实物配建房屋等应交付的货币以及实物、其他经济利益对应的价款。

18. 2021年甲公司以1 000万元的价格购买一处土地使用权,在该土地上建造一座写字楼,该写字楼市场价格为3 000万元。2022年11月,甲公司用30%的写字楼与乙公司的办公楼进行置换,收到乙公司支付的差价款200万元;2022年12月,甲公司将50%的写字楼面积划转给境内全资子公司丙,当地契税税率为5%。关于以上企业应缴纳的契税的处理,下列表述正确的有(　　)。

A. 丙公司无需缴纳契税　　　　　　　　B. 乙公司应缴纳契税10万元

C. 甲公司应缴纳契税50万元　　　　　　D. 甲公司应缴纳契税75万元

E. 以上三家企业应缴纳契税合计150万元

【参考答案】 ABC

【答案解析】 根据《财政部 税务总局关于继续支持事业单位改制重组有关契税政策的通知》(财政部税务总局公告2021年第17号)第六条的规定,同意投资主体内部所属企业之间土地、房屋权属的划转,包括母公司与全资子公司之间,同一公司所属全资子公司之间,同一自然人与其设立的个人独资企业、一人有限公司之间土地、房屋权属的划转,免征契税,故丙公司不缴纳契税。根据《财政部 税务总局关于贯彻实施契税法若干事项执行口径的公告》(财政部 税务总局公告2021年第23号)第二条第八款的规定,土地使用权互换、房屋互换,互换价格相等的,互换双方计税依据为零;互换价格不等的,以其差额为计税依据,由支付差额一方缴纳契税。乙公司应缴纳契税=200×5%=10万元。根据《中华人民共和国契税法》第四条的规定,契税的计税依据:(一)土地使用权出让、出售,房屋买卖,为土地、房屋权属转移合同确定的成交价格,包括应交付的货币以及实物、其他经济利益对应的价款。甲公司应缴纳的契税=1 000×5%=50(万元)。

19. 甲公司于2021年11月购买一处价值800万元(不含增值税)写字楼,约定采取分期付款方式,当月支付400万元,剩余房款于3年后支付。2022年1月,支付500万元(不含增值税)购买乙公司的土地使用权,乙公司土地使用权为划拨方式取得,未转让该土地,支付土地出让金300万元,将土地性质改为出让方式。当地契税适用税率为5%,关于甲公司与乙公司应缴纳的契税,下列表述正确的有(　　)。

A. 甲公司无需缴纳契税　　　　　　　　B. 乙公司应缴纳契税15万元

C. 乙公司应缴纳契税60万元　　　　　　D. 甲公司应缴纳契税65万元

E. 以上两公司合计应缴纳契税80万元

【参考答案】 BDE

【答案解析】 根据《财政部 税务总局关于贯彻实施契税法若干事项执行口径的公告》(财政部 税务总局公告2021年第23号)第二条的规定,以划拨方式取得的土地使用权,经批准改为出让方式重新取得该土地使用权的，应由该土地使用权人以补缴的土地出让价款为计税依据缴纳契税。乙公司应缴纳契税＝300×5％＝15(万元)。根据《财政部 国家税务总局关于房屋附属设施有关契税政策的批复》(财税〔2004〕126号)第二条的规定，采取分期付款方式购买房屋附属设施土地使用权、房屋所有权的，应按合同规定的总价款计征契税。《中华人民共和国契税法》第四条规定，契税的计税依据：(一)土地使用权出让、出售，房屋买卖，为土地、房屋权属转移合同确定的成交价格，包括应交付的货币以及实物、其他经济利益对应的价款。甲公司应缴纳的契税＝800×5％＋500×5％＝65(万元)。甲乙合计应缴纳契税＝15＋65＝80(万元)。

20. 关于资产划转契税的相关政策规定，下列处理正确的有(　　)。

A. 同一公司所属全资子公司之间房屋权属的划转，免征契税

B. 母公司以土地权属向其全资子公司增资，免征契税

C. 对承受县级以上人民政府按规定划转国有土地的单位，免征契税

D. 对承受国有资产管理部门按规定进行行政性调整的单位，免征契税

E. 同一自然人与其设立的一人有限公司之间房屋权属的划转，需缴纳契税

【参考答案】 ABCD

【答案解析】 根据《财政部 税务总局关于继续支持企业事业单位改制重组有关契税政策的通知》(财税〔2018〕17号)第六条的规定，对承受县级以上人民政府或国有资产管理部门按规定进行行政性调整、划转国有土地、房屋权属的单位，免征契税。同一投资主体内部所属企业之间土地、房屋权属的划转，包括母公司与其全资子公司之间，同一公司所属全资子公司之间，同一自然人与其设立的个人独资企业、、一人有限公司之间土地、房屋权属的划转，免征契税。

三、判断题

1. 以房抵债和实物交换房屋，应由产权承受人按房屋原值缴纳契税。(　　)

【参考答案】 错误

【答案解析】 以房抵债和实物交换房屋，均视同房屋买卖，应由产权承受人按房屋现值缴纳契税。

2. 因不可抗力灭失住房，重新承受住房权属的，由省、自治区、直辖市决定免征或者减征契税。(　　)

【参考答案】 正确

【答案解析】 根据《中华人民共和国契税法》第七条的规定，省、自治区、直辖市可以决定对下列情形免征或者减征契税：(一)因土地、房屋被县级以上人民政府征收、征用，重新承受土地、房屋权属；(二)因不可抗力灭失住房，重新承受住房权属。

3. 应向土地、房屋的承受人居住地或单位注册所在地缴纳契税。(　　)

【参考答案】 错误

【答案解析】 契税应向土地、房屋所在地的征收机关缴纳。

4. 李某参与开发商的购房送车库活动，李某购买高层住宅1套，同时获赠随机抽取位置的地下车库1个。契税的计税依据为李某交付的总价款，并适用住宅的契税税率。(　　)

【参考答案】 错误

【答案解析】 根据《财政部 税务总局关于贯彻实施契税法若干事项执行口径的公告》(财政部 税务总局公告 2021 年第 23 号)第二条第六款的规定,房屋附属设施(包括停车位、机动车库、非机动车库、顶层阁楼、储藏室及其他房屋附属设施)与房屋为同一不动产单元的,计税依据为承受方应交付的总价款,并适用与房屋相同的税率;房屋附属设施与房屋为不同不动产单元的,计税依据为转移合同确定的成交价格,并按当地确定的适用税率计税。

5. 征收契税的土地、房屋权属,是指土地使用权、房屋所有权。由于在建工程没有办理产权证明,因此,承受土地使用权的计税依据不包括在建工程的价格。( )

【参考答案】 错误

【答案解析】 根据《财政部 税务总局关于贯彻实施契税法若干事项执行口径的公告》(财政部 税务总局公告 2021 年第 23 号)第二条第四款的规定,土地使用权及所附建筑物、构筑物(包括在建的房屋、其他建筑物、构筑物和其他附着物)转让的,计税依据为承受方应交付的总价款。

6. 农村集体土地所有权的确权登记,不征收契税。( )

【参考答案】 正确

【答案解析】 根据《财政部 税务总局关于支持农村集体产权制度改革有关税收政策的通知》(财税〔2017〕55 号)第三条的规定,对农村集体土地所有权、宅基地和集体建设用地使用权及地上房屋确权登记,不征收契税。

7. 某银行的 A 市支行,因业务量不足被撤销,在进行清算时,因催收债权而接收债务人 B 公司的土地使用权,A 支行可免征契税。( )

【参考答案】 正确

【答案解析】 根据《财政部 国家税务总局关于被撤销金融机构有关税收政策问题的通知》(财税〔2003〕141 号)第二条第三款的规定,对被撤销的金融机构在清算过程中催收债权时,接收债务方土地使用权、房屋所有权所发生的权属转移免征契税。

8. 外国企业取得境内房屋产权的,应当缴纳契税。( )

【参考答案】 正确

【答案解析】 根据《中华人民共和国契税法》第一条的规定,在中华人民共和国境内转移土地、房屋权属,承受的单位和个人为契税的纳税人,应当依照本法规定缴纳契税。

9. 某股份公司接受股东以房产增资,扩大股权持有比例,应缴纳契税。( )

【参考答案】 正确

【答案解析】 根据《中华人民共和国契税法》第二条的规定,以作价投资(入股),偿还债务、划转、奖励等方式转移土地、房屋权属的,应当依照本法规定征收契税。

10. 甲乙双方互换土地使用权,价格不相等,由收到差额的一方缴纳契税。( )

【参考答案】 错误

【答案解析】 根据《财政部 税务总局关于贯彻实施契税法等若干事项执行口径的公告》(财政部 税务总局公告 2021 年第 23 号)第二条第八款的规定,土地使用权互换、房屋互换,互换价格相等的,互换双方计税依据为零;互换价格不相等的,以其差额为计税依据,由支付差额的一方缴纳契税。

11. 对异地扶贫搬迁项目实施主体取得用于建设安置住房的土地,征收契税。对异地扶

贫搬迁贫困人口按规定取得的安置住房，免征契税。（　）

【参考答案】 错误

【答案解析】 根据《财政部国家税务总局关于异地扶贫搬迁税收优惠政策的通知》（财税〔2018〕135号）第一条第二款的规定，对异地扶贫搬迁贫困人口按规定取得的安置住房，免征契税。第二条第一款规定，对异地扶贫搬迁项目实施主体取得用于建设安置住房的土地，免征契税。

12. 个人购买家庭第二套改善性住房，面积为90平方米及以下的，均减按1%税率征收契税。（　）

【参考答案】 错误

【答案解析】 根据《财政部 国家税务总局住房城乡建设部关于调整房地产交易环节契税营业税优惠政策的通知》（财税〔2016〕23号）第一条第二款的规定，对个人购买家庭第二套改善性住房，面积为90平方米及以下的，减按1%的税率征收契税；面积为90平方米以上的，减按2%的税率征收契税。第三条规定，北京市、上海市、广州市、深圳市暂不实施本通知的第一条第二项契税优惠政策及第二条营业税优惠政策。

13. 房屋买卖，承受方计征契税的成交价格以发票上注明的含税价格确定。（　）

【参考答案】 错误

【答案解析】 根据《国家税务总局关于契税纳税服务与征收管理若干事项的公告》（国家税务总局公告2021年第25号）第三条第一款的规定，土地使用权出售、房屋买卖，承受方计征契税的成交价格不含增值税；实际取得增值税发票的，成交价格以发票上注明的不含税价格确定。

14. 土地使用权出让的，计税依据包括土地出让金、土地补偿费、安置补助费、地上附着物和青苗补偿费、城市基础设施配套费、实物配建房屋和缴纳的各项税费等应交付的货币以及实物、其他经济利益对应的价款。（　）

【参考答案】 错误

【答案解析】 根据《关于贯彻实施契税法若干事项执行口径的公告》（财政部 税务总局公告2021年第23号）第二条第五款的规定，土地使用权出让的，计税依据包括土地出让金、土地补偿费、安置补助费、地上附着物和青苗补偿费、城市基础设施配套费、实物配建房屋等应交付的货币以及实物、其他经济利益对应的价款。

15. 按照现行契税的相关规定，契税申报的基本单位是平方米。（　）

【参考答案】 错误

【答案解析】 根据《国家税务总局关于契税纳税服务与征收管理若干事项的公告》（国家税务总局公告2021年第25号）第一条的规定，契税申报以不动产单元为基本单位。

16. 转让土地的承包权，属于契税的征税范围。（　）

【参考答案】 错误

【答案解析】 根据《关于贯彻实施契税法若干事项执行口径的公告》（财政部 税务总局公告2021年第23号）第一条第一款的规定，征收契税的土地、房屋权属，具体为土地使用权、房屋所有权。

17. 储藏室与房屋为不同的不动产单元，但是在同一销售合同中购买的，计税依据为承

受方应交付的总价款,并适用与房屋相同的税率。( )

【参考答案】 错误

【答案解析】 根据《关于贯彻实施契税法若干事项执行口径的公告》(财政部 税务总局公告 2021 年第 23 号)第二条第六款的规定,房屋附属设施(包括停车位、机动车库、非机动车库、顶层阁楼、储藏室及其他房屋附属设施)与房屋为同一不动产单元的,计税依据为承受方应交付的总价款,并适用与房屋相同的税率;房屋附属设施与房屋为不同不动产单元的,计税依据为转移合同确定的成交价格,并按当地确定的适用税率计税。

18. 甲公司承受乙房地产公司的股权,应缴纳契税。

【参考答案】 错误

【答案解析】 根据《财政部 税务总局关于继续支持事业单位改制重组有关契税政策的通知》(财政部税务总局公告 2021 年第 17 号)第九条的规定,在股权(股份)转让中,单位、个人承受公司股权(股份),公司土地、房屋权属不发生转移,不征收契税。

19. 李某婚前拥有一套房产,婚后该套房屋由李某一方所有改为夫妻双方共同所有,应当按照转让份额的价格,缴纳契税。( )

【参考答案】 错误

【答案解析】 根据《中华人民共和国契税法》第六条的规定,婚姻关系存续期间夫妻之间变更土地、房屋权属的,免征契税。

20. 子女接受父母赠与的房屋,应当按照规定缴纳契税。( )

【参考答案】 正确

【答案解析】 根据《中华人民共和国契税法》第二条第三款的规定,房屋买卖、赠与、互换属于转移土地、房屋权属的行为。

21. 公有制单位为解决职工住房而采取集资建房方式建成的普通住房或由单位购买的普通商品住房,经县级以上地方人民政府房改部门批准、按照国家房改政策出售给本单位职工的,如属职工首次购买住房,比照公有住房免征契税。( )

【参考答案】 正确

【答案解析】 根据《财政部 税务总局关于契税法实施后有关优惠政策衔接问题的公告》(财政部 税务总局公告 2021 年第 29 号)第二条的规定,城镇职工按规定第一次购买公有住房的,免征契税。公有制单位为解决职工住房而采取集资建房方式建成的普通住房或由单位购买的普通商品住房,经县级以上地方人民政府房改部门批准、按照国家房改政策出售给本单位职工的,如属职工首次购买住房,比照公有住房免征契税。

22. 土地使用权及所附建筑物转让的,计税依据为承受方应交付的总价款。( )

【参考答案】 正确

【答案解析】 《关于贯彻实施契税法若干事项执行口径的公告》(财政部 税务总局公告 2021 年第 23 号)第二条的第四款规定,土地使用权及所附建筑物、构筑物等(包括在建的房屋、其他建筑物、构筑物和其他附着物)转让的,计税依据为承受方应交付的总价款。

23. 在农村集体土地承包经营权的转移中,承包人是契税的纳税义务人。( )

【参考答案】 错误

【答案解析】 根据《中华人民共和国契税法》第二条的规定,土地使用权转让,不包括土地承包经营权和土地经营权的转移。

24.契税纳税义务发生时间是纳税人签订土地、房屋权属转移合同的当天。(　　)

【参考答案】 正确

【答案解析】 根据《中华人民共和国契税法》第九条的规定，契税的纳税义务发生时间，为纳税人签订土地、房屋权属转移合同的当日，或者纳税人取得其他具有土地、房屋权属转移合同性质凭证的当日。

25.除因人民法院、仲裁委员会或者监察机关等因素取得新建商品房权属的外，其他取得新建商品房产权，纳税人申报契税时，必须提供增值税发票。(　　)

【参考答案】 错误

【答案解析】 根据《国家税务总局关于契税纳税申报有关问题的公告》(国家税务公告2015第67号)第二条的规定，购买新建商品房的纳税人在办理契税纳税申报时，由于销售新建商品房的房地产开发企业已办理注销税务登记或者被税务机关列为非正常户等原因，致使纳税人不能取得销售不动产发票的，税务机关在核实有关情况后应予受理。

26.对进行股份合作制改革后的农村集体经济组织承受原集体经济组织的土地、房屋权属，免征契税。(　　)

【参考答案】 正确

【答案解析】 根据《财政部　国家税务总局关于支持农村集体产权制度改革有关税收政策的通知》(财税〔2017〕55号)第一条的规定，对进行股份合作制改革后的农村集体经济组织承受原集体经济组织的土地、房屋权属，免征契税。

27.契税的具体税率，由省、自治区、直辖市税务局在百分之三至百分之五的幅度内提出，报国家税务总局决定。(　　)

【参考答案】 错误

【答案解析】 根据《中华人民共和国契税法》第三条的规定，契税税率为百分之三至百分之五。契税的具体税率，由省、自治区、直辖市人民政府在前款规定的税率幅度内提出，报同级人民代表大会常务委员会决定，并报全国人民代表大会常务委员会和国务院备案。

28.税务机关及其工作人员对税收征管过程中知悉的个人的身份信息、婚姻登记信息、不动产权属登记信息、纳税申报信息、税收违法行为信息及其他商业秘密和个人隐私，应当依法予以保密，不得泄露或者非法向他人提供。(　　)

【参考答案】 错误

【答案解析】 根据《国家税务总局关于契税纳税服务与征收管理若干事项的公告》(国家税务总局公告2021年第25号)第八条的规定，税务机关及其工作人员对税收征管过程中知悉的个人的身份信息、婚姻登记信息、不动产权属登记信息、纳税申报信息及其他商业秘密和个人隐私，应当依法予以保密，不得泄露或者非法向他人提供。没有税收违法行为信息。

29.对进行股份合作制改革后的农村集体经济组织承受原集体经济组织的土地、房屋权属，免征契税。(　　)

【参考答案】 正确

【答案解析】 根据《财政部　税务总局关于支持农村集体产权制度改革有关税收政策的

通知》(财税〔2017〕55 号)第一条的规定，对进行股份合作制改革后的农村集体经济组织承受原集体经济组织的土地、房屋权属，免征契税。

30. 免征军建离退休干部住房及附属用房移交地方政府管理所涉及的契税。( )

【参考答案】 正确

【答案解析】 根据《财政部 国家税务总局关于免征军建离退休干部住房移交地方政府管理所涉及契税的通知》(财税字〔2 000〕176 号)的规定，军建离退休干部住房移交地方政府管理是军队离退休干部住房保障和管理方式的调整，是军队住房制度改革的重要措施之一。为配合国务院、中央军委决策的顺利实施，免征军建离退休干部住房及附属用房移交地方政府管理所涉及的契税。

四、计算题

(一)2022 年居民甲某有 5 套住房，将一套价值 100 万元的别墅抵偿了乙某 100 万元的债务；甲某用价值 80 万元的一套住房换取丁某的房屋，丁某房屋价值 70 万元，同时丁某免除了甲某所欠的债务 10 万元；用市场价值共 70 万元的两套两室住房与丙某一套四室住房互换，另取得丙某赠送价值 12 万元的小轿车一辆；将第五套市场价值 50 万元的公寓房折成股份投入本人独资经营的企业。当地确定的契税税率为 3%，以上金额均不包含增值税。

要求：判断甲某、乙某、丙某、丁某是否需要缴纳契税；如果需要缴纳，则计算应缴纳的金额。

【答案解析】 1. 甲某不需要缴纳契税，乙、丙、丁应缴纳契税。

2. 乙某应缴纳契税＝100×3%＝3(万元)。

丙某应缴纳契税＝12×3%＝0.36(万元)。

丁某应缴纳契税＝10×3%＝0.3(万元)。

3. 政策依据：(1)以房屋对外抵债，视同买卖房屋，对承受房屋的一方征收契税；(2)以房换房由补交差价款者按差额缴纳契税；(3)将自有房产投入本人经营的独资企业，免征契税。

(二)Q 市居民张某名下有三套住房一套商服，2022 年发生如下契税涉税事项。

(1)5 月，张某名下一套平房被国家征用，获得补偿款 180 万元，张某用补偿款购入某房地产公司新开发的住宅一套，支付房款 200 万元，向房产部门缴纳物业维修基金 4 万元。

(2)2017 年张某父亲去世，2021 年 6 月张某母亲去世，张某和其哥哥共同继承住宅一套，市场价值 100 万元，约定各自占有 50%产权并办理了产权证。2022 年 7 月，其哥哥因急用钱，将 50%的产权转让给张某，张某支付哥哥 50 万元，并重新办理了产权证。

(3)8 月，张某将其名下一套结婚后购买的市场价值 200 万元的住宅，过户给其妻子王女士，一套市场价值 100 万元的住宅赠送给其生活困难的妹妹。

(4)10 月，张某在本省 X 市购入 200 万元公寓一套，购买了与该户公寓同一不动产单元的储藏间一个，支付 10 万元，购买了相邻公寓楼楼前停车位一个，支付 20 万元。

已知：该省住宅契税税率为 3%，其他类型房产契税税率 5%，该省政府规定因土地、房屋被县级以上人民政府征收、征用，重新承受土地房屋权属在规定标准内免征契税，以上金额均不含增值税税金。

要求：根据上述资料，分析回答下列问题。

1. 张某用拆迁补偿款重新购买房屋需要缴纳契税( )万元。

A. 0　　B. 0. 6

C. 5. 4　　D. 6

【参考答案】 B

【答案解析】 根据《黑龙江省地方税务局关于契税、耕地占用税减免范围的公告》(公告〔2011〕2 号)第一条,纳税人用国家征用(占用)其土地、房屋的补偿费,重新承受土地、房屋权属的,其重置价格没有超过土地、房屋补偿费、安置补助费的,免征契税;超出补偿费、安置补助费的部分,照章征收契税。

张先生应缴纳契税=(200−180)×3%=0.6(万元)。

2. 张某和哥哥共需缴纳契税(　　)万元。

A. 0　　B. 1. 50

C. 3　　D. 4. 50

【参考答案】 B

【答案解析】 根据《中华人民共和国契税法》第六条,法定继承人通过继承承受土地、房屋权属的,免征契税。张某和其哥哥继承房屋无需缴纳契税,张某哥哥将房屋 50%所有权转让给张某,张某需缴纳契税=50×3%=1.50(万元)。

3. 事项(3)各方应缴纳契税(　　)万元。

A. 0　　B. 9

C. 6　　D. 3

【参考答案】 D

【答案解析】 根据《中华人民共和国契税法》第六条,婚姻关系存续期间夫妻之间变更土地、房屋权属的,免征契税。第二条规定,房屋买卖、赠与、互换属于转移土地、房屋权属的行为。第四条规定,契税的计税依据:(三)土地使用权赠与、房屋赠与以及其他没有价格的转移土地、房屋权属行为,为税务机关参照土地使用权出售、房屋买卖的市场价格依法核定的价格。张某妻子无需缴纳契税,张某妹妹需要缴纳契税。张某妹妹需要缴纳契税=100×3%=3(万元)。

4. 事项(4)需要缴纳契税(　　)万元。

A. 7. 30　　B. 7. 50

C. 6. 90　　D. 11. 50

【参考答案】 A

【答案解析】 根据《财政部 税务总局关于贯彻实施契税法若干事项执行口径的公告》(财政部 税务总局公告 2021 年第 23 号)第二条的规定,房屋附属设施(包括停车位、机动车库、非机动车库、顶层阁楼、储藏室及其他房屋附属设施)与房屋为同一不动产单元的,计税依据为承受方应交付的总价款,并适用与房屋相同的税率;房屋附属设施与房屋为不同不动产单元的,计税依据为转移合同确定的成交价格,并按当地确定的适用税率计税。张某需要缴纳的契税=(200+10)×3%+20×5%=7.30(万元)。

(三)甲市 A 公司 2022 年发生如下业务。

(1)3 月,为扩大经营规模,以拍卖方式从甲市政府受让一处土地建设厂房,3 月 15 日签订了土地买卖合同,支付土地出让金 2 000 万元,支付土地补偿费 200 万元,安置补助费 100

万元,地上附着物和青苗补偿款 50 万元,合同约定 4 月 30 日前交付土地。

(2)5 月在乙市 B 房地产开发企业购置一处临街门面样板房作为公司在乙市办事处,合同约定房屋价款 300 万元,装修费用 50 万元,6 月办理了产权证。

(3)9 月,经协商,丙市 C 企业以位于丙市的一处仓库抵偿欠缴 A 公司的货款 500 万元,该处仓库原值 300 万元,市场评估价格 450 万元。

(4)11 月新厂区建成,A 公司将原有办公楼一栋卖给原料供货方 D 公司,签订买卖合同,约定 D 公司支付现金 3 000 万元,市场价值 1 000 万元原材料。D 公司原材料成本 800 万元。

已知:甲市、乙市、丙市契税税率均为 5%,以上价款均不包含增值税税金。

要求:根据上述材料,分析回答下列问题。

1. 业务(1)A 公司应缴纳契税税金为(　　)万元。

A. 100　　B. 110

C. 115　　D. 117.5

【参考答案】 D

【答案解析】 根据《财政部 税务总局关于贯彻实施契税法若干事项执行口径的公告》(财政部 税务总局公告 2021 年第 23 号)第二条第五款的规定,土地使用权出让的,计税依据包括土地出让金、土地补偿费、安置补助费、地上附着物和青苗补偿费、征收补偿费、城市基础设施配套费、实物配建房屋等应交付的货币以及实物、其他经济利益对应的价款。

应缴纳契税税金=(2 000+200+100+50)×5%=117.50(万元)。

2. 业务(2)A 公司应缴纳契税税金(　　)万元。

A. 15.00　　B. 15.50

C. 17.50　　D. 18.00

【参考答案】 C

【答案解析】 根据《财政部 税务总局关于贯彻实施契税法若干事项执行口径的公告》(财政部 税务总局公告 2021 年第 23 号)第二条的规定,承受已装修房屋的,应将包括装修费用在内的费用计入承受方应交付的总价款。

应缴纳契税税金=(300+50)×5%=17.50(万元)。

3. 业务(3)A 公司应缴纳契税税金(　　)万元。

A. 25.00　　B. 22.50

C. 15.00　　D. 10.00

【参考答案】 A

【答案解析】 《中华人民共和国契税法》第二条规定,以作价投资(入股)、偿还债务、划转、奖励等方式转移土地、房屋权属的,应当依照本法规定征收契税。

应缴纳契税税金=500×5%=25(万元)。

4. 业务(4)D 公司应缴纳契税税金(　　)万元。

A. 150　　B. 190

C. 200　　D. 240

【参考答案】 C

【答案解析】 根据《中华人民共和国契税法》第四条的规定，契税的计税依据：土地使用权出让、出售，房屋买卖，为土地、房屋权属转移合同确定的成交价格，包括应交付的货币以及实物、其他经济利益对应的价款。

D公司应缴纳契税税金＝(3 000＋1 000)×5％＝200(万元)。

第十八章　政府非税收入

一、单项选择题

1. 下列关于文化事业建设费的说法，错误的是（　　）。

A. 文化事业建设费的缴纳义务发生时间和缴纳地点，与缴纳义务人的增值税纳税义务发生时间和纳税地点相同

B. 未达到增值税起征点的缴纳义务人，免征文化事业建设费

C. 自 2019 年 7 月 1 日至 2024 年 12 月 31 日，对归属中央收入的文化事业建设费，按照缴纳义务人应缴费额的 50％减征

D. 缴纳义务人应在申报期内向主管税务机关报送《非税收入通用申报表》

【参考答案】 D

【答案解析】 《国家税务总局关于营业税改征增值税试点有关文化事业建设费登记与申报事项的公告》（国家税务总局公告 2013 年第 64 号）规定，缴纳人、扣缴人应在申报期内分别向主管税务机关报送《文化事业建设费申报表》《文化事业建设费代扣代缴报告表》。

2. 根据《政府非税收入管理办法》，政府非税收入分为（　　）类。

A. 10　　B. 11

C. 12　　D. 13

【参考答案】 C

【答案解析】 根据《政府非税收入管理办法》第三条，非税收入具体包括行政事业性收费收入、政府性基金收入、罚没收入、国有资源（资产）有偿使用收入、国有资本收益、彩票公益金收入、特许经营收入、中央银行收入、以政府名义接受的捐赠收入、主管部门集中收入、政府收入的利息收入、其他非税收入。不包含社会保险费、住房公积金。

3. 油价调控风险准备金的缴纳地点为（　　）。

A. 机构所在地　　B. 注册登记地

C. 住所地　　D. 营业地

【参考答案】 B

【答案解析】　财政部 国家发展和改革委员会关于印发《油价调控风险准备金征收管理办法》的通知(财税〔2016〕137 号),规定油价调控风险准备金的缴纳地点为注册登记地。

4. 非税收入项目在政府财政收支中分布在(　　)本预算中。

A. 1　　　　B. 2

C. 3　　　　D. 4

【参考答案】　C

【答案解析】　按照财政部印发的《2019 年政府收支分类科目》,非税收入项目分布在一般公共预算、政府性基金预算、国有资本经营预算中。

5. 文化事业建设费的费率为(　　)。

A. 1%　　　　B. 2%

C. 3%　　　　D. 5%

【参考答案】　C

【答案解析】《财政部 国家税务总局关于营业税改征增值税试点有关文化事业建设费政策及征收管理问题的通知》(财税〔2016〕25 号)第三条规定,缴纳文化事业建设费的单位应按照提供广告服务取得的计费销售额和 3%的费率计算应缴费额。

6. 残疾人就业保障金缴纳期限是(　　)。

A. 按月缴纳

B. 按季度缴纳

C. 保障金一般按月缴纳,具体缴纳期限以当地税务机关确定的期限为准

D. 保障金一般按季度缴纳,具体缴纳期限以当地税务机关确定的期限为准

【参考答案】　C

【答案解析】　根据财政部、国家税务总局(财税〔2015〕72 号)文件的规定,保障金一般按月缴纳。具体缴纳期限以当地税务机关确定的期限为准。

7. 自工商登记注册之日起 3 年内,对安排残疾人就业未达到规定比例、在职职工总数(　　)人以下的小微企业,免征残疾人就业保障金。

A. 10　　　　B. 15

C. 20　　　　D. 30

【参考答案】　D

【答案解析】　根据《财政部关于取消、调整部分政府性基金有关政策的通知》(财税〔2017〕18 号)第二条第(一)款的规定,由自工商注册登记之日起 3 年内,在职职工总数 20 人(含)以下小微企业,调整为在职职工总数 30 人(含)以下的企业。调整免征范围后,工商注册登记未满 3 年、在职职工总数 30 人(含)以下的企业,可在剩余时期内按规定免征残疾人就业保障金。

8. 用人单位未按规定缴纳残疾人就业保障金的,由残疾人就业保障金征收机关提交财政部门,由财政部门予以警告,责令限期缴纳;逾期仍不缴纳的,除补缴欠缴数额外,还应当自欠缴之日起,按日加收(　　)的滞纳金。

A. 1‰　　　　B. 2‰

C. 3‰　　　　D. 5‰

【参考答案】 D

【答案解析】 根据《残疾人就业条例》(中华人民共和国国务院令第 488 号)第二十七条的规定,用人单位未按照规定缴纳残疾人就业保障金的,由财政部门给予警告,责令限期缴纳;逾期仍不缴纳的,除补缴欠缴数额外,还应当自欠缴之日起,按日加收 5‰的滞纳金。

9.《政府非税收入管理办法》规定,非税收入应当全部上缴国库,任何部门、单位和个人不得(　　)。

A. 截流　　B. 占用

C. 挪占　　D. 支用

【参考答案】 B

【答案解析】 根据《政府非税收入管理办法》第十七条,非税收入应当全部上缴国库,任何部门、单位和个人不得截留、占用、挪用、坐支或者拖欠。

10. 我国非税收入收缴实行(　　)收缴制度。

A. 国库集中　　B. 现收现付

C. 集中收付　　D. 省级统筹

【参考答案】 A

【答案解析】《政府非税收入管理办法》第二章第十八条规定,非税收入收缴实行国库集中收缴制度。

11. 残疾人就业保障金征收标准上限,按照当地社会平均工资(　　)倍执行。

A. 1　　B. 2

C. 3　　D. 4

【参考答案】 B

【答案解析】《财政部关于调整残疾人就业保障金征收政策的公告》(财政部公告 2019 第 98 号)规定,残疾人就业保障金征收标准上限,按照当地社会平均工资 2 倍执行。

12. 根据《政府非税收入管理办法》,(　　)不属于政府非税收入。

A. 中央银行收入　　B. 主管部门集中收入

C. 工会经费　　D. 政府收入的利息收入

【参考答案】 C

【答案解析】 根据《政府非税收入管理办法》第三条,非税收入具体包括行政事业性收费收入、政府性基金收入、罚没收入、国有资源(资产)有偿使用收入、彩票公益金收入、特许经营收入、中央银行收入、以政府名义接受的捐赠收入、主管部门集中收入、政府收入的利息收入、其他非税收入,不包含社会保险费、住房公积金。

13. 目前各省(自治区、直辖市,不含新疆维吾尔自治区、西藏自治区)居民生活和农业生产以外全部销售电量的可再生能源发展基金征收标准是(　　)。

A. 8 厘/千瓦时　　B. 1.0 分/千瓦时

C. 1.5 分/千瓦时　　D. 1.9 分/千瓦时

【参考答案】 D

【答案解析】 根据《财政部国家发展改革委关于提高可再生能源发展基金征收标准等有关问题的通知》(财税〔2016〕4 号)的规定,自 2016 年 1 月 1 日起,将各省(自治区、直辖市,不含新疆维吾尔自治区、西藏自治区）居民生活和农业生产以外全部销售电量的基金征收标准，由每千瓦时 1.5 分提高到每千瓦时 1.9 分。

14. 核电站乏燃料处理处置基金的征收标准是（　　）。

A. 0.020 元/千瓦时　　B. 0.08 元/千瓦时

C. 0.026 元/千瓦时　　D. 0.019 元/千瓦

【参考答案】 C

【答案解析】 根据《核电站乏燃料处理处置基金征收使用管理暂行办法》（财综〔2010〕58 号）第二条的规定，乏燃料处理处置基金按照核电厂已投入商业运行五年以上压水堆核电机组的实际上网销售电量征收，征收标准为 0.026 元/千瓦时。

15. 我国目前石油特别收益金起征点是（　　）。

A. 50 美元/桶　　B. 55 美元/桶

C. 60 美元/桶　　D. 65 美元/桶

【参考答案】 D

【答案解析】 根据《财政部关于提高石油特别收益金起征点的通知》（财企〔2014〕15 号）的规定，经国务院批准，财政部决定从 2015 年 1 月 1 日起，将石油特别收益金起征点提高至 65 美元/桶。起征点提高后，石油特别收益金征收仍实行 5 级超额累进从价定率。

16. 属于随税收附征的非税收入项目有（　　）。

A. 文化事业建设费　　B. 教育费附加

C. 工会经费　　D. 残保金

【参考答案】 B

【答案解析】 教育费附加和地方教育附加随增值税附征。

17. 以下哪个未按规定安排残疾人就业的经济主体不属于残疾人就业保障金征收对象（　　）。

A. 企业　　B. 机关

C. 团体　　D. 个人

【参考答案】 D

【答案解析】 《残疾人就业保障金征收使用管理办法》（财税〔2015〕72 号）第一章第二条规定，残疾人就业保障金是为保障残疾人权益，由未按规定安排残疾人就业的机关、团体、企业、事业单位和民办非企业单位（以下简称用人单位）缴纳的资金。

18. 油价调控风险准备金的缴纳地点是（　　）。

A. 缴纳义务人自选　　B. 缴纳义务人所在地

C. 缴纳义务人注册登记地　　D. 缴纳义务人可就近申报

【参考答案】 C

【答案解析】 根据《财政部国家发展改革委关于〈油价调控风险准备金征收管理办法〉》（财税〔2016〕137 号）第十条的规定，风险准备金的缴纳地点为缴纳义务人注册登记地。

19. 下列非税收入项目属于 2019 年 1 月 1 日划转税务机关征收的是（　　）。

A. 教育费附加　　B. 地方教育附加

C. 农网还贷基金　　D. 残疾人就业保障金

【参考答案】 C

【答案解析】 教育费附加、地方教育附加、残疾人就业保障金属于 2019 年前税务机关已征收的非税收入项目。

20. 下列选项中，不缴纳免税商品特许经营费的是(　　)。

A. 企业经营完税国产品　　B. 经营国产品的免税企业

C. 应将享受出口退税政策的国产品　　D. 从境外以免税方式进口经营的国产品

【参考答案】 A

【答案解析】 根据财企〔2004〕241 号文件第八条的规定，经营国产品的免税企业，应将享受出口退税政策的国产品及从境外以免税方式进口经营的国产品均视同免税商品，按规定缴纳特许经营费。企业经营完税国产品，不缴纳特许经营费。

二、多项选择题

1. 根据《政府非税收入管理办法》，下列属于政府非税收入的有(　　)。

A. 政府性基金收入　　B. 罚没收入

C. 住房公积金　　D. 特许经营收入

【参考答案】 ABD

【答案解析】 根据《政府非税收入管理办法》第三条，非税收入具体包括行政事业性收费收入，政府性基金收入，罚没收入，国有资源(资产)有偿使用收入、彩票公益金收入、特许经营收入、中央银行收入、以政府名义接受的捐赠收入、主管部门集中收入、政府收入的利息收入、其他非税收入。不包含社会保险费、住房公积金。

2. 下列关于废弃电器电子产品处理基金的说法，正确的有(　　)。

A. 缴纳义务人出口电器电子产品，免征废弃电器电子产品处理基金

B. 对电器电子产品生产者销售台式微型计算机整机不征收废弃电器电子产品处理基金

C. 台式微型计算机显示器生产者将其生产的显示器组装成计算机整机销售的不征收废弃电器电子产品处理基金

D. 对采用有利于资源综合利用和无害化处理的设计方案以及使用环保和便于回收利用材料生产的电器电子产品，可以减征废弃电器电子产品处理基金的，按照国务院相关部门的具体规定执行

【参考答案】 ABD

【答案解析】 选项 C，对电器电子产品生产者销售台式微型计算机整机不征收基金，但台式微型计算机显示器生产者将其生产的显示器组装成计算机整机销售的除外。对台式微型计算机显示器生产者组装的计算机整机按照 10 元/台的标准征收基金。

3. 为贯彻落实党中央、国务院关于政府非税收入征管职责划转税务部门的有关部署和要求，下列政府非税收入将自 2022 年 1 月 1 日起统一划转税务部门征收的有(　　)。

A. 国有土地使用权出让收入　　B. 矿产资源专项收入

C. 海域使用金　　D. 无居民海岛使用金

【参考答案】 ABCD

【答案解析】 根据《财政部自然资源部税务总局人民银行关于将国有土地使用权出让收入、矿产资源专项收入、海域使用金、无居民海岛使用金四项政府非税收入划转税务部门

征收有关问题的通知》(财综〔2021〕19号)第二条的规定。

4. 下列关于石油特别收益金的说法,正确的是( )。

A. 国家对石油开采企业销售国产原油因价格超过一定水平所获得的超额收入按比例征收的收益金

B. 实行5级超额累进从价定率计征

C. 石油特别收益金征收比率按石油开采企业销售原油的月加权平均价格确定

D. 按月计算、按季缴纳

【参考答案】 ABC

【答案解析】 《财政部关于提高石油特别收益金起征点的通知》(财税〔2014〕115号)文件规定,从2015年1月1日起,将石油特别收益金起征点提高至65美元/桶。石油特别收益金实行按月计算、按季申报,按月缴纳。

5. 下列非税收入中,需要进行年度汇算清缴的有( )。

A. 国家重大水利工程建设基金　　B. 可再生能源发展基金

C. 石油特别收益金　　D. 农网还贷资金

【参考答案】 AB

【答案解析】 选项C,石油特别收益金按月计算、按季申报,按月缴纳。选项D,农网还贷资金按月申报缴费。

6. 下列关于符合废弃电器电子产品处理基金征收范围的产品的征收标准,正确的有( )。

A. 电视机13元/台　　B. 洗衣机12元/台

C. 微型计算机10元/台　　D. 房间空调器7元/台

【参考答案】 ACD

【答案解析】 为了避免重复征收,规定对购进或者收回委托加工电器电子产品已缴纳基金的,可从应征基金产品销售数量中扣除。处理基金的征收标准是电视机13元/台、电冰箱12元/台、洗衣机7元/台、房间空调器7元/台、微型计算机10元/台。

7. 下列各项中,可以作为教育费附加计费依据的有( )。

A. 纳税人滞纳消费税而加收的滞纳金　　B. 纳税人享受减免税后实际缴纳的增值税

C. 纳税人偷逃增值税被处的罚款　　D. 纳税人偷逃消费税被查补的税款

【参考答案】 BD

【答案解析】 城建税和教育费附加的计税依据是实际缴纳的增值税、消费税以及免抵税额,滞纳金及罚款不属于计税依据。

8. 下列关于核事故应急准备专项收入的说法,正确的有( )。

A. 核事故应急准备专项收入由核电企业按规定的比例,分别上缴中央和地方财政

B. 核电企业应于每年3月10日前,向税务机关申报缴纳核事故应急准备专项收入,其申报缴纳使用《非税收入通用审报表》

C. 基建期应在核电工程浇灌第一罐混凝土的当年起三年内按规定承担数额的30%、40%和30%分年度缴清;运行期应在商业运行后的次年开始,根据上一年的实际上网销售电量按规定标准缴纳

D. 核电企业在基建期和运行期分别按以下标准缴纳:基建期按设计额定容量每千瓦 5 厘人民币的标准缴纳;运行期按年度上网销售电量每千瓦时 0.2 厘人民币的标准缴纳

【参考答案】 ABC

【答案解析】 选项 D,核电企业在基建期和运行期分别按以下标准缴纳:基建期按设计额定容量每千瓦 5 元人民币的标准缴纳;运行期按年度上网销售电量每千瓦时 0.2 厘人民币的标准缴纳。

9. 未经批准或者骗取批准,非法占用海域的,(　　),并处非法占用海域期间内该海域面积应缴纳的海域使用金五倍以上十五倍以下的罚款。

A. 责令退还非法占用的海域　　B. 恢复海域原状

C. 移交司法部门处理　　D. 没收违法所得

【参考答案】 ABD

【答案解析】 《中华人民共和国海域使用管理法》第四十二条规定:未经批准或者骗取批准,非法占用海域的,责令退还非法占用的海域,恢复海域原状,没收违法所得,并处非法占用海域期间内该海域面积应缴纳的海域使用金五倍以上十五倍以下的罚款;对未经批准或者骗取批准,进行围海、填海活动的,并处非法占用海域期间内该海域面积应缴纳的海域使用金十倍以上二十倍以下的罚款。

10. 自 2019 年 1 月 1 日起,将专员办负责征收划转至税务部门负责征收的非税收入包括(　　)。

A. 国家重大水利工程建设基金　　B. 农网还贷资金

C. 可再生能源发展基金　　D. 新增建设用地水利建设基金

【参考答案】 ABC

【答案解析】 《关于将国家重大水利工程建设基金等政府非税收入项目划转税务部门征收的通知》(财税〔2018〕147 号)中规定,自 2019 年 1 月 1 日起,将专员办负责征收的国家重大水利工程建设基金、农网还贷资金、可再生能源发展基金、中央水库移民扶持基金(含大中型水库移民后期扶持基金、三峡水库库区基金、跨省际大中型水库库区基金)、三峡电站水资源费、核电站乏燃料处理处置基金、免税商品特许经营费、油价调控风险准备金、核事故应急准备专项收入,以及国家留成油收入、石油特别收益金划转税务部门负责征收。

11. 下列针对电量征收的政府性基金,对分布式光伏发电自发自用电量免收的有(　　)。

A. 国家重大水利工程建设基金　　B. 大中型水库移民后期扶持基金

C. 可再生能源电价附加　　D. 跨省级大中型水库库区基金

【参考答案】 ABC

【答案解析】 财综〔2013〕103 号文件规定,为了促进光伏产业健康发展,根据《国务院关于促进光伏产业健康发展的若干意见》(国发〔2013〕24 号)的有关规定,对分布式光伏发电自发自用电量免收可再生能源电价附加、国家重大水利工程建设基金、大中型水库移民后期扶持基金、农网还贷资金等 4 项针对电量征收的政府性基金。

12. 下列选项中不纳入政府非税收入管理范围的有(　　)。

A. 罚没收入

B. 行政事业性收费

C. 社会保险费

D. 住房公积金(指计入缴存人个人账户部分)

【参考答案】 CD

【答案解析】 根据《政府非税收入管理办法》(财税〔2016〕33 号)第三条第二款的规定,政府非税收入不包括社会保险费、住房公积金(指计入缴存人个人账户部分)。

13. 下列非税收入项目中属于中央项目的有(　　)。

A. 河道砂石资源有偿使用收入　　B. 石油特别收益金

C. 免税商品特许经营费　　D. 公共户外广告资源有偿使用收入

【参考答案】 BC

【答案解析】 河道砂石资源有偿使用收入、公共户外广告资源有偿使用收入属于省级项目。

14. 设立非税收入应当依据法律、法规的规定,按管理权限予以批准。下列可以设立政府性基金的主体有(　　)。

A. 国务院　　B. 财政部

C. 省级人民政府　　D. 省财政厅

【参考答案】 AB

【答案解析】 根据《政府非税收入管理办法》的规定,省级设立权限主要集中在行政事业性收费和国有资源(资产)有偿使用收入、特许经营收入三类。省级政府及以下不能设立政府性基金。

15. 对实行增值税期末留抵退税的纳税人,可以从计税(征)依据中扣除退还的增值税税额的有(　　)。

A. 教育费附加　　B. 地方教育附加

C. 文化事业建设费　　D. 城市维护建设税

【参考答案】 ABD

【答案解析】 根据财税〔2018〕80 号文件的规定,对实行增值税期末留抵退税的纳税人,允许其从城市维护建设税、教育费附加和地方教育附加的计税(征)依据中扣除退还的增值税税额。该政策在 2022 年增量、存量留抵退税新政下发后仍适用。

16. 下列应该认定文化事业建设费种的有(　　)。

A. 王某个人广告经营

B. 某酒店 2021 年 1 月开具了广告服务发票

C. 某广告公司营业执照经营范围中含有广告策划、发布

D. 李某个体经营的游艺厅

【参考答案】 BCD

【答案解析】 个人提供广告服务不需要缴纳文化事业建设费。

17. 文化事业建设费的扣缴义务人应当向其(　　)主管税务机关申报缴纳其扣缴的文化事业建设费。

A. 机构所在地　　B. 户籍所在地

C. 经营所在地　　D. 居住地

【参考答案】 AD

【答案解析】 根据《关于营业税改征增值税试点有关文化事业建设费政策及征收管理问题的通知》(财税〔2016〕25 号),文化事业建设费的扣缴义务人应当向其机构所在地或者居住地主管税务机关申报缴纳其扣缴的文化事业建设费。

18. 以下用电免征农网还贷资金的有(　　)。

A. 氨肥生产用电　　B. 自备电厂自发自用电量

C. 抗灾救灾用电　　D. 核工业铀扩散厂生产用电

【参考答案】 ABC

【答案解析】 农网还贷资金减免范围包括:(一)农业排灌、抗灾救灾及氮肥、磷肥、钾肥和原化工部颁发生产许可证的复合肥生产用电免征农网还贷资金;(二)自备电厂自用电量免征农网还贷资金;(三)国有重点煤炭企业生产用电、核工业铀扩散厂和堆化工厂生产用电农网还贷资金暂按每千瓦时用电量三厘钱标准征收。

19. 下列为水土保持补偿费的缴纳义务人的有(　　)。

A. 在丘陵区排放弃土的企业　　B. 在河道采砂的个人

C. 在山区开办砖厂的企业　　D. 在风沙区烧制石灰的单位

【参考答案】 ACD

【答案解析】 《水土保持补偿费征收使用管理办法》规定,在山区、丘陵区、风沙区以及水保持规划确定的容易发生水土流失的其他区域开办生产建设项目或者从事其他生产建设活动,损坏水土保持设施、地植被,不能恢复原有水土保持功能的单位和个人,应当缴纳水土保持补偿费。前款所称的其他生产建设活动包括:取土、挖砂、采石(不含河道采砂),烧制砖、瓦、瓷、石灰,排放废弃土、石渣。

20. 我国境内电子电器(　　)应当按照规定履行废弃电器电子产品处理基金的缴纳义务。

A. 生产者　　B. 进口电器电子产品的收货人

C. 进口电器电子产品的代理人　　D. 出口电器电子产品的收货人

【参考答案】 ABC

【答案解析】 《废弃电器电子产品回收处理管理条例》(中华人民共和国国务院令第 551 号)规定,电器电子产品生产者、进口电器电子产品的收货人或者其代理人应当按照规定履行废弃电器电子产品处理基金的缴纳义务。

三、判断题

1. 教育费附加和地方教育附加以纳税人实际缴纳的增值税为计量依据,教育费附加、地方教育附加的费率分别为 2%、3%。(　　)

【参考答案】 错误

【答案解析】 教育费附加和地方教育附加以纳税人实际缴纳的增值税、消费税为计量依据,教育费附加、地方教育附加的费率分别为 3%、2%。

2. 排污权出让收入属于政府非税收入,全额上缴中央国库,纳入中央财政预算管理。(　　)

【参考答案】 错误

【答案解析】《国务院办公厅关于进一步推进排污权有偿使用和交易试点工作的指导意见》(国办发〔2014〕38号)规定,排污权出让收入属于政府非税收入,全额上缴地方国库,纳入地方财政预算管理。

3.省(自治区、直辖市)际间交易电量,计入受电省份的销售电量征收可再生能源电价附加。( )

【参考答案】 正确

【答案解析】 根据财综〔2011〕115号文件的规定,省(自治区、直辖市)际间交易电量,计入受电省份的销售电量征收可再生能源电价附加。

4.政府非税收入是指除税收以外,由各级国家机关、事业单位、代行政府职能的社会团体及其他组织依法利用国家权力、政府信誉、国有资源(资产)所有者权益等取得的各项收入,不包括社会保险费、住房公积金。( )

【参考答案】 错误

【答案解析】 根据财税〔2016〕33号文件的规定,政府非税收入是指除税收以外,由各级国家机关、事业单位、代行政府职能的社会团体及其他组织依法利用国家权力、政府信誉、国有资源(资产)所有者权益等取得的各项收入,不包括社会保险费、住房公积金(指计入缴存人个人账户部分)。

5.对电器电子产品生产者销售台式微型计算机整机要征收废弃电器电子产品处理基金。( )

【参考答案】 错误

【答案解析】《废弃电器电子产品处理基金征收管理规定》对电器电子产品生产者销售台式微型计算机整机不征收基金,但台式微型计算机显示器生产者将其生产的显示器组装成计算机整机销售的除外。

6.非税收入票据使用完毕,使用单位应当按顺序清理票据存根、装订成册、妥善保管。非税收入票据存根的保存期限一般为5年。保存期满需要销毁的,报经原核发票据的财政部门查验后销毁。( )

【参考答案】 正确

【答案解析】 非税收入票据使用完毕,使用单位应当按顺序清理票据存根、装订成册、妥善保管。非税收入票据存根的保存期限一般为5年。保存期满需要销毁的,报经原核发票据的财政部门查验后销毁。

7.水土保持补偿费自2021年1月1日起,由缴费人向税务部门自行申报缴纳。按次缴纳的应于项目开工前或建设活动开始前,缴纳水土保持补偿费。按期缴纳的,在期满之日起15日内申报缴纳水土保持补偿费。( )

【参考答案】 正确

【答案解析】 根据《国家税务总局关于水土保持补偿费等政府非税收入项目征管职责划转有关事项的公告》(国家税务总局公告2020年第21号)第三条的规定,水土保持补偿费自2021年1月1日起,由缴费人向税务部门自行申报缴纳。按次缴纳的,应于项目开工前或建设活动开始前,缴纳水土保持补偿费。按期缴纳的,在期满之日起15日内申报缴纳水土保持补偿费。

8. 油价调控风险准备金的缴纳地点为缴纳义务人所在地。(　　)

【参考答案】 错误

【答案解析】 根据财税〔2016〕137号文件第十条的规定,油价调控风险准备金的缴纳地点为缴纳义务人注册登记地。

9. 文化事业建设费的申报期限与缴纳人、扣缴义务人的增值税申报期限可以不同。(　　)

【参考答案】 错误

【答案解析】 申报期限相同。

10. 核电站乏燃料处理处置基金按照核电厂已投入商业运行三年以上压水堆核电机组的实际上网销售电量征收。(　　)

【参考答案】 错误

【答案解析】 核电站乏燃料处理处置基金按照核电厂已投入商业运行五年以上压水堆核电机组的实际上网销售电量征收。

11. 当国际市场原油价格低于国家规定的成品油价格调控下限时,缴纳义务人应按照汽油、柴油的销售收入缴纳油价调控风险准备金。(　　)

【参考答案】 错误

【答案解析】 根据《油价调控风险准备金征收管理办法》第五条,当国际市场原油价格低于国家规定的成品油价格调控下限时,缴纳义务人应按照汽油、柴油的销售数量和规定的征收标准缴纳油价调控风险准备金。

12. 自2016年1月1日起,各省居民生活和农业生产以外全部销售电量的可再生能源发展基金征收标准,为每千瓦时1.9分。(　　)

【参考答案】 错误

【答案解析】 根据《财政部 国家发展改革委关于提高可再生能源发展基金征收标准等有关问题的通知》(财税〔2016〕4号)规定,自2016年1月1日起,将各省(自治区、直辖市,不含新疆维吾尔自治区、西藏自治区)居民生活和农业生产以外全部销售电量的基金征收标准,由每千瓦时1.5分提高到每千瓦时1.9分。

13. 三峡电站水资源费收入属于中央与地方共享收入,其中20%上缴中央国库。(　　)

【参考答案】 错误

【答案解析】 三峡电站水资源费收入的10%上缴中央国库,其余90%在湖北省与重庆市按比例进行分配,并分别上缴两省市国库。

14. 对海关进口的产品征收的增值税、消费税,征收教育费附加。(　　)

【参考答案】 错误

【答案解析】 不征收教育费附加。

15. 2021年7月1日起,选择在河北、内蒙古、上海、浙江、安徽、青岛、云南省(自治区.直辖市、计划单列市)以省(区、市)为单位开展国有土地使用权出让收入征管职责划转试点,探索完善征缴流程、职责分工等,为全面推开划转工作积累经验。(　　)

【参考答案】 正确

【答案解析】 根据财综〔2021〕19 号文件第二条的规定。

16. 大中型水库库区基金缴费人是指有发电收入的大中型水库，其中有发电收入的大中型水库是指装机容量在 3 万千瓦及以上有发电收入的水库和水电站。（　）

【参考答案】 错误

【答案解析】 应为 2.5 万千瓦及以上。

17. 石油特别收益金是指国家对石油开采企业销售国产原油因价格超过一定水平所获得的超额收入按比例征收的收益金。具体原油价格按美元/桶计价，起征点为 60 美元/桶。（　）

【参考答案】 错误

【答案解析】 起征点为 65 美元/桶。

18. 水利建设基金计费方式分为按定额提取和按比例提取两种。（　）

【参考答案】 错误

【答案解析】 还有按收入计征、按实际电量计征等。

19. 税务部门征收国有土地使用权出让收入应当使用各省市财政厅(局)监制的非税收入票据，按照财政部门全国统一信息化方式规范管理。（　）

【参考答案】 错误

【答案解析】 根据《财政部自然资源部税务总局人民银行关于将国有土地使用权出让收入、矿产资源专项收入、海域使用金、无居民海岛使用金四项政府非税收入划转税务部门征收有关问题的通知》(财综〔2021〕19 号)第六条的规定。

20. 根据非税收入不同性质，分别纳入一般公共预算、政府性基金预算和国有资本经营预算管理。（　）

【参考答案】 正确

【答案解析】 根据《政府非税收入管理办法》第三十二条的规定。

四、简答题

(一)非税收入按项目属性可以分为多少种？分别是什么？

【答案解析】 按项目属性，可将非税收入项目分为 12 类，具体包括：行政事业性收费、政府性基金、罚没收入、国有资源(资产)有偿使用收入、国有资本收益、彩票公益金、特许经营收入中央银行收入、以政府名义接受的捐赠收入、主管部门集中收入、政府收入的利息收入、其他非税收入。

(二)按设立权限如何划分非税收入项目？

【答案解析】 按设立权限可将非税收入项目划分为国务院及有关部门设立的项目(简称“中央项目”)和省级政府及其部门设立的项目(简称“省级项目”)。

(三)石油特别收益金的征收标准是什么？

【答案解析】 石油特别收益金实行 5 级超额累进从价定率计征，按月计算、按季申报，按月缴纳。从 2015 年 1 月 1 日起，起征点提高至 65 美元/桶。原油价格 65－70(含)美元/桶，征收比率为 20%：原油价格 70－75(含)美元/桶，征收比率为 25%：原油价格 75－80(含)美元/桶，征收比率为 30%：原油价格 80－85(含)美元/桶，征收比率为 35%：原油价格 85 美元/桶以上，征收比率为 40%。

五、计算题

(一)某省人民政府规定的安排残疾人就业比例是1.5%,某市统计部门公布的2021年当地职工年平均工资为6万元。该市有A、B、C、D四个企业,在职职工均为100人。2021年,A企业年平均工资6万元,安排普通残疾人1人;B企业年平均工资12万元,安排普通残疾人2人;C企业年平均工资13万元,安排普通残疾人1人;D企业年平均工资6万元,当年安排1名3级残疾军人就业。

要求:计算2022年A、B、C、D四个企业需要缴纳的残疾人就业保障金。

【答案解析】 残保金年缴纳额=(上年用人单位在职职工人数所在地省、自治区、直辖市人民政府规定的安排残疾人就业比例-上年用人单位实际安排的残疾人就业人数)上年用人单位在职职工年平均工资。自2020年1月1日起至2022年12月31日,对残疾人就业保障金实行分档减缴政策。其中,用人单位安排残疾人就业比例达到1%(含)以上,但未达到所在地省、自治区、直辖市人民政府规定比例的,按规定应缴费额的50%缴纳残疾人就业保障金:用人单位安排残疾人就业比例在1%以下的,按规定应缴费额的90%缴纳残疾人就业保障金。2015年出台的《残疾人就业保障金征收使用管理办法》规定,用人单位安排1名持有《中华人民共和国残疾人证》(1至2级)或《中华人民共和国残疾军人证》(1至3级)的人员就业的,按照安排2名残疾人就业计算。

A企业2022年需要缴纳的残疾人就业保障金=(100×1.5%-1)×6=3(万元),3×90%=2.7(万元),需缴纳残保金2.7万元。

B企业2022年需要缴纳的残疾人就业保障金=(100×1.5%-2)×12=-6(万元),无须缴纳残保金。

C企业2022年需要缴纳的残疾人就业保障金=(100×1.5%-1)×13=6.5(万元),6.5×90%=5.85(万元),需缴纳残保金5.85万元。

D企业2022年需要缴纳的残疾人就业保障金=(100×1.5%-2)×6=-3(万元),无须缴纳残保金。

(二)A省居民用电电价为0.52元/千瓦时,2021年2月居民B用电200千瓦,该省居民用电中包含农网还贷基金(2分/千瓦时)、国家重大水利工程建设基金(1.968 75厘/千瓦时)、大中型水库移民扶持基金(6.225厘/千瓦时)、可再生资源附加(1.9分/千瓦时)。

要求:计算居民B该月所缴纳的各项基金和附加费的总和。

【答案解析】 A省居民B该月所缴纳电费中包含农网还贷基金=200千瓦时×2分/千瓦时=4(元);包含国家重大水利工程建设基金=200千瓦时×1.968 75厘/千瓦时=0.393 75(元);包含大中型水库移民扶持基金=200千瓦时×6.25厘/千瓦时=1.245(元);包含可再生资源附加=200千瓦时×1.9分/千瓦时=3.8(元)。则A省居民B该月所缴纳电费中包含各项基金和附加费的总和为9.438 75元。

(三)A企业是在我国境内独立开采并销售原油的企业,已知A企业2021年1月销售原油的月加权平均价格为72美元/桶,销售量为2 000桶;2月月加权平均价格为77美元/桶,销售量为2 500桶;3月月加权平均价格为83美元/桶,销售量为1 000桶。

要求:计算A企业第一季度应缴纳的石油特别收益金金额。(汇率1月为6.1374,2月为6.125 6,3月为6.113 7)

【答案解析】 特别收益金的计算公式为:(油价－最低征收原油价格)×征收比率－速算扣除数。原油价格:65～70(含)美元/桶、70～75(含)美元/桶、75～80(含)美元/桶、80～85(含)美元/桶、85美元/桶以上。

征收比率:20%、25%、30%、35%、40%。

速算扣除数:0美元/桶、0.25美元/桶、0.75美元/桶、1.5美元/桶、2.5美元/桶。

1月应缴纳石油特别收益金金额为:[(72－65)×25%－0.25]×2 000×6.137 4＝18 412.2(元)。

2月应缴纳石油特别收益金金额为:[(77－65)×30%－0.75]×2 500×6.125 6＝43 644.9(元)。

3月应缴纳石油特别收益金金额为:[(83－65)×35%－1.5]×1 000×6.113 7＝29 345.76(元)。

则第一季度应缴纳石油特别收益金金额为18 412.2＋4 3644.9＋29 345.76＝91 402.86(元)。

(四)某企业2022年8月进口一批货物,向海关缴纳增值税25万元、消费税12万元、关税3万元;向当地税务机关实际缴纳增值税58万元、消费税16万元、企业所得税20万元。已知教育费附加征收率为3%、地方教育附加征收率为2%。

要求:计算该企业当月应缴教育费附加和地方教育附加合计金额。

【答案解析】 教育费附加、地方教育附加以纳税人实际缴纳的增值税、消费税的税额为依据,向海关缴纳的增值税和消费税不作为教育费附加和地方教育附加的计税依据,应缴纳教育费附加＝(58＋16)×3%＝2.22(万元),应缴纳地方教育附加＝(58＋16)×2%＝1.48(万元),则应缴教育费附加和地方教育附加合计＝2.22＋1.48＝3.7(万元)。

(五)某市区甲企业为增值税一般纳税人,2021年3月被查补增值税46 000元、消费税53 000元,所得税32 000元,加收滞纳金3 000元、罚款3 000元,当地地方教育附加计征率为2%。

要求:计算该企业应补缴教育费附加、地方教育附加合计金额。

【答案解析】 教育费附加以各单位和个人实际缴纳的增值税、消费税的税额为计征依据,因此计税依据不包括所得税额、滞纳金和罚款。应补缴的教育费附加和地方教育附加＝(46 000＋53 000)×(3%＋2%)＝4 950(元)。